Tutorium Jura

Die Reihe Tutorium Jura stellt die Grundlagen des Zivil-, Straf- und Öffentlichen Rechts dar, um dem Lernenden einen praktischen Umgang mit der Materie zu ermöglichen. Sie stellt das in Vorlesungen meist abstrakt vermittelte Wissen dar und überträgt es auf prüfungsrelevante Fallsituationen. Der Studierende wird so bei der Entwicklung juristischer Fertigkeiten an die Hand genommen.

Vorkenntnisse spielen keine Rolle. Die Autoren sind erfolgreiche und erfahrene Tutoren. Aufgrund ihrer langjährigen Tätigkeit als Leiter wissenschaftlicher Arbeitsgruppen kennen sie die typischen Probleme von Studierenden im Umgang mit dem Gesetz und gehen daher im Besonderen auf die Ansprüche und Bedürfnisse der Studierenden ein.

Die vollständig im Gutachtenstil verfassten Lösungen bieten dem Lernenden anschauliche Beispiele für eine gelungene Falllösung. Diese ist nicht nur Grundlage einer erfolgreichen Teilnahme an den Scheinprüfungen, sie bestimmt letztendlich den Erfolg im Examen.

Mehr Informationen zu dieser Reihe auf http://www.springer.com/series/5548

Jens Prütting
Bernd Scholl

Die Schuldrechtsklausur II

Kernprobleme der gesetzlichen
Schuldverhältnisse in der
Fallbearbeitung

 Springer

Jens Prütting
Institut für Medizinrecht
Bucerius Law School gGmbH
Hamburg
Deutschland

Bernd Scholl
Institut für Bankrecht
Universität zu Köln
Köln
Deutschland

ISSN 1613-8724
Tutorium Jura
ISBN 978-3-662-57601-4   ISBN 978-3-662-57602-1 (eBook)
https://doi.org/10.1007/978-3-662-57602-1

Die Deutsche Nationalbibliothek verzeichnet diese Publikation in der Deutschen Nationalbibliografie; detaillierte bibliografische Daten sind im Internet über http://dnb.d-nb.de abrufbar.

Springer ist ein Imprint der eingetragenen Gesellschaft Springer-Verlag GmbH, DE und ist ein Teil von Springer Nature.
Die Anschrift der Gesellschaft ist: Heidelberger Platz 3, 14197 Berlin, Germany

Vorwort

Dieses Buch richtet sich zunächst an Studenten ab dem zweiten Semester, die sich in Ergänzung der Vorlesung die Kernprobleme der gesetzlichen Schuldverhältnisse anhand vollständig im Gutachtenstil ausformulierter Falllösungen erarbeiten wollen. Gleichermaßen richtet es sich aber auch an Fortgeschrittene, die das Gelernte wiederholen und sich auf die Examensklausuren vorbereiten wollen. Im Inhaltsverzeichnis ist der jeweilige Schwierigkeitsgrad des Falles gekennzeichnet. Während einige der Fälle sowohl für Anfänger als auch für Examenskandidaten geeignet sind, richten sich die jeweiligen Einführungsfälle primär an Anfänger; einige Fälle setzen Kenntnisse im Sachenrecht, Familienrecht oder Zivilprozessrecht voraus und sind daher für Anfänger noch nicht geeignet. Ergänzt werden die Fälle durch Einführungen in das Bereicherungsrecht (vor Fall 14) und die GoA (vor Fall 27) sowie durch Prüfungsschemata im Anhang.

Das Fallbuch folgt in Aufbau und didaktischer Zielsetzung dem von Peter Balzer, Stefan Kröll und Bernd Scholl verfassten ersten Band zu den vertraglichen Schuldverhältnissen (4. Aufl. 2015). Insofern gilt auch hier: Die Falllösungen können ein Lehrbuch nicht ersetzen. Ziel ist nicht eine vollständige Aufarbeitung sämtlicher Fragestellungen aus dem Gebiet der gesetzlichen Schuldverhältnisse. Vielmehr soll den Lesern anhand ausgewählter Fragestellungen aus dem Deliktsrecht, dem Bereicherungsrecht und der Geschäftsführung ohne Auftrag die Methodik der Fallbearbeitung und die Kompetenz zum Umgang mit unbekannten Problemen vermittelt werden. In der Regel lassen sich auch für ausgefallenere Aufgabenstellungen durch eingehende Lektüre des Sachverhalts und Auswertung der dort genannten Argumente sowie intensive Arbeit mit dem Gesetz und der zugrundeliegenden Systematik vertretbare Lösungen entwickeln.

Die Falllösungen gehen oft deutlich über das hinaus, was in einer Anfänger- oder auch in einer Fortgeschrittenenklausur erwartet werden kann. Die (keinen Anspruch auf Vollständigkeit erhebende) Darstellung von Meinungsstreiten soll lediglich Argumentationsmöglichkeiten aufzeigen und zur Nacharbeit anregen. Auch in einer Klausur wird regelmäßig keine vollständige Aufarbeitung des vorhandenen Meinungsspektrums erwartet, sondern lediglich eine Auseinandersetzung mit den unterschiedlichen Ansätzen und das Erarbeiten eigener (vertretbarer) Lösungsansätze.

Bei der Auswahl der Fälle und der Erstellung der Lösungen haben wir unsere langjährigen Erfahrungen als mit der Examensvorbereitung befasste Dozenten und Leiter von Arbeitsgemeinschaften an den Universitäten Köln und Heidelberg sowie der Bucerius Law School Hamburg einfließen lassen. Wir haben uns bemüht, häufig anzutreffende Fehler aufzuzeigen und durch „Aufbauhinweise" und „Klausurhinweise" zu ihrer Vermeidung beizutragen. Zudem wird zum besseren Verständnis in „Exkursen" oder „systematischen Hinweisen" auf immer wiederkehrende Regelungsmuster des Gesetzes und spezielle Argumentationsstrukturen aufmerksam gemacht. Um das Fallbuch gewinnbringend zu nutzen, sollte sich der Leser zunächst stets um eine eigene Lösung bemühen und erst im Anschluss die ausformulierten Lösungen durcharbeiten.

Für die kritische Durchsicht der Falllösungen sowie wertvolle Hilfestellungen bei der Vorbereitung danken wir insbesondere Lia Schwaeppe, Henrike von Scheliha, Jakob Fleischmann, Julian Lafere, Felix Vogt-Heffinger, Sophie Scholz, Dominik Luczak, Lena Walter, Yannick Klix, Philomena Hindermann, Paul Schirrmacher, Daniel Jarzembowski und Lukas Tiling.

Für Hinweise und Anregungen sind wir den Lesern dankbar. Solche – und auch die Fälle betreffende Verständnisfragen – erreichen uns am einfachsten per E-Mail unter der Kontaktadresse *schuldrechtsklausur@uni-koeln.de*.

Jens Prütting und
Hamburg und Köln,   Bernd Scholl
im September 2018

Inhaltsverzeichnis

(Deliktsrecht **A**[1]: Aufbau von § 823 Abs. 1 und Abs. 2 BGB; Notwehr als Rechtfertigungsgrund; Abzug „neu für alt"; Anspruchsüberleitung auf Krankenversicherung; Mitverschulden)

(Deliktsrecht **A**: Inhalt und Umfang von Verkehrssicherungspflichten; Haftung für Unterlassen; hypothetische Kausalität)

(Deliktsrecht **A – F**: Abgrenzung Eigentumsverletzung – reiner Vermögensschaden; Eingriff in den eingerichteten und ausgeübten Gewerbebetrieb; Zurechnung bei Herausforderungs- und Verfolgerfällen; Zurechnung von Folgeschäden)

(Deliktsrecht und Behandlungsvertrag **A – F – E**: Arzthaftung; Vertrag mit Schutzwirkung zugunsten Dritter; Ansprüche aus § 823 Abs. 2 BGB und § 831 BGB; Produkthaftung bei infizierter Blutkonserve)

(Deliktsrecht **A – F – E**: Haftung für Schockschäden; Hinterbliebenengeld)

---

[1] **A**: Für Anfänger geeignet; **F**: Für Fortgeschrittene geeignet; **E**: Für Examenskandidaten geeignet (grobe Einteilung).

(GoA und Deliktsrecht **F – E**: Ansprüche bei Selbstaufopferung im Straßenverkehr; „auch fremdes Geschäft"; Haftung Minderjähriger im Straßenverkehr; Herausforderungsfälle bei § 823 Abs. 1 BGB; Mitverschulden)

Bearbeiterverzeichnis:

Hauptbearbeiter der Fälle 1–7, 10–12, 14, 16–19, 21, 24, 27, 29 ist *Bernd Scholl*, Hauptbearbeiter der Fälle 8, 13, 15, 20, 22, 23, 25, 26, 28, 30 *Jens Prütting*. Fall 9 wurde von beiden gemeinsam bearbeitet.

Literatur zum Schuldrecht (Auswahl)

I. Kommentare zum BGB

Bamberger/Roth/Hau/Poseck (Hrsg.), Beck'scher Online-Kommentar zum Bürgerlichen Gesetzbuch, Stand: 46. Edition 2018 (zit.: BeckOK)

Beck-Online.Großkommentar BGB, Stand: 1.8.2018 (zit.: BeckOGK)

Dauner-Lieb/Heidel/Ring (Hrsg.), NomosKommentar BGB, 2./3./4. Aufl. 2014 ff. (zit.: NK-BGB)

Erman (Begr.), Handkommentar zum Bürgerlichen Gesetzbuch, 15. Aufl. 2017, 2 Bände

Jacoby/v. Hinden, Studienkommentar BGB, 16. Aufl. 2018

Jauernig (Begr.), Bürgerliches Gesetzbuch, 17. Aufl. 2018

juris PraxisKommentar BGB, 8. Aufl. 2017 (zit.: jurisPK-BGB)

Münchener Kommentar zum Bürgerlichen Gesetzbuch, 7. Aufl. 2015 ff. (zit.: MüKo)

Palandt (Begr.), Bürgerliches Gesetzbuch, 77. Aufl. 2018

Prütting/Wegen/Weinreich (Hrsg.), BGB Kommentar, 13. Aufl. 2018 (zit.: PWW)

Reichsgerichtsrätekommentar zum BGB, 12. Aufl. 1975-1999 (im Schuldrecht veraltet) (zit.: RGRK)

Schulze u. a., BGB-Handkommentar, 9. Aufl. 2017 (zit.: Hk-BGB)

Soergel (Begr.), Bürgerliches Gesetzbuch, 12. Aufl. 1987–2007 (im Schuldrecht veraltet); 13. Aufl. 1999 ff. (Bände zum Schuldrecht noch unvollständig)

Staudinger (Begr.), Kommentar zum Bürgerlichen Gesetzbuch, 13. Bearb./Neubearb. 1993 ff.

II. Lehrbücher

1. Zum Schuldrecht und zu den gesetzlichen Schuldverhältnissen

Brox/Walker, Allgemeines Schuldrecht, 42. Aufl. 2018; Besonderes Schuldrecht, 42. Aufl. 2018

Deutsch/Ahrens, Deliktsrecht, 6. Aufl. 2014

Emmerich, Schuldrecht Besonderer Teil, 15. Aufl. 2018

Fikentscher/Heinemann, Schuldrecht, 11. Aufl. 2017

Fuchs/Pauker/Baumgärtner, Delikts- und Schadensersatzrecht, 9. Aufl. 2017

Harke, Besonderes Schuldrecht, 2011

Hirsch, Allgemeines Schuldrecht, 10. Aufl. 2016; Besonderes Schuldrecht, 3. Aufl. 2014

Koppensteiner/Kramer, Ungerechtfertigte Bereicherung, 2. Aufl. 1988

Kötz/Wagner, Deliktsrecht, 13. Aufl. 2016

Looschelders, Schuldrecht Allgemeiner Teil, 16. Aufl. 2018; Besonderer Teil, 13. Aufl. 2018

Medicus, Gesetzliche Schuldverhältnisse, 5. Aufl. 2007

Medicus/Lorenz, Schuldrecht I, Allgemeiner Teil, 21. Aufl. 2015; Schuldrecht II, Besonderer Teil, 17. Aufl. 2014

Oechsler, Vertragliche Schuldverhältnisse, 2. Aufl. 2017

Peifer, Schuldrecht – Gesetzliche Schuldverhältnisse, 5. Aufl. 2016

Schellhammer, Schuldrecht nach Anspruchsgrundlagen samt BGB Allgemeiner Teil, 9. Aufl. 2014

Schlechtriem/Schmidt-Kessel, Schuldrecht Allgemeiner Teil, 6. Aufl. 2005; *Schlechtriem*, Schuldrecht Besonderer Teil, 6. Aufl. 2003

Staake, Gesetzliche Schuldverhältnisse, 2014

Wandt, Gesetzliche Schuldverhältnisse, 8. Aufl. 2017

Westermann/Bydlinski/Weber, Schuldrecht Allgemeiner Teil, 8. Aufl. 2014

Wieling, Bereicherungsrecht, 4. Aufl. 2006

Grundlegende Lehrbücher noch zum alten Schuldrecht:

Enneccerus/Lehmann, Recht der Schuldverhältnisse, 15. Aufl. 1958

Esser/Schmidt, Schuldrecht, Band I, Allgemeiner Teil, Teilband 1, 8. Aufl. 1995; Teilband 2, 8. Aufl. 2000; *Esser/Weyers*, Schuldrecht, Band II, Besonderer Teil, Teilband 1, 8. Aufl. 1998; Teilband 2, 8. Aufl. 2000

Larenz, Lehrbuch des Schuldrechts, Band I: Allgemeiner Teil, 14. Aufl. 1987; Band II: Besonderer Teil, 1. Halbband, 13. Aufl. 1986; *Larenz/Canaris*, Lehrbuch des Schuldrechts, Band II: Besonderer Teil, 2. Halbband, 13. Aufl. 1994

2. Gesamtdarstellungen zum BGB

Grunewald, Bürgerliches Recht, 8. Aufl. 2009

Medicus/Petersen, Bürgerliches Recht, 26. Aufl. 2017 (zit.: BürgR)

Medicus/Petersen, Grundwissen zum Bürgerlichen Recht, 10. Aufl. 2014

Musielak/Hau, Grundkurs BGB, 15. Aufl. 2017; Examenskurs BGB, 3. Aufl. 2014

III. Fallsammlungen zum Schuldrecht

Fezer, Klausurenkurs zum Schuldrecht Allgemeiner Teil, 8. Aufl. 2013; Klausuren-
  kurs zum Schuldrecht Besonderer Teil, 9. Aufl. 2014
Fritzsche, Fälle zum Schuldrecht I – Vertragliche Schuldverhältnisse, 7. Aufl. 2017;
  Fälle zum Schuldrecht II – Gesetzliche Schuldverhältnisse, 4. Aufl. 2017
Köhler/Lorenz, Prüfe dein Wissen: Schuldrecht I – Allgemeiner Teil, 22. Aufl. 2014;
  Schuldrecht II – Einzelne Schuldverhältnisse, 19. Aufl. 2011
Kornblum/Stürner, Fälle zum Allgemeinen Schuldrecht, 8. Aufl. 2017
Wieling/Finkenauer, Fälle zum Besonderen Schuldrecht, 7. Aufl. 2012

Abkürzungsverzeichnis

A	Für Anfänger geeignet
a.A.	andere[r] Ansicht
aaO	am angegebenen Ort
Abs.	Absatz
AcP	Archiv für die civilistische Praxis
a.E.	am Ende
AEUV	Vertrag über die Arbeitsweise der Europäischen Union
AIDS	Acquired Immune Deficiency Syndrome
a.F.	alte Fassung
AG	Amtsgericht; Aktiengesellschaft
AGB	Allgemeine Geschäftsbedingung[en]
AGBG	Gesetz zur Regelung des Rechts der Allgemeinen Geschäftsbedingungen (aufgehoben durch Art. 6 Nr. 4 SMG)
ähnl.	ähnlich
allg.	allgemein
allg.M.	allgemeine[r] Meinung
a.M.	andere[r] Meinung
AMG	Arzneimittelgesetz
Anh.	Anhang
AO	Abgabenordnung
Art.	Artikel
AT	Allgemeiner Teil
AtG	Atomgesetz
Aufl.	Auflage
ausf.	ausführlich
BAG	Bundesarbeitsgericht
BAGE	Entscheidungen des Bundesarbeitsgerichts
BB	Betriebs-Berater
BBergG	Bundesberggesetz
Bd.	Band
Bearb.	Bearbeitung

BeckOK	Beck'scher Online-Kommentar (zum Bürgerlichen Gesetzbuch)
BeckOK-StGB	Beck'scher Online-Kommentar zum Strafgesetzbuch
BeckOGK	beck-online.Großkommentar (zum Bürgerlichen Gesetzbuch)
BeckRS	Beck online Rechtsprechung
Begr.	Begründung/Begründer
Bespr.	Besprechung
betr.	betreffend
BGB	Bürgerliches Gesetzbuch
BGB-RGRK	Reichsgerichtsräte-Kommentar zum BGB
BGBl.	Bundesgesetzblatt
BGH	Bundesgerichtshof
BGHSt	Entscheidungen des Bundesgerichtshofes in Strafsachen
BGHZ	Entscheidungen des Bundesgerichtshofs in Zivilsachen
BJagdG	Bundesjagdgesetz
BKR	Zeitschrift für Bank- und Kapitalmarktrecht
BMJ	Bundesministerium der Justiz
BMW	Bayerische Motorenwerke (Automarke)
BT	Besonderer Teil
BT-Drucks.	Bundestags-Drucksache
BürgR	Bürgerliches Recht
BVerfG	Bundesverfassungsgericht
BVerfGE	Entscheidungen des Bundesverfassungsgerichts
bzw.	beziehungsweise
c.i.c.	culpa in contrahendo
DAR	Deutsches Autorecht (Zeitschrift)
ders.	derselbe
d. h.	das heißt
DJZ	Deutsche Juristenzeitung
DNotZ	Deutsche Notar-Zeitschrift
DSGVO	Datenschutzgrundverordnung (VO (EU) 2016/679)
E	Für Examenskandidaten geeignet
EBV	Eigentümer-Besitzer-Verhältnis
EG	Europäische Gemeinschaft
EGBGB	Einführungsgesetz zum Bürgerlichen Gesetzbuche
Einf.	Einführung
etc.	et cetera
EU	Europäische Union
EuGH	Europäischer Gerichtshof
EWiR	Entscheidungen zum Wirtschaftsrecht (Zeitschrift)
F	Für Fortgeschrittene geeignet
f.	folgende
FamRZ	Zeitschrift für das gesamte Familienrecht
FAZ	Frankfurter Allgemeine Zeitung
ff.	[fort]folgende
Fn.	Fußnote

FPR	Familie, Partnerschaft, Recht
FS	Festschrift
GbR	Gesellschaft bürgerlichen Rechts
gem.	gemäß
GenTG	Gentechnikgesetz
GG	Grundgesetz
ggf.	gegebenenfalls
GKV	Gesetzliche Krankenversicherung
GmbH	Gesellschaft mit beschränkter Haftung
GmbHG	Gesetz über die Gesellschaft mit beschränkter Haftung
GmbH & Co. KG	Gesellschaft mit beschränkter Haftung & Compagnie Kommanditgesellschaft
GoA	Geschäftsführung ohne Auftrag
GOT	Gebührenordnung für Tierärzte
grds.	grundsätzlich
GVG	Gerichtsverfassungsgesetz
Hdb.	Handbuch
HGB	Handelsgesetzbuch
HIV	Humanes Immundefizienz-Virus
Hk-BGB	Handkommentar zum BGB
h.L.	herrschende Lehre
h.M.	herrschende Meinung
HPflG	Haftpflichtgesetz
Hrsg.	Herausgeber
Hs.	Halbsatz
i.d.R.	in der Regel
i.Erg.	im Ergebnis
i.e.S.	im engeren Sinne
i.H.v.	in Höhe von
ImmoWertV	Immobilienwertermittlungsverordnung
insbes.	insbesondere
InsO	Insolvenzordnung
i.R.d.	im Rahmen des
i.S.d.	im Sinne des
i.S.v.	im Sinne von
i.V.m.	in Verbindung mit
JA	Juristische Arbeitsblätter
JGG	Jugendgerichtsgesetz
JherJb	Jherings Jahrbücher (Zeitschrift)
JR	Juristische Rundschau (Zeitschrift)
Jura	Juristische Ausbildung (Zeitschrift)
jurisPK-BGB	juris PraxisKommentar BGB
JuS	Juristische Schulung (Zeitschrift)
JZ	Juristenzeitung
Kap.	Kapitel

Kfz	Kraftfahrzeug
KG	Kammergericht; Kommanditgesellschaft
km/h	Kilometer pro Stunde
krit.	kritisch
KUG	Kunsturhebergesetz
LAG	Landesarbeitsgericht
LFGB	Lebensmittel- und Futtermittelgesetzbuch
LG	Landgericht
lit.	littera (Buchstabe)
LM	Lindenmaier-Möhring (Entscheidungssammlung)
LMK	Kommentierte BGH-Rechtsprechung Lindenmaier-Möhring
LuftVG	Luftverkehrsgesetz
m.	mit
m.(zahlr.) w.N.	mit (zahlreichen) weiteren Nachweisen
MDR	Monatsschrift für Deutsches Recht
MietR	Mietrecht
Mot.	Motive zum Bürgerlichen Gesetzbuch
MüKo	Münchener Kommentar (zum Bürgerlichen Gesetzbuch)
MüKo-GmbHG	Münchener Kommentar zum Gesetz über die GmbH
MüKo-StGB	Münchener Kommentar zum Strafgesetzbuch
MüKo-ZPO	Münchener Kommentar zur Zivilprozessordnung
Nachw.	Nachweise
Neubearb.	Neubearbeitung
NK-BGB	Nomos-Kommentar zum BGB
NJOZ	Neue Juristische Online-Zeitschrift
NJW	Neue Juristische Wochenschrift
NJW-RR	NJW-Rechtsprechungs-Report
Nr.	Nummer
NVwZ	Neue Zeitschrift für Verwaltungsrecht
NZG	Neue Zeitschrift für Gesellschaftsrecht
NZM	Neue Zeitschrift für Miet- und Wohnungsrecht
NZV	Neue Zeitschrift für Verkehrsrecht
o. Ä.	oder Ähnliches
ÖBA	Österreichisches Bank-Archiv
OGH	Oberster Gerichtshof (Österreich)
OLG	Oberlandesgericht
OLGR	OLG-Report
PflVG	Pflichtversicherungsgesetz
PKW	Personenkraftwagen
ProdHaftG	Produkthaftungsgesetz
Prot.	Protokolle
PS4	PlayStation 4
PWW	Prütting/Wegen/Weinreich, BGB-Kommentar
qm	Quadratmeter
RegE	Regierungsentwurf

RGRK	Reichsgerichtsrätekommentar
RGZ	Entscheidungen des Reichsgerichts in Zivilsachen
Rn.	Randnummer
Rspr.	Rechtsprechung
r+s	Recht und Schaden (Zeitschrift)
S.	Satz; Seite
s.	siehe
Schuldv.	Schuldverhältnis
SchuldR	Schuldrecht
SchwarzArbG	Schwarzarbeitsbekämpfungsgesetz
SGB	Sozialgesetzbuch
s.o.	siehe oben
sog.	sogenannt
StGB	Strafgesetzbuch
str.	streitig
StVG	Straßenverkehrsgesetz
StVO	Straßenverkehrsordnung
StVR	Straßenverkehrsrecht
SUP	Stand Up Paddling
s.u.	siehe unten
TFG	Transfusionsgesetz
u.	und
u. a.	und andere; unter anderem
Überbl.	Überblick
u. E.	unseres Erachtens
UmweltHG	Umwelthaftungsgesetz
Unterabs.	Unterabsatz
UrhG	Urheberrechtsgesetz
Urt.	Urteil
u. U.	unter Umständen
v.	von/vom
VersR	Versicherungsrecht (Zeitschrift)
vertragl.	vertragliche
vgl.	vergleiche
VO	Verordnung
Vor/Vorb.	Vorbemerkungen
VRR	VerkehrsRechtsReport
VVG	Versicherungsvertragsgesetz
WHG	Wasserhaushaltsgesetz
WM	Wertpapier-Mitteilungen (Zeitschrift für Wirtschafts- und Bankrecht)
WRP	Wettbewerb in Recht und Praxis (Zeitschrift)
WuB	Entscheidungssammlung zum Wirtschafts- und Bankrecht
WuM	Wohnungswirtschaft und Mietrecht (Zeitschrift)
z. B.	zum Beispiel

zit.	zitiert
z. T.	zum Teil
ZEV	Zeitschrift für Erbrecht und Vermögensnachfolge
ZGS	Zeitschrift für das gesamte Schuldrecht
ZIP	Zeitschrift für Wirtschaftsrecht [früher: und Insolvenzpraxis]
ZJS	Zeitschrift für das Juristische Studium, im Internet abrufbar unter www.zjs-online.com
ZMR	Zeitschrift für Miet- und Raumrecht
ZPO	Zivilprozessordnung
ZRP	Zeitschrift für Rechtspolitik
ZUM	Zeitschrift für Urheber- und Medienrecht
zust.	zustimmend
zzgl.	zuzüglich
ZZP	Zeitschrift für Zivilprozess

Fall 1

Anton (A) und Carl (C) haben gerade ihr Studium an der Universität zu Köln aufgenommen. A studiert Jura, C Sonderpädagogik. Auf einer Erstsemesterparty kommt
es ohne besonderen Anlass zu einer Auseinandersetzung zwischen den beiden, in
deren Verlauf A dem C sagt, dieser sei geistig so minderbemittelt, dass man sich
fragen müsse, wie er überhaupt das Abitur geschafft habe. Aber im Zweifel müsse
man für ein Sonderpädagogik-Studium auch nicht schlauer sein als die Leute, mit
denen man nachher arbeite. Daraufhin versetzt C dem A einen heftigen Faustschlag
ins Gesicht. A taumelt und fällt zu Boden.

Gleichwohl will C weiter auf A einschlagen. Als das die anwesende Freundin
des A, Brunhilde (B), sieht, fordert sie C zunächst auf, sofort aufzuhören. Als das
nichts hilft, versetzt B als leidenschaftliche Freizeitboxerin dem C einen Schlag in
die Magengegend, um ihren Freund zu beschützen. Dies gelingt, auch C geht unter
großen Schmerzen zu Boden.

A hat durch den Schlag des C eine Verletzung am Auge erlitten, die ärztlich
behandelt werden muss. Er ist privat krankenversichert und verlangt Ersatz der
Behandlungskosten in Höhe von 230 €, die ihm sein Versicherer bislang noch nicht
ersetzt hat. Außerdem verlangt er ein angemessenes Schmerzensgeld (dessen Höhe
hier nicht zu problematisieren ist). Ferner ist durch den Schlag die Designerbrille
des A zu Bruch gegangen, die dieser bereits seit einem Jahr trug. Ihr Zeitwert vor
der Zerstörung durch C ist mit 500 € zu bewerten. Sie kann nicht mehr repariert
werden und ist jetzt wertlos. Die Kosten für die Beschaffung einer neuen Brille
betragen 600 €. Diesen Betrag möchte A ebenfalls von C ersetzt bekommen.

C verlangt von B Zahlung eines Schmerzensgeldes in Höhe von 100 €. Dieser
Betrag ist im Hinblick auf die erlittenen Schmerzen angemessen.

Bestehen die geltend gemachten Ansprüche?

© Springer-Verlag GmbH Deutschland, ein Teil von Springer Nature 2019
J. Prütting, B. Scholl, *Die Schuldrechtsklausur II*, Tutorium Jura,
https://doi.org/10.1007/978-3-662-57602-1_1

Lösung Fall 1

▶ Dies ist ein kleiner Einführungsfall zum Deliktsrecht, anhand dessen der Aufbau und die Tatbestandsmerkmale von § 823 Abs. 1 und § 823 Abs. 2 BGB dargestellt werden.

A) Ansprüche des A gegen C wegen der Verletzung am Auge

I. Anspruch aus § 823 Abs. 1 BGB

1 A könnte gegen C einen Anspruch auf Erstattung der ärztlichen Behandlungskosten in Höhe von 230 € und auf Zahlung eines Schmerzensgeldes in Höhe von 100 € aus § 823 Abs. 1 BGB haben.

1. Tatbestand

> **Aufbauhinweis:**
>
> Die Voraussetzungen werden im Folgenden sehr ausführlich geprüft, was vor allem didaktischen Zwecken dient. In einer Klausur fasst man sich kürzer. Es ist auch möglich, die Verletzungshandlung am Anfang vor der Rechtsgutverletzung zu prüfen. Man kann in einem so einfachen Fall wie dem vorliegenden auch Verletzungshandlung und haftungsbegründende Kausalität zusammen prüfen. Innerhalb des Grundstudiums ist aber zu einer klaren Unterscheidung der einzelnen Punkte zu raten.

a) Rechtsgutverletzung

2 Dann müsste C ein von § 823 Abs. 1 BGB geschütztes Rechtsgut oder Recht des A verletzt haben. Hier kommt eine Verletzung des Körpers und der Gesundheit des A in Betracht. Körperverletzung ist die Verletzung der äußeren Integrität des Körpers, das heißt, jede üble, unangemessene Behandlung, die das körperliche Wohlbefinden und/oder die körperliche Unversehrtheit nicht nur unerheblich beeinträchtigt.[1] Bei einer Gesundheitsverletzung geht es hingegen um eine Beeinträchtigung der inneren Lebensvorgänge ohne Rücksicht auf die Integrität der Organe und Körperteile, wobei jedes Hervorrufen oder Steigern eines von den normalen körperlichen Funktionen nachteilig abweichenden Zustandes eine Gesundheitsverletzung darstellt.[2] Hier hat A zunächst eine (äußere) Verletzung am Auge, mithin eine Körperverletzung, erlitten. Dadurch sind aber zugleich die inneren Lebensvorgänge im Auge betroffen worden, so dass daneben auch eine Gesundheitsverletzung vorliegt.

---

[1] Die Formulierungen der Gerichte divergieren teilweise ein wenig, der Inhalt ist jedoch identisch, vgl. OLG Hamm NJW 2012, 1088 f.
[2] BGHZ 114, 284, 289; 163, 209, 212; Palandt/*Sprau* § 823 Rn. 4.

Die Abgrenzung zwischen Körper- und Gesundheitsverletzung ist im Einzelnen schwierig, aber im Ergebnis irrelevant, weil die Rechtsfolgen identisch sind. Wenn eine Verletzung der körperlichen Integrität vorliegt, geht damit sehr häufig auch eine Gesundheitsbeeinträchtigung einher.

b) Verletzungshandlung

C hat dem A einen heftigen Faustschlag ins Gesicht versetzt und damit eine Ver- **3**
letzungshandlung i.S.d. § 823 Abs. 1 BGB vorgenommen.

Das konkrete Verletzungsverhalten muss genau bestimmt werden, da insbesondere in Fällen, in denen erst durch das Hinzutreten weiterer Umstände das Rechtsgut verletzt wurde, im Rahmen der haftungsbegründenden objektiven Zurechnung eine Kontrolle an Hand von Kausalitäts- und Zurechnungserwägungen erfolgen muss. Dies kann nur gelingen, wenn Rechtsgutverletzung und Verhalten präzise aufgezeigt werden.

c) Haftungsbegründende Kausalität und objektive Zurechnung

Weiterhin müsste das Verhalten des C für die Rechtsgutverletzung ursächlich gewor- **4**
den sein. Nach der *condicio-sine-qua-non*-Formel liegt äquivalente Kausalität vor, wenn die Handlung nicht hinweggedacht werden kann, ohne dass der konkrete Verletzungserfolg entfiele.[3] Hätte C dem A keinen Faustschlag ins Gesicht versetzt, wäre A auch nicht verletzt worden.

Nach der Adäquanztheorie bleiben aber solche Bedingungen für die Rechtsgut- **5**
verletzung außer Betracht, die nur aufgrund eines außerhalb jeder Lebenserfahrung liegenden Kausalverlaufes zu der Rechtsgutverletzung geführt haben.[4] Ein Schlag ins Gesicht führt typischerweise zu Verletzungen. Das Handeln des C ist also auch adäquat kausal für die eingetretene Rechtsgutverletzung.

In einem so einfachen Fall wie dem vorliegenden hätte die Adäquanztheorie nicht notwendigerweise erwähnt werden müssen, sondern die haftungsbegründende Kausalität auch einfach in einem Satz festgestellt werden können. Bitte beachten Sie, dass die Adäquanztheorie im Rahmen der Zurechnungsprüfung mittlerweile ein „Schattendasein" genießt und nur sehr selten zu relevanten Eingrenzungen der Äquivalenzformel führt. Auch auf den Schutzzweck der Norm braucht man

---

[3] Vgl. BGH NJW 1957, 1475; 2005, 1420.
[4] BGH NJW 1998, 140; 2005, 1421.

hier nicht einzugehen: Denn es ist offensichtlich, dass sich in der Rechtsgutverletzung des A gerade die Gefahr realisiert hat, vor der die von C verletzte Verhaltenspflicht aus § 823 Abs. 1 BGB, andere nicht zu verletzen, schützen soll.
Verletzungsverhalten, das ohne weitere Zwischenschritte, also *unmittelbar* das
Rechtsgut verletzt, ist regelmäßig vom Schutzzweck der Norm erfasst.

2. Rechtswidrigkeit

Systematischer Hinweis:
Die h.M. folgt der Lehre vom Erfolgsunrecht.[5] Das bedeutet, dass bei Verwirklichung des Tatbestandes von § 823 Abs. 1 BGB die Rechtswidrigkeit
keiner gesonderten Prüfung mehr bedarf, sondern indiziert ist. Zu prüfen ist
nur, ob dem Schädiger ausnahmsweise ein Rechtfertigungsgrund zur Seite
steht. Anders bei den sog. offenen Tatbeständen (Verletzung des allg. Persönlichkeitsrechts und des Rechts am eingerichteten und ausgeübten Gewerbebetrieb), bei denen die Rechtswidrigkeit positiv festzustellen ist. Zu Besonderheiten bei Unterlassungen und mittelbaren Rechtsverletzungen siehe noch
Fall 2 Rn. 10. In diesen Fällen darf ebenfalls nicht ohne Weiteres von einer
indizierten Rechtswidrigkeit bei gegebener Tatbestandsmäßigkeit ausgegangen werden.

6   Die Rechtswidrigkeit ist indiziert. Insbesondere kann sich C für sein Tun nicht auf
den Rechtfertigungsgrund der Notwehr (§ 227 BGB) berufen. Da die vorangegangene Aussage des A bereits abgeschlossen war, dürfte schon mangels Gegenwärtig-
keit des Angriffs auf die Ehre des C keine Notwehrlage vorliegen. Jedenfalls war
eine Körperverletzung als Abwehrhandlung nicht erforderlich.[6]

3. Verschulden
7   Nach § 823 Abs. 1 BGB müsste C vorsätzlich oder fahrlässig gehandelt haben (Verschulden). Hier hat C dem A absichtlich einen Faustschlag versetzt, um diesen zu
verletzen, also vorsätzlich gehandelt.

---

[5] Ausführlich und sehr lesenswert hierzu MüKo/*Wagner* § 823 Rn. 4–27 m.w.N.

[6] Vgl. BeckOK-StGB/*Momsen/Savić* § 32 Rn. 25.2: „Bei Angriffen auf die Ehre eines anderen
können tätliche Abwehrhandlungen nur ausnahmsweise durch Notwehr gerechtfertigt sein. Hier
ist besonders sorgfältig zu prüfen, ob eine solche Abwehr nach Art und Maß erforderlich ist.

Systematischer Hinweis:
Vorsätzlich handelt im Zivilrecht, wer mit Wissen und Wollen aller Tatumstände sowie mit Unrechtsbewusstsein agiert.[7] Anders als im Strafrecht,
wo die Teilung in eine Ebene des subjektiven Tatbestandes und der Schuld
erfolgt, existiert im Zivilrecht nur ein einheitlicher Verschuldensbegriff (Vorsatztheorie). Irrtümer über das Unrecht der Tat (sowohl Erlaubnistatbestands-
wie Erlaubnisirrtümer) führen im Zivilrecht somit zur Einstufung der Tat als
fahrlässig, soweit der Irrtum vermeidbar war.

4. Schaden, haftungsausfüllende Kausalität, Ersatzfähigkeit, Mitverschulden

Aufbauhinweis:
Den Schaden, die haftungsausfüllende Kausalität und die Ersatzfähigkeit des
Schadens nach §§ 249 ff. BGB prüft man üblicherweise zusammen, wenn es
keine besonderen Probleme gibt. Hier wird das nur aus didaktischen Gründen
aufgeschlüsselt.

a) Schaden

Ein Schaden ist grundsätzlich jede Einbuße an Rechten oder Interessen. Der Schaden **8**
des A liegt zunächst darin, dass er am Körper verletzt wurde und dadurch Schmerzen erlitten hat. Dies stellt einen immateriellen Schaden dar. Außerdem musste A
sich einer ärztlichen Heilbehandlung unterziehen und dafür 230 € aufwenden. Dies
stellt einen Vermögensschaden dar.

b) Haftungsausfüllende Kausalität und objektive Zurechnung

Die Schäden müssen auf der Rechtsgutverletzung beruhen. Die Rechtsgutverlet- **9**
zung darf also nicht hinweggedacht werden können, ohne dass die Schäden ent-
fielen (äquivalente Kausalität). Sowohl die Schmerzen als auch die Heilbehandlungskosten sind aufgrund der Körper- und Gesundheitsverletzung entstanden.
Die Rechtsgutverletzung ist auch adäquat kausal für die Schäden und die Schäden
liegen im Schutzzweck der verletzten Norm, andere nicht zu verletzen.

c) Ersatzfähigkeit

Die Ersatzfähigkeit des Schmerzensgeldes ergibt sich als Ausnahme von dem **10**
Grundsatz, dass allein materielle Schäden ersatzfähig sind (§ 253 Abs. 1 BGB), aus
§ 253 Abs. 2 BGB.

---

[7] Vgl. BGHZ 69, 142; 118, 208. Die a.A. wurde früher in der Arbeitsgerichtsbarkeit vertreten, vgl.
BAGE 1, 79. Es ist nach der Entwicklung in Literatur und Rspr. nicht davon auszugehen, dass
diese Sichtweise heute noch aufrechterhalten werden würde.

Die Heilbehandlungskosten sind nach § 249 Abs. 2 S. 1 BGB im Rahmen der Naturalrestitution in Geld ersatzfähig. Soweit dies im Einzelfall möglich ist, wird der menschliche Körper bei Schäden wiederhergestellt. Daher ist auf Schadenskompensation nach § 251 Abs. 1 BGB wegen Unmöglichkeit der Restitution nur in jenen Fällen zurückzugreifen, in denen eine Heilbehandlung im Wortsinne vollständig ausscheidet.

Zur Vertiefung:
Zu beachten ist bei Heilbehandlungskosten immer, dass diese vom Verletzten nicht gegenüber dem Schädiger verlangt werden können, wenn der Verletzte gesetzlich krankenversichert ist. In diesem Fall verliert der Geschädigte bereits im Zeitpunkt des Schädigungserfolgs seinen Anspruch an die Krankenkasse aufgrund der Legalzession des § 116 SGB X (lesen!). Im Gegenzug schuldet die Krankenkasse ihrem Versicherten die vollständige Heilbehandlung (§§ 1, 12, 27 ff. SGB V). Die Krankenkasse nimmt dann bei dem Schädiger Regress. Hier ist A jedoch privat krankenversichert, so dass sein Anspruch erst auf den Versicherungsträger übergeht, wenn er die Heilbehandlungskosten von diesem erstattet bekommt, § 86 VVG (lesen!). Dies ist vorliegend nicht geschehen, so dass A Anspruchsinhaber geblieben ist.

d) Mitverschulden (§ 254 BGB)

11 Möglicherweise muss sich A anspruchsmindernd gem. § 254 Abs. 1 BGB ein Mitverschulden bei der Entstehung des Schadens anrechnen lassen. Ein Mitverschulden kommt in Betracht, wenn der Verletzte den Angriff provoziert hat.[8] Hier hat A den Angriff des C dadurch ausgelöst, dass er diesen als geistig minderbemittelt bezeichnet und dies noch näher ausgeführt hat. Zwar war die Reaktion des C darauf überzogen. Gleichwohl erscheint es angemessen, aufgrund der Provokation einen Mitverschuldensanteil von 25 % anzunehmen.[9]

Zur Vertiefung:
Das Schmerzensgeld wird nicht so berechnet, dass zunächst ein ohne Berücksichtigung des Mitverschuldens angemessenes Schmerzensgeld ermittelt und davon die Mitverschuldensquote abgezogen wird. Vielmehr ist das Mitverschulden ein Bemessungsfaktor für das Schmerzensgeld.[10] In der Praxis erhöht das die Flexibilität des Tatrichters.

---

[8] BGH VersR 1965, 1152; 1982, 69; MüKo/*Oetker* § 254 Rn. 49; BeckOK/*Lorenz* § 254 Rn. 25.
[9] Andere Quote oder auch Verneinung jeglichen Mitverschuldens vertretbar.
[10] BGH NZV 1991, 305 (zu § 847 BGB a.F.); NK-BGB/*Knöfler* § 254 Rn. 8.

5. Ergebnis

Demnach sind die Heilbehandlungskosten nur zu 75 % ersatzfähig. Im Rahmen des Schmerzensgeldes ist das Mitverschulden als Bemessungsfaktor zu berücksichtigen. A kann von C Zahlung von 172,50 € als Schadensersatz und zusätzlich Schmerzensgeld aus § 823 Abs. 1 BGB verlangen.

12

II. Anspruch aus § 823 Abs. 2 BGB i.V.m. § 223 StGB

Der Schadensersatzanspruch des A gegen C könnte sich außerdem aus § 823 Abs. 2 BGB i.V.m. § 223 Abs. 1 StGB ergeben.

13

1. Tatbestand

Dann müsste § 223 Abs. 1 StGB ein Schutzgesetz i.S.d. § 823 Abs. 2 BGB darstellen, und C müsste gegen dieses Schutzgesetz verstoßen haben.

14

a) § 223 Abs. 1 StGB als Schutzgesetz

Gesetz ist gem. Art. 2 EGBGB jede Rechtsnorm. § 223 Abs. 1 StGB ist mithin ein Gesetz. Ein Schutzgesetz liegt vor, wenn die Norm nicht nur Interessen der Allgemeinheit, sondern auch Individualinteressen schützen soll.[11] § 223 Abs. 1 StGB dient insbesondere dem Schutz individueller Personen vor Verletzungen des Körpers und der Gesundheit. Insofern stellt § 223 Abs. 1 StGB ein Schutzgesetz dar.

15

b) Verletzung von § 223 Abs. 1 StGB

Fraglich ist, ob C den Tatbestand des § 223 Abs. 1 StGB erfüllt hat.

16

aa) Objektiver Tatbestand

Dann müsste er zunächst den objektiven Tatbestand des § 223 StGB verwirklicht haben. Wie bereits im Rahmen von § 823 Abs. 1 BGB geprüft, hat C den A durch einen Schlag ins Gesicht an seinem Körper und seiner Gesundheit verletzt. Der objektive Tatbestand des § 223 StGB ist mithin erfüllt.

17

bb) Subjektiver Tatbestand

Weiterhin müsste C vorsätzlich, also wissentlich und willentlich, gehandelt haben. Hier hat C den A absichtlich verletzt. C handelte also vorsätzlich, *dolus directus* 1. Grades.

18

cc) Rechtswidrigkeit

Eine Rechtfertigung scheidet, wie bereits im Rahmen von § 823 Abs. 1 BGB geprüft, mangels Rechtfertigungsgründen aus.

19

dd) Schuld

Da Schuldausschließungs- und Entschuldigungsgründe nicht ersichtlich sind, handelte C auch schuldhaft.

20

---

[11] Vgl. Palandt/*Sprau* § 823 Rn. 57.

ee) Zwischenergebnis

21   C hat sich demnach das Schutzgesetz des § 223 Abs. 1 StGB verletzt.

Aufbauhinweis:

Grds. müsste danach im Rahmen von § 823 Abs. 2 BGB die **Rechtswidrigkeit** geprüft werden. Da diese aber bereits im Rahmen der Verletzung des Schutzgesetzes geprüft wurde, kann eine erneute Prüfung hier ausnahmsweise unterbleiben (oder man verweist kurz nach oben).

Einer Prüfung des Verschuldens gem. § 823 Abs. 2 S. 2 BGB bedarf es hier nicht mehr, weil bereits das Strafgesetz Verschulden, hier sogar in Form des Vorsatzes, voraussetzt.

---

2. Schaden, haftungsausfüllende Kausalität, Ersatzfähigkeit, Mitverschulden

22   Insoweit gilt das Gleiche wie im Rahmen von § 823 Abs. 1 BGB: Die Heilbehandlungskosten sind nach § 249 Abs. 2 S. 1 BGB und das Schmerzensgeld nach § 253 Abs. 2 BGB ersatzfähig. Aufgrund Mitverschuldens des A ist der Anspruch auf Ersatz der Heilbehandlungskosten um 25% zu kürzen; auch im Rahmen der Schmerzensgeldbemessung ist das Mitverschulden zu berücksichtigen.

3. Ergebnis

23   A kann von C Zahlung auch aus § 823 Abs. 2 BGB i.V.m. § 223 StGB Zahlung von 172,50 € Schadensersatz und eines angemessenen Schmerzensgeldes verlangen.

B) Ansprüche des A gegen C wegen der Beschädigung der Brille

I. Anspruch aus § 823 Abs. 1 BGB

24   A könnte gegen C einen Anspruch auf Zahlung von 600 € wegen der Zerstörung der Brille des A aus § 823 Abs. 1 BGB haben.

Aufbauhinweis:

Der Anspruch hätte auch gemeinsam mit dem Anspruch aus § 823 Abs. 1 BGB wegen der Körper-/Gesundheitsverletzung geprüft werden können. Der Vorteil einer gemeinsamen Prüfung ist, dass sie Zeit spart.

---

1. Tatbestand

a) Rechtsverletzung

25   Dann müsste C ein von § 823 Abs. 1 BGB geschütztes Rechtsgut oder Recht des A verletzt haben. Hier kommt eine Verletzung des Eigentums des A in Betracht. Die Brille stand im Eigentum des A. In der Zerstörung liegt eine Eigentumsverletzung in Form der Substanzverletzung.

b) Verletzungshandlung

Die Verletzungshandlung des C liegt in dem Faustschlag ins Gesicht des A.   **26**

c) Haftungsbegründende Kausalität und objektive Zurechnung

Weiterhin müsste die Verletzungshandlung für die Rechtsverletzung kausal gewor-   **27**
den sein. Hätte C den A nicht ins Gesicht geschlagen, hätte er auch nicht dessen
Brille getroffen. Dann wäre diese nicht zerstört worden. Demnach liegt Kausalität nach der *condicio-sine-qua-non*-Formel vor. Dies war auch eine vorhersehbare
Folge, so dass die Adäquanztheorie zu keinem abweichenden Ergebnis führt.

2. Rechtswidrigkeit

Eine Rechtfertigung kommt, wie oben geprüft, nicht in Betracht.   **28**

3. Verschulden

Nach § 823 Abs. 1 BGB müsste C vorsätzlich oder fahrlässig gehandelt haben. Auch   **29**
hier kommt vorsätzliches Handeln in Betracht. Hinsichtlich der Verletzungshandlung handelte C vorsätzlich. Fraglich ist jedoch, ob er auch hinsichtlich des Verlet-
zungserfolges (Eigentumsverletzung an der Brille) vorsätzlich handelte. Da es C bei
lebensnaher Auslegung nur darauf ankam, den A zu verletzen, nicht hingegen seine
Brille zu zerstören, kommt insoweit allenfalls *dolus eventualis* in Betracht.[12] Voraussetzung wäre also, dass C den Verletzungserfolg für möglich hielt und billigend
in Kauf nahm. Letztlich kommt es auf die Abgrenzung zwischen Vorsatz und Fahrlässigkeit aber im Rahmen der zivilrechtlichen Haftung nicht an, weil nach § 823
Abs. 1 BGB Fahrlässigkeit ausreicht. C hat jedenfalls die im Verkehr erforderliche
Sorgfalt i.S.d. § 276 Abs. 2 BGB verletzt, als er dem A den Faustschlag versetzte.
Insofern hat er jedenfalls fahrlässig und damit schuldhaft gehandelt.

Exkurs:
Wenn es demgegenüber in einer zu begutachtenden Konstellation um die Schmerzensgeldhöhe
geht, ist der Grad des Verschuldens beim Schadensumfang kritisch zu würdigen, da eine vorsätzliche Tat ein höheres Schmerzensgeld zu begründen geeignet ist.[13]

4. Schaden, haftungsausfüllende Kausalität, Ersatzfähigkeit, Mitverschulden

Der – insoweit mit der Rechtsverletzung identische – Schaden liegt in der Zerstörung der   **30**
Brille. Auf die haftungsausfüllende Kausalität kommt es aufgrund dieser Identität zwi-
schen Verletzung und Schaden nicht an. Der Wert der Brille könnte nach § 249 Abs. 2
S. 1 BGB im Rahmen der Naturalrestitution ersatzfähig sein. Dagegen könnte jedoch
sprechen, dass die Brille irreparabel zerstört wurde und mithin ein Fall des § 251 Abs. 1
BGB vorliegen könnte. Zur Naturalrestitution gehört aber auch die Ersatzbeschaffung.[14]
Diese ist trotz Zerstörung der Brille möglich. Deshalb ergibt sich im Grundsatz die
Ersatzfähigkeit des Wertes der Brille in Höhe von 600 € aus § 249 Abs. 2 BGB.

---

[12] Dieser genügt im Zivilrecht ebenso wie im Strafrecht dem Vorsatzbegriff, vgl. BGHZ 7, 311,
313; BGH NJW 1984, 800, 801; NJW- RR 2012, 404 Rn. 10.
[13] Vgl. etwa LG Bielefeld NJW-RR 2006, 746.
[14] BGH NJW 2009, 3713 Rn. 7; Palandt/*Grüneberg* § 249 Rn. 11.

31   Allerdings könnte hier ein Abzug „neu für alt" vorzunehmen sein. Wenn die
beschädigte Sache schon in Benutzung war und der Geschädigte im Rahmen der
Ersatzbeschaffung eine neue Sache erhält, ist nach den Grundsätzen der Vorteils-
ausgleichung ein Abzug „neu für alt" vorzunehmen,[15] der durch Abschreibung zu
ermitteln ist.[16] Der Geschädigte soll nicht besser gestellt werden, als er ohne das
schädigende Ereignis stünde. Ob dies jedoch auch bei der Beschädigung von Brillen
gilt, ist umstritten. Zum Teil nimmt die Rechtsprechung hier die Ersatzfähigkeit des
Neupreises an, weil dem Geschädigten mangels Bestehens eines Gebrauchtmarktes
eine Neuanschaffung aufgezwungen werde und ihm die Möglichkeit, die alte Brille
weiterzunutzen, genommen werde.[17] Dagegen spricht jedoch, dass Brillengestelle
sich nicht nur abnutzen, sondern auch in Material, Form und Farbe sich ständig
ändernden Anschauungen unterliegen. Zudem hat der Geschädigte die Möglichkeit, bei der Neuanschaffung eine möglicherweise geänderte Sehschärfe zu berücksichtigen. Daher erscheint es vorzugswürdig, auch bei der Ersatzbeschaffung von
Brillen einen Abzug „neu für alt" vorzunehmen.[18] Daher ist der ersatzfähige Wiederbeschaffungsaufwand auf 500 € zu reduzieren.

> A.A. gut vertretbar.

Anspruchsmindernd ist zudem gem. § 254 Abs. 1 BGB wiederum ein Mitverschulden des A von einem Viertel zu berücksichtigen.

5. Ergebnis
32   A hat gegen C wegen der Zerstörung der Brille einen Anspruch auf Schadensersatz
aus § 823 Abs. 1 BGB in Höhe von 375 €.

II. Anspruch aus § 823 Abs. 2 BGB i.V.m. § 303 Abs. 1 StGB
33   Der Schadensersatzanspruch des A gegen C hinsichtlich der Zerstörung der Brille
könnte sich außerdem aus § 823 Abs. 2 BGB i.V.m. § 303 Abs. 1 StGB ergeben.

1. Tatbestand
34   Dann müsste § 303 Abs. 1 StGB ein Schutzgesetz i.S.d. § 823 Abs. 2 BGB darstellen, und C müsste gegen dieses Schutzgesetz verstoßen haben.

---

[15] Vgl. BGH NJW 1959, 1078.
[16] Vgl. BGH NJW-RR 1995, 415 f.
[17] Vgl. LG Münster NZV 2011, 302; AG Coesfeld NZV 2009, 233.
[18] Vgl. OLG Rostock NZV 2011, 503; LG Augsburg BeckRS 2013, 00671; AG Trier BeckRS 2013,
08657.

a) § 303 Abs. 1 StGB als Schutzgesetz

§ 303 Abs. 1 StGB ist eine Rechtsnorm, die dem Schutz individueller Personen vor   **35**
Zerstörung und Beschädigung ihres Eigentums dient. Mithin stellt auch § 303 StGB
ein Schutzgesetz i.S.d. § 823 Abs. 2 BGB dar.

b) Verletzung von § 303 Abs. 1 StGB

Zu prüfen ist, ob C § 303 Abs. 1 StGB erfüllt hat.   **36**

aa) Objektiver Tatbestand

Dann müsste er im objektiven Tatbestand eine fremde Sache beschädigt oder zer-   **37**
stört haben. Die Brille ist eine fremde, nämlich im Eigentum des A stehende Sache.
Diese hat C zerstört. Damit hat er den objektiven Tatbestand des § 303 Abs. 1 StGB
erfüllt.

bb) Subjektiver Tatbestand

Weiterhin müsste C vorsätzlich, also wissentlich und willentlich, gehandelt haben.   **38**
Insofern stellt sich hier die im Rahmen von § 823 Abs. 1 BGB offengelassene Frage,
ob C hinsichtlich der Zerstörung der Brille bedingten Vorsatz (*dolus eventualis*)
hatte. Dagegen könnte sprechen, dass C sich über die Brille des A möglicherweise
keine Gedanken gemacht hat. Andererseits wird C bei lebensnaher Auslegung des
Sachverhalts gesehen haben, dass A eine Brille trägt. Wenn er ihm dann trotzdem einen Faustschlag in das Gesicht versetzt hat, spricht dies dafür, dass er eine
Beschädigung oder Zerstörung der Brille für möglich gehalten und billigend in
Kauf genommen hat, um sein Ziel, eine Verletzung des A, zu erreichen. Demnach
ist bedingter Vorsatz zu bejahen.

> A.A. gut vertretbar – dann hat C den Tatbestand des § 303 Abs. 1 StGB nicht
> erfüllt und schuldet keinen Schadensersatz nach § 823 Abs. 2 BGB i.V.m.
> § 303 Abs. 1 StGB.

cc) Rechtswidrigkeit

Mangels Rechtfertigungsgründen handelte C rechtswidrig.   **39**

dd) Schuld

Da Schuldausschließungs- und Entschuldigungsgründe nicht ersichtlich sind, han-   **40**
delte C auch schuldhaft.

ee) Zwischenergebnis

C hat also den Tatbestand der Sachbeschädigung gem. § 303 Abs. 1 StGB erfüllt,   **41**
also das Schutzgesetz verletzt.

2. Schaden, haftungsausfüllende Kausalität, Ersatzfähigkeit, Mitverschulden

42 Es gilt das Gleiche wie im Rahmen von § 823 Abs. 1 BGB; insbesondere ist auch hier ein Mitverschulden des A von einem Viertel zu berücksichtigen.

3. Ergebnis

43 A kann von C Zahlung von Schadensersatz in Höhe von 375 € aus § 823 Abs. 2 BGB i.V.m. § 303 StGB verlangen.

C) Ansprüche des C gegen B wegen des Schlags in den Magen

I. Anspruch aus § 823 Abs. 1 BGB

44 C könnte gegen B einen Anspruch auf Zahlung eines Schmerzensgeldes in Höhe von 100 € aus § 823 Abs. 1 BGB haben.

1. Tatbestand

45 Dann müsste B zunächst eines der von § 823 Abs. 1 BGB geschützten Rechtsgüter und Rechte des C verletzt haben. Hier hat C adäquat kausal durch den Schlag der B in die Magengegend jedenfalls eine Körperverletzung erlitten, die wohl zudem zu einer Störung der inneren Lebensvorgänge und damit auch zu einer Gesundheitsverletzung geführt hat.

Aufbauhinweis:

Hier wurden die Prüfungspunkte Rechtsgutverletzung, Verletzungshandlung, haftungsbegründende Kausalität nicht eigens angesprochen. Das kann man machen, wenn – wie hier (aber auch bei der Verletzung des A durch C) – darin kein Problem liegt.

2. Rechtswidrigkeit

46 Fraglich ist jedoch, ob B rechtswidrig gehandelt hat. Die Verletzung des C könnte durch Nothilfe gem. § 227 BGB gerechtfertigt sein. Notwehr ist nach § 227 Abs. 2 BGB diejenige Verteidigung, die erforderlich ist, um einen gegenwärtigen rechtswidrigen Angriff von sich oder einem anderen abzuwenden.

47 Fraglich ist zunächst, ob eine Notwehrlage bestand. Hier lag ein Angriff des C auf die körperliche Unversehrtheit des A vor. C wollte weiter auf den am Boden liegenden A einschlagen, so dass der Angriff noch andauerte, also gegenwärtig war. Da C, wie geprüft, kein Rechtfertigungsgrund zur Seite stand, war sein Angriff auf A auch rechtswidrig.

48 Außerdem müsste die Verteidigungshandlung der B geeignet und erforderlich gewesen sein. Der Schlag der B war geeignet, den Angriff des C sofort und nachhaltig abzuwehren. Erforderlich ist die Verteidigungshandlung, wenn dem Verteidiger kein milderes, gleich wirksames Abwehrmittel zur Verfügung steht. Hier ist nicht ersichtlich, dass B den Angriff des C auf A mit milderen, aber gleich geeigneten Mitteln hätte abwehren können.

Möglicherweise war die Verteidigungshandlung hier aber ausnahmsweise nicht **49** geboten. Eine rechtswidrige oder jedenfalls sozialethisch zu missbilligende, vorwerfbare Herbeiführung der Notwehrlage durch den Angegriffenen kann zu einer Einschränkung des Notwehrrechts (auch des Nothilferechts[19]) führen, wenn zwischen dem Vorverhalten und dem rechtswidrigen Angriff ein inhaltlicher sowie ein enger zeitlicher und räumlicher Zusammenhang besteht.[20] Auch eine vorangegangene Beleidigung des Angegriffenen kann das Notwehrrecht einschränken.[21] Das Maß der Beschränkung des Notwehrrechts hängt insbesondere von der Schwere der Provokation ab. In der Regel muss der Provokateur zunächst dem Angriff ausweichen, soweit dies möglich ist. Wenn das nicht in Betracht kommt, muss er sich vorerst auf abgeschwächte Verteidigungsmaßnahmen beschränken („Schutzwehr vor Trutzwehr").

Aufbauhinweis:

Die Beschränkungen des Notwehr- und Nothilferechts sind umstritten. Die Verweisung des Angegriffen oder Helfers auf eine „abgestufte" Notwehr/Nothilfe kann daher mit guten Argumenten auch verneint werden. Insbesondere wird argumentiert, dass die Verteidigung der bedrohten Rechtsgüter in der Situation Vorrang haben müsse und die Berücksichtigung einer Provokation der Strafzumessung im Strafprozess und dem Aspekt des Mitverschuldens im Zivilprozess vorbehalten sei. Hier musste der Streit nicht entschieden werden, da nach beiden Ansichten B das Nothilferecht ordnungsgemäß ausgeübt hat.

Hier dürfte in der Aussage des A gegenüber C wohl eine strafbare Beleidigung **50** (§ 185 StGB) liegen. Gleichwohl war die Reaktion des C, den A daraufhin körperlich anzugreifen, bereits unverhältnismäßig. Zudem ist zu berücksichtigen, dass A, als er verletzt am Boden lag, weiteren Angriffen des C nicht mehr ausweichen konnte. Außerdem hat B zunächst versucht, den Streit ohne Anwendung von Gewalt zu schlichten, indem sie den C – erfolglos – zum Aufhören aufgefordert hat. Insofern erscheint es angemessen, dass B danach durch ihre Abwehrhandlung weitere Angriffe auf den am Boden liegenden A verhindert hat. Auch wenn man hier eine Einschränkung des Notwehr- und Nothilferechts annimmt, ist die Verteidigungshandlung der B damit geboten.

B handelte mit dem Willen, den Angriff auf A abzuwehren, also mit Verteidi- **51** gungswillen.[22]

---

[19] MüKo-StGB/*Erb*, 3. Aufl. 2017, § 32 Rn. 238.

[20] Zu § 32 StGB: *Fischer* StGB, 65. Aufl. 2018, § 32 Rn. 44 m.w.N. zur strafrechtlichen Rspr.; Palandt/*Ellenberger* § 227 Rn. 9; MüKo/*Grothe* § 227 Rn. 24.

[21] MüKo-StGB/*Erb* § 32 Rn. 232.

[22] Ob im Zivilrecht ein subjektives Rechtfertigungselement überhaupt erforderlich ist, ist umstritten (bejahend: Palandt/*Ellenberger* § 227 Rn. 6; BeckOK/*Dennhardt* § 227 Rn. 13; für § 904 S. 2 BGB BGHZ 92, 357, 359; verneinend: MüKo/*Grothe* § 227 Rn. 18; Staudinger/*Repgen* [2014] § 227 Rn. 51 ff.). Hier kam es darauf nicht an, weil der Verteidigungswille offensichtlich vorlag.

Damit war der Schlag der B in die Magengegend des C durch Nothilfe gem. § 227 BGB gerechtfertigt.

> **Systematischer Hinweis:**
> Das Notwehrrecht nach § 227 BGB stimmt mit dem nach § 32 StGB überein. Beide Normen sind einheitlich auszulegen (Palandt/*Ellenberger* § 227 Rn. 1). Im Übrigen können auch die Rechtfertigungsgründe des Strafrechts zur Rechtfertigung unerlaubter Handlungen nach §§ 823 ff. BGB herangezogen werden (Einheit der Rechtsordnung).

3. Ergebnis

52   C hat gegen B keinen Anspruch auf Zahlung eines Schmerzensgeldes aus § 823 Abs. 1 BGB.

II. Anspruch aus § 823 Abs. 2 BGB i.V.m. § 223 Abs. 1 StGB

53   Der Anspruch könnte sich aber aus § 823 Abs. 2 BGB i.V.m. § 223 Abs. 1 StGB ergeben.

1. Tatbestand: Verletzung des Schutzgesetzes

54   Wie bereits geprüft, ist § 223 Abs. 1 StGB ein Schutzgesetz i.S.d. § 823 Abs. 2 BGB. Fraglich ist allerdings, ob B gegen dieses Schutzgesetz verstoßen hat, sich also wegen Körperverletzung strafbar gemacht hat.

a) Objektiver und subjektiver Tatbestand des § 223 StGB

55   B hat den objektiven Tatbestand einer Körperverletzung erfüllt. Sie handelte auch vorsätzlich.

b) Rechtswidrigkeit

56   Allerdings war die Körperverletzung durch Nothilfe nach § 32 StGB gerechtfertigt. Insofern gilt das Gleiche wie im Rahmen des § 823 Abs. 1 BGB.

c) Zwischenergebnis

57   B hat sich damit nicht nach § 223 Abs. 1 StGB strafbar gemacht. Das Schutzgesetz ist nicht verletzt.

2. Ergebnis

58   C hat gegen B auch keinen Anspruch auf Zahlung eines Schmerzensgeldes aus § 823 Abs. 2 BGB i.V.m. § 223 Abs. 1 StGB.

Fall 2

Ausgangsfall

Arthur (A) bewohnt ein großes Haus mit Garten. Der Zugang zum Eingang des Hauses erfolgt auf dem Grundstück des A über einen Weg aus Betonplatten. Mitten auf dem Weg ist eine der Platten – für Besucher insbesondere bei ungünstigen Lichtverhältnissen schwer erkennbar – um vier Zentimeter angehoben. Die Kante ist dadurch entstanden, dass die Wurzeln eines großen, auf dem Nachbargrundstück stehenden Baumes auf das Grundstück des A eingedrungen sind und die Platte angehoben haben. Dies war dem A seit längerer Zeit bekannt.

An einem späten Novembernachmittag lädt A seine 70-jährige Bekannte Berta (B) zum Kaffeetrinken in sein Haus ein. Auf dem Weg zum Haus stürzt B über die Kante. Als sie sich mit den Händen abstützen will, bricht sie sich das rechte Handgelenk. Zu der Verletzung kommt es auch deshalb, weil B unter Osteoporose leidet. Die Verletzung der B muss im Krankenhaus behandelt werden. Dazu fallen Heilbehandlungskosten von 2500 € an. Diese verlangt B von A ersetzt. Außerdem verlangt B von A Zahlung eines der Höhe nach angemessenen Schmerzensgeldes von 1500 €. A lehnt die Zahlung ab. Er beruft sich darauf, dass er für den Baum seines Nachbarn nicht verantwortlich sei. Außerdem hätte B – auch angesichts ihres Alters – vorsichtiger gehen müssen. Jedenfalls habe er die B bloß unentgeltlich eingeladen, sodass er allenfalls für grob fahrlässiges Verhalten hafte, das hier nicht gegeben sei. Bestehen die von B geltend gemachten Ansprüche?

Bearbeiterhinweis:
§ 116 SGB X ist nicht anzuwenden.

© Springer-Verlag GmbH Deutschland, ein Teil von Springer Nature 2019   15
J. Prütting, B. Scholl, *Die Schuldrechtsklausur II*, Tutorium Jura,
https://doi.org/10.1007/978-3-662-57602-1_2

Fortsetzung

Als B im Krankenhaus liegt, möchte Manfred (M), der Ehemann der B, seine Frau besuchen. Vor dem Eingang des Klinikgebäudes befindet sich auf dem Grundstück der Klinik ein 50 bis 60 Zentimeter tiefes Wasserbecken, das von einer 18 Zentimeter hohen Einfassung umrahmt ist. M, der sehbehindert ist, erkennt bei vollem Tageslicht das Wasserbecken nicht, auch weil er sich durch ein rangierendes Auto ablenken lässt. Er läuft gegen die Einfassung, fällt unglücklich und landet schließlich im Wasserbecken. Bei dem Sturz verliert er mehrere Zähne, die er später durch Implantate ersetzen lässt.

M verlangt nun von der K-GmbH, der Trägerin des Krankenhauses, der auch das Grundstück vor dem Eingang gehört, Schadensersatz für die Zahnimplantate (10.000 €) sowie ein Schmerzensgeld von 8000 €. Zu Recht?

Bearbeiterhinweis:
Auch hier ist § 116 SGB X nicht anzuwenden.

Lösung Fall 2

▷   Hauptgegenstand der beiden recht einfachen Teilfälle sind Inhalt und Umfang von Verkehrssicherungspflichten. Die Fortsetzung ist dem Fall OLG Koblenz MDR 2009, 1277 nachgebildet.

Ausgangsfall

A) Anspruch der B gegen A aus §§ 280 Abs. 1, 241 Abs. 2 BGB

1   B könnte gegen A einen Anspruch auf Schadensersatz aus §§ 280 Abs. 1, 241 Abs. 2 BGB haben. Dazu müsste zunächst zwischen B und A zur Zeit des Unfalls ein Schuldverhältnis bestanden haben. Hier könnte ein vertragliches Schuldverhältnis durch die Einladung zum Kaffeetrinken durch A und die Annahme der Einladung durch B zustande gekommen sein. Jedoch handelte es sich um eine rein private Einladung, sodass es bei beiden Parteien am Rechtsbindungswillen fehlte. Ein Vertrag ist nicht zustande gekommen. Vielmehr handelt es sich um ein Gefälligkeitsverhältnis, aus dem im Grundsatz (beim reinen Gefälligkeitsverhältnis) weder Leistungs- noch Schutzpflichten resultieren.[1] Ausnahmsweise können auch bei einem Gefälligkeitsverhältnis Schutz- und Rücksichtnahmepflichten[2] entstehen

---

[1] So überwiegende Ansicht; vgl. *Heinrichs* in FS Canaris I (2007), S. 421, 439. Der BGH hat sich nicht explizit mit vertragsähnlichen Anspruchsgrundlagen auseinandergesetzt und *a priori* Deliktsrecht angewendet, vgl. BGH NJW 1968, 1874; 1992, 498.

[2] Hingegen keine Leistungspflichten.

(„Gefälligkeitsverhältnis mit rechtsgeschäftlichem Charakter"[3]). Dazu müssen aber besondere Umstände (Art, Grund, Zweck der Gefälligkeit, wirtschaftliche oder rechtliche Bedeutung) vorliegen, die dazu führen, dass ein objektiver Beobachter trotz Vorliegens einer Gefälligkeit wenigstens auf einen eingeschränkten Bindungswillen des Erklärenden schließt.[4] Dafür ist bei einer rein privaten Einladung zum Kaffeetrinken ohne jegliche wirtschaftliche oder rechtliche Bedeutung nichts ersichtlich. Vielmehr liegt ein reines Gefälligkeitsverhältnis vor, das kein Schuldverhältnis darstellt, sodass ein Schadensersatzanspruch der B gegen A aus §§ 280 Abs. 1, 241 Abs. 2 BGB ausscheidet.

B) Anspruch der B gegen A aus § 823 Abs. 1 BGB

Möglicherweise hat B gegen A aber einen Anspruch auf Schadensersatz und Schmerzensgeld in Höhe von insgesamt 4000 € aus § 823 Abs. 1 BGB.   **2**

I. Tatbestand

1. Rechts- oder Rechtsgutverletzung
Dazu müsste zunächst ein in § 823 Abs. 1 BGB geschütztes Recht oder Rechtsgut der   **3**
B verletzt worden sein. Die Handgelenksfraktur der B stellt sowohl eine Verletzung des Rechtsguts Körper als auch – daraus resultierend – des Rechtsguts Gesundheit dar.

2. Verletzungshandlung und haftungsbegründende Kausalität
Die Rechtsgutverletzung der B müsste weiterhin auf eine dem A zurechenbare Ver-   **4**
letzungshandlung zurückzuführen sein. Die Verletzungshandlung kann im Grundsatz sowohl in einem positiven Tun als auch in einem Unterlassen bestehen. A hat die Betonplatte nicht angehoben, vielmehr hat das Wachstum einer Baumwurzel zu dem Entstehen der Kante geführt. Daher scheidet ein positives Tun des A aus.

> **Klausurhinweis:**
>
> Nicht sinnvoll ist es, auf ein entfernteres Handeln, etwa das Verlegen der Platten oder die Erteilung des Auftrags hierzu als Handlung abzustellen. Es sollte immer der Gesichtspunkt der Zurechenbarkeit im Auge behalten werden, sodass auf jenes Verhalten abgestellt werden muss, welches den Schwerpunkt der Vorwerfbarkeit bietet.

Möglicherweise hat A es aber pflichtwidrig unterlassen, die entstandene Uneben-   **5**
heit zu beseitigen, den Bereich abzusperren oder zumindest die unebene Platte

---

[3] *Medicus/Petersen* BürgR, Rn. 368. Beispiel: Ein Taxifahrer sieht jemanden zum Bahnhof rennen und nimmt ihn, um ihm einen Gefallen zu tun, unentgeltlich mit.
[4] *Rüthers/Stadler* BGB AT, 19. Aufl. 2017, § 17 Rn. 18.

so zu markieren, dass sie für Benutzer des Weges erkennbar ist. Ein solches Unterlassen ist aber nur haftungsrelevant, wenn A eine Garantenpflicht, hier eine Verkehrssicherungspflicht traf.[5] Wer eine Gefahrenquelle eröffnet oder unterhält, muss die notwendigen und zumutbaren Vorkehrungen treffen, um Schäden anderer zu verhindern.[6] Die Verkehrssicherungspflicht umfasst diejenigen Maßnahmen, die ein umsichtiger und verständiger, in vernünftigen Grenzen vorsichtiger Mensch für notwendig und ausreichend hält, um andere vor Schäden zu bewahren.[7] Eine Verkehrssicherungspflicht trifft insbesondere auch denjenigen, der den Zugang zu einem Gebäude gestattet; er muss den Zugangsweg in einem den regelmäßigen Verkehrsbedürfnissen genügenden Zustand halten.[8] Demnach traf den A hier im Grundsatz eine Verkehrssicherungspflicht im Hinblick auf seinen Zugangsweg.

6   Fraglich ist allerdings, ob sich an der Verantwortlichkeit des A für den Zustand des Weges dadurch etwas ändert, dass die Kante durch einen Baum verursacht wurde, der gar nicht im Eigentum des A stand. Jedoch sind nicht der Baum, sondern die Betonplatten des Weges die eigentliche Gefahrenquelle. Diese lagen im alleinigen Herrschaftsbereich des A. Insofern ändert der Umstand, dass die Kante durch Wurzelwachstum verursacht wurde, nichts an der Verkehrssicherungspflicht des A.

7   Die Verkehrssicherungspflicht bestand gerade auch gegenüber B als Besucher des A. Der Inhalt der Verkehrssicherungspflicht richtet sich nach den im konkreten Fall zur Beseitigung der Gefahr erforderlichen und zumutbaren Vorkehrungen.[9] Die Kante ist mit vier Zentimetern so hoch, dass für Fußgänger, die den Weg nutzen, eine erhebliche Gefahr besteht, selbst wenn sie vorsichtig gehen. Es wäre daher zumindest eine Absperrung des Weges im Bereich der Kante erforderlich gewesen oder eine farbliche Markierung, die auf den Niveauunterschied hingewiesen hätte. Keine dieser Vorkehrungen hat A getroffen. Demnach hat er eine Verkehrssicherungspflicht verletzt.

8   Damit die Verletzung der Verkehrssicherungspflicht kausal i.S.d. *condicio-sine-qua-non*-Formel für die Rechtsgutverletzung ist, dürfte die erforderliche Maßnahme nicht hinzugedacht werden können, ohne dass die Rechtsgutverletzung mit an Sicherheit grenzender Wahrscheinlichkeit entfiele.[10] Hätte A den Weg abgesperrt oder die Kante markiert, hätte B sie höchstwahrscheinlich erkannt und wäre dann nicht gefallen. Im Rahmen der adäquaten Kausalität könnte problematisch sein, dass die Handgelenksfraktur durch die Osteoporose der B begünstigt wurde. Jedoch muss der Schädiger sein Opfer so nehmen, wie er es antrifft; eine schwache Kondition des

---

[5] Dieser Aspekt kann unmittelbar beim Unterlassen oder aber im Schutzzweck der Norm geprüft werden.

[6] Vgl. BGH NJW 2007, 762.

[7] BGHZ 195, 30 Rn. 6 m.w.N. = NJW 2013, 48.

[8] Vgl. OLG Düsseldorf r+s 1995, 339; Jauernig/*Teichmann* § 823 Rn. 39.

[9] Vgl. etwa OLG Stuttgart VersR 2012, 1535.

[10] Klassisch im Strafrecht entwickelt, vgl. BGHSt 6, 1 f.; 37, 106.

Opfers oder eine Schadensdisposition ändert an seiner Haftung nichts.[11] Der Kausalverlauf liegt nicht außerhalb jeder Lebenserfahrung, sodass auch die adäquate Kausalität gegeben ist.

Damit hat A den Deliktstatbestand des § 823 Abs. 1 BGB verwirklicht.   **9**

II. Rechtswidrigkeit

Rechtfertigungsgründe sind nicht ersichtlich. Soweit beim Unterlassen die positive   **10**
Feststellung der Rechtswidrigkeit gefordert wird, folgt die Rechtswidrigkeit hier
aus der bereits bejahten Verletzung der Verkehrssicherungspflicht.

Systematischer Hinweis:
Nach der Lehre vom Erfolgsunrecht (z. B. Palandt/*Sprau* § 823 Rn. 24) bedarf
die Rechtswidrigkeit bei Erfüllung des Tatbestandes von § 823 Abs. 1 BGB
keiner besonderen Prüfung mehr. Rechtswidrig ist die Verletzung nur dann
nicht, wenn der Verletzer sich ausnahmsweise durch Beweis der Voraussetzungen eines Rechtfertigungsgrundes der Haftung entziehen kann. Allerdings
wird verbreitet die Ansicht vertreten, dies gelte nur bei unmittelbaren Verletzungen durch positives Tun, nicht hingegen, wenn die Verletzungshandlung
in einem Unterlassen liege, oder bei mittelbaren Rechtsgutverletzungen (z. B.
Palandt/*Sprau* § 823 Rn. 26). Im letzteren Fall müsse die Rechtswidrigkeit
dadurch positiv festgestellt werden, dass der Verletzer gegen eine Rechtspflicht zum Handeln verstoßen habe. Folgt man dem, hätte man die Verkehrssicherungspflicht auch erst im Rahmen der Rechtswidrigkeit prüfen können.
Hier wurde sie hingegen schon bei der Zurechnung im Tatbestand angesprochen. Dann sind bei der Rechtswidrigkeit keine weiteren Ausführungen erforderlich (Jauernig/*Teichmann* § 823 Rn. 49 a.E.; *Brox/Walker* SchuldR BT,
§ 45 Rn. 46; *Medicus/Petersen* Bürgerliches Recht, Rn. 647; *Raab* JuS 2002,
1041, 1047).

III. Verschulden

Weiter müsste A vorsätzlich oder fahrlässig gehandelt haben. Hier könnte A die   **11**
im Verkehr erforderliche Sorgfalt missachtet und daher fahrlässig gehandelt haben,
§ 276 Abs. 2 BGB. Hier hat A nicht sichergestellt, dass sein Zugangsweg sicher
benutzt werden kann. Gründe, die dieses Unterlassen entschuldigen könnten, sind
nicht ersichtlich, zumal dem A die Kante seit längerem bekannt war. A hat also
fahrlässig gehandelt.

Systematischer Exkurs:
Wenn – wie hier – im Tatbestand (bzw. in der Rechtswidrigkeit) bereits die Verletzung einer Verkehrs(sicherungs)pflicht bejaht wurde, die Rechtswidrigkeit also ausnahmsweise verhaltensbezogen
festgestellt wurde, stellt sich die Frage, welche zusätzlichen Aspekte im Rahmen des Verschuldens

---

[11] MüKo/*Wagner* § 823 Rn. 72.

noch zu prüfen sind. Nach teilweise vertretener Ansicht ist die Verkehrs(sicherungs)pflichtverletzung im Tatbestand (bzw. in der Rechtswidrigkeit) nach strengeren Maßstäben zu prüfen als die Fahrlässigkeit im Verschulden (*Looschelders* SchuldR BT, Rn. 1184). Während es im Tatbestand darauf ankomme, welche Vorkehrungen nach dem Stand von Wissenschaft und Technik *ex post* betrachtet geboten erschienen (äußere Sorgfalt), komme es beim Verschulden darauf an, ob ein durchschnittlicher Angehöriger des betreffenden Verkehrskreises die objektiv gebotenen Anforderungen im Zeitpunkt der Pflichtverletzung (*ex ante*) hätte erkennen und erfüllen können (innere Sorgfalt). Anders als im Strafrecht ist die Fahrlässigkeit aber im Zivilrecht **objektiv-typisiert**, d. h. auf die individuelle Vorwerfbarkeit kommt es nicht an. Insofern sind Fälle, in denen eine Verkehrs(sicherungs)pflichtverletzung zu bejahen, das Verschulden aber zu verneinen ist, jedenfalls selten. Z. T. wird eine nochmalige Prüfung der Sorgfaltswidrigkeit im Rahmen des Verschuldens auch ganz für entbehrlich gehalten (vgl. *Spickhoff* JuS 2016, 865, 871 f.). Allein auf der Ebene des Verschuldens zu verorten sind aber die Fälle der Verschuldensunfähigkeit (§§ 827, 828 BGB) und des unvermeidbaren Rechtsirrtums (selten), außerdem die Prüfung eines abweichenden Verschuldensmaßstabes (dazu sogleich).

12   Fraglich ist allerdings, ob die Haftung des A, wie dieser vorträgt, im Rahmen des reinen Gefälligkeitsverhältnisses auf grobe Fahrlässigkeit beschränkt ist. Dafür spricht, dass die Haftung des Gefälligen bei bestimmten „Gefälligkeits"verträgen auf grobe Fahrlässigkeit reduziert ist (§§ 521, 599, 680 BGB) und dies dann erst recht bei reinen Gefälligkeitsverhältnissen gelten könnte.[12] Jedoch zeigt bereits der Auftragsvertrag, bei dem der Beauftragte für jedes Verschulden haftet, dass es eine allgemeine Haftungsprivilegierung bei Gefälligkeitsverträgen nicht gibt.[13] Zudem kann nicht ohne weiteres angenommen werden, dass jemand, dem eine Gefälligkeit erwiesen wird, auf Schadensersatzansprüche wegen leicht fahrlässiger und damit schuldhafter Herbeiführung von Körperverletzungen verzichtet.[14] Eine Haftungsbeschränkung auf grobe Fahrlässigkeit kann daher nur ausnahmsweise bei Vorliegen besonderer Umstände angenommen werden, für die im vorliegenden Fall nichts ersichtlich ist.

13   Demnach ist nur einfach fahrlässiges Handeln des A erforderlich; dieses ist auch gegeben.

IV. Schaden und haftungsausfüllende Kausalität

14   Ein erster Schaden liegt bereits in der Körperverletzung selbst. Dadurch hat B Schmerzen erlitten, die gem. § 253 Abs. 2 BGB ausnahmsweise als immaterieller Schaden ersatzfähig sind. Das angesetzte Schmerzensgeld von 1500 € ist laut Sachverhalt angemessen. Außerdem sind durch die Körperverletzung Heilbehandlungskosten in Höhe von 2500 € entstanden, die gem. § 249 Abs. 2 S. 1 BGB ersatzfähig sind.

V. Mitverschulden, § 254 BGB

15   Möglicherweise ist der Schadensersatzanspruch wegen eines Mitverschuldens der B gem. § 254 Abs. 1 BGB zu reduzieren. A wirft der B vor, nicht vorsichtig genug

---

[12] Vgl. Staudinger/*Bork* (2015) Vor § 145 Rn. 86.

[13] Vgl. BGHZ 21, 102, 110; *Walker* JuS 2015, 865, 872.

[14] BGH NJW 1992, 2474, 2475.

gegangen zu sein. Jedoch war die Kante laut Sachverhalt schwer erkennbar, insbesondere bei ungünstigen Lichtverhältnissen, wie sie am späten Nachmittag im
November typischerweise herrschen. Insofern kann der B ein Mitverschulden nicht
vorgeworfen werden.

VI. Ergebnis

B kann demnach von A Schadensersatz und Schmerzensgeld in Höhe von insge-   **16**
samt 4000 € aus § 823 Abs. 1 BGB verlangen.

> **Hinweis:**
> § 116 SGB X mit Anspruchsüberleitung durch Legalzession auf den Sozial-
> versicherungsträger ist laut Bearbeiterhinweis nicht anzuwenden. Wäre B
> gesetzlich krankenversichert, könnte sie selbst nicht Ersatz der Heilbehand-
> lungskosten verlangen (s. o. Fall 1 Rn. 10). Schmerzensgeldansprüche sind
> dagegen nicht überleitungsfähig.

C) Anspruch der B gegen A aus § 823 Abs. 2 BGB i.V.m. §§ 229, 13 StGB

Der Schadensersatzanspruch der B gegen A könnte sich außerdem aus § 823 Abs. 2   **17**
BGB i.V.m. §§ 229, 13 StGB ergeben.

§ 229 StGB dient dem Schutz von Körper und Gesundheit individueller Menschen und ist damit Schutzgesetz auch zugunsten der B.

Fraglich ist, ob A das Schutzgesetz verletzt hat. Wie im Rahmen von § 823   **18**
Abs. 1 BGB geprüft, hat A den Körper und die Gesundheit der B verletzt. Die bei
einem Unterlassen gem. § 13 StGB erforderliche Garantenpflicht des A folgt hier
daraus, dass er als Beherrscher einer von ihm eröffneten Gefahrenquellen Überwa-
chungsgarant ist. A hat objektiv sorgfaltswidrig gehandelt, indem er den Weg nicht
sicherte; die Schädigung der B war für A auch objektiv vorhersehbar. Rechtswidrigkeit und Schuld sind gegeben, insbes. war die Verletzung der B für A auch subjektiv
voraussehbar und subjektiv vermeidbar. Damit hat A das Schutzgesetz des § 229
StGB verletzt.

> **Systematischer Hinweis:**
> Auf diese subjektiven Elemente der Fahrlässigkeit, die im Strafrecht in der
> Schuld geprüft werden, kommt es aufgrund des im Zivilrecht anzuwenden
> objektiv-typisierten Maßstabs (s. o. nach Rn. 11) nicht an. Es ist also möglich,
> dass eine Tat zwar zivilrechtlich, nicht aber strafrechtlich als fahrlässig einzu-
> ordnen ist (nicht aber umgekehrt).

19 Zum Schaden vgl. die Ausführungen oben Rn. 14. Damit haftet A der B auch aus § 823 Abs. 2 BGB i.V.m. §§ 229, 13 StGB im gleichen Umfang.

> Denkbar ist noch die Prüfung eines Anspruchs aus § 836 Abs. 1 BGB. Dann müsste durch den Einsturz eines mit einem Grundstück verbundenen Werkes oder die Ablösung von Teilen des Werkes der Körper oder die Gesundheit eines Menschen verletzt worden sein. Da hier weder ein Einsturz vorliegt noch sich von den Bodenplatten Teile gelöst haben, scheidet der Anspruch offensichtlich aus.

Fortsetzung

A) Anspruch des M gegen die K-GmbH aus §§ 280 Abs. 1, 241 Abs. 2 BGB i.V.m. den Grundsätzen über den Vertrag mit Schutzwirkung zugunsten Dritter

20 M könnte gegen die K-GmbH einen Anspruch auf Schadensersatz aus §§ 280 Abs. 1, 241 Abs. 2 BGB i.V.m. den Grundsätzen über den Vertrag mit Schutzwirkung zugunsten Dritter haben.

21 Das setzt voraus, dass M in den Schutzbereich eines zwischen B und der K-GmbH bestehenden Krankenhausaufnahme- und Behandlungsvertrages einbezogen wäre. Das nicht ausdrücklich gesetzlich geregelte Rechtsinstitut des Vertrags mit Schutzwirkung zugunsten Dritter wird entweder aus einer ergänzenden Vertragsauslegung (§§ 133, 157 BGB), einer rechtsfortbildenden gesetzlichen Ausgestaltung des Vertragsverhältnisses nach Treu und Glauben oder aus § 311 Abs. 3 BGB hergeleitet (dazu noch Fall 4 Rn. 52). Jedenfalls sind das Bestehen dieses Rechtsinstituts und seine Voraussetzungen – Leistungsnähe des Dritten, Interesse des Gläubigers an dem Schutz des Dritten, Erkennbarkeit der Leistungsnähe und des Schutzinteresses für den Schuldner sowie Schutzbedürftigkeit des Dritten – inzwischen allgemein anerkannt.[15]

22 Fraglich ist, ob hier die notwendige Leistungsnähe besteht. Dazu muss der Dritte mit der Leistung bestimmungsgemäß genauso in Berührung kommen wie der Gläubiger selbst.[16] Es muss vom Zufall abhängen, ob der Vertragspartner oder der Dritte geschädigt wird. Hier kommt M nur zufällig mit einem Nebenaspekt des Behandlungsvertrages in Kontakt. Mit der medizinisch-pflegerischen Hauptleistung kommt M überhaupt nicht in Berührung. Darüber hinaus käme es, wenn der Schutzbereich des Vertrages auf jeden Besucher ausgeweitet würde, zu einer uferlosen

---

[15] Vgl. die prägnante Übersicht bei Palandt/*Grüneberg* § 328 Rn. 13 ff. m.w.N.

[16] BGHZ 49, 350, 354; 70, 327, 329; 129, 136, 168; Palandt/*Grüneberg* § 328 Rn. 16.

vertraglichen Haftung. Mangels Leistungsnähe ist also eine Einbeziehung des M als bloßen Besuchers in den Krankenhausaufnahme- und Behandlungsvertrag zu verneinen.[17]

A.A. mit entsprechender Begründung vertretbar; dann dürfte es aber an einer Pflichtverletzung fehlen.

M hat gegen die K-GmbH keinen Anspruch auf Schadensersatz aus §§ 280 Abs. 1, **23** 241 Abs. 2 BGB i.V.m. den Grundsätzen über den Vertrag mit Schutzwirkung zugunsten Dritter.

B) Anspruch des M gegen die K-GmbH aus § 823 Abs. 1 BGB

M könnte gegen die K-GmbH einen Anspruch auf Ersatz der Behandlungskosten **24** in Höhe von 10.000 € und Schmerzensgeld in Höhe von 8000 € aus § 823 Abs. 1 BGB haben.

I. Tatbestand

1. Rechts- oder Rechtsgutverletzung

Dazu müsste zunächst ein Recht oder Rechtsgut des M verletzt worden sein. In dem **25** Verlust der Zähne liegt eine Verletzung der Rechtsgüter Körper und Gesundheit.

2. Verletzungshandlung und haftungsbegründende Kausalität

Die Rechtsgutverletzung des M müsste weiterhin auf eine der K zurechenbare Ver- **26** letzungshandlung zurückzuführen sein. Die Verletzungshandlung kann im Grundsatz sowohl in einem positiven Tun als auch in einem Unterlassen bestehen. Hier könnte die Verletzungshandlung im Unterlassen der Sicherung des Wasserbeckens liegen. Dazu ist aber erforderlich, dass die K-GmbH eine Verkehrssicherungspflicht trifft, die sie verletzt hat.

Die K-GmbH ist dazu verpflichtet, die für den Publikumsverkehr geöffneten Teile **27** des Krankenhausgeländes in einem sicheren Zustand zu halten. Dazu gehört auch, in Bezug auf das Wasserbecken die Vorkehrungen zu treffen, die notwendig und zumutbar sind, um Schädigungen Dritter zu verhindern. Nicht notwendig ist es hingegen, alle denkbaren Maßnahmen zu ergreifen, um jegliche Schädigungen Dritter auszuschließen. Es muss nicht für alle denkbaren Möglichkeiten eines Schadenseintritts Vorsorge getroffen werden. Der im Verkehr erforderlichen Sorgfalt ist genügt, wenn

---

[17] Vgl. BGHZ 2, 94 ff.; *Joussen* SchuldR I, 4. Aufl. 2017, Rn. 1210; MüKo/*Gottwald* § 328 Rn. 178; Palandt/*Grüneberg* § 328 Rn. 22.

der Sicherheitsgrad erreicht ist, den die in dem entsprechenden Bereich herrschende Verkehrsauffassung für erforderlich hält.[18] Insbesondere kann sich der Verkehrssicherungspflichtige darauf verlassen, dass die Betroffenen von sich aus die gebotene Sorgfalt walten lassen.[19] Hier war das Becken durch eine 18 Zentimeter hohe, für einen durchschnittlichen Verkehrsteilnehmer ohne weiteres erkennbare Einfassung gesichert. Damit hat die K-GmbH die Sicherheitsvorkehrungen getroffen, die ein verständiger, umsichtiger, vorsichtiger und gewissenhafter Träger eines Krankenhauses für ausreichend halten darf, um Patienten und Gäste vor Schäden durch Sturz in das Wasserbecken zu bewahren. Einer besonderen Rücksichtnahme auf sehbehinderte Personen bedarf es jedenfalls außerhalb einer speziell für derartige Personen bestimmten Klinik nicht.[20] Auch muss der Verkehrssicherungspflichtige nicht auf Personen Rücksicht nehmen, die – wie M – nicht mit der gebotenen Sorgfalt darauf achten, wohin sie gehen. Die K-GmbH hat mithin ihre Verkehrssicherungspflicht erfüllt.

> Die gegenteilige Auffassung mag mit Hinweis auf das Krankenhausgelände gerade noch vertretbar sein; sie erscheint jedoch kaum überzeugend, da Verkehrssicherungspflichten im Rahmen des Zumutbaren gehalten werden müssen, um etwa Raum für bauliche Kreativität und andere Eigenarten der Ausübung menschlicher Verhaltensfreiheit zu belassen.

II. Ergebnis

28   Damit ergibt sich ein Schadensersatzanspruch des M gegen die K-GmbH auch nicht aus § 823 Abs. 1 BGB.

---

[18] BGH NJW 2013, 48 Rn. 7.
[19] OLG Koblenz MDR 2009, 1277.
[20] Vgl. OLG Koblenz aaO.

Fall 3

Ausgangsfall

Bei Kanalbauarbeiten beschädigt der Bauunternehmer B mit seinem Bagger aus Unachtsamkeit ein Stromkabel, das im Eigentum der Stadt Köln steht. Dadurch fällt der Strom in Köln-Niehl vollständig aus. Betroffen sind unter anderem der Landwirt Wilhelm Rogge (R) und der Verleger Leven DuPont (L).

Bei L stehen aufgrund des Stromausfalls während des ganzen Abends die Druckmaschinen still. Er kann daher die für den Einzelverkauf bestimmte Auflage seiner Tageszeitung nicht drucken. Dadurch entgeht ihm ein Gewinn von 10.000 €. L möchte wissen, ob er in dieser Höhe Schadensersatz von B verlangen kann.

R züchtet Strauße. Er brütet die Eier in elektrisch betriebenen Brutkästen aus. Durch den Stromausfall sterben zahlreiche Straußenembryonen ab. Diese hätten sich sonst zu Straußenküken entwickelt, die R für insgesamt 500 € weiterverkauft hätte. Allerdings wären ihm für die Fütterung der Küken noch Kosten von insgesamt 25 € entstanden. Welche Ansprüche hat R gegen B?

Fortsetzung

Einige Wochen nachdem R den Verlust seiner Straußeneier verkraftet hat, dringt Dieb Detlev (D) in den Betrieb des R ein. Er plant, einige der teuren Straußeneier des R (Wert: 25 € pro Stück) zu entwenden. D ergreift zwei Eier und steckt sie in eine mitgebrachte Tasche. Dabei wird er jedoch von R bemerkt, der den Diebstahl verhindern will. D klettert über einen zwei Meter hohen Zaun, um R zu entkommen. R versucht, dem D hinterherzuklettern, fällt beim Hinunterspringen vom Zaun aber unglücklich und bricht sich dabei das Bein. Dies geschieht deshalb, weil R, statt den Zaun auf der anderen Seite langsam hinunterzuklettern, aus zwei Metern Höhe auf den Boden sprang, um den Vorsprung des D möglichst schnell aufzuholen. R

© Springer-Verlag GmbH Deutschland, ein Teil von Springer Nature 2019
J. Prütting, B. Scholl, *Die Schuldrechtsklausur II*, Tutorium Jura,
https://doi.org/10.1007/978-3-662-57602-1_3

wird ins Krankenhaus eingeliefert und erfolgreich operiert. Normalerweise sollte R nach zwei Tagen nach Hause entlassen werden. Allerdings infiziert er sich im Krankenhaus mit einem bösartigen Magen-Darm-Virus, weshalb er noch eine weitere Woche stationär behandelt werden muss.

D wird nachher gefasst. R verlangt von D Ersatz der Heilbehandlungs- und Krankenhauskosten sowohl für die Beinoperation (900 €) als auch wegen der Virusinfektion (1000 €). Außerdem verlangt er für die Verletzung am Bein und die Virusinfektion ein der Höhe nach angemessenes Schmerzensgeld. Schließlich entgeht R während seines Krankenhausaufenthalts und auch danach, weil er auch nach seiner Rückkehr nicht voll arbeitsfähig ist, Gewinn, den er anhand seiner Buchführung aus den Vormonaten auf 2000 € schätzt. Genau kann er aber nicht belegen, welche Geschäfte er abgeschlossen hätte, wenn es nicht zu dem Unfall gekommen wäre. D weigert sich zu zahlen, da R sich den Unfall selbst zuzuschreiben habe und er jedenfalls für die Infektion im Krankenhaus überhaupt nichts könne.

R ist privat krankenversichert und hat von seinem Versicherer bislang keine Zahlungen erhalten.

Wie ist die Rechtslage?

Bearbeiterhinweis:
Ansprüche aus Schutzgesetzverletzung sind nicht zu prüfen.

Lösung Fall 3

▶ Der Ausgangsfall ist den „Stromkabelfällen" des BGH (BGHZ 29, 25 und 41, 123) nachgebildet und betrifft die Abgrenzung zwischen auf einer Eigentumsverletzung beruhenden Schäden und reinen Vermögensschäden. Siehe dazu auch den Fall „Das Stromkabel" bei www.telejura.de. In der Abwandlung geht es um die Zurechnung von Verletzungen, die als weitere Folgen des Handelns des Verletzers oder erst durch eigenes Handeln des Geschädigten entstehen (Herausforderungs-, Verfolgungsfälle; s. BGHZ 132, 164).

Ausgangsfall

A) Anspruch des L gegen B aus § 823 Abs. 1 BGB

L könnte gegen B einen Anspruch auf Ersatz entgangenen Gewinns in Höhe von 10.000 € aus § 823 Abs. 1 BGB haben. **1**

I. Tatbestand
Dazu müsste B durch die Beschädigung des Stromkabels ein absolut geschütztes Recht des L verletzt haben. **2**

1. Rechtsverletzung

a) Eigentumsverletzung
Denkbar wäre hier eine Eigentumsverletzung in Form einer Substanzverletzung am zerstörten **Stromkabel**, jedoch gehörte dieses nicht L, sondern der Stadt. Insofern scheidet eine Eigentumsverletzung also aus. Auch die Vorenthaltung des Stromes stellt keine Eigentumsverletzung dar, denn leitungsgebundener Elektrizität fehlt mangels Körperlichkeit der Sachcharakter (§ 90 BGB), sodass an ihr kein Eigentum bestehen kann.[1] **3**

Möglicherweise ist der Stillstand der **Druckmaschinen** als Eigentumsverletzung zu qualifizieren. Aufgrund des Stromausfalls konnten die Maschinen für einen ganzen Abend nicht betrieben werden. Darin liegt weder eine Sachziehung noch eine Sachsubstanzverletzung, die stets Eigentumsverletzungen darstellen, sondern lediglich eine Gebrauchsbeeinträchtigung. Bei Gebrauchsbeeinträchtigungen ist die Abgrenzung zwischen einem bloßen Vermögensschaden und einer Eigentumsverletzung problematisch. Eine Gebrauchsbeeinträchtigung stellt nur dann eine Eigentumsverletzung dar, wenn es sich um eine erhebliche, nicht nur kurzfristige Beeinträchtigung handelt, die zum völligen Ausschluss jeder Nutzungsmöglichkeit führt.[2] Davon kann hier schon deshalb nicht **4**

---

[1] Staudinger/*Stieper* (2017) § 90 Rn. 8 ff. Vgl. im Strafrecht § 248c StGB.

[2] Vgl. BGHZ 55, 153, 159 f. (Fleet-Fall); Palandt/*Sprau* § 823 Rn. 7; *Kötz/Wagner* Deliktsrecht, Rn. 146; *Peifer* SchuldR, § 3 Rn. 26.

die Rede sein, weil der Stromausfall nur einige Stunden andauerte. Außerdem hätten die Geräte, wenn sie an eine andere Stromversorgung (z. B. Notstrom) angeschlossen worden wären, noch genutzt werden können. Die hier vorliegende Gebrauchsbeeinträchtigung kann daher einer Sachsubstanzverletzung nicht gleichgestellt werden. Eine Eigentumsverletzung an den Druckmaschinen liegt nicht vor.

5   Möglicherweise hat B eine Eigentumsverletzung am **Unternehmen** des L begangen. Eigentum kann jedoch zivilrechtlich nur an bestimmten Sachen bestehen. Das Unternehmen ist eine Sach- und Rechtsgesamtheit, die als solche nicht eigentumsfähig ist. Vielmehr kann nur das Eigentum an einer konkreten Sache im Unternehmen verletzt sein; hinsichtlich des ganzen Unternehmens kommt, wie später zu prüfen ist, allein ein Eingriff in den eingerichteten und ausgeübten Gewerbebetrieb in Betracht.

Exkurs:
Erwogen wird eine Eigentumsverletzung bei Stromausfällen aber für den Fall, dass in der Konsequenz sofort Daten zerstört werden, die nicht gespeichert werden konnten.[3]

b) Recht am eingerichteten und ausgeübten Gewerbebetrieb

6   Möglicherweise hat B aber in das Recht am eingerichteten und ausgeübten Gewerbebetrieb des L als sonstiges Recht i.S.d. § 823 Abs. 1 BGB eingegriffen. Unter den Begriff des sonstigen Rechts fallen nur Rechte mit Ausschließlichkeitscharakter (insbesondere absolute Rechte), nicht hingegen bloße relative Rechte.[4] Das Recht am eingerichteten und ausgeübten Gewerbebetrieb ist nach ständiger Rechtsprechung[5] und h.L.[6] als sonstiges Recht i.S.d. § 823 Abs. 1 BGB anerkannt. Es handelt sich um ein subsidiäres Rahmenrecht, das den Bestand des Unternehmens und die gesamte unternehmerische Tätigkeit in all ihren Erscheinungsformen schützt.[7] Hier betreibt L dauerhaft einen Verlag, um damit Gewinn zu erzielen. Seine Tätigkeit ist daher im Grundsatz von § 823 Abs. 1 BGB geschützt. Der Ausfall der Druckmaschinen stellt eine Beeinträchtigung des Gewerbebetriebs des L dar.

2. Verletzungshandlung und objektive Zurechnung

7   Durch die Zertrennung des Stromkabels könnte B in den Gewerbebetrieb des L eingegriffen haben. Allerdings kann nicht jeder Eingriff in den Betrieb des Unternehmers zu einer Haftung nach § 823 Abs. 1 BGB führen, weil sonst abweichend von der Systematik des § 823 Abs. 1 BGB auch reine Vermögensschäden ersatzfähig wären. Voraussetzung für eine Zurechnung der Beeinträchtigung des Gewerbebetriebes ist daher,

---

[3] OLG Oldenburg MDR 2012, 403 f.

[4] Palandt/*Sprau* § 823 Rn. 11.

[5] RGZ 58, 24, 29 ff.; BGHZ 3, 270, 278 ff.; 8, 142, 144; 29, 65, 70; 45, 296, 307; BGH NJW 2018, 2877 Rn. 16.

[6] Palandt/*Sprau* § 823 Rn. 20, 133 ff.; Jauernig/*Teichmann* § 823 Rn. 95 ff.; *Peifer* SchuldR, § 3 Rn. 44.

[7] Vgl. BGHZ 29, 65, 70; 193, 227 Rn. 19 = NJW 2012, 2579 (nicht nur Betriebsräume und -grundstücke, Maschinen, Vorräte sondern auch Geschäftsverbindungen, Kundenkreis, Außenstände). Das Recht steht auch Freiberuflern zu, BGHZ 193, 227 Rn. 19.

dass der Eingriff unmittelbar, d. h. **betriebsbezogen**[8] erfolgt. Er muss nach seiner objektiven Stoßrichtung gegen den betrieblichen Organismus oder die unternehmerische Entscheidungsfreiheit gerichtet sein.[9] Hier hat B versehentlich ein Stromkabel gestört, das nicht einmal im Eigentum des Unternehmers L stand. Der Eingriff zielte nicht gegen das Unternehmen des L, das nur zufällig wie jeder andere Stromabnehmer davon betroffen wurde. Mangels Betriebsbezogenheit scheidet damit ein Eingriff in das Recht am eingerichteten und ausgeübten Gewerbebetrieb des L aus.

Beispiele

für betriebsbezogene Eingriffe: Boykottaufruf (zur Abwägung mit der Meinungsfreiheit s. BGH NJW-RR 2014, 1508); Betriebsblockade; rechtswidriger Streik; schädigende Werturteile; unberechtigte Schutzrechtsverwarnung. Beispielsfälle zu diesen Fallgruppen bei *Staake/v. Bressendorf* JuS 2016, 297, 300 ff.

Systematischer Hinweis:

„Rahmenrecht" bedeutet, dass die Reichweite des Rechts nicht abschließend umschrieben ist. Vielmehr muss innerhalb des weiten Rahmens sein Inhalt durch Güterabwägung von Fall zu Fall bestimmt werden. Wird der Tatbestand des § 823 Abs. 1 BGB wegen Eingriffs in den eingerichteten und ausgeübten Gewerbebetrieb bejaht, ist die Rechtswidrigkeit nicht indiziert, sondern vielmehr anhand einer umfassenden Güter- und Interessenabwägung zu prüfen (offener Tatbestand). Eine besondere Rolle spielen dabei die betroffenen Grundrechte und die Gewährleistungen der Europäischen Menschenrechtskonvention (BGH NJW 2018, 2877 Rn. 19). Die Tatbestands- und Rechtswidrigkeitsprüfung können auch gemeinsam erfolgen. Es gilt das Gleiche wie für die Verletzung des allgemeinen Persönlichkeitsrechts, das ebenfalls ein Rahmenrecht ist (s. Fall 7 Rn. 4).

II. Ergebnis
L kann von B nicht Zahlung von 10.000 € aus § 823 Abs. 1 BGB verlangen.   **8**

Es liegt damit ein reiner Vermögensschaden vor, der im Rahmen von § 823 Abs. 1 BGB nicht ersatzfähig ist. Auch § 823 Abs. 2 BGB scheidet als Anspruchsgrundlage aus, weil kein Schutzgesetz verletzt wurde. Eine Haftung aus § 826 BGB scheitert am fehlenden Vorsatz des B. Denkbar wäre, dass die Schäden des L im Rahmen der **Drittschadensliquidation**[10]

---

[8] BGHZ 29, 65, 74; MüKo/*Wagner* § 823 Rn. 323; BeckOGK/*Spindler* § 823 Rn. 207.

[9] Palandt/*Sprau* § 823 Rn. 135; Jauernig/*Teichmann* § 823 Rn. 98.

[10] Zur Drittschadensliquidation *Looschelders* SchuldR AT, § 46 Rn. 8 ff.; Palandt/*Grüneberg* Vor § 249 Rn. 105 ff.

durch die Stadt als Eigentümerin des Stromkabels geltend gemacht werden
könnten. Die Stadt hat als Eigentümerin des Stromkabels einen Anspruch
gegen den Schädiger B, allerdings in Bezug auf die Schäden der Stromabnehmer keinen Schaden. Voraussetzung für die Drittschadensliquidation ist aber
eine zufällige Schadensverlagerung. Daran fehlt es, weil durch Stromausfälle
stets in erster Linie nicht der Stromversorger selbst, sondern dessen Kunden
beeinträchtigt werden. Der Schaden wird – anders als in den klassischen
Fallgruppen der Drittschadensliquidation (mittelbare Stellvertretung, Obhut
für fremde Sachen, obligatorische Gefahrentlastung), von denen hier keine
vorliegt – gerade nicht zufällig auf einen Dritten verlagert (vgl. BGH NJW
1977, 2208, 2209 f.). Eine Drittschadensliquidation scheidet daher aus. In der
Falllösung musste auf sie nicht notwendigerweise eingegangen werden, weil
lediglich nach (direkten) Ansprüchen von L gegen B gefragt war.

B) Anspruch des R gegen B aus § 823 Abs. 1 BGB

9   R könnte gegen B einen Anspruch auf Schadensersatz in Höhe von bis zu 500 € aus
§ 823 Abs. 1 BGB haben.

I. Tatbestand
10   Dann müsste B durch die Zerstörung des Stromkabels ein absolut geschütztes Recht
des R verletzt haben.

1. Eigentumsverletzung
11   Eine Verletzung des Eigentums an den Brutkästen (Nutzungsbeeinträchtigung)
scheidet aus denselben Erwägungen aus, aus denen bei L eine Eigentumsverletzung
an den Druckmaschinen verneint wurde.

12   Möglicherweise hat B aber das Eigentum des R an den Straußeneiern verletzt.
Die Zerstörung des Stromkabels hat mittelbar dazu geführt, dass die Straußenembryonen nicht mehr bebrütet wurden und daher abgestorben sind. Darin liegt eine
Substanzverletzung an den Straußeneiern.[11] Anders als L konnte R den Betrieb nicht
nach Wiederherstellung der Stromzufuhr einfach wiederaufnehmen. Während bei L
nicht konkrete Rechtspositionen, sondern nur das Vermögen beschädigt wurde, ist
bei R eine (mittelbare) Eigentumsverletzung gegeben.

2. Verletzungshandlung
13   B hat Kanalbauarbeiten durchgeführt und dabei das Stromkabel beschädigt.

3. Haftungsbegründende Kausalität und objektive Zurechnung
14   Nach der Äquivalenztheorie ist die Kausalität zu bejahen, wenn die Verletzungshandlung nicht hinweggedacht werden kann, ohne dass die Rechtsverletzung

---

[11] Vgl. BGHZ 41, 123, 127; Jauernig/*Teichmann* § 823 Rn. 7.

entfiele (*condicio-sine-qua-non*-Formel). Hätte B das Stromkabel nicht durchtrennt, wäre der Strom bei R nicht ausgefallen und die Straußenembryonen wären nicht abgestorben. Demnach liegt nach der Äquivalenztheorie Kausalität vor. Es ist auch vorhersehbar, dass an ein Stromleitungsnetz Betriebe angeschlossen sind, deren Eigentum bei einem Stromausfall verletzt werden kann. Daher ist auch nach der Adäquanztheorie Kausalität zu bejahen.

Da B hier keinen unmittelbaren Kontakt zu den Straußeneiern hatte, liegt bloß **15** eine mittelbare Rechtsverletzung vor. Daher ist nach dem Schutzzweck der Norm erforderlich, dass der Verletzer verpflichtet war, die Verletzungsgefahr zu vermeiden, also eine Verkehrssicherungspflicht verletzt hat.[12] Hier traf B bei der Durchführung der Baggerarbeiten die Pflicht, darauf zu achten, keine Stromkabel oder anderen Leitungen zu zertrennen, um die Versorgung der an das Stromnetz angeschlossenen Haushalte und Unternehmen nicht zu gefährden. Dagegen hat B hier verstoßen, sodass ihm der Verletzungserfolg zuzurechnen ist.

Aufbauhinweis:

Die Prüfung des vorigen Absatzes kann auch schon bei der Verletzungshandlung oder auch erst im Prüfungspunkt Rechtswidrigkeit erfolgen, wenn man bei mittelbaren Rechtsverletzungen der Lehre vom Handlungsunrecht folgt; dann indiziert die Tatbestandsmäßigkeit die Rechtswidrigkeit nicht (s. Fall 2 Rn. 10).

II. Rechtswidrigkeit

Die Rechtswidrigkeit ist nach der Lehre vom Erfolgsunrecht indiziert. Soweit **16** bei mittelbaren Rechtsverletzungen die positive Feststellung der Rechtswidrigkeit verlangt wird, folgt diese hier aus der bereits bejahten Verletzung der Verkehrssicherungspflicht.

III. Verschulden

Gem. § 823 Abs. 1 BGB haftet der Schädiger für Vorsatz und Fahrlässigkeit. Hier **17** handelte B laut Sachverhalt unachtsam und damit fahrlässig i.S.d. § 276 Abs. 2 BGB.

IV. Schaden, haftungsausfüllende Kausalität, Ersatzfähigkeit

Der durch die Eigentumsverletzung entstandene Schaden ist nach der Differenz- **18** hypothese zu berechnen. Durch die Verletzung des Eigentums an den Straußeneiern konnte R die Straußeneier nicht ausbrüten und nachher verkaufen. Durch den Verkauf hätte er einen Umsatz von 500 € erzielt. Abzuziehen sind davon die Kosten für das Ausbrüten in Höhe von 25 €, die dem R durch den Tod der Embryonen erspart worden sind. Insgesamt ist ihm also durch die Eigentumsverletzung ein Gewinn von 475 € entgangen, der nach §§ 249 Abs. 1, 252 BGB ersatzfähig ist.

---

[12] *Brox/Walker* SchuldR BT, § 45 Rn. 32; *Medicus/Petersen* BürgR, Rn. 646 f.; *Raab* JuS 2002, 1041, 1042; siehe Fall 4 Rn. 7.

V. Ergebnis

19   R kann von B Schadensersatz i.H.v. 475 € aus § 823 Abs. 1 BGB verlangen.

Fortsetzung

Anspruch des R gegen D aus § 823 Abs. 1 BGB

20   R könnte gegen D einen Anspruch auf Schadensersatz in Höhe von insgesamt
4900 € aus § 823 Abs. 1 BGB haben.

I. Tatbestand

1. Rechtsgutverletzung

21   Dazu müsste zunächst ein Recht oder Rechtsgut des R verletzt sein. Dabei ist im
Rahmen des haftungsbegründenden Tatbestandes auf die erste Verletzung abzustellen, während Folgeverletzungen im Rahmen des Schadens und der haftungsausfüllenden Kausalität zu prüfen sind.[13] Dies hat für den Geschädigten den Vorteil, dass
es hinsichtlich der Folgeschäden auf Verschulden des Schädigers nicht ankommt
und dass dem Geschädigten für die Folgeschäden die Beweiserleichterung des
§ 287 ZPO zugutekommt.

   Hier hat R in Gestalt des gebrochenen Beines eine Körperverletzung erlitten, die
mit einer Gesundheitsverletzung einhergeht.

Systematischer Hinweis:
Es erscheint aber auch nicht falsch, die Virusinfektion bereits im haftungsbegründenden Tatbestand zu prüfen. Dies wird auch in der Literatur vertreten.[14]
Der Nachteil für den Geschädigten dabei ist, dass er dazu gem. § 286 Abs. 1
ZPO das Gericht in vollem Umfang davon überzeugen muss, dass die Folgeverletzungen vom Schädiger verursacht wurden. Der auf den Schaden und
die haftungsausfüllende Kausalität anwendbare § 287 Abs. 1 ZPO reduziert
das Beweismaß hingegen auf die überwiegende Wahrscheinlichkeit (MüKo-
ZPO/*H. Prütting*, 5. Aufl. 2016, § 287 Rn. 17 m.w.N.). Im vorliegenden Fall
kommt man aber zu keinem anderen Ergebnis, weil aufgrund der Angaben im
Sachverhalt im Hinblick auf die Ursächlichkeit der Wegnahmehandlung auch
für die Virusinfektion keine Fragen offenbleiben. – Denkbar wäre auch, im

---

[13] BGH NJW 1973, 1413 f.; BGHZ 48, 58, 53, 55; 93, 351, 354; BGH NJW 2012, 2024 Rn. 10;
ebenso *Schwarz/Wandt* Gesetzliche Schuldverhältnisse, 8. Aufl. 2017, § 16 Rn. 124, 146, 188 ff.
[14] Vgl. *Stoll* AcP 176 (1976), 145, 193 f.; *ders.* JZ 1972, 365, 367 f.

haftungsbegründenden Tatbestand auf die Verletzung des Eigentums an den Straußeneiern als erste Rechtsverletzung abzustellen und sowohl den Beinbruch als auch die Virusinfektion erst im Rahmen des Schadens als Folgeverletzungen zu prüfen. So geht der BGH aber nicht vor, er verlangt vielmehr, dass sich das Verschulden auch auf die Verletzung des bei der Verfolgung verletzten Rechtsguts beziehen müsse (BGHZ 192, 261 = NJW 2012, 1951 Rn. 9 m.w.N.).

2. Verletzungshandlung

Hier hat D dem R zwei Straußeneier weggenommen und ist mit diesen geflüchtet. **22**

3. Haftungsbegründende Kausalität und objektive Zurechnung

Fraglich ist, ob der Beinbruch durch die Wegnahme der Straußeneier verursacht **23** worden ist. Wenn D die Eier nicht weggenommen und mit ihnen geflohen wäre, hätte R nicht die Verfolgung aufgenommen, wäre nicht über den Zaun geklettert und hätte sich auch nicht das Bein gebrochen. Nach der *condicio-sine-qua-non*-Formel ist die **äquivalente Kausalität** damit zu bejahen. Es lag nicht außerhalb jeder Lebenserfahrung, dass das Opfer eines Diebstahls den Täter verfolgt und dabei Verletzungen erleidet, sodass das Verhalten des D für die Rechtsgutverletzung auch **adäquat kausal** war.

Problematisch ist jedoch, dass die Verletzung hier nicht allein durch das Verhalten **24** des D eingetreten ist, sondern auf dem selbstständigen Willensentschluss des R, den D zu verfolgen, beruht. Hier kann der Schaden nach dem **Schutzzweck der Norm** dem Schädiger nur zugerechnet werden, wenn sich der Geschädigte durch das fragliche Verhalten zur Verfolgung **herausgefordert** fühlen durfte. Das bedeutet, dass der Schädiger bei dem Geschädigten „eine mindestens im Ansatz billigenswerte Motivation zu dessen selbstgefährdendem Verhalten gesetzt" haben muss.[15] Zudem müssen das eingegangene Risiko und die Schwere des Delikts in einem angemessenen Verhältnis stehen, und es muss sich bei dem Geschädigten – in Abgrenzung zum allgemeinen Lebensrisiko – ein typisches Verfolgungsrisiko realisiert haben.[16] Hier hat D dem R zwei Straußeneier, die in seinem Besitz und Eigentum standen und immerhin einen Wert von 50 € hatten, weggenommen. Das Gesetz erlaubt in diesem Falle dem Verletzten, dem Täter die Sache wieder abzunehmen (§ 859 Abs. 2 BGB). Um D einzuholen, war es notwendig, über den Zaun zu klettern. Ein zwei Meter hoher Zaun erscheint nicht übermäßig hoch. Das mit der Überwindung des Zaunes verbundene Risiko stand nicht außer Verhältnis zur Schwere des Delikts. Damit durfte sich R zur Verfolgung herausgefordert fühlen. In dem Beinbruch hat sich ein

---

[15] BGH NJW 1978, 421, 422; 2002, 2232, 2233; BeckOK/*Förster* § 823 Rn. 257b.
[16] BGHZ 132, 164; BGHZ 192, 261 = NJW 2012, 1951 Rn. 11; Palandt/*Grüneberg* Vorb v § 249 Rn. 43; *Peifer* SchuldR, § 3 Rn. 68.

typisches Verfolgungsrisiko realisiert. Damit ist dem D der Bruch des Beines des R objektiv zuzurechnen.

Somit ist der Tatbestand des § 823 Abs. 1 BGB erfüllt.

II. Rechtswidrigkeit

25   Die Rechtswidrigkeit ist indiziert.

III. Verschulden

26   Gem. § 823 Abs. 1 BGB haftet der Schädiger für Vorsatz und Fahrlässigkeit. Das Verschulden muss sich nicht nur auf die Verletzungshandlung, sondern auch auf die Rechtsgutverletzung erstrecken, d. h. der Fliehende muss sich bewusst gewesen sein oder zumindest fahrlässig nicht erkannt und bei der Einrichtung seines Verhaltens pflichtwidrig nicht berücksichtigt haben, dass er verfolgt und sein Verfolger infolge der durch die Verfolgung gesteigerten Gefahr verletzt werden könnte.[17]

Hier hat D die Straußeneier vorsätzlich weggenommen. Vorsatz hinsichtlich einer Verletzung des R hatte D hingegen nicht. Allerdings hätte er mit einer Verfolgung durch R und einer damit einhergehenden Verletzung rechnen müssen, sodass D fahrlässig gehandelt hat.

> **Systematischer Hinweis:**
> Darauf, ob D auch im Hinblick auf die Virusinfektion schuldhaft gehandelt hat, kommt es hingegen nicht an (siehe Kasten nach Rn. 21).

IV. Schaden und haftungsausfüllende Kausalität

27   Ein erster Schaden liegt hier bereits in der Rechtsgutverletzung (dem Beinbruch) und den daraus entstandenen Behandlungskosten. Fraglich ist, ob auch die Infektion des R mit dem Magen-Darm-Virus eine auf diese Körper- und Gesundheitsverletzung zurückzuführende Folgeverletzung darstellt, für die D haften muss.

28   In der Infektion mit dem Magen-Darm-Virus liegt eine weitere Gesundheitsverletzung des R. Hätte R sich das Bein nicht gebrochen, wäre er nicht ins Krankenhaus eingeliefert worden. Dann hätte er sich auch nicht mit dem Magen-Darm-Virus infiziert. Der Beinbruch als erste Rechtsgutverletzung ist also nach der *condicio-sine-qua-non*-Formel **äquivalent kausal** für die Virusinfektion. In Krankenhäusern besteht eine erhöhte Infektionsgefahr, der sich die dort Liegenden nicht entziehen können, sodass das Risiko einer Infektion im Krankenhaus nicht mehr zum allgemeinen Lebensrisiko gehört.[18] Vielmehr entspricht es der Lebenserfahrung, dass im Krankenhaus liegende Patienten sich mit dort grassierenden Magen-Darm-Viren

---

[17] BGHZ 192, 261 = NJW 2012, 1951 Rn. 9, 14 m.w.N.; BGHZ 132, 164, 171; *Musielak* JA 2013, 241, 245 f.

[18] Vgl. RGZ 105, 264, 266; MüKo/*Oetker* § 249 Rn. 114.

infizieren können, sodass auch die **adäquate Kausalität** zu bejahen ist. Da die Infektion damit adäquate Folge des dem D zurechenbaren Beinbruchs ist, ist auch jene dem D zurechenbar.

Exkurs:
Lehrreich ist im Hinblick auf die Zurechnung von Folgeschäden die Entscheidung OLG Hamm MDR 2014, 278. Der Schädiger hatte den Geschädigten in die Genitalien getreten. Der Geschädigte erlitt daraufhin eine schmerzhafte Schwellung und wurde ärztlich behandelt. Der Arzt hielt die Schwellung für einen möglichen Tumor und entfernte den verletzten Hoden – ein grober Behandlungsfehler. Trotzdem rechnete das Gericht die Entfernung des Hodens dem Erstschädiger zu. Der Zurechnungszusammenhang werde durch das Fehlverhalten des Arztes nicht unterbrochen, solange der Arzt nicht in außergewöhnlichem Maße die an ein gewissenhaftes ärztliches Verhalten zu stellenden Anforderungen außer Acht gelassen und gegen alle ärztlichen Regeln und Erfahrungen verstoßen habe.

V. Ersatzfähigkeit der Schadenspositionen im Einzelnen

Durch den **Beinbruch** sind dem R Behandlungskosten in Höhe von 900 € entstan- **29** den. Diese sind nach § 249 Abs. 2 BGB ersatzfähig. Außerdem ist R wegen der Verletzung seines Körpers und seiner Gesundheit ein immaterieller Schaden entstanden, für den er gem. § 253 Abs. 2 BGB ein angemessenes Schmerzensgeld verlangen kann.

Durch die **Virusinfektion** sind R Behandlungskosten in Höhe von 1000 € ent- **30** standen, die ebenfalls nach § 249 Abs. 2 BGB ersatzfähig sind. Außerdem ist ein angemessenes Schmerzensgeld nach § 253 Abs. 2 BGB ersatzfähig.

Aufgrund der Erwerbsunfähigkeit sowohl durch den Beinbruch als auch die Virus- **31** infektion ist R **Gewinn entgangen**, den er auf 2000 € schätzt. § 842 BGB bestimmt klarstellend,[19] dass sich die Ersatzpflicht bei Verletzung einer Person auch auf den Erwerbsausfallschaden erstreckt. Eine ähnliche Regelung trifft bereits § 252 BGB. Fraglich ist allerdings, ob es hier schädlich ist, dass R den entgangenen Gewinn nicht genau belegen kann. Insofern sehen die § 252 S. 2 BGB, § 287 ZPO Beweiserleichterungen vor:[20] Nach § 252 S. 2 BGB gilt als entgangen der Gewinn, welcher nach dem gewöhnlichen Lauf der Dinge oder nach den besonderen Umständen, insbesondere nach den getroffenen Anstalten und Vorkehrungen, mit Wahrscheinlichkeit erwartet werden konnte. Nach § 287 ZPO bemisst das Gericht im Streitfall die Höhe der Forderung unter Würdigung aller Umstände nach freier Überzeugung. Demnach reicht es hier aus, dass R anhand seiner Buchführung belegen kann, dass er während der Zeit seiner Erwerbsunfähigkeit voraussichtlich einen Gewinn von 2000 € erzielt hätte. Er muss nicht genau beweisen, zu welchem Zeitpunkt er welche Eier an wen verkauft hätte. Der entgangene Gewinn in Höhe von 2000 € ist also ersatzfähig.

---

[19] Vgl. Erman/*Wilhelmi* § 842 Rn. 1; *Fuchs/Pauker/Baumgärtner* Deliktsrecht, 9. Aufl. 2017, S. 101.
[20] Zur Anwendbarkeit im Rahmen von § 842 BGB siehe nur MüKo/*Wagner* §§ 842, 843 Rn. 20.

VI. Mitverschulden (§ 254 BGB)

32 Möglicherweise ist der Anspruch aber wegen Mitverschuldens des R gem. § 254 BGB zu reduzieren.[21] Zu der Beinverletzung (die letztlich auch zur Infektion geführt hat) ist es nur gekommen, weil R aus zwei Metern Höhe von einem Zaun gesprungen ist, statt den Zaun wieder an der anderen Seite herunterzuklettern. Hierdurch hat R das Risiko einer Verletzung über das notwendige Maß hinaus erhöht. Andererseits erscheint dies deshalb verständlich, weil R durch das Herunterspringen Zeit hätte gewinnen und den Vorsprung des D hätte aufholen können. Außerdem musste sich R schnell entscheiden und konnte nicht lange über das Risiko nachdenken. Insofern erscheint es gerechtfertigt, nur ein geringes Mitverschulden des R in Höhe von 20 % anzunehmen. Auch in Bezug auf das Schmerzensgeld ist das Mitverschulden als Bemessungsfaktor zu berücksichtigen, wobei aber keine quotale Kürzung erfolgt.[22]

> Mit entsprechender Begründung sind natürlich auch andere Mitverschuldensquoten vertretbar. So kann man ein Mitverschulden durchaus auch ganz ablehnen oder ein höheres Mitverschulden annehmen.

VII. Ergebnis

33 Demnach ist der gem. § 823 Abs. 1 BGB grundsätzlich ersatzfähige materielle Schaden von 3900 € um 20 % auf 3120 € zu reduzieren. Zusätzlich kann R von D Zahlung eines unter Berücksichtigung des Mitverschuldens angemessenen Schmerzensgeldes verlangen.

---

[21] Zum Mitverschuldenseinwand bei „Herausforderungsfällen" siehe BGHZ 132, 164, 172 ff.

[22] NK-BGB/*Knöfler* § 254 Rn. 8.

Fall 4

Die schwangere Martha (M) begibt sich wegen einer Entzündung des Darms in das von der Alexianer-Krankenhaus GmbH (A-GmbH) betriebene Alexianer-Krankenhaus. Dazu schließt sie mit der A-GmbH einen Krankenhausaufnahme- und Behandlungsvertrag ab. Bei der notwendigen Operation verabreicht der behandelnde Chirurg Dr. Caspers (C) nach ordnungsgemäßer Aufklärung und der „Kreuzprobe" zur Prüfung der Verträglichkeit der Blutgruppen eine Blutkonserve, die – wie sich später herausstellt – mit dem Humanen Immundefizienz-Virus (HIV) kontaminiert ist. Bei dem transfundierten Blut handelt es sich um Blut, das vom Blutspendedienst desselben Krankenhauses zur Behandlung der Patienten gewonnen worden ist. Die dort als Leiterin der Qualitätskontrolle tätige Ärztin Dr. Bernhardt (B) hatte es versäumt, dafür zu sorgen, dass der Spender vor der Freigabe der Spende auf HIV-Infektionsmarker (das sind Antikörper) untersucht wird (vgl. § 5 Abs. 3 S. 1 Transfusionsgesetz).

Drei Monate später gebiert M die äußerlich gesunde Tochter Tanja (T).

Nach zwei Jahren wird bei einer Untersuchung die HIV-Infektion der M festgestellt. Es stellt sich heraus, dass M ihren Ehemann Volker (V) angesteckt hat und bereits im Mutterleib über das Blut der Mutter auch T infiziert worden ist. Bei keinem der Infizierten ist die Krankheit (AIDS) bislang ausgebrochen. Bei ihnen ist aber eine aufwendige Behandlung mit antiretroviralen Medikamenten nötig, die hohe Kosten verursacht.

M, V und T verlangen von A und B Ersatz der Behandlungskosten sowie ein angemessenes Schmerzensgeld. Zu Recht?

Bearbeiterhinweis:
Ansprüche aus dem Produkthaftungsgesetz und aus dem Arzneimittelgesetz sind nicht zu prüfen. Die Höhe des Schmerzensgeldes ist nicht zu problematisieren. Es ist davon auszugehen, dass die Beteiligten privat krankenversichert sind und noch keine Erstattung erhalten haben.

© Springer-Verlag GmbH Deutschland, ein Teil von Springer Nature 2019
J. Prütting, B. Scholl, *Die Schuldrechtsklausur II*, Tutorium Jura,
https://doi.org/10.1007/978-3-662-57602-1_4

§ 5 Transfusionsgesetz: Auswahl der spendenden Personen. (1) ¹Es dürfen nur Personen zur Spendeentnahme zugelassen werden, die unter der Verantwortung einer ärztlichen Person nach dem Stand der medizinischen Wissenschaft und Technik für tauglich befunden worden sind und die Tauglichkeit durch eine ärztliche Person festgestellt worden ist. […]

(3) ¹Die für die Leitung der Qualitätskontrolle nach § 14 Absatz 1 Nummer 1 des Arzneimittelgesetzes zuständige Person hat dafür zu sorgen, dass die spendende Person vor der Freigabe der Spende nach dem Stand der medizinischen Wissenschaft und Technik auf Infektionsmarker, mindestens auf Humanes Immundefekt Virus (HIV)-, Hepatitis B- und Hepatitis C-Virus-Infektionsmarker untersucht wird. […]

Lösung Fall 4

▶ Anhand dieses arzthaftungsrechtlichen Falles werden die grundlegenden Tatbestände des Deliktsrechts (§ 823 Abs. 1, Abs. 2, § 831 Abs. 1 BGB) dargestellt. Dabei spielt auch die deliktische Produzentenhaftung eine Rolle; die Gefährdungshaftung nach ProdHaftG wurde dagegen ausgeklammert.

A) Ansprüche der M gegen B

I. Anspruch aus § 823 Abs. 1 BGB

1   M könnte wegen der HIV-Infektion gegen B einen Anspruch auf Ersatz der Behandlungskosten und auf Schmerzensgeld aus § 823 Abs. 1 BGB haben.

1. Tatbestand

2   Dazu müsste B die M in einem ihrer von § 823 Abs. 1 BGB geschützten Rechtsgüter oder Rechte verletzt haben.

a) Rechtsgutverletzung

3   Als verletztes Rechtsgut kommt hier die Gesundheit[1] der M in Betracht. Gesundheitsverletzung ist jedes Hervorrufen oder Steigern eines von den normalen körperlichen Funktionen nachteilig abweichenden Zustandes, wobei unerheblich ist, ob Schmerzzustände auftreten oder bereits eine tiefgreifende Veränderung der Befindlichkeit eingetreten ist.[2] Hier ist M mit HIV infiziert worden. Die Immunschwächekrankheit AIDS ist zwar noch nicht ausgebrochen. Allerdings wird ein HIV-Infizierter bereits mit dem Eintritt des Virus in den Organismus seinerseits infektiös und bleibt dies für die gesamte Dauer seines weiteren Lebens. Schon

---

[1] Bei der Gesundheitsverletzung geht es um eine Beeinträchtigung der inneren Lebensvorgänge ohne Rücksicht auf die Integrität der Organe und Körperteile. Körperverletzung ist hingegen die Verletzung der äußeren Integrität des Körpers. Da M äußerlich nicht verletzt wurde, ist hier eine Gesundheitsschädigung zu prüfen. Im Einzelfall ist die Abgrenzung schwierig, aber praktisch irrelevant.

[2] BGHZ 114, 284, 289; 163, 209, 212; Palandt/*Sprau* § 823 Rn. 4.

in der symptomfreien Phase ist eine Behandlung mit antiretroviralen Medikamenten angezeigt. Die Infektion ist nicht heilbar und kann letztendlich zum Tode führen. Damit ist bereits die Infektion mit HIV als Gesundheitsverletzung einzuordnen.[3]

b) Verletzungshandlung

Die Verletzungshandlung kann im Grundsatz sowohl in einem positiven Tun als auch in einem Unterlassen bestehen. Entscheidend für die Abgrenzung ist der Schwerpunkt der Vorwerfbarkeit. Hier kommt als Verletzungshandlung der B einmal die Freigabe des gewonnenen Blutes als positives Tun in Betracht, zum anderen die unterlassene Untersuchung des Spenderblutes auf HIV-Infektionsmarker.[4] Worauf abzustellen ist, kann offenbleiben, wenn der B sowohl die Freigabe des Blutes als auch das Unterlassen der Untersuchung zurechenbar ist (Rn. 7). **4**

c) Haftungsbegründende Kausalität und objektive Zurechnung

Die Verletzungshandlung muss für die Rechtsgutverletzung kausal sein. Nach der **5** *condicio-sine-qua-non*-Formel ist ein Tun dann (äquivalent) kausal, wenn es nicht hinweggedacht werden kann, ohne dass der Erfolg in seiner konkreten Gestalt entfiele. Stellt man hier auf die Freigabe des Blutes als Verletzungshandlung ab, wäre das Blut ohne Freigabe nicht transfundiert worden, sodass M nicht mit HIV hätte infiziert werden können. Stellt man auf das Unterlassen der Untersuchung ab, ist die *condicio-sine-qua-non*-Formel so zu modifizieren, dass das Unterlassen dann kausal ist, wenn die erforderliche Handlung nicht hinzugedacht werden kann, ohne dass der Erfolg mit an Sicherheit grenzender Wahrscheinlichkeit entfiele. Hätte B den Spender auf HIV getestet, wäre der Test positiv ausgefallen, die Blutkonserve wäre nicht verwendet worden, und damit wäre M mit an Sicherheit grenzender Wahrscheinlichkeit nicht mit HIV infiziert worden. Nach der Äquivalenztheorie ist die Verletzungshandlung der B daher für die Rechtsgutverletzung ursächlich.

Es liegt auch nicht außerhalb allgemeiner Lebenserfahrung, wenn es aufgrund **6** eines nicht erfolgten HIV-Tests zu einer HIV-Infektion kommt. Damit ist auch Kausalität im Sinne der Adäquanztheorie zu bejahen.

Allerdings setzt die Zurechnung sowohl bei mittelbaren Verletzungen als auch **7** bei Unterlassungen nach dem Schutzzweck der Norm eine Pflicht zum Handeln (Garantenpflicht) voraus.[5] Stellt man hier auf die Freigabe des Blutes als positives Tun ab, liegt eine mittelbare Verletzungshandlung vor, denn aus der Freigabe folgte noch nicht unmittelbar die Gesundheitsverletzung der M, sondern erst aus der späteren Verwendung. Stellt man auf die unterlassene Untersuchung des Blutes ab, ist ebenso eine Garantenpflicht erforderlich. Für B als Leiterin der Qualitätskontrolle

---

[3] BGHZ 114, 284, 289; BGHSt 36, 1, 6.
[4] Zu diesem Problem MüKo-StGB/*Tag*, 3. Aufl. 2017, § 31 TFG Rn. 8 (für aktives Tun).
[5] Vgl. *Medicus/Petersen* BürgR, Rn. 646 f.; *Raab* JuS 2002, 1041 ff.

ergibt sich diese Pflicht zum Handeln schon aus § 5 Abs. 3 S. 1 TFG. Damit ist der Verletzungserfolg der B unabhängig davon zurechenbar, ob man die Freigabe des Blutes oder die unterlassene Überprüfung desselben als maßgebliches Verletzungsverhalten ansieht.

2. Rechtswidrigkeit

8   Die Tatbestandsmäßigkeit indiziert nach der Lehre vom Erfolgsunrecht die Rechtswidrigkeit. Rechtfertigungsgründe sind nicht ersichtlich. Soweit bei mittelbaren Rechtsgutverletzungen die positive Feststellung der Rechtswidrigkeit gefordert wird, ergibt sich diese aus der Verletzung des § 5 Abs. 3 S. 1 TFG.[6]

3. Verschulden

9   B müsste vorsätzlich oder fahrlässig gehandelt haben. Hier kommt allein fahrlässiges Handeln in Betracht. Gem. § 276 Abs. 2 BGB handelt fahrlässig, wer die im Verkehr erforderliche Sorgfalt außer Acht lässt. Als Leiterin der Qualitätskontrolle hätte B für die Durchführung des Tests entsprechend den gesetzlichen Vorschriften sorgen müssen. Da sie das nicht getan hat, hat sie fahrlässig gehandelt.

4. Schaden, haftungsausfüllende Kausalität, Ersatzfähigkeit

a) Heilbehandlungskosten

10   Hier macht M zum einen Heilbehandlungskosten geltend. Die Kosten für die Behandlung mit antiretroviralen Medikamenten beruhen auf der Gesundheitsverletzung. Die haftungsausfüllende Kausalität zwischen Gesundheitsverletzung und Schaden ist damit gegeben. Die Ersatzfähigkeit des Schadens ergibt sich aus § 249 Abs. 2 S. 1 BGB, wonach die verletzte Person Geldersatz verlangen kann.

b) Schmerzensgeld

11   Zum anderen verlangt M Schmerzensgeld und damit Ersatz ihres immateriellen Schadens aus der HIV-Infektion. Ein immaterieller Schaden ist nur in den gesetzlich normierten Ausnahmefällen ersatzfähig, § 253 Abs. 1 BGB. Eine solche Ausnahme sieht § 253 Abs. 2 BGB unter anderem auch für Gesundheitsverletzungen vor. Hier liegt eine Gesundheitsverletzung vor. Schmerzensgeldauslösend ist dabei schon die HIV-Infektion als solche. Zwar ist die Krankheit noch nicht ausgebrochen. Doch beeinträchtigt allein das Wissen um die Infektion die psychische Verfassung und die Umweltbeziehungen der M entscheidend.[7] Deshalb sind bereits vor Ausbruch von AIDS die immateriellen Nachteile für eine Geldentschädigung zu berücksichtigen.

5. Ergebnis

12   M hat damit gegen B einen Anspruch auf Ersatz der Behandlungskosten und auf Zahlung eines Schmerzensgeldes aus § 823 Abs. 1 BGB.

---

[6] Zu dieser Frage s.o. Fall 2 Rn. 10.
[7] BGHZ 114, 284, 298.

II. Anspruch aus § 823 Abs. 2 BGB i.V.m. § 5 Abs. 3 S. 1 TFG

M könnte gegen B einen Anspruch auf Ersatz der Behandlungskosten und auf **13**
Schmerzensgeld auch aus § 823 Abs. 2 BGB i.V.m. § 5 Abs. 3 S. 1 TFG haben.

1. Tatbestand

Dann müsste § 5 Abs. 3 S. 1 TFG zunächst ein Schutzgesetz sein, und B müsste **14**
dagegen verstoßen haben.

a) Schutzgesetz

Schutzgesetz ist jede Rechtsnorm, die (zumindest auch) dazu dienen soll, den **15**
Einzelnen oder einzelne Personenkreise gegen die Verletzung eines bestimmten
Rechtsguts zu schützen. Das Gebot, Blutspender unter anderem auf HIV-Infektion
zu untersuchen, soll gerade dazu dienen, dass infiziertes Blut nicht in den Verkehr
gelangt und Patienten mit HIV infiziert werden.[8] § 5 Abs. 3 S. 1 TFG ist damit
Schutzgesetz zugunsten des Transfusionsempfängers, mithin zugunsten der M.

b) Verletzung des Schutzgesetzes

Indem B als Leiterin der Qualitätskontrolle vor der Freigabe der Spende nicht für **16**
eine Überprüfung des Spenders auf HIV-Infektionsmarker gesorgt hat, hat sie gegen
§ 5 Abs. 3 S. 1 TFG verstoßen.

2. Rechtswidrigkeit

Die Rechtswidrigkeit ist indiziert.   **17**

3. Verschulden

Da § 5 Abs. 3 S. 1 TFG selbst kein Verschulden voraussetzt, verlangt § 823 Abs. 2 **18**
S. 2 BGB für die Haftung auf Schadensersatz Verschulden. Insofern gilt das Gleiche
wie für den Schadensersatzanspruch aus § 823 Abs. 1 BGB (s.o. Rn. 9). B hat fahrlässig gehandelt.

> **Systematischer Hinweis:**
> Wenn das Schutzgesetz – wie hier § 5 Abs. 3 S. 1 TFG – kein Verschulden
> voraussetzt, ist dieses im Rahmen von § 823 Abs. 2 BGB gemäß dessen Satz
> 2 trotzdem erforderlich. Ergibt sich das Verschuldenserfordernis hingegen
> schon aus dem Schutzgesetz (wie bei § 229 StGB, dazu sogleich), ist eine
> nochmalige Prüfung des Verschuldens entbehrlich.

---

[8] Zum Schutzzweck des TFG vgl. dessen § 1: „Zweck dieses Gesetzes ist es, nach Maßgabe der
nachfolgenden Vorschriften zur Gewinnung von Blut und Blutbestandteilen von Menschen und
zur Anwendung von Blutprodukten für eine sichere Gewinnung von Blut und Blutbestandteilen
und für eine gesicherte und sichere Versorgung der Bevölkerung mit Blutprodukten zu sorgen und
deshalb die Selbstversorgung mit Blut und Plasma auf der Basis der freiwilligen und unentgeltlichen Blutspende zu fördern."

4. Schaden, haftungsausfüllende Kausalität, Ersatzfähigkeit; Ergebnis

19 Auch in Bezug auf den ersatzfähigen Schaden gilt das Gleiche wie oben (Rn. 10, 11). M kann von B auch aus § 823 Abs. 2 BGB i.V.m. § 5 Abs. 3 S. 1 TFG Ersatz der Behandlungskosten und ein angemessenes Schmerzensgeld verlangen.

III. Anspruch aus § 823 Abs. 2 BGB i.V.m. § 229 StGB

20 Der Schadensersatzanspruch der M gegen B könnte sich auch aus § 823 Abs. 2 BGB i.V.m. § 229 StGB ergeben.

1. Tatbestand

21 Dann müsste es sich bei § 229 StGB um ein Schutzgesetz i.S.d. § 823 Abs. 2 BGB handeln, und B müsste gegen dieses Schutzgesetz verstoßen haben.

a) Schutzgesetz

22 § 229 StGB dient dem Schutz von Körper und Gesundheit des Menschen und ist damit Schutzgesetz auch zugunsten der M.

b) Verletzung des Schutzgesetzes

23 Fraglich ist, ob B sich gem. § 229 StGB wegen fahrlässiger Körperverletzung strafbar gemacht hat. Dann müsste B im Tatbestand zunächst eine Körper- oder Gesundheitsverletzung begangen haben. Hier liegt in der HIV-Infektion der M eine Gesundheitsverletzung. Ursächlich dafür war die Freigabe des Blutes ohne vorherige Untersuchung des Spenders auf HIV (als aktives Tun) bzw. das Unterlassen der Untersuchung. Nimmt man letzteres an, ergibt sich die gem. § 13 Abs. 1 StGB erforderliche Garantenpflicht aus § 5 Abs. 3 S. 1 TFG. Es war auch objektiv sorgfaltswidrig und damit fahrlässig, das Blut ungeprüft freizugeben. Rechtswidrigkeit und Schuld sind gegeben, insbes. war der Eintritt des Verletzungserfolgs für B auch subjektiv vermeidbar.

2. Rechtswidrigkeit

24 Die Rechtswidrigkeit ist indiziert.

3. Schaden; Ergebnis

25 Damit haftet B der M auch aus § 823 Abs. 2 BGB i.V.m. § 229 StGB auf Schadensersatz in gleicher Höhe wie oben (Rn. 10, 11).

B) Ansprüche der M gegen die A-GmbH

I. Anspruch aus §§ 280 Abs. 1, 630a BGB

26 M könnte gegen die A-GmbH (die als juristische Person gem. § 13 Abs. 1 GmbHG selbst Träger von Rechten und Pflichten ist und gem. § 35 GmbHG von ihrem Geschäftsführer vertreten wird) einen Anspruch auf Ersatz der Behandlungskosten und Zahlung eines angemessenen Schmerzensgeldes aus §§ 280 Abs. 1, 630a BGB haben.

1. Schuldverhältnis

Dann müsste zwischen der A-GmbH und M ein Schuldverhältnis bestanden haben.   **27**
Hier haben die A-GmbH und M einen Krankenhausaufnahme-[9] und Behandlungsvertrag geschlossen. Der Behandlungsvertrag ist nunmehr in § 630a BGB als Sonderform des Dienstvertrags gesetzlich geregelt.[10]

2. Pflichtverletzung

Die A-GmbH müsste eine Pflicht aus dem Behandlungsvertrag verletzt haben.   **28**
Pflichtverletzung ist jedes Zurückbleiben hinter dem objektiven Pflichtenprogramm.
Aus dem Behandlungsvertrag folgt gem. § 630a Abs. 1 und 2 BGB die Pflicht der
A-GmbH, eine medizinische Behandlung nach den zum Zeitpunkt der Behandlung
bestehenden, allgemein anerkannten fachlichen Standards zu leisten. Diese Pflicht
hat die A-GmbH durch die Transfusion HIV-infizierten Blutes verletzt. Es liegt also
eine Pflichtverletzung in Form der Schlechterfüllung des Behandlungsvertrages vor.

> Gut vertretbar erscheint es auch, statt auf eine Verletzung der Leistungs-
> pflicht (§ 630a BGB) auf die Verletzung einer Rücksichtnahmepflicht (§ 241
> Abs. 2 BGB) abzustellen.[11] Zu den Pflichten der A-GmbH gehört gem. § 241
> Abs. 2 BGB auch die Rücksichtnahme auf die Rechtsgüter der M, hier auf die
> Gesundheit. Diese Pflicht hätte die A-GmbH durch die Behandlung mit HIV-
> infiziertem Fremdblut verletzt.

3. Vertretenmüssen

Diese Pflichtverletzung müsste die A-GmbH zu vertreten haben, §§ 280 Abs. 1   **29**
S. 2, 276 BGB. Die Beweislast ist umgekehrt, d. h. die A-GmbH müsste sich entlasten. Da es sich vorliegend um Blut handelt, das im behandelnden Krankenhaus
selbst gewonnen worden ist, muss sich die A-GmbH das Verschulden der in ihrem

---

[9] Zu den Leistungen aus dem (totalen) Krankenhausaufnahmevertrag gehören neben der Behandlung auch noch die Unterbringung, Ernährung und Pflege. Es handelt sich also um einen Typen-
kombinationsvertrag. – Fragen des Krankenhausvertrags sind nicht näher in den §§ 630a ff. BGB
geregelt worden.

[10] Seit Inkrafttreten des Patientenrechtegesetzes vom 26.02.2013 (BGBl. I S. 277). Die Einordnung als Dienstvertrag und nicht als Werkvertrag entspricht der bisherigen Auffassung, wonach
der Arzt den Erfolg seiner Behandlung nicht versprechen kann und daher lediglich das Bemühen
um den Heilerfolg schuldet (Palandt/*Weidenkaff* Einf v § 611 Rn. 18; *Medicus/Lorenz* SchuldR
II, Rn. 672). Ein Werkvertrag kommt – auch nach neuem Recht – bei technischen Anfertigungen
(z. B. Zahnprothese) oder entsprechender Parteivereinbarung in Betracht (BT-Drucks. 17/10488,
S. 17; *Katzenmeier* NJW 2013, 817, 818; *Schneider* JuS 2013, 104 f.). Allerdings gelten etwa für
die Einpassung der Prothese wieder dienstvertragliche Maßstäbe.

[11] Vgl. auch Palandt/*Grüneberg* § 241 Rn. 8, wonach es vielfach zweifelhaft ist, welche Pflichten
als Leistungs- und welche als Rücksichtnahmepflicht einzuordnen sind.

Blutspendedienst als Erfüllungsgehilfin tätigen B, die den Spender schuldhaft nicht auf HIV-Infektionsmarker untersucht hat, gem. § 278 BGB zurechnen lassen. Die A-GmbH hat die Pflichtverletzung daher zu vertreten.

4. Schaden; Ergebnis

30   Damit muss die A-GmbH der M sowohl die Behandlungskosten ersetzen als auch gem. § 253 Abs. 2 BGB Schmerzensgeld zahlen. Insofern gilt das Gleiche wie oben (Rn. 10, 11).

II. Anspruch aus § 831 Abs. 1 BGB

31   M könnte gegen die A-GmbH einen Anspruch auf Ersatz der Behandlungskosten und Zahlung eines angemessenen Schmerzensgeldes aus § 831 Abs. 1 BGB haben.

1. Tatbestand

32   Dann müsste B zunächst Verrichtungsgehilfin der A-GmbH sein und in Ausführung der Verrichtung eine tatbestandsmäßige, rechtswidrige unerlaubte Handlung begangen haben.

a) B als Verrichtungsgehilfin

33   Verrichtungsgehilfe ist, wer mit Wissen und Wollen des Geschäftsherrn in dessen Interesse tätig wird und von den Weisungen des Geschäftsherrn abhängig ist. B ist in dem Blutspendedienst des Krankenhauses als Leiterin der Qualitätskontrolle angestellt. Trotz ihrer hervorgehobenen Stellung ist sie als Arbeitnehmerin von den Weisungen der Geschäftsführung der A-GmbH abhängig. Daher ist sie als Verrichtungsgehilfin einzuordnen.

b) Unerlaubte Handlung des Verrichtungsgehilfen in Ausführung der Verrichtung

34   Außerdem müsste B widerrechtlich den Tatbestand einer unerlaubten Handlung i.S.d. §§ 823 ff. BGB verwirklicht haben. B hat hier widerrechtlich die Gesundheit der M verletzt und damit eine unerlaubte Handlung i.S.d. § 823 Abs. 1 BGB begangen (s.o. Rn. 1 ff.). Außerdem hat sie eine unerlaubte Handlung nach § 823 Abs. 2 BGB i.V.m. § 5 Abs. 3 S. 1 TFG und § 229 StGB begangen (s.o. Rn. 13 ff.). Dies geschah bei der Herstellung der Blutkonserve, also in Ausführung der Verrichtung.

Aufbauhinweis:

Im Rahmen des § 831 Abs. 1 BGB ist inzident zu prüfen, ob der Verrichtungsgehilfe den Tatbestand einer unerlaubten Handlung erfüllt hat und ob er rechtswidrig gehandelt hat. Auf Verschulden des Verrichtungsgehilfen kommt es hingegen nicht an. Vielmehr ist Voraussetzung des § 831 Abs. 1 BGB eigenes Auswahl- oder Überwachungsverschulden des Geschäftsherrn, dazu sogleich.

2. Keine Exkulpation gem. § 831 Abs. 1 S. 2 BGB

35   Die Haftung des Geschäftsherrn ist an ein eigenes Auswahl- oder Überwachungsverschulden geknüpft. Allerdings ist die Beweislast umgekehrt, d. h. der Geschäftsherr muss sich gem. § 831 Abs. 1 S. 2 BGB dadurch entlasten, dass er beweist, dass er den Gehilfen sorgfältig ausgewählt und überwacht hat. Hier hat die A-GmbH zur Auswahl und Überwachung der B durch die Organe (Geschäftsführer) der A-GmbH nichts dargelegt. Eine Exkulpation kommt daher nicht in Betracht.

3. Schaden, haftungsausfüllende Kausalität, Ersatzfähigkeit; Ergebnis
Damit haftet die A-GmbH der M auch gem. § 831 Abs. 1 BGB auf Schadensersatz   **36**
in gleichem Umfang wie oben (Rn. 30).

III. Anspruch aus § 823 Abs. 1 BGB
Der Anspruch der M gegen die A-GmbH auf Ersatz der Behandlungskosten und auf   **37**
Schmerzensgeld könnte sich auch aus § 823 Abs. 1 BGB unter dem Gesichtspunkt
der Produzentenhaftung ergeben.

1. Tatbestand
Dann müsste die A-GmbH die Gesundheit der M verletzt haben. Eine Gesundheits-   **38**
verletzung der M liegt vor (s.o. Rn. 3). Fraglich ist, ob dies aufgrund einer Verletzungshandlung der A-GmbH geschah. Als juristische Person kann die A-GmbH
nicht selbst handeln, sondern nur durch ihre Organe (Geschäftsführer), deren
Handeln sie sich nach § 31 BGB zurechnen lassen muss. Als Verletzungshandlung
kommt hier das Inverkehrbringen der kontaminierten Blutkonserven bzw. die unterlassene Untersuchung des Spenderblutes auf HIV in Betracht.

Dieses Tun bzw. Unterlassen der A-GmbH war nach der Äquivalenztheorie   **39**
ursächlich für die HIV-Infektion der M. Die Rechtsgutverletzung ist der A-GmbH
als Herstellerin der Blutkonserve nach den von der Rechtsprechung entwickelten Regeln zur deliktischen Produzentenhaftung aber nur zurechenbar, wenn die
A-GmbH eine ihr obliegende Verkehrssicherungspflicht verletzt hat. Wer in seinem
Verantwortungsbereich eine Gefahrenlage für Dritte schafft, hat Rücksicht auf diese
Gefährdung zu nehmen und deshalb die allgemeine Rechtspflicht, diejenigen Vorkehrungen zu treffen, die erforderlich sind, um die Schädigung Dritter möglichst
zu verhindern.[12] Wer Produkte in Verkehr bringt, muss in den Grenzen des technisch Möglichen und des wirtschaftlich Zumutbaren dafür sorgen, dass Verbraucher
durch das Produkt keine Gesundheitsschäden erleiden.[13] Insofern hat die Rechtsprechung spezifische Pflichten entwickelt, deren objektiv sorgfaltswidrige Verletzung
einen Produktfehler begründet. Diese Regeln der deliktischen Produzentenhaftung
sind auch auf die Produktion von Blut anwendbar.[14]

> Zu den Gruppen von Produktfehlern vgl. BGHZ 181, 253 = NJW 2009, 2952
> und Fall 12 Rn. 48

---

[12] BGH NJW 2007, 762 Rn. 11; NJW 2007, 1683, 1684 Rn. 14; Palandt/*Sprau* § 823 Rn. 46.
[13] Vgl. BGH NJW 2007, 762 Rn. 11.
[14] OLG Hamburg NJW 1990, 2322.

40 Wenn in der Produktion einzelne Stücke aufgrund unzureichender Endkontrolle fehlerhaft sind, spricht man von einem Fabrikationsfehler. Die A-GmbH hätte als Herstellerin die Qualität des hergestellten Blutes prüfen müssen. Aufgrund dessen liegt ein im Rahmen von § 823 Abs. 1 BGB haftungsrelevantes Verhalten vor.

2. Rechtswidrigkeit

41 Die Rechtswidrigkeit ist durch die Verwirklichung des Tatbestandes indiziert.

3. Verschulden

42 Im Rahmen der deliktischen Produzentenhaftung hat die Rechtsprechung kraft Richterrechts eine Beweislastumkehr für das Verschulden entwickelt.[15] Der Hersteller muss beweisen, dass ihn kein Verschulden an dem Produktfehler trifft. Dies wird ihm angesichts der ihm auferlegten Organisationspflicht kaum gelingen. Auch hier ist für eine Entlastung der A-GmbH bzw. der für sie handelnden Organe (§ 31 BGB) nichts ersichtlich.

4. Schaden, haftungsausfüllende Kausalität, Ersatzfähigkeit; Ergebnis

43 Damit haftet die A-GmbH der M auch gem. § 823 Abs. 1 BGB auf Schadensersatz in gleichem Umfang wie oben (Rn. 30).

> **Ergänzende Hinweise:**
> 1. Nach Bearbeiterhinweis waren Ansprüche aus Produkthaftungs- und Arzneimittelgesetz nicht zu prüfen. Für fehlerhafte Produkte besteht eine Gefährdungshaftung nach § 1 ProdHaftG. Diese ist aber gem. § 15 Abs. 1 ProdHaftG subsidiär gegenüber der Arzneimittelhaftung nach § 84 Arzneimittelgesetz (AMG). Bei Blutprodukten handelt es sich um Arzneimittel (vgl. § 4 Abs. 2 AMG; MüKo-StGB/*Freund*, 3. Aufl. 2017, § 4 AMG Rn. 6). Folglich greift die Gefährdungshaftung nach § 84 AMG (so auch *Eichholz* NJW 1991, 732 ff.). Diese tritt neben die deliktische Produzentenhaftung (vgl. § 15 Abs. 2 ProdHaftG).
> 2. Das Ergebnis der Falllösung ist, dass M sowohl die B als auch die A-GmbH in Anspruch nehmen kann. Es fragt sich, in welchem Verhältnis diese beiden Schuldner zueinander stehen. Diese Frage ist in § 840 Abs. 1 BGB geregelt. Sind für den aus einer unerlaubten Handlung entstehenden Schaden mehrere nebeneinander verantwortlich, so haften sie als Gesamtschuldner.[16] Nach § 421 BGB kann M also zwar den Schadensersatz nur

---

[15] BGHZ 51, 91; BGH NJW 1991, 1948, 1950; 1999, 1028.

[16] Dass die A-GmbH zusätzlich zur Haftung aus unerlaubter Handlung auch aus Vertrag haftet, ändert an der Anwendbarkeit von § 840 Abs. 1 BGB nichts, vgl. Palandt/*Sprau* § 840 Rn. 1.

einmal verlangen, sich aber aussuchen, wen von beiden (oder, wenn sie beide in Anspruch nimmt, wen zu welchen Anteilen) sie in Anspruch nimmt. Der Innenausgleich zwischen der A-GmbH und der B erfolgt dann, da zwischen ihnen ein Arbeitsverhältnis besteht, nach arbeitsrechtlichen Regeln (sog. innerbetrieblicher Schadensausgleich), die die gesetzliche Regelung in § 840 Abs. 2 BGB verdrängen. Dazu im Überblick Fall 9 Rn. 28.

C) Ansprüche des V gegen B

I. Anspruch aus § 823 Abs. 1 BGB

V könnte gegen B einen Anspruch auf Ersatz der Behandlungskosten und auf ein **44** angemessenes Schmerzensgeld aus § 823 Abs. 1 BGB haben.

1. Tatbestand

Aufgrund der HIV-Infektion ist auch bei V eine Gesundheitsverletzung eingetreten. **45** Als Verletzungshandlung kommt wiederum einmal die Freigabe des gewonnenen Blutes als positives Tun in Betracht, zum anderen die unterlassene Untersuchung des Spenderblutes auf HIV-Infektionsmarker.

Fraglich ist, ob die Verletzungshandlung kausal für die Gesundheitsverletzung **46** war. Hätte B das Spenderblut nicht ohne Untersuchung freigegeben, wäre M nicht infiziert worden und hätte M auch nicht V infizieren können. Nach der *condicio-sine-qua-non*-Formel ist die Kausalität also zu bejahen. Fraglich erscheint jedoch, ob die Verletzungshandlung auch adäquat kausal war, da V immerhin nicht direkt durch das Verhalten der B, sondern nur mittelbar über M infiziert wurde. Jedoch liegt es innerhalb der Lebenserfahrung, dass eine mit HIV infizierte Ehefrau, die von der Infektion nichts weiß, ihren Ehemann ansteckt. Insofern ist auch die adäquate Kausalität zu bejahen. Hinsichtlich der zur Zurechnung sowohl bei mittelbaren Verletzungen als auch bei Unterlassungen erforderlichen Garantenpflicht (§ 5 Abs. 3 S. 1 TFG) gilt das Gleiche wie oben (Rn. 7). Die Pflicht, Blutspender auf Infektionen zu untersuchen, besteht nicht nur zum Schutze des Blutempfängers, sondern auch von Personen, mit denen dieser in Kontakt kommt.

Damit ist der Tatbestand des § 823 Abs. 1 BGB erfüllt.

2. Rechtswidrigkeit

Die Rechtswidrigkeit ist durch die Verwirklichung des Tatbestands indiziert. **47**

3. Verschulden

Das Handeln der B war sorgfaltswidrig und damit fahrlässig (s.o. Rn. 9). **48**

4. Schaden, haftungsausfüllende Kausalität, Ersatzfähigkeit; Ergebnis

Als Schaden sind dem V aufgrund der Gesundheitsverletzung Behandlungskosten **49** entstanden, deren Ersatz er von B verlangen kann (wie oben Rn. 10). Auch kann er gem. § 253 Abs. 2 BGB ein angemessenes Schmerzensgeld verlangen. V hat also gegen B einen Anspruch auf Ersatz der Behandlungskosten und auf ein angemessenes Schmerzensgeld aus § 823 Abs. 1 BGB.

II. Anspruch aus § 823 Abs. 2 BGB i.V.m. § 5 Abs. 3 S. 1 TFG und § 229 StGB

50   Der Anspruch auf Schadensersatz des V gegen B ergibt sich auch aus § 823 Abs. 2 BGB i.V.m. § 5 Abs. 3 S. 1 TFG und § 229 StGB. § 5 Abs. 3 S. 1 TFG ist auch Schutzgesetz zugunsten des Ehemannes der Person, der das Blut transfundiert wurde. Im Rahmen von § 229 StGB wird die Kausalität nicht dadurch ausgeschlossen, dass die Infektion des V vermittelt durch M erfolgte (s.o. Rn. 46). Ansonsten gilt das Gleiche wie oben (Rn. 13 ff.).

D) Ansprüche des V gegen die A-GmbH

I. Anspruch aus §§ 280 Abs. 1, 630a BGB i.V.m. den Grundsätzen des Vertrags mit Schutzwirkung zugunsten Dritter

51   Mangels eigener vertraglicher Beziehung zwischen V und der A-GmbH kann V allein dann ein Anspruch aus § 280 Abs. 1 BGB gegen die A-GmbH zustehen, wenn er in den Schutzbereich des zwischen M und der A-GmbH geschlossenen Behandlungsvertrages einbezogen ist.

1. Rechtsgrundlage

52   Das Rechtsinstitut des Vertrags mit Schutzwirkung für Dritte ist nicht ausdrücklich gesetzlich geregelt. Die Rechtsprechung leitet das Bestehen von Schutzpflichten zugunsten Dritter aus einer ergänzenden Auslegung des Hauptvertrages her (§§ 133, 157 BGB).[17] Nach der herrschenden Lehre handelt es sich dagegen um eine rechtsfortbildende gesetzliche Ausgestaltung des Vertragsverhältnisses nach Treu und Glauben.[18] Seit der Schuldrechtsreform wird der Vertrag mit Schutzwirkung für Dritte teilweise auch aus § 311 Abs. 3 S. 1 BGB hergeleitet.[19] Dagegen spricht zwar, dass die Norm nur die Eigenhaftung des Vertreters im Rahmen der c.i.c. (Sachwalterhaftung) erfassen soll; andererseits lässt § 311 Abs. 3 S. 1 BGB aber allgemein den Schluss zu, dass ein Schuldverhältnis beschränkt auf Schutz- und Rücksichtspflichten auch zu Nichtvertragsparteien entstehen kann. Letztlich kann die Herleitung des Vertrags mit Schutzwirkung für Dritte offenbleiben, da inzwischen allgemein anerkannt ist, dass auch Dritte dergestalt in die vertraglichen Sorgfalts- und

---

[17] RGZ 127, 218, 221 f. (noch unter Annahme eines Vertrages zugunsten Dritter); BGHZ 56, 269, 273; 159, 1, 4.

[18] Jauernig/*Stadler* § 328 Rn. 21; *Larenz* SchuldR I, § 17 II (insbes. S. 227); MüKo/*Gottwald* § 328 Rn. 170.

[19] NK-BGB/*Becker* § 311 Rn. 139; NK-BGB/*Preuß* Vor §§ 328 ff. Rn. 9; *Brox/Walker* SchuldR AT, § 33 Rn. 6; *Eckebrecht* MDR 2002, 427.

Obhutspflichten einbezogen sein können, dass sie bei deren Verletzung vertragliche Schadensersatzansprüche geltend machen können.

2. Voraussetzungen

Die Einbeziehung setzt zunächst die sog. Leistungsnähe voraus. Der Dritte muss **53** mit der Leistung bestimmungsgemäß genauso in Berührung kommen wie der Gläubiger selbst.[20] Es muss vom Zufall abhängen, ob der Vertragspartner oder der Dritte geschädigt wird. Hier kommt V zwar insofern mit der Behandlung seiner Ehefrau in Berührung, als bei der Behandlung durch kontaminierte Blutkonserven auf sie übertragene Viren etwa durch Geschlechtsverkehr auch auf ihn übertragen werden können. Dieser Kontakt mit der Leistung aus dem Behandlungsvertrag ist aber bloß mittelbar. V kommt nicht mit der Leistung der A-GmbH in gleicher Weise in Berührung wie M. Mangels Leistungsnähe scheidet ein Vertrag mit Schutzwirkung zugunsten des V aus. V hat keinen Anspruch gegen die A-GmbH aus § 280 Abs. 1 BGB i.V.m. den Grundsätzen des Vertrags mit Schutzwirkung zugunsten Dritter.[21]

> Hinsichtlich der gesetzlichen Ansprüche gilt hingegen das Gleiche wie für M. Daher erfolgt die Prüfung im Folgenden sehr verkürzt.

II. Anspruch aus § 831 Abs. 1 BGB

V hat gegen die A-GmbH einen Anspruch aus § 831 Abs. 1 BGB auf Schadens- **54** ersatz. Da B auch gegenüber V tatbestandsmäßige und rechtswidrige unerlaubte Handlungen begangen hat (s.o. Rn. 44 ff., 50), gilt für V das Gleiche wie für M (s.o. Rn. 31 ff.).

III. Anspruch aus § 823 Abs. 1 BGB

Auch für den Anspruch des V gegen die A-GmbH aus § 823 Abs. 1 BGB gilt das **55** Gleiche wie für den Anspruch der M gegen die A-GmbH (s.o. Rn. 37 ff.). Auch V fällt in den Schutzbereich der verletzten Verkehrssicherungspflicht und kann daher gemäß den Grundsätzen der deliktischen Produzentenhaftung von der A-GmbH Ersatz seiner Behandlungskosten und ein angemessenes Schmerzensgeld verlangen.

E) Ansprüche der T gegen B

I. Anspruch aus § 823 Abs. 1 BGB

T könnte gegen B einen Anspruch auf Ersatz ihrer Behandlungskosten und auf **56** Schmerzensgeld aus § 823 Abs. 1 BGB haben.

---

[20] BGHZ 49, 350, 354; 70, 327, 329; 129, 136, 168; Palandt/*Grüneberg* § 328 Rn. 16.

[21] Der BGH bejaht aber eine Einbeziehung des Ehegatten in den Schutzbereich der Pflicht zur nachträglichen Sicherungsaufklärung über die Gefahr einer transfusionsassoziierten HIV-Infektion, BGHZ 163, 209 = NJW 2005, 2614, 2617.

1. Tatbestand

57   Dann müsste B die T in einem ihrer von § 823 Abs. 1 BGB geschützten Rechtsgüter und Rechte verletzt haben.

a) Rechtsgutverletzung

58   Als verletztes Rechtsgut kommt hier wiederum die Gesundheit der T in Betracht. Dass in einer HIV-Infektion eine Gesundheitsverletzung liegt, wurde bereits gezeigt (Rn. 3). Problematisch ist jedoch, dass T zur Zeit der Verletzungshandlung noch gar nicht geboren und damit noch nicht rechtsfähig war (§ 1 BGB). Allerdings geht es um den Ersatz von Schäden an der Gesundheit, die das krank zur Welt gekommene Kind erleidet. Insofern ist auch der *nasciturus*, der im Mutterleib verletzt wird, von § 823 Abs. 1 BGB geschützt, wenn er lebend (aber immer noch an der Gesundheit geschädigt) zur Welt kommt.[22] Eine Gesundheitsverletzung der T liegt damit vor.

b) Verletzungshandlung und haftungsbegründende Kausalität

59   Kausal für die Gesundheitsverletzung ist wiederum die Freigabe der Blutkonserve bzw. das Unterlassen der Untersuchung des Spenderblutes durch B. Wäre das Spenderblut nicht ohne Untersuchung freigegeben worden, wäre M nicht und damit auch nicht T mit HIV infiziert worden. Hinsichtlich der zur Zurechnung sowohl bei mittelbaren Verletzungen als auch bei Unterlassungen erforderlichen Garantenpflicht (§ 5 Abs. 3 S. 1 TFG) gilt das Gleiche wie oben (Rn. 7).

2. Rechtswidrigkeit

60   Die Rechtswidrigkeit ist durch die Tatbestandsmäßigkeit indiziert.

3. Verschulden

61   B hat, wie oben geprüft (Rn. 9), fahrlässig gehandelt.

4. Schaden, haftungsausfüllende Kausalität, Ersatzfähigkeit; Ergebnis

62   Aufgrund der Gesundheitsverletzung sind der T Behandlungskosten sowie ein immaterieller Schaden entstanden. Daher kann T von B aus § 823 Abs. 1 BGB Ersatz ihrer Behandlungskosten sowie ein angemessenes Schmerzensgeld (§ 253 Abs. 2 BGB) verlangen (wie oben Rn. 10, 11).

II. Anspruch aus § 823 Abs. 2 BGB i.V.m. § 5 Abs. 3 S. 1 TFG

63   Der Anspruch auf Schadensersatz der T gegen B ergibt sich auch aus § 823 Abs. 2 BGB i.V.m. § 5 Abs. 3 S. 1 TFG. § 5 Abs. 3 S. 1 TFG ist auch Schutzgesetz zugunsten des ungeborenen Kindes im Mutterleib der Blutspendeempfängerin. Es gilt das Gleiche wie oben (Rn. 13 ff.).

---

[22] BGHZ 58, 48, 50 f.

III. Anspruch aus § 823 Abs. 2 BGB i.V.m. § 229 StGB

Fraglich ist, ob sich der Schadensersatzanspruch der T gegen B auch aus § 823 **64** Abs. 2 BGB i.V.m. § 229 StGB ergibt. Dies setzt voraus, dass die Verletzung eines *nasciturus* eine tatbestandsmäßige Körperverletzung i.S.d. §§ 223, 229 StGB darstellt. Dagegen spricht, dass die Schädigung der Leibesfrucht in §§ 218 ff. StGB abschließend unter Strafe gestellt wird. Einer Ausdehnung der §§ 223 ff. StGB auf pränatale Schädigungen stünde der Gesetzesvorbehalt nach Art. 103 Abs. 2 GG, § 1 StGB und das aus ihm folgende Analogieverbot entgegen. Nach h.M. ist die nicht tödlich wirkende Schädigung vor der Geburt daher strafrechtlich keine Körperverletzung, weil das Opfer dann bereits verletzt geboren wird.[23] Mangels tauglichen Tatobjekts hat B daher in Bezug auf T nicht den Tatbestand des § 229 StGB erfüllt. Folglich scheidet auch eine Haftung der B gegenüber T aus § 823 Abs. 2 BGB i.V.m. § 229 StGB aus.

F) Ansprüche der T gegen die A-GmbH

I. Anspruch aus §§ 280 Abs. 1, 630a BGB i.V.m. den Grundsätzen des Vertrags mit Schutzwirkung zugunsten Dritter

Mangels eigener vertraglicher Beziehung zwischen T und der A-GmbH kann T **65** allein dann ein Anspruch aus § 280 Abs. 1 BGB gegen die A-GmbH zustehen, wenn sie in den Schutzbereich des zwischen M und der A-GmbH geschlossenen Behandlungsvertrages einbezogen ist. Die Rechtsgrundlage wurde schon oben (Rn. 52) dargestellt, sodass hier fraglich ist, ob in den Schutzbereich auch ein *nasciturus* einbezogen werden kann und ob die Voraussetzungen des Vertrags mit Schutzwirkung zugunsten Dritter erfüllt sind.

1. Schutz des nasciturus

Dafür, dass auch ein *nasciturus* in den Schutzbereich eines fremden Vertrages einbezogen werden kann, spricht, dass dieser gem. § 331 Abs. 2 BGB sogar Dritter **66** im Sinne eines echten Vertrages zugunsten Dritter sein kann. Wenn ihm aus einem echten Vertrag zugunsten Dritter (§ 328 Abs. 1 BGB) ein Leistungsanspruch zustehen kann, müssen ihm erst recht schon vor der Geburt Schutzrechte zustehen können.[24] Das Erfordernis der Bestimmtheit des Dritten ist mit der Erzeugung erfüllt.[25] Zur Eingrenzung der Haftung genügen die allgemeinen Voraussetzungen, die im Folgenden zu prüfen sind.

---

[23] Schönke/Schröder/*Eser/Sternberg-Lieben* StGB, 29. Aufl. 2014, § 223 Rn. 1a; BeckOK-StGB/ *Eschelbach* § 223 Rn. 12; Lackner/*Kühl* StGB, 29. Aufl. 2018, § 223 Rn. 2 m.w.N. auch zur Gegenansicht.

[24] MüKo/*Schmitt* § 1 Rn. 36; NK-BGB/*Ring* § 1 Rn. 37.

[25] MüKo/*Schmitt* § 1 Rn. 36.

2. Voraussetzungen des Vertrags mit Schutzwirkung für Dritte

a) Leistungsnähe

67   Zunächst muss der Dritte bestimmungsgemäß genauso mit der Leistung des Schuldners in Berührung kommen wie der Gläubiger selbst.[26] Zwar ist der Blutkreislauf des *nasciturus* von dem der Mutter getrennt (Plazentaschranke). Jedoch erhält der Embryo über die Nabelschnur Sauerstoff und Nährstoffe aus dem Blut der Mutter. Wird daher das Blut der Mutter mit HIV infiziert, besteht die erhöhte Gefahr, dass zugleich das ungeborene Kind infiziert wird. Auch bei der Geburt kann es zu einer Infektion kommen. Deshalb betrifft das ungeborene Kind eine Infektion der Mutter mit kontaminierten Blutkonserven (fast) genauso wie die Mutter selbst. Die Voraussetzung der Leistungsnähe ist zu bejahen.

b) Schutzinteresse (Gläubigernähe)

68   Weiterhin muss der Gläubiger, hier also M, ein schutzwürdiges Interesse an der Einbeziehung des Dritten in den Schutzbereich haben. Ursprünglich hat der BGH dies nur bejaht, wenn der Vertragspartner gegenüber dem Dritten eine Schutz- und Fürsorgepflicht hatte (Verantwortung für das „Wohl und Wehe" des Dritten).[27] Nach neuerer Rechtsprechung reicht dagegen irgendein vertragliches Einbeziehungsinteresse des Gläubigers aus, wenn Inhalt und Zweck des Vertrages erkennen lassen, dass diesen Interessen Rechnung getragen werden solle, und die Parteien den Willen haben, zugunsten dieser Dritten eine Schutzpflicht des Schuldners zu begründen.[28] Hier ergibt sich das Näheverhältnis schon nach der ursprünglichen engen BGH-Formel aus der Verantwortung der Mutter für das (werdende) Kind.

c) Erkennbarkeit

69   Außerdem müssen für den Schuldner die Leistungsnähe des Dritten und das Schutzinteresse des Gläubigers erkennbar sein.[29] Die für die A-GmbH handelnden Ärzte, deren Wissen sich die A-GmbH analog § 166 Abs. 1 BGB zurechnen lassen muss,[30] wussten von der Schwangerschaft der M. Sie wussten daher um die Gefährdung des ungeborenen Kindes und um das Interesse der M an dem Schutz der T.

d) Schutzbedürftigkeit

70   Der Dritte muss schließlich schutzbedürftig sein, d. h. er darf keine eigenen, gleichwertigen vertraglichen Ansprüche – gleich gegen wen – haben.[31] T stehen keine vertraglichen Ansprüche zu.

---

[26] BGHZ 49, 350, 354; 70, 327, 329; 129, 136, 168; Palandt/*Grüneberg* § 328 Rn. 17.

[27] BGHZ 51, 91, 96; 56, 269, 273; 66, 51, 57.

[28] BGH ZIP 2009, 1166, 1167 Rn. 17; s. auch BGH NJW 1984, 355; BGHZ 127, 378, 380; 138, 257 ff. (sogar bei gegenläufigen Interessen).

[29] Palandt/*Grüneberg* § 328 Rn. 18.

[30] Zur Wissenszurechnung vgl. z. B. Palandt/*Ellenberger* § 166 Rn. 6.

[31] Palandt/*Grüneberg* § 328 Rn. 18.

e) Zwischenergebnis

Damit ist T in den Schutzbereich des Behandlungsvertrages zwischen der A-GmbH   **71**
und M einbezogen.[32]

3. Sonstige Anspruchsvoraussetzungen; Ergebnis

Die A-GmbH hat schuldhaft eine Pflicht aus dem Behandlungsvertrag verletzt. Es   **72**
gilt das Gleiche wie oben (Rn. 26 ff.). Damit kann T von der A-GmbH gem. §§ 280
Abs. 1, 630a BGB i.V.m. den Grundsätzen über den Vertrag mit Schutzwirkung für
Dritte Schadensersatz (Behandlungskosten, Schmerzensgeld) verlangen.

II. Anspruch aus § 831 Abs. 1 BGB

T hat gegen die A-GmbH einen Anspruch aus § 831 Abs. 1 BGB auf Schadensersatz   **73**
im gleichen Umfang. Da B auch gegenüber T tatbestandsmäßige und rechtswidrige
unerlaubte Handlungen begangen hat (s.o. Rn. 56 ff., 63, 64), gilt für T das Gleiche
wie für M und V (s.o. Rn. 31 ff., 54).

III. Anspruch aus § 823 Abs. 1 BGB

Auch für den Anspruch der T gegen die A-GmbH aus § 823 Abs. 1 BGB gilt das   **74**
Gleiche wie für den Anspruch von M und V gegen die A-GmbH (s.o. Rn. 37 ff., 55).
Auch T kann gemäß den Grundsätzen der deliktischen Produzentenhaftung von der
A-GmbH Ersatz ihrer Behandlungskosten und ein angemessenes Schmerzensgeld
verlangen.

---

[32] So auch BGHZ 161, 255, 262 = NJW 2005, 888, 890 m.w.N.; Palandt/*Grüneberg* § 328 Rn. 22.

Fall 5

Martha (M) begibt sich wegen einer Entzündung des Darms in das von der Alexianer-Krankenhaus GmbH (A-GmbH) betriebene Alexianer-Krankenhaus. Dazu
schließt sie mit der A-GmbH einen Krankenhausaufnahme- und Behandlungsvertrag ab. Bei der notwendigen Operation durchtrennt der behandelnde Chirurg
Dr. Caspers (C), der sorgfältig ausgewählt und überwacht worden ist, aufgrund
eines Versehens sorgfaltswidrig ein großes Blutgefäß. Es gelingt ihm nicht, die
Blutung zu stillen, so dass M noch auf dem Operationstisch verstirbt. Ein ähnlicher
Fehler ist ihm bislang noch nicht passiert; bisher ist er stets als sehr zuverlässiger
Arzt in Erscheinung getreten.

Der Ehemann der M, Volker (V), erleidet, nachdem ihm das Krankenhaus die
Nachricht vom Tode seiner Ehefrau überbracht hat, einen schweren Schock. Er wird
depressiv, leidet unter schweren Schlafstörungen und unkontrollierbaren Schweiß-
ausbrüchen. Er kann sich nicht mehr konzentrieren und entwickelt ein Zittern an
den Händen. Er begibt sich in stationäre psychiatrische und psychotherapeutische
Behandlung und verlangt von der A-GmbH und von C Ersatz seiner Behandlungskosten sowie ein angemessenes Schmerzensgeld. Außerdem verlangt V, der Alleinerbe der M ist, die Kosten der Beerdigung der M ersetzt. Zu Recht?

Auch die Mutter der M, Olga (O), sowie Franziska (F), eine langjährige gute
Freundin der M, betrauern den Tod von M sehr und zeigen über zwei Monate die
Symptome einer Depression. In den Tagen und Wochen nach dem Tod von M liegen
sie oft nachts wach und weinen. Tagsüber sind sie antriebslos. O kann wegen des
Verlusts ihrer Tochter zwei Wochen nicht arbeiten. Auch O und F wollen wissen, ob
sie gegen die A-GmbH und C vorgehen können.

Bearbeiterhinweis:
Die Höhe des Schmerzensgeldes ist nicht zu problematisieren. Es ist davon auszugehen, dass die
Beteiligten privat krankenversichert sind und noch keine Erstattung erhalten haben.

© Springer-Verlag GmbH Deutschland, ein Teil von Springer Nature 2019   55
J. Prütting, B. Scholl, *Die Schuldrechtsklausur II*, Tutorium Jura,
https://doi.org/10.1007/978-3-662-57602-1_5

Lösung Fall 5

▶ Gegenstand des Falles sind die sog. Schockschäden und das neue Hinterbliebenengeld nach § 844 Abs. 3 BGB.

A) Ansprüche des V gegen C

I. Anspruch aus § 823 Abs. 1 BGB (Behandlungskosten und Schmerzensgeld)

1   V könnte gegen C wegen einer eigenen erlittenen Rechtsgutverletzung einen
     Anspruch auf Ersatz der Kosten für seine psychiatrische und psychotherapeutische
     Behandlung sowie auf ein angemessenes Schmerzensgeld aus § 823 Abs. 1 BGB
     haben.

1. Tatbestand

a) Rechtsgutverletzung

2   Zunächst müsste bei V eine Rechtsgutverletzung vorliegen. Abgesehen von den
     Sonderfällen der §§ 844 ff. BGB ist für einen Schadensersatzanspruch nach § 823
     Abs. 1 BGB eine eigene Rechtsgutverletzung erforderlich. Daher kann nicht etwa
     auf den Tod der M abgestellt werden. Eine Gesundheitsverletzung des V könnte
     aber in dem Schock des V aufgrund des Todes der M liegen. Zwar können auch psy-
     chische Störungen eine Gesundheitsverletzung i.S.d. § 823 Abs. 1 BGB darstellen.
     Nicht ausreichend sind allerdings Empfindungen wie Schmerz, Trauer und Schre-
     cken, auch wenn sie physiologische Abläufe und seelische Funktionen empfindlich
     stören.[1] Sie gehören zum allgemeinen Lebensrisiko, das jeder selbst tragen muss.
     Damit dem aufgrund der Verletzung eines Dritten erlittenen Schock ein eigener
     Krankheitswert zukommt, muss es vielmehr zu einer schweren Beeinträchtigung
     kommen, die deutlich über das hinausgeht, was Nahestehende als mittelbar Betrof-
     fene in derartigen Fällen erfahrungsgemäß an Beeinträchtigungen erleiden.[2] Nach
     der Rechtsprechung des BGH machen nur solche psychischen Beeinträchtigungen
     eine Gesundheitsverletzung i.S.d. § 823 Abs. 1 BGB aus, die pathologisch fassbar
     und deshalb nach der allgemeinen Verkehrsauffassung als Verletzung des Körpers
     oder der Gesundheit angesehen werden.[3] Hier hat sich der Schock des V physisch
     in schweren Schlafstörungen, unkontrollierbaren Schweißausbrüchen und einem
     Zittern an beiden Händen manifestiert. Wegen seiner Depression bedarf V der ärzt-
     lichen Behandlung. Die Reaktion des V geht über eine normale Trauer erheblich

---

[1] BGH NJW 2015, 1451 Rn. 7 m.w.N.; 2015, 2246 Rn. 9; BGHZ 56, 163, 164 ff.

[2] Palandt/*Grüneberg* Vorb v § 249 Rn. 40; BGHZ 56, 163, 165 f.; gegen diese Erheblichkeitsschwelle hingegen MüKo/*Oetker* § 249 Rn. 151 m.w.N.

[3] BGH NJW 1989, 2317, 2318 m.w.N.; 2015, 1451 Rn. 7; 2015, 2246 Rn. 9.

hinaus. Damit liegt nach den Kriterien der Rechtsprechung eine Gesundheitsverletzung des V vor.

Fraglich ist allerdings, ob daran noch festgehalten werden kann, nachdem im **3** Jahr 2017 in § 844 Abs. 3 BGB das sog. Hinterbliebenengeld eingeführt worden ist, das nicht an eine eigene Rechtsgutverletzung, sondern an die Tötung des Angehörigen anknüpft. Wie in der Gesetzesbegründung klargestellt,[4] geht der Anspruch auf Erstattung des Schockschadens aber dem Anspruch auf Hinterbliebenengeld vor. Die Neuregelung soll die Rechte der Hinterbliebenen erweitern, nicht den Ersatz der aus einer eigenen Gesundheitsverletzung entstandenen Schäden erschweren. Auch nach der neuen Rechtslage ist also eine eigene Gesundheitsverletzung des V zu bejahen.

Exkurs:
Im Falle von psychischen Beeinträchtigungen, die der Verletzte dadurch erleidet, dass er unmittelbar dem Geschehen eines Amoklaufs ausgesetzt ist, verlangt der BGH diese erhöhten Anforderungen nicht (BGH r+s 2018, 389 Rn. 10). Im Rahmen der objektiven Zurechnung ist sodann erforderlich, dass die Verletzung über das vom Geschädigten zu tragende allgemeine Lebensrisiko hinausgeht. Dies bejaht der BGH für Personen, die unmittelbar an dem durch den Amoklauf ausgelösten Geschehen beteiligt waren. Dass sich bei dem am Tatort eingesetzten Polizisten ein berufsspezifisches Risiko realisiert, soll die Zurechnung nicht ausschließen (aaO Rn. 17 ff.).

b) Verletzungshandlung
Die Verletzungshandlung des C liegt in der fehlerhaften Operation der M, bei der C **4** ein großes Blutgefäß der M durchtrennt hat.

c) Haftungsbegründende Kausalität und objektive Zurechnung
Hätte C die M nicht fehlerhaft operiert, wäre M nicht gestorben und hätte V auch **5** keinen Schock erlitten. Nach der Äquivalenztheorie ist die Verletzungshandlung also für die Rechtsgutverletzung kausal. Es liegt auch nicht außerhalb der Lebenserfahrung, dass ein Ehemann aufgrund des durch einen ärztlichen Behandlungsfehler eingetretenen plötzlichen Todes der Ehefrau eine Depression entwickelt. Damit ist auch die adäquate Kausalität ist gegeben.

Allerdings stellt die Rechtsprechung für die Zurechnung eines lediglich psy- **6** chisch vermittelten Schockschadens nach dem Schutzzweck der Norm weitere Voraussetzungen auf. Dies wird damit begründet, dass der Schock nicht durch einen unmittelbaren Eingriff in die Rechtsgüter des Verletzten herbeigeführt worden ist. Der Anspruch steht danach nur nahen Angehörigen zu, die die Tötung oder schwere Verletzung miterlebt haben oder zumindest durch die Benachrichtigung eine eigene Gesundheitsbeeinträchtigung erlitten haben.[5] Besondere Bedeutung beigemessen werden soll dem Umstand, dass der „Schockgeschädigte" die Tötung selbst miterlebt hat.[6] Außerdem muss der Schock im Hinblick auf seinen Anlass verständlich

---

[4] BT-Drucks. 18/11397, S. 12.

[5] *Katzenmeier* JZ 2017, 870, 869.

[6] BGH NJW 2015, 1451 Rn. 10 f.

sein.[7] V ist als Ehemann ein naher Angehöriger der M. Zwar war V bei der fehlerhaften Operation nicht anwesend, gleichwohl erscheint es verständlich, dass er die
dargestellte Gesundheitsbeeinträchtigung erlitten hat, nachdem ihm die Nachricht
vom Tode seiner Frau überbracht worden ist. Damit ist die Gesundheitsverletzung
des V dem C zuzurechnen.

2. Rechtswidrigkeit

7   Die Rechtswidrigkeit ist durch die Tatbestandsverwirklichung indiziert.

3. Verschulden

8   Nach den Angaben im Sachverhalt hat C sorgfaltswidrig (§ 276 Abs. 2 BGB) und
     damit fahrlässig gehandelt.

4. Schaden, haftungsausfüllende Kausalität, Ersatzfähigkeit; Ergebnis

9   Aufgrund seines Schocks sind dem V Kosten für psychiatrische und psychothera-
     peutische Behandlungen entstanden. Dieser Schaden ist gem. § 249 Abs. 2 BGB
     ersatzfähig. Außerdem hat er gem. § 253 Abs. 2 BGB einen Anspruch auf ein
     angemessenes Schmerzensgeld. V kann von C aus § 823 Abs. 1 BGB Ersatz seiner
     Behandlungskosten und ein angemessenes Schmerzensgeld verlangen.

II. Anspruch aus § 823 Abs. 2 BGB i.V.m. § 229 StGB (Behandlungskosten und Schmerzensgeld)

10   Der soeben geprüfte Anspruch des V gegen C könnte sich auch aus § 823 Abs. 2
     BGB i.V.m. § 229 StGB ergeben.
        Wie gesehen (Fall 4 Rn. 22), ist § 229 StGB Schutzgesetz i.S.d. § 823 Abs. 2
     BGB. Fraglich ist jedoch, ob C sich wegen fahrlässiger Körperverletzung gem.
     § 229 StGB strafbar gemacht hat, indem er den Tod der M verursachte, wodurch
     V einen Schock erlitt. Dies wäre der Fall, wenn man die Schockschadensproble-
     matik im Rahmen von § 823 Abs. 1 BGB auf das Strafrecht übertragen könnte.
     Dagegen spricht jedoch, dass der Schutzzweck des strafrechtlichen Tötungs- und
     Verletzungsverbots nicht dahin geht, andere als den Betroffenen vor körperlichen
     Auswirkungen seelischer Erschütterungen zu bewahren. Strafrechtlich ginge es zu
     weit, die Auswirkungen des Todes eines Angehörigen auf einen Dritten dem Erst-
     verursacher zuzurechnen.[8] Lehnt man deshalb eine Strafbarkeit des C aus § 229
     StGB ab, scheidet eine Haftung gegenüber V aus § 823 Abs. 2 BGB i.V.m. § 229
     StGB aus.

III. Anspruch aus § 844 Abs. 1 BGB (Beerdigungskosten)

11   V könnte gegen C einen Anspruch auf Ersatz der Kosten für die Beerdigung der M
     aus § 844 Abs. 1 BGB haben.

---

[7] Palandt/*Grüneberg* Vorb v § 249 Rn. 40 m.w.N.
[8] So *Roxin* Strafrecht AT I, 4. Aufl. 2006, § 24 Rn. 44 m.w.N.

1. Tötung des unmittelbar Verletzten durch unerlaubte Handlung

Der Anspruch setzt zunächst voraus, dass C die M durch eine unerlaubte Handlung **12** nach §§ 823 ff. BGB getötet hat. Fraglich ist, ob C den Tatbestand des § 823 Abs. 1 BGB erfüllt hat. C hat die M getötet, indem er ein großes Blutgefäß durchtrennt hat und die Blutung nicht stillen konnte. Damit hat er das Rechtsgut Leben der M verletzt. Die Rechtswidrigkeit ist indiziert. Laut den Angaben im Sachverhalt handelte C sorgfaltswidrig, mithin fahrlässig. Damit hat C die M durch eine unerlaubte Handlung nach § 823 Abs. 1 BGB getötet.

Darüber hinaus hat sich C gem. § 222 StGB strafbar gemacht, so dass auch eine **13** unerlaubte Handlung gem. § 823 Abs. 2 BGB i.V.m. § 222 StGB vorliegt.

2. Beerdigungskosten; Ersatzberechtigung; Ergebnis

Gem. § 844 Abs. 1 BGB hat der Schädiger demjenigen, der verpflichtet ist, die **14** Beerdigungskosten zu tragen, diese zu ersetzen. Als Alleinerbe ist V dazu verpflichtet, die Beerdigungskosten zu tragen (§ 1968 BGB). Demnach kann V von C Ersatz der Beerdigungskosten aus § 844 Abs. 1 BGB verlangen.

IV. Anspruch aus § 844 Abs. 3 BGB (Hinterbliebenengeld)

V könnte weiterhin einen Anspruch auf Hinterbliebenengeld gegen C aus § 844 **15** Abs. 3 BGB haben. Danach hat der Ersatzpflichtige dem Hinterbliebenen, der zur Zeit der Verletzung zu dem Getöteten in einem besonderen persönlichen Näheverhältnis stand, für das dem Hinterbliebenen zugefügte seelische Leid eine angemessene Entschädigung in Geld zu leisten. Allerdings ist dieser Anspruch gegenüber dem bereits bejahten Schadensersatzanspruch des Hinterbliebenen wegen einer eigenen Gesundheitsverletzung aus § 823 Abs. 1 BGB nachrangig. Wie in der Gesetzesbegründung klargestellt ist, geht der Anspruch auf Erstattung des Schockschadens dem Anspruch auf Hinterbliebenengeld vor bzw. letztgenannter geht in erstgenanntem (der betragsmäßig höher ist) auf.[9] V hat also keinen eigenständigen Anspruch auf Hinterbliebenengeld aus § 844 Abs. 3 BGB.

> **Zur Vertiefung:**
> Diese Konkurrenzfrage ist umstritten. Nach der Gegenauffassung[10] soll der Anspruch aus § 844 Abs. 3 BGB neben dem eigenen Ersatzanspruch für Schockschäden stehen, jedoch soll letzterer bei der Bemessung des Hinterbliebenengeldes berücksichtigt werden. Diese Auffassung kann ebenso vertreten werden.

---

[9] BT-Drucks. 18/11397, S. 12; *Wagner* NJW 2017, 2641, 2645; BeckOK/*Spindler* § 844 Rn. 44.

[10] Palandt/*Sprau* § 844 Rn. 21 m.w.N.; *Jaeger* VersR 2017, 1041, 1054 f. (mit dem Argument, dass der Anspruch aus § 823 Abs. 1 BGB den Schaden aus der eigenen Gesundheitsverletzung ausgleichen solle, § 844 Abs. 3 BGB hingegen Trauer und seelisches Leid lindern solle, es sich also um unterschiedliche Ansprüche handele).

> Es ist auch denkbar, dass nur ein eigener Anspruch des „Schockgeschädig-
> ten" aus § 823 Abs. 1 BGB besteht, nicht hingegen ein Anspruch aus § 844
> Abs. 3 BGB. Das kann dann der Fall sein, wenn der Angehörige nur schwer
> verletzt wurde. § 844 Abs. 3 BGB setzt die Tötung des Angehörigen voraus.

B) Ansprüche des V gegen die A-GmbH

I. Anspruch aus § 831 Abs. 1 BGB (Behandlungskosten und Schmerzensgeld)

16 V könnte gegen die A-GmbH einen Anspruch auf Ersatz der Kosten für seine psychiatrische und psychotherapeutische Behandlung aus § 831 Abs. 1 BGB haben.

1. Tatbestand

17 Dazu müsste C zunächst Verrichtungsgehilfe der A-GmbH sein. Die A-GmbH ist
dem C als angestelltem Arzt gegenüber weisungsbefugt, so dass C Verrichtungsgehilfe ist.

Außerdem müsste C eine tatbestandsmäßige und rechtswidrige unerlaubte Handlung begangen haben. Hier hat C widerrechtlich gegen § 823 Abs. 1 BGB verstoßen
(s.o. Rn. 1 ff.). Dies geschah auch in Ausführung der Verrichtung.

2. Exkulpation gem. § 831 Abs. 1 S. 2 BGB

18 Fraglich ist, ob die A-GmbH sich gem. § 831 Abs. 1 S. 2 BGB exkulpieren kann.
Dazu müsste die A-GmbH darlegen und beweisen können, dass C von der Geschäftsführung der Gesellschaft ordnungsgemäß ausgewählt und überwacht wurde. Dies
ist nach den Angaben im Sachverhalt der Fall. Damit scheidet eine Haftung der
A-GmbH gegenüber V aus § 831 Abs. 1 BGB aus.

II. Anspruch aus § 844 Abs. 1 BGB (Beerdigungskosten)

19 V könnte gegen die A-GmbH einen Anspruch auf Ersatz der Kosten für die Beerdigung der M aus § 844 Abs. 1 BGB haben. Dies setzt aber voraus, dass die A-GmbH
der M, wäre letztere nicht gestorben, nach §§ 823 ff. BGB haften würde. Eine derartige Haftung ist aber nicht ersichtlich. Insbesondere scheitert ein Anspruch aus
§ 831 Abs. 1 BGB daran, dass die A-GmbH sich exkulpieren kann (wie Rn. 18).
Eine vertragliche Haftung der A-GmbH (aus §§ 280 Abs. 1, 630a BGB) ist im
Rahmen von § 844 BGB nicht relevant.[11] Damit hat V gegen die A-GmbH auch
keinen Anspruch auf Ersatz der Beerdigungskosten.

---

[11] Vgl. Palandt/*Sprau* § 844 Rn. 2.

III. Anspruch aus § 844 Abs. 3 BGB (Hinterbliebenengeld)

Aus demselben Grunde scheidet auch ein Anspruch des V gegen die A-GmbH auf **20** Hinterbliebenengeld gem. § 844 Abs. 3 BGB aus. Dieser Anspruch setzt ebenfalls, wie aus der systematischen Stellung erkennbar, eine deliktische Haftung voraus.[12]

C) Ansprüche der O gegen C

I. Anspruch aus § 823 Abs. 1 BGB

O könnte gegen C einen Anspruch auf Schmerzensgeld aus § 823 Abs. 1 i.V.m. § 253 **21** Abs. 2 BGB haben. Dann müsste zunächst eine eigene Gesundheitsverletzung der O vorliegen. O hat hier wegen des von C verursachten Todes ihrer Tochter M Symptome einer Depression entwickelt. In den Tagen und Wochen nach dem Tod von M lag sie oft nachts wach und weinte. Tagsüber war sie antriebslos und konnte nicht arbeiten. Nach den oben (Rn. 2) genannten Kriterien sind das allerdings typische Trauersymptome, die bei vielen Müttern, die ihr Kind verlieren, in ähnlicher Weise auftreten. Sie gehören grundsätzlich zum allgemeinen Lebensrisiko und reichen für die Annahme einer eigenen Gesundheitsverletzung nicht aus. O hat gegen C keinen Anspruch auf Schmerzensgeld aus § 823 Abs. 1 i.V.m. § 253 Abs. 2 BGB.

II. Anspruch aus § 844 Abs. 3 BGB

Möglicherweise hat O gegen C aber einen Anspruch auf Hinterbliebenengeld aus **22** § 844 Abs. 3 BGB.

Dies setzt zunächst eine rechtswidrige und schuldhafte unerlaubte Handlung gegenüber dem unmittelbar Verletzten voraus, die zu dessen Tode geführt hat (s.o. Rn. 12 f.). Hier hat C die M aufgrund einer unerlaubten Handlung nach § 823 Abs. 1 BGB (und § 823 Abs. 2 BGB i.V.m. § 222 StGB) getötet.

Außerdem müsste es sich bei O um eine Hinterbliebene handeln, die zur Zeit **23** der Verletzung zu der Getöteten in einem besonderen persönlichen Näheverhältnis stand. Hier fehlen im Sachverhalt Angaben zu der persönlichen Nähe zwischen M und O. Allerdings wird gem. § 844 Abs. 3 S. 2 BGB ein besonderes persönliches Näheverhältnis zwischen Elternteil und Kind vermutet. Somit liegt mangels anderer Anhaltspunkte ein besonders persönliches Näheverhältnis vor.

Schließlich müsste O seelisches Leid erlitten haben. Wie in Rn. 21 bereits dar- **24** gestellt, hat M sehr unter dem Tod ihrer Tochter gelitten. Normale Trauer genügt zwar nicht für eine eigene Gesundheitsverletzung nach § 823 Abs. 1 BGB; dies steht einem Anspruch aus § 844 Abs. 3 BGB, der bewusst keine Einschränkung und kein Mindestmaß an Beeinträchtigung vorsieht, aber nicht im Wege.[13]

Demnach kann O von C gem. § 844 Abs. 3 BGB ein angemessenes Hinterbliebenengeld verlangen.

---

[12] *Katzenmeier* JZ 2017, 869, 873 f.

[13] BT-Drucks. 18/11397, S. 14; *Katzenmeier* JZ 2017, 869, 871; BeckOK/*Spindler* § 844 Rn. 43.

Exkurs:

Die Höhe des Hinterbliebenengeldes ist nicht leicht zu bemessen. Eine Geldzahlung kann den Verlust eines nahen Angehörigen nicht kompensieren. Die Norm bezweckt dies auch nicht, sondern soll das seelische Leid des Angehörigen anerkennen (BT-Drucks. 17/11397, S. 1, 10). Dieses hängt vom Einzelfall ab; als im Durchschnitt angemessener Betrag werden 10.000 € diskutiert.[14] Haben mehrere Hinterbliebene seelisches Leid erlitten, steht ihnen der Anspruch jeweils einzeln zu. Der Anspruch ist kein Schmerzensgeldanspruch nach § 253 Abs. 2 BGB, ähnelt ihm aber.

D) Kein Anspruch der O gegen die A-GmbH

25   Ein Anspruch der O gegen die A-GmbH ist hingegen nicht ersichtlich. § 831 Abs. 1 BGB kommt schon deshalb nicht in Betracht, weil keine tatbestandsmäßige unerlaubte Handlung des C als Verrichtungsgehilfen vorliegt (Rn. 21). § 844 Abs. 3 BGB kommt nicht in Betracht, weil es an einer unerlaubten Handlung der A-GmbH fehlt.

E) Ansprüche der F gegen C

I. Anspruch aus § 823 Abs. 1 BGB

26   Ein Anspruch der F gegen C auf Schmerzensgeld aus § 823 Abs. 1 i.V.m. § 253 Abs. 2 BGB aufgrund einer eigenen Gesundheitsverletzung ist aus dem gleichen Grunde zu verneinen, aus dem auch der entsprechende Anspruch der O verneint wurde: Die bei F und O aufgetretenen Symptome sind Symptome normaler Trauer, die nicht für eine eigene Gesundheitsverletzung ausreichen.

Exkurs:

Selbst wenn die Schwelle zu einem eigenen Schockschaden der F überschritten wäre, wäre dieser C als Verursacher nach dem Schutzzweck der Norm nur zurechenbar, wenn der Tote oder Verletzte ein naher Angehöriger ist. Eine bloße freundschaftliche Beziehung genügt dafür nicht. Auch aus diesem Grunde käme ein Anspruch von F gegen C aus § 823 Abs. 1 BGB nicht in Betracht.

Wie der BGH entschieden hat (BGHZ 193, 34 = NJW 2012, 1730), ist die Rechtsprechung zu Schockschäden nicht auf Fälle psychischer Gesundheitsbeeinträchtigungen im Zusammenhang mit der Verletzung oder Tötung von Tieren zu erstrecken. Derartige Beeinträchtigungen, mögen sie auch als schwerwiegend empfunden werden und menschlich noch so verständlich erscheinen, gehören zum allgemeinen Lebensrisiko und vermögen damit Schmerzensgeldansprüche nicht zu begründen.

II. Anspruch aus § 844 Abs. 3 BGB

27   Fraglich ist, ob F gegen C einen Anspruch auf Hinterbliebenengeld aus § 844 Abs. 3 BGB hat. Wie bereits festgestellt (Rn. 22), hat C die M durch eine rechtswidrige

---

[14] Palandt/*Sprau* § 844 Rn. 25; BeckOK/*Spindler* § 844 Rn. 46; s. auch *Katzenmeier* JZ 2017, 869, 876 m.w.N.

und schuldhafte unerlaubte Handlung getötet. Fraglich ist allein, ob F auch in einem besonderen persönlichen Näheverhältnis zu M stand. Insoweit greift die Vermutung des § 844 Abs. 3 S. 2 BGB nicht. Laut Sachverhalt handelt es sich bei F um eine langjährige gute Freundin der M. Es geht also um eine Beziehung ohne familiären Einschlag. Zwar ist in diesen Fällen eine Haftung nicht von vornherein ausgeschlossen.[15] Um die Haftung nicht zu weit auszudehnen, sind allerdings sehr hohe Anforderungen an die Darlegung des Näheverhältnisses zu stellen.[16] Die Beziehung muss über die Intensität üblicher Verbindungen in der Sozialsphäre deutlich hinausgehen.[17] Eine bloße langjährige gute Freundschaft genügt dafür nicht. F kann daher von C kein Hinterbliebenengeld nach § 844 Abs. 3 BGB verlangen.

Mit entsprechender Begründung ist hier durchaus eine andere Ansicht vertretbar. Die Diskussion ist noch im Fluss.

F) Kein Anspruch der F gegen die A-GmbH

Auch ein Anspruch der F gegen die A-GmbH besteht nicht (wie oben Rn. 25). **28**

---

[15] Vgl. *Wagner* NJW 2017, 2641, 2644.

[16] *Jahnke* in Burmann/Heß/Hühnermann/Jahnke/Janker, Straßenverkehrsrecht, 25. Aufl. 2018, § 823 BGB Rn. 162 f.; s. auch *Katzenmeier* JZ 2017, 869, 875.

[17] Palandt/*Sprau* § 844 Rn. 22.

Fall 6

Ausgangsfall

Hein Blöd (H) will endlich seinen Lebenstraum verwirklichen und sich ein eigenes Auto zulegen. Aus Kostengründen wendet er sich an den Gebrauchtwagenhändler Käpt'n Blaubär (B), der sein Geschäft gleich um die Ecke hat. B und H einigen sich am 03.05.2017 über den Kauf eines VW Golf III zum Preise von 3000 €. Es wird individualvertraglich vereinbart, dass die kaufrechtliche Gewährleistung für etwaige Mängel des Fahrzeuges auf ein Jahr nach Übergabe beschränkt ist.

Zunächst geht alles gut. Erst am 25.05.2018 will H auf einer Landstraße vor einer scharfen Kurve bremsen. Dies gelingt aufgrund des Versagens der Bremsen nicht; der Wagen landet im Straßengraben und wird völlig zerstört. H selbst hat „Glück im Unglück" und wird nur leicht verletzt. Bei einer anschließenden Untersuchung stellt sich als Grund für das Versagen der Bremsen heraus, dass der (nicht mehr auffindbare) Voreigentümer einen schon damals aufgetretenen Defekt des Bremssystems nicht fachgerecht hatte reparieren lassen. Das war B nicht bekannt gewesen; er hätte den Defekt aber erkennen können, wenn er den Wagen vorher fachmännisch untersucht hätte.

H verlangt von B Schadensersatz in Höhe von 2800 € wegen der Zerstörung des Golfs. Diesen Wert hätte der Golf vor dem Unfall gehabt, wenn seine Bremsen intakt gewesen wären. Mit defekten Bremsen betrug sein Wert lediglich 2550 €. H beruft sich darauf, er sei in seinem Eigentum verletzt und B als Fachhändler hätte ihm ein solches „Schrottauto" nicht ungeprüft verkaufen dürfen. Außerdem verlangt H ein der Höhe nach angemessenes Schmerzensgeld von 200 €. Zu Recht? B meint, Ansprüche des H seien längst verjährt.

© Springer-Verlag GmbH Deutschland, ein Teil von Springer Nature 2019
J. Prütting, B. Scholl, *Die Schuldrechtsklausur II*, Tutorium Jura,
https://doi.org/10.1007/978-3-662-57602-1_6

Abwandlung

Wie ist die Rechtslage, wenn B und H keine individualvertragliche Vereinbarung
über eine Haftungsbeschränkung getroffen haben, sondern die in den Vertrag ein-
bezogenen AGB des B vorsehen:

> „Die Haftung des Verkäufers für Mängel des Gebrauchtwagens ist auf ein Jahr beschränkt.
> Darüber hinaus sind vertragliche wie gesetzliche Schadensersatzansprüche ausgeschlossen."

Bearbeiterhinweis:
Anzuwenden ist das BGB in der aktuellen Fassung.

Lösung Fall 6

▶   Hauptproblem dieses Falles sind die sog. Weiterfresserschäden, bei denen
     sich die Frage stellt, in welchem Umfang deliktische Schadensersatz-
     ansprüche durch die kaufrechtliche Mängelhaftung ausgeschlossen
     werden. Angesichts der relativ offensichtlichen Verjährung des kaufrecht-
     lichen Schadensersatzanspruches hätte dieser Anspruch im Ausgangsfall
     deutlich kürzer geprüft werden können. Die ausführlichere Falllösung
     erfolgt im Hinblick auf die Abwandlung und dient weiterhin dazu, auch
     einige interessante Probleme des Kaufrechts, die hier nicht unbedingt
     hätten gesehen werden müssen, noch zu vertiefen. Schließlich werden
     Fragen des Verbrauchsgüterkaufs und des AGB-Rechts behandelt.

Ausgangsfall

A) Schadensersatzansprüche wegen der Zerstörung des Autos

I. Anspruch aus §§ 437 Nr. 3, 280 Abs. 1 u. 3, 283 BGB

1   H könnte gegen B einen Anspruch auf Schadensersatz statt der Leistung aus
     §§ 437 Nr. 3, 280 Abs. 1 u. 3, 283 BGB in Höhe von 2800 € haben.

1. Kaufvertrag

2   H und B haben am 03.05.2017 einen Kaufvertrag gem. § 433 BGB über den Golf
     III geschlossen.

2. Mangel der Kaufsache

3   Außerdem müsste die Kaufsache, also der Golf, bereits bei Gefahrübergang man-
     gelhaft gewesen sein. Da B und H eine konkrete Beschaffenheit des Wagens nicht
     vereinbart haben (§ 434 Abs. 1 S. 1 BGB), ist fraglich, ob ein Sachmangel nach
     § 434 Abs. 1 S. 2 Nr. 1 BGB vorliegt. Danach ist eine Sache mangelhaft, wenn sie
     sich nicht für die nach dem Vertrag vorausgesetzte Verwendung eignet. Ein Kfz

mit defekten Bremsen kann nicht sicher im Straßenverkehr eingesetzt werden und eignet sich daher nicht für die nach dem Vertrag vorausgesetzte Verwendung. Ein Sachmangel nach § 434 Abs. 1 S. 2 Nr. 1 BGB liegt damit vor.[1] Fraglich ist jedoch, ob der Sachmangel bereits bei Gefahrübergang (§ 446 S. 1 BGB) bestand. Die Folgen des Mangels sind zwar erst mehr als ein Jahr nach der Übergabe eingetreten, der Defekt des Bremssystems selbst lag dagegen, wie die Untersuchung gezeigt hat, bereits bei Gefahrübergang am 03.05.2017 vor.

3. Pflichtverletzung i.S.v. §§ 280, 283 BGB

Zugleich müsste B eine Pflichtverletzung i.S.v. §§ 280, 283 BGB begangen haben. **4** Diese ergibt sich bei mangelhafter Lieferung durch den Verkäufer grundsätzlich aus der Verletzung der Pflicht zur Lieferung einer mangelfreien Kaufsache gem. § 433 Abs. 1 S. 2 BGB.

Im Rahmen des § 283 BGB muss aber als besondere Form der Pflichtverletzung hinzukommen, dass die Leistung (hier: Nacherfüllung) **wegen nachträglicher Unmöglichkeit** i.S.v. § 275 BGB nicht erbracht werden kann. Zu prüfen ist zunächst der Ausschluss der Ersatzlieferung (§ 439 Abs. 1 Fall 2 BGB) gem. § 275 Abs. 1 BGB. Beim Gebrauchtwagenkauf handelt es sich regelmäßig um einen Stückkauf über eine nicht ersatzfähige Sache. Deshalb kam im vorliegenden Fall eine Nacherfüllung mit einem ähnlichen Fahrzeug von vornherein nicht in Betracht.[2] Das defekte Bremssystem hätte bei Vertragsschluss aber noch repariert werden können (§ 439 Abs. 1 Fall 1 BGB). Damit war eine Nacherfüllung durch Nachbesserung zunächst noch möglich. Erst dadurch, dass der Wagen bei dem Unfall am 25.05.2018 einen Totalschaden erlitt, ist hier auch eine Reparatur unmöglich geworden. Mit dem Unfall ist die Nacherfüllung insgesamt nachträglich unmöglich geworden.

4. Vertretenmüssen

Gem. §§ 280 Abs. 1 S. 2, 276 BGB setzt ein Schadensersatzanspruch voraus, **5** dass der Schuldner die Pflichtverletzung zu vertreten hat. Umstritten ist dabei, auf welche der beiden soeben genannten Pflichtverletzungen abzustellen ist, wenn die Nacherfüllung nachträglich unmöglich wird. Teilweise wird vertreten, es sei ausreichend, wenn der Verkäufer eine der beiden Pflichtverletzungen zu vertreten habe, weil Anknüpfungspunkt für einen Schadensersatzanspruch beide Pflichtverletzungen sein könnten.[3] Nach der herrschenden Gegenansicht soll es dagegen bei nachträglicher Unmöglichkeit der Nacherfüllung stets darauf ankommen, ob der Verkäufer das Unmöglichwerden der Nacherfüllung zu vertreten habe, weil § 283 BGB

---

[1] Gut vertretbar ist ebenso ein Mangel nach § 434 Abs. 1 S. 2 Nr. 2 BGB.

[2] Vgl. grundlegend BGHZ 168, 64 Rn. 18 ff.; ausführlich *Balzer/Kröll/Scholl* Die Schuldrechtsklausur I, Fall 1 Rn. 9 ff., Fall 2 Rn. 30 f.

[3] BeckOK/*Faust* § 437 Rn. 115; *Tonner/Wiese* BB 2005, 903, 907; *Wiese* JuS 2003, 260, 262; *Looschelders* JA 2007, 673, 677; *ders.* in FS Canaris I (2007), S. 737, 750 ff.

ausschließlich an das Ausbleiben der Leistung infolge Unmöglichkeit anknüpfe.[4] Nach der zweiten Auffassung reicht es also nicht aus, dass der Verkäufer allein den Mangel zu vertreten hat.

6   Welche Auffassung vorzuziehen ist, kann hier offenbleiben, wenn B sowohl die mangelhafte Leistung als auch das Unmöglichwerden der Nacherfüllung zu vertreten hat. Hier könnte B den Mangel deshalb zu vertreten haben, weil er den Wagen vor dem Verkauf an H nicht auf Mängel untersucht und deshalb den Defekt an den Bremsen nicht festgestellt hat. Voraussetzung dafür ist, dass B insofern fahrlässig gehandelt hat, also die im Verkehr erforderliche Sorgfalt außer Acht gelassen hat (§ 276 Abs. 2 BGB). Das wäre zu verneinen, wenn B gar nicht zur Untersuchung des Wagens verpflichtet gewesen wäre. Den Händler treffen im Verhältnis zu seinem Abnehmer grundsätzlich keine Untersuchungspflichten hinsichtlich der Kaufsache.[5] Ausnahmen gelten aber für den Fachhändler, der über erhöhte Sachkunde verfügt und somit dem Käufer überlegen ist. Zwar trifft auch den Gebrauchtwagenhändler keine generelle, anlassunabhängige Obliegenheit, das Fahrzeug vor dem Verkauf umfassend zu untersuchen.[6] Er muss den Wagen jedoch vor dem Verkauf zumindest auf zulassungserhebliche Mängel überprüfen.[7] Zu den zulassungserheblichen Mängeln gehören auch Defekte am Bremssystem. B hätte das Bremssystem also vor dem Verkauf auf Mängel untersuchen müssen. Dann hätte er den Defekt festgestellt. Dadurch, dass er die Untersuchung unterlassen hat, hat er die im Verkehr erforderliche Sorgfalt nicht eingehalten und damit fahrlässig gehandelt.

7   Fraglich ist, ob B auch das Unmöglichwerden der Nacherfüllung zu vertreten hat. Das erscheint insofern zweifelhaft, als die Reparatur durch einen Unfall unmöglich geworden ist, an dem B nicht beteiligt war. Zu dem Unfall ist es aber nur aufgrund des Mangels gekommen, den B, wie geprüft, zu vertreten hat. B hat also die Umstände, aufgrund derer die Nacherfüllung unmöglich geworden ist, zu vertreten. Demnach hat B auch nach der Auffassung, der zufolge für das Vertretenmüssen allein an das Unmöglichwerden der Nacherfüllung anzuknüpfen ist, schuldhaft gehandelt. Der Meinungsstreit braucht mithin nicht entschieden zu werden.

5. Ersatzfähigkeit des Schadens im Rahmen der §§ 280 Abs. 3, 283 BGB

8   Demnach kann H grundsätzlich von B Schadensersatz statt der Leistung verlangen. Fraglich ist, ob es sich bei dem von H begehrten Ersatz für den zerstörten Wagen

---

[4] *Bressler* NJW 2004, 3382, 3383; *Hirsch* Jura 2003, 289, 296; *Lorenz* NJW 2002, 2497, 2501; MüKo/*Westermann* § 437 Rn. 26; *Reinicke/Tiedtke* Kaufrecht, 8. Aufl. 2009, Rn. 531 ff.; *Tiedtke/Schmitt* BB 2005, 615, 621.

[5] Vgl. OLG Köln NJW-RR 2006, 677; *Gröschler* NJW 2005, 1601; *Lorenz* ZGS 2004, 408, 410; *ders.* NJW 2007, 1, 2; MüKo/*Westermann* § 437 Rn. 30; Staudinger/*Beckmann* (2014) § 433 Rn. 147, 149.

[6] BGH NJW 2015, 1669 Rn. 14 m.w.N.

[7] Vgl. BGH NJW 1978, 2241, 2243; 1983, 217 f.; Staudinger/*Beckmann* (2014) § 433 Rn. 148; *Andreae* NJW 2007, 3457, 3460 f.

tatsächlich um Schadensersatz statt der Leistung (§ 280 Abs. 3 BGB) und nicht um Schadensersatz neben der Leistung (§ 280 Abs. 1 BGB) handelt.[8]

Wichtig:

Schadensersatz statt der Leistung zeichnet sich im Falle der mangelhaften Leistung dadurch aus, dass der Schaden einer Nacherfüllung *grundsätzlich* zugänglich ist, also durch eine (hypothetische) Nacherfüllung hätte behoben werden können oder noch behoben werden könnte (wenn der Käufer noch nicht selbst Gegenmaßnahmen getroffen hat). Da hier der Schadensersatz an die Stelle der Nacherfüllung tritt („Schadensersatz statt der Nacherfüllung"), muss der Käufer im Grundsatz vorher eine Nachfrist setzen. Der **Schadensersatz neben der Leistung** betrifft hingegen Schadenspositionen, die einer Nacherfüllung nicht zugänglich sind; hier ist der Schaden bereits endgültig eingetreten. Als Begleitschäden sind sie neben der Nacherfüllung ersatzfähig. Der Schadensersatz statt der Leistung betrifft das Äquivalenzinteresse (Erfüllungsinteresse) des Käufers. Verletzungen des Integritätsinteresses sind dagegen im Rahmen des Schadensersatzes neben der Leistung geltend zu machen. In der Regel handelt es sich daher um Schadensersatz statt der Leistung, wenn sich der Schaden auf die Kaufsache selbst beschränkt (Mangelschaden), während es um Schadensersatz neben der Leistung geht, wenn an anderen Rechtsgütern des Käufers durch die mangelhafte Leistung Schäden auftreten (Mangelfolgeschäden). Denn die Nacherfüllung bezieht sich nicht auf Rechtsgüter außerhalb der Kaufsache.

	Schadensersatz statt der Leistung	Schadensersatz neben der Leistung
Hauptkriterium	Schaden ist Nacherfüllung grds. zugänglich, d. h. der Schaden wäre vermieden worden, wenn Verkäufer nacherfüllt hätte (bzw. er würde vermieden, wenn Verkäufer jetzt nacherfüllte)	Schaden ist endgültig eingetreten und hätte nicht durch hypothetische Nacherfüllung behoben werden können (bzw. kann durch hypothetische Nacherfüllung nicht behoben werden)
Hilfskriterium	Äquivalenzinteresse Mangelschaden	Integritätsinteresse Mangelfolgeschaden (Begleitschaden)

---

[8] Lesenswert zur Abgrenzung auch unter Darstellung verschiedener Ansätze *Ackermann* JuS 2012, 865; *Arnold* ZJS 2009, 22, 25 f. (www.zjs-online.com); *Ostendorf* NJW 2010, 2833 ff.; *Tiedtke/ Schmitt* BB 2005, 615 ff.; Überblick bei *Kleine/Scholl* NJW 2006, 3462, 3465; *Bredemeyer* ZGS 2010, 10 ff. Die Unterscheidung ist deshalb von Bedeutung, weil beim Anspruch auf Schadensersatz neben der Leistung nach § 280 Abs. 1 BGB eine Fristsetzung nie erforderlich ist, während der Gläubiger grds. erst dann Schadensersatz statt der Leistung fordern kann, wenn eine von ihm gesetzte Nachfrist abgelaufen ist. Vorliegend ist die Unterscheidung im Ergebnis irrelevant, weil auch der Anspruch auf Schadensersatz statt der Leistung wegen Unmöglichkeit der Nacherfüllung vom Ablauf einer Nachfrist unabhängig ist (§ 283 BGB); siehe aber Fn. 12.

Die genannten Kriterien sorgen in den meisten Fällen für eine praktikable Abgrenzung: Verlangt der Käufer die Reparaturkosten oder den Minderwert der Sache ersetzt, handelt es sich um (kleinen) Schadensersatz statt der Leistung. Verlangt er den Wert der Sache (oder den Kaufpreis als Mindestschaden) oder die Zusatzkosten eines Deckungskaufes ersetzt, handelt es sich stets um Schadensersatz statt der ganzen Leistung. Die Mehrkosten eines Deckungskaufs können nicht im Rahmen des Schadensersatzes neben der Leistung ersatzfähig sein (BGH NJW 2013, 2959 Rn. 27). Geht es hingegen um Schäden an anderen Rechtsgütern oder Vermögensschäden, die der Käufer in Folge des Mangels erlitten hat, so sind §§ 437 Nr. 3, 280 Abs. 1 BGB einschlägig. Nach hier vertretener Auffassung bedarf es bei Schadenspositionen, die eindeutig dem Äquivalenz- oder Integritätsinteresse zugeordnet werden können, zur Abgrenzung keines „zeitlich-dynamischen Kriteriums".[9]

9 Für die Qualifikation des Schadens am Fahrzeug des H als Mangelfolgeschaden, der nach §§ 437 Nr. 3, 280 Abs. 1 BGB ersatzfähig wäre, könnte sprechen, dass sich der Mangel ursprünglich auf einen kleinen, begrenzten Teil des Wagens, nämlich die Bremsen, beschränkt hat. Erst durch den Unfall wurde der gesamte, ansonsten mangelfreie Wagen zerstört. Darin kann man eine Verletzung des Integritätsinteresses des H sehen. Entscheidend für die Annahme von Schadensersatz statt der Leistung ist aber, ob die Beseitigung des Schadens im Wege der Nacherfüllung möglich ist. Die Beurteilung erfolgt dabei ganz allgemein und unabhängig von der Konstellation im Einzelfall. Man könnte daran zweifeln, dass der Verkäufer dazu verpflichtet ist, im Rahmen der Nachbesserung Schäden, die infolge des Mangels (hier an den

---

[9] Weiterführend *Balzer/Kröll/Scholl* Die Schuldrechtsklausur I, Fall 3 Rn. 19 a.E. Wie hier BGH NJW 2013, 2959 f. m.w.N. in Rn. 24; *Ostendorf* NJW 2010, 2833, 2839. A.A. *Tiedtke/Schmitt* BB 2005, 615, 618, wonach nicht der Nacherfüllung zugängliche Mangelfolgeschäden, die erst nach dem spätestmöglichen Zeitpunkt der Nacherfüllung entstehen (bei § 281 BGB: Fristablauf bzw. Schadensersatzverlangen; bei § 283 BGB: Unmöglichwerden der Leistung; bei § 311a Abs. 2 BGB kann es nach dieser Ansicht keinen Schadensersatz neben der Leistung geben, da eine Leistungspflicht nie bestand, insofern wären alle Schadenspositionen dem Schadensersatz statt der Leistung zuzuordnen), im Rahmen des Schadensersatzes statt der Leistung ersatzfähig sein sollen. Zu praktisch unterschiedlichen Ergebnissen kommt diese Ansicht nicht, weil die Voraussetzungen des Schadensersatzes statt der Leistung dann stets vorliegen. Die Auffassung ist aber kontraintuitiv, weil Mangelfolgeschäden einer Nacherfüllung nicht zugänglich sind und daher auch nicht als Schadensersatz „statt der Nacherfüllung" ersatzfähig sein können. Siehe auch Fn. 30. Nach BeckOK/*Faust* § 437 Rn. 55 ff., 68 sollen entgegen der ganz h.M. Schäden an anderen Rechtsgütern auch bei Vorliegen eines Mangels auf der Verletzung einer Schutzpflicht beruhen und sich der Ersatzanspruch aus §§ 280 Abs. 1, 241 Abs. 2, 437 Nr. 3 BGB ergeben.

Bremsen) an anderen Teilen der Kaufsache (hier: Totalschaden) eingetreten sind, zu beseitigen. Eine solche Pflicht wird jedoch ganz überwiegend[10] bejaht, weil die bloße Beseitigung des bereits bei Gefahrübergang vorhandenen Mangels dem Ziel der Nacherfüllung, den Zustand herzustellen, in dem sich die Sache bei Gefahrübergang hätte befinden sollen, nicht gerecht wird, wenn sie sich durch den Mangel zwischenzeitlich verschlechtert hat. Unabhängig davon wäre der eingetretene Schaden am Auto jedenfalls dann der Nacherfüllung zugänglich, wenn der Käufer Ersatzlieferung verlangte. Dass eine Ersatzlieferung hier wegen fehlender Ersatzfähigkeit (Gebrauchtwagenkauf) ausscheidet, ist nur dafür von Bedeutung, dass Anspruchsgrundlage nicht § 281, sondern § 283 BGB ist. An der grundsätzlichen Zugänglichkeit des Schadens zur Nacherfüllung[11] und der Einordnung als Schadensersatz statt der Leistung ändert die Unmöglichkeit nichts. Auch ein „Weiterfresserschaden" tritt an der Kaufsache selbst ein und ist damit als Mangelschaden, nicht als Mangelfolgeschaden zu qualifizieren. Deshalb ist der Wert des Wagens im Wege des Schadensersatzes statt der Leistung zu ersetzen.[12]

> **Systematischer Hinweis:**
> Wenn H Zahlung von 2800 € verlangt, handelt es sich um kleinen Schadensersatz, wobei der Minderwert bestimmt wird durch die Differenz zwischen dem Wert, den die Leistung hätte, wenn sie wie geschuldet erbracht worden wäre (2800 €), und dem Wert der empfangenen Leistung (nach dem Unfall 0 €).[13] Alternativ könnte H im Wege des großen Schadensersatzes auch Rückzahlung des ganzen Kaufpreises (3000 €) verlangen. Im Ergebnis stünde er dadurch aber wohl nicht besser, denn gem. § 281 Abs. 5 i.V.m. § 346 Abs. 2 S. 1 Nr. 1 BGB müsste er dann Nutzungsersatz leisten, weil er ein gutes Jahr lang mit dem Wagen unterwegs war.[14] Dieser Betrag wird etwa der Wertminderung in Höhe von 200 € entsprechen.

---

[10] BeckOK/*Faust* § 439 Rn. 34; *Reinicke/Tiedtke* Kaufrecht, Rn. 441; Jauernig/*C. Berger* § 439 Rn. 20; Staudinger/*Matusche-Beckmann* (2014) § 439 Rn. 38 ff.; *Heßeler/Kleinhenz* JuS 2007, 706, 709; *Stodolkowitz* JA 2010, 492, 494; a.A. *Schollmeyer* NJOZ 2009, 2729, 2734–2736 für den Fall fehlender Stoffgleichheit; differenzierend *Looschelders* SchuldR BT, Rn. 184.

[11] Möglich wäre eine Ersatzlieferung beim Neuwagenkauf.

[12] Ausf. *Heßeler/Kleinhenz* JuS 2007, 706 ff.; *Oetker/Maultzsch* Vertragliche Schuldverhältnisse, § 2 Rn. 284; BeckOK/*Faust* § 437 Rn. 57; NK-BGB/*Dauner-Lieb* § 280 Rn. 71; *P. Tettinger* JZ 2006, 641, 649; differenzierend *Looschelders* SchuldR BT, Rn. 184; a.A. insbes. im Hinblick auf die Rechtsprechung zum Ersatz von Weiterfresserschäden gem. § 823 Abs. 1 BGB (dazu sogleich) vertretbar (so etwa *Reischl* JuS 2003, 1076, 1082; *Schollmeyer* NJOZ 2009, 2729, 2738 f.; Staudinger/*Schwarze* [2014] § 281 Rn. C 10). Wendet man §§ 437 Nr. 3, 280 Abs. 1 BGB an, könnte H von K Ersatz des Wertes des Autos abzüglich des Wertes der von vornherein mangelhaften Bremsen verlangen (2550 €; allerdings wäre auch dieser Anspruch verjährt). Der Wert der Bremsen (250 €) wäre auf jeden Fall nur im Rahmen des Schadensersatzes statt der Leistung (§§ 437 Nr. 3, 280 Abs. 1 u. 3, 283 BGB) ersatzfähig.

[13] Vgl. MüKo/*Ernst* § 281 Rn. 132.

[14] Siehe dazu *Balzer/Kröll/Scholl* Die Schuldrechtsklausur I, Fall 11 Rn. 18.

6. Verjährung des Anspruchs

10 Der Schadensersatzanspruch könnte jedoch verjährt und deshalb gem. § 214 Abs. 1 BGB nicht mehr durchsetzbar sein. Kaufrechtliche Mängelansprüche verjähren gem. § 438 Abs. 1 Nr. 3, Abs. 2 BGB grundsätzlich in zwei Jahren nach Ablieferung der Sache. Hier ist seit Ablieferung des Wagens etwas mehr als ein Jahr vergangen. Danach wäre der Schadensersatzanspruch noch nicht verjährt.

Allerdings haben B und H abweichend vereinbart, dass die kaufrechtliche Gewährleistung für etwaige Mängel auf ein Jahr beschränkt sein soll. Sollte diese Vereinbarung wirksam sein, wäre der Schadensersatzanspruch des H verjährt. Grundsätzlich sind die Regelfristen des § 438 BGB dispositiv. Dieser Grundsatz wird beim **Verbrauchsgüterkauf** i.S.v. § 474 BGB aber erheblich eingeschränkt. Ein Verbrauchsgüterkauf liegt nach § 474 Abs. 1 S. 1 BGB vor, wenn ein Verbraucher von einem Unternehmer eine bewegliche Sache kauft. H hat den Wagen für private Zwecke gekauft und ist damit Verbraucher i.S.v. § 13 BGB. B ist als gewerblicher Gebrauchtwagenhändler Unternehmer i.S.v. § 14 BGB. Das Kfz ist eine bewegliche Sache. Damit liegt ein Verbrauchsgüterkauf vor. Gem. § 476 Abs. 2 BGB darf die Verjährungsfrist von Mängelansprüchen des Käufers bei gebrauchten Sachen auf ein Jahr verkürzt werden. Schadensersatzansprüche können gem. § 476 Abs. 3 BGB sogar vollständig ausgeschlossen werden. Hier haben H und B die Verkürzung der Verjährung sämtlicher Mängelansprüche auf ein Jahr vereinbart. Dies ist auch im Rahmen eines Verbrauchsgüterkaufes zulässig.

7. Ergebnis

11 Demnach ist der kaufrechtliche Schadensersatzanspruch des H gegen B aus §§ 437 Nr. 3, 280 Abs. 1 u. 3, 283 BGB verjährt. B beruft sich insoweit zu Recht auf Verjährung und muss dem H den Wert des Wagens jedenfalls nicht aufgrund der kaufrechtlichen Mängelhaftung ersetzen.

II. Anspruch aus § 823 Abs. 1 BGB

12 H könnte gegen B wegen der Zerstörung seines Golfs einen Anspruch auf Schadensersatz in Höhe von 2800 € aus § 823 Abs. 1 BGB haben.

1. Tatbestand

13 Dann müsste B durch eine Verletzungshandlung eines der von § 823 Abs. 1 BGB absolut geschützten Rechtsgüter und Rechte des H verletzt haben.

a) Eigentumsverletzung

14 In Bezug auf den Wagen des H kommt allein eine Eigentumsverletzung in Betracht. Insoweit ist jedoch problematisch, dass H zu keinem Zeitpunkt mangelfreies Eigentum an dem Golf gehabt hat. Die bloße Lieferung einer mangelhaften Sache stellt aber noch keine Eigentumsverletzung dar. Deshalb scheidet eine Haftung des B aus § 823 Abs. 1 BGB grundsätzlich aus.

aa) Die **Rechtsprechung**[15] macht allerdings von diesem Grundsatz eine Aus- **15**
nahme, wenn sich der Mangel zunächst auf einen abgegrenzten Teil der Sache
beschränkt hat und später zur Zerstörung der gesamten Sache führt. In diesen Fällen
eines sog. **weiterfressenden Mangels** habe der Käufer bereits teilweise mangelfreies Eigentum erworben, so dass hinsichtlich dieses mangelfreien Hauptteils der
Kaufsache das von § 823 Abs. 1 BGB geschützte Integritätsinteresse verletzt sei.
Voraussetzung für die Annahme eines weiterfressenden Mangels ist nach der Rechtsprechung, dass der geltend gemachte Schaden sich nicht mit dem im Augenblick
des Eigentumsüberganges der Sache anhaftenden Mangelunwert deckt: Nur wo der
Schaden nicht mit der im Mangel verkörperten Entwertung der Sache für das Äqui-
valenz- und Nutzungsinteresse „**stoffgleich**" sei, könne sich im Schaden (auch) das
verletzte Integritätsinteresse des Eigentümers niederschlagen.[16]

> Kriterien, die gegen die „Stoffgleichheit" sprechen:
>
> - Mangel betrifft ein funktional abgrenzbares Einzelteil
> - Mangel ist mit vertretbarem Aufwand zu beheben
> - Ursprünglicher Mangel ist verglichen mit der späteren Schadenshöhe ver-
>   hältnismäßig geringfügig

Vorliegend beschränkte sich der Mangel des gekauften Golfs zunächst auf die
Bremsen als funktional abgrenzbares Einzelteil. Der übrige Teil des Wagens war
fehlerfrei. Der Mangel an den Bremsen hätte mit vertretbarem Aufwand behoben
werden können. Der Minderwert des Wagens aufgrund der defekten Bremsen
machte nur einen kleinen Bruchteil des gesamten Wertes aus (250 € von 2800 €,
also weniger als 9 %). Deshalb war er nicht „stoffgleich" mit dem später durch
den Unfall eingetretenen Schaden. Unter Zugrundelegung der Rechtsprechung ist
hier also in Bezug auf die ursprünglich mangelfreie Restsache (also den Golf ohne
Bremsen) eine Eigentumsverletzung anzunehmen.

bb) In der **Literatur** wird die Anwendung des Deliktsrechts auf Weiterfres- **16**
serschäden dagegen verbreitet kritisiert. Die Lieferung einer Sache, „die von
Anfang an den Keim der Selbstzerstörung in sich trägt",[17] erfülle mangels Eigentumsverletzung den Tatbestand des § 823 Abs. 1 BGB nicht. Außerdem sei es

---

[15] BGHZ 67, 359, 364 ff.; 86, 256, 258 ff.; 117, 183, 187 ff.; 138, 230, 233 ff.; BGH NJW 1983, 812, 813; 1985, 2420; 2004, 1032, 1033; zust. BeckOGK/*Spindler* § 823 Rn. 151 ff.; *Masch/Herwig* ZGS 2005, 24, 26 ff.; Staudinger/*Hager* (2017) § 823 Rn. B 118 ff.

[16] BGHZ 86, 256, 259.

[17] Soergel/*Huber* Vor § 459 (a.F.) Rn. 268; ähnl. *Diederichsen* VersR 1971, 1077, 1094; *Honsell* JuS 1995, 211, 215; *Schmidt-Salzer* BB 1979, 1, 8 f.; *P. Tettinger* JZ 2006, 641, 648.

der Rechtsprechung nicht gelungen, praktikable Abgrenzungskriterien zwischen deliktsrechtlich relevanten Weiterfresserschäden und allein nach Kaufrecht abzuwickelnden Äquivalenzstörungen zu entwickeln.[18] Ferner seien die Regelungen der Sachmängelhaftung vorrangig.[19] Schließlich wird argumentiert, aufgrund der Neuregelung des Kaufrechts im Zuge der Schuldrechtsreform 2002 sei das Bedürfnis für die Beibehaltung der bisherigen Rechtsprechung entfallen.[20]

17   **cc) Stellungnahme.** Zunächst ist mit der Rechtsprechung klarzustellen, dass zwischen Gewährleistungsansprüchen und deliktsrechtlichen Ansprüchen – auch hinsichtlich der Verjährung – echte **Anspruchskonkurrenz** besteht.

Exkurs:

Von einer echten Anspruchskonkurrenz spricht man dann, wenn dem Berechtigten mehrere selbständige Ansprüche auf dieselbe Leistung zustehen, insbes. aus Vertrag und Delikt. Die Ansprüche sind zwar auf dasselbe Ziel gerichtet, können aber gesondert geltend gemacht und auch unabhängig voneinander abgetreten werden. Die Erfüllung eines Anspruchs führt zum Erlöschen der anderen Ansprüche. Grundsätzlich verjährt jeder Anspruch selbständig. Anderes kann sich u. U. aus Gründen praktischer Zweckmäßigkeit ergeben, wenn einer der Ansprüche einer kurzen Verjährung unterliegt (insbes. im Mietrecht, Reisevertragsrecht). So gilt für die Verjährung des Schadensersatzanspruchs des Vermieters gegen den Mieter aus § 823 Abs. 1 BGB wegen Beschädigung der Mietsache die kurze Verjährung des § 548 Abs. 1 BGB entsprechend. Denn § 548 Abs. 1 BGB bezweckt die rasche Abwicklung und Klarstellung von Ansprüchen wegen des Zustandes der Mietsache. Wendete man die Norm nur auf den Anspruch aus § 280 Abs. 1 BGB und nicht auf den in aller Regel daneben bestehenden Anspruch aus § 823 Abs. 1 BGB an, würde dieser Normzweck vereitelt. Zu den Konkurrenzen im Bürgerlichen Recht s. *Klocke* JA 2013, 581; *Thomale* JuS 2013, 296 ff.

Deshalb genießt auch die mangelhafte Sache Eigentumsschutz.[21] Wenn in der Literatur die Präzision des Kriteriums der Stoffgleichheit angezweifelt wird, so kann zwar nicht bestritten werden, dass in Grenzfällen Abgrenzungsprobleme bestehen; im Allgemeinen liefert das Kriterium aber praktikable Lösungen.

18   Einzig beachtlich ist das Argument des Vorrangs der kaufrechtlichen Gewährleistung gegenüber dem Deliktsrecht. In der Tat sind im Rahmen des Kaufrechts Weiterfresserschäden unter den Schadensersatz statt der Leistung zu fassen, weil auch sie grundsätzlich der Nacherfüllung zugänglich sind und Mangel-, nicht Mangelfolgeschäden darstellen (oben Rn. 8 f.). Es erscheint zweifelhaft, derartige Nichterfüllungsschäden gleichzeitig nach deliktsrechtlichen Grundlagen zu ersetzen, weil dadurch die speziellen Wertungen des Kaufrechts (Anspruch auf Schadensersatz statt der Leistung grundsätzlich nur nach Nachfristsetzung; abgekürzte Verjährung

---

[18] *Deutsch* JZ 1984, 308, 311; *Oetker/Maultzsch* Vertragliche Schuldverhältnisse, § 2 Rn. 346; *Reinicke/Tiedtke* NJW 1986, 10, 12 f.; *Stoll* JZ 1983, 501, 502.

[19] MüKo/*Wagner* § 823 Rn. 253; *Oetker/Maultzsch* Vertragliche Schuldverhältnisse, § 2 Rn. 346; *Reinicke/Tiedtke* NJW 1986, 10, 13 f.; *Rengier* JZ 1977, 346, 347.

[20] Etwa *Foerste* ZRP 2001, 342; *Grigoleit* ZGS 2002, 78, 79 f.

[21] *Wagner* nennt in MüKo, § 823 Rn. 252 folgendes Beispiel: Würde ein Attentäter in ein zur Auslieferung bereitstehendes Automobil eine Zeitbombe einbauen und das Auto nach Übereignung explodieren, läge eine Eigentumsverletzung zweifellos vor.

des § 438 BGB) unterlaufen werden könnten. Andererseits ist die kaufrechtliche Einordnung des Weiterfresserschadens als Mangelschaden für das Deliktsrecht nicht bindend.[22] Es wäre im Ergebnis nicht begründbar, warum der Verkäufer nach Ablauf der Gewährleistungsfrist deliktsrechtlich nur für Schäden an sonstigen Sachen des Käufers haften sollte, nicht aber an der ursprünglich voll funktionstüchtigen Kaufsache selbst, an deren Schutz der Käufer ein genauso großes Interesse hat. Im letzteren Falle wird nicht nur das bloße Äquivalenzinteresse, sondern zumindest auch das Integritätsinteresse des Käufers verletzt. Deshalb kann das Gewährleistungsrecht insoweit keinen Vorrang beanspruchen. Durch die Beschränkung der Deliktshaftung auf Fälle, in denen der Schaden ganz erheblich über den mangelbedingten Minderwert der Sache hinausgeht, wird sichergestellt, dass die Vertragsordnung nicht unterlaufen und der Schutz bloßer Vertragserwartungen des Käufers allein dem Vertragsrecht überlassen bleibt.

Es liegt auch kein Wertungswiderspruch darin, dass dem Käufer deliktsrechtliche **19** Ansprüche nur zustehen, wenn der Schaden an der Restsache bereits eingetreten ist, nicht dagegen, wenn der Käufer nach Ablauf der kaufrechtlichen Verjährungsfrist (und vor Eintritt eines Schadens) den Mangel entdeckt:[23] Auch im Falle des Schadenseintritts kann der Käufer nicht Beseitigung des Mangels verlangen, weil insofern keine Eigentumsverletzung vorliegt. Er bekommt lediglich den Schaden an der Restsache außerhalb des mangelhaften Teils ersetzt, der aber gar nicht entsteht, wenn er den Mangel vorher erkennt. Insofern steht der Käufer ohne Schadenseintritt nicht schlechter als mit ihm.

Schließlich besteht trotz der Schuldrechtsreform das Bedürfnis, an der delikts- **20** rechtlichen Ersatzfähigkeit von Weiterfresserschäden festzuhalten. Zwar wurden die Gewährleistungsfristen erheblich zugunsten des Käufers verlängert; die Frist beträgt jetzt im Regelfall zwei Jahre statt früher sechs Monate. Die Frist des § 438 Abs. 1 Nr. 3 BGB ist aber nach wie vor kürzer als die dreijährige Regelverjährungsfrist des § 195 BGB, die auch für den Anspruch aus § 823 Abs. 1 BGB gilt. Insbesondere beginnt die Verjährungsfrist der Mängelansprüche gem. § 438 Abs. 2 BGB bereits objektiv mit der Ablieferung der Sache, während ansonsten subjektiv auf die Kenntnis des Anspruchsberechtigten von den anspruchsbegründenden Tatsachen (hier also von der Verwirklichung des § 823 Abs. 1 BGB lange Zeit nach Übergabe des Autos) abgestellt wird (§ 199 Abs. 1 BGB). Insofern ist – auch unter Geltung des reformierten Schuldrechts[24] – der bisherigen Rechtsprechung zum deliktsrechtlichen Ersatz von Weiterfresserschäden zu folgen. Hier ist damit eine Eigentumsverletzung zu bejahen.

---

[22] Vgl. zum alten Schuldrecht BGHZ 86, 256, 260.

[23] So aber MüKo/*Wagner* § 823 Rn. 253.

[24] Die Gesetzesbegründung hat der Rechtsprechung die Entscheidung überlassen, ob sie an der deliktsrechtlichen Ersatzfähigkeit von Weiterfresserschäden festhalten will; BT-Drucks. 14/6040 S. 229.

A.A. gut vertretbar.

b) Verletzungshandlung und haftungsbegründende Kausalität

21 Die Verletzungshandlung des B liegt darin, dass er dem H ein Kfz mit defektem Bremssystem überlassen hat.[25] Denkt man diese Handlung hinweg, wäre das Kfz nicht zerstört worden. Deshalb ist die Verletzungshandlung kausal für die Eigentumsverletzung. Die Überlassung des Wagens hat aber nicht direkt zum Unfall geführt. Daher handelt es sich um eine mittelbare Rechtsverletzung. In diesem Fall setzt die Haftung die Verletzung einer Verkehrssicherungspflicht voraus.[26] Hier hat B ein Fahrzeug und damit einen gefährlichen Gegenstand in Verkehr gebracht, ohne das Fahrzeug vorher auf das Funktionieren der Bremsen untersucht zu haben. Damit hat B eine Verkehrssicherungspflicht verletzt.

2. Rechtswidrigkeit

22 Da Rechtfertigungsgründe nicht ersichtlich sind, handelte B rechtswidrig.

3. Verschulden

23 Der Anspruch aus § 823 Abs. 1 BGB setzt voraus, dass der Schädiger vorsätzlich oder fahrlässig handelt. Hier hat B dadurch, dass er den Wagen vor der Übergabe nicht auf zulassungserhebliche Mängel untersucht hat, die im Verkehr erforderliche Sorgfalt verletzt und damit fahrlässig gehandelt (siehe oben Rn. 6).

4. Schaden, haftungsausfüllende Kausalität, Ersatzfähigkeit

24 Im Rahmen des § 823 Abs. 1 BGB ersatzfähig ist der durch die Rechtsverletzung adäquat verursachte und dem Schädiger nach dem Schutzzweck der Norm zurechenbare Schaden. Wie gezeigt, stellt die Zerstörung des Wagens nur insofern eine Eigentumsverletzung dar, als die Zerstörung über den bereits von Anfang an defekten Teil des Wagens, also die Bremsen, hinausging. H kann folglich nicht wie im Rahmen des kaufrechtlichen Schadensersatzes statt der Leistung den vollen Marktpreis des Wagens ersetzt verlangen. Ersatzfähig nach § 249 Abs. 2 BGB ist vielmehr nur der Wert des Wagens mit defekten Bremsen, also ein Schaden in Höhe von 2550 €.

---

[25] Alternativ könnte man auch auf das Unterlassen der Kontrolle der Bremsen abstellen. Der Schwerpunkt der Vorwerfbarkeit dürfte aber im positiven Tun des Inverkehrbringens der fehlerhaften Sache liegen. Auch bei Annahme eines Unterlassens ist eine Garantenpflicht notwendig. – A.A. dagegen *Gsell* NJW 2004, 1913, 1914, die auf die unterlassene Aufklärung des Käufers über den Mangel abstellt.

[26] Siehe Fall 4 Rn. 7.

5. Keine Verjährung

Fraglich ist, ob der deliktische Schadensersatzanspruch verjährt ist. Gem. §§ 195,   **25**
199 Abs. 1 BGB verjähren Schadensersatzansprüche, die auf einer Eigentumsverletzung beruhen, in drei Jahren ab dem Schluss des Jahres, in dem der Anspruch
entstanden ist und der Gläubiger von den anspruchsbegründenden Tatsachen und
der Person des Schuldners Kenntnis erlangt oder ohne grobe Fahrlässigkeit erlangen müsste. Die Eigentumsverletzung ist hier am 25.05.2018 eingetreten. Von den
anspruchsbegründenden Tatsachen hat H durch die anschließende Untersuchung des
zerstörten Fahrzeuges erfahren. Die Verjährungsfrist läuft daher erst am 31.12.2021
ab. Danach wäre der Anspruch noch nicht verjährt.

> **Zur Vertiefung:**
> Nach anderer Ansicht[27] soll hingegen für die Verjährung deliktischer
> Ansprüche wegen Weiterfresserschäden und auch sonstiger Sachschäden,
> die zugleich nach Kaufrecht ersatzfähig sind, die Zweijahresfrist des § 438
> Abs. 1 Nr. 3 BGB anzuwenden sein. Hiergegen spricht, dass es sich bei Ver-
> trags- und Deliktsrecht um nebeneinanderstehende Haftungssysteme mit
> unterschiedlichen Voraussetzungen handelt. Das Deliktsrecht statuiert dabei
> den jedermann gebührenden Mindestschutz, der unabhängig vom Bestehen
> einer Sonderverbindung ist und durch diese nicht beeinflusst wird.[28] Das
> parallele Bestehen einer Sonderverbindung rechtfertigt eine Verkürzung der
> deliktsrechtlichen Verjährung daher nicht. Zudem dürfte der Anspruch hier
> auch nach der Gegenauffassung noch nicht verjährt sein, da die Zweijahres-
> frist des § 438 Abs. 1 Nr. 3 BGB noch nicht verstrichen ist und sich die verein-
> barte Verkürzung der Frist nur auf kaufrechtliche Ansprüche bezieht.

Allerdings könnten B und H durch die Abrede, dass B nur während eines Jahres für   **26**
Mängel haften sollte, die Verjährungsfrist verkürzt haben. Die Haftungsbeschrän-
kung bezieht sich aber nur auf kaufrechtliche Mängelansprüche. Deliktsrechtliche
Ansprüche werden von der Vereinbarung nicht umfasst; hier gilt die gesetzliche
Verjährungsfrist. Demnach ist der Schadensersatzanspruch des H gegen B nicht
verjährt.

6. Ergebnis

H hat gegen B wegen der Zerstörung des Wagens einen durchsetzbaren Anspruch   **27**
auf Zahlung von 2550 € aus § 823 Abs. 1 BGB.

---

[27] NK-BGB/*Mansel/Stürner* § 195 Rn. 73 ff.; *Mansel* NJW 2002, 89, 95.

[28] BeckOK/*Faust* § 437 Rn. 197.1.

B) Ansprüche auf Schmerzensgeld

I. Anspruch aus §§ 437 Nr. 3, 280 Abs. 1, 253 Abs. 2 BGB

28 H könnte gegen B wegen der bei dem Unfall erlittenen Verletzungen einen Anspruch auf Schmerzensgeld aus §§ 437 Nr. 3, 280 Abs. 1, 253 Abs. 2 BGB haben.

1. Kaufvertrag, Mangel der Kaufsache, Pflichtverletzung, Verschulden

29 Wie bereits oben (Rn. 2 ff.) geprüft, haben H und B einen Kaufvertrag (§ 433 BGB) über den Golf geschlossen. Der Golf war mangelhaft (§ 434 Abs. 1 S. 2 Nr. 1). Durch die mangelhafte Leistung hat B zugleich gegen seine kaufvertragliche Pflicht aus § 433 Abs. 1 S. 2 BGB verstoßen. Den Mangel und damit die Pflichtverletzung hat B zu vertreten, weil er die erforderliche Untersuchung schuldhaft unterlassen hat.[29]

2. Schaden und Ersatzfähigkeit

30 Deshalb muss B dem H im Rahmen des Schadensersatzes neben der Leistung solche Schäden ersetzen, die einer Nacherfüllung nicht zugänglich sind, wozu regelmäßig auch Schäden an Rechtsgütern außerhalb der Kaufsache gehören (siehe Rn. 8 f.).[30] Hier hat H aufgrund des mangelbedingten Unfalls eine Körperverletzung erlitten. Gem. § 253 Abs. 2 BGB kann H für diesen Schaden, auch wenn es sich nicht um einen Vermögensschaden handelt, eine billige Entschädigung in Geld verlangen. Demnach hat H gegen B einen Anspruch auf Zahlung des angemessenen Betrages von 200 € als Schmerzensgeld.

3. Verjährung

31 Dieser kaufrechtliche Anspruch ist jedoch, weil die Mängelhaftung durch Vereinbarung zulässigerweise auf ein Jahr beschränkt wurde, verjährt (siehe oben Rn. 10). B beruft sich auf Verjährung. Der Anspruch auf Schmerzensgeld aus §§ 437 Nr. 3, 280 Abs. 1, 253 Abs. 2 BGB ist also nicht durchsetzbar.

II. Anspruch aus §§ 823 Abs. 1, 253 Abs. 2 BGB

32 H könnte des Weiteren gegen B einen Anspruch auf Schmerzensgeld aus §§ 823 Abs. 1, 253 Abs. 2 BGB haben.

---

[29] Im Rahmen des Schadensersatzes neben der Leistung ist bei Pflichtverletzung und Vertretenmüssen allein auf die Verletzung der Pflicht aus § 433 Abs. 1 S. 2 BGB abzustellen, weil der Schaden ohnehin nicht durch Nacherfüllung behoben werden kann. Auf ein Leistungshindernis bei der Nacherfüllung kommt es also anders als beim Schadensersatz statt der Leistung nicht an.

[30] Wer der in Fn. 9 erwähnten Ansicht folgen will, nach der Schadensersatz statt und neben der Leistung stets zeitlich-dynamisch voneinander abzugrenzen sind, müsste hier hingegen Schadensersatz statt der Leistung (§§ 437 Nr. 3, 280 Abs. 1 u. 3, 283 BGB) annehmen, weil die Körperverletzung nicht eingetreten wäre, wenn B den Wagen im spätestmöglichen Zeitpunkt, also eine logische Sekunde vor dem Unmöglichwerden (dem Unfall), repariert hätte. Das überzeugt aber u. E. nicht, weil sich die Nacherfüllung nicht auf eine Heilbehandlung des H bezieht. Abgesehen von der anderen Anspruchsgrundlage kommt diese Auffassung aber zu keinem anderen Ergebnis (vgl. *Arnold* ZJS 2009, 22, 25 f.).

1. Tatbestand

Dazu müsste B eines der von § 823 Abs. 1 BGB absolut geschützten Rechtsgüter **33** und Rechte des B verletzt haben. Verletzte Rechtsgüter des H sind hier Körper und Gesundheit.[31] Verletzungshandlung ist wiederum die Übergabe des fehlerhaften Kfz (s.o. Rn. 21 mit Fn. 25). Hätte B den fehlerhaften Pkw nicht an H übergeben, wäre es nicht zu dem Unfall gekommen und H wäre nicht verletzt worden. Deshalb ist die Verletzungshandlung kausal für die eingetretene Rechtsgutverletzung.

2. Rechtswidrigkeit und Verschulden

Da Rechtfertigungsgründe nicht ersichtlich sind, handelte B rechtswidrig. Wie oben **34** (Rn. 6, 23) geprüft, handelte er auch fahrlässig und damit schuldhaft.

3. Schaden und Ersatzfähigkeit

Aufgrund der Verletzung seiner Rechtsgüter Körper und Gesundheit hat H einen **35** Nichtvermögensschaden erlitten. Deshalb kann er gem. §§ 823 Abs. 1, 253 Abs. 2 BGB eine angemessene Entschädigung in Geld, hier in Höhe von 200 €, verlangen. Anders als der kaufrechtliche Anspruch ist dieser Anspruch nicht verjährt und damit durchsetzbar.[32]

III. Anspruch aus § 823 Abs. 2 BGB i.V.m. § 229 StGB

Der Anspruch könnte sich auch aus § 823 Abs. 2 BGB i.V.m. § 229 StGB ergeben. **36** § 229 StGB dient dem Schutz von Körper und Gesundheit des Menschen und ist damit Schutzgesetz auch zugunsten des H. Fraglich ist, ob B gegen das Schutzgesetz des § 229 StGB verstoßen hat. Hier hat B dem H ein Kfz mit defekten Bremsen übergeben, wodurch es zu einem Unfall gekommen ist, bei dem B an seinem Körper und seiner Gesundheit verletzt wurde. Bei der Übergabe des defekten Kfz hat B objektiv sorgfaltswidrig gehandelt; dass es aufgrund der defekten Bremsen zu einer Verletzung kommen könnte, war objektiv vorhersehbar. Mithin hat B den Tatbestand der fahrlässigen Körperverletzung erfüllt. Er handelte auch rechtswidrig und schuldhaft. Insbesondere war das Verhalten des B auch subjektiv sorgfaltswidrig und für ihn die Möglichkeit einer Verletzung des Käufers subjektiv vorhersehbar. Damit hat B gegen das Schutzgesetz verstoßen und haftet in gleicher Weise wie nach § 823 Abs. 1 BGB dem H auf Schmerzensgeld auch aus § 823 Abs. 2 BGB, § 229 StGB, § 253 Abs. 2 BGB.

---

[31] Zur Abgrenzung s.o. Fall 1 Rn. 2.

[32] Zu diesem Ergebnis gelangt auch *Mansel*, der § 438 BGB zwar analog auf durch die Kaufsache verursachte Eigentumsverletzungen (o. Fn. 27), nicht aber auf die Verletzung besonders schützenswerter Rechtsgüter (Leben, Körper, Gesundheit, Freiheit) anwenden will (*Mansel* NJW 2002, 89, 95; NK-BGB/*Mansel/Stürner* § 195 Rn. 80).

Abwandlung

A) Schadensersatzansprüche wegen der Zerstörung des Autos

I. Anspruch aus §§ 437 Nr. 3, 280 Abs. 1 u. 3, 283 BGB

37 Wie oben im Ausgangsfall geprüft, sind die gesetzlich normierten Voraussetzungen eines Schadensersatzanspruchs des H gegen B aus §§ 437 Nr. 3, 280 Abs. 1 u. 3, 283 BGB wegen der Zerstörung des Autos gegeben.

1. Ausschluss des Anspruchs durch die AGB des B?

38 Allerdings schließen die AGB des B Schadensersatzansprüche des Gebrauchtwagenkäufers aus. Wäre diese Klausel wirksam, bestünde ein Schadensersatzanspruch des H gegen B nicht. Von der gesetzlich normierten Mängelhaftung kann im Grundsatz vertraglich abgewichen werden. Dieser Grundsatz wird durch die Regeln des Verbrauchsgüterkaufes (§§ 474 ff. BGB) und des AGB-Rechts (§§ 305 ff. BGB) aber erheblich eingeschränkt.

a) Vereinbarkeit mit den Vorschriften des Verbrauchsgüterkaufrechts

39 Da hier ein **Verbrauchsgüterkauf** vorliegt (oben Rn. 10), ist zunächst die Einhaltung der Voraussetzungen des § 476 BGB zu prüfen. Gem. § 476 Abs. 1 BGB ist die kaufrechtliche Mängelhaftung für den Unternehmer grundsätzlich zwingendes Recht. Gem. § 476 Abs. 3 BGB ist abweichend davon aber der Ausschluss des Anspruchs auf Schadensersatz zulässig. Deshalb (und weil bei gebrauchten Sachen auch die Beschränkung der übrigen Mängelrechte auf ein Jahr zulässig ist, § 476 Abs. 2 a.E. BGB) wahrt die Freizeichnungsklausel die Anforderungen des Rechts des Verbrauchsgüterkaufes.

b) Vereinbarkeit mit den Vorschriften des AGB-Rechts

> **Prüfung Allgemeiner Geschäftsbedingungen gem. §§ 305 ff. BGB**[33]
> Das Vertragsverständnis des BGB fußt auf der Überlegung, dass bei Individualvereinbarungen die Parteien im Wege des Aushandelns eine ihren Interessen entsprechende Regelung erzielen. Die inhärente „Richtigkeitsgewähr" macht eine richterliche Kontrolle grundsätzlich überflüssig, soweit die Parteien sich innerhalb des durch §§ 134, 138 BGB gesteckten Rahmens halten.
>
> Eine entsprechende „Richtigkeitsgewähr" besteht für Allgemeine Geschäftsbedingungen nicht, die überwiegend allein die Interessen ihres Verwenders berücksichtigen. Entsprechend ist der dem Verwender zustehende Gestaltungsspielraum deutlich enger als bei Individualvereinbarungen, und die §§ 305 ff. BGB ermöglichen eine umfangreiche richterliche Kontrolle.

---

[33] Überblick bei *Lorenz/Gärtner* JuS 2013, 199 ff.

Die Kontrolle der AGB vollzieht sich auf zwei Ebenen. Auf der ersten Ebene wird die Einbeziehung der AGB in den Vertrag überprüft und an besondere Voraussetzungen geknüpft (Nr. 3–5 Prüfungsschema). Auf der zweiten Ebene wird dann die inhaltliche Angemessenheit der Regelungen kontrolliert (Nr. 6 Prüfungsschema). Die Kontrolldichte ist dabei unter anderem davon abhängig, ob es sich um Verbraucherverträge handelt oder die AGB im unternehmerischen Geschäftsverkehr verwendet werden.

Entsprechend der unterschiedlichen Kontrollintensität ist im Rahmen der Prüfung daher zunächst einmal das Vorliegen von AGB (Nr. 1 Prüfungsschema) und die Art des Geschäftsverkehrs (Nr. 2 Prüfungsschema) zu klären, bevor die konkrete Regelung auf ihre Einbeziehung und ihre Wirksamkeit hin überprüft wird. Bei letzterem ist immer auch zu erwägen, ob eine konkrete Klausel, die für sich genommen wirksam ist, im Zusammenspiel mit einer anderen Klausel unwirksam wird.

Kommt man zu dem Ergebnis, dass eine Klausel inhaltlich unwirksam ist, ist zu klären, ob sich die Unwirksamkeit möglicherweise nur auf einen abtrennbaren Teil bezieht. Dabei ist allerdings das Verbot einer geltungserhaltenden Reduktion zu beachten, das verhindern soll, dass dem Verwender der Klausel jedes Risiko genommen wird, da schlechtestenfalls die Klausel mit dem gerade noch zulässigen Inhalt aufrechterhalten wird.

Daraus ergibt sich für AGB grundsätzlich folgendes **Prüfungsschema**:

1. Vorliegen von AGB (§ 305 I)
2. Persönlicher und sachlicher Anwendungsbereich (§ 310)
3. Einbeziehung der AGB in den Vertrag (§§ 305 II, III, 305a)
4. Vorrang der Individualabrede (§ 305b)
5. Keine überraschende Klausel (§ 305c I)
6. Inhaltskontrolle gem. §§ 307–309 (sofern Überprüfung möglich ist, § 307 III 1)
   - zunächst § 309, dann § 308, zuletzt § 307 prüfen
   - Zweifel bei der Auslegung gehen zu Lasten des Verwenders (§ 305c II)

Rechtsfolge nicht Vertragsbestandteil gewordener oder unwirksamer AGB: Vertrag im Übrigen wirksam; es gelten die gesetzlichen Vorschriften (§ 306 I, II).

Wie § 476 Abs. 3 BGB bereits bestimmt, sind **Allgemeine Geschäftsbedingungen** **40** aber zusätzlich auf die Vereinbarkeit mit dem AGB-Recht zu prüfen. Hier liegt eine AGB i.S.v. § 305 Abs. 1 BGB vor, die laut Sachverhalt auch Vertragsbestandteil geworden ist (§ 305 Abs. 2 BGB). Demnach ist nur fraglich, ob die Klausel der Inhaltskontrolle nach §§ 307–309 BGB standhält. Vorrangig zu prüfen sind dabei die Klauselverbote ohne Wertungsmöglichkeit nach § 309 BGB. Gem. § 309 Nr. 7 BGB ist ein Haftungsausschluss oder eine Haftungsbegrenzung bei Verletzung von Leben, Körper und Gesundheit (lit. a) sowie bei grobem Verschulden (lit. b) in AGB unzulässig. Der zweite Satz der Klausel des B sieht einen vollständigen Ausschluss der Haftung auf Schadensersatz vor. Erfasst sind damit auch Verletzungen von Leben, Körper und Gesundheit sowie grob fahrlässige Pflichtverletzungen. Dies ist mit § 309 Nr. 7 BGB nicht vereinbar. Selbst wenn B den zweiten Satz seiner Klausel weglassen und lediglich die Mängelhaftung durch AGB zeitlich begrenzt hätte, wie dies der erste Satz der zu prüfenden Klausel vorsieht, wäre dies nicht mit § 309 Nr. 7 BGB vereinbar, weil dadurch auch die von § 309 Nr. 7 BGB erfassten Ansprüche betroffen wären.[34] Allerdings liegt in Bezug auf die Zerstörung des Autos eine Sachbeschädigung und damit kein Fall von § 309 Nr. 7 lit. a BGB vor, und außerdem wird man dem B auch kaum grobe Fahrlässigkeit (lit. b) vorwerfen können. Die Haftung für Sachschäden, die auf einer einfach fahrlässigen Pflichtverletzung beruhen, kann vielmehr grundsätzlich auch durch AGB wirksam ausgeschlossen werden.

41   Deshalb fragt es sich, ob man die Klausel auf ihren zulässigen Inhalt **geltungserhaltend reduzieren** kann, so dass der Anspruch des H hier möglicherweise trotz der Unvereinbarkeit der Freizeichnungsklausel mit § 309 Nr. 7 BGB ausgeschlossen wäre. Eine geltungserhaltende Reduktion wird aber im AGB-Recht grundsätzlich abgelehnt, um zu verhindern, dass der Verwender gefahrlos weitgefasste, gesetzeswidrige Klauseln in seine AGB aufnehmen und abwarten kann, dass die Gerichte im Wege der Auslegung den zulässigen Inhalt bestimmen.[35] Eine geltungserhaltende Reduktion auf den zulässigen Teil ist daher nur in dem Ausnahmefall zulässig, dass sich die Klausel in einen inhaltlich zulässigen und einen unzulässigen Teil zerlegen lässt.[36] Das ist hier aber nicht der Fall, vielmehr müsste die Klausel um eine Ausnahmeregelung für die in § 309 Nr. 7 BGB genannten Schadensersatzansprüche ergänzt werden. Deshalb scheidet eine geltungserhaltende Reduktion aus. Die Klausel ist insgesamt unwirksam.[37] Es gilt nach § 306 Abs. 2 BGB das dispositive Gesetzesrecht.

Exkurs:
Die speziellen Klauselverbote der §§ 308, 309 BGB sind im unternehmerischen Verkehr gem. § 310 Abs. 1 S. 1 BGB nicht unmittelbar anwendbar. Allerdings kann die AGB-Klausel gem. § 310 Abs. 1 S. 2 BGB dann nach der Generalklausel (§ 307 Abs. 1 u. 2 BGB) eine unangemessene Benachteiligung darstellen und daher unwirksam sein. Die Rechtsprechung geht so weit, dass ein Verstoß gegen § 309 BGB auch im unternehmerischen Verkehr die unangemessene Benachteiligung indizieren soll (BGHZ 174, 1 = NJW 2007, 3774; krit. *Berger/Kleine* BB 2007, 2137 ff.). Eine umfassende Freizeichnung auch für Körper- und Gesundheitsschäden sowie bei grobem Verschulden soll auch im unternehmerischen Verkehr generell nach § 307 Abs. 1 u. 2 i.V.m. §§ 310 Abs. 1 S. 2, 309 Nr. 7 lit. a u. b BGB unwirksam sein (BGH aaO; NJW 2014, 211 Rn. 30).

---

[34] BGHZ 170, 31 Rn. 19 m.w.N. = NJW 2007, 674; BGH ZIP 2013, 1672 Rn. 15.

[35] Vgl. nur BGHZ 143, 103, 119 m.w.N.; Palandt/*Grüneberg* § 306 Rn. 6.

[36] BGHZ 170, 31 Rn. 21; NJW 1997, 3437, 3439; 1998, 2284, 2286 jeweils m.w.N.

[37] Vgl. nur MüKo/*Wurmnest* § 309 Nr. 7 Rn. 32.

2. Ergebnis

Nach den gesetzlichen Vorschriften ist der Schadensersatzanspruch aber weder aus- **42**
geschlossen noch verjährt (§ 438 Abs. 1 Nr. 3 BGB). H hat also in der Abwandlung
gegen B einen durchsetzbaren Schadensersatzanspruch i.h.v. 2800 € wegen der
Zerstörung des Pkw aus §§ 437 Nr. 3, 280 Abs. 1 u. 3, 283 BGB.

II. Anspruch aus § 823 Abs. 1 BGB

Fraglich ist, ob zumindest der Schadensersatzanspruch aus § 823 Abs. 1 BGB durch **43**
die AGB des B wirksam ausgeschlossen ist. Die AGB bezieht sich ausdrücklich
auch auf gesetzliche Schadensersatzansprüche, so dass der Anspruch aus § 823
Abs. 1 BGB von der Klausel erfasst ist.

Der Wirksamkeit der Freizeichnungsklausel könnte aber wiederum § 309 Nr. 7 **44**
BGB entgegenstehen. § 309 Nr. 7 BGB bezieht sich allgemein auf Pflichtverletzungen; ob der Verwender gegen vertragliche, vorvertragliche oder gesetzliche Pflichten
verstößt, ist irrelevant.[38] Demnach ist auch der Ausschluss der deliktischen Haftung
unwirksam. Eine geltungserhaltende Reduktion kommt wie oben nicht in Betracht.

H hat gegen B folglich aus § 823 Abs. 1 BGB einen Anspruch auf Schadensersatz
in Höhe des Wertes des Autos (ohne Bremsen), also 2550 €.

B) Ansprüche auf Schmerzensgeld

I. Anspruch aus §§ 437 Nr. 3, 280 Abs. 1, 253 Abs. 2 BGB

Fraglich ist, ob H von B Schmerzensgeld gem. §§ 437 Nr. 3, 280 Abs. 1, 253 Abs. 2 **45**
BGB verlangen kann. Die gesetzlichen Anspruchsvoraussetzungen sind grundsätzlich erfüllt (oben Rn. 28 ff.); zu prüfen ist allein, ob der Anspruch durch die AGB
des B ausgeschlossen worden ist. Wie oben (Rn. 40 f.) geprüft, ist die Freizeichnungsklausel des B aber wegen Verstoßes gegen § 309 Nr. 7 BGB unwirksam. Die
Haftung für die Verletzung des Körpers und der Gesundheit des Vertragspartners
kann der Verwender durch AGB nicht ausschließen, auch wenn sie nur auf einer
fahrlässigen Pflichtverletzung beruht. Da gem. § 306 Abs. 2 BGB das dispositive
Gesetzesrecht gilt, hat H gegen B einen durchsetzbaren Anspruch auf Zahlung von
Schmerzensgeld in Höhe von 200 €.

II. Anspruch aus §§ 823 Abs. 1, 253 Abs. 2 BGB

Wegen der Unwirksamkeit der Freizeichnungsklausel kann H von B auch aus §§ 823 **46**
Abs. 1, 253 Abs. 2 BGB das angemessene Schmerzensgeld in Höhe von 200 €
verlangen.

---

[38] Vgl. BeckOK/*Becker* § 309 Nr. 7 Rn. 4.

Fall 7

Ausgangsfall

Die Klatsch & Tratsch Verlag GmbH (V) will zum Beginn des Jahres 2017 eine neue Zeitschrift mit dem Titel „Goldene Post zum Sonntag" einführen. Es handelt sich um ein Wochenmagazin mit informativen und unterhaltenden Elementen, vielen Reportagen aus dem Leben von Prominenten und einem Serviceteil. Die Erstausgabe soll am 01.01.2017 erscheinen. Um die Zeitschrift vor der Markteinführung zu bewerben, erstellt V im Vorfeld ein Testexemplar der Titelseite der Zeitschrift, auf dem Gestaltung und Layout der neuen Zeitschrift deutlich werden. Auf der Test-Titelseite ist unter anderem der sehr bekannte ehemalige deutsche Tennisspieler Florian Fleischer (F) abgebildet. Das Foto zeigt ihn auf einem „Promi-Event" und stellt ihn nicht ungünstig dar. Neben dem Foto befinden sich die Schlagzeile „Der strauchelnde Liebling" und der Untertitel „Florian Fleischers mühsame Versuche, nicht aus der Erfolgsspur geworfen zu werden Seite 17". Werbeanzeigen mit der Test-Titelseite erscheinen ab dem 01.11.2016 auf verschiedenen Werbeträgern, und zwar auch nach Erscheinen der Erstausgabe bis zum 30.04.2017. Der auf der Test-Titelseite angekündigte Beitrag über F hat nie existiert und erscheint nie. F hat in die Verwendung seines Fotos nicht eingewilligt.

F ist der Ansicht, die Veröffentlichung seines Fotos zu Werbezwecken ohne seine Einwilligung verletze sein Recht am eigenen Bild. Daher verlangt er Zahlung einer fiktiven Lizenzgebühr von 600.000 €, die dem Betrag entspricht, den F für die Gestattung einer kommerziellen Werbung am Markt hätte verlangen können. V entgegnet, F sei eine Person der Zeitgeschichte, die sich abbilden lassen müsse. V habe auch ein gewichtiges Interesse daran, die Zeitschrift vor ihrem Erscheinen am Markt bekanntzumachen. Daher sei die Werbung mit der die Abbildung enthaltenden Titelseite zulässig. F meint hingegen, es gehe nicht an, mit einer fiktiven Titelseite für die Zeitschrift zu werben, zumal nach dem ersten Erscheinen der Zeitschrift eine reale Titelseite dazu hätte genutzt werden können.

Wie ist die Rechtslage?

© Springer-Verlag GmbH Deutschland, ein Teil von Springer Nature 2019
J. Prütting, B. Scholl, *Die Schuldrechtsklausur II*, Tutorium Jura,
https://doi.org/10.1007/978-3-662-57602-1_7

Fortsetzung

Das am 19.03.2017 erschienene Heft 12 der „Goldenen Post zum Sonntag" enthält einen Artikel über Franzi Fleischer (Frau F), die ebenfalls sehr bekannte Ex-Frau des Tennisspielers aus dem Ausgangsfall. In dem Heft werden von Paparazzi mit Teleobjektiven geschossene Fotos der Frau F gezeigt, die sie kaum bekleidet am abgeschiedenen Strand in inniger Pose mit einem Mann zeigen. Außerdem enthält der Artikel unter der Überschrift „Franzi Fleischer am Strand der Liebe" teils frei erfundene Details über das angebliche Liebesleben der Frau F mit diesem Mann. Durch die Fotos und den Artikel sieht sich Frau F in ihrem Persönlichkeitsrecht verletzt und verlangt von V eine angemessene Geldentschädigung. V entgegnet, wenn Frau F sich an einem frei einsehbaren Strand aufhalte, müsse sie als prominente Person mit Aufnahmen der Presse rechnen. Ein Strand sei insofern nicht mit dem privaten Zuhause der Frau F vergleichbar.

   Wie ist die Rechtslage?

Auszug aus dem Kunsturhebergesetz (KUG):

§ 22 [**Recht am eigenen Bilde**]. [1]Bildnisse dürfen nur mit Einwilligung des Abgebildeten verbreitet oder öffentlich zur Schau gestellt werden. [2]Die Einwilligung gilt im Zweifel als erteilt, wenn der Abgebildete dafür, daß er sich abbilden ließ, eine Entlohnung erhielt. [3]Nach dem Tode des Abgebildeten bedarf es bis zum Ablaufe von 10 Jahren der Einwilligung der Angehörigen des Abgebildeten. [4]Angehörige im Sinne dieses Gesetzes sind der überlebende Ehegatte oder Lebenspartner und die Kinder des Abgebildeten und, wenn weder ein Ehegatte oder Lebenspartner noch Kinder vorhanden sind, die Eltern des Abgebildeten.

   § 23 [**Ausnahmen zu § 22**]. (1) Ohne die nach § 22 erforderliche Einwilligung dürfen verbreitet und zur Schau gestellt werden:

1. Bildnisse aus dem Bereiche der Zeitgeschichte;
2. Bilder, auf denen die Personen nur als Beiwerk neben einer Landschaft oder sonstigen Örtlichkeit erscheinen;
3. Bilder von Versammlungen, Aufzügen und ähnlichen Vorgängen, an denen die dargestellten Personen teilgenommen haben;
4. Bildnisse, die nicht auf Bestellung angefertigt sind, sofern die Verbreitung oder Schaustellung einem höheren Interesse der Kunst dient.

(2) Die Befugnis erstreckt sich jedoch nicht auf eine Verbreitung und Schaustellung, durch die ein berechtigtes Interesse des Abgebildeten oder, falls dieser verstorben ist, seiner Angehörigen verletzt wird.

Auszug aus dem Grundgesetz (GG):

Art. 1. (1) Die Würde des Menschen ist unantastbar. Sie zu achten und zu schützen ist Verpflichtung aller staatlichen Gewalt.

Art. 2. (1) Jeder hat das Recht auf die freie Entfaltung seiner Persönlichkeit, soweit er nicht die Rechte anderer verletzt und nicht gegen die verfassungsmäßige Ordnung oder das Sittengesetz verstößt.

Art. 5. (1) Jeder hat das Recht, seine Meinung in Wort, Schrift und Bild frei zu äußern und zu verbreiten und sich aus allgemein zugänglichen Quellen ungehindert zu unterrichten. Die Pressefreiheit und die Freiheit der Berichterstattung durch Rundfunk und Film werden gewährleistet. Eine Zensur findet nicht statt.

Lösung Fall 7

▶ Der Ausgangsfall ist der Entscheidung BGH NJW-RR 2010, 855 nachgebildet. Der Verlag der FAZ warb im Jahr 2001 für die neue „Frankfurter Allgemeine Sonntagszeitung" mit dem Testexemplar einer Titelseite, auf der Boris Becker abgebildet war. Die Fortsetzung ist hingegen frei erfunden; ihr liegt kein realer Rechtsstreit der Ex-Frau des Tennisspielers zugrunde. Vielmehr orientiert sie sich an den von der Rspr. in den Caroline-von-Monaco-Fällen aufgestellten Grundsätzen (BVerfGE 97, 125 = NJW 1998, 1381; BVerfGE 101, 361 = NJW 2000, 1021; BVerfGE 120, 180 = NJW 2008, 1793; BGHZ 128, 1 = NJW 1995, 861; NJW 1996, 984; NJW 1996, 985; BGHZ 131, 332 = NJW 1996, 1128; BGHZ 171, 275 = NJW 2007, 1977). Zum allg. Persönlichkeitsrecht s. auch *Glasmacher/Pache* JuS 2015, 303 ff.; *Staake/v. Bressensdorf* JuS 2015, 683 ff., 777 ff.; *Neuner* JuS 2015, 961 ff.

Ausgangsfall

A) Anspruch des F gegen V aus § 823 Abs. 1 BGB

F könnte gegen V einen Anspruch auf Zahlung einer fiktiven Lizenzgebühr in Höhe von 600.000 € aus § 823 Abs. 1 BGB haben.   **1**

I. Tatbestand: Eingriff in das allgemeine Persönlichkeitsrecht

Dazu müsste V durch die Veröffentlichung des Fotos ein absolut geschütztes Recht   **2** des F verletzt haben. Hier kommt eine Verletzung des allgemeinen Persönlichkeitsrechts als eines sonstigen Rechts i.S.d. § 823 Abs. 1 BGB in Betracht. Das allgemeine Persönlichkeitsrecht gewährleistet gegenüber jedermann den Schutz der Menschenwürde und das Recht auf freie Entfaltung der Persönlichkeit (vgl. Art. 1 Abs. 1, Art. 2 Abs. 1 GG). Es ist als sonstiges Recht i.S.d. § 823 Abs. 1 BGB anerkannt.[1] Eine besondere Ausprägung des allgemeinen Persönlichkeitsrechts ist das Recht am eigenen Bilde.[2] Dieses ist zwar auch spezialgesetzlich in § 22 KUG geschützt; diese Regelung ist aber nicht abschließend, so dass der durch die Generalklausel des § 823 Abs. 1 BGB im Rahmen des allgemeinen Persönlichkeitsrechts vermittelte Schutz unberührt bleibt.[3]

---

[1] Grundlegend BGHZ 13, 334 = NJW 1954, 1404; Palandt/*Sprau* § 823 Rn. 84.
[2] BGHZ 171, 275 Rn. 5.
[3] NK-BGB/*Katzenmeier* § 823 Rn. 181.

Zur Vertiefung:

Seit Inkrafttreten der **EU-Datenschutzgrundverordnung (DSGVO)** am 25.05.2018 stellt sich die Frage, ob die nationalen Regelungen der § 823 BGB, §§ 22, 23 KUG noch anwendbar sind. Art. 85 Abs. 2 DSGVO enthält eine Öffnungsklausel, wonach die Mitgliedstaaten für die Verarbeitung von Daten zu journalistischen, wissenschaftlichen, künstlerischen oder literarischen Zwecken bestimmte Abweichungen von der DSGVO vorsehen können, wenn dies erforderlich ist, um das Recht auf Schutz der personenbezogenen Daten mit der Freiheit der Meinungsäußerung und der Informationsfreiheit in Einklang zu bringen. Daraus wird gefolgert, dass, soweit Bildnisse wie hier zu journalistischen Zwecken veröffentlicht werden, die §§ 22, 23 KUG unverändert beibehalten werden können.[4] Die Güterabwägung kann daher weiterhin anhand der §§ 22, 23 KUG erfolgen. Denkbar ist allerdings, als Anspruchsgrundlage nunmehr **Art. 82 Abs. 1 DSGVO** heranzuziehen, der möglicherweise Ansprüche aus § 823 Abs. 1, 2 BGB i.V.m. §§ 22, 23 KUG verdrängt (so *Lauber-Rönsberg/Hartlaub* NJW 2017, 1057, 1060). Hier erfolgte die Veröffentlichung des Bildes aber noch vor Inkrafttreten der DSGVO, so dass jedenfalls deshalb noch § 823 BGB anwendbar ist.

3 Fraglich ist, ob V in den Schutzbereich des allgemeinen Persönlichkeitsrechts eingegriffen hat. Hier hat V die Fotografie des F entgegen § 22 S. 1 KUG ohne seine Einwilligung in ihrer Werbekampagne verwendet. Zum allgemeinen Persönlichkeitsrecht gehört das Recht, selbst zu entscheiden, ob und in welcher Weise das eigene Bildnis für Werbezwecke zur Verfügung gestellt werden soll.[5] Die haftungsbegründende Kausalität zwischen der Handlung des V und der Rechtsgutverletzung des F ist gegeben. Somit liegt ein Eingriff in den Schutzbereich des allgemeinen Persönlichkeitsrechts vor.

II. Rechtswidrigkeit

4 Das allgemeine Persönlichkeitsrecht ist ein Rahmenrecht, bei dem die Rechtswidrigkeit nicht durch die Tatbestandsmäßigkeit indiziert ist. Vielmehr ist die Rechtswidrigkeit aufgrund einer umfassenden Güter- und Interessenabwägung positiv festzustellen.

Aufbauhinweis:

Es ist stattdessen auch möglich, nicht zwischen Tatbestand und Rechtswidrigkeit zu trennen, sondern Tatbestandsmäßigkeit und Rechtswidrigkeit gemeinsam zu prüfen.

---

[4] *Lauber-Rönsberg/Hartlaub* NJW 2017, 1057, 1060 ff.; BeckOGK/*Specht* § 823 Rn. 1156.
[5] BGH NJW-RR 2010, 855 Rn. 14.

Gem. § 22 KUG dürfen Bildnisse einer Person nur mit Einwilligung des Abgebil-   5
deten verbreitet werden. Eine solche Einwilligung hat F nicht erteilt. Eine einwilligungsfreie Veröffentlichung ist nach § 23 Abs. 1 Nr. 1 KUG bei Bildnissen aus
dem Bereiche der Zeitgeschichte zulässig. Jedoch gilt dies nach § 23 Abs. 2 KUG
nicht, wenn das berechtigte Interesse des Abgebildeten durch die Verbreitung verletzt wird.

Ob es sich um ein „Bildnis aus dem Bereiche der Zeitgeschichte" handelt, ist   6
unter Abwägung der widerstreitenden Interessen der abgebildeten Person und der
Presse zu entscheiden. „Der Begriff der Zeitgeschichte ist, um der Bedeutung und
Tragweite der Pressefreiheit Rechnung zu tragen, nicht allein auf Vorgänge von
historischer oder politischer Bedeutung zu beziehen, sondern vom Informations-
interesse der Öffentlichkeit her zu bestimmen."[6] Hier ist ein Artikel über F in der
Zeitschrift gar nicht erschienen, so dass es hier nicht um eine Information der
Öffentlichkeit über F, sondern um Werbung für die neue Zeitschrift ging. Auch für
Werbeanzeigen ist der Anwendungsbereich des § 23 Abs. 1 Nr. 1 KUG aber dann
eröffnet, wenn die Anzeige nicht ausschließlich den Geschäftsinteressen des mit der
Abbildung werbenden Unternehmens, sondern daneben auch einem Informations-
interesse der Öffentlichkeit dient.[7] Die Werbeanzeige der V enthält zumindest auch
Informationen über die Gestaltung und den Inhalt der neuen Zeitschrift. Insofern ist
der Anwendungsbereich des § 23 Abs. 1 Nr. 1 KUG eröffnet.

Zur Prüfung, ob das Foto des F als Bildnis aus dem Bereich der Zeitgeschichte   7
i.S.d. § 23 Abs. 1 Nr. 1 KUG ohne seine Einwilligung verbreitet werden darf,
müssen das Interesse des F am Schutz seiner Persönlichkeit einerseits und das von
V wahrgenommene Informationsinteresse der Öffentlichkeit und die Pressefreiheit
andererseits gegeneinander abgewogen werden.

> **Zur Vertiefung:**
> Die frühere Rechtsprechung ging davon aus, dass sog. absolute Personen der
> Zeitgeschichte sich generell abbilden lassen müssten (wenn sie sich nicht in
> eine örtliche Abgeschiedenheit zurückgezogen haben und erkennbar allein
> sein wollen). Insofern handele es sich stets um ein Bildnis aus dem Bereich
> der Zeitgeschichte i.S.d. § 23 Abs. 1 Nr. 1 KUG (BGHZ 131, 332, 336 –
> Caroline von Monaco II). Nachdem der EGMR daran Kritik geübt hatte
> (NJW 2004, 2647 – Caroline von Monaco), führt der BGH nunmehr die
> Abwägung zwischen dem Persönlichkeitsrecht und der Pressefreiheit bereits
> bei der Zuordnung zum Bereich der Zeitgeschichte durch (BGHZ 171, 275,
> 279; sog. „abgestuftes Schutzkonzept"). Statt des Begriffs der Person der
> Zeitgeschichte wird nunmehr der Begriff der „Person von öffentlichem

---

[6] BGH NJW-RR 2010, 855 Rn. 15.
[7] BGH NJW-RR 2010, 855 Rn. 15.

Interesse" verwendet (BVerfG NJW 2008, 1793, 1796, 1800 = BVerfGE
120, 180; BGH NJW 2009, 757 Rn. 12; EGMR NJW 2004, 2647 ff.). Über
eine solche Person darf in größerem Umfang berichtet werden als über
andere Personen, wenn die Information einen hinreichenden Nachrichten-
wert mit Orientierungsfunktion im Hinblick auf eine die Allgemeinheit
interessierende Sachdebatte hat und die Abwägung keine schwerwiegenden
Interessen des Betroffenen ergibt, die einer Veröffentlichung entgegenstehen
(BGH aaO).

8   Auf Seiten des F sind dabei vor allem das Gewicht und die Folgen des Eingriffs
zu berücksichtigen. Das Gewicht des Eingriffs bemisst sich vor allem nach dem
Ausmaß, in dem die Werbung den Werbewert und das Image der Person aus-
nutzt.[8] Besonderes Gewicht hat ein Eingriff, wenn die Werbung den Eindruck
erweckt, die abgebildete Person identifiziere sich mit dem beworbenen Produkt,
oder wenn es zu einem Imagetransfer von dem Abgebildeten auf das beworbene
Produkt kommen soll.[9] Außerdem ist zu berücksichtigen, ob die Abbildung das
Ansehen des Abgebildeten beschädigt.[10] Hier erweckt die Darstellung des F nicht
den Inhalt, er identifiziere sich mit der Zeitschrift. Die Abbildung soll vielmehr
das Interesse der Öffentlichkeit an der Person des F zum Zwecke der Absatzför-
derung auf die beworbene Zeitschrift lenken. Darüber hinausgehend soll nicht das
Image des F für die Zeitschrift genutzt werden. Die Abbildung stammt von einem
öffentlichen Auftritt und stellt den F nicht ungünstig dar. Insofern ist lediglich die
Öffentlichkeitssphäre[11] des F betroffen. Die Schlagzeile mit dem Untertitel weist
zwar auf Probleme des F hin, lässt ihn aber nicht in einem ungünstigen Licht
erscheinen.

9   Auf Seiten der V ist die besondere Bedeutung der verfassungsrechtlich gewährleisteten (Art. 5 Abs. 1 S. 2 GG) Pressefreiheit zu berücksichtigen. Diese beschränkt
sich nicht nur auf inhaltsbezogene Pressetätigkeiten, sondern schließt auch die
Werbung dafür ein.[12] Ein Verlag darf jedenfalls dann mit einer auf der Titelseite
seines Presseerzeugnisses abgebildeten prominenten Person werben, wenn das
Presseerzeugnis eine dem Schutz der Pressefreiheit unterliegende Berichterstattung über diese Person enthält.[13] Hier ist der Bericht über F in der Zeitschrift nie
erschienen, so dass es an dieser Voraussetzung fehlt. Werbung mit der Abbildung
einer prominenten Person auf dem Titelblatt kann aber auch ohne dazugehörige

---

[8] BGH NJW-RR 2010, 855 Rn. 19.
[9] BGH NJW-RR 2010, 855 Rn. 19; NJW 2013, 793 Rn. 25.
[10] BGH NJW-RR 2010, 855 Rn. 21.
[11] Zum Begriff s. Rn. 24.
[12] BVerfGE 77, 346, 354; 102, 347, 359; BGH NJW-RR 2010, 855 Rn. 23; NJW 2013, 793 Rn. 27.
[13] BGH NJW-RR 2010, 855 Rn. 24.

Berichterstattung im Innern des Blattes dann zulässig sein, wenn sie dem Zweck dient, die Öffentlichkeit über die Gestaltung und die Thematik eines neuen Presseerzeugnisses zu informieren.[14] Vor dem Erscheinen der Erstausgabe hat der Verlag keine Möglichkeit, eine bestehende Ausgabe zur Werbung einzusetzen. Er hat daher ein erhebliches und berechtigtes Interesse, im Rahmen einer Einführungswerbung mit der Abbildung eines fiktiven Titelblattes zu werben, um den Adressaten die Ausrichtung und Gestaltung der neuen Zeitschrift vorzustellen.

Wägt man die betroffenen Interessen gegeneinander ab, überwiegt das verfassungsrechtlich geschützte Interesse der V, vor Erscheinen der ersten Ausgabe mit einer fiktiven Ausgabe für seine neue Zeitschrift werben zu dürfen, das Interesse des F, nicht ohne Einwilligung zu Werbezwecken von V abgebildet zu werden. Während der Eingriff in das allgemeine Persönlichkeitsrecht wie dargestellt eher geringfügig ist, kann sich V auf ihr publizistisches Anliegen berufen, mit der Abbildung der Titelseite beispielhaft auf Gestaltung, Layout und Bandbreite der behandelten Themen hinzuweisen. Daran ändert auch nichts, dass der Beitrag über F niemals erschienen ist. V ist nicht verpflichtet, in ihren Ausgaben auf Themen zurückzugreifen, die möglicherweise in der Werbephase aktuell waren, es jetzt aber nicht mehr sind. **10**

Allerdings wäre es für V möglich und zumutbar gewesen, nach Erscheinen der ersten Ausgaben die Werbung umzustellen und nunmehr die fiktive Titelseite durch eine reale zu ersetzen. Der BGH hat dem Verlag in der zugrundeliegenden Entscheidung dafür eine Frist von einem Monat nach Erscheinen der Erstausgabe eingeräumt.[15] Folgt man dem, war die Werbung in der Zeit zwischen November 2016 und Januar 2017 rechtmäßig, hingegen zwischen Februar und April 2017 rechtswidrig. **11**

Klausurhinweis:

Die vorstehende Interessenabwägung folgt dem zugrundeliegenden BGH-Urteil. Interessenabwägungen haben es an sich, dass man die Interessen auch anders gewichten und daher gut vertretbar auch zu anderen Ergebnissen kommen kann. Das OLG München als Berufungsinstanz hatte die Verwendung der Fotos noch vollumfänglich für unzulässig gehalten.

III. Verschulden

Weiterhin müsste der Geschäftsführer der V-GmbH als das für V handelnde Organ (§ 35 GmbHG) vorsätzlich oder fahrlässig gehandelt haben. In Bezug auf die unbefugte Verbreitung des Fotos des F ab Februar 2017 hat der Geschäftsführer der V die im Verkehr erforderliche Sorgfalt missachtet und daher fahrlässig gehandelt, § 276 Abs. 2 BGB. Dies ist der V gem. § 31 BGB zuzurechnen. **12**

---

[14] BGH aaO Rn. 25.
[15] BGH aaO Rn. 32.

IV. Schaden, Ersatzfähigkeit; Ergebnis

13 Der Schaden des F liegt in der Beeinträchtigung seines Persönlichkeitsrechts durch unerlaubte Verbreitung eines Fotos zu Werbezwecken im Zeitraum zwischen Februar und April 2017. Fraglich ist jedoch, ob dem F hieraus ein Vermögensschaden entstanden ist. Hier hat F durch die Veröffentlichung des Bildes keine konkrete Vermögenseinbuße erlitten. Es ist auch nichts dafür ersichtlich, dass V und F sich, wenn F die Werbung mit seinem Bild ab Februar 2017 verhindert hätte, auf den Abschluss eines Lizenzvertrags geeinigt hätten, aufgrund dessen F Einnahmen zugeflossen wären. Insofern fehlt es bei konkreter Schadensberechnung an einem Vermögensschaden. Es soll aber im Falle des Eingriffs in vermögenswerte Ausschließlichkeitsrechte niemand besser gestellt werden, als er im Falle einer durch den Rechtsinhaber ordnungsgemäß erteilten Genehmigung stünde.[16] Deshalb soll der Verletzte im Falle des Eingriffs in sein Recht am eigenen Bild gem. § 249 Abs. 1 BGB eine fiktive Lizenzgebühr in Höhe des Betrages verlangen können, die er am Markt für die Gestattung einer kommerziellen Werbung hätte verlangen können. Das gilt selbst dann, wenn der Verletzte nicht selbst zur Verwertung bereit gewesen wäre.[17] Laut den Informationen im Sachverhalt hätte F für die Gestattung der Werbung 600.000 € verlangen können, allerdings für den sechsmonatigen Zeitraum November 2016 bis April 2017. Schätzt man den Werbewert des F im Zeitraum von drei Monaten auf die Hälfte, so steht F gegen V im Rahmen des Schadensersatzes ein Anspruch auf Zahlung einer fiktiven Lizenzgebühr von 300.000 € zu.

> **Zur Vertiefung:**
> Daneben hat der Geschädigte auch die Möglichkeit, die Herausgabe des vom Schädiger durch die unzulässige Verbreitung erzielten Gewinns zu verlangen. Eine weitere Möglichkeit besteht darin, den konkret entstandenen Schaden nach §§ 249, 252 BGB ersetzt zu verlangen. Ein solcher ist hier allerdings nicht ersichtlich. Insgesamt hat der Geschädigte also die Möglichkeit der dreifachen Schadensberechnung.

B) Anspruch des F gegen V aus § 823 Abs. 2 BGB i.V.m. §§ 22, 23 KUG

14 Der Anspruch auf Zahlung einer fiktiven Lizenzgebühr könnte sich auch aus § 823 Abs. 2 BGB i.V.m. §§ 22, 23 KUG ergeben.

I. Tatbestand und Rechtswidrigkeit

15 §§ 22, 23 KUG dienen dem Schutz des Individualrechts am eigenen Bilde und sind damit Schutzgesetze i.S.d. § 823 Abs. 2 BGB. Fraglich ist, ob V die Schutzgesetze

---

[16] Vgl. BGHZ 20, 345, 353; NK-BGB/*U. Magnus* Vor § 249 Rn. 113.

[17] Palandt/*Sprau* § 823 Rn. 132.

verletzt hat. Wie unter A) geprüft, hat V insofern rechtswidrig in das Recht des F am eigenen Bild eingegriffen, als sie die Werbung mit der Abbildung des F auch noch nach dem 01.02.2017 verwendet hat. In dem Zeitraum zwischen Februar und April 2017 liegt eine rechtswidrige Verletzung des Schutzgesetzes vor. Im Zeitraum zwischen November 2016 und Januar 2017 ist die Verletzung hingegen gem. § 23 Abs. 1 Nr. 1 KUG gerechtfertigt.

II. Verschulden
Gem. § 823 Abs. 2 S. 2 BGB müsste V schuldhaft gehandelt haben. Wie unter A) geprüft, handelte der Geschäftsführer von V fahrlässig, so dass der V das Verschulden gem. § 31 BGB zuzurechnen ist.

16

III. Schaden, Ersatzfähigkeit; Ergebnis
Hinsichtlich des ersatzfähigen Schadens gilt das Gleiche wie oben (Rn. 13). F kann von V Schadensersatz i.H.v. 300.000 € aus § 823 Abs. 2 BGB i.V.m. §§ 22, 23 KUG verlangen.

17

C) Anspruch des F gegen V aus § 812 Abs. 1 S. 1 Fall 2 BGB

F könnte gegen V einen Anspruch auf Zahlung einer fiktiven Lizenzgebühr auch aus § 812 Abs. 1 S. 1 Fall 2 BGB haben.

18

I. Etwas erlangt
Dazu müsste V zunächst einen Vermögensvorteil erlangt haben. V hat das Foto des F zu Werbezwecken verwendet. Dadurch hat sie einen Gebrauchsvorteil erlangt.

19

II. In sonstiger Weise auf Kosten des F
V hat den Vermögensvorteil nicht durch Leistung, also in sonstiger Weise erlangt. Fraglich ist, ob dies auch auf Kosten des F geschah. Dazu müsste V in den Zuweisungsgehalt der Rechte des F eingegriffen haben. Das Recht am eigenen Bild stellt ein vermögenswertes Ausschließlichkeitsrecht dar. Die Entscheidung über die werbemäßige Verwendung seines Bildes ist gem. § 22 KUG grundsätzlich dem Abgebildeten zugewiesen.[18] Die unbefugte kommerzielle Nutzung des Bildes eines anderen stellt daher einen Eingriff in den vermögensrechtlichen Zuweisungsgehalt des Rechts am eigenen Bild dar.[19] Nach den Ausführungen unter A) liegt hier im Zeitraum Februar bis April 2017 ein Eingriff in die Rechte des F vor, so dass V den Vermögensvorteil insoweit auf Kosten des F erlangt hat.

20

III. Ohne rechtlichen Grund
Ein rechtlicher Grund für die Vermögensverschiebung besteht nicht.

21

---

[18] Vgl. BGH NJW 1992, 2084, 2085.
[19] BGH NJW 2009, 3032 Rn. 34 m.w.N.; 2013, 793 Rn. 42.

IV. Rechtsfolge: Wertersatz

22   Da eine Herausgabe des Vorteils *in natura* unmöglich ist, muss V gem. § 818 Abs. 2
BGB Wertersatz leisten. Der Wert bemisst sich – wie auch der Schaden im Rahmen
von § 823 BGB – nach der üblichen Lizenzgebühr. Fraglich ist, ob V einwenden
kann, dass sie in Kenntnis der Rechtslage das Foto von F ab Februar 2017 nicht verwendet hätte, sich daher keine Aufwendungen erspart habe und daher gem. § 818
Abs. 3 BGB nicht bereichert sei. V muss sich aber an der durch den Eingriff in das
Recht des F am eigenen Bild geschaffenen Sachlage festhalten lassen.[20] Eine Berufung auf fehlende Ersparnis von Aufwendungen liefe dem Schutzzweck der Eingriffskondiktion entgegen. Eine Berufung auf § 818 Abs. 3 BGB ist nicht möglich.
Somit kann F auch gem. §§ 812 Abs. 1 S. 1 Fall 2, 818 Abs. 2 BGB Zahlung einer
fiktiven Lizenzgebühr für die Zeit zwischen Februar und April 2017 in Höhe von
300.000 € verlangen.

> **Systematischer Hinweis:**
> Im Gegensatz zum Schadensersatzanspruch setzt der Bereicherungsan-
> spruch kein Verschulden voraus. Das kann relevant werden, wenn das
> Foto nach gründlicher Prüfung von einem Fotografen erworben wurde, der
> fälschlich behauptet, die Einwilligung des Abgebildeten liege vor (s. z. B.
> BGH NJW 1992, 2084). Während durch den Schadensersatzanspruch der
> Nachteil, den der Verletzte erlitten hat, ausgeglichen werden soll, soll durch
> den Bereicherungsanspruch der vom Verletzer erlangte Vorteil abgeschöpft
> werden. Die übliche Lizenzgebühr kann sowohl über Delikts- als auch über
> Bereicherungsrecht ersetzt verlangt werden. Der Schadensersatzanspruch
> kann aber auch noch anders berechnet werden und darüber hinausgehen
> (s. nach Rn. 13).

> Als weitere Anspruchsgrundlage kommt noch **§ 687 Abs. 2 i.V.m. § 678
> BGB** in Betracht. Dies setzt voraus, dass V ein fremdes Geschäft als sein
> eigenes geführt hat, obwohl er wusste, dass er hierzu nicht berechtigt war (zur
> Geschäftsanmaßung noch die Einführung in die GoA vor Fall 27 Rn. 16 f.).
> Zwar kommt eine Geschäftsanmaßung auch bei Verletzungen des Persön-
> lichkeitsrechts in Betracht, wenn der Geschäftsführer eine marktfähige Ver-
> wertungsmöglichkeit des Persönlichkeitsrechts (hier das Recht am eigenen
> Bild) anstelle des Persönlichkeitsrechtsinhabers ausübt.[21] Allerdings setzt

---

[20] BGH NJW 1992, 2084, 2085.
[21] Palandt/*Sprau* § 687 Rn. 7; BeckOGK/*Hartmann* § 687 Rn. 62 ff.; Staudinger/*Bergmann* (2015)
§ 687 Rn. 69.

der Anspruch zudem voraus, dass der Geschäftsführer (V) um seine fehlende Berechtigung weiß (Vorsatz). Daran dürfte es im vorliegenden Fall fehlen, weil V meinte, zur Nutzung des Fotos berechtigt zu sein. Daher sind gem. § 687 Abs. 1 BGB die Regeln der GoA nicht anwendbar.

Fortsetzung

A) Anspruch der Frau F gegen V aus § 823 Abs. 1 BGB i.V.m. Art. 1 Abs. 1, Art. 2 Abs. 1 GG

Frau F könnte gegen V einen Anspruch auf eine Geldentschädigung aus § 823 Abs. 1 BGB i.V.m. Art. 1 Abs. 1, Art. 2 Abs. 1 GG haben.   **23**

I. Tatbestand: Eingriff in das allgemeine Persönlichkeitsrecht

Die Bilder und die Berichterstattung über Frau F könnte einen Eingriff in ihr all-   **24** gemeines Persönlichkeitsrecht darstellen. Das allgemeine Persönlichkeitsrecht, dessen Charakter als sonstiges Recht i.S.d. § 823 Abs. 1 BGB anerkannt ist (s.o. Rn. 2), gewährleistet umfassenden zivilrechtlichen Persönlichkeitsschutz. Der Abdruck des Fotos in der Zeitschrift greift hier in das Recht am eigenen Bilde der Frau F ein. Auch der Bericht mit den Details aus dem angeblichen Liebesleben der Frau F greift in deren allgemeines Persönlichkeitsrecht ein. Soweit es um das Liebesleben geht, ist wohl sogar die Intimsphäre der Frau F, also der innerste Bereich ihres Persönlichkeitsrechts, betroffen.[22] Das Foto zeigt Frau F in inniger Pose kaum bekleidet am abgeschiedenen Strand und betrifft daher zumindest die Privatsphäre, wenn nicht ebenfalls die Intimsphäre.

Man unterscheidet folgende **Sphären des Persönlichkeitsrechts**[23]

- Öffentlichkeitssphäre: Einzelner wendet sich bewusst der Öffentlichkeit zu; darüber darf grds. berichtet werden, wird oft nicht als eigene Sphäre genannt

- **Sozialsphäre** (Individualsphäre) schützt das Selbstbestimmungsrecht und bewahrt die persönliche Eigenart des Menschen in seinen Beziehungen zur Umwelt und in seinem öffentlichen, wirtschaftlichen, politischen, beruflichen Wirken

---

[22] Vgl. BGH NJW 2012, 767 Rn. 11; Palandt/*Sprau* § 823 Rn. 87.
[23] Palandt/*Sprau* § 823 Rn. 87.

- **Privatsphäre** schützt den Lebensbereich, zu dem andere Menschen nach der sozialen Anschauung nur mit Zustimmung des Betroffenen Zugang haben (häuslicher Bereich, Familie, Privatleben)
- **Intimsphäre** umfasst den Kernbereich höchstpersönlicher privater Lebensgestaltung (innere Gedanken- und Gefühlswelt, vertrauliche Briefe, Tagebuchaufzeichnungen, Einzelheiten über Sexualleben [anders dagegen bei Pornodarsteller, dessen Mitwirkung an entsprechenden Filmen der Sozialsphäre zuzuordnen ist, BGH NJW 2012, 767 Rn. 17])

25   Die Verletzungshandlung liegt in der Veröffentlichung des Artikels durch V. Diese ist kausal für die Verletzung des allgemeinen Persönlichkeitsrechts.

II. Rechtswidrigkeit

26   Die Rechtswidrigkeit des Eingriffs in das allgemeine Persönlichkeitsrecht ist durch umfassende Interessenabwägung festzustellen.

Fraglich ist zunächst, ob die Verwertung der Bilder nach Maßgabe der §§ 22, 23 KUG zulässig ist. Eine einwilligungsfreie Verbreitung ist gem. § 23 Abs. 1 Nr. 1 KUG zulässig bei Bildnissen aus dem Bereich der Zeitgeschichte. Ob ein solches Bildnis vorliegt, ist durch Abwägung zwischen dem Persönlichkeitsrecht der Frau F einerseits und dem Informationsinteresse der Öffentlichkeit und der Pressefreiheit des V andererseits festzustellen.

27   Zu Gunsten der F ist zu berücksichtigen, dass das Foto sie kaum bekleidet im Urlaub am Strand in einer sehr privaten, möglicherweise sogar intimen Situation zeigt, in der sie sich unbeobachtet glaubte. F befand sich an einem abgeschiedenen Strand, an dem sie nicht damit rechnen musste, beobachtet zu werden. Erschwerend ist auch zu berücksichtigen, dass die Aufnahmen heimlich mit Teleobjektiven gemacht wurden. Entgegen den Ausführungen von V beschränkt sich die Privatsphäre nicht auf den häuslichen Bereich. Wenn sich jemand in eine örtliche Abgeschiedenheit zurückgezogen hat, in der er objektiv erkennbar für sich allein sein will und in der er sich in der konkreten Situation im Vertrauen auf die Abgeschiedenheit so verhält, wie er es in der breiten Öffentlichkeit nicht tun würde, genießt er den gleichen Schutz wie im häuslichen Bereich.[24]

28   Zu Gunsten des V ist zu berücksichtigen, dass Frau B eine „Person des öffentlichen Interesses" ist, über die in größerem Umfang berichtet werden darf als über andere Personen.[25] Die Freiheit der V, darüber unabhängig zu berichten, ist auch verfassungsrechtlich geschützt (Art. 5 Abs. 1 S. 2 GG). Allerdings ist der Informationswert des Fotos hier gering. Es überwiegen Neugier und Sensationslust sowie

---

[24] BGH NJW 2013, 793 Rn. 35; BGHZ 131, 332, 339; BVerfG NJW 2000, 1021, Leitsatz 1 und S. 1022 f.

[25] Vgl. dazu BGHZ 178, 213 = NJW 2009, 757 Rn. 12.

bloßes Unterhaltungsinteresse. Zwar schützt die Pressefreiheit auch unterhaltende Beiträge über Personen des öffentlichen Lebens und deren Bebilderung.[26] Hier ist aber zu berücksichtigen, dass die Leser mit rein privaten oder sogar intimen Vorkommnissen aus dem Leben von Frau F unterhalten werden sollen. Dieses Interesse erscheint nur in geringem Umfang schutzwürdig.

Wägt man die Interessen von Frau F und V hier gegeneinander ab, dann überwiegt das Interesse der F am Schutz ihrer Privat-, möglicherweise Intimsphäre das bloß geringe von V wahrgenommene Informationsinteresse der Öffentlichkeit. Die Veröffentlichung des Fotos ist unzulässig. **29**

Fraglich ist, ob auch die Veröffentlichung des begleitenden Textes unzulässig ist. Der Text enthält teils frei erfundene Details aus dem angeblichen Liebesleben der Frau F. Damit greift der Text in die Intimsphäre der Frau F ein. Ein schützenswertes Informationsinteresse der Öffentlichkeit besteht bei intimen Angelegenheiten der Frau F nicht. Soweit Details frei erfunden wurden, handelt es sich um bewusst unwahre Darstellungen, denen kein Vorrang gegenüber dem Schutz der Persönlichkeitsrechte zukommen kann.[27] Demnach geht auch in Bezug auf die Textberichterstattung die Interessenabwägung zu Gunsten der Frau F aus. **30**

Sowohl der Abdruck des Fotos als auch der Artikel verletzen das Persönlichkeitsrecht der Frau F und sind rechtswidrig.

III. Verschulden

Gem. § 823 Abs. 1 BGB haftet der Schädiger für Vorsatz und Fahrlässigkeit. Die V-GmbH selbst kann als juristische Person nicht handeln. Jedoch muss sie sich das Handeln und Verschulden der Personen, die über Veröffentlichungen, die Rechte Dritter verletzen könnten, zu entscheiden haben, analog § 31 BGB zurechnen lassen.[28] Diese (hier ungenannte) Person, die über die Veröffentlichung des Beitrags zu entscheiden hatte, hat die im Verkehr erforderliche Sorgfalt missachtet und daher fahrlässig gehandelt (§ 276 Abs. 2 BGB), so dass das Verschulden gem. § 31 BGB der V zuzurechnen ist. **31**

IV. Schaden, Ersatzfähigkeit; Ergebnis

Aus der Verletzung ihres allgemeinen Persönlichkeitsrechts ist der F kein messbarer Vermögensschaden entstanden. Allerdings könnte sie Anspruch auf ein angemessenes Schmerzensgeld haben. Der Schmerzensgeldanspruch für immaterielle Beeinträchtigungen ist in § 253 Abs. 2 BGB vorgesehen, allerdings nicht für Verletzungen des allgemeinen Persönlichkeitsrechts. Der BGH hat sich (noch zu § 847 BGB a.F.) darüber hinweggesetzt und unmittelbar aus Art. 1 Abs. 1 i.V.m. Art. 2 Abs. 1 GG einen begrifflich vom Schmerzensgeld zu trennenden Anspruch auf Geldentschädigung bei Persönlichkeitsverletzungen entwickelt.[29] Begründet hat der BGH das **32**

---

[26] BVerfG NJW 2000, 1021 Leitsatz 4 und S. 1024; BVerfG NJW 2001, 1921, 1923.

[27] BVerfG NJW 1973, 1221, 1224; *Söder* ZUM 2008, 89, 92; NK-BGB/*Katzenmeier* § 823 Rn. 203.

[28] BGHZ 39, 124, 130; Palandt/*Ellenberger* § 31 Rn. 9.

[29] BGHZ 128, 1, 15 = NJW 1995, 861, 864 f.; 2000, 2195, 2197; 2005, 215, 216.

damit, dass andernfalls Verletzungen der Würde und Ehre des Menschen ohne Sanktion blieben mit der Folge, dass der Rechtsschutz der Persönlichkeit verkümmern würde. Im Vordergrund stünden dabei das Genugtuungsinteresse des Opfers und der Präventionsgedanke. Der Gesetzgeber der Schadensrechtsreform hat diese Rspr. akzeptiert und deshalb auch im 2002 eingefügten § 253 Abs. 2 BGB einen Schmerzensgeldanspruch bei Persönlichkeitsverletzungen nicht verankert.[30] Deshalb ist die Geldentschädigung weiter unmittelbar aus Art. 1 Abs. 1 i.V.m. Art. 2 Abs. 1 GG herzuleiten.[31]

33   Voraussetzung für die Gewährung einer Geldentschädigung bei Persönlichkeitsverletzungen ist aber, dass es sich um einen schwerwiegenden Eingriff handelt und die Beeinträchtigung nicht auf andere Weise (etwa durch Unterlassung, Widerruf oder Gegendarstellung) befriedigend ausgeglichen werden kann.[32] Hier handelt es sich um einen schwerwiegenden Eingriff, der sogar die Intimsphäre der F betraf. Die Beeinträchtigung des Persönlichkeitsrechts ist durch die Veröffentlichung endgültig eingetreten und kann nicht mehr rückgängig gemacht werden. Insofern ist die Gewährung einer angemessenen Geldentschädigung notwendig, um das Genugtuungsinteresse der Frau F zu befriedigen und um die V davon abzuhalten, in Zukunft noch einmal Persönlichkeitsrechte zu verletzen (Präventionswirkung). Bei der Bemessung der Höhe der Entschädigung sind die Schwere des Eingriffs und der Umstand, dass V die Verletzungen des Persönlichkeitsrechts zum kommerziellen Zwecke der Auflagensteigerung vorgenommen hat, zu berücksichtigen.[33] Gleichzeitig darf die Pressefreiheit durch die Höhe der Entschädigung nicht unverhältnismäßig eingeschränkt werden.

> Eine genaue Bemessung des Anspruchs ist hier aufgrund unzureichender Sachverhaltsangaben wohl nicht möglich. Die Höhe der Geldentschädigung kann durchaus Beträge im sechsstelligen €-Bereich erreichen. Folge der Berücksichtigung des Präventionsgedankens ist, dass Prominente bei Persönlichkeitsverletzungen erheblich höhere Geldbeträge verlangen können als Normalbürger, die Körper- oder Gesundheitsverletzungen erleiden (darin liegt nach BVerfG NJW 2000, 2187 kein Verstoß gegen Art. 3 Abs. 1 GG).

V. Ergebnis

34   Frau F kann demnach von V Zahlung einer angemessenen Geldentschädigung aus § 823 Abs. 1 BGB i.V.m. Art. 1 Abs. 1, Art. 2 Abs. 1 GG verlangen.

---

[30] BT-Drucks. 14/7752, S. 25; krit. *Katzenmeier* JZ 2002, 1029, 1033.

[31] OLG Celle NJW 2012, 1227, 1229; Palandt/*Grüneberg* § 253 Rn. 10.

[32] BGH NJW 2000, 2195, 2197; NK-BGB/*Katzenmeier* § 823 Rn. 246.

[33] Vgl. BGHZ 128, 1, 15 f.

B) Anspruch der Frau F gegen V aus § 823 Abs. 2 BGB i.V.m. §§ 22, 23 KUG i.V.m. Art. 1 Abs. 1, Art. 2 Abs. 1 GG

Soweit es um die Veröffentlichung des Fotos der F geht (nicht des Texts), könnte **35** Frau F gegen V einen Anspruch auf eine angemessene Geldentschädigung auch aus § 823 Abs. 2 BGB i.V.m. §§ 22, 23 KUG i.V.m. Art. 1 Abs. 1, Art. 2 Abs. 1 GG haben.

§§ 22, 23 KUG sind, wie geprüft, Schutzgesetze i.S.d. § 823 Abs. 2 BGB. Die Veröffentlichung des Strandfotos ohne Einwilligung der Frau F fällt hier, wie geprüft, nicht unter die Ausnahme des § 23 Abs. 1 Nr. 1 KUG, so dass § 22 KUG verletzt wurde. Das gem. § 823 Abs. 2 S. 2 BGB erforderliche Verschulden ist ebenfalls gegeben (s.o. Rn. 31). Hinsichtlich des Schadens und des Bestehens eines Anspruchs auf angemessene Geldentschädigung gilt das Gleiche wie für den Anspruch aus § 823 Abs. 1 BGB (s.o. Rn. 32 f.).

Frau F kann demnach auch aus § 823 Abs. 2 BGB i.V.m. §§ 22, 23 KUG i.V.m. Art. 1 Abs. 1, Art. 2 Abs. 1 GG von V Zahlung einer angemessenen Geldentschädigung verlangen.

Fall 8

Verkäufer Vogel (V) ist Eigentümer eines schönen Baugrundstücks am Rande von Köln. Interessent Konrad (K) wird auf die Lage aufmerksam und möchte das Grundstück zu einem angemessenen Preis erwerben. Da V dies aufgrund seiner Pläne gut passt, beide aber keine rechte Vorstellung von der Werthaltigkeit des Grund und Bodens haben, beauftragt V auf seine Kosten den Gutachter Gram (G), ohne diesem mitzuteilen, für welchen Zweck die Begutachtung erfolgen soll. G erstellt ein Wertgutachten, welches das Grundstück samt daraufstehendem Gebäude im Wesentlichen wegen der Lage und des im Bebauungsplan der Stadt Köln ausgewiesenen partiellen Baulandes mit einem Wert von 800.000 € beziffert. Entgegen den Angaben im Gutachten hat G aber das Grundstück selbst nie inspiziert. Hätte G dies getan, wären ihm keinesfalls die erhebliche Baufälligkeit des Gebäudes und zahlreiche Ansätze für bestehende Altlasten entgangen. Beides war V, der sich schon länger um dieses eine seiner vielen Grundstücke nicht mehr gekümmert hatte, nicht aufgefallen. Der wahre Wert des Grundstücks samt Gebäude ist auf 500.000 € zu schätzen.

V und K einigen sich vor dem Hintergrund des Gutachtens auf einen Kaufpreis von 800.000 €, worüber ein notarieller Kaufvertrag geschlossen wird. Das Grundstück wird „so wie es steht und liegt" verkauft; für etwaige Mängel soll V nicht haften. Sodann erfolgt die Auflassung und Eintragung in das Grundbuch zu Gunsten des K, der die 800.000 € an V bezahlt.

Als K endlich dazu kommt, mit einem eigens beauftragten Bauingenieur das Grundstück zu inspizieren, zeigt sich die Fehlbewertung. K ist entsetzt, sieht aber zugleich ein, dass V für diese Umstände nicht einstehen will, da beide auf das Gutachten des G vertraut hatten.

K verlangt nunmehr von G Schadensersatz in Höhe von 300.000 €.

Zu Recht?

© Springer-Verlag GmbH Deutschland, ein Teil von Springer Nature 2019
J. Prütting, B. Scholl, *Die Schuldrechtsklausur II*, Tutorium Jura,
https://doi.org/10.1007/978-3-662-57602-1_8

Lösung Fall 8

▶   Der Fall ist an die Entscheidung des BGH vom 12.07.1966, VersR 1966,
        1034 angelehnt und befasst sich mit der vertraglichen und deliktischen
        Expertenhaftung, insbes. auch aus § 826 BGB.

A) Vertragliche Ansprüche

I. Anspruch des K gegen G aus §§ 631, 280 Abs. 1 i.V.m. § 328 BGB

1   Fraglich ist, ob K gegen G einen Anspruch auf Schadensersatz vor dem Hintergrund
eines echten Vertrags zu Gunsten Dritter gemäß den §§ 631,[1] 280 Abs. 1 i.V.m. § 328
BGB hat. Dazu müssten V und G vereinbart haben, dass dem K aus dem zwischen
V und G geschlossenen Vertrag ein eigenes Forderungsrecht zustehen soll. Dies
ist nicht der Fall. V und G haben den Gutachtervertrag in keiner Form auf Dritte
bezogen, und G wusste nicht einmal um den Verwendungszweck des Gutachtens. Ein
Anspruch des K gegen G aus §§ 631, 280 Abs. 1 i.V.m. § 328 BGB besteht also nicht.

Zur Vertiefung:
In den klassischen Auskunftssituationen, in denen der Auskunftgeber erkennt,
dass der gewünschte Rat für den Auskunftnehmer von wirtschaftlicher Bedeu-
tung ist und der Auskunftgeber – besonders in den Fällen von gegebenem
Expertenwissen – erhebliches Vertrauen für sich in Anspruch nimmt, geht
die höchstrichterliche Rechtsprechung regelmäßig von einem konkludenten
Vertragsschluss aus. Der BGH begründet durch diese vertrauensbildenden
Elemente den Rechtsbindungswillen der Parteien.[2] Es handelt sich um einen
Geschäftsbesorgungsvertrag mit Dienstvertragscharakter (wenn die Beratungs-
tätigkeit als solche Vertragsgegenstand ist) oder um einen Werkvertrag (wenn
die Auskunft zu einer speziellen Frage geschuldet ist), bei Unentgeltlichkeit
um einen Auftrag. Eine Auskunft ist häufig auch als Nebenpflicht im Rahmen
eines anderen Vertrages geschuldet. Maßgeblich entwickelt wurden die Grundsätze von der Rechtsprechung im Hinblick auf Bankdienstleistungen bei Ver-
mittlung und Vertrieb von Vermögensanlagen (grundlegend BGHZ 123, 126).
§ 675 Abs. 2 BGB steht der Annahme eines konkludent zustande kommenden
Auskunftsvertrages nicht entgegen, da diese Vorschrift lediglich die Selbst-
verständlichkeit zum Ausdruck bringt, dass Ratschläge als bloße Gefälligkeit
jedenfalls keine vertragliche oder quasivertragliche Haftungsfolge zeitigen.[3]

---

[1] Die Erstellung eines Wertgutachtens ist eine werkvertragliche Leistung i.S.d. § 631 BGB, vgl.
BGHZ 72, 257, 269; 127, 378, 384.
[2] Vgl. BGH WM 2009, 369 Rn. 7 f.
[3] Vgl. MüKo/*Heermann* § 675 Rn. 112 ff.; Erman/*K. P. Berger* § 675 Rn. 125.

II. Anspruch des K gegen G aus den §§ 280 Abs. 1, 241 Abs. 2 BGB i.V.m. den Grundsätzen über den Vertrag mit Schutzwirkung für Dritte

In Betracht kommt eine Haftung aus §§ 280 Abs. 1, 241 Abs. 2 BGB, sofern zwi-   2
schen K und G ein entsprechendes Schuldverhältnis angenommen werden könnte.
K könnte in den Schutzbereich des Gutachtervertrages zwischen G und V nach den
Grundsätzen des Vertrags mit Schutzwirkung für Dritte einbezogen sein.

1. Vertrag mit Schutzwirkung für Dritte

Aufbauhinweis:

Zur Herleitung des Vertrags mit Schutzwirkung für Dritte werden verschiedene
Ansätze vertreten (ausf. dazu Fall 4 Rn. 52). Umstritten ist insbesondere, ob
insoweit auf § 311 Abs. 3 BGB abgestellt werden kann. Es handelt sich jedoch
um einen rein akademischen Streit, der in der Klausur nicht zu entscheiden ist,
da die Voraussetzungen unabhängig von der dogmatischen Zuordnung identisch
sind. In der Klausur kann die Herleitung kurz angesprochen werden und mit
Hinweis auf die Unmöglichkeit divergierender Ergebnisse dahingestellt bleiben
(s. Fall 4 Rn. 52).

Systematischer Hinweis:

Zum Unterschied zwischen Vertrag zugunsten Dritter und Vertrag mit Schutzwirkung für Dritte: Anders als beim echten Vertrag zugunsten Dritter steht
beim Vertrag mit Schutzwirkung für Dritte der Anspruch auf die Hauptleistung allein dem Gläubiger, nicht dem Dritten zu. Der Dritte kann lediglich bei
Schutzpflichtverletzungen und bei Mangelfolgeschäden einen eigenen Schadensersatzanspruch aus dem fremden Vertrag haben.

Dieses gewohnheitsrechtlich anerkannte Institut bedarf der Prüfung dreier besonde-   3
rer Merkmale und der Beachtung eines Ausschlusskriteriums.

a) Leistungsnähe
K müsste bestimmungsgemäß mit der Leistung des G genauso in Berührung gekom-   4
men sein wie der Gläubiger. Leistungsnähe liegt jedenfalls dann vor, wenn im
Rahmen eines Schuldverhältnisses zwischen Dritten der Betroffene den tatsächlichen
und rechtlichen Wirkungen des Vertrages ausgeliefert ist oder jedenfalls von ihnen
über das übliche allgemeine Lebensrisiko hinaus tangiert wird.[4] Dies kann hier ohne
weiteres angenommen werden, soll doch das Gutachten von G gerade Grundlage
der Kaufpreiseinigung zwischen V und K werden.

---

[4] Vgl. BGHZ 70, 327, 329; 129, 136, 168 f.

b) Schutzinteresse

5   V als Gläubiger der Leistung müsste ein schutzwürdiges Interesse an der Einbeziehung des Dritten, hier des K, haben. Dies wird von der neueren Rechtsprechung
weit ausgelegt: Das Schutzinteresse wird nicht dadurch ausgeschlossen, dass V und
K im Rahmen des geplanten Kaufvertrages auch gegenläufige Interessen verfolgen.[5] Ein Schutzinteresse kann sich insbesondere aus gesetzlichen Pflichtenstellun-
gen, der Gefahr von Regressansprüchen und wirtschaftlichen Belangen ergeben.[6]
Vorliegend will V einerseits eine korrekte Bewertung für sich selbst, sodann aber
auch eine korrekte Abwicklung des Grundstückskaufs. Hierbei könnten seitens V
etwa kaufrechtliche Regressansprüche zu befürchten sein, sollte sich das Gutachten
als mangelhaft erweisen. Daher ist ein Schutzinteresse des V zu bejahen.

c) Erkennbarkeit

6   Fraglich ist jedoch, ob die Einbeziehung des K auch für G erkennbar war. Erkennbarkeit für den Schuldner ist geboten, da dieser in der Lage sein muss, sich entweder gegen einen potentiellen weiteren Gläubiger abzusichern oder für den Fall eines
(regelmäßig ungewollten) Schadenseintritts Vorsorge zu leisten.[7] G wusste nicht
um den Zweck des Gutachtens. K trat hierbei nicht auf, und auf einen Kaufvertrag wurde nicht hingewiesen. Die Beauftragung eines Wertgutachtens kann jedoch
unterschiedliche Ziele verfolgen. So kann der Eigentümer eines Grundstücks etwa
Wertschwankungen feststellen, auf Basis eines Gutachtens Überlegungen zum
Erhalt für eigene Zwecke anstellen u. Ä. Eine Nachforschungspflicht des Gutachters, welchen Zweck die Begutachtung haben könnte, ist nicht anzuerkennen, da
dies weder im Pflichtenkreis des Gutachterauftrags liegt noch ihm zumutbar oder
auch nur sein Recht wäre. Eine Nachforschung wäre erst dann zu fordern, wenn
ein allgemeines Wertgutachten ohne spezifische Zweckbestimmung nicht sinnvoll
erstellt werden könnte.

d) Schutzbedürftigkeit

Mit entsprechender Begründung lässt sich die Erkennbarkeit vertretbarerweise
auch bejahen. Dann wäre danach noch die Schutzbedürftigkeit des Dritten zu
prüfen. Diese ist nur dann zu verneinen, wenn dem Dritten der Einwand der
Treuwidrigkeit gemacht werden kann oder er über eigene Vertragsansprüche
mit im Wesentlichen demselben Inhalt verfügt.[8] Da im Kaufvertrag zwischen

---

[5] Vgl. BGHZ 127, 378, 380; 138, 257, 260 f.

[6] Zunächst als Einstehen für „Wohl und Wehe" des Dritten, vgl. BGHZ 51, 91, 96; speziell am Beispiel des Gutachters sodann BGHZ 127, 378, 380 f.

[7] Vgl. BGHZ 51, 91, 96; 75, 321, 323.

[8] Vgl. BGHZ 133, 168, 172 f.; a.A. *Schwarze* AcP 203 (2003), 348 ff.

K und V die Mängelgewährleistung ausgeschlossen wurde, bestehen keine vertraglichen Schadensersatzansprüche von K gegen V, so dass K des Schutzes aus dem Vertrag zwischen G und V bedürfte. Dann käme man zur Haftung aus §§ 280 Abs. 1, 241 Abs. 2 BGB.

2. Ergebnis

Nach hier vertretener Ansicht liegen die Voraussetzungen des Vertrages mit Schutzwirkung für Dritte nicht vor. K hat gegen G damit keinen Anspruch auf Schadensersatz aus §§ 280 Abs. 1, 241 Abs. 2 BGB.

7

Denkbar wäre schließlich noch, dass G nach den Grundsätzen der Sachwalterhaftung gem. **§§ 311 Abs. 3, 280 Abs. 1, 241 Abs. 2 BGB** dem K auf Schadensersatz haftet. Hierfür müsste G besonderes Vertrauen für sich gerade in Bezug auf den Vertrag zwischen K und V in Anspruch und hierdurch auf den Vertragsschluss Einfluss genommen haben (§ 311 Abs. 3 S. 2 BGB). Dies ist vorliegend aber nicht anzunehmen, da G bei den Vertragsverhandlungen zwischen K und V überhaupt nicht aufgetreten ist.[9] Die Einbeziehung des Gutachtens kann dem nicht gleichgestellt werden, da G in Bezug auf K weder wusste noch wissen musste, dass eine Vertrauensstellung begründet werden könnte.[10] Mithin scheidet auch eine Haftung über die §§ 311 Abs. 3, 280 Abs. 1, 241 Abs. 2 BGB aus.

B) Deliktische Ansprüche

1. Eine Prüfung des § 823 Abs. 1 BGB erübrigt sich hier, da G offenkundig kein Rechtsgut oder absolutes Recht des K verletzt hat. Die mittelbare Störung des Äquivalenzinteresses zwischen K und V kann selbst dann nicht als Schädigung eines absoluten Rechtsguts angesehen werden, wenn der Übergriff auf ein fremdes Vertragsverhältnis als Angriff auf dessen Bestand gewertet würde.

---

[9] Vgl. hierzu BGHZ 159, 94, 102 f. = NJW 2004, 2523, 2525.

[10] Sehr weit grundsätzlich die Rspr., vgl. BGH VersR 1966, 1034, 1035, jedoch dürfte selbst nach dieser Maxime der vorliegende Fall nicht einbezogen sein. Die gegenteilige Ansicht ist gleichwohl vertretbar. Die Grenzen der Vertrauenshaftung Dritter sind nach wie vor nicht sauber ausgelotet.

2. Eine Haftung nach **§ 823 Abs. 2 BGB** kommt mangels ersichtlichen Schutzgesetzes nicht in Betracht. Soweit die ImmoWertV in Bezug auf eine zutreffende Wertermittlung im Privatgutachterbereich für anwendbar erachtet wird,
ist ihr bislang kein Schutznormcharakter beigemessen worden. Es dürfte sich
vielmehr um ein allgemeinschützendes Regelwerk handeln.[11]
3. Eine Haftung nach **§ 839a BGB** scheidet aus, da G kein gerichtlich bestell-
ter Sachverständiger ist und der Schaden nicht durch gerichtliche Entscheidung eintrat.

Anspruch des K gegen G aus § 826 BGB

8   K könnte jedoch einen Anspruch gegen G gemäß § 826 BGB auf Zahlung von
    300.000 € haben. Hierfür bedürfte es einer vorsätzlichen sittenwidrigen Schädigung
    seitens G zu Lasten des K.

1. Sittenwidrige Schädigung

9   Vorliegend ist eine Schädigung des K eingetreten. Das dahin führende Schädi-
    gungsverhalten des G müsste sich jedoch auch als sittenwidrig darstellen. Sitten-
    widrig ist ein Verhalten dann, wenn es gegen das Anstandsgefühl aller billig und
    gerecht Denkenden verstößt.[12] Diese Leerformel wurde über Jahrzehnte durch
    die Rechtsprechung mit Leben gefüllt. Geboten ist immer eine Gesamtabwägung
    aller Umstände des Einzelfalls.[13] Relevante Faktoren sind dabei die Wertungen
    anderer gesetzlicher Vorschriften, verfassungsrechtliche Vorgaben – insbeson-
    dere die Ausstrahlungswirkung der Grundrechte ist hier zu berücksichtigen[14] –
    und das System des Deliktsrechts mit einer bewussten Zurückhaltung bei der
    Haftung für reine Vermögensschäden.[15] Nach diesen Maßstäben entwickelte sich
    eine Fallgruppensystematik, die zur Orientierung im Einzelfall heranzuziehen
    ist. So bejaht der BGH sittenwidriges Handeln, wenn „sich der Sachverständige
    etwa durch nachlässige Ermittlungen zu den Grundlagen seines Auftrags oder
    gar durch ‚ins Blaue‘ hinein gemachte Angaben der Gutachtenaufgabe leicht-
    fertig entledigt und damit eine Rücksichtslosigkeit gegenüber dem Adressaten
    des Gutachtens oder den in seinem Informationsbereich stehenden Dritten an den
    Tag gelegt hat, die angesichts der Bedeutung, die das Gutachten für deren Ent-
    schließungen hatte, und der von ihm in Anspruch genommenen Kompetenz als

---

[11] Die gegenteilige Ansicht ist mit entsprechender Begründung vertretbar. Die Frage ist – soweit
ersichtlich – bislang nicht entschieden.

[12] RGZ 48, 114, 124; BGHZ 10, 228, 232.

[13] Vgl. MüKo/*Wagner* § 826 Rn. 19 f.

[14] Vgl. BVerfGE 7, 198, 207 – *Lüth*.

[15] Ausführlich MüKo/*Wagner* § 826 Rn. 1 ff., 9 ff.

gewissenlos bezeichnet werden muß".[16] Hintergrund ist das besondere Vertrauen, welches Sachverständige im Wirtschaftsverkehr notwendigerweise für sich in Anspruch nehmen. Sachverständige werden zumeist bei Wirtschaftsgütern von erheblichem Wert benötigt und besitzen zudem Expertenwissen, welches sich die Parteien eines Schuldvertrags regelmäßig nicht in zumutbarer Zeit selbst beschaffen können. Um diese herausgehobene Stellung weiß der Gutachter und lässt sie sich entsprechend vergüten.

Hier hat G im Gutachten angegeben, er habe das Grundstück in Augenschein genommen. In Wirklichkeit hatte er es nie gesehen. Seine Angaben hat er damit „ins Blaue" hinein gemacht. Jedem Gutachter ist klar, dass der Wert eines Grundstücks ohne Besichtigung nicht sinnvoll bestimmt werden kann. Somit hat G sich seiner Gutachtenaufgabe leichtfertig entledigt. G war bekannt, um welche Werte es bei der Begutachtung ging. Sein Verhalten ist daher als rücksichtslos zu bewerten. Daher ist anzunehmen, dass sich G sittenwidrig verhalten hat.   **10**

2. Vorsatz

Fraglich ist jedoch, ob G auch vorsätzlich handelte. Vorsatz definiert sich als Wissen und Wollen aller Tatumstände.   **11**

Systematischer Hinweis:

Der zivilrechtliche Vorsatzbegriff entspricht weitgehend dem strafrechtlichen. Anders als im Strafrecht kommt jedoch im Zivilrecht das Erfordernis des Unrechtsbewusstseins hinzu, welches im Strafrecht erst innerhalb der Schuld geprüft wird. Das Zivilrecht trennt also nicht zwischen subjektivem Tatbestand und Schuld, sondern kennt nur einen einheitlichen Verschuldensbegriff.[17] Abweichend von dieser sog. Vorsatztheorie muss der Täter bei § 826 BGB allerdings nur die die Sittenwidrigkeit begründenden tatsächlichen Umstände kennen; er muss sich nicht der Sittenwidrigkeit seines Handelns bewusst sein. Im Rahmen von Schadensersatzansprüchen bezieht sich das Verschulden grundsätzlich nicht auf den Schaden. Daher prüft man gewöhnlich das Verschulden vor dem Schaden. Im Rahmen von § 826 BGB muss sich hingegen der Vorsatz auch auf die Schädigung beziehen.

Vorliegend wusste G nur, dass er das Grundstück nicht ordnungsgemäß inspiziert hatte und damit möglicherweise Angaben zu Lasten des V machen könnte. Eine Schädigung hatte er als solches nicht in seinen Vorsatz aufgenommen. Um eine dritte Person, die Interesse an den sachverständigen Äußerungen haben könnte,   **12**

---

[16] BGHZ 159, 1, 11 f. m.w.N.

[17] Zum zivilrechtlichen Vorsatzbegriff schon RGZ 72, 4, 6 f.; s.a. PWW/*Schmidt-Kessel/Kramme* § 276 Rn. 6.

hatte sich G – wie bereits im Rahmen der Voraussetzungen des Vertrags mit Schutzwirkung für Dritte geprüft – keine Gedanken gemacht.

13   Allerdings ist in der Rechtsprechung anerkannt, dass auch Expertenäußerungen „ins
Blaue hinein" bereits für die Annahme von *dolus eventualis* ausreichen.[18] Auch ist nicht
gefordert, dass die Person des Geschädigten sich zum Zeitpunkt des Schädigerverhaltens
bereits individualisiert hat.[19] Jedoch begrenzt der BGH diese weite Haftung jedenfalls
durch den Kontrollmechanismus, der bereits innerhalb der Voraussetzungen des Vertrags
mit Schutzwirkung für Dritte angeführt wurde. Der Sachverständige muss erkennen
können, dass weitere Personen über den Auftraggeber hinaus ein relevantes rechtliches
oder wirtschaftliches Interesse am Gutachten haben werden.[20] Darf der Gutachter demgegenüber davon ausgehen, dass das Gutachten ausschließlich für den Auftraggeber
bestimmt ist, entfällt eine Haftung gegenüber Dritten mangels Vorsatzes. Folgt man dem,
handelte G hier hinsichtlich einer Schädigung des K als Dritten nicht vorsätzlich.

> Die gegenteilige Ansicht ist ebenso vertretbar, wenn im vorliegenden Fall
> damit argumentiert wird, dass Grundstücksgutachten in der ganz überwiegen-
> den Zahl der Fälle Grundlage von Kaufverträgen werden.

3. Ergebnis

14   K hat gegen G nach hier vertretener Ansicht auch keinen Anspruch aus § 826 BGB.
Damit stehen ihm keine Ansprüche zu.

> **Beachte:**
> In einer Klausur, die nach der Rechtslage des Falles fragt, wären im Folgenden
> die Ansprüche von V gegen G zu prüfen. V hat keinen Schaden und kann daher
> Ansprüche gegen G nicht geltend machen. In der Konsequenz ist eine Anspruchs-
> geltendmachung des V gegen G über die Grundsätze der Drittschadensliquida-
> tion zu erörtern. Dabei muss beachtet werden, dass dieses Rechtsinstitut nur
> mit größter Zurückhaltung zur Anwendung gelangen darf und ausschließlich
> für Fälle zufälliger, d. h. gesetzlich nicht gewollter Schadensverlagerungen in
> Betracht kommt. Vorliegend handelt es sich aber, betrachtet man die bewusste
> Begrenzung der Haftung des Gutachters, nicht um eine zufällige Schadensver-
> lagerung. Vielmehr soll K nur das zustehen, was er im Folgenden von V erhalten
> kann. Dabei kommt freilich auch eine Anspruchsgeltendmachung aus abgetrete-
> nem Recht in Betracht. Ebenso ist eine Analogie zu § 255 BGB zu erwägen, die
> bereits im Rahmen der Drittschadensliquidation angesprochen werden sollte.

---

[18] Vgl. BGH VersR 1966, 1032, 1034; BGHZ 176, 281 Rn. 46.
[19] Vgl. BGHZ 159, 1, 4 f.
[20] Vgl. MüKo/*Wagner* § 826 Rn. 79 ff., 82.

Fall 9

Ausgangsfall

Die Wagner-GmbH (W-GmbH) stellt an mehreren deutschen Standorten Eisenwaren verschiedener Sorten her. Alleingeschäftsführer und Alleingesellschafter ist Theodor Wagner (T). Die Waren werden kundengerecht aufbereitet und ausgeliefert oder zur Abholung bereitgestellt. Die Produktion erfolgt in geschlossenen Hallen, so dass kein allgemeiner Publikumsverkehr herrscht. Für die Betreuung der Leverkusener Produktionsstätte hat die W-GmbH den leitenden Angestellten Lurz (L) mit allen Aufgaben betraut. L überwacht in eigener Regie die Arbeitnehmer, entscheidet über den Produktionsprozess und berät die Geschäftsführung hinsichtlich strategischer Entscheidungen. Über Anstellung und Entlassung der Arbeitnehmer entscheidet L für seinen Standort ebenfalls autonom. Diesen Job übt L seit Jahren sorgfältig und zuverlässig aus. Seine Referenzen sind makellos, so dass die W-GmbH auch bei seiner Einstellung keine Bedenken für den produzierenden Bereich haben musste. Zudem liefert L in regelmäßigen Abständen Verlaufs- und Qualitätsberichte. Im Produktionsbereich arbeiten zwanzig Arbeitnehmer, die ausschließlich von L instruiert und überwacht werden.

Eines Tages erscheint Dieter (D) ungebeten im Betrieb in Leverkusen, um sich die Produktionsstätte anzusehen. Die Fabrik ist zu diesem Zeitpunkt nicht gesichert. Am Eingangstor der Halle befindet sich zwar ein Schild „Zutritt nur für Betriebsangehörige", jedoch steht das Tor offen und es gibt keine Kontrolle. Zwei Arbeitnehmer, Jürgen (J) und Arndt (A), arbeiten in der Empore der Fabrikhalle mit schwerem Schneidegerät. Da beide am Abend zuvor bei einem gemeinsamen Kneipenabend einen zu viel getrunken haben, sind sie unaufmerksam. Aufgrund eines Abstimmungsproblems fällt ein Schneidegerät von der Empore nach unten und trifft den gerade des Weges kommenden D, der erheblich verletzt wird. J und A wurden sorgfältig ausgesucht, haben seit Jahren bis zu diesem Vorfall sorgfältig gearbeitet und wurden stets ordnungsgemäß von L überwacht.

D verlangt von den Beteiligten Ersatz der angefallenen Heilbehandlungskosten sowie Schmerzensgeld. Zu Recht?

© Springer-Verlag GmbH Deutschland, ein Teil von Springer Nature 2019   109
J. Prütting, B. Scholl, *Die Schuldrechtsklausur II*, Tutorium Jura,
https://doi.org/10.1007/978-3-662-57602-1_9

1. Abwandlung

Abweichend vom Ausgangsfall sind J und A ähnliche Unachtsamkeiten im Umgang mit Werkzeug schon einige Male unterlaufen, insbesondere wenn sie nicht nüchtern bei der Arbeit erschienen. Obwohl im Betrieb bekannt war, dass J und A ein Alkoholproblem haben, hat L dagegen nichts unternommen und sie nicht verstärkt überwacht. Dem T war hingegen von den Vorfällen nichts bekannt. Er verließ sich insoweit auf den – wie im Ausgangsfall – sorgfältig ausgewählten und als zuverlässig bekannten L, der in seinen Berichten derartige Probleme nicht erwähnte.

Ändert sich dadurch etwas an der rechtlichen Beurteilung?

2. Abwandlung

Wie ist der Fall – ausgehend von der ersten Abwandlung – zu beurteilen, wenn das heruntergefallene Schneidegerät einen Arbeitskollegen von A und J, nämlich Heinz (H), trifft, der schwere Verletzungen erleidet? Welche Ansprüche hat nunmehr H gegen A, J, L und die W-GmbH?

Bearbeiterhinweis:

§ 116 SGB X sowie § 86 VVG sind in keiner Variante zu prüfen.

Auszug aus dem SGB VII (Gesetzliche Unfallversicherung):

§ 2 Versicherung kraft Gesetzes

(1) Kraft Gesetzes sind versichert

1. Beschäftigte, […]

§ 7 Versicherungsfall

(1) Versicherungsfälle sind Arbeitsunfälle und Berufskrankheiten.

(2) Verbotswidriges Handeln schließt einen Versicherungsfall nicht aus.

§ 8 Arbeitsunfall

(1) [1]Arbeitsunfälle sind Unfälle von Versicherten infolge einer den Versicherungsschutz nach §§ 2, 3 oder 6 begründenden Tätigkeit (versicherte Tätigkeit). [2]Unfälle sind zeitlich begrenzte, von außen auf den Körper einwirkende Ereignisse, die zu einem Gesundheitsschaden oder zum Tod führen. […]

§ 104 Beschränkung der Haftung der Unternehmer

(1) [1]Unternehmer sind den Versicherten, die für ihre Unternehmen tätig sind oder zu ihren Unternehmen in einer sonstigen die Versicherung begründenden Beziehung stehen, sowie deren Angehörigen und Hinterbliebenen nach anderen gesetzlichen Vorschriften zum Ersatz des Personenschadens, den ein Versicherungsfall verursacht hat, nur verpflichtet, wenn sie den Versicherungsfall vorsätzlich oder auf einem nach § 8 Abs. 2 Nr. 1 bis 4 versicherten Weg herbeigeführt haben. [2]Ein Forderungsübergang nach § 116 des Zehnten Buches findet nicht statt.

(2) […]

(3) Die nach Absatz 1 oder 2 verbleibenden Ersatzansprüche vermindern sich um die Leistungen, die Berechtigte nach Gesetz oder Satzung infolge des Versicherungsfalls erhalten.

§ 105 Beschränkung der Haftung anderer im Betrieb tätiger Personen

(1) ¹Personen, die durch eine betriebliche Tätigkeit einen Versicherungsfall von Versicherten desselben Betriebs verursachen, sind diesen sowie deren Angehörigen und Hinterbliebenen nach anderen gesetzlichen Vorschriften zum Ersatz des Personenschadens nur verpflichtet, wenn sie den Versicherungsfall vorsätzlich oder auf einem nach § 8 Abs. 2 Nr. 1 bis 4 versicherten Weg herbeigeführt haben. ²Satz 1 gilt entsprechend bei der Schädigung von Personen, die für denselben Betrieb tätig und nach § 4 Abs. 1 Nr. 1 versicherungsfrei sind. ³§ 104 Abs. 1 Satz 2, Abs. 2 und 3 gilt entsprechend. [...]

§ 110 Haftung gegenüber den Sozialversicherungsträgern

(1) ¹Haben Personen, deren Haftung nach den §§ 104 bis 107 beschränkt ist, den Versicherungsfall vorsätzlich oder grob fahrlässig herbeigeführt, haften sie den Sozialversicherungsträgern für die infolge des Versicherungsfalls entstandenen Aufwendungen, jedoch nur bis zur Höhe des zivilrechtlichen Schadenersatzanspruchs. ²Statt der Rente kann der Kapitalwert gefordert werden. ³Das Verschulden braucht sich nur auf das den Versicherungsfall verursachende Handeln oder Unterlassen zu beziehen.

(1a) [...]

(2) Die Sozialversicherungsträger können nach billigem Ermessen, insbesondere unter Berücksichtigung der wirtschaftlichen Verhältnisse des Schuldners, auf den Ersatzanspruch ganz oder teilweise verzichten.

Lösung Fall 9

▶ Der Fall beschäftigt sich mit der Haftung des Verrichtungsgehilfen nach § 823 Abs. 1 BGB und der des Geschäftsherrn nach § 831 BGB sowie wegen Organisationsverschuldens gem. § 823 Abs. 1 BGB. Behandelt wird der „dezentralisierte Entlastungsbeweis" bei hierarchisch organisierten Unternehmen. Die 2. Abwandlung betrifft eine arbeitsrechtliche Frage, die aber mit Hilfe der abgedruckten Gesetzestexte auch von Lesern ohne arbeitsrechtliche Vorkenntnisse beantwortet werden kann.

Ausgangsfall

A) Ansprüche des D gegen J und A

Mangels vertraglicher oder quasivertraglicher Verbindung zwischen D und J/A   **1**
kommen nur deliktische Ansprüche in Betracht.

I. Anspruch aus § 823 Abs. 1 BGB

Fraglich ist, ob D gegen J und A Ansprüche auf Schadensersatz aus § 823 Abs. 1   **2**
BGB hat.

1. Tatbestand, Rechtswidrigkeit, Verschulden

Eine Rechtsgutverletzung in Form einer Verletzung des Körpers und der Gesundheit   **3**
des D liegt vor. Diese basierte adäquat kausal darauf, dass J und A ein Schneidegerät

von der Empore der Fabrikhalle nach unten haben fallen lassen. Insofern ist der Tatbestand des § 823 Abs. 1 BGB erfüllt. A und J handelten auch rechtswidrig. Durch das Fallenlassen des Geräts haben sie die im Verkehr erforderliche Sorgfalt missachtet und damit fahrlässig i.S.d. § 276 Abs. 2 BGB gehandelt.

2. Schaden, Mitverschulden

4 Aufgrund der Körper- und Gesundheitsverletzung hat D Schmerzen erlitten und musste ärztlich behandelt werden, wodurch Kosten entstanden sind. Die Heilbehandlungskosten sind nach § 249 Abs. 2 BGB ersatzfähig, ein angemessenes Schmerzensgeld nach § 253 Abs. 2 BGB.

5 Allerdings könnte der Anspruch wegen Mitverschuldens des D gem. § 254 Abs. 1 BGB zu kürzen sein. D hat aus Neugier einen fremden Betrieb mit technischen Gefahren betreten, obwohl ein Schild darauf hinweist, dass die Fabrikhalle nicht frei zugänglich ist. Andererseits ist zu berücksichtigen, dass das Eingangstor offen war und dort keine Kontrolle stattfand. Zudem wiegt das Verschulden von A und J, die ein schweres Gerät aus Unachtsamkeit haben fallen lassen, hier schwer. Das Schneidegerät hätte genauso gut jemanden treffen können, der sich befugt in der Halle aufhielt. Unter Berücksichtigung dieser Umstände erscheint eine Kürzung des Schadensersatzes um die Hälfte angemessen. Im Rahmen des Schmerzensgeldes wird das Mitverschulden dabei als Bemessungsfaktor berücksichtigt, aber keine quotale Kürzung vorgenommen.[1]

Klausurhinweis:

An dieser Stelle muss in einer Klausur nicht unbedingt eine bestimmte Mitverschuldensquote genannt werden. Sicherlich sind auch andere Quoten vertretbar, zumal der Sachverhalt wohl nicht alle relevanten Aspekte nennt.

---

3. Ergebnis

6 D hat somit einen Anspruch auf Schadensersatz und Schmerzensgeld gegen A und J gemäß § 823 Abs. 1 BGB, der gemäß § 254 Abs. 1 BGB zu kürzen ist.

Systematischer Hinweis:

Hier haben A und J gemeinsam eine unerlaubte Handlung begangen. Insofern könnte man an § 830 BGB denken. Mittäterschaft nach § 830 Abs. 1 S. 1 BGB liegt aber mangels Vorsatzes nicht vor, sondern bloße Nebentäterschaft. Auch § 830 Abs. 1 S. 2 BGB ist nicht einschlägig, weil Kausalitätszweifel nicht bestehen. Der Nebentäter haftet entsprechend den allgemeinen Zurechnungsnormen als Gesamtschuldner mit den anderen Nebentätern, sofern er den Gesamtschaden durch sein Verhalten mit verursacht hat (BeckOK/*Spindler* § 830 Rn. 3 m.w.N.).

---

[1] NK-BGB/*Knöfler* § 254 Rn. 8.

II. Anspruch aus § 823 Abs. 2 BGB i.V.m. § 229 StGB

Der Anspruch könnte sich auch aus § 823 Abs. 2 BGB i.V.m. § 229 StGB ergeben.   **7**
Durch das unachtsame Fallenlassen des Schneidegeräts, das den D getroffen hat,
haben A und J auch eine fahrlässige Körperverletzung i.S.d. § 229 StGB begangen
und damit ein Schutzgesetz i.S.d. § 823 Abs. 2 BGB verletzt. Demnach schulden A
und J auch Schadensersatz und Schmerzensgeld aus § 823 Abs. 2 BGB i.V.m. § 229
StGB. Zur Schadenshöhe und zum Mitverschulden gilt das Gleiche wie für den
Anspruch aus § 823 Abs. 1 BGB.

B) Ansprüche D gegen L

I. Anspruch aus § 823 Abs. 1 BGB

Auch im Hinblick auf eine Haftung des L kommen allein deliktische Ansprüche in   **8**
Betracht. Für eine Haftung aus § 823 Abs. 1 BGB bedürfte es einer dem L zurechenbaren Verletzungshandlung. Zwar führte die bloße Zurverfügungstellung der Gerätschaften mittelbar zu einer Verletzung von Körper und Gesundheit des D, jedoch
kann L, der die Geräte an zuverlässige und hinreichend instruierte Personen übergeben hat, insofern offensichtlich keine Verletzung einer Verkehrssicherungspflicht
vorgeworfen werden. Gleiches gilt für die Prüfung von § 823 Abs. 2 BGB i.V.m.
§ 229 StGB.

II. Anspruch aus § 831 BGB

Denkbar wäre, dass L aufgrund der von A und J begangenen Rechtsgutverletzung   **9**
gem. § 831 Abs. 1 BGB haftet. Das setzt voraus, dass L Geschäftsherr und A und
J seine Verrichtungsgehilfen sind. Verrichtungsgehilfe ist, wer mit Wissen und
Wollen des Geschäftsherrn in dessen Interesse tätig wird und dabei dessen Weisungen unterworfen ist.[2] Zwar übt L als leitender Angestellter hier das Weisungsrecht
über A und J für die W-GmbH aus. A und J werden aber nicht im Interesse des L,
sondern allein der W-GmbH tätig. Damit sind A und J nicht Verrichtungsgehilfen
des L, sondern der W-GmbH, die W-GmbH ist Geschäftsherr i.S.d. § 831 Abs. 1
BGB.

Fraglich ist, ob sich aus § 831 Abs. 2 BGB etwas anderes ergibt. Danach trifft die   **10**
gleiche Verantwortung denjenigen, der für den Geschäftsherrn die Besorgung eines
der in § 831 Abs. 1 S. 2 BGB bezeichneten Geschäfte durch Vertrag übernimmt.
Hier könnte L als leitender Angestellter der W-GmbH durch den Arbeitsvertrag die
Auswahl und Überwachung der Arbeiter übernommen haben. Jedoch wird § 831
Abs. 2 BGB heute auf leitende Angestellte nicht mehr angewandt, sondern nur noch
auf die Übernahme der Aufsicht durch betriebsfremde Personen, d. h. selbständige
Unternehmer.[3] Dafür spricht, dass leitende Angestellte bei der Überwachung der

---

[2] Vgl. BGH NJW 1966, 1807.
[3] MüKo/*Wagner* § 831 Rn. 53 f.; Staudinger/*Bernau* (2018) § 831 Rn. 186 m.w.N. zur früher vertretenen Gegenansicht.

einfachen Arbeitnehmer keine eigenen Pflichten wahrnehmen, sondern selbst den Weisungen der Geschäftsführung unterliegen. Der Anstellungsvertrag der leitenden Angestellten ist damit kein Übernahmevertrag i.S.d. § 831 Abs. 2 BGB.

Demnach haftet L dem D nicht aus § 831 BGB.

> Selbst wenn man § 831 Abs. 2 BGB entgegen der heute h.M. anwenden möchte, scheitert der Anspruch jedenfalls an der Möglichkeit der Exkulpation nach § 831 Abs. 1 S. 2 BGB.

C) Ansprüche D gegen T

11 Ansprüche des D gegen T sind ebenfalls nicht ersichtlich. Weder hat T selbst ein Rechtsgut des D verletzt, noch sind ihm andere eigenständige deliktische Vorwürfe zu machen.

> **Beachte** insoweit das gesellschaftsrechtliche Trennungsprinzip.[4] Ansprüche richten sich grundsätzlich gegen die GmbH als juristische Person (§ 13 Abs. 1 GmbHG). Die Gesellschafter haften für die Verbindlichkeiten der GmbH nicht persönlich (§ 13 Abs. 2 GmbHG). Eine deliktische Außenhaftung des Geschäftsführers oder Gesellschafters kommt nur in Betracht, wenn dieser selbst eine unerlaubte Handlung begangen hat. Derartige Durchgriffsfälle werden im Kapitalgesellschaftsrecht behandelt.[5]

D) Ansprüche D gegen die W-GmbH

I. Quasivertraglicher Anspruch aus §§ 280 Abs. 1, 311 Abs. 2, 241 Abs. 2 BGB

12 Ein Anspruch des D gegen die W-GmbH könnte sich zunächst aus den §§ 280 Abs. 1, 311 Abs. 2 Nr. 3, 241 Abs. 2 BGB ergeben.

Hierfür bedürfte es allerdings eines Schuldverhältnisses im Sinne des § 280 Abs. 1 BGB, was hier nur nach § 311 Abs. 2 BGB in Frage kommt. Mangels Vertragsanbahnung oder Vertragsverhandlungen könnte es sich ausschließlich um

---

[4] Hierzu *Weller/J. Prütting* Handels- und Gesellschaftsrecht, 9. Aufl. 2016, S. 212 f., 254.

[5] Gegen Gesellschafter sind hier vor allem anderen die anerkannten Fallgruppen des § 826 BGB zu nennen, vgl. hierzu die Übersicht bei MüKo/*Wagner* § 826 Rn. 144 ff., 156 ff., 185 ff., 190 ff. jeweils m.w.N. Gegen Geschäftsführer kommen Ansprüche aus § 823 Abs. 2 BGB i.V.m. Schutzgesetzen in Betracht, so vor allem § 15a InsO, § 64 GmbHG, §§ 263, 266 StGB.

einen ähnlichen geschäftlichen Kontakt handeln. Vorliegend trat D jedoch in keinerlei geschäftlichen Kontakt zur W-GmbH. Anders als dies bei Geschäften mit Publikumsverkehr vielfach bewertet wird, kann ein ähnlicher Kontakt nicht im bloßen
Betreten eines Industriegeländes aus Neugier gesehen werden. Zwar ist es auch
im vorliegenden Fall nicht vollständig ausgeschlossen, dass eine solche Besichtigung schlussendlich zu einem Vertragsschluss über dort produzierte Waren führen
könnte, jedoch war der Zutritt ausdrücklich verboten, so dass die W-GmbH mit
entsprechendem Publikum nicht zu rechnen brauchte. Auch D behauptet nicht, dass
er den Abschluss oder auch nur das Angebot eines Rechtsgeschäfts erwartete, als
er das Gelände betrat.[6] Mithin scheiden Ansprüche gemäß den §§ 280 Abs. 1, 311
Abs. 2 Nr. 3, 241 Abs. 2 BGB aus.

> **Beachte** an dieser Stelle noch einmal die Vorteile der vertraglichen (und ver-
> tragsähnlichen) Haftung gegenüber der deliktischen (dazu *Balzer/Kröll/Scholl*,
> Die Schuldrechtsklausur I, Fall 7 Rn. 36). Wenn zwischen D und der W-GmbH
> eine Sonderverbindung bestanden hätte, wären die Arbeitnehmer Erfüllungs-
> gehilfen der W-GmbH und ihr Handeln und Verschulden in Ausübung der
> Tätigkeit für die W-GmbH würde dieser ohne Exkulpationsmöglichkeit nach
> § 278 BGB zugerechnet. Zur Abgrenzung zwischen Erfüllungs- und Verrich-
> tungsgehilfe s. Band I, Fall 6 Rn. 27.

II. Deliktische Ansprüche

1. Anspruch aus § 831 Abs. 1 BGB

D könnte gegen die W-GmbH einen Anspruch aus § 831 Abs. 1 BGB haben. Wie   **13**
bereits geprüft (Rn. 9), sind A und J Verrichtungsgehilfen der W-GmbH: Sie werden
im Interesse der W-GmbH tätig und sind als Arbeitnehmer den Weisungen ihres
Arbeitgebers unterworfen. Dass die W-GmbH diese Weisungsbefugnis nicht durch
ihr Organ, den Geschäftsführer T, sondern durch L als leitenden Angestellten ausübt,
ändert daran nichts. Außerdem haben A und J tatbestandsmäßige und rechtswidrige
unerlaubte Handlungen gem. § 823 Abs. 1 BGB sowie § 823 Abs. 2 BGB i.V.m.
§ 229 StGB begangen (Rn. 2 ff., 7). Dies geschah auch während der Arbeit, also in
Ausführung der Verrichtung.

Fraglich ist, ob der Anspruch deshalb ausgeschlossen ist, weil die W-GmbH   **14**
sich gem. § 831 Abs. 1 S. 2 BGB exkulpieren kann. Nach den von der Rechtsprechung entwickelten Regeln des **dezentralisierten Entlastungsbeweises** soll sich
der Inhaber eines Betriebs (hier: die W-GmbH als juristische Person) mit mehreren Hierarchieebenen bereits dann nach § 831 Abs. 1 S. 2 BGB entlasten können,

---

[6] Die gegenteilige Auffassung dürfte in der vorliegenden Fallkonstellation trotz der erheblichen
Ausweitung, die § 311 Abs. 2 Nr. 3 BGB erfahren hat, kaum noch vertretbar sein.

wenn er (bzw. hier T als für die W-GmbH handelndes Organ) die darunter stehende
Führungsebene, also die leitenden Angestellten, ordnungsgemäß ausgewählt und
überwacht hat, wobei bei entsprechender Qualifikation ein Minimum an Überwachung genügt.[7] Darauf, ob die Arbeitnehmer, die die unerlaubte Handlung begangen
haben, von der darüber stehenden Hierarchieebene ordnungsgemäß ausgewählt und
überwacht worden sind, soll es danach nicht ankommen. Dafür spricht, dass es dem
Inhaber eines Großbetriebes nicht möglich ist, jeden einzelnen Arbeitnehmer selbst
auszuwählen und zu überwachen. Es könnte sonst zu einer uferlosen Haftung des
Betriebsinhabers für alle von seinen Arbeitnehmern begangenen Delikte kommen.
Folglich genügt es hier für die Exkulpation, dass der Geschäftsführer der W-GmbH
den L ordnungsgemäß ausgewählt hat. Eine laufende Überwachung des L war aufgrund dessen Qualifikation nicht geboten, so dass die bloße Prüfung der turnusmäßigen Berichte des L zur Erfüllung der verbleibenden Rest-Überwachungspflicht
genügt.

> **Zur Vertiefung:**
> Die Möglichkeit des dezentralisierten Entlastungsbeweises ist in der Litera
> tur auf Kritik gestoßen, weil sie zu einer Aushöhlung des § 831 Abs. 1 BGB
> bei größeren Unternehmen führt.[8] Aber auch wenn man für die Entlastung
> verlangt, dass der Arbeitnehmer, der die unerlaubte Handlung begangen
> hat, ordnungsgemäß ausgewählt und überwacht worden ist, kommt man im
> vorliegenden Fall zur Exkulpation der W-GmbH. J und A wurden sorgfäl
> tig ausgesucht, haben seit Jahren bis zu diesem Vorfall sorgfältig gearbeitet
> und wurden stets ordnungsgemäß von L überwacht. Insofern konnte man die
> Frage an dieser Stelle auch offenlassen.
>   Die Entlastung des Betriebsinhabers durch die Möglichkeit des dezentra
> lisierten Entlastungsbeweises hat die Rechtsprechung durch die Ausweitung
> von auch für die Außenhaftung nach § 823 Abs. 1 BGB relevanten Organisa
> tionspflichten wieder beseitigt (dazu noch unten Rn. 20, 27).

Ein Anspruch des D gegen die W-GmbH aus § 831 Abs. 1 BGB besteht damit nicht.

2. Anspruch aus § 823 Abs. 1 i.V.m. § 31 BGB

15   Auch eine Haftung der W-GmbH für eine unerlaubte Handlung des L oder T, die
ihr gem. § 31 BGB zugerechnet werden könnte, kommt nicht in Betracht, da, wie
bereits gezeigt, weder L noch T haften.

---

[7] BGHZ 4, 1, 2 f.

[8] Vgl. *Larenz/Canaris* SchuldR II/2, § 79 III 3 b (S. 482); Erman/*Wilhelmi* § 831 Rn. 21.

1. Abwandlung

A) Ansprüche des D gegen J und A

An der Haftung von J und A gegenüber D ändert sich nichts.   **16**

B) Ansprüche des D gegen L

I. Anspruch aus § 831 BGB

Ein Anspruch von D gegen L kommt auch in der Abwandlung nicht in Betracht,   **17**
weil, wie gezeigt (Rn. 9), L nicht Geschäftsherr von A und J ist und auch § 831
Abs. 2 BGB nicht anwendbar ist.

II. Anspruch aus § 823 Abs. 1 BGB

Möglicherweise hat D gegen L aber einen Anspruch auf Schadensersatz aus § 823   **18**
Abs. 1 BGB.

1. Tatbestand

Eine Verletzung des Körpers und der Gesundheit des D liegt vor. Fraglich ist, ob   **19**
diese durch eine zurechenbare Verletzungshandlung des L verursacht wurde. Die
Verletzungshandlung könnte hier in der mangelhaften Überwachung von A und J
durch L liegen. A und J waren bereits in der Vergangenheit durch Trunkenheit am
Arbeitsplatz und dadurch bedingte Unachtsamkeit im Umgang mit Werkzeugen
aufgefallen. Obwohl L dies bekannt war, hat er sie nicht überwacht und zur Änderung ihres Verhaltens aufgefordert. Hätte L den A und den J verstärkt überwacht
und auch an dem Tag, an dem der Unfall passierte, kontrolliert, wäre es mit hoher
Wahrscheinlichkeit nicht zu dem Unfall gekommen. Insofern ist die haftungsbegründende Kausalität der unzureichenden Überwachung für die Rechtsgutverletzung zu bejahen.

Allerdings ist ein Erfolg in dem Fall, dass das Verletzungsverhalten in einem   **20**
Unterlassen besteht oder den Erfolg nur mittelbar herbeigeführt hat, dem Handelnden nur dann zurechenbar, wenn er eine Verkehrssicherungspflicht verletzt hat. Dies
erscheint insofern fraglich, als sich die Pflicht zur Überwachung der Arbeitnehmer
grundsätzlich gegen den Unternehmensträger richtet (also die W-GmbH als juristische Person), nicht gegen andere Arbeitnehmer. Insbesondere leitende Angestellte
mit Kontrollaufgaben können aber auch im Verhältnis zu Dritten wirkende Verkehrssicherungspflichten treffen,[9] so dass sie bei deren Verletzung wegen **Organisationsverschuldens** gem. § 823 Abs. 1 BGB haften.[10] Hier ist L Betriebsleiter der

---

[9] *Schwarze* in Otto/Schwarze/Krause, Die Haftung des Arbeitnehmers, 4. Aufl. 2014, § 16 Rn. 16.
[10] MüKo/*Wagner* § 831 Rn. 53 a.E.

Leverkusener Produktionsstätte. Die W-GmbH hat ihm die Personalverantwortung für die dort Beschäftigten übertragen. Auch der Verkehr erwartet, dass ein Betriebsleiter für den von ihm geleiteten Betrieb verantwortlich zeichnet. Daher hat L hier gegen eine ihn treffende Verkehrssicherungspflicht verstoßen und den Tatbestand des § 823 Abs. 1 BGB verwirklicht.

> Es erscheint vertretbar, eine Außenhaftung des L mit der Begründung abzulehnen, dass ihn die Pflicht zur Überwachung der Arbeitnehmer allein im Innenverhältnis zur W-GmbH treffe, nicht aber im Außenverhältnis. Dadurch, dass die Verletzung von Organisationspflichten zum Anknüpfungspunkt für eine Außenhaftung leitender Angestellter nach § 823 Abs. 1 BGB genommen wird, wird das Ergebnis, das früher über die Anwendung von § 831 Abs. 2 BGB auch auf leitende Angestellte erreicht wurde,[11] auf anderem Wege wiederhergestellt.

2. Rechtswidrigkeit

21   Die nach h.M. bei Unterlassungen und mittelbaren Rechtsgutverletzungen nicht indizierte Rechtswidrigkeit ist aufgrund der bereits bejahten Verletzung der Verkehrssicherungspflicht gegeben.

3. Verschulden

22   L hat gegen die Verkehrssicherungspflicht fahrlässig verstoßen und dadurch die Rechtsgutverletzung des D fahrlässig (§ 276 Abs. 2 BGB) herbeigeführt.

4. Schaden, haftungsausfüllende Kausalität, Mitverschulden; Ergebnis

23   Wie bereits oben ausgeführt (Rn. 4), hat D durch die Körperverletzung Schmerzen erlitten, so dass er gem. § 253 Abs. 2 BGB ein angemessenes Schmerzensgeld verlangen kann; außerdem kann er gem. § 249 Abs. 2 BGB Ersatz seiner Heilbehandlungskosten verlangen. Da D den Betrieb unbefugt trotz eines den Zutritt verbietenden Schildes betreten hat, ist auch hier gem. § 254 Abs. 1 BGB ein Mitverschulden zu berücksichtigen, das mit 50 % zu bewerten ist.

D kann also von L Ersatz der um seinen Mitverschuldensanteil geminderten Heilbehandlungskosten sowie ein angemessenes Schmerzensgeld verlangen.

III. Anspruch aus § 823 Abs. 2 BGB i.V.m. § 229 StGB

24   Der Schadensersatzanspruch des D gegen L könnte sich auch aus § 823 Abs. 2 BGB i.V.m. § 229 StGB ergeben.

Dazu müsste L gegen das Schutzgesetz des § 229 StGB verstoßen, also eine fahrlässige Körperverletzung begangen haben. Insofern gelten die Ausführungen

---

[11] S.o. Fn. 3.

zu § 823 Abs. 1 BGB entsprechend: Die unzureichende Überwachung von A und J durch L war kausal für die eingetretene Körper- und Gesundheitsverletzung des D. Die zivilrechtliche Verkehrssicherungspflicht des L für den von ihm geleiteten Organisationskreis begründet auch strafrechtlich eine Garantenpflicht (§ 13 StGB).[12] A und J haben objektiv sorgfaltswidrig gehandelt und hätten die Verletzung des L voraussehen können, so dass sie objektiv fahrlässig gehandelt haben. Rechtswidrigkeit und Schuld sind gegeben. Damit liegt ein Verstoß gegen das Schutzgesetz vor.

Im Hinblick auf den Umfang des Anspruchs gilt das Gleiche wie für den Anspruch aus § 823 Abs. 1 BGB (s.o. Rn. 23). D kann also auch aus § 823 Abs. 2 BGB i.V.m. § 229 StGB von L Ersatz der um seinen Mitverschuldensanteil geminderten Heilbehandlungskosten sowie ein angemessenes Schmerzensgeld verlangen.

C) Ansprüche des D gegen T

Fraglich ist, ob D einen Anspruch gegen T aus § 823 Abs. 1 BGB herleiten kann. Dazu müsste T als Geschäftsführer der W-GmbH den Tatbestand des § 823 Abs. 1 BGB verwirklicht haben. Da T selbst mit D gar nicht in Kontakt getreten ist, kommt lediglich eine Haftung wegen Verkehrssicherungspflichtverletzung in Betracht. Eine derartige Außenhaftung des GmbH-Geschäftsführers ist zwar möglich.[13] Da die Verkehrssicherungspflicht jedoch grundsätzlich die juristische Person und nicht ihre Organe trifft, muss die persönliche Außenhaftung des Geschäftsführers auf Sonderfälle begrenzt bleiben, in denen der Geschäftsführer die betreffenden Verkehrs- oder Organisationspflichten als eigene übernommen oder aufgrund besonderer Umstände eine Art persönlicher Garantstellung gegenüber dem geschädigten Dritten übernommen hat.[14] Hier hatte die W-GmbH als Betriebsleiter den L eingesetzt. Für T gab es keinen Grund, dessen Fähigkeiten anzuzweifeln. Insofern hat T in Bezug auf die Leverkusener Betriebsstätte keine eigenen Verkehrssicherungspflichten verletzt. Eine Außenhaftung des T scheidet aus.

25

D) Ansprüche des D gegen die W-GmbH

I. Haftung aus § 831 Abs. 1 BGB

In Bezug auf die Haftung der W-GmbH gegenüber D aus § 831 Abs. 1 BGB ändert sich bei Anwendung der Grundsätze über den dezentralisierten Entlastungsbeweis nichts gegenüber dem Ausgangsfall. Zwar liegen Delikte von A und J als Verrichtungsgehilfen der W-GmbH vor. In Bezug auf L erscheint es bereits zweifelhaft, ob er als Leiter der Produktionsstätte überhaupt Verrichtungsgehilfe der W-GmbH

26

---

[12] Vgl. MüKo-StGB/*Freund*, 3. Aufl. 2017, § 13 Rn. 116 f.

[13] Vgl. BGHZ 109, 297, 303 (Baustoff II).

[14] So MüKo-GmbHG/*Fleischer*, 2. Aufl. 2016, § 43 Rn. 351; ganz ähnlich Lutter/Hommelhoff/ *Kleindieck* GmbHG, 19. Aufl. 2016, § 43 Rn. 87.

ist.[15] Jedoch genügt es zur Exkulpation, dass die W-GmbH im Rahmen von § 831 Abs. 1 S. 2 BGB beweisen kann, dass sie den L als Betriebsleiter sorgfältig ausgewählt hat und im Rahmen der noch verbleibenden Rest-Überwachungspflicht die turnusmäßigen Berichte des L zur Kenntnis genommen hat (s.o. Rn. 14). Insofern scheidet eine Haftung der W-GmbH aus § 831 Abs. 1 BGB wiederum aus.

II. Haftung aus § 823 Abs. 1 i.V.m. § 31 BGB analog

27 Fraglich ist jedoch, ob die W-GmbH dem D wegen des Fehlverhaltens des L gem. § 823 Abs. 1 i.V.m. § 31 BGB analog auf Schadensersatz haftet. Da die Gesellschaft selbst nicht handeln kann, ist Voraussetzung dafür, dass sie sich das Handeln des L zurechnen lassen muss. Nach § 31 BGB haftet der Verein für die zum Schadensersatz verpflichtenden Handlungen seiner Organe. Diese Norm gilt entsprechend für sämtliche juristischen Personen, so dass auch das Verhalten des GmbH-Geschäftsführers gem. § 31 BGB der GmbH zurechenbar ist.[16] Hier geht es allerdings nicht um die Zurechnung des Verhaltens des Geschäftsführers, sondern eines leitenden Angestellten, der keine Organqualität hat. Jedoch wird der in § 31 BGB genannte Begriff des „verfassungsmäßig berufenen Vertreters" sehr weit ausgelegt. Er erfasst auch Vertreter mit selbständiger Stellung und eigener Entscheidungsbefugnis.[17] Hier ist L selbständiger Leiter der Produktionsstätte in Leverkusen. Er entscheidet über die Vorgänge in der Produktionsstätte weitgehend eigenständig. Insofern ist er als verfassungsmäßig berufener Vertreter i.S.d. § 31 BGB anzusehen. Daher ist der W-GmbH das Handeln und Verschulden des L analog § 31 BGB zuzurechnen, und zwar ohne Exkulpationsmöglichkeit.

Zur Vertiefung:
§ 31 BGB ist auf den Verein (als Grundform der juristischen Person) und analog auf sämtliche juristischen Personen (z. B. AG, GmbH, Genossenschaft, juristische Personen des öffentlichen Rechts) und Personengesellschaften anzuwenden.[18] Die Ausdehnung des § 31 BGB auch auf leitende Angestellte schließt die Lücken, die durch die restriktive Anwendung des § 831 BGB und die Zulässigkeit des dezentralisierten Entlastungsbeweises entstehen.
Hier wurde auf eine vollständige Prüfung des Anspruchs verzichtet, weil die Voraussetzungen bereits im Rahmen des Anspruchs gegen L geprüft worden sind. Wäre allein die Haftung der W-GmbH zu prüfen gewesen, wäre im Rahmen der Verletzungshandlung und des Verschuldens analog § 31 BGB auf das Verhalten des L abzustellen gewesen.

---

[15] Leitende Angestellte werden zwar grds. erfasst, sie müssen aber trotzdem weisungsabhängig sein, was hier in Bezug auf L zweifelhaft ist (vgl. Hk-BGB/*Staudinger* § 831 Rn. 7; NK-BGB/ *Katzenmeier* § 831 Rn. 16).

[16] RGZ 163, 21, 28 f.; MüKo/*Arnold* § 31 Rn. 11.

[17] Vgl. BGHZ 24, 200, 212 f.; BGH NJW 1980, 2810, 2811.

[18] Vgl. die Übersicht bei PWW/*Schöpflin* § 31 Rn. 2 m.w.N.

Mithin haftet die W-GmbH gegenüber D im gleichen Umfang wie L gemäß § 823 **28**
Abs. 1 i.V.m. § 31 BGB analog auf Schadensersatz.

In der ersten Abwandlung haften demnach A/J, L und die W-GmbH dem D
auf Schadensersatz. Diese sind Gesamtschuldner gem. §§ 840 Abs. 1, 421
BGB. D kann also zwar den Schadensersatz nur einmal verlangen, sich aber
aussuchen, wen er zu welchen Anteilen in Anspruch nimmt. Der Ausgleich
der Gesamtschuldner im Innenverhältnis erfolgt nach § 426 BGB. Die Haftungsverteilung zwischen Arbeitnehmer und Arbeitgeber bei aus betrieblich
veranlasster Tätigkeit resultierenden Schäden richtet sich hier nach arbeitsrechtlichen Maßstäben: Unter Heranziehung des Rechtsgedankens des § 254
BGB soll der Arbeitnehmer im Innenverhältnis gegenüber dem Arbeitgeber
wegen leichtester Fahrlässigkeit gar nicht haften, bei normaler Fahrlässigkeit
anteilig, bei grober (und gröbster) Fahrlässigkeit grds. voll, wenn nicht wegen
der Höhe des Schadens oder anderer Umstände eine Haftungserleichterung
angemessen ist, bei Vorsatz voll (BAG NJW 2010, 1096 Rn. 17 m.w.N.; NJW
1995, 210, 211). Qualifiziert man das Verhalten von A und J aufgrund ihrer
Alkoholisierung als grob fahrlässig, haften sie im Innenverhältnis grundsätzlich voll (d. h. jeder zu ½). Eine andere Beurteilung könnte aufgrund der möglicherweise im Vergleich zum Gehalt von A/J unverhältnismäßigen Schadenshöhe und der unzureichenden Überwachung angebracht sein. Auf all diese
arbeitsrechtlichen Fragen war hier aber nicht einzugehen.

2. Abwandlung

A) Ansprüche des H gegen A und J

Fraglich ist, ob H von A und J Schadensersatz verlangen kann. Da zwischen den **29**
Beschäftigten eines Betriebs keine vertragliche oder vertragsähnliche Beziehung
besteht, kommen auch hier nur deliktische Schadensersatzansprüche in Betracht.
Die in § 823 Abs. 1 BGB sowie § 823 Abs. 2 BGB i.V.m. § 229 StGB normierten
Voraussetzungen liegen vor (entsprechend der Prüfung oben, Rn. 2 ff., 7, 16).

Allerdings könnte der **Anspruch gem. § 105 Abs. 1 S. 1 SGB VII ausgeschlos-** **30**
sen sein. Dazu müssten Personen durch eine betriebliche Tätigkeit einen Versicherungsfall von Versicherten desselben Betriebs verursacht haben. Versicherungsfälle
sind gem. § 7 Abs. 1 SGB VII Arbeitsunfälle. Arbeitsunfälle sind Unfälle von Versicherten infolge versicherter Tätigkeit (§ 8 Abs. 1 S. 1 SGB VII). Unfälle sind
zeitlich begrenzte, von außen auf den Körper einwirkende Ereignisse, die zu einem
Gesundheitsschaden oder zum Tod führen (§ 8 Abs. 1 S. 2 SGB VII). Beschäftigte
sind gem. § 2 Abs. 1 Nr. 1 SGB VII kraft Gesetzes gesetzlich unfallversichert. Indem
A und J während der Arbeit mit dem Schneidegerät ihren Kollegen H an seiner
Gesundheit verletzt haben, liegt ein Arbeitsunfall und damit ein Versicherungsfall

vor. Der Haftungsausschluss gem. § 105 Abs. 1 S. 1 SGB VII tritt nicht ein, wenn die im Betrieb tätigen Personen den Unfall vorsätzlich herbeigeführt haben. Hier handelten A und J fahrlässig, nicht vorsätzlich. Es liegt auch kein Wegeunfall i.S.d. § 105 Abs. 1 S. 1 a.E. SGB VII vor.

31   Damit ist die Haftung von A und J gem. § 105 Abs. 1 S. 1 SGB VII ausgeschlossen. H hat gegen A und J keine Schadensersatzansprüche aus § 823 Abs. 1 BGB und § 823 Abs. 2 BGB i.V.m. § 229 StGB.

B) Anspruch des H gegen L

32   Auch eine Haftung des L aus § 823 Abs. 1 BGB (s.o. Rn. 18 ff.) scheitert an § 105 Abs. 1 S. 1 SGB VII.

C) Anspruch des H gegen die W-GmbH

33   Die Haftung der W-GmbH nach § 823 Abs. 1 i.V.m. § 31 BGB (s.o. Rn. 27 f.) scheitert daran, dass die W-GmbH als Unternehmer i.S.d. § 104 Abs. 1 SGB VII ebenfalls von Haftungsansprüchen gegenüber H befreit ist.

Zur Vertiefung:
Die Regelungen der §§ 104 ff. SGB VII dienen dem Betriebsfrieden. Erleidet der Arbeitnehmer als Folge von nicht vorsätzlich herbeigeführten Arbeitsunfällen Personenschäden, soll er sich allein an die Berufsgenossenschaft als Solidargemeinschaft wenden können. Damit hat er einen leistungsfähigen Schuldner. Die Beiträge für die Berufsgenossenschaft trägt allein der Arbeitgeber. Obwohl die Unfallversicherung keinen Schmerzensgeldanspruch gewährt, kann der Geschädigte bei Eingreifen der §§ 104 ff. SGB VII von seinem Arbeitgeber oder Arbeitskollegen kein Schmerzensgeld verlangen. Bei vorsätzlichem Handeln bleibt der Anspruch gegen den Schädiger, der dann nicht schutzwürdig ist, bestehen; nach arbeitsrechtlichen Grundsätzen muss sich der Vorsatz aber auch auf den Schaden beziehen. Bei vorsätzlichem und auch bei grob fahrlässigem Handeln (das im vorliegenden Fall gegeben sein dürfte) nimmt die Berufsgenossenschaft bei den Schädigern gem. § 110 SGB VII Regress. Bei einfach fahrlässigem Handeln findet hingegen kein gesetzlicher Forderungsübergang gem. § 116 SGB X statt (§§ 105 Abs. 1 S. 3, 104 Abs. 1 S. 2 SGB VII).

Fall 10

Ausgangsfall

Der fünfjährige Max und der achtjährige Moritz sind Nachbarskinder und wohnen in einem Dorf im Westerwald. An einem Tag in den Sommerferien begleiten Max' Mutter Anna (A) und Moritz' Mutter Olga (O) die beiden auf den Spielplatz. A und O sind beide alleinerziehend und haben das alleinige Sorgerecht für ihre Söhne. Nachdem alle vier eine Viertelstunde gemeinsam auf dem Spielplatz verbracht haben, verabschieden sich beide Mütter, um gemeinsam einkaufen zu gehen. A und O sagen ihren Kindern, diese sollten ruhig weiter auf dem Spielplatz spielen, bis sie (die Mütter) wiederkämen.

Nach einer Dreiviertelstunde wird Max und Moritz das Spielen auf dem Spielplatz zu langweilig. Sie gehen zu einem nahegelegenen Parkplatz, nehmen sich dort Steine und zerkratzen gemeinsam Autos, unter anderem auch den BMW von Berthold (B). B, der wenig später auf dem Parkplatz eintrifft, ist davon wenig amüsiert. Kurz danach kommen A und O zurück. B konfrontiert sie mit dem Geschehen und legt ein paar Tage später eine Rechnung über 1500 € für die fachmännische Reparatur der Schäden vor. B verlangt von Max, Moritz, A und O als Gesamtschuldnern Zahlung dieses Betrages. Die Mütter halten dagegen, ihre Kinder seien zu klein, als dass B gegen sie Ansprüche geltend machen könne. Außerdem scheide eine Haftung deshalb aus, weil – was zutrifft – nicht nachweisbar sei, welches Kind welche Kratzer verursacht habe. Auch die Mütter selbst hafteten nicht, weil man Kinder auch mal eine Stunde allein spielen lassen könne, ohne sie ständig zu kontrollieren. Sonst würden die nie erwachsen. Max und Moritz seien – was zutrifft – normal entwickelt, hätten noch nie etwas Ähnliches gemacht und außerdem hätten sie (die Mütter) den Kindern ja gesagt, dass sie auf dem Spielplatz bleiben sollten. B meint hingegen, so kleine Kinder, vor allem den erst fünfjährigen Max, dürfe man nicht eine Stunde unbeaufsichtigt spielen lassen.

Wie ist die Rechtslage?

© Springer-Verlag GmbH Deutschland, ein Teil von Springer Nature 2019
J. Prütting, B. Scholl, *Die Schuldrechtsklausur II*, Tutorium Jura,
https://doi.org/10.1007/978-3-662-57602-1_10

Fortsetzung

Als ob der Ärger mit den Kindern nicht schon genug wäre, machen A und O jetzt auch noch ihre Pferde Probleme. A und O sind beide begeisterte Reiterinnen und halten beide jeweils ein Pferd. Die Pferde stehen gemeinsam auf einer umzäunten Weide. Als A und O nach ihren Pferden sehen wollen, stellen sie mit Schrecken fest, dass auf der Weide ein schwerverletzter und blutender Mann, Carl (C), liegt. Wie sich herausstellt, ist er über den Zaun der Weide gestiegen und wollte eine Abkürzung über die Weide nehmen, um am Bahnhof noch einen Zug zu erreichen. Wie ein Zeuge beobachtet hat, sind dann beide Pferde auf C losgerannt und haben ihn angegriffen. Es lässt sich nicht mehr klären, welches Pferd den C verletzt hat oder ob es beide gemeinsam waren. Zum Glück überlebt C. Er will aber von A und O seine Behandlungskosten ersetzt bekommen und fordert außerdem ein angemessenes Schmerzensgeld.

A und O halten dem entgegen, eine Haftung scheide schon deshalb aus, weil nicht feststehe, wessen Pferd den C angegriffen habe. Außerdem habe sich überhaupt keine typische Tiergefahr verwirklicht. Vielmehr sei C es selbst schuld, dass er verletzt worden sei, weil er die umzäunte Weide unberechtigt betreten habe. Er solle froh sein, überhaupt noch am Leben zu sein.

Kann C von A und O als Gesamtschuldnern Schadensersatz in Höhe der Behandlungskosten sowie ein angemessenes Schmerzensgeld verlangen?

Lösung Fall 10

▶ Der Ausgangsfall ist den parallelen BGH-Entscheidungen NJW 2009, 1952 und 1954 nachgebildet und betrifft die Haftung des Aufsichtspflichtigen. Die Fortsetzung betrifft die Tierhalterhaftung und orientiert sich an der Entscheidung OLG Koblenz MDR 2013, 406. In beiden Fällen kommt darüber hinaus § 830 BGB zum Tragen, der drei Tatbestände enthält: § 830 Abs. 1 S. 1 BGB betrifft die Mittäterschaft (wie § 25 Abs. 2 StGB; s. Ausgangsfall); § 830 Abs. 2 BGB Anstiftung und Beihilfe (wie §§ 26, 27 StGB); § 830 Abs. 1 S. 2 BGB Fälle von Kausalitätszweifeln bei nicht gemeinschaftlich Handelnden (s. Fortsetzung).

Ausgangsfall

A) Ansprüche des B gegen Moritz

I. Anspruch des B gegen Moritz aus § 823 Abs. 1 BGB

B könnte gegen Moritz einen Anspruch auf Zahlung von 1500 € aus § 823 Abs. 1   **1** BGB haben. Dann müsste Moritz ein Recht oder Rechtsgut des B verletzt haben. Hier liegt in Gestalt der zerkratzten Lackierung eine Verletzung des Eigentums des B am Auto vor. Die Verletzungshandlung liegt im Zerkratzen des Autos mit dem Stein. Problematisch ist jedoch, dass B im Rahmen der haftungsbegründenden Kausalität nicht nachweisen kann, welcher Anteil der Eigentumsverletzung auf das Verhalten des Moritz zurückgeht. Im Rahmen von § 823 Abs. 1 BGB beschränkt sich die Haftung des Schädigers aber im Grundsatz auf den Teil des Schadens, den er durch seinen Tatbeitrag verursacht hat. Eine Haftung auf den Gesamtbetrag lässt sich aus § 823 Abs. 1 BGB nicht herleiten, und selbst einer *pro rata*-Haftung steht der Umstand entgegen, dass der Umfang des Tatbeitrags des Moritz nicht mehr nachweisbar ist.

B kann also von Moritz nicht aus § 823 Abs. 1 BGB Zahlung von 1500 €   **2** verlangen.

Aus dem gleichen Grunde scheidet auch eine Haftung aus § 826 BGB und aus § 823 Abs. 2 BGB i.V.m. § 303 StGB aus. In Bezug auf die letztere Anspruchsgrundlage stellt sich außerdem die Frage, ob sich die Schuldfähigkeit nach strafrechtlichen Grundsätzen richtet[1] (§ 19 StGB – dann schiede die Haftung aus) oder nach Zivilrecht[2] (§ 828 BGB). Es erscheint aber auch

---

[1] MüKo/*Wagner* § 823 Rn. 537 f.; *Medicus* NJW 1967, 355.

[2] Staudinger/*Hager* (2009) § 823 Rn. G 36; NK-BGB/*Katzenmeier* § 823 Rn. 533; h.M.

vertretbar, eine Haftung des Moritz aus § 823 Abs. 1 und § 826 BGB anzunehmen, wenn man wegen der Verschuldensunfähigkeit des Max (§ 828 Abs. 1 BGB) die Grundsätze der mittelbaren Täterschaft anwendet und dem Moritz daher das Handeln des Max zurechnet (vgl. § 25 Abs. 1 Fall 2 StGB; BGH NJW 1972, 40, 41 unter III 2). Dagegen spricht jedoch, dass dem Sachverhalt keine Anhaltspunkte dafür zu entnehmen sind, dass Moritz den Max als Werkzeug zur Verwirklichung der Beschädigungen am Auto eingesetzt hat.

II. Anspruch des B gegen Moritz aus § 830 Abs. 1 S. 1 BGB

3   B könnte gegen Moritz aber einen Anspruch auf Zahlung von 1500 € aus § 830 Abs. 1 S. 1 BGB haben. Für den Fall, dass mehrere durch eine gemeinschaftlich begangene unerlaubte Handlung einen Schaden verursacht haben, ordnet § 830 Abs. 1 S. 1 BGB eine Haftung jedes Beteiligten für den gesamten Schaden an.

1. Rechtswidrige unerlaubte Handlung

4   Moritz und Max haben hier eine rechtswidrige unerlaubte Handlung in Form einer Eigentumsverletzung gem. § 823 Abs. 1 BGB begangen. Dabei sind die Tatbeiträge der möglichen Mittäter gemeinsam zu betrachten, so dass die Anteilszweifel, die eine Haftung jedes einzelnen aus § 823 Abs. 1 BGB ausschließen, im Rahmen des § 830 Abs. 1 S. 1 BGB nicht relevant sind. Zudem ist auch der Tatbestand des § 826 BGB erfüllt.

2. Mittäterschaft

5   Weiterhin müssten sie die Tat gemeinschaftlich begangen haben. Dies entspricht dem strafrechtlichen Begriff der Mittäterschaft (§ 25 Abs. 2 StGB). Die Täter müssen also bewusst und gewollt zur Herbeiführung eines Erfolges zusammenwirken. Hier haben Max und Moritz aufgrund eines gemeinsamen Tatplans die Tat gemeinsam begangen.

3. Verschulden

6   § 830 Abs. 1 S. 1 BGB setzt **Vorsatz** voraus.[3] Dies folgt aus dem Erfordernis mittäterschaftlichen Handelns. Max und Moritz hatten hier den Willen, rechtswidrig andere Autos zu beschädigen, und handelten daher vorsätzlich.

7   Fraglich ist, ob Mittäterschaft auch dann in Betracht kommt, wenn sich unter den gemeinschaftlich Handelnden **Verschuldensunfähige**[4] (§§ 827, 828 BGB) befinden. Die fehlende Verschuldensfähigkeit schließt Mittäterschaft nicht aus, sondern bewirkt allein, dass der verschuldensunfähige Mittäter – vorbehaltlich § 829 BGB – nicht haftet.[5] Den verschuldensfähigen Mittätern wird aber der Tatbeitrag des

---

[3] Palandt/*Sprau* § 830 Rn. 2; *Peifer* SchuldR, § 7 Rn. 6.
[4] Synonyme Begriffe: Deliktsunfähige, Unzurechnungsfähige.
[5] Staudinger/*Eberl-Borges* (2018) § 830 Rn. 62; MüKo/*Wagner* § 830 Rn. 13.

Verschuldensunfähigen zugerechnet. Insofern ist es unschädlich, dass Max hier erst fünf Jahre alt und damit gem. § 828 Abs. 1 BGB verschuldensunfähig ist.

> Stattdessen könnten für Moritz auch die Grundsätze der mittelbaren Täterschaft angewendet werden, s. Kasten vor Rn. 3.

Voraussetzung für die Haftung des Moritz ist also lediglich, dass dieser selbst verschuldensfähig ist. Dies richtet sich für den achtjährigen Moritz nach § 828 Abs. 3 BGB. Moritz ist für den Schaden nicht verantwortlich, wenn er bei der Begehung der schädigenden Handlung nicht die zur Erkenntnis der Verantwortlichkeit erforderliche Einsicht hat. Ein achtjähriges, normal entwickeltes Kind weiß, dass man fremdes Eigentum nicht beschädigen darf und zur Verantwortung gezogen wird, wenn man sich nicht daran hält. Daher hatte Moritz die notwendige individuelle Einsichtsfähigkeit und ist damit verschuldensfähig. **8**

4. Schaden, haftungsausfüllende Kausalität; Ersatzfähigkeit; Ergebnis

Der Schaden liegt in der Beschädigung des Autos, aufgrund derer Reparaturkosten in Höhe von 1500 € entstanden sind. Moritz ist dazu verpflichtet, den vollen durch die mittäterschaftlich begangene unerlaubte Handlung entstandenen Schaden zu ersetzen. Gem. § 830 Abs. 1 S. 1, 249 Abs. 2 BGB kann B von Moritz Zahlung von 1500 € verlangen. **9**

B) Ansprüche des B gegen Max

Deliktische Ansprüche des B gegen den fünfjährigen Max, insbes. auch eine Haftung aus § 830 Abs. 1 S. 1 BGB, scheiden jedenfalls mangels Verschuldens aus, weil Max als Fünfjähriger gem. § 828 Abs. 1 BGB nicht verschuldensfähig ist. Ansatzpunkte für eine ausnahmsweise Ersatzpflicht des Max aus Billigkeitsgründen gem. § 829 BGB bestehen nicht. B kann von Max nicht Zahlung von 1500 € verlangen. **10**

C) Anspruch des B gegen O aus § 832 Abs. 1 BGB

B könnte gegen O einen Anspruch auf Zahlung von 1500 € aus § 832 Abs. 1 BGB haben. **11**

I. Aufsichtspflicht der O; Aufsichtsbedürftigkeit des Moritz

Dazu müsste O kraft Gesetzes zur Führung der Aufsicht über Moritz als aufsichtsbedürftige Person verpflichtet sein. Als Minderjähriger bedarf Moritz der Aufsicht. Als Inhaberin der Personensorge über Moritz ist O gem. §§ 1626, 1631 BGB aufsichtspflichtig. **12**

II. Tatbestandsmäßige rechtswidrige unerlaubte Handlung des Moritz

13   Weiter müsste Moritz als Aufsichtsbedürftiger eine tatbestandsmäßige, rechtswidrige unerlaubte Handlung begangen haben. Wie unter A II geprüft, hat Moritz hier eine tatbestandsmäßige, rechtswidrige unerlaubte Handlung gem. § 830 Abs. 1 S. 1 BGB begangen.

III. Keine Exkulpation der O

14   Gem. § 832 Abs. 1 S. 2 BGB tritt die Ersatzpflicht nicht ein, wenn der Aufsichtspflichtige seiner Aufsichtspflicht genügt oder wenn der Schaden auch bei gehöriger Aufsichtsführung entstanden wäre. O trägt vor, sie habe ihrer Aufsichtspflicht genügt, indem sie Moritz gesagt habe, er solle auf dem Spielplatz bleiben, bis sie zurückkomme. Moritz sei normal entwickelt und habe Ähnliches noch nie getan. Man könne ein Kind auch eine Stunde allein spielen lassen, ohne es ständig zu kontrollieren.

15   Fraglich ist, ob dies ausreicht, um ein Verschulden der O zu verneinen. Kinder im Alter von sieben oder acht Jahren gehen schon zur Schule, legen dazu i.d.R. den Schulweg allein zurück und sind daher selbständiger als Kleinkinder. Sie bedürfen keiner ständigen Überwachung „auf Schritt und Tritt". Selbst eine regelmäßige Kontrolle ist bei normal entwickelten Kindern dieses Alters nicht erforderlich. Kindern im Alter von Moritz muss das Spielen im Freien auch ohne Aufsicht der Eltern gestattet sein, damit sie Neuland entdecken und sich weiterentwickeln können. Es genügt, wenn Eltern sich über das Tun und Treiben ihrer Kinder dieser Altersstufe in groben Zügen einen Überblick verschaffen, sofern kein konkreter Anlass zu besonderer Aufsicht besteht.[6] Demnach stellt es keine Verletzung der Aufsichtspflicht durch O dar, dass diese Moritz eine Stunde (oder auch zwei Stunden) auf dem Spielplatz unbewacht hat spielen lassen mit der Belehrung, den Spielplatz nicht zu verlassen.

IV. Ergebnis

16   Aufgrund der Exkulpation durch O scheidet eine Haftung gem. § 832 Abs. 1 BGB aus.

D) Anspruch des B gegen A aus § 832 Abs. 1 BGB

17   Fraglich ist, ob B gegen A einen Anspruch aus § 832 Abs. 1 BGB auf Zahlung von 1500 € hat.

I. Aufsichtspflicht der A; Aufsichtsbedürftigkeit des Max

18   A ist gem. §§ 1626, 1631 BGB gegenüber ihrem Sohn Max aufsichtspflichtig.

II. Tatbestandsmäßige rechtswidrige unerlaubte Handlung des Max

19   Weiter müsste Max als Aufsichtsbedürftiger eine tatbestandsmäßige, rechtswidrige unerlaubte Handlung begangen haben. Auch Max hat den Tatbestand des § 830

---

[6] Zum Ganzen BGH NJW 2009, 1954 Rn. 13.

Abs. 1 S. 1 BGB verwirklicht und rechtswidrig gehandelt. Insofern gilt das Gleiche wie für Moritz. Zwar ist Max als Fünfjähriger nicht verschuldensfähig, darauf kommt es aber im Rahmen der Haftung des Aufsichtspflichtigen nach § 832 Abs. 1 BGB nicht an.

III. Keine Exkulpation der A

Fraglich ist, ob sich auch A mit denselben Argumenten, die O vorgetragen hat, **20** exkulpieren kann, § 832 Abs. 1 S. 2 BGB. Dazu müsste die insoweit darlegungs- und beweispflichtige A ihrer Aufsichtspflicht genügt haben oder der Schaden auch bei gehöriger Aufsichtsführung entstanden sein. Fraglich ist, ob A ihrer Aufsichts- pflicht genügt hat. Ihr Sohn Max ist mit fünf Jahren noch erheblich jünger als Moritz. Auch vier- oder fünfjährige Kinder dürfen für einen gewissen Zeitraum zum Spielen im Freien ohne unmittelbare Einwirkungsmöglichkeit und Aufsicht gelassen werden. Sie müssen beim Spielen z. B. auf einem Spielplatz nicht auf „Schritt und Tritt" beaufsichtigt werden.[7] Allerdings ist anders als bei Schulkin- dern in diesem Lebensalter eine regelmäßige Kontrolle in kurzen Zeitabständen von höchstens 30 Minuten erforderlich. „Ein längerer Abstand ist bei Berück- sichtigung des kindlichen Spieltriebs und Übermuts sowie des Bewegungs- und Aktionsradius eines fünfjährigen Kindes unter gleichzeitiger Berücksichtigung des in diesem Alter noch gegebenen geringen Verständnisses für das Eigentum Dritter zur Erfüllung der Aufsichtspflicht nicht ausreichend."[8] Damit hat A hier ihre Aufsichtspflicht verletzt. Es ist auch nichts dafür ersichtlich, dass der Schaden auch bei gehöriger Aufsichtsführung entstanden wäre. A hat sich damit nicht exkulpiert.

IV. Schaden, haftungsausfüllende Kausalität, Ersatzfähigkeit; Ergebnis

Der Aufsichtspflichtige hat den Schaden zu ersetzen, den der Aufsichtsbedürftige **21** aus seiner unerlaubten Handlung zu ersetzen hätte.[9] Wenn die Haftung des Max hier nicht wegen § 828 Abs. 1 BGB ausgeschlossen wäre, haftete er gem. § 830 Abs. 1 S. 1 BGB auf Ersatz des vollen am Auto des B verursachten Schadens in Höhe von 1500 €. Insofern ist A gem. § 832 Abs. 1 BGB dem B zum Schadensersatz in dieser Höhe verpflichtet.

E) Ergebnis

B kann von Moritz und von A als Gesamtschuldnern gem. § 840 Abs. 1 BGB Scha- **22** densersatz in Höhe von 1500 € verlangen. Max und O haften nicht.

---

[7] BGH NJW 2009, 1952 Rn. 14.
[8] BGH NJW 2009, 1952 Rn. 16.
[9] Palandt/*Sprau* § 832 Rn. 14.

Exkurs:

B kann sich also im Außenverhältnis sowohl an Moritz als auch an A halten. Die Haftungsverteilung im Innenverhältnis richtet sich hingegen nach § 426 BGB. Danach sind die Gesamtschuldner im Innenverhältnis im Zweifel zu gleichen Teilen verpflichtet. Eine Ausnahme von diesem Grundsatz statuiert § 840 Abs. 2 BGB: Wenn sowohl der Aufsichtspflichtige nach § 832 BGB als auch der Aufsichtsbedürftige haften, soll im Innenverhältnis der Aufsichtsbedürftige als Täter voll haften und der nur aus vermutetem Verschulden haftende Aufsichtspflichtige nicht. Die Norm käme aber hier nur zur Anwendung, wenn A neben Max oder O neben Moritz haftete, die Haftung also sozusagen in derselben Familie gegeben wäre. Im vorliegenden Fall ist es hingegen so, dass A für die Tat ihres Sohnes Max, dieser selbst hingegen nicht haftet. Im Verhältnis zwischen dem Aufsichtspflichtigen eines Kindes und einem anderen Kind gilt § 840 Abs. 2 BGB nicht. Daher muss es im Innenverhältnis bei der hälftigen Teilung zwischen Moritz und A bleiben.

Fortsetzung

A) Anspruch des C gegen A aus § 833 S. 1 BGB

23   C könnte gegen A einen Anspruch aus § 833 S. 1 BGB auf Schadensersatz in Höhe der Behandlungskosten sowie ein angemessenes Schmerzensgeld haben. Nach § 833 S. 1 BGB ist im Falle der Verletzung des Körpers oder der Gesundheit eines Menschen durch ein Tier der Tierhalter verpflichtet, dem Verletzten den daraus entstehenden Schaden zu ersetzen. C ist hier an seinem Körper und seiner Gesundheit verletzt worden. Jedoch setzt die Ersatzpflicht voraus, dass C nachweist, dass es gerade das Pferd der A war, das ihn verletzt hat. Hier ist unklar, ob das Pferd der A oder der O den C verletzt hat. Daher ist dieser Nachweis hier nicht möglich. Folglich scheidet ein Anspruch des C gegen A (allein) aus § 833 BGB aus.

B) Anspruch des C gegen O aus § 833 S. 1 BGB

24   Aus dem gleichen Grunde scheidet auch eine Haftung der O gegenüber C aus § 833 BGB aus.

C) Anspruch des C gegen A und O aus § 830 Abs. 1 S. 2 BGB

25   Möglicherweise haften sowohl A als auch O aber gegenüber C gem. § 830 Abs. 1 S. 2 BGB. Wenn unklar ist, wer von mehreren Beteiligten den Schaden durch seine gefährdende Handlung verursacht hat oder welcher Anteil des Schadens auf mehrere feststehende Verursacher entfällt, überwindet § 830 Abs. 1 S. 2 BGB Beweisschwierigkeiten des Geschädigten bezüglich der haftungsbegründenden Kausalität, indem die Norm die Verantwortlichkeit jedes Beteiligten für den Schaden anordnet.[10]

---

[10] Palandt/*Sprau* § 830 Rn. 7.

Systematischer Hinweis:
Nach der Rspr. und h.M.[11] ist § 830 Abs. 1 S. 2 (ebenso wie Abs. 1 S. 1 und Abs. 2) eine selbständige Anspruchsgrundlage, die auf die Voraussetzung des Nachweises der haftungsbegründenden Kausalität des Verhaltens jedes Beteiligten durch den Geschädigten verzichtet. Dem wird hier gefolgt. Teilweise wird die Norm hingegen als bloße Beweiserleichterung angesehen.[12] Dann wäre hier stattdessen ein Anspruch aus § 833 S. 1 i.V.m. § 830 Abs. 1 S. 2 BGB zu prüfen.

I. Anwendbarkeit

Fraglich ist jedoch, ob § 830 Abs. 1 S. 2 BGB nur auf Tatbestände der Verschuldens- **26** haftung oder auch auf solche der Gefährdungshaftung wie § 833 BGB anwendbar ist. Nach dem Willen des historischen Gesetzgebers war die Norm wohl im Ausgangspunkt auf ein schuldhaftes Verhalten der Beteiligten bezogen.[13] Entscheidend kommt es aber auf den Sinn und Zweck jeder Norm an. Nach seinem Schutzzweck soll § 830 Abs. 1 S. 2 BGB Beweisschwierigkeiten des Geschädigten überwinden, wenn nicht sicher festgestellt werden kann, wer von mehreren beteiligten Tätern, deren Handlungen jede für sich geeignet waren, den Schaden zu verursachen, der eigentliche Schädiger war.[14] Insofern besteht kein wesentlicher Unterschied, ob die Vermutung den ursächlichen Zusammenhang des Schadens mit einem schuldhaften Verhalten eines Einzelnen oder mit einem Zustand betrifft, der dem Einzelnen im Bereich des Schadensersatzrechts als haftungsbegründend zugerechnet wird.[15] Die Beweisschwierigkeiten können auch bei der Tierhalterhaftung bestehen, wenn unklar ist, welches von mehreren Tieren den Schaden herbeigeführt hat. Dann soll es gerechter sein, alle haften zu lassen, die sich an der gemeinsamen Gefährdung in einer ihre Haftung begründenden Weise beteiligt haben, als den Geschädigten leer ausgehen zu lassen. Als den Schaden verursachende Handlung i.S.d. § 830 Abs. 1 S. 2 BGB kommt also auch das Halten eines Tieres in Betracht.[16]

II. Erfüllung des Tatbestands des § 833 BGB mit Ausnahme der haftungsbegründenden Kausalität

Voraussetzung des § 830 Abs. 1 S. 2 BGB ist, dass jeder Beteiligte, abgesehen vom **27** Nachweis der haftungsbegründenden Kausalität, den Tatbestand einer unerlaubten

---

[11] BGHZ 72, 355, 358 = NJW 1979, 544; Jauernig/*Teichmann* § 830 Rn. 1; Hk-BGB/*Staudinger* § 830 Rn. 19; NK-BGB/*Katzenmeier* § 830 Rn. 1.

[12] MüKo/*Wagner* § 830 Rn. 45 f.; *Brox/Walker* SchuldR BT § 51 Rn. 5.

[13] BGH NJW 1971, 509, 510 mit Hinweis auf Mot. II 738; Prot. II 606.

[14] BGH NJW 1971, 509, 510; OLG Koblenz MDR 2013, 406, 407.

[15] BGH NJW 1971, 509, 510.

[16] BGH NJW 1971, 509, 510; VersR 2018, 1013 Rn. 12; OLG München NJW-RR 2012, 1233, 1234.

Handlung erfüllt. Hier ist also zu prüfen, ob bei A und O der Tatbestand des § 833 S. 1 BGB erfüllt ist.

28   Eine **Verletzung von Körper und Gesundheit** des C liegt vor. Diese ist auch **durch ein Tier**, nämlich entweder durch das Pferd der A oder das Pferd der O, verursacht worden. § 833 S. 1 BGB setzt nach seinem Schutzzweck über seinen Wortlaut hinaus weiter voraus, dass sich in der Verletzung des C eine **spezifische Tiergefahr** verwirklicht hat. Die Verletzung muss also auf einem der tierischen Natur entsprechenden unberechenbaren und selbsttätigen Verhalten des Pferdes beruhen.[17] Die typische Tiergefahr verwirklicht sich hingegen nicht, wenn das Tier durch einen Menschen gesteuert wird. § 830 Abs. 1 S. 2 BGB befreit dabei nur von den Kausalitätszweifeln, nicht aber von dem Zweifel, ob einem auf Schadensersatz in Anspruch Genommenen überhaupt eine rechtswidrige Tat zur Last fällt. Bei der Anwendung des § 830 Abs. 1 S. 2 BGB auf die Tierhalterhaftung als Gefährdungshaftung genügt das bloße abstrakt gefährdende Halten eines Tieres nicht als Anknüpfungspunkt, sondern es bedarf einer konkreten Gefährdung, die geeignet ist, den eingetreten Schaden zu verursachen. Es muss sich also in dem Verhalten aller als Schadensverursacher infrage kommenden Tiere eine spezifische Tiergefahr gezeigt haben, und diese spezifische Tiergefahr muss im Hinblick auf den eingetretenen Schaden kausalitätsgeeignet gewesen sein.[18] Hier waren die Pferde allein auf der Weide. Sie sind gemeinsam auf C zugerannt und haben ihn angegriffen. In dem Angriff auf den für sie fremden C, der die Weide überqueren wollte, hat sich demnach für beide Tiere eine typische Tiergefahr verwirklicht. Der Anspruch aus § 833 S. 1 BGB ist gegen den jeweiligen **Tierhalter** gerichtet. A und O sind laut Sachverhalt Tierhalter.[19] Eine **Exkulpationsmöglichkeit** besteht gem. § 833 S. 2 BGB nur dann, wenn die Verletzung durch ein Haustier verursacht wird, das als Nutztier gehalten wird. Reitpferde sind zwar Haustiere, dienen aber nicht dem Beruf, der Erwerbstätigkeit oder dem Unterhalt des Halters. Vielmehr handelt es sich um **Luxustiere**. Damit ist eine Exkulpation nicht möglich.

29   Der Tatbestand des § 833 S. 1 BGB ist damit – bis auf den Nachweis der haftungsbegründenden Kausalität – erfüllt.

Aufbauhinweis:

Es wäre ebenso gut möglich, bereits an dieser Stelle den Schaden und ein Mitverschulden des C zu prüfen (s.u. Rn. 31 f.).

---

[17] BGH NJW 1992, 907; VersR 2018, 1013 Rn. 9.

[18] Zum Ganzen BGH VersR 2018, 1013 Rn. 13 m.w.N. Wäre es also möglich gewesen, dass der Angriff nur durch ein Pferd ausgeübt wurde, während das andere unbeteiligt auf der Weide stand, wäre § 830 Abs. 1 S. 2 BGB nach Auffassung des BGH nicht anwendbar.

[19] Tierhalter ist, wer die Bestimmungsmacht über das Tier hat, aus Eigeninteresse für die Kosten aufkommt, den allgemeinen Nutzen und Wert des Tieres für sich in Anspruch nimmt und das Risiko des Verlustes trägt.

Exkurs:
Was ein Haustier i.S.d. § 833 S. 2 BGB ist, richtet sich nach dem gewöhnlichen Sprachgebrauch. Darunter fallen nur zahme Tiere (z. B. Hund, Katze, Pferd, Schwein, Rind, Geflügel, zahmes Kaninchen), nicht hingegen gezähmte oder in Gehegen gehaltene Wild- oder Zootiere (z. B. Tiger, Affen, Reptilien, Bienen, Spinnen). Entscheidend ist die Verkehrsanschauung in Deutschland, so dass Kamele hierzulande nicht als Haustiere anzusehen sind (OLG Stuttgart, Urt. v. 7.6.2018 - 13 U 194/17, BeckRS 2018, 16107). Eine Exkulpation ist nur möglich, wenn das Tier dem Beruf, der Erwerbstätigkeit oder dem Unterhalt zu dienen bestimmt ist (i.d.R. Kuh, Schwein, Huhn; andere Tiere wie Hunde und Pferde werden sowohl als Nutz- als auch als Luxustiere genutzt; Nutztier sind z. B. der Wachhund des Bauern, Jagdhund des Försters, Polizeihund, Blindenhund, vgl. BGH NJW-RR 2017, 726 Rn. 11, 13).

III. Gewissheit der Schadensverursachung durch einen der Beteiligten; Ungewissheit des Verursachers

Hier ist sicher, dass entweder das Pferd der A oder das Pferd der O den C bei dem **30** Angriff verletzt hat, so dass entweder A oder O dem Grunde nach gem. § 833 S. 1 BGB haften. Es steht aber nicht fest, welches der Pferde die Verletzung verursacht hat.

Exkurs:
Hingegen ist § 830 Abs. 1 S. 2 BGB nicht anwendbar, wenn die Haftung eines Beteiligten feststeht und nur unklar ist, ob darüber hinaus ein zweiter Beteiligter haftet. *Beispiel*: Autofahrer A überfährt Fußgänger F. Danach wird der auf der Straße liegende F noch von Autofahrer B überfahren. F stirbt. Es ist unklar, ob F auch allein aufgrund der von A zugefügten Verletzungen verstorben wäre, wenn B ihn nicht überfahren hätte. Hier steht die Haftung des A für den Tod des F fest, weil A für alle Folgeschäden aufkommen muss und er mit dem erstmaligen Überfahren die Gefahr geschaffen hat, dass F von weiteren Autos überrollt wird. Die bloße Ungewissheit, ob zusätzlich B verantwortlich ist, reicht nach h.M. für die Anwendung von § 830 Abs. 1 S. 2 BGB für den Anspruch der Erben des F gegen B nicht aus (Palandt/*Sprau* § 830 Rn. 8 m.w.N.).

IV. Schaden, haftungsausfüllende Kausalität, Ersatzfähigkeit

Aufgrund seiner Verletzung sind dem C Heilbehandlungskosten entstanden. Diese **31** sind gem. § 249 Abs. 2 BGB ersatzfähig. Außerdem hat er Schmerzen erlitten, derentwegen gem. § 253 Abs. 2 BGB grundsätzlich ein Schmerzensgeld gefordert werden kann.[20] Grundsätzlich haften A und O gem. §§ 830 Abs. 1 S. 2, 840 Abs. 1 BGB dafür gesamtschuldnerisch.

V. Mitverschulden, § 254 BGB

Möglicherweise ist die Haftung aber wegen Mitverschuldens des C gem. § 254 **32** Abs. 1 BGB gemindert oder gänzlich ausgeschlossen. C ist hier über einen Zaun gestiegen, um eine fremde Weide zu betreten und sie unberechtigt zu überqueren. Irgendwelche Vorsichtsmaßnahmen hat er dazu nicht ergriffen. Es hätte ihm bekannt sein müssen, dass man das Verhalten und die Reaktionen fremder Pferde

---

[20] Das Mitverschulden, das sogleich geprüft wird, ist dabei ein Bemessungsfaktor für das Schmerzensgeld; es wird nicht erst ein angemessener Betrag ermittelt und davon eine Mitverschuldensquote abgezogen, s. Fall 1 Rn. 11.

auf Menschen nicht einschätzen kann. A und O als Tierhalter hatten alle notwendigen Sicherungsmaßnahmen ergriffen, indem sie die Pferde auf einer umzäunten Weide hielten. Die Verletzung ist in erster Linie durch das selbstgefährdende Betreten der Weide durch C eingetreten, durch das sich C Angriffs- und Verteidigungsbewegungen der Pferde aussetzte. Dieses Fehlverhalten des C ist so schwerwiegend, dass daneben die von den Pferden ausgehende tiertypische Gefahr nicht mehr ins Gewicht fällt. Es ist daher ein Mitverschulden des C von 100 % anzunehmen, das die Haftung von A und O sowohl im Hinblick auf den Ersatz der Heilbehandlungskosten als auch in Bezug auf ein Schmerzensgeld vollständig ausschließt.

VI. Ergebnis

33 Damit kann C auch nicht gem. § 830 Abs. 1 S. 2 BGB von A und O Schadensersatz und Schmerzensgeld verlangen.

Fall 11

Ausgangsfall

Autofahrer Alt (A) macht einen Ausflug in die Eifel. Als er mit seinem VW Golf an einer Kreuzung auf eine vorfahrtsberechtigte Landstraße nach rechts abbiegen will, übersieht er das auf dieser Landstraße fahrende, von links kommende Fahrzeug des Schnell (S), so dass es zu einem Zusammenstoß kommt. Bei der Untersuchung des Unfalles stellt sich heraus, dass S mit mindestens 85 km/h statt der an dieser Stelle erlaubten 70 km/h unterwegs war.

Bei dem Unfall werden beide Fahrzeuge beschädigt. Besonders betroffen ist der acht Jahre alte Mercedes des S. Ein Sachverständiger ermittelt, dass die Kosten für eine Reparatur 19.000 € betragen. Günstiger wäre es, das Wrack, das noch einen Restwert von 3000 € hat, zu verkaufen und für 16.000 € ein gleichwertiges gebrauchtes Fahrzeug zu beschaffen. Den merkantilen Minderwert (also den Minderwert, der darauf beruht, dass der Wiederverkaufswert des Wagens trotz einer Reparatur aufgrund des Unfallschadens gemindert ist) bemisst der Sachverständige auf 750 €. S entschließt sich dazu, seinen Wagen für 19.000 € reparieren zu lassen und ihn danach weiterzunutzen. Die fachgerechte Reparatur dauert zwei Wochen. Während dieser Zeit mietet S keinen Mietwagen an, sondern fährt mit dem Bus.

S verlangt von A Zahlung von 21.001 €, nämlich:

- Zahlung der Reparaturkosten in Höhe von 19.000 €;
- Ersatz des merkantilen Minderwertes in Höhe von 750 €;
- Zahlung von Nutzungsausfall für die Zeit der Reparatur, den er zutreffend nach der Tabelle von *Sanden/Danner/Küppersbusch* berechnet, in Höhe von 59 € für 14 Tage, insgesamt also 14 · 59 € = 826 €;
- Bezahlung des Sachverständigengutachtens in Höhe von 400 €;
- eine Kostenpauschale (für mit dem Unfall zusammenhängende Telefon-, Porto- und Fahrtkosten) in Höhe von 25 €.

© Springer-Verlag GmbH Deutschland, ein Teil von Springer Nature 2019
J. Prütting, B. Scholl, *Die Schuldrechtsklausur II*, Tutorium Jura,
https://doi.org/10.1007/978-3-662-57602-1_11

Zu Recht? A entgegnet, es handele sich um einen Totalschaden, so dass er allenfalls die Kosten für die Beschaffung eines Ersatzfahrzeugs abzüglich des Restwertes, also 13.000 € zahlen müsse. Außerdem habe S den Unfall durch sein zu schnelles Fahren selbst verschuldet.

Das Fahrzeug des A, das einen Wiederbeschaffungswert von 12.000 € hat, ist nicht so schwer beschädigt wie das des S. Laut Sachverständigengutachten kostet eine Reparatur nur 2000 € zzgl. Umsatzsteuer, insgesamt 2380 €. A entschließt sich, den Wagen nicht in einer Fachwerkstatt, sondern von einem Freund reparieren zu lassen. Dieser verlangt für die Reparatur nur 1000 €; Umsatzsteuer fällt nicht an.

A will wissen, ob und ggf. in welcher Höhe er wegen des Schadens am Wagen bzw. der Reparatur Ansprüche gegen S hat. (Auf sonstige Schadenspositionen ist nicht einzugehen.)

Fortsetzung

Auch die Frau des Alt (F) hat wenig Glück im Straßenverkehr. Auf dem Weg zum Supermarkt fährt sie mit ihrem Wagen unter Einhaltung aller Verkehrsregeln, insbesondere unter Beachtung der Höchstgeschwindigkeit, an einigen parkenden Autos vorbei. Plötzlich und für F nicht erkennbar läuft die achtjährige Clara (C), aus der Lücke zwischen zwei parkenden Autos kommend, auf die Straße. Obwohl F noch eine Vollbremsung einleitet, kann sie den Unfall nicht vermeiden. C wird verletzt und muss im Krankenhaus behandelt werden. C verlangt, vertreten durch ihre Eltern, von F Ersatz der Kosten der Heilbehandlung sowie ein angemessenes Schmerzensgeld. Zu Recht? F meint, ein solcher Anspruch sei ausgeschlossen, weil sie sämtliche Verkehrsregeln beachtet habe und C es gewesen sei, die unter Verstoß gegen die Straßenverkehrsordnung auf die Straße gelaufen sei.

Zusatzfrage: Kann C auch direkt den Haftpflichtversicherer der F in Anspruch nehmen?

Bearbeiterhinweis:
Auf die Höhe der Heilbehandlungskosten und des Schmerzensgeldes ist nicht einzugehen.

Textauszug VVG: § 115 Direktanspruch. (1) ¹Der Dritte kann seinen Anspruch auf Schadensersatz auch gegen den Versicherer geltend machen,

1. wenn es sich um eine Haftpflichtversicherung zur Erfüllung einer nach dem Pflichtversicherungsgesetz bestehenden Versicherungspflicht handelt [...]

Textauszug PflVG: § 1 [Versicherungspflicht]. Der Halter eines Kraftfahrzeugs oder Anhängers mit regelmäßigem Standort im Inland ist verpflichtet, für sich, den Eigentümer und den Fahrer eine Haftpflichtversicherung zur Deckung der durch den Gebrauch des Fahrzeugs verursachten Personenschäden, Sachschäden und sonstigen Vermögensschäden nach den folgenden Vorschriften abzuschließen und aufrechtzuerhalten, wenn das Fahrzeug auf öffentlichen Wegen oder Plätzen (§ 1 des Straßenverkehrsgesetzes) verwendet wird.

Lösung Fall 11

▶ Dieser Fall behandelt die praktischen Probleme, die mit einem Verkehrsunfall verbunden sind. Es geht vor allem um die Haftung nach §§ 7, 18 StVG und die Ersatzfähigkeit typischer Schadenspositionen. Die Abwandlung betrifft die Haftung von Kindern im Straßenverkehr (dazu auch noch Fall 30).

Ausgangsfall

A) Ansprüche des S gegen A

I. Anspruch aus § 7 Abs. 1 StVG

S könnte gegen A einen Anspruch auf Schadensersatz in Höhe von 21.001 € aus § 7 Abs. 1 StVG haben (Halterhaftung).   **1**

1. A als Halter eines Kraftfahrzeuges

Dazu müsste A als Anspruchsverpflichteter zunächst Halter eines Kraftfahrzeuges sein. Halter ist, wer das Kfz nicht nur vorübergehend für eigene Rechnung in Gebrauch hat und die tatsächliche Verfügungsgewalt über das Kfz besitzt. Laut Sachverhalt fuhr A hier mit „seinem" VW Golf. Daher ist davon auszugehen, dass er Halter des Fahrzeuges ist.   **2**

Exkurs:
Die Haltereigenschaft ist von der Frage, wer Eigentümer ist und auf wen das Fahrzeug zugelassen ist, zu trennen. Stellt also der Vater seiner studierenden Tochter ein Fahrzeug zur Verfügung, das letztere für sich nutzt und dessen Kosten sie auch trägt, so ist die Tochter auch dann Halterin, wenn das Fahrzeug nach wie vor im Eigentum des Vaters steht, auf diesen zugelassen ist und von diesem versichert wird.

2. Rechtsverletzung

Es müsste ein Mensch getötet, der Körper oder die Gesundheit eines Menschen verletzt oder eine Sache beschädigt worden sein. Hier liegt eine Beschädigung einer Sache, nämlich des Fahrzeugs des S, vor.   **3**

3. Betrieb des Kfz und Kausalität zwischen Betrieb und Rechtsverletzung

Weitere Voraussetzung ist, dass der Schaden an dem Fahrzeug des S „bei dem Betrieb" eines Kfz entstanden ist. Dieser Begriff ist weit zu verstehen.[1] Kraftfahrzeuge sind   **4**

---

[1] Zuletzt BGH NJW 2016, 1162 Rn. 11; 2013, 1679 Rn. 15 m.w.N.

im Betrieb, wenn sie sich im Verkehr befinden und andere Verkehrsteilnehmer gefährden (sog. verkehrstechnische Auffassung).[2] Dies war vorliegend der Fall. In dem Unfall haben sich die betriebstypischen Gefahren des Kfz realisiert, so dass der Betrieb des Fahrzeugs adäquat kausal für den Unfall war.

Exkurs:
Problematisch wird die Frage, ob der Schaden „bei dem Betrieb" des Kfz entstanden ist, etwa bei parkenden Fahrzeugen. Nach der Rspr. des BGH kann auch ein ordnungsgemäß parkendes Auto noch in Betrieb sein (BGHZ 199, 377 = NJW 2014, 1182; *König* in Hentschel/König/Dauer, Straßenverkehrsrecht, 44. Aufl. 2017, § 7 StVG Rn. 5). Für die Zurechnung der Betriebsgefahr kommt es dann darauf an, ob der Unfall in einem nahen örtlichen und zeitlichen Kausalzusammenhang mit einem bestimmten Betriebsvorgang oder einer bestimmten Betriebseinrichtung des Kfz als einer der Fortbewegung und dem Transport dienenden Maschine steht (BGHZ 199, 377; NJW 2016, 1162 Rn. 11). Dieser Zusammenhang ist etwa zu bejahen, wenn ein parkendes Kfz wegen eines technischen Defekts einer Betriebseinrichtung dieses Fahrzeugs zu brennen beginnt und jemand dadurch verletzt wird (BGHZ 199, 377). Hingegen fehlt es daran, wenn z. B. ein Pkw durch einen Dritten in Brand gesetzt wird und das Feuer auf ein anderes Fahrzeug übergreift (BGH NJW-RR 2008, 764). Ein Traktor ist (auch bei laufendem Motor) nicht „in Betrieb", wenn er als reine Arbeitsmaschine verwendet wird und die Fortbewegungs- und Transportfunktion keine Rolle spielt (BGH NJW 2015, 1682 Rn. 6 m.w.N.).

Dass der Schaden „bei dem Betrieb" eines Kfz entsteht, setzt nicht voraus, dass es zu einer Berührung mit dem Geschädigten gekommen ist. Demgemäß kann selbst ein Unfall infolge einer voreiligen – also objektiv nicht erforderlichen – Abwehr- oder Ausweichreaktion dem Betrieb des Kraftfahrzeugs zugerechnet werden, das diese Reaktion ausgelöst hat (BGH NJW 2005, 2081; 2010, 3713); die bloße Anwesenheit am Unfallort genügt aber nicht (BGH NJW 2017, 1173 Rn. 14).

4. Keine höhere Gewalt nach § 7 Abs. 2 StVG

5 Die Haftung darf nicht nach § 7 Abs. 2 StVG ausgeschlossen sein. Danach ist die Haftung ausgeschlossen, wenn der Unfall durch höhere Gewalt verursacht wird. Höhere Gewalt kommt nur bei verkehrsfremden Ereignissen in Betracht. Bei einem typischen Verkehrsunfall wie hier scheidet höhere Gewalt offensichtlich aus.

> Zum Begriff der höheren Gewalt noch unten bei Rn. 47. – Weitere Haftungsausschlüsse, die hier nicht einschlägig sind, sind in § 8 StVG geregelt.

5. Haftungsverteilung nach § 17 StVG

a) Anwendbarkeit

6 Wenn der Schaden durch mehrere Kraftfahrzeuge, deren Halter einander dem Grunde nach gem. § 7 StVG haften, verursacht wird, richtet sich das Verhältnis, in dem die Halter einander zum Ersatz verpflichtet sind, allein nach § 17 StVG. Wenn es sich nicht um ein – für einen oder beide Halter – unabwendbares Ereignis handelt

---

[2] *Burmann*/Heß/Hühnermann/Jahnke/Janker, StVG, 24. Aufl. 2016, § 7 Rn. 7; *Dörr* MDR 2011, 1083, 1085; vgl. BGHZ 105, 65, 66 f.; BGH NJW 2015, 1681 Rn. 5. Nach der heute überholten Gegenauffassung („maschinentechnische Auffassung") ist das Fahrzeug hingegen in Betrieb, solange der Motor das Kfz oder eine seiner Betriebseinrichtungen bewegt.

(§ 17 Abs. 3 StVG), wird die Haftungsquote durch Abwägung nach § 17 Abs. 2 i.V.m. Abs. 1 StVG ermittelt.

Zu prüfen ist, ob auch S dem Grunde nach gem. § 7 Abs. 1 StVG haftet. S ist **7** Halter des Mercedes, und der Unfall ist beim Betrieb dieses Fahrzeugs eingetreten. Ein Ausschluss des Anspruchs durch höhere Gewalt nach § 7 Abs. 2 StVG kommt nicht in Betracht. Demnach haftet auch S nach § 7 Abs. 1 StVG, so dass § 17 StVG anwendbar ist.

b) Kein unabwendbares Ereignis nach § 17 Abs. 3 StVG

Nach § 17 Abs. 3 StVG ist die Haftung des Halters ausgeschlossen, wenn der Unfall **8** durch ein unabwendbares Ereignis verursacht wird, das weder auf einem Fehler in der Beschaffenheit des Fahrzeugs noch auf einem Versagen seiner Vorrichtungen beruht. Als unabwendbar gilt ein Ereignis nach § 17 Abs. 3 S. 2 StVG nur dann, wenn sowohl der Halter als auch der Führer des Fahrzeugs jede nach den Umständen des Falles gebotene Sorgfalt beobachtet hat.

Fraglich ist zunächst, ob ein für A unabwendbares Ereignis vorliegt. Hier hat A den **9** Unfall dadurch verursacht, dass er die Vorfahrt des S nicht beachtet hat. Insofern liegt für ihn ein unabwendbares Ereignis nicht vor. Fraglich ist sodann, ob ein für S unabwendbares Ereignis vorliegt. Hier hat S eine Geschwindigkeitsbeschränkung nicht eingehalten und damit nicht jede nach den Umständen des Falles gebotene Sorgfalt beobachtet (§ 17 Abs. 3 S. 2 StVG). Ein für S unabwendbares Ereignis liegt ebenfalls nicht vor. Für beide Halter ist die Haftung nicht nach § 17 Abs. 3 StVG ausgeschlossen.

Exkurs:
Die Voraussetzungen für ein unabwendbares Ereignis sind zwar nicht so streng wie für höhere Gewalt, allerdings verlangt die Rechtsprechung auch hier die Einhaltung der äußerst möglichen Sorgfalt. Bloßes Vertrauen darauf, dass die übrigen Verkehrsteilnehmer sich verkehrsgerecht verhalten, reicht nicht aus. Man spricht bildlich vom „Karlsruher Idealfahrer".

c) Haftungsquote gem. § 17 Abs. 2 i.V.m. Abs. 1 StVG

Da für keinen Halter ein unabwendbares Ereignis vorliegt, richtet sich die Haf- **10** tungsquotelung nach § 17 Abs. 2 i.V.m. Abs. 1 StVG. Ausgangspunkt ist dabei die Betriebsgefahr, die, wenn zwei Pkw an einem Unfall beteiligt sind, gleich hoch anzusetzen ist, so dass demnach jeder beteiligte Halter zunächst in Höhe von 50 % haftet.

Exkurs:
Wenn an einem Unfall hingegen ein Pkw und ein Lkw beteiligt sind, ist die Betriebsgefahr des Lkw höher anzusetzen (*König* in Hentschel/König/Dauer, Straßenverkehrsrecht, 44. Aufl. 2017, § 17 StVG Rn. 8; AG Solingen NJW-RR 2015, 1168: ¾ zu ¼).

Sodann ist zu prüfen, ob zu der abstrakten Betriebsgefahr noch besondere Umstände **11** hinzutreten, die den Verursachungsanteil eines Halters im konkreten Fall erhöhen und damit eine Haftungsverschiebung zu seinen Ungunsten bewirken. Dazu gehören insbesondere:[3]

---

[3] Zum Ganzen *Garbe/Hagedorn* JuS 2004, 287, 292; *Nugel* NJW 2013, 193.

- fehlerhafte oder verkehrswidrige Fahrweise (Verstoß gegen StVO)
- das Versagen oder die Mangelhaftigkeit der Vorrichtungen des Kfz (verschuldensunabhängig, z. B. defekte Beleuchtung oder Bremsen)
- der Verschuldensgrad
- risikobehaftete Verkehrsvorgänge, auch wenn in ihnen kein Verkehrsverstoß liegt (z. B. Überholen, schnelles Fahren auf der Autobahn).

12 Hier beruht der Unfall auf Verkehrsverstößen von A und S. A ist vorzuwerfen, dass er beim Abbiegen auf einer Vorfahrtsstraße dem auf dieser Straße fahrenden S entgegen § 8 StVO i.V.m. § 41 Abs. 1 StVO i.V.m. Anlage 2 Zeichen 205 keine Vorfahrt gewährt hat. A hätte als Wartepflichtiger erst abbiegen dürfen, nachdem S die Kreuzung passiert hätte.

13 Allerdings ist auch S vorzuwerfen, dass er statt der erlaubten 70 km/h mit 85 km/h gefahren ist, also die erlaubte Höchstgeschwindigkeit um mehr als 20 % überschritten hat. Hierin liegt ein Verstoß gegen § 41 Abs. 1 StVO i.V.m. Anlage 2 Zeichen 274.

14 Im Rahmen von § 17 Abs. 2 u. Abs. 1 StVG sind die Verursachungsbeiträge gegeneinander abzuwägen. Hierbei wiegt der Vorfahrtsverstoß des A schwerer als der (moderate) Geschwindigkeitsverstoß des S. Angemessen erscheint es, die Haftungsquote auf 3/4 zu 1/4 zu Lasten des A festzulegen.

Zur Vertiefung:
Vertretbar erscheint die Annahme von Haftungsquoten zwischen 80:20 und 2/3 : 1/3 zu Lasten des A. Vgl. hierzu die Rechtsprechungsnachweise bei *Martis* MDR 2009, 489, 493 sowie die von *Heß/Nugel* NJW-Spezial 2011, 521 vorgeschlagenen Haftungsquoten (Geschwindigkeitsüberschreitung von 10–25 % soll zu Mithaftung in Höhe von 20 % bis 1/3 führen).

Derjenige, der einen die Betriebsgefahr erhöhenden Umstand geltend macht, muss ihn auch beweisen. Deshalb ist, wenn es im Sachverhalt heißt, S sei „mindestens" 85 km/h gefahren, bei der Abwägung zu unterstellen, dass S genau 85 km/h schnell gefahren ist.

Auch wenn ein Unfallbeteiligter verkehrswidrig gefahren ist und sich der andere Verkehrsteilnehmer an die Verkehrsregeln gehalten hat, muss letzterer in der Regel 20 % des Schadens tragen (einfache Betriebsgefahr; *Heß* in Burmann/Heß/Hühnermann/Jahnke/Janker, Straßenverkehrsrecht, 24. Aufl. 2016, § 17 Rn. 20). Das gilt aber dann nicht, wenn der Verursachungsanteil oder die Schuld des verkehrswidrig Fahrenden so sehr überwiegt, dass ihm die Haftung allein aufzuerlegen ist und die Betriebsgefahr des anderen dahinter vollständig zurücktritt. Dies ist i.d.R. der Fall bei einem Vorfahrtsverstoß, ohne dass der Vorfahrtsberechtigte seinerseits einen Verkehrsverstoß begangen hat (vgl. *Heß/Nugel* NJW-Spezial 2011, 521).

6. Ersatzfähigkeit der Schadenspositionen

15 Fraglich ist, ob die von S geltend gemachten Schadenspositionen ersatzfähig sind. Diese Frage richtet sich, da es im StVG insoweit keine Sonderregelungen gibt, nach den §§ 249 ff. BGB. Zu beachten ist, dass alle Schadenspositionen nur in Höhe von 3/4 ersatzfähig sind.

a) Reparaturkosten

Zunächst stellt sich die Frage, ob die Reparaturkosten ersatzfähig sind. Wenn ein **16** Kfz beschädigt wird, kommen im Grundsatz zwei Arten der Naturalrestitution (hier Geldersatz nach § 249 Abs. 2 BGB) in Betracht: Reparatur und Ersatzbeschaffung.[4] Der Geschädigte hat dabei grundsätzlich die Variante zu wählen, die den geringeren Aufwand erfordert.[5] Hier wäre eine Ersatzbeschaffung nach Veräußerung des Wracks mit 13.000 € erheblich günstiger als die Reparatur des beschädigten Wagens, die 19.000 € kostet, wobei noch ein merkantiler Minderwert von 750 € hinzukommt. Es liegt also ein wirtschaftlicher Totalschaden vor.

Die Rechtsprechung gewährt dem Geschädigten bei Kraftfahrzeugen allerdings **17** unter bestimmten Bedingungen die Möglichkeit, den Anspruch auf Ersatz der Reparaturkosten und des möglichen Minderwertes auch dann geltend zu machen, wenn diese zusammen um bis zu 30 % höher sind als der Wiederbeschaffungswert (Integritätszuschlag).[6] Damit soll das Interesse des Geschädigten berücksichtigt werden, den ihm vertrauten Wagen weiter nutzen zu können und sich nicht auf einen Gebrauchtwagen mit möglicherweise ihm unbekannten Besonderheiten einlassen zu müssen. Bei dem Vergleich ist nach der Rechtsprechung des BGH von dem Wiederbeschaffungswert aus Vereinfachungs- und Praktikabilitätsgründen nicht der Restwert zu subtrahieren. Voraussetzung für die Gewährung des Integritätszuschlages ist, dass die Reparatur fachgerecht und in dem Umfang, der Grundlage der Schätzung des Sachverständigen war, tatsächlich durchgeführt wird.[7] Außerdem muss der Geschädigte ein nachhaltiges Interesse an der Weiternutzung des Fahrzeugs zum Ausdruck bringen, wofür im Regelfall erforderlich ist, dass der Geschädigte den Wagen mindestens sechs Monate weiternutzt.[8]

Wenn man hier Reparaturkosten und merkantilen Minderwert (insg. 19.750 €) **18** dem Wiederbeschaffungswert (16.000 €) gegenüberstellt, so betragen erstere 123 % des Wiederbeschaffungswertes. Die Voraussetzung einer fachgerechten und vollständigen Reparatur ist erfüllt. Danach kann A den S hier nicht auf eine günstigere Ersatzbeschaffung verweisen, vielmehr sind die Reparaturkosten ersatzfähig, da S den Wagen weiternutzen möchte.

---

[4] Vgl. BGH NJW 2009, 3713 Rn. 7; Palandt/*Grüneberg* § 249 Rn. 11; BeckOK/*Flume* § 251 Rn. 6. Eines Rückgriffs auf § 251 Abs. 1 BGB bedarf es also auch bei einem Totalschaden nicht, solange die Ersatzbeschaffung möglich ist; a.A. MüKo/*Oetker* § 251 Rn. 11; *Medicus/Petersen* BürgR, Rn. 818. Aber auch über § 251 Abs. 1 BGB käme man zum selben Ergebnis.

[5] BGHZ 162, 161, 164 = NJW 2005, 1108; BGH ZGS 2009, 365, 367 Rn. 14; *Wellner* NJW 2012, 7; Palandt/*Grüneberg* § 249 Rn. 22 m.w.N.

[6] BGHZ 115, 364, 371 = NJW 1992, 302; BGH NJW 1992, 1618; BGHZ 162, 161, 166 = NJW 2005, 1108; BGHZ 162, 170, 173 = NJW 2005, 1110; BGH NJW 2011, 669 (zur Berücksichtigung des merkantilen Minderwerts Rn. 13); Palandt/*Grüneberg* § 249 Rn. 25.

[7] BGHZ 162, 161, 167 f. = NJW 2005, 1108 f.; BGH NJW 2007, 2917 f.; 2009, 1340.

[8] BGH NJW 2008, 437; 2008, 439; 2011, 667; BGHZ 178, 338 = NJW 2009, 910 Rn. 13.

Exkurse:
Wenn die 130 %-Grenze überschritten ist (und auch wenn die Reparaturkosten zwischen 100 und 130 % des Wiederbeschaffungswerts liegen, aber keine fachgerechte Reparatur erfolgt), kann der Geschädigte lediglich Ersatz des Wiederbeschaffungsaufwandes verlangen. Der Wiederbeschaffungsaufwand ist der Wiederbeschaffungswert abzüglich des Restwertes (hier wären das 13.000 €). Nicht zulässig ist es also, bei Überschreiten der Grenze 130 % (oder auch nur 100 %) des Wiederbeschaffungswertes zu verlangen und den Rest selbst zu tragen (BGH NJW 2011, 669 Rn. 12 m.w.N.) oder den Wagen nur teilweise reparieren zu lassen (BGH NJW 2015, 2958 m.w.N.).

Auch im umgekehrten Fall, dass der Ersatzbeschaffungsaufwand den Reparaturaufwand übersteigt, kommt u. U. eine Einschränkung des Wirtschaftlichkeitsgebots in Betracht. Wird ein fabrikneues Fahrzeug erheblich beschädigt mit der Folge, dass es trotz Durchführung einer fachgerechten Reparatur den Charakter der Neuwertigkeit verliert, kann der Geschädigte in den Grenzen des § 251 Abs. 2 BGB ausnahmsweise die im Vergleich zum Reparaturaufwand höheren Kosten für die Beschaffung eines Neuwagens beanspruchen, weil es ihm unzumutbar wäre, sich mit der Reparatur und dem Ersatz des merkantilen Minderwertes zu begnügen (BGH NJW 2009, 3022 Rn. 16). Das gilt laut BGH aber nur dann, wenn der Geschädigte tatsächlich ein fabrikneues Ersatzfahrzeug gekauft hat (BGH aaO Rn. 23 ff.). Denn nur in diesem Fall weise der Geschädigte sein besonderes Interesse am Eigentum und der Nutzung eines Neufahrzeugs, das allein die Einschränkung des Wirtschaftsgebots rechtfertige, nach.

b) Merkantiler Minderwert

19   Nach § 251 Abs. 1 Fall 2 BGB hat der Ersatzpflichtige den Gläubiger auch insoweit in Geld zu entschädigen, als die Herstellung zur Entschädigung des Gläubigers nicht genügend ist. Daraus folgt, dass der Geschädigte auch den merkantilen Minderwert ersetzt verlangen kann, der dadurch entsteht, dass ein Unfallwagen im Verkehr trotz ordnungsmäßiger Reparatur geringer bewertet wird als ein unfallfreier Wagen. Damit ist der hier geltend gemachte merkantile Minderwert i.H.v. 750 € ersatzfähig.

c) Nutzungsausfall

20   Wenn der Geschädigte für die Dauer der Reparatur einen Ersatzwagen anmietet, kann er im Rahmen des § 249 Abs. 2 BGB grundsätzlich auch die Kosten hierfür (abzüglich ersparter eigener Aufwendungen) ersetzt verlangen.[9] Daneben hat der Eigentümer eines privat genutzten Pkw, der die Möglichkeit zur Nutzung seines Pkw einbüßt, auch dann einen Schadensersatzanspruch, wenn er kein Ersatzfahrzeug anmietet.[10] Grundlage dieser Ersatzpflicht ist § 251 Abs. 1 Fall 1 BGB, da der Nutzungsausfall endgültig eingetreten ist und nicht mehr *in natura* ausgeglichen werden kann.[11] Die Rechtsprechung zum Nutzungsausfallschaden beruht auf der Erwägung, dass der auf einen Mietwagen verzichtende sparsame Eigentümer nicht schlechter gestellt werden soll als derjenige, der einen Ersatzwagen anmietet. Allerdings setzt der Anspruch die hypothetische Möglichkeit, den Wagen zu nutzen, sowie Nutzungswillen voraus, so dass die Beeinträchtigung für den Geschädigten

---

[9] Allerdings kann er grds. nur die Sätze des Normaltarifs, nicht eines höheren Unfallersatztarifs verlangen, vgl. Palandt/*Grüneberg* § 249 Rn. 32 ff. m.zahlr.w.N.

[10] BGHZ 40, 345 = NJW 1964, 542; Palandt/*Grüneberg* § 249 Rn. 40 ff. m.w.N.

[11] OLG Düsseldorf NJW-RR 2010, 687, 688; *Pöschke* JA 2010, 257, 259.

fühlbar ist.[12] Berechnet wird die Nutzungsentschädigung in der Praxis nach den Tabellen von *Sanden/Danner/Küppersbusch*.[13]

Danach ist der hier zutreffend berechnete Schaden, der dem S dadurch entstanden ist, **21** dass er während der 14-tägigen Reparatur seinen Wagen nicht nutzen konnte, ersatzfähig.

Zur Vertiefung:
Allgemein stellt sich die Frage, ob der Geschädigte, der infolge des zum Schadensersatz verpflichtenden Ereignisses eine Sache nicht plangemäß nutzen kann, vom Schädiger Ersatz verlangen kann. Der BGH bejaht dies für Sachen, „auf deren ständige Verfügbarkeit die eigenwirtschaftliche Lebenshaltung typischerweise angewiesen ist" (BGHZ 98, 212, 222). Bejaht wurde ein ersatzfähiger Nutzungsausfallschaden daher außer für Kfz (für ein Motorrad dann, wenn es das einzige Kfz des Geschädigten ist, BGH NJW 2018, 1393) auch für selbstgenutzte Wohnhäuser (BGH NJW-RR 2014, 979 Rn. 22 ff.), Rollstühle, einen Blindenhund, Möbel; nicht hingegen für eine Segelyacht, ein Reit- oder Dressurpferd, einen Garten, ein Privatflugzeug (Beispiele nach MüKo/*Oetker* § 249 Rn. 62 f.), ein ausschließlich zu Freizeitzwecken dienendes Wohnmobil (BGH NJW-RR 2008, 1198), ein Oldtimer-Fahrzeug, das im Alltag nicht genutzt wird (OLG Karlsruhe MDR 2012, 461), ein Smartphone (LG Hagen NJW-RR 2017, 798). Nach neuer BGH-Rspr. kommt Schadensersatz auch bei Ausfall von Telefon und Internet, nicht aber von Telefax in Betracht (BGH NJW 2013, 1072 mit Bespr. *Jaeger* 1031; *Zwirlein* JuS 2013, 487 ff.).

---

d) Sachverständigengutachten

Der Schädiger hat die Kosten eines vom Geschädigten zur Schadensfeststellung **22** eingeholten Sachverständigengutachtens zu ersetzen, soweit dieses aus Sicht des Geschädigten im Zeitpunkt der Beauftragung zur zweckentsprechenden Rechtsverfolgung erforderlich ist.[14] Bei Kfz-Unfällen wird die Erforderlichkeit bejaht, solange kein Bagatellschaden (bis 700 €) vorliegt.[15] Damit gehören hier die Kosten für das Sachverständigengutachten i.H.v. 400 € zum Herstellungsaufwand und sind nach § 249 Abs. 2 BGB ersatzfähig.[16]

---

[12] Diese Voraussetzung ist etwa nicht gegeben, wenn der Geschädigte im Krankenhaus liegt und er bzw. Angehörige den Wagen daher nicht nutzen können oder u. U. wenn der Geschädigte über einen gleichwertigen Zweitwagen verfügt.

[13] Zuletzt veröffentlicht in NJW 2013, Beilage zu Heft 1/2; seitdem nur noch kostenpflichtiger Einzelabruf.

[14] MüKo/*Oetker* § 249 Rn. 396; Palandt/*Grüneberg* § 249 Rn. 58.

[15] Palandt/*Grüneberg* § 249 Rn. 58 m.w.N.

[16] Dazu, dass auch die Sachverständigenkosten nur im Umfang der Haftungsquote (hier: 3/4) zu erstatten sind, BGH NJW 2012, 1953 Rn. 10 ff.

e) Kostenpauschale

23   Die Rechtsprechung gewährt bei Verkehrsunfällen zur Abgeltung von Telefon-, Porto-
      und Fahrtkosten nach § 249 Abs. 2 BGB eine Kostenpauschale von etwa 25 €.[17]

7. Ergebnis

24   Damit sind die geltend gemachten Schadenspositionen allesamt ersatzfähig. Auf-
      grund der festgelegten Haftungsquote kann S von A aber nur Ersatz von drei Vier-
      teln seines Schadens verlangen. Der ersatzfähige Schaden beläuft sich damit auf
      15.750,75 €.

II. Anspruch aus § 18 StVG

25   S könnte gegen A auch einen Anspruch auf Schadensersatz aus § 18 StVG haben
      (Fahrerhaftung).

1. Voraussetzungen des § 7 Abs. 1 StVG

26   Dazu müssen zunächst die Voraussetzungen des § 7 Abs. 1 StVG vorliegen. Dies ist,
      wie oben geprüft, der Fall.

2. A als Führer eines Kraftfahrzeugs

27   Da A das Fahrzeug gesteuert hat, ist er Fahrzeugführer i.S.d. § 18 Abs. 1 StVG.

3. Verschulden

28   Im Gegensatz zur Halterhaftung setzt die Fahrerhaftung Verschulden voraus. Dabei
      ergibt sich aus § 18 Abs. 1 S. 2 StVG, dass den Fahrer die Beweislast für fehlen-
      des Verschulden trifft, er sich also exkulpieren muss. Hier hat A die im Verkehr
      erforderliche Sorgfalt missachtet und damit fahrlässig i.S.d. § 276 Abs. 2 BGB
      gehandelt, indem er den Vorfahrtsberechtigten S nicht hat passieren lassen, bevor
      er abgebogen ist.

4. Haftungsquote

29   Die Haftungsquote ist nach § 18 Abs. 3 i.V.m. § 17 StVG die gleiche wie im Rahmen
      der Halterhaftung. A haftet also für 3/4, S für 1/4 des Schadens.

5. Ersatzfähigkeit der Schadenspositionen

30   Auch hinsichtlich der Ersatzfähigkeit der Schadenspositionen gilt das Gleiche wie
      oben.
      S kann also von A auch aus § 18 StVG Ersatz von 15.750,75 € verlangen.

III. Anspruch aus § 823 Abs. 1 BGB

31   Der Schadensersatzanspruch des S gegen A könnte sich auch aus § 823 Abs. 1 BGB
      ergeben. Gem. § 16 StVG bleibt § 823 Abs. 1 BGB neben der Gefährdungshaftung
      nach dem StVG anwendbar.

---

[17] OLG München NJW 2010, 1462; Palandt/*Grüneberg* § 249 Rn. 79 m.w.N.; aber keine generelle
Übertragbarkeit auf andere Schadensfälle: BGH NJW 2012, 2267.

1. Tatbestand

Eine Eigentumsverletzung am Wagen des S liegt vor. Die Verletzungshandlung des **32** A liegt darin, dass er verkehrswidrig abgebogen ist, ohne dem S Vorfahrt zu gewähren. Die Verletzungshandlung ist kausal für die Rechtsverletzung.

2. Rechtswidrigkeit und Verschulden

Die Rechtswidrigkeit ist indiziert. A handelte auch fahrlässig (§ 276 Abs. 2 BGB) **33** und damit schuldhaft.

3. Schaden, Ersatzfähigkeit, Mitverschulden

Damit muss A dem S auch nach § 823 Abs. 1 BGB Schadensersatz nach **34** §§ 249 ff. BGB leisten. Alle hier geltend gemachten Schadenspositionen sind ersatzfähig (s.o. Rn. 15 ff.). Allerdings gilt für die Haftungsquote wiederum das Gleiche wie im Rahmen von §§ 7, 18 StVG, wobei offenbleiben kann, ob dieses Ergebnis über eine analoge Anwendung von § 17 StVG auch auf den Anspruch aus § 823 Abs. 1 BGB[18] oder über eine Berücksichtigung der bei § 17 StVG angestellten Überlegungen im Rahmen des Mitverschuldens nach § 254 BGB[19] zu erzielen ist.

S kann also von A aus § 823 Abs. 1 BGB Ersatz von 15.750,75 € verlangen.

IV. Anspruch aus § 823 Abs. 2 BGB i.V.m. § 41 Abs. 1 StVO

Der Schadensersatzanspruch des S gegen A könnte sich auch aus § 823 Abs. 2 BGB **35** i.V.m. § 41 Abs. 1 StVO ergeben.

1. Tatbestand

Dazu müsste A gegen ein Schutzgesetz i.S.d. § 823 Abs. 2 BGB verstoßen haben. **36** Schutzgesetz ist jede Rechtsnorm, die (auch) den Schutz eines anderen bezweckt. § 41 Abs. 1 StVO (i.V.m. Anlage 2 Zeichen 205), der anordnet, Vorfahrt zu gewähren, dient dem Schutz des Vorfahrtsberechtigten. Deshalb ist die Norm Schutzgesetz i.S.d. § 823 Abs. 2 BGB.[20] A hat gegen die Norm verstoßen.

2. Rechtswidrigkeit und Verschulden

Die Rechtswidrigkeit ist indiziert. A handelte auch fahrlässig und damit schuldhaft **37** (§§ 823 Abs. 2 S. 2, 276 Abs. 2 BGB).

---

[18] *Nugel* NJW 2013, 193; BeckOK/*Lorenz* § 254 Rn. 5.

[19] So BGH NJW 2013, 3235 Rn. 20 f. für einen Anspruch aus § 831 Abs. 1 BGB. Danach muss die Abwägung für alle konkurrierenden Ansprüche gleich ausfallen. In erweiternder Auslegung des § 254 BGB kann sich die Betriebsgefahr eines Kfz anspruchsmindernd auswirken, wenn sich der Geschädigte die Betriebsgefahr seines Kfz dem Schädiger gegenüber zurechnen lassen muss. Das ist der Fall, wenn der Geschädigte zugleich Halter ist und dem Schädiger gegenüber aus § 7 Abs. 1 StVG haftet. Aus dogmatischen Gründen kritisch *Mäsch* JuS 2014, 268, 269 f.

[20] Vgl. Palandt/*Sprau* § 823 Rn. 71; vgl. auch BGH NJW 2005, 2923, 2924.

3. Schaden, Ersatzfähigkeit, Mitverschulden

38   Hinsichtlich des Haftungsumfangs gilt das Gleiche wie für den Anspruch aus § 823 Abs. 1 BGB. S kann also von A aus § 823 Abs. 2 BGB i.V.m. § 41 Abs. 1 StVO Ersatz von 15.750,75 € verlangen.

B) Ansprüche des A gegen S

I. Anspruch aus § 7 Abs. 1 StVG

39   A könnte gegen S einen Anspruch auf Schadensersatz in Höhe von 2380 € aus § 7 Abs. 1 StVG haben.

1. Anspruchsvoraussetzungen, Haftungsquote

40   Die Anspruchsvoraussetzungen des § 7 Abs. 1 StVG liegen, wie im Rahmen des Anspruchs des S gegen A inzident geprüft (Rn. 7), vor. Aufgrund der im Rahmen von § 17 Abs. 2 i.V.m. Abs. 1 StVG ermittelten Haftungsquote von 3/4 zu 1/4 zu Lasten des A muss S dem A ein Viertel seines Schadens ersetzen.

2. Ersatzfähigkeit

41   Fraglich ist, ob A von S nach § 249 Abs. 2 BGB die vom Sachverständigen ermittelten Reparaturkosten ersetzt verlangen kann, hier also 2380 €. Dagegen könnte sprechen, dass A den Wagen von einem Freund hat reparieren lassen und daher nur Kosten in Höhe von 1000 € angefallen sind. Möglicherweise ist der ersatzfähige Schaden daher auf diesen Betrag begrenzt.

42   Nach der Rechtsprechung hat der Geschädigte auch die Möglichkeit, den Schaden fiktiv auf der Basis eines Sachverständigengutachtens abzurechnen. Die von dem Sachverständigen für die Reparatur in einer Fachwerkstatt angesetzten Kosten sind (bis zur Höhe des Wiederbeschaffungswertes) grundsätzlich unabhängig davon zu ersetzen, ob der Geschädigte den Wagen tatsächlich voll, minderwertig oder überhaupt nicht reparieren lässt.[21] In der Verwendung des Schadensersatzbetrages ist der Geschädigte frei (Dispositionsbefugnis).[22]

Exkurs:

Allerdings kann der Schädiger den Geschädigten nach BGH u. U. auf eine günstigere Reparaturmöglichkeit in einer mühelos und ohne weiteres zugänglichen anderen markengebundenen oder freien Fachwerkstatt verweisen, wenn der Schädiger darlegt und ggf. beweist, dass die Reparatur dort dem gleichen Qualitätsstandard entspricht (BGH NJW 2014, 535 Rn. 9; NJW 2014, 3236 Rn. 8). Lässt der Geschädigte den Schaden selbst sach- und fachgerecht in einer günstigeren Werkstatt reparieren, sollen nur die tatsächlich angefallenen Kosten ersatzfähig sein (aaO Rn. 12). Für eine Reparatur durch einen Bekannten gilt das aber nicht.

---

[21] BGH NJW 2014, 535 Rn. 9; vgl. BGHZ 61, 56, 57 = NJW 1973, 1647 f.; BGHZ 154, 395, 398 = NJW 2003, 2085; BGH NJW 2009, 1340; *Wellner* NJW 2012, 7; Palandt/*Grüneberg* § 249 Rn. 14.

[22] BGHZ 196, 190 Rn. 9 = NJW 2013, 1732.

Eine fiktive Schadensberechnung auf Reparaturkostenbasis ist unproblematisch, wenn die Reparaturkosten – wie hier – unterhalb des Wiederbeschaffungsaufwandes (d. h. Wiederbeschaffungswert abzüglich Restwert) liegen. Wenn die Reparaturkosten den Wiederbeschaffungsaufwand, nicht aber den Wiederbeschaffungswert übersteigen, ist für eine fiktive Schadensberechnung erforderlich, dass der Geschädigte das Fahrzeug mindestens sechs Monate weiter nutzt und es zu diesem Zweck – falls erforderlich – verkehrssicher (teil-)reparieren lässt (BGH NJW 2011, 667 Rn. 7 m.w.N.). Sind die Reparaturkosten hingegen höher als der Wiederbeschaffungswert, ist eine fachgerechte Reparatur notwendig, damit der Geschädigte innerhalb der 130 %-Grenze (s.o. Rn. 17) die Reparaturkosten ersetzt verlangen kann. Erfolgt keine fachgerechte Reparatur, ist nur der Wiederbeschaffungsaufwand ersatzfähig (s. BGH NJW 2009, 1340).

Allerdings ist nach § 249 Abs. 2 S. 2 BGB die Umsatzsteuer nur ersatzfähig, wenn **43** und soweit sie tatsächlich angefallen ist. Hier ist keine Umsatzsteuer angefallen. Der Schadensersatz ist also auf den Nettobetrag begrenzt (2000 €). Hiervon ist ein Viertel ersatzfähig, also 500 €.

A hat gegen S also einen Anspruch auf Zahlung von 500 € aus § 7 Abs. 1 StVG.

II. Weitere Anspruchsgrundlagen

Der Anspruch ergibt sich in gleicher Höhe auch aus § 18 StVG, aus § 823 Abs. 1 **44** BGB und aus § 823 Abs. 2 BGB i.V.m. § 41 Abs. 1 StVO.

Fortsetzung

A) Anspruch der C gegen F aus § 7 Abs. 1 StVG

C, gem. §§ 1626, 1629 BGB vertreten durch ihre Eltern als gesetzliche Vertreter, **45** könnte gegen F einen Anspruch auf Ersatz der Heilungskosten und auf ein angemessenes Schmerzensgeld aus § 7 Abs. 1 StVG haben.

I. F als Halterin; Rechtsgutverletzung beim Betrieb eines Kfz

F ist Halterin ihres Kfz. Bei dem Betrieb des Fahrzeugs der F sind Körper und **46** Gesundheit der C verletzt worden.

II. Keine höhere Gewalt nach § 7 Abs. 2 StVG

Fraglich ist, ob die Ersatzpflicht nach § 7 Abs. 2 StVG ausgeschlossen ist. Dann **47** müsste der Unfall durch höhere Gewalt verursacht worden sein. Höhere Gewalt ist ein „betriebsfremdes, von außen durch elementare Naturkräfte oder durch Handlungen dritter Personen herbeigeführtes Ereignis, das durch menschliche Einsicht und Erfahrung unvorhersehbar ist, mit wirtschaftlich erträglichen Mitteln auch durch äußerste, nach der Sachlage vernünftigerweise zu erwartende Sorgfalt nicht verhütet oder unschädlich gemacht werden kann und auch nicht wegen seiner Häufigkeit in Kauf zu nehmen ist".[23] Hier könnte der Unfall durch das plötzliche Hervortreten

---

[23] BGHZ 7, 338, 339; 62, 351, 354.

von C und damit durch die Handlung eines Dritten eingetreten und von F auch durch äußerste Sorgfalt nicht zu vermeiden gewesen sein. Jedoch ist das schadensauslösende Verhalten nicht deliktsfähiger Kinder so häufig, dass es vom Fahrzeughalter in Kauf zu nehmen ist. Das hier vorliegende Verhalten der achtjährigen C ist nicht so außergewöhnlich, dass man höhere Gewalt annehmen könnte.[24] Gestützt wird dieses Ergebnis durch die historische Auslegung der Norm: Mit der Ersetzung des Einwands eines „unabwendbaren Ereignisses" durch den Einwand „höherer Gewalt" im Rahmen des § 7 Abs. 2 StVG wollte der Gesetzgeber im Jahre 2002 sicherstellen, dass bei Beteiligung von Kindern an einem Unfall die durch die Neufassung von § 828 Abs. 2 BGB bewirkte Verbesserung der Haftungssituation von unfallbeteiligten Kindern nicht durch den Unabwendbarkeitsnachweis nach § 7 Abs. 2 StVG a.F. wieder konterkariert wird.[25] Die Ersatzpflicht ist also nicht nach § 7 Abs. 2 StVG ausgeschlossen.

> **Beachte:**
> Der Ausschlussgrund des § 17 Abs. 3 StVG ist hier nicht anwendbar, da es nicht um einen Unfall mit zwei Kraftfahrzeugen geht. Das Vorliegen eines unabwendbaren Ereignisses reicht also bei Beteiligung von Fußgängern und Radfahrern für einen Haftungsausschluss nicht aus.

III. Mitverschulden nach § 9 StVG i.V.m. § 254 BGB

48   Möglicherweise ist der Anspruch aber nach § 9 StVG i.V.m. § 254 BGB wegen Mitverschuldens der C ausgeschlossen.

> **Beachte:**
> § 9 StVG ist nur anwendbar, wenn ein nicht motorisierter Verkehrsteilnehmer (Fußgänger, Radfahrer, Mitfahrer) bei dem Betrieb eines Kfz geschädigt wird. Sind mehrere Kraftfahrzeuge beteiligt, gilt ausschließlich § 17 StVG.

49   Die Berücksichtigung eines Mitverschuldens der C setzt aber voraus, dass C überhaupt verschuldensfähig ist. § 276 Abs. 1 S. 2 BGB verweist insofern auf §§ 827, 828 BGB. Für Schäden, die ein Kind vom siebten bis zum zehnten Lebensjahr im Straßenverkehr verursacht, haftet das Kind nach § 828 Abs. 2 S. 1 BGB grundsätzlich nicht (Ausnahme bei Vorsatz, § 828 Abs. 2 S. 2 BGB). Daraus folgt, dass sich das Kind auch kein Mitverschulden an der Schadensverursachung zurechnen lassen muss. Ein Mitverschulden der C kommt hier demnach nicht in Betracht.

---

[24] Zum Ganzen *König* in Hentschel/König/Dauer, Straßenverkehrsrecht, 44. Aufl. 2017, § 7 StVG Rn. 35.

[25] Begr. RegE Zweites Gesetz zur Änderung schadensersatzrechtlicher Vorschriften, BT-Drucks. 14/7752, S. 26, re. Sp.; s. auch S. 30, re. Sp.

Exkurs:
Die Rechtsprechung reduziert das Haftungsprivileg des § 828 Abs. 2 S. 1 BGB teleologisch in Fällen, in denen sich keine typische Überforderungssituation des Kindes durch die spezifischen Gefahren des motorisierten Verkehrs realisiert hat. Danach haftet ein sieben-, acht- oder neunjähriges Kind, wenn es mit einem Kickboard oder Fahrrad gegen ein ordnungsgemäß geparktes Kfz stößt und dieses beschädigt (BGHZ 161, 180; BGH NJW 2005, 356); anders bei nicht ordnungsgemäß geparktem Kfz mit geöffneten Türen: BGH NJW-RR 2009, 95. Die Beweislast für die fehlende Überforderungssituation trifft den Geschädigten (BGH NJW 2009, 3231). Zum Ganzen *Oechsler* NJW 2009, 3185 ff.

IV. Umfang der Ersatzpflicht
Damit haftet F der C in vollem Umfang aus § 7 Abs. 1 StVG. Der Umfang der   **50** Ersatzpflicht bei Körperverletzung richtet sich nach § 11 StVG. Aus § 11 S. 1 StVG ergibt sich der geltend gemachte Anspruch auf Ersatz der Heilungskosten. Nach § 11 S. 2 StVG kann C auch ein angemessenes Schmerzensgeld verlangen.

B) Anspruch der C gegen F aus § 18 StVG

C könnte gegen F auch einen Anspruch auf Ersatz der Heilungskosten und Zahlung   **51** eines angemessenen Schmerzensgeldes aus § 18 StVG haben. Die Voraussetzungen des § 7 Abs. 1 StVG liegen zwar vor, und F war auch Führerin des Kfz. Jedoch besteht der Anspruch nach § 18 Abs. 1 S. 2 StVG nicht, wenn der Schaden nicht durch ein Verschulden des Führers verursacht ist. Hier hat F alle Verkehrsregeln und damit die im Verkehr erforderliche Sorgfalt beachtet (§ 276 BGB). Ein fahrlässiges Verhalten ist ihr nicht vorzuwerfen. Der Anspruch besteht daher wegen Exkulpation der F nicht.

C) Anspruch der C gegen F aus § 823 Abs. 1 BGB

Auch ein Anspruch der C gegen F aus § 823 Abs. 1 BGB scheidet jedenfalls mangels   **52** Verschuldens der F aus.

D) Zusatzfrage: Anspruch gegen die Haftpflichtversicherer

Nach § 115 Abs. 1 S. 1 Nr. 1 VVG kann C auch direkt den Haftpflichtversicherer   **53** der F in Anspruch nehmen, da es sich bei der Kfz-Haftpflicht um eine Pflichtversicherung i.S.d. § 1 PflVG handelt.

Fall 12

Ausgangsfall

Bräutigam Klaus Köhler (K) bestellt das Hochzeitsessen für sich, seine Braut Berta (B) und 30 Gäste in einer kleinen Gastwirtschaft, die von Volker Vogt (V) betrieben wird. Es handelt sich um einen Familienbetrieb, den V leitet und in dem die Ehefrau Elfriede (E) des V als Köchin beschäftigt ist. Als Entgelt für das Hochzeitsessen wird ein Betrag von 2000 € vereinbart.

Das Brautpaar und seine Gäste verspeisen das zubereitete Essen mit Genuss. K zahlt die vereinbarten 2000 €. Bereits am Abend machen sich aber bei den Brautleuten und ihren Gästen Magen- und Darmbeschwerden bemerkbar, die in der Nacht zu kolikartigen Schmerzen eskalieren. Die gesamte Hochzeitsgesellschaft muss das Krankenhaus aufsuchen. Dort wird die Erkrankung auf eine Salmonelleninfektion zurückgeführt. Ursache war der zum Dessert gereichte Pudding, den die E bereits am Vorabend zubereitet und seitdem in der warmen Küche ungekühlt hatte stehen lassen.

K und B wollen nun wissen, ob und ggf. von wem sie Rückzahlung des Essenspreises von 2000 € sowie ein der Höhe nach angemessenes Schmerzensgeld von je 500 € verlangen können.

Zusatzfrage

Können K und B auch die Kosten einer Hochzeitsreise, die sie für sich gebucht hatten, nun aber aufgrund der Erkrankung nicht antreten können, ersetzt verlangen, wenn eine Reiserücktrittsversicherung nicht abgeschlossen wurde?

Auszug aus dem Lebensmittel- und Futtermittelgesetzbuch (LFGB):
§ 3 Weitere Begriffsbestimmungen
Im Sinne dieses Gesetzes sind:
1. Inverkehrbringen: Inverkehrbringen im Sinne des Artikels 3 Nummer 8 der Verordnung (EG) Nr. 178/2002; […],

© Springer-Verlag GmbH Deutschland, ein Teil von Springer Nature 2019   151
J. Prütting, B. Scholl, *Die Schuldrechtsklausur II*, Tutorium Jura,
https://doi.org/10.1007/978-3-662-57602-1_12

2. Herstellen: das Gewinnen, einschließlich des Schlachtens oder Erlegens lebender Tiere, deren Fleisch als Lebensmittel zu dienen bestimmt ist, das Herstellen, das Zubereiten, das Be- und Verarbeiten und das Mischen,

§ 5 Verbote zum Schutz der Gesundheit

(1) [1]Es ist verboten, Lebensmittel für andere derart herzustellen oder zu behandeln, dass ihr Verzehr gesundheitsschädlich im Sinne des Artikels 14 Absatz 2 Buchstabe a der Verordnung (EG) Nr. 178/2002 ist. [2]Unberührt bleiben

1. das Verbot des Artikels 14 Absatz 1 in Verbindung mit Absatz 2 Buchstabe a der Verordnung (EG) Nr. 178/2002 über das Inverkehrbringen gesundheitsschädlicher Lebensmittel […].

Auszug aus der EG-Lebensmittel-Rahmenverordnung (VO (EG) 178/2002):
Art. 2 Definition von „Lebensmittel"

Im Sinne dieser Verordnung sind „Lebensmittel" alle Stoffe oder Erzeugnisse, die dazu bestimmt sind oder von denen nach vernünftigem Ermessen erwartet werden kann, dass sie in verarbeitetem, teilweise verarbeitetem oder unverarbeitetem Zustand von Menschen aufgenommen werden. […]

Art. 3 Sonstige Definitionen

Im Sinne dieser Verordnung bezeichnet der Ausdruck […]

8. „Inverkehrbringen" das Bereithalten von Lebensmitteln oder Futtermitteln für Verkaufszwecke einschließlich des Anbietens zum Verkauf oder jeder anderen Form der Weitergabe, gleichgültig, ob unentgeltlich oder nicht, sowie den Verkauf, den Vertrieb oder andere Formen der Weitergabe selbst; […]

Art. 14 Anforderungen an die Lebensmittelsicherheit

(1) Lebensmittel, die nicht sicher sind, dürfen nicht in Verkehr gebracht werden.

(2) Lebensmittel gelten als nicht sicher, wenn davon auszugehen ist, dass sie

    a) gesundheitsschädlich sind,

    b) für den Verzehr durch den Menschen ungeeignet sind.

[…]

Lösung Fall 12

▶ Der Hochzeitsessen-Fall (vgl. BGHZ 116, 104) behandelt die haftungsrechtlichen Probleme, die mit der Lieferung mangelhaften Essens verbunden sind. Dabei geht es sowohl um vertragliche als auch um gesetzliche Ansprüche. Nicht auf den ersten Blick zu erkennen ist, dass es sich
um einen Fall der Produkt- bzw. Produzentenhaftung handelt. Die wichtigsten Probleme der Produkthaftung, soweit sie im Fall nicht relevant
sind, werden in Exkursen dargestellt.

Ausgangsfall

A) Ansprüche des K gegen V auf Rückzahlung des Essenspreises

Aufbauhinweis:

Ist ein Anspruch auf Rückzahlung der Gegenleistung zu prüfen, liegt es am
nächsten, einen Anspruch aus Rücktritt zu prüfen. Daneben ist aber auch der
Schadensersatz statt der ganzen Leistung auf die Erstattung der Gegenleistung
als Mindestschaden gerichtet. Ist die Sache wegen des Mangels wertlos, kommt
man über die Minderung auf Null ebenfalls zu einer vollständigen Rückzahlung
des Kaufpreises. Daher werden im Folgenden drei Ansprüche geprüft.

Beachte, dass allein K den Vertrag mit V geschlossen hat. B hat also (vorbehaltlich eines Vertrags mit Schutzwirkung für Dritte) keine vertraglichen
Ansprüche.

I. Anspruch aus §§ 437 Nr. 3, 280 Abs. 1 und 3, 283, 650 BGB

K könnte gegen V einen Anspruch auf Schadensersatz statt der Leistung in Höhe   1
des für das Hochzeitsessen gezahlten Betrages in Höhe von 2000 € aus §§ 437 Nr. 3,
280 Abs. 1 u. 3, 283, 650 BGB haben.

1. Anwendung des Kaufrechts nach § 650 BGB

Dazu müssten die Parteien zunächst einen Werklieferungsvertrag geschlossen   2
haben, auf den nach § 650 BGB Kaufrecht Anwendung findet. Hier hat K mit V
einen sog. Bewirtungs- oder Gastaufnahmevertrag geschlossen, bei dem es sich um
einen gemischten Vertrag mit kauf-, werk-, dienst- und mietvertraglichen Elementen handelt.[1] Werden Getränke serviert, zeigen sich die kaufvertraglichen Elemente
des Bewirtungsvertrages, bei der Bereitstellung frisch zubereiteter Speisen zeigen
sich die werk- bzw. werklieferungsvertraglichen Elemente, bei der Bedienung die
dienstvertraglichen. Da dem Gast Tisch, Stuhl, Geschirr und Besteck zum Gebrauch
überlassen werden, hat der Bewirtungsvertrag auch mietvertragliche Elemente. Bei
gemischten Verträgen stellt sich die Frage, ob auf sie lediglich die Vorschriften eines

---

[1] Vgl. *Kaiser* JA 2007, 291, 292; *Ramrath* AcP 189 (1989), 559, 561 f.; *Diercks-Harms* MDR 2016,
6; *Paulus* JuS 2015, 496, 497.

Vertragstyps, nämlich des Vertragstyps, dem die den Schwerpunkt des Vertrages bildende Leistung zuzuordnen ist, anzuwenden sind (Absorptionstheorie) oder ob die einzelnen Elemente den Bestimmungen der betreffenden einzelnen Vertragstypen unterliegen (Trennungs- oder Kombinationstheorie).[2]

3   Richtig dürfte es sein, an den mutmaßlichen Parteiwillen anzuknüpfen und nach Sinn und Zweck des Vertrages im Einzelfall einen interessengerechten Ausgleich zu suchen.[3] Geht man hier von der Absorptionstheorie aus und sieht den Schwerpunkt in der Zubereitung und Lieferung der Speisen,[4] so wäre auf den ganzen Vertrag gem. § 650 BGB Kaufrecht anzuwenden.[5] Aber auch wenn man von der Kombinationstheorie ausgeht,[6] wäre auf die gestörte Leistung gem. § 650 BGB Kaufrecht anzuwenden, weil diese gerade die zubereiteten Speisen betrifft. Es kann demnach offenbleiben, welcher Theorie zu folgen ist. Es ist gem. § 650 BGB Kaufrecht anzuwenden.

2. Mangelhaftigkeit des Essens

4   Weiterhin müsste die gelieferte Speise mangelhaft i.S.d. § 434 BGB sein. Hier war der als Dessert gereichte Pudding salmonellenverseucht, da er nicht ordnungsgemäß gelagert worden war. Da der Nachtisch mit der übrigen (mangelfreien) Speise im Rahmen eines Menü eine Einheit bildet, hat das zur Folge, dass das ganze Hochzeitsessen sich nicht für die nach dem Vertrag vorausgesetzte Verwendung, nämlich verzehrt zu werden, eignet und daher mangelhaft i.S.d. § 434 Abs. 1 S. 2 Nr. 1 BGB ist.[7]

3. Nachträgliche Unmöglichkeit der Nacherfüllung

5   Für einen Schadensersatzanspruch nach §§ 437 Nr. 3, 280 Abs. 1 u. 3, 283 BGB muss weiterhin die Nacherfüllung nachträglich unmöglich geworden sein, § 275 Abs. 1 BGB. Während eine Nachbesserung nach dem Verzehr des Essens ausgeschlossen ist, könnte hier eine Nachlieferung durch Bereitstellung neuen Essens in Betracht kommen. Allerdings wäre auch diese ausgeschlossen, wenn es sich bei dem Hochzeitsessen um ein absolutes Fixgeschäft handelte. Bei absoluten Fixgeschäften tritt mit dem Zeitablauf Unmöglichkeit ein, weil nach diesem Zeitpunkt der Leistungszweck nicht mehr erreicht werden kann.[8] Ein Hochzeitsessen kann nur

---

[2] Dazu *Ramrath* AcP 189 (1989), 559, 562; Staudinger/*Löwisch* (2018) § 311 Rn. 38 ff. m.w.N.

[3] BGHZ 173, 344 Rn. 19 = NJW 2008, 1072; Palandt/*Grüneberg* Überbl v § 311 Rn. 25; BeckOK/ *Gehrlein* § 311 Rn. 20; Jauernig/*Stadler* § 311 Rn. 33.

[4] Vgl. *Paulus* JuS 2015, 496, 497, der sich trotzdem für die Anwendung der Kombinationstheorie ausspricht, weil auch der Service maßgeblich den Restaurantbesuch präge.

[5] So auch LG Ansbach, Urt. v. 12.7.2011 – 3 O 1139/10, BeckRS 2011, 21606; AG Burgwedel NJW 1986, 2647; *Ramrath* AcP 189 (1989), 559, 561; *Wolf* NJW 1987, 821; *Kaiser* JA 2007, 291, 292; *Medicus/Lorenz* SchuldR II, Rn. 1080. Anders dagegen BGHZ 116, 104, 116; ebenso AG Auerbach, Urt. v. 31.5.2002 – 3 C 883/01, wonach Werkvertragsrecht anwendbar sein soll.

[6] *Ramrath* AcP 189 (1989), 559, 563 f.; BeckOK/*Gehrlein* § 311 Rn. 22; Staudinger/*Löwisch* (2018) § 311 Rn. 42 f.; ähnl. *Medicus/Lorenz* SchuldR II, Rn. 1080.

[7] Vgl. BGHZ 116, 104, 116. Ebensogut kann auf den objektiven Fehlerbegriff des § 434 Abs. 1 S. 2 Nr. 2 BGB abgestellt werden.

[8] Palandt/*Grüneberg* § 275 Rn. 15; *Medicus/Lorenz* SchuldR I, Rn. 411.

am Tage der Hochzeit serviert werden. Eine Nacherfüllung zu einem späteren Zeitpunkt ist ausgeschlossen. Es handelt sich damit um ein absolutes Fixgeschäft. Folglich ist eine Nacherfüllung mit dem Ende der Hochzeitsfeier nachträglich unmöglich geworden.

> Noch vertretbar erscheint es auch, § 281 BGB anzuwenden. Dann wäre die Nachfristsetzung nach § 281 Abs. 2 Fall 2 oder § 440 S. 1 Fall 3 BGB entbehrlich.

4. Vertretenmüssen

Weiterhin müsste V seine Pflichtverletzung zu vertreten haben, was vermutet wird, §§ 280 Abs. 1 S. 2, 276 BGB. Im Rahmen des Schadensersatzanspruchs nach §§ 437 Nr. 3, 280, 283 BGB ist umstritten, ob nur das Unmöglichwerden der Nacherfüllung Bezugspunkt für das Vertretenmüssen ist (so die h.M.) oder auch der Mangel.[9] Geht man von letzterer Lösung aus, käme man zu dem Ergebnis, dass V sich nicht exkulpieren kann, weil er sich das Fehlverhalten seiner Erfüllungsgehilfin E, die den Nachtisch ungekühlt hatte stehen lassen, nach § 278 BGB zurechnen lassen muss. Nichts anderes dürfte allerdings auch gelten, wenn man im Grundsatz der ersteren Ansicht folgt: Bei einem absoluten Fixgeschäft wie einem Hochzeitsessen liegt es in der Natur der Sache, dass eine Nacherfüllung unmöglich ist. Wer sich als Verkäufer auf ein absolutes Fixgeschäft einlässt, weiß, dass er unmittelbar vertragsgemäß erfüllen muss und keine Möglichkeit zur Nacherfüllung hat. Dass es nicht im Verantwortungsbereich des Verkäufers liegt, dass die Nacherfüllung unmöglich wird, kann daran nichts ändern, weil sonst bei jedem absoluten Fixgeschäft ein Anspruch auf Schadensersatz statt der Leistung wegen mangelhafter Lieferung ausgeschlossen wäre. Beim absoluten Fixgeschäft muss es also ausreichen, dass der Verkäufer den Mangel zu vertreten hat. Dies folgt außerdem daraus, dass man das absolute Fixgeschäft auch unter § 281 Abs. 2 Fall 2 oder § 440 S. 1 Fall 3 BGB (Unzumutbarkeit der Nacherfüllung) fassen könnte, die es ausreichen lassen, dass der Schuldner den Mangel zu vertreten hat. Durch die Einordnung in § 283 BGB kann sich daran nichts ändern.

5. Schaden; Ergebnis

Damit schuldet V dem K Schadensersatz statt der Leistung. Dieser umfasst den Wert des gesamten Hochzeitsessens. Mangels anderer Anhaltspunkte im Sachverhalt entspricht der Preis des Hochzeitsessens in Höhe von 2000 € seinem Wert. K kann von V also Zahlung von 2000 € verlangen.

---

[9] Zum Problem Fall 6 Rn. 5 ff.

Zur Vertiefung:
Da hier ein erheblicher Mangel vorliegt (§ 283 S. 2 i.V.m. § 281 Abs. 1 S. 3 BGB), kann K nicht nur kleinen, sondern auch großen Schadensersatz (Schadensersatz statt der Leistung) verlangen. Vorliegend kommen großer wie kleiner Schadensersatz ausnahmsweise zum gleichen Ergebnis. Beim kleinen Schadensersatz kann K das Essen behalten, bekommt aber trotzdem den vollen Wert des Essens ersetzt, weil das mangelhafte Essen wertlos ist. Beim großen Schadensersatz müsste K zwar grds. das mangelhafte Essen zurückgeben (§ 283 S. 2 i.V.m. § 281 Abs. 5 i.V.m. § 346 Abs. 1 BGB). Dies ist jedoch nicht mehr möglich, und Wertersatz nach § 346 Abs. 2 S. 1 Nr. 2 BGB muss K auch nicht leisten, weil wegen des infizierten Nachtisches das ganze Essen wertlos ist.

II. Anspruch aus § 346 Abs. 1 i.V.m. §§ 437 Nr. 2, 326 Abs. 5, 323, 650 BGB

8   K könnte gegen V einen Anspruch auf Rückzahlung des Essenspreises aus § 346 Abs. 1 i.V.m. §§ 437 Nr. 2, 326 Abs. 5, 323, 650 BGB haben.

1. Rücktrittsrecht

9   Dazu müsste K zunächst ein Rücktrittsrecht zustehen, das sich hier nur aus §§ 437 Nr. 2, 326 Abs. 5, 323, 650 BGB ergeben kann.

Systematischer Hinweis:
Beim absoluten Fixgeschäft wird die Erreichung des Leistungszwecks nach dem festgelegten Zeitpunkt unmöglich (Beispiele: Bestellung eines Hochzeitsessens; Kauf eines Weihnachtsbaumes). Eine verspätete Leistung stellt keine Erfüllung mehr dar. Beim relativen Fixgeschäft wird die Leistung nach dem Termin nicht objektiv sinnlos, aber die Parteien haben durch eine Fixklausel („fix", „genau", „präzise", „prompt", „spätestens bis zum …") vereinbart, dass das Geschäft mit der Einhaltung des Termins „stehen und fallen" soll. Das absolute Fixgeschäft führt zur Unmöglichkeit der Leistung. Eine Nachfristsetzung ist wegen § 326 Abs. 5 BGB nicht erforderlich. Beim relativen Fixgeschäft ist der Gläubiger nach Ablauf des vereinbarten Zeitpunkts zum sofortigen Rücktritt berechtigt (§ 323 Abs. 2 Nr. 2 BGB). Das relative Fixgeschäft berechtigt hingegen nicht zum sofortigen Verlangen nach Schadensersatz statt der Leistung, weil § 281 Abs. 2 BGB eine entsprechende Ausnahme vom Fristsetzungserfordernis nicht enthält.

Wer das absolute Fixgeschäft nicht erkennt, kann hier über § 323 Abs. 2 Nr. 2 BGB oder § 440 S. 1 Fall 3 BGB zur Entbehrlichkeit der Fristsetzung gelangen.

a) K und V haben einen Vertrag geschlossen, auf den gem. § 650 BGB Kaufrecht **10**
Anwendung findet (s.o. Rn. 2).

b) Das Hochzeitsessen ist nach § 434 Abs. 1 S. 2 Nr. 1 BGB mangelhaft (s.o.
Rn. 4).

c) Eine Nacherfüllung ist, da ein absolutes Fixgeschäft vorliegt, unmöglich,
§ 275 Abs. 1 BGB (s.o. Rn. 5).

d) Der Mangel ist erheblich, § 326 Abs. 5 Hs. 2 i.V.m. § 323 Abs. 5 S. 2 BGB.
Damit ist K zum Rücktritt vom Vertrag berechtigt.

2. Rücktrittserklärung; Ergebnis

Gem. § 349 BGB muss K den Rücktritt noch erklären. Nach Erklärung des Rück- **11**
tritts kann er gem. § 346 Abs. 1 BGB Rückzahlung des Essenspreises in Höhe von
2000 € von V verlangen.

> Im Gegenzug müsste K grds. das mangelhafte Essen zurückgeben (§§ 346
> Abs. 1, 348 BGB). Dies ist nach dem Verzehr aber nicht mehr möglich. Eine
> Wertersatzpflicht nach § 346 Abs. 2 S. 1 Nr. 2 BGB, mit welcher V aufrech-
> nen könnte, besteht auch nicht, weil das verzehrte Essen wertlos ist.

III. Anspruch aus § 441 Abs. 4 i.V.m. §§ 437 Nr. 2, 441 Abs. 1 u. 3, 650 BGB

K könnte gegen V einen Anspruch auf Rückzahlung des Essenspreises aus § 441 **12**
Abs. 4 i.V.m. §§ 437 Nr. 2, 441 Abs. 1 u. 3, 650 BGB haben.

1. Minderungsrecht

Dazu müsste K zunächst nach §§ 437 Nr. 2, 441 Abs. 1 u. 3, 650 BGB zur Min- **13**
derung berechtigt sein. Die Minderung hat die gleichen Voraussetzungen wie der
Rücktritt (§ 441 Abs. 1 S. 1 BGB).[10] Da K zum Rücktritt berechtigt ist, kann er auch
mindern. Fraglich ist, in welchem Umfang eine Minderung hier in Betracht kommt,
§ 441 Abs. 3 BGB. Wenn die gelieferte Ware völlig wertlos ist, kann der Kaufpreis
auf Null gemindert werden.[11] Hier bildet der infizierte Nachtisch mit dem restlichen
mangelfreien Hochzeitessen eine Einheit (Menü). Ist der Nachtisch derart mangelhaft, dass die Hochzeitsgesellschaft wegen Magen- und Darmbeschwerden ins
Krankenhaus muss, wird dadurch das ganze Essen ungenießbar und daher wertlos.
Daher ist hier eine Minderung auf Null möglich.

2. Minderungserklärung; Ergebnis

K muss gem. § 441 Abs. 1 BGB die Minderung noch erklären. Danach kann er auch **14**
nach § 441 Abs. 4 BGB Rückzahlung des gesamten Kaufpreises verlangen.

---

[10] Beachte lediglich § 441 Abs. 1 S. 2 BGB.
[11] BGHZ 116, 104, 116; Palandt/*Weidenkaff* § 441 Rn. 16.

Systematischer Hinweis:
Wegen Wertlosigkeit des mangelhaften Essens kommen also nicht nur großer und kleiner Schadensersatz, sondern auch Rücktritt und Minderung zum selben Ergebnis. Man beachte, dass großer Schadensersatz zum Rücktritt genauso steht wie kleiner Schadensersatz zur Minderung.

Eine Erstattung des Essenspreises aufgrund gesetzlicher Anspruchsgrundlagen kommt daneben nicht in Betracht: Ein Anspruch des K gegen V aus **§ 823 Abs. 1 BGB** scheitert daran, dass in Bezug auf das Essen kein absolut geschütztes Rechtsgut oder Recht des K, insbes. nicht sein Eigentum, verletzt · ist. Das Essen war vielmehr von Anfang an mangelhaft. Auch ein Anspruch aus **§ 823 Abs. 2 BGB i.V.m. § 229 StGB** umfasst nur den Ersatz von Schäden, die unmittelbar mit der Körperverletzung zusammenhängen. Das Gleiche gilt auch für die Ansprüche aus **§ 823 Abs. 2 BGB i.V.m. Art. 14 Abs. 1 EG-Lebensmittel-RahmenVO** bzw. **§ 823 Abs. 2 BGB i.V.m. § 5 Abs. 1 S. 1 LFGB** (zur Prüfung der Ansprüche unten Rn. 53 ff., 59 ff.). Vom sachlichen Schutzbereich von Art. 14 Abs. 1 EG-Lebensmittel-RahmenVO und § 5 Abs. 1 S. 1 LFGB sind nämlich lediglich Schäden erfasst, die unmittelbar mit einer Gesundheitsverletzung zusammenhängen, nicht hingegen bloße Vermögensschäden durch den Kauf eines gesundheitsschädlichen und damit wertlosen oder wertgeminderten Lebensmittels.[12] Dies folgt daraus, dass nach Art. 5 Abs. 1 EG-Lebensmittel-RahmenVO das Hauptziel des Lebensmittelrechts in der Schaffung eines hohen Maßes an Schutz für das Leben und die Gesundheit der Menschen besteht. Den gleichen Schutzzweck verfolgt das deutsche LFGB nach § 1 Abs. 1 Nr. 1 LFGB. § 5 LFGB ist nach seiner gesetzlichen Überschrift ein Verbot „zum Schutz der Gesundheit". Im Hinblick auf bloße Vermögensschäden gewährleistet das Kaufrecht einen ausreichenden Schutz des Käufers.

B) Ansprüche des K gegen E auf Zahlung eines Schmerzensgeldes von 500 €

I. Anspruch aus § 823 Abs. 1 BGB

15 K könnte gegen E einen Anspruch auf Zahlung eines Schmerzensgeldes i.H.v. 500 € aus § 823 Abs. 1 i.V.m. § 253 Abs. 2 BGB haben.

---

[12] *Stöhr* in Kullmann/Pfister/Stöhr/Spindler, Produzentenhaftung (Loseblatt), Bd. 2, Nr. 1601 S. 8c.

1. Tatbestand

a) Rechtsgutverletzung

K könnte hier an seinem Rechtsgut Gesundheit verletzt sein. Gesundheitsverletzung **16**
ist jedes Hervorrufen oder Steigern eines von den normalen körperlichen Funktionen nachteilig abweichenden Zustandes, wobei unerheblich ist, ob Schmerzzustände auftreten oder bereits eine tiefgreifende Veränderung der Befindlichkeit eingetreten ist.[13] In den schmerzhaften Magen- und Darmbeschwerden liegt eine derartige Gesundheitsverletzung.

b) Verletzungshandlung

Die Verletzungshandlung kann grundsätzlich sowohl in einem positiven Tun als **17**
auch in einem Unterlassen liegen. Entscheidend für die Abgrenzung ist der Schwerpunkt der Vorwerfbarkeit. Hier hat E den Pudding zubereitet und dann in der warmen Küche ungekühlt stehen lassen. Da die Zubereitung von Pudding als solche nicht vorwerfbar ist, ist der Schwerpunkt der Vorwerfbarkeit in dem Unterlassen des Kühlstellens zu sehen (*a.A. vertretbar*).

c) Haftungsbegründende Kausalität und objektive Zurechnung

Die Verletzungshandlung muss für die Rechtsgutverletzung kausal sein. Nach der **18**
condicio-sine-qua-non-Formel ist ein Unterlassen dann kausal, wenn die erforderliche Handlung nicht hinzugedacht werden kann, ohne dass der Erfolg mit an Sicherheit grenzender Wahrscheinlichkeit entfiele. Hätte E den Pudding kaltgestellt, hätten sich die Keime nicht vermehren können, und es wäre bei K mit an Sicherheit grenzender Wahrscheinlichkeit nicht zu einer Salmonellenvergiftung gekommen. Damit war das Unterlassen (äquivalent) kausal für die Rechtsgutverletzung. Da es nicht außerhalb der Lebenserfahrung liegt, dass sich Keime in nicht gekühlten Speisen vermehren, war das Unterlassen auch adäquat kausal für die Gesundheitsverletzung.

Bei einem Unterlassen setzt die Zurechnung nach dem Schutzzweck der Norm **19**
aber eine Pflicht zum Handeln (Garantenpflicht) voraus.[14] Wer für den Verzehr durch andere Personen Lebensmittel zubereitet, muss dafür sorgen, dass diese nicht verderben. Insofern trifft E eine Verkehrs(sicherungs)pflicht.[15] Diese Pflicht soll gerade eine Gesundheitsverletzung, wie sie K erlitten hat, verhindern. Der Tatbestand des § 823 Abs. 1 BGB ist damit erfüllt.

---

[13] BGHZ 114, 284, 289; 163, 209, 212; Palandt/*Sprau* § 823 Rn. 4.

[14] Dies kann auch bei der Verletzungshandlung (hier Rn. 17) geprüft werden. Auch wer ein positives Tun annimmt, muss eine Garantenpflicht prüfen, weil dann eine bloß mittelbare Rechtsverletzung vorliegt.

[15] Jedenfalls wenn man E als Herstellerin i.S.d. § 5 Abs. 1 S. 1 LFGB ansieht, kann man die Garantenpflicht auch unter Rückgriff auf diese Norm begründen, siehe auch Lackner/Kühl/*Heger* StGB, 29. Aufl. 2018, § 13 Rn. 8.

2. Rechtswidrigkeit

20   Die Rechtswidrigkeit ist nach der Lehre vom Erfolgsunrecht indiziert. Soweit beim Unterlassen die positive Feststellung der Rechtswidrigkeit gefordert wird (s.o. Fall 2 Rn. 10), folgt die Rechtswidrigkeit aus der bereits bejahten Verletzung der Verkehrssicherungspflicht.

3. Verschulden

21   E müsste vorsätzlich oder fahrlässig gehandelt haben. Fahrlässig handelt gem. § 276 Abs. 2 BGB, wer die im Verkehr erforderliche Sorgfalt außer Acht lässt. E hätte erkennen können und müssen, dass zubereitete Speisen über Nacht gekühlt werden müssen. Damit ist ihr ein Fahrlässigkeitsvorwurf zu machen.

4. Schaden, haftungsausfüllende Kausalität, Ersatzfähigkeit

22   Hier verlangt K Ersatz für durch die Salmonelleninfektion verursachte immaterielle Beeinträchtigungen. Ein immaterieller Schaden ist nur in den gesetzlich normierten Ausnahmefällen ersatzfähig, § 253 Abs. 1 BGB. Bei einer Gesundheitsverletzung, wie sie hier vorliegt, besteht gem. § 253 Abs. 2 BGB eine entsprechende Ausnahme. Das geforderte Schmerzensgeld in Höhe von 500 € ist laut Sachverhalt der Höhe nach angemessen. Damit kann K von E gem. § 823 Abs. 1 i.V.m. § 253 Abs. 2 BGB Zahlung von 500 € verlangen.

II. Anspruch aus § 823 Abs. 2 BGB i.V.m. § 229 StGB

23   K könnte gegen E einen Anspruch auf Schmerzensgeld aus § 823 Abs. 2 BGB i.V.m. § 229 StGB i.V.m. § 253 Abs. 2 BGB haben.

1. Tatbestand

Dann müsste es sich bei § 229 StGB um ein Schutzgesetz i.S.d. § 823 Abs. 2 BGB handeln, und E müsste gegen dieses Schutzgesetz verstoßen haben.

a) § 229 StGB als Schutzgesetz

24   Eine Norm ist ein Schutzgesetz, wenn sie zumindest auch dazu dienen soll, den Einzelnen oder einzelne Personenkreise gegen die Verletzung eines bestimmten Rechtsguts zu schützen.[16] § 229 StGB ist eine Rechtsnorm, die dem Schutz von Körper und Gesundheit des Menschen dient. K fällt daher in den persönlichen Schutzbereich des § 229 StGB.

b) Verletzung des Schutzgesetzes

25   Fraglich ist, ob sich E wegen fahrlässiger Körperverletzung strafbar gemacht hat. Der Körperverletzungserfolg ist eingetreten. Er wurde dadurch verursacht, dass E den Pudding zubereitet und dann nicht ordnungsgemäß kühlgestellt hat. Da hierin im Schwerpunkt ein Unterlassen liegt, muss man die nach § 13 Abs. 1 StGB erforderliche Garantenpflicht aus gefahrbegründendem Vorverhalten bzw. einer Verkehrssicherungspflicht

---

[16] Palandt/*Sprau* § 823 Rn. 57.

herleiten (wie oben Rn. 19). Es war auch objektiv sorgfaltswidrig, dass E Pudding zubereitete und dann nicht dafür sorgte, dass er ordnungsgemäß gekühlt wurde. Rechtswidrigkeit und Schuld sind gegeben, insbesondere ist der E ihr Verhalten auch subjektiv vorzuwerfen. Sie hat sich damit wegen fahrlässiger Körperverletzung strafbar gemacht, also gegen das Schutzgesetz verstoßen.

2. Rechtswidrigkeit; Schaden; Ergebnis

Die Rechtswidrigkeit ist gegeben. Hinsichtlich des Schadens und seiner Ersatzfä- **26**
higkeit gilt das Gleiche wie oben (Rn. 22). Damit haftet E dem K auch aus § 823
Abs. 2 BGB i.V.m. § 229 StGB auf Schmerzensgeld gem. § 253 Abs. 2 BGB.

> **Systematischer Hinweis:**
> Beachte, dass eine Verschuldensprüfung nach § 823 Abs. 2 S. 2 BGB hier
> nicht mehr erforderlich ist, weil das Schutzgesetz bereits Verschulden voraus-
> setzt (im Gegensatz zu § 5 LFGB).

III. Anspruch aus § 823 Abs. 2 BGB i.V.m. § 5 Abs. 1 S. 1 LFGB

K könnte gegen E einen Anspruch aus § 823 Abs. 2 BGB i.V.m. § 5 Abs. 1 S. 1 LFGB **27**
i.V.m. § 253 Abs. 2 BGB auf Zahlung eines Schmerzensgeldes i.H.v. 500 € haben.

1. Tatbestand

Dann müsste es sich bei § 5 Abs. 1 S. 1 LFGB um ein Schutzgesetz i.S.d. § 823 **28**
Abs. 2 BGB handeln, und E müsste dagegen verstoßen haben. § 5 Abs. 1 S. 1 LFGB
dient dem Schutz der Gesundheit des Menschen und ist damit Schutzgesetz i.S.d.
§ 823 Abs. 2 BGB.

Fraglich ist jedoch, ob E gegen das Verbot des § 5 Abs. 1 S. 1 LFGB verstoßen **29**
hat. Dazu müsste sie selbst ein Lebensmittel für andere hergestellt haben. Gem.
§ 3 Nr. 2 LFGB umfasst das Herstellen auch das Zubereiten. Es spricht viel dafür,
als „Hersteller" einer in einer Gastwirtschaft zubereiteten Speise – entsprechend
der Rechtslage nach § 4 ProdHaftG – nicht den bloßen Angestellten, der die Speise
tatsächlich zubereitet hat, sondern den Betreiber der Gastwirtschaft anzusehen, der
als Unternehmer für die Produktion verantwortlich ist. Dann hat nicht E, sondern V
den Pudding hergestellt. E hat nicht gegen das Schutzgesetz verstoßen.

> A.A. vertretbar: Dann ist E, die den Pudding zubereitet hat, Herstellerin, so dass
> sich der Anspruch gegen sie richtet. Der BGH hat die Frage offengelassen.[17]

---

[17] BGHZ 116, 104, 114.

2. Ergebnis

30   E haftet dem K nicht gem. § 823 Abs. 2 BGB i.V.m. § 5 Abs. 1 S. 1 LFGB.

IV. Anspruch aus § 1 ProdHaftG

31   Ein Anspruch des K gegen E aus § 1 ProdHaftG scheidet aus, weil E als Arbeitnehmerin nicht Hersteller i.S.d. § 4 ProdHaftG ist.

C) Ansprüche des K gegen V auf Zahlung eines Schmerzensgeldes von 500 €

I. Anspruch aus §§ 437 Nr. 3, 280 Abs. 1, 253 Abs. 2, 650 BGB

32   K könnte gegen V einen Anspruch auf Zahlung eines Schmerzensgeldes in Höhe
von 500 € im Rahmen des Schadensersatzes neben der Leistung aus §§ 437 Nr. 3,
280 Abs. 1, 253 Abs. 2, 650 BGB haben.

1. Anwendung des Kaufrechts

33   K und V haben einen Vertrag geschlossen, auf den Kaufrecht gem. § 650 BGB
Anwendung findet (s.o. Rn. 2).

2. Sachmangel als Pflichtverletzung

34   Das gelieferte Hochzeitsessen war nach § 434 Abs. 1 S. 2 BGB bei Gefahrübergang
mangelhaft (s.o. Rn. 4). Darin liegt gem. § 433 Abs. 1 S. 2 BGB die nach § 280
Abs. 1 BGB erforderliche Pflichtverletzung.

3. Vertretenmüssen

35   Das Verschulden der E muss sich K gem. § 278 BGB zurechnen lassen, so dass er
die Pflichtverletzung auch zu vertreten hat, § 280 Abs. 1 S. 2 BGB.

4. Schaden; Ersatzfähigkeit des Schmerzensgeldes; Ergebnis

36   Aufgrund der mit Salmonellen infizierten Speisen ist die Gesundheit des K verletzt
worden. In diesem Falle umfasst der Anspruch auf Schadensersatz neben der Leistung
nach § 253 Abs. 2 BGB auch eine billige Entschädigung in Geld. K kann daher von V
gem. §§ 437 Nr. 3, 280 Abs. 1, 253 Abs. 2, 650 BGB Zahlung von 500 € verlangen.

II. Anspruch aus § 1 ProdHaftG

37   K könnte gegen V einen Anspruch auf Schmerzensgeld aus §§ 1, 8 S. 2 ProdHaftG
haben.

1. Tatbestand

38   Dann müsste gem. § 1 Abs. 1 S. 1 ProdHaftG durch den Fehler eines Produkts
der Körper oder die Gesundheit eines Menschen verletzt worden sein. Hier ist die
Gesundheit des K verletzt worden (s.o. Rn. 16). Produkt ist nach § 2 ProdHaftG
jede bewegliche Sache. Darunter fallen auch Speisen. Nach § 3 Abs. 1 lit. b Prod-
HaftG hat ein Produkt einen Fehler, wenn es nicht die Sicherheit bietet, die unter

Berücksichtigung aller Umstände, insbesondere des Gebrauchs, mit dem billigerweise gerechnet werden kann, berechtigterweise erwartet werden kann. Speisen dienen dem Verzehr. Salmonellenverseuchte Speisen sind zum Verzehr ungeeignet. Damit weist der servierte Nachtisch einen Produktfehler auf.[18] Die Salmonellenvergiftung beruht auf dem infizierten Pudding, so dass die haftungsbegründende Kausalität zwischen Rechtsgutverletzung und Produktfehler zu bejahen ist.

Als Gastwirt (Unternehmer) ist V Hersteller i.S.d. § 4 Abs. 1 S. 1 ProdHaftG und   **39**
damit Anspruchsschuldner. Ausschlussgründe nach § 1 Abs. 2 ProdHaftG sind nicht ersichtlich.

2. Schaden; Ersatzfähigkeit des Schmerzensgeldes; Ergebnis

Demnach ist V dem K zum Schadensersatz verpflichtet. Dieser Anspruch umfasst   **40**
nach § 8 S. 2 ProdHaftG auch das verlangte Schmerzensgeld.

III. Anspruch aus § 831 Abs. 1 BGB

K könnte gegen V einen Anspruch auf Schmerzensgeld i.H.v. 500 € aus § 831 Abs. 1   **41**
BGB i.V.m. § 253 Abs. 2 BGB haben. Gem. § 15 Abs. 2 ProdHaftG ist neben der Gefährdungshaftung nach dem ProdHaftG auch § 831 Abs. 1 BGB anwendbar.

1. E als Verrichtungsgehilfe

Dann müsste E Verrichtungsgehilfin des V sein. Verrichtungsgehilfe ist, wer mit   **42**
Wissen und Wollen des Geschäftsherrn in dessen Interesse tätig wird und von den Weisungen des Geschäftsherrn abhängig ist. E ist in der Gastwirtschaft ihres Mannes als angestellte Köchin tätig. Da V Inhaber der Gaststätte ist, E und V also nicht etwa gleichberechtigt im Sinne einer Gesellschaft tätig werden, sondern vielmehr E bloß nach den Weisungen des V kocht, ist E als Verrichtungsgehilfin anzusehen.

2. Unerlaubte Handlung des Verrichtungsgehilfen in Ausführung der Verrichtung

Außerdem müsste E widerrechtlich den Tatbestand einer unerlaubten Handlung   **43**
i.S.d. §§ 823 ff. BGB verwirklicht haben. E hat hier widerrechtlich die Gesundheit des K verletzt und damit eine unerlaubte Handlung i.S.d. § 823 Abs. 1 BGB begangen (s.o. Rn. 15 ff.). Außerdem hat sie eine unerlaubte Handlung nach § 823 Abs. 2 BGB i.V.m. § 229 StGB begangen (s.o. Rn. 23 ff.). Dies geschah bei der Zubereitung des Essens, also in Ausführung der Verrichtung.

3. Keine Exkulpation gem. § 831 Abs. 1 S. 2 BGB

Die Haftung des Geschäftsherrn ist an ein eigenes Auswahl- oder Überwachungsver   **44**
schulden geknüpft. Allerdings ist die Beweislast umgekehrt, d. h. der Geschäftsherr muss sich gem. § 831 Abs. 1 S. 2 BGB dadurch entlasten, dass er beweist, dass er den Gehilfen sorgfältig ausgewählt und überwacht hat. Hier hat V insbesondere zur Überwachung der E nichts dargelegt. Eine Exkulpation kommt daher nicht in Betracht.

---

[18] Stattdessen kann auch auf die Fehlerbegriffe der Produkthaftung nach § 823 Abs. 1 BGB angeknüpft werden (vgl. BGHZ 181, 253 = NJW 2009, 2952 Rn. 12); siehe unten Rn. 48.

4. Schaden; Ergebnis

45   Hinsichtlich des Schadens gilt das Gleiche wie oben (Rn. 22). Damit haftet V dem
K auch nach §§ 831 Abs. 1, 253 Abs. 2 BGB auf ein angemessenes Schmerzensgeld
i.H.v. 500 €.

IV. Anspruch aus § 823 Abs. 1 BGB

46   Der Schmerzensgeldanspruch des K gegen V könnte sich auch aus §§ 823 Abs. 1,
253 Abs. 2 BGB ergeben. Gem. § 15 Abs. 2 ProdHaftG ist neben der Gefährdungshaftung nach dem ProdHaftG auch eine deliktische Haftung möglich.

1. Tatbestand

47   K ist, wie bereits geprüft (Rn. 16), durch die verdorbene Speise an seiner Gesundheit
verletzt worden. Fraglich ist, ob diese Rechtsgutverletzung durch eine Verletzungshandlung des V verursacht worden ist. V hat den Nachtisch nicht selbst zubereitet.
Allerdings hat er als Inhaber der Gaststätte und damit als Hersteller im produkthaftungsrechtlichen Sinne den verseuchten Nachtisch in Verkehr gebracht, was im
Rahmen der deliktischen Produzentenhaftung als Verletzungshandlung ausreicht.[19]

48   Das Inverkehrbringen ist nach Äquivalenz- und Adäquanztheorie ursächlich für
die eingetretene Gesundheitsverletzung. Es begründet nach den von der Rechtsprechung entwickelten Regeln zur deliktischen Produzentenhaftung aber nur dann
eine Haftung, wenn V eine ihm obliegende Verkehrssicherungspflicht verletzt hat.
Wer Produkte in Verkehr bringt, muss in den Grenzen des technisch Möglichen und
des wirtschaftlich Zumutbaren dafür sorgen, dass Verbraucher durch das Produkt
keine Gesundheitsschäden erleiden.[20] Insofern hat die Rechtsprechung spezifische
Pflichten entwickelt, deren objektiv sorgfaltswidrige Verletzung einen Produktfehler begründet.

Gruppen von Produktfehlern (vgl. BGHZ 181, 253 = NJW 2009, 2952 ff.;
Fuchs/Baumgärtner JuS 2011, 1057, 1058 ff.)

- **Konstruktionsfehler:** Der Hersteller muss das Produkt so konstruieren,
  dass – in den Grenzen des technisch Möglichen und wirtschaftlich Zumutbaren – keine vermeidbaren Gefahren für andere geschaffen werden.
  Konstruktionsfehler haften immer der ganzen Serie von Produkten an.
- **Fabrikationsfehler:** Im Produktionsbereich muss der Hersteller die Qualität der in Serie gefertigten Produkte z. B. auf Material- und Montage-
  fehler kontrollieren. Fabrikationsfehler betreffen demnach nur einzelne
  Stücke der Produktion. Bei Ausreißern, d. h. Produktionsfehlern, die trotz

---

[19] Alternativ könnte man auf das Unterlassen einer Endkontrolle der Speisen abstellen.

[20] Vgl. BGH NJW 2007, 762 Rn. 11; ferner *Fuchs/Baumgärtner* JuS 2011, 1057, 1058.

aller zumutbaren Vorkehrungen unvermeidbar sind, fehlt es im Rahmen von § 823 Abs. 1 BGB am Verschulden, jedoch haftet der Produzent nach § 1 ProdHaftG.

- **Instruktionsfehler:** Der Hersteller muss auf die Gefahren, die aus der Verwendung des Produkts entstehen können, ausreichend hinweisen.
- **Produktbeobachtungsfehler:** Der Hersteller muss auch nach dem Inverkehrbringen sein Produkt auf schädliche Folgen oder Risiken beobachten und dann ggf. vor Produktgefahren warnen, die zur Zeit des Inverkehrbringens noch nicht bekannt waren.

(Die ersten drei Fehlertypen sind auch für den Begriff des Produktfehlers nach § 3 Abs. 1 ProdHaftG maßgeblich; Produktbeobachtungsfehler sind hingegen nur im Rahmen von § 823 Abs. 1 BGB relevant. Weder nach BGB noch nach ProdHaftG haftet der Hersteller für Fehler, die im Zeitpunkt der Inverkehrgabe nach dem damaligen Stand von Wissenschaft und Technik nicht erkennbar waren, sog. Entwicklungsfehler, § 1 Abs. 2 Nr. 5 ProdHaftG.)

Anknüpfend an diese Fehlerkategorien liegt hier ein Fabrikationsfehler vor. Der **49** Pudding hätte nicht über Nacht ungekühlt stehen gelassen werden dürfen. Somit liegt ein haftungsrelevantes Verhalten des V vor.

2. Rechtswidrigkeit
Die Rechtswidrigkeit ist aufgrund der Verletzung der Verkehrssicherungspflicht zu **50** bejahen.

3. Verschulden
V müsste auch vorsätzlich oder fahrlässig gehandelt haben. Grundsätzlich trägt **51** hierfür der Geschädigte die Darlegungs- und Beweislast. In Produkthaftungsfällen wäre ihm dies allerdings kaum möglich, weil die Herstellungsvorgänge und die Organisationssphäre im Betrieb des Produzenten schwer durchschaubar sind. Daher hat die Rechtsprechung eine Beweislastumkehr entwickelt, der zufolge der Hersteller im produkthaftungsrechtlichen Sinne darlegen und beweisen muss, dass ihn in Bezug auf die Fehlerhaftigkeit des Produktes, die zu dem Schaden beim Verbraucher geführt hat, kein Verschulden trifft.[21] Das gilt auch bei Kleinbetrieben wie dem des V.[22] Für eine Exkulpation des V ist hier nichts ersichtlich, so dass von fahrlässigem und damit schuldhaftem Handeln auszugehen ist.

---

[21] BGHZ 51, 91; 116, 104, 107 ff. Die Beweislastumkehr gilt für Konstruktions-, Fabrikations- und Instruktionsfehler (nicht für Produktbeobachtungsfehler, Palandt/*Sprau* § 823 Rn. 185 a.E.).
[22] BGHZ 116, 104, 108 ff.

> **Zur Vertiefung:**
> Die Beweislastumkehr erstreckt sich nicht nur auf das Verschulden, sondern auch auf die im Tatbestand zu prüfende objektive Pflichtverletzung, wenn der Geschädigte einen aus dem Verantwortungsbereich des Herstellers stammenden Produktfehler nachgewiesen hat. Dies soll allerdings nicht für Produktbeobachtungsfehler gelten (ausf. dazu NK-BGB/*Katzenmeier* § 823 Rn. 329 m.w.N.).

4. Schaden; Ersatzfähigkeit des Schmerzensgeldes; Ergebnis

52   Aufgrund der mit der Körper- und Gesundheitsverletzung einhergehenden immateriellen Beeinträchtigung kann K gem. § 253 Abs. 2 BGB Zahlung eines angemessenen Schmerzensgeldes in Höhe von 500 € von V verlangen.

V. Anspruch aus § 823 Abs. 2 BGB i.V.m. Art. 14 Abs. 1 EG-Lebensmittel-RahmenVO

53   K könnte gegen V einen Anspruch auf Schmerzensgeld aus § 823 Abs. 2 BGB i.V.m. Art. 14 Abs. 1 EG-Lebensmittel-RahmenVO i.V.m. § 253 Abs. 2 BGB haben.

1. Tatbestand

54   Dann müsste es sich bei Art. 14 Abs. 1 EG-Lebensmittel-RahmenVO um ein Schutzgesetz i.S.d. § 823 Abs. 2 BGB handeln, und V müsste gegen dieses Schutzgesetz verstoßen haben. Art. 14 Abs. 1 EG-Lebensmittel-RahmenVO soll die Gesundheit des Menschen schützen (Art. 1 Abs. 1 S. 1 EG-Lebensmittel-RahmenVO). Damit handelt es sich bei dieser Rechtsnorm um ein Schutzgesetz i.S.d. § 823 Abs. 2 BGB. Art. 14 Abs. 1 EG-Lebensmittel-RahmenVO dient auch dem persönlichen Schutz des K als einem Konsumenten von Lebensmitteln.

> **Zur Vertiefung:**
> Verordnungen der Europäischen Union haben nach Art. 288 Unterabs. 2 AEUV allgemeine Geltung. Sie sind in allen ihren Teilen verbindlich und gelten unmittelbar in jedem Mitgliedstaat. Insofern unterscheiden sie sich von Richtlinien der EU, die nach Art. 288 Unterabs. 3 noch in innerstaatliches Recht transformiert werden müssen. Normen in EU-Verordnungen können demnach anders als Richtlinien Schutzgesetze i.S.d. § 823 Abs. 2 BGB sein (Palandt/*Sprau* § 823 Rn. 57).

55   Fraglich ist, ob V gegen das Verbot des Art. 14 Abs. 1 EG-Lebensmittel-RahmenVO verstoßen hat. Dann müsste er Lebensmittel, die nicht sicher sind, in Verkehr gebracht haben. „Lebensmittel" sind nach Art. 2 EG-Lebensmittel-RahmenVO alle Stoffe oder Erzeugnisse, die dazu bestimmt sind oder von denen nach vernünftigem Ermessen erwartet werden kann, dass sie in verarbeitetem, teilweise verarbeitetem oder unverarbeitetem Zustand von Menschen aufgenommen werden. Dazu zählen auch die in der Gaststätte des V zubereiteten Speisen. Der zubereitete Pudding ist „nicht sicher", weil er mit Salmonellen verseucht und damit zum Verzehr nicht geeignet ist. „Inverkehrbringen" ist das Bereithalten von Lebensmitteln oder Futtermitteln für Verkaufszwecke einschließlich des Anbietens zum Verkauf oder jeder anderen Form der Weitergabe, gleichgültig, ob unentgeltlich oder nicht, sowie der Verkauf, der Vertrieb oder andere Formen der Weitergabe selbst (Art. 3 Nr. 8 EG-Lebensmittel-RahmenVO). Hier hat V als Gastwirt den Gästen der Feier die Speisen entgeltlich abgegeben. Das ist vom Begriff des Inverkehrbringens erfasst. Damit hat V gegen das Schutzgesetz des Art. 14 Abs. 1 EG-Lebensmittel-RahmenVO verstoßen.

2. Rechtswidrigkeit
Die Rechtswidrigkeit ist indiziert.   **56**

3. Verschulden
Nach § 823 Abs. 2 S. 2 BGB muss V schuldhaft, d. h. vorsätzlich oder fahrlässig   **57**
gehandelt haben. Zwar liegt die Beweislast auch hier im Grundsatz beim Geschädigten. Allerdings muss, wenn es um die Haftung des Herstellers wegen Inverkehrbringens eines fehlerhaften Lebensmittels geht, ebenfalls die vom BGH zur deliktischen Produzentenhaftung nach § 823 Abs. 1 BGB entwickelte Beweislastumkehr
gelten.[23] Da für eine Exkulpation des V nichts ersichtlich ist, ist von schuldhaftem
Handeln auszugehen.

Klausurhinweis:

Wer die Beweislastumkehr hier nicht anwenden will, muss prüfen, ob sich aus dem Sachverhalt Anhaltspunkte für fahrlässiges Handeln des V ergeben. Abstellen könnte man darauf, dass V sich nicht vergewissert hat, dass die den Gästen bereitgestellten Speisen lebensmittelrechtlich einwandfrei sind. Man kann eine Haftung aber auch mit der Begründung ablehnen, im Sachverhalt fänden sich für ein fahrlässiges Handeln des V zu wenige Anhaltspunkte.

4. Schaden; Ersatzfähigkeit des Schmerzensgeldes; Ergebnis
Hinsichtlich des ersatzfähigen Schadens gilt das Gleiche wie oben (Rn. 22). Damit   **58**
ergibt sich der Anspruch des K gegen V auf Schmerzensgeld i.H.v. 500 € auch aus
§ 823 Abs. 2 BGB i.V.m. Art. 14 Abs. 1 EG-Lebensmittel-Rahmen-VO i.V.m. § 253
Abs. 2 BGB.

VI. Anspruch aus § 823 Abs. 2 BGB i.V.m. § 5 Abs. 1 S. 1 LFGB
K könnte gegen V einen Anspruch auf Schmerzensgeld aus § 823 Abs. 2 BGB   **59**
i.V.m. § 5 Abs. 1 S. 1 LFGB i.V.m. § 253 Abs. 2 BGB haben.

---

[23] So auch *Teichmann* LM § 823 (J) Nr. 41 letzte Seite unter 4a).

1. Tatbestand

60   Dass es sich bei § 5 Abs. 1 S. 1 LFGB um ein Schutzgesetz i.S.d. § 823 Abs. 2 BGB handelt, wurde schon gezeigt (Rn. 28). Fraglich ist, ob V gegen das Verbot des § 5 Abs. 1 S. 1 LFGB verstoßen hat. Dann müsste er ein Lebensmittel für andere derart hergestellt haben, dass sein Verzehr gesundheitsschädlich i.S.v. Art. 14 Abs. 2 lit. a EG-Lebensmittel-Rahmenverordnung ist. Fraglich ist allein, ob V „Hersteller" i.S.d. § 5 Abs. 1 S. 1 LFGB ist. Dies kann man in Analogie zum produkthaftungs-rechtlichen Herstellerbegriff des § 4 ProdHaftG mit dem Argument bejahen, dass V als Unternehmer für die Produktion verantwortlich und damit – anders als E als bloße Arbeitnehmerin – der eigentliche Hersteller ist. Dann hat V auch gegen § 5 Abs. 1 S. 1 LFGB verstoßen.[24]

2. Rechtswidrigkeit; Verschulden; Schaden; Ergebnis

61   Die Rechtswidrigkeit ist indiziert. Hinsichtlich des nach § 823 Abs. 2 S. 2 BGB erforderlichen Verschuldens gilt zu Lasten des V als Herstellers wiederum die von der Rechtsprechung entwickelte Beweislastumkehr (s.o. Rn. 57; *a.A. vertretbar*). Auch hinsichtlich des Schadens gilt das Gleiche wie oben. V schuldet dem K damit auch gem. § 823 Abs. 2 BGB i.V.m. § 5 Abs. 1 S. 1 LFGB i.V.m. § 253 Abs. 2 BGB ein Schmerzensgeld i.H.v. 500 €.

VII. Anspruch aus § 823 Abs. 2 BGB i.V.m. § 229 StGB

62   K könnte gegen V einen Anspruch auf Schmerzensgeld aus § 823 Abs. 2 BGB i.V.m. § 229 StGB i.V.m. § 253 Abs. 2 BGB haben.

1. Tatbestand

63   Bei § 229 StGB handelt es sich um ein Schutzgesetz i.S.d. § 823 Abs. 2 BGB (s.o. Rn. 24).

   Fraglich ist, ob V sich gem. § 229 StGB strafbar gemacht hat. Dann müsste V im Tatbestand zunächst eine Körper- oder Gesundheitsverletzung begangen haben. Der Erfolg einer Gesundheitsverletzung ist eingetreten. Als Verletzungshandlung kann man auf das Inverkehrbringen der Speisen abstellen *(a.A. vertretbar)*, welches auch kausal für die Gesundheitsverletzung war. Allerdings erscheint zweifelhaft, ob V objektiv sorgfaltswidrig und damit fahrlässig gehandelt hat. Möglicherweise kann man darauf abstellen, dass V das Dessert ungeprüft in Verkehr gebracht bzw. E nicht ordnungsgemäß überwacht hat. Jedoch enthält der Sachverhalt nicht genug Hinweise für fahrlässiges Handeln des V *(a.A. vertretbar)*. Eine Beweislastumkehr kann es im Rahmen der Strafbarkeit nach § 229 StGB nicht geben. Daher ist eine Strafbarkeit des V gem. § 229 StGB abzulehnen *(a.A. vertretbar)*.

2. Ergebnis

64   V haftet dem K nicht aus § 823 Abs. 2 BGB i.V.m. § 229 StGB *(a.A. vertretbar)*.

---

[24] A.A. vertretbar. Siehe oben Rn. 29.

D) Ansprüche der B gegen E auf Zahlung eines Schmerzensgeldes i.H.v. 500 €

Hinsichtlich dieser Ansprüche gilt das Gleiche wie für K (oben B).   **65**

E) Ansprüche der B gegen V auf Zahlung eines Schmerzensgeldes i.H.v. 500 €

I. Anspruch aus §§ 437 Nr. 3, 280 Abs. 1, 253 Abs. 2, 650 BGB

Ein Anspruch der B gegen V unmittelbar aus §§ 437 Nr. 3, 280 Abs. 1, 253 Abs. 2,   **66**
650 BGB auf Schmerzensgeld scheidet aus, weil nicht B, sondern allein K Vertragspartner des V ist.

II. Anspruch aus §§ 437 Nr. 3, 280 Abs. 1, 253 Abs. 2, 650 BGB i.V.m. den Grundsätzen über den Vertrag mit Schutzwirkung für Dritte

Als Grundlage für einen Schmerzensgeldanspruch der B gegen V kommen aber die   **67**
§§ 437 Nr. 3, 280 Abs. 1, 253 Abs. 2, 650 BGB i.V.m. den Grundsätzen über den
Vertrag mit Schutzwirkung für Dritte in Betracht.

1. Einbeziehung der B in den Schutzbereich des Bewirtungsvertrages

Das setzt zunächst voraus, dass B durch die Grundsätze des Vertrages mit Schutz-   **68**
wirkung für Dritte in den Schutzbereich des von ihrem Bräutigam abgeschlossenen
Bewirtungsvertrages einbezogen ist.

Ausführlicher wird die Rechtsgrundlage in Fall 4 Rn. 52 (m.w.N.) hergeleitet.
In der Klausur kann man sich kurzfassen.

a) Rechtsgrundlage

Das Rechtsinstitut des Vertrages mit Schutzwirkung für Dritte wird teils aus einer   **69**
ergänzenden Auslegung des Hauptvertrages (§§ 133, 157 BGB) hergeleitet, teils
aus einer rechtsfortbildenden gesetzlichen Ausgestaltung des Vertragsverhältnisses
nach Treu und Glauben, teils auch aus § 311 Abs. 3 S. 1 BGB. Letztlich kann diese
dogmatische Frage offenbleiben, da inzwischen gewohnheitsrechtlich anerkannt ist,
dass auch Dritte so in die vertraglichen Sorgfalts- und Obhutspflichten einbezogen
sein können, dass sie bei deren Verletzung vertragliche Schadensersatzansprüche
geltend machen können.

b) Voraussetzungen[25]

aa) Leistungsnähe

70 Die Einbeziehung eines Dritten nach den Grundsätzen des Vertrages mit Schutzwirkung für Dritte setzt zunächst voraus, dass der Dritte bestimmungsgemäß genauso mit der Leistung des Schuldners in Berührung kommt wie der Gläubiger selbst. B sollte genauso mit der Bewirtungsleistung des V in Kontakt kommen wie K. Sie sollte das Hochzeitsessen genauso verzehren wie ihr Bräutigam.

bb) Schutzinteresse (Gläubigernähe)

71 Weiterhin muss der Gläubiger, hier also K, ein schutzwürdiges Interesse an der Einbeziehung des Dritten in den Schutzbereich des Vertrages haben. Ursprünglich hat der BGH dies nur bejaht, wenn der Vertragspartner gegenüber dem Dritten eine Schutz- und Fürsorgepflicht hatte (Verantwortung für das „Wohl und Wehe" des Dritten). Nach neuerer Rechtsprechung reicht dagegen irgendein vertragliches Einbeziehungsinteresse des Gläubigers aus. K trägt familienrechtlich gem. § 1353 Abs. 1 S. 2 BGB für seine frisch geheiratete Frau Verantwortung. Somit hat er selbst nach der früheren, restriktiven Rechtsprechung ein Interesse daran, dass B in den Schutzbereich des Bewirtungsvertrages mit V einbezogen wird.

cc) Erkennbarkeit

72 Außerdem müssen für den Schuldner die Leistungsnähe des Dritten und das Schutzinteresse des Gläubigers erkennbar sein. Hier wusste V bei Vertragsschluss, dass das Essen nicht von K allein, sondern von der gesamten Hochzeitsgesellschaft, insbesondere auch von B, verzehrt werden sollte. Damit waren ihm sowohl die Leistungsnähe der B als auch das Schutzinteresse des K erkennbar.

dd) Schutzbedürftigkeit

73 Schließlich scheidet eine Einbeziehung des Dritten in den Schutzbereich des Vertrages mangels Schutzbedürftigkeit aus, wenn dem Dritten eigene, gleichwertige vertragliche Ansprüche – gleich gegen wen – zustehen. Hier hat B weder eigene vertragliche Schadensersatzansprüche gegen V noch gegen K. Sie ist also schutzbedürftig.

> **Beachte,** dass gesetzliche Ansprüche des Dritten (z. B. aus §§ 823, 831 BGB) seine Schutzbedürftigkeit nicht berühren!

ee) Zwischenergebnis

74 Damit ist B in den Schutzbereich des Bewirtungsvertrages ihres Bräutigams mit V einbezogen.

---

[25] Nachweise zu den Voraussetzungen des Vertrags mit Schutzwirkung zugunsten Dritter in Fall 4 Rn. 67 ff.

2. Sonstige Anspruchsvoraussetzungen

Wie geprüft, war das Hochzeitsessen nach §§ 434 Abs. 1 S. 2 Nr. 1, 650 BGB **75**
mangelhaft. Die darin liegende Pflichtverletzung hat V auch zu vertreten. Er schuldet daher auch der B gem. §§ 437 Nr. 3, 280 Abs. 1, 253 Abs. 2, 650 BGB i.V.m.
den Grundsätzen über den Vertrag mit Schutzwirkung für Dritte ein angemessenes
Schmerzensgeld i.H.v. hier 500 €.

III. Gesetzliche Ansprüche

Hinsichtlich der gesetzlichen Ansprüche der B gegen V (Deliktsrecht und Produkt- **76**
haftung) gilt das Gleiche wie für K (oben C II-VII).

Ergebnis ist also, dass K von V Rückzahlung des Essenspreises i.H.v. 2000 €
und K und B jeweils sowohl von V als auch von E Zahlung des Schmerzensgeldes von je 500 € verlangen können. Hinsichtlich des Schmerzensgeldes
sind V und E Gesamtschuldner gem. §§ 840 Abs. 1, 421 ff. BGB (siehe auch
Fall 4 Rn. 43 Ergänzender Hinweis 2 zum Innenausgleich).

Zusatzfrage

Fraglich ist, ob die jeweiligen Schadensersatzansprüche von K und B auch die **77**
Übernahme der vergeblichen Kosten für die gebuchte Hochzeitsreise umfassen.
Diese Frage ist umstritten.

Der BGH vertritt die Auffassung, hierbei handele es sich nicht um einen Ver- **78**
mögensschaden, so dass der Schaden wegen § 253 Abs. 1 BGB nicht ersatzfähig
sei. Eine Kommerzialisierung des entgangenen Urlaubsgenusses, den jemand aufgrund einer ihm zugefügten Körperverletzung hinnehmen müsse, finde nicht statt.[26]
Vielmehr sei die Einbuße nur bei der Bemessung des Schmerzensgeldes zu berücksichtigen. Dieses wäre also nach der Lösung des BGH hier höher anzusetzen als die
500 €, in denen die Hochzeitsreise noch nicht berücksichtigt ist.

Teilweise wird auch die Gegenansicht vertreten.[27] Der Anspruch aus einem Rei- **79**
severtrag stelle sehr wohl ein Vermögensgut dar. Sein Wert ergebe sich nämlich
regelmäßig aus dem zu zahlenden Reisepreis. Damit sei der Marktpreis der Reise
zu ersetzen. Der wesentliche gesetzgeberische Grund für die Begrenzung des Schadensersatzes auf Vermögensschäden in § 253 Abs. 1 BGB liege darin, Schwierigkei-
ten bei der Umrechnung von Nichtvermögensgütern in Geld zu vermeiden. Dieser

---

[26] BGHZ 116, 104, 115; 86, 212; MüKo/*Oetker* § 249 Rn. 71; ähnl. *Martens* AcP 209 (2009), 445,
456 ff., 465 m.w.N. auch zur Gegenansicht in Fn. 3 und 4.

[27] OLG München NJW-RR 1986, 963; *Medicus* Allgemeines Schadensrecht, in: 50 Jahre BGH –
Festgabe aus der Wissenschaft (2000), S. 201, 220 f.; Palandt/*Grüneberg* § 249 Rn. 69; Stau-
dinger/*Schiemann* (2017) § 251 Rn. 103; NK-BGB/*U. Magnus* § 249 Rn. 76.

Grund greife aber nicht ein, wenn der Wert des Gutes (hier der Reise) durch den Preis (Reisepreis) festgelegt sei.[28]

80   In der Tat ist nicht einzusehen, warum der Geschädigte, der in Folge einer Vertragsverletzung oder einer unerlaubten Handlung auf eine unkörperliche Leistung, für die er bereits gezahlt hat, verzichten muss, keinen Ersatz soll verlangen dürfen. Sofern der Wert dieser unkörperlichen Leistung in Geld messbar ist – und das ist bei am Markt verfügbaren Leistungen wie einer Reise der Fall, handelt es sich um einen ersatzfähigen Vermögensschaden i.S.d. § 251 Abs. 1 BGB. K und B können also vollen Ersatz der Kosten für die verpasste Hochzeitsreise verlangen.

A.A. gut vertretbar.

---

[28] Vgl. *Medicus/Petersen* BürgR, Rn. 822.

Fall 13

Patrick Pauscher (P) verletzt sich bei einem häuslichen Unfall am 28.02.2014 schwer am rechten Bein. Er muss in das Bertha-Krankenhaus, betrieben von der Bertha GmbH (B-GmbH), vertreten durch ihren Geschäftsführer Gerd Zank (Z), in Freiburg gebracht werden. Bei der Aufnahme wird von dem Assistenzarzt Albert Amelung (A), wohnhaft in Karlsruhe, zunächst eine ordnungsgemäße Anamnese erhoben. A wurde im Jahr 2012 von der B-GmbH aufgrund exzellenter Zeugnisse eingestellt und hat seitdem nie einen Grund zur Beanstandung gegeben.

A diagnostiziert einen Bruch des Wadenbeins (Fibulafraktur) und schlägt P vor, das Bein zu operieren, indem im Rahmen einer internen Fixierung Schrauben eingesetzt werden. A klärt sodann auch über alle Risiken des Eingriffs auf, versäumt es jedoch, auf die Möglichkeit einer rein konservativen Behandlung durch Gips und straffen elastischen Verband hinzuweisen, womit P das Krankenhaus nach nur einem Tag mit Gehhilfen wieder hätte verlassen können. Es stand somit eine andere, dem P unbekannt gebliebene Behandlungsalternative zur Verfügung, die ein vollständig anderes Risikospektrum gezeigt hätte und sogar schonender gewesen wäre.

P unterschreibt nach ein paar Stunden Bedenkzeit das Aufklärungsformular und bittet um Operation. Diese wird am Folgetag, dem 01.03.2014, durch die Gastchirurgin Carla Christ (C), wohnhaft in Berlin, durchgeführt. C ist zu diesem Eingriff von der Leitung der B-GmbH beauftragt worden. C ist Fachärztin für Chirurgie und hat ebenfalls nie einen Grund zur Beanstandung gegeben. Bei der Durchsicht der Unterlagen fällt C nicht auf, dass P nicht über die Möglichkeit einer konservativen Behandlung aufgeklärt worden ist. C gelingt die Operation, jedoch kommt es gleichwohl zu einer schweren Entzündung des Beines des P, wodurch P mit hochdosierten Antibiotika behandelt werden muss. Die Antibiotika ziehen ihrerseits eine schwere allergische Reaktion nach sich, aufgrund derer P vier Wochen länger im Krankenhaus bleiben muss, als es bei komplikationsloser Therapie notwendig gewesen wäre. Über diese Gefahr war P im Aufklärungsgespräch belehrt worden.

Doch das Unheil verfolgt P selbst nach Entlassung aus dem Krankenhaus am 02.04.2014 weiter. Am 28.04.2014 begibt sich P erneut mit Beschwerden in das Bertha-Krankenhaus, wird aber nach einer von A durchgeführten Untersuchung

© Springer-Verlag GmbH Deutschland, ein Teil von Springer Nature 2019 173
J. Prütting, B. Scholl, *Die Schuldrechtsklausur II*, Tutorium Jura,
https://doi.org/10.1007/978-3-662-57602-1_13

wieder nach Hause geschickt. Drei Tage später, am 01.05.2014, wird P als Notfall in das Bertha-Krankenhaus eingeliefert. Diagnostiziert wird eine schwere Blutvergiftung (Sepsis), die eine erneute achtwöchige stationäre Aufnahme bis zum 26.06.2014 mit Antibiotikabehandlung notwendig macht. P muss mehrere Wochen mit Schmerzen im Bett liegen, bis er sich langsam erholt.

P erhebt am 25.08.2014 anwaltlich vertreten vor dem Landgericht Freiburg Klage gegen C, den A und die B-GmbH. In Bezug auf die Behandlung am 01.03.2014 behauptet P in seiner Klageschrift, C habe unsauber gearbeitet und dadurch die Entzündung des Beines und alle Folgen verursacht. In Bezug auf die Behandlung am 28.04.2014 behauptet er, er habe dem A bei der Untersuchung mitgeteilt, dass er Fieber habe und sich sehr unwohl fühle. Diese Symptome könnten – was zutrifft – ein Hinweis auf eine systemische (also über eine Körperregion hinausgehende oder sogar den ganzen Körper betreffende) Infektion sein. A habe die Beschwerden aber unbeachtet gelassen und P wieder nach Hause geschickt. Daraufhin habe sich die Infektion, die von der früheren Entzündung im Bein ausgegangen sei, weiter ausgebreitet und zu der Sepsis geführt. P behauptet, dass durch eine angemessene Therapie ab dem 28.04.2014 die Infektion noch hätte aufgehalten werden können, so dass ihm der lange Krankenhausaufenthalt erspart worden wäre.

P macht in der Klage außerdem geltend, dass er durch entgangene Geschäftschancen in der Zwischenzeit einen materiellen Gesamtschaden von 30.000 € erlitten habe. Diesen kann P zwar nicht im Detail nachweisen, jedoch trägt er vor, dass er als gewerblicher KFZ-Händler in seiner Marktposition und in der derzeitigen Konjunkturlage ohne die Wochen der Bettlägerigkeit und unter Abzug aller ersparten Aufwendungen typischerweise diesen Gewinn erzielt hätte. Hierfür kann P anhand seiner Buchführung aus den vorigen Monaten und dem Vorjahr entsprechende Verkaufszahlen vorlegen. Darüber hinaus kann er diesen Vortrag durch Artikel in Fachzeitschriften über die Konjunkturlage im KFZ-Handel erhärten.

P beantragt,

1. die Beklagten gesamtschuldnerisch zu verurteilen, an ihn ein angemessenes Schmerzensgeld, dessen Umfang er in das Ermessen des Gerichts stellt, welches jedoch einen Betrag von 30.000 € nicht unterschreiten soll, nebst Zinsen in Höhe von 5 Prozentpunkten über dem jeweiligen Basiszinssatz seit Rechtshängigkeit zu zahlen,

2. die Beklagten gesamtschuldnerisch zu verurteilen, an ihn weitere 30.000 € nebst Zinsen in Höhe von 5 Prozentpunkten über dem jeweiligen Basiszinssatz seit Rechtshängigkeit zu zahlen,

3. festzustellen, dass die Beklagten verpflichtet sind, alle künftigen materiellen und immateriellen Schäden zu ersetzen, die noch aus den Behandlungen vom 01.03.2014, 28.04.2014 und ab dem 01.05.2014 hervorgehen werden.

Die Beklagten beantragen, die Klage abzuweisen. Sie bestreiten, Fehler gemacht zu haben. Der Anwalt der Beklagten weist darauf hin, dass C bei der Operation kein Fehler unterlaufen sei. Die nach der Operation aufgetretene Entzündung sei nicht auf die Operation, sondern auf den Unfall des P zurückzuführen. Dass A beim

Aufklärungsgespräch nicht auf eine mögliche konservative Therapie mit gänzlich anderem Risikospektrum hingewiesen habe, sei irrelevant, da er jedenfalls über das eingetretene Risiko belehrt worden sei. Zudem behaupten die Beklagten, P hätte die Einwilligung in die Operation auch dann erteilt, wenn er um die Möglichkeit der konservativen Behandlung gewusst hätte. Außerdem könne P nicht einfach behaupten, er hätte irgendwelche Gewinne erzielt. Das müsse er schon spezifizieren. C lässt vortragen, dass sie über die anfangs ausgeführte Operation hinaus an der Behandlung des P nicht beteiligt gewesen sei. Zu der Behandlung ab dem 28.04.2014 führen die Beklagten trotz eines richterlichen Hinweises nach § 139 ZPO lediglich aus, dass die Darstellung des P so nicht stimme und bestritten werde.

Das Gericht hört den P persönlich insbesondere zu der Frage an, wie er sich verhalten hätte, wenn er über die Alternative der konservativen Behandlung belehrt worden wäre. P legt daraufhin ausführlich und glaubhaft dar, dass er große Angst vor der Operation hatte und dass ihm eine Alternative sehr recht gewesen wäre. Er hätte sich schließlich mit Gips und Krücken unproblematisch schonen und zugleich früher wieder arbeiten können. Jedenfalls hätte er vor einem schweren Entscheidungskonflikt gestanden. Ganz sicher könne er aber nicht sagen, wie er entschieden hätte.

Durch gerichtlich eingeholtes Sachverständigengutachten ergibt sich zur Überzeugung des Gerichts, dass die Entzündung, die sich bei der Operation durch C entwickelte, durch den operativen Eingriff und nicht durch den vorangegangenen Unfall verursacht wurde. Weiter steht nach dem Sachverständigengutachten fest, dass C die Operation fehlerfrei durchgeführt hat. Zudem konnte festgestellt werden, dass künftige Schäden dem P mit an Sicherheit grenzender Wahrscheinlichkeit nicht mehr drohen.

Wie wird das Landgericht entscheiden?

Hinweise für die Bearbeitung:
- Unterstellen Sie, dass das angesetzte Schmerzensgeld von 30.000 € der Höhe nach gerechtfertigt wäre, wenn die Haftungsbegründung seitens P nachgewiesen werden könnte, wobei sich aus dem ersten Behandlungsabschnitt bis zum 02.04.2014 ein Betrag von 10.000 € und aus dem zweiten Abschnitt ab dem 28.04.2014 ein Betrag von 20.000 € rechtfertigen ließe.
- Unterstellen Sie, dass diese Aufteilung von 1/3 zu 2/3 auch für den entgangenen Gewinn in Klageantrag zu 2 entsprechend den Behandlungsabschnitten anzusetzen ist.
- Die Klage wurde den Beklagten am 15.09.2014 zugestellt.
- Die Klageanträge zu 1 und 2 können auch in der Begründetheit zusammen geprüft werden.
- Ansprüche aus § 823 Abs. 2 BGB sind nicht zu prüfen.
- P ist Mitglied in der gesetzlichen Krankenversicherung (GKV).
- Freiburg, Berlin und Karlsruhe sind jeweils Sitz eines Landgerichts.
- Was nicht als Prozessvortrag aufgeführt wurde, ist mit allen prozessualen Konsequenzen als nicht vorgetragen zu bewerten.

Lösung Fall 13

▶ Dieser Fall, der sich an Examenskandidaten richtet und gute zivilprozessuale Vorkenntnisse voraussetzt, dreht sich um Fragen des Arzthaftungsrechts. Die entscheidenden Besonderheiten dieses Rechtsgebiets zeigen sich allerdings erst durch die Verquickung von materiellem Vertrags- und Deliktsrecht mit den prozessualen Besonderheiten im Streit zwischen Arzt und Patient. Daher bezieht die vorliegende Konstellation auch das Prozessrecht, insbesondere die Grundsätze von Darlegungs- und Beweislast, in erheblichem Maße mit ein.

1 Die Klage des P hat[1] Erfolg, wenn sie zulässig und begründet ist.

A) Zulässigkeit der Klage des P

> **Beachte:**
> Die Zulässigkeitserwägungen werden auf jene Aspekte beschränkt, die hier erwähnenswert sein dürften. Natürlich müssen Sie im Kopf alle denkbaren Fragen der Rechtswegeröffnung und der Zulässigkeit der Klage beachten.

I. Örtliche Zuständigkeit

2 Fraglich ist zunächst, ob P das örtlich zuständige Gericht angerufen hat. In Bezug auf die B-GmbH ergibt sich dies bereits aus den §§ 12, 17 ZPO, wonach der allgemeine Gerichtsstand am Ort des Sitzes der Gesellschaft ist. Da hier sowohl Verwaltungs- als auch Satzungssitz in Freiburg liegen, ist Freiburg der allgemeine Gerichtsstand. Ein ausschließlicher Gerichtsstand ist nicht ersichtlich und ebenso wenig eine wirksame Gerichtsstandsvereinbarung nach § 38 ZPO.

3 Allerdings liegt der allgemeine Gerichtsstand der sonstigen Beklagten A und C gemäß §§ 12, 13 ZPO nicht in Freiburg, da diese in Karlsruhe und Berlin wohnen. In Betracht kommt jedoch die Begründung eines besonderen Gerichtsstandes nach § 32 und ggf. § 29 Abs. 1 ZPO.

4 Hier ist aufgrund der Behandlung durch A und C eine Körperverletzung des Klägers nicht ausgeschlossen, so dass deliktische Ansprüche in Betracht kommen. Diese können gem. § 32 ZPO sowohl am Ort der Handlung als auch am Ort des deliktischen Erfolges geltend gemacht werden. Beides geschah hier in Freiburg. Damit ist die örtliche Zuständigkeit des LG Freiburg auch für die Beklagten A und C gegeben.

---

[1] Die Klage „hat" in diesem Fall Erfolg und nicht etwa nur „Aussicht auf Erfolg".

Zur Vertiefung:
Insofern kann offenbleiben, ob sich die örtliche Zuständigkeit auch aus dem besonderen Gerichtsstand am Erfüllungsort gem. § 29 Abs. 1 ZPO ergibt. Erfüllungsort i.S.d. § 29 Abs. 1 ZPO ist der Ort der Leistung i.S.d. § 269 Abs. 1 BGB. Dieser bestimmt sich mangels Vereinbarung der Parteien nach der Natur des Schuldverhältnisses in Bezug auf die konkrete Schuldner- und Gläubigerposition. Für die ärztlichen Leistungen wäre somit der Ort der Klinik und für die Zahlungsleistungen als qualifizierte Schickschulden (§ 270 BGB)[2] der Wohnort des Patienten Leistungsort. Im Fall ärztlicher Behandlung im Krankenhaus besteht jedoch ganz überwiegend Einigkeit, dass nach der Theorie des Schwerpunktes der vertraglichen Beziehungen ein einheitlicher Erfüllungsort am Ort der vertragscharakteristischen Leistung anzuerkennen ist,[3] so dass das Gericht am Ort der Klinik, also Freiburg, zuständig ist. Zweifelhaft erscheint jedoch die Anwendung von § 29 Abs. 1 ZPO auf die Klagen gegen A und C, da P den Behandlungsvertrag allein mit der B-GmbH abgeschlossen hat (s.u. Rn. 16 f.). Letztlich kommt es aber auf die Frage, ob sich § 29 Abs. 1 ZPO demnach auch auf die deliktischen Ansprüche gegen die angestellten Ärzte erstreckt, nicht an, weil die örtliche Zuständigkeit insoweit jedenfalls nach § 32 ZPO begründet ist.

Nach dem Rechtsgedanken des § 17 Abs. 2 S. 1 GVG hat das gem. § 32 ZPO örtlich zuständige Gericht den Rechtsstreit unter allen in Betracht kommenden Gesichtspunkten zu entscheiden, also auch über konkurrierende materiell-rechtliche Ansprüche nicht deliktsrechtlicher Art zu befinden.[4] Zwischen den gegebenen Gerichtsständen kann der Kläger gem. § 35 ZPO wählen, wenn nicht ein ausschließlicher Gerichtsstand besteht.   **5**

Im Ergebnis kann P daher zulässig alle Beklagten einheitlich in Freiburg in Anspruch nehmen.

II. Sachliche Zuständigkeit
Nach den §§ 23, 71 GVG, § 1 ZPO ist das Landgericht sachlich zuständig, da keine   **6** ausschließliche sachliche Zuständigkeit begründet ist und der Klagebetrag 5000 € übersteigt.

---

[2] Daran hält BGHZ 212, 140 Rn. 23 ff. = NJW 2017, 1596 trotz der Entscheidung EuGH NJW 2008, 1935 fest. Z. T. wird aber nunmehr auch vertreten, Geldschulden seien Bringschulden, dann wäre auch insoweit Freiburg Erfüllungsort.

[3] Prütting/Gehrlein/*Wern* ZPO, 10. Aufl. 2018, § 29 Rn. 14 Stichwort „Arztvertrag" m.w.N.

[4] Vgl. BGH NJW 2003, 828, 828 in Abkehr zur früheren Ansicht, s. noch BGH NJW 1971, 564, 564.

III. Ordnungsgemäße Klagerhebung

7   Fraglich ist jedoch, ob P eine ordnungsgemäße Klage i.S.d. § 253 ZPO erhoben hat.
Dies könnte hier an § 253 Abs. 2 Nr. 2 ZPO scheitern, da das Prozessrecht verlangt,
dass die Klageschrift einen bestimmten Klageantrag enthält.

8   Vorliegend verfolgt P mit seinem Antrag zu 1 eine unbestimmte Schmerzensgeld-
forderung, die 30.000 € nicht unterschreiten soll. Er stellt den Umfang im Übrigen
in das Ermessen des Gerichts. Dies wäre grundsätzlich unzulässig, handelte es sich
hier nicht um den Umfang einer nicht näher für den Kläger präzisierbaren Scha-
densersatzforderung. Das Prozessrecht erkennt die Präzisierungsnot des Klägers in
diesen Fällen an und gewährt etwa in § 287 ZPO eine Erleichterung des Beweisma-
ßes mit der Möglichkeit des Gerichts, eine Schätzung dem Umfang nach vorzunehmen. Dies muss sich nach allg. M. auch im Rahmen des Klageantrags auswirken,
so dass ein unbestimmter Antrag in Bezug auf den Schmerzensgeldumfang nicht
gegen § 253 Abs. 2 Nr. 2 ZPO verstößt.[5] Andernfalls wäre der Kläger dazu gezwun-
gen, sich auf eine bestimmte Zahl festzulegen, die gerichtlich keine Anerkennung
finden könnte.
Mithin liegt auch eine ordnungsgemäße Klagerhebung vor.

IV. Partei- und Prozessfähigkeit; Postulationsfähigkeit

9   P ist selbst partei- und prozessfähig i.S.d. §§ 50–52 ZPO. Die Beklagten C und
A sind als natürliche, volljährige Personen ebenfalls partei- und prozessfähig. Für
die B-GmbH gilt jedoch im Rahmen der Prozessfähigkeit, dass diese durch ihren
Geschäftsführer Z vertreten sein muss (§ 51 Abs. 1 ZPO i.V.m. § 35 GmbHG), was
hier der Fall ist.
Alle Parteien sind anwaltlich vertreten und erfüllen damit den Anwaltszwang vor
dem Landgericht gem. § 78 ZPO.

V. Objektive Klagehäufung

10   P verfolgt mit mehreren Klageanträgen unterschiedliche Klageziele in einer Klage.
Somit liegt eine objektive Klagehäufung vor, die nach § 260 ZPO nur zulässig
innerhalb einer Klage geltend gemacht werden darf, wenn dasselbe Prozessgericht
zuständig und dieselbe Verfahrensart gegeben ist. Dies ist vorliegend unproblematisch der Fall.

Exkurs:
Falls dem nicht so wäre, wäre die Konsequenz freilich nicht die Unzulässigkeit der Klage. Vielmehr wäre das Gericht nach § 145 Abs. 1 ZPO gehalten, die Klageansprüche zu trennen und
gegebenenfalls teilweise an ein anderes Gericht zu verweisen. Die Zulässigkeit der Klagehäufung
ist also keine Zulässigkeitsvoraussetzung i.e.S., aber gleichwohl Sachurteilsvoraussetzung, da das
Gericht jedenfalls im derzeit anhängigen Verfahren nicht vollständig entscheiden könnte, wenn
§ 260 ZPO nicht erfüllt wäre. Eine Entscheidung „in der Sache" wäre also ohne § 260 ZPO jedenfalls zu verneinen.

---

[5] Vgl. BGH WRP 2009, 745. Anzugeben sind aber alle relevanten Grundlagen für eine möglichst
sachnahe Schätzung, vgl. BGH MDR 1975, 741.

VI. Subjektive Klagehäufung

P verklagt vorliegend mehrere Rechtssubjekte als Streitgenossen, so dass zusätzlich **11**
die §§ 59, 60 ZPO erfüllt sein müssen. Der Streitgenossenschaft steht hier offenkundig nichts entgegen, da die Beklagten im Falle der Verurteilung aufgrund eines einheitlichen Geschehens und hier sogar potentiell als Gesamtschuldner in Anspruch
genommen werden können.[6] Darüber hinaus ist für die subjektive Klagehäufung
auch § 260 ZPO analog heranzuziehen,[7] dessen Voraussetzungen hier erfüllt sind
(s.o. Rn. 10).

VII. Feststellungsinteresse Klageantrag zu 3

Fraglich erscheint aber, ob hinsichtlich des Klageantrags zu 3 die besonderen **12**
Voraussetzungen der Feststellungsklage vorliegen. Gemäß § 256 Abs. 1 ZPO
bedarf es hierfür eines gesonderten Feststellungsinteresses, was eine Sonderform
des allgemeinen Rechtsschutzinteresses darstellt.[8] Ein solches Interesse kann
sich gerade bei eingetretenen Körper- und Gesundheitsschäden daraus ergeben,
dass eine allumfassende Leistungsklage im Moment der Klagerhebung noch
nicht möglich ist, da die künftige Entwicklung der Schäden sich nicht absehen
lässt.[9]

Vorliegend konnte jedoch sachverständig geklärt werden, dass dem P mit an **13**
Sicherheit grenzender Wahrscheinlichkeit keine Schäden mehr drohen. Daraus
ergibt sich konsequent, dass ihm auch kein Feststellungsinteresse zur Seite steht.

> **Zur Vertiefung:**
> Hier handelt es sich genau betrachtet um eine Tatsache, die sowohl innerhalb
> der Zulässigkeit als auch innerhalb der Begründetheit zu prüfen ist (sog. dop-
> pelrelevante Tatsache),[10] da eben jenes geprüfte Interesse maßgeblich in der
> Begründetheit unter dem Aspekt feststellungsfähiger, künftiger Ansprüche zu
> prüfen wäre. Daher ist es ebenso gut vertretbar, die Zulässigkeit zu bejahen
> und die Frage in der Begründetheit zu erörtern. Die Gerichtspraxis zeigt hier
> allerdings – anders als etwa im Rahmen des Rechtswegs (BGHZ 183, 49) und
> der örtlichen Zuständigkeit – eine klare Tendenz, bereits die Zulässigkeit der
> Klage zu verneinen.[11]

---

[6] Einfache Streitgenossenschaft ist sehr weit auszulegen und erfasst nahezu jeden Fall, in dessen
Rahmen ein einheitlicher Prozess sinnvoll erscheint, vgl. BGH NJW 1992, 981, 981 f.

[7] Prütting/Gehrlein/*Gehrlein* ZPO § 60 Rn. 13.

[8] BGHZ 18, 98, 105 ff.

[9] Vgl. BGH VersR 1973, 371.

[10] Grundlegend BGH NJW 1964, 497, 498.

[11] Vgl. BGH NJW 2001, 1431, 1432.

14 Zudem ist der Feststellungsantrag deutlich zu weit gefasst. Dieser müsste nämlich all jene Ansprüche des laut Sachverhalt gesetzlich krankenversicherten P ausschließen, die bereits gem. § 116 SGB X auf Sozialversicherungsträger übergegangen sind oder noch übergehen werden.

> **Zur Vertiefung:**
> Es kann an dieser Stelle zusätzlich darauf hingewiesen werden, dass nach dem Grundsatz der Einheitlichkeit der Schmerzensgeldbemessung[12] das Gericht üblicherweise mit dem im Urteil zugesprochenen Betrag auch Künftiges im immateriellen Bereich abgelten soll, so dass auch insofern das Feststellungsinteresse zweifelhaft sein dürfte, da P nichts vorgetragen hat, wonach sich eine Beschränkung der gestellten Leistungsanträge, hier Antrag zu 1, auf den bereits ersichtlichen Zeitraum rechtfertigen ließe.

B) Begründetheit der Klage

15 Die Klage ist begründet, wenn P die geltend gemachten Ansprüche in der Form, in der er sie geltend macht, und zum Zeitpunkt der letzten mündlichen Verhandlung zustehen.[13]

I. Klageantrag zu 1 und 2

1. Ansprüche gegen C[14]

a) Vertragliche Ansprüche

16 Fraglich ist, ob P gegen C einen vertraglichen Anspruch auf Schadensersatz und Schmerzensgeld aus § 280 Abs. 1 BGB i.V.m. § 630a BGB hat. Dann müsste zwischen P und C ein Behandlungsvertrag gem. § 630a BGB zustande gekommen sein. Als P in die Einrichtung der B-GmbH kam, schloss er mit Aufnahme wenigstens konkludent einen sog. totalen Krankenhausvertrag,[15] wobei der Rechtsträger des Krankenhauses, gem. § 164 Abs. 1 BGB vertreten durch den aufnehmenden Arzt A, der als für die Aufnahme zuständige Person auch mit Stellvertretungsmacht handelt, einen Vertrag über die gesamte Krankenhausbehandlung mit dem Patienten schließt. Solange jedoch kein Arztzusatzvertrag[16] mit dem jeweils operierenden

---

[12] Vgl. grundlegend BGH VersR 1961, 725, 727 f.

[13] Exkurs: Im Falle des rein schriftlichen Verfahrens tritt an die Stelle der mündlichen Verhandlung der Termin der Entscheidung.

[14] Es ist sinnvoll, im Aufbau mit den Personen zu beginnen, die unmittelbar gehandelt haben, da Haftungszurechnung bezüglich Dritter die Inzidentprüfung der Haftung der Handelnden voraussetzt.

[15] Vgl. *Lipp* in Laufs/Katzenmeier/Lipp, Arztrecht, 7. Aufl. 2015, Kap. III Rn. 8.

[16] Vgl. *Lipp* in Laufs/Katzenmeier/Lipp (Fn. 15), Kap. III Rn. 10.

oder behandelnden Arzt geschlossen wird, bestehen zum Patienten keine weiteren vertraglichen Beziehungen hinsichtlich der Behandlung.

Vorliegend ist nicht ersichtlich, dass P in irgendeiner Form zu irgendeinem Zeit- **17** punkt eine Erklärung abgegeben hätte, wonach er ein Angebot auf Eingehung eines Arztzusatzvertrages mit C anstrebte. Gleiches gilt umgekehrt. Mithin scheiden vertragliche Ansprüche aus.

b) Deliktische Ansprüche

P könnte jedoch einen Anspruch gegen C auf Ersatz seiner materiellen Schäden **18** und auf Zahlung eines angemessenen Schmerzensgeldes gemäß § 823 Abs. 1 BGB haben.

aa) Rechtsgutverletzung

Hierfür müsste bei P zunächst eine Rechtsgutverletzung eingetreten sein. In Betracht **19** kommt hier eine Körperverletzung und daraus folgend eine Gesundheitsverletzung. Körperverletzung ist jede üble, unangemessene Behandlung, die das körperliche Wohlbefinden und/oder die körperliche Unversehrtheit nicht nur unerheblich beeinträchtigt.[17] Gesundheitsverletzung ist das Hervorrufen oder Steigern eines von den normalen körperlichen Funktionen nachteilig abweichenden Zustandes.[18]

Eine Körperverletzung könnte vorliegend mit dem operativen Eingriff der C, bei **20** welchem mittels medizintechnischer Instrumente invasiv in den Körper des P eingegriffen wurde, geschehen sein. Nach dem Sachverständigengutachten steht allerdings zur Überzeugung des Gerichts (§ 286 ZPO) fest, dass C entgegen der Behauptung von P den operativen Eingriff fehlerfrei durchgeführt hat. Fraglich erscheint, ob ein Eingriff nach den Regeln ärztlicher Kunst als Körperverletzung gewertet werden kann.[19] So könnte am Merkmal der „üblen, unangemessenen Behandlung" der Körperverletzungsdefinition gezweifelt werden. Allerdings ist auch bei fachlich einwandfreien ärztlichen Eingriffen nicht von der Hand zu weisen, dass diese den Körper des Menschen schädigen, um schließlich ihr Ziel der Zustandsverbesserung im Gesamtbild zu erreichen. Das rechtlich einwandfreie Motiv der Handlung verleiht dem davor liegenden, körperschädigenden Eingriff selbst keine andere Rechtsnatur. Eine andere Auslegung wäre mit dem vom allgemeinen Persönlichkeitsrecht erfassten Selbstbestimmungsrecht des Patienten nicht vereinbar. Unabhängig davon, wie fachlich korrekt und altruistisch der Arzt handelt, darf er eine Behandlung nicht gegen den Patientenwillen vornehmen. Die Notwendigkeit einer Einwilligung zur Rechtfertigung einer tatbestandsmäßigen Körperverletzung ergibt sich nunmehr auch aus § 630d BGB. Somit liegt hier eine Körperverletzung vor.[20] Mit ihr einher ging eine Gesundheitsverletzung.

---

[17] Vgl. etwa BGHZ 124, 52, 53.

[18] Vgl. BGHZ 114, 284, 289 m.w.N.

[19] S. zum Streitstand ausführlich *Katzenmeier* in Laufs/Katzenmeier/Lipp (Fn. 15), Kap. V Rn. 8 ff. m.w.N.

[20] Es handelt sich um die höchstrichterlich anerkannte sog. Körperverletzungsdoktrin, vgl. BGHZ 29, 46, 49; 106, 391, 395.

Zur Vertiefung:
In der Literatur wird z. T. auch die Ansicht vertreten, in einem sorgfaltsgemäß ausgeführten ärztlichen Heileingriff liege keine Körperverletzung.[21] Wer diese Auffassung vertritt, muss sodann zwingend einen Eingriff in das allgemeine Persönlichkeitsrecht (Selbstbestimmungsrecht des Patienten) annehmen, welcher ebenso rechtfertigungsbedürftig ist. Überwiegend wird aber eine derartige Trennung zwischen körperlicher Unversehrtheit und Selbstbestimmungsrecht nicht vorgenommen.[22] Nicht vertretbar ist die Auffassung, dass der Arzt sich generell aufgrund altruistischer Gesinnung mit besserem Fachwissen über den Patientenwillen hinwegsetzen dürfte.

Aufbauhinweis:
In dem hier gewählten Aufbau wurde lediglich die erste Körperverletzung (Primärschädigung) im haftungsbegründenden Tatbestand von § 823 Abs. 1 BGB geprüft (s.o. Fall 3 Rn. 21). Die Folgeverletzungen (Entzündung des Beins, allergische Reaktion, Sepsis) werden hier auf Ebene des Schadens geprüft. Die Folge ist, dass sich das Verschulden nicht auf die Folgeverletzungen erstrecken muss und für den Schadensumfang das Beweismaß des § 287 ZPO gilt. Gut vertretbar wäre aber auch, diese Folgeverletzungen als eigene Rechtsgutverletzungen zu prüfen. Im vorliegenden Fall käme es im Ergebnis zu keinen Änderungen.

bb) Haftungsbegründendes Verhalten

21   Als haftungsbegründendes Verhalten kommt seitens C nur die Operationsdurchführung in Betracht. Damit verbunden waren invasive Eingriffe in den Körper des P.

cc) Haftungsbegründende Kausalität und objektive Zurechnung

22   Die Körperverletzung in Gestalt des operativen Eingriffs beruhte offensichtlich auf der Verletzungshandlung der C.

dd) Rechtswidrigkeit

23   Bei gegebener Tatbestandsmäßigkeit und unmittelbarer Kausalität ist grundsätzlich von der Rechtswidrigkeit der Tat auszugehen. Hier kommt jedoch das Eingreifen einer **rechtfertigenden Einwilligung** in Betracht. Fraglich ist, welchen Anforderungen diese unterliegt.

24   Nach der klassischen rechtfertigenden Einwilligung muss der Einwilligende ohne Druck und Zwang auf Basis einer freien Entscheidung handeln, wobei es für

---

[21] So etwa *Katzenmeier* Arzthaftung, 2002, S. 118 ff. mit guten Argumenten.

[22] MüKo/*Wagner* § 823 Rn. 912 f. Die Rspr. sieht das Recht am eigenen Körper als gesetzlich ausgeformten Teil des allgemeinen Persönlichkeitsrechts an (BGHZ 124, 52, 55 f.; BGH NJW 1995, 2407, 2407 f.).

den Schädiger lediglich darauf ankommt, dass der Geschädigte im Wesentlichen die Reichweite seiner Zustimmung erkennen konnte. Jeder Mensch hat sich insoweit grundsätzlich autonom um Aufklärung und damit um hinreichende Information zu bemühen.

Im Rahmen der Arzthaftung ist jedoch ein ganz erhebliches Informationsgefälle **25** zu Lasten des Patienten als medizinischen Laien gegeben. Daher enthält § 630e BGB spezielle **Aufklärungspflichten** im Rahmen des Behandlungsvertrags, deren Erfüllung gem. § 630d Abs. 2 BGB Voraussetzung für eine wirksame Einwilligung (§ 630d Abs. 1 BGB) des Patienten ist. Sie gelten entsprechend auch für die Deliktshaftung,[23] so dass unschädlich ist, dass zwischen P und C gar kein Behandlungsvertrag besteht. Die jetzt gesetzlich normierten Pflichten beruhen auf den von der Rechtsprechung entwickelten Kriterien für eine ordnungsgemäße ärztliche Aufklärung.[24]

> **Zur Vertiefung:**
> Es besteht bislang keine Einigkeit darüber, ob die §§ 630d, e BGB ausschließlich die vormalige Rechtsprechungslage widerspiegeln sollen oder ob ihr Gehalt darüber hinausgeht bzw. dahinter zurückbleibt.[25] Im vorliegenden Fall muss diese Frage nicht entschieden werden, da sowohl bei Anlegung des Maßstabs des § 630e BGB als auch der hergebrachten Grundsätze zur Aufklärung vor dem ärztlichen Eingriff hier gleichermaßen zu entscheiden ist.

Fraglich ist, ob die Voraussetzungen des § 630e BGB eingehalten sind.   **26**

> **Aufbauhinweis:**
> Hier wird im Sinne eines umfassenden Gutachtens zunächst § 630e Abs. 2 BGB geprüft. Ebenso könnte mit § 630e Abs. 1 BGB begonnen werden und die Fehlerhaftigkeit der Aufklärung direkt mit § 630e Abs. 1 S. 3 BGB begründet werden.

Gem. § 630e Abs. 2 S. 1 Nr. 1 BGB muss die Aufklärung mündlich durch den **27** Behandelnden oder durch eine Person erfolgen, die über die zur Durchführung der Maßnahme notwendige Ausbildung verfügt. Insofern ist nicht notwendig, dass der aufklärende Arzt personenidentisch mit dem operierenden Chirurgen ist. Der aufklärende Arzt muss nur das Wissen und Können aufweisen, um in enger Absprache mit dem Operateur zu gewährleisten, dass die Aufklärung formell und inhaltlich ordnungsgemäß verläuft. Hier spricht nichts dagegen, dass auch ein Assistenzarzt diese Aufklärung übernimmt, wenn er alle theoretischen Kenntnisse aufweist.

---

[23] Palandt/*Sprau* § 823 Rn. 145.
[24] Eine breite Übersicht bietet MüKo/*Wagner* § 823 Rn. 916, 918.
[25] Zum Rspr.-Vergleich Vertrag–Delikt s. Geiß/Greiner/*Greiner* Arzthaftpflichtrecht, 2014, Rn. 55 f. m.w.N.

28   Gem. § 630e Abs. 2 S. 1 Nr. 2 BGB muss die Aufklärung so rechtzeitig erfolgen, dass der Patient seine Entscheidung über die Einwilligung wohlüberlegt treffen kann. Hier ist P am Tag vor der Operation aufgeklärt worden. Es deutet auch nichts darauf hin, dass P gedrängt worden sein könnte oder nicht hinreichend Überlegungszeit für einen typischen medizinischen Eingriff gehabt hätte. Vielmehr hat er erst nach ein paar Stunden Bedenkzeit unterschrieben. Auch ist nichts dafür ersichtlich, dass die Aufklärung nicht verständlich i.S.d. § 630e Abs. 2 S. 1 Nr. 3 BGB war oder dass dem P die von ihm im Zuge der Aufklärung unterschriebenen Unterlagen nicht ausgehändigt worden wären, § 630e Abs. 2 S. 2 BGB.

29   Nach § 630e Abs. 1 S. 1 BGB muss der Patient über sämtliche für die Einwilligung wesentlichen Umstände aufgeklärt werden. Der Arzt muss insbesondere über zu erwartende Folgen und Risiken „im Großen und Ganzen"[26] aufklären (§ 630e Abs. 1 S. 2 BGB) und auf Alternativen hinweisen, wenn mehrere medizinisch gleichermaßen indizierte und übliche Methoden zu wesentlich unterschiedlichen Belastungen, Risiken oder Heilungschancen führen können, § 630e Abs. 1 S. 3 BGB. Wann es sich um eine echte Entscheidungsalternative handelt, bemisst sich danach, ob dem Arzt mehrere Vorgehensweisen zur Verfügung stehen, die unterschiedliche Risikospektren aufweisen und unterschiedliche Belastungspotentiale für den Patienten mit sich bringen, die aber gleichwohl zumindest vergleichbare Heilungschancen zeitigen (sog. Alternativaufklärung).[27]

30   Vorliegend wurde P zwar über alle Risiken aufgeklärt, jedoch wurde ihm die Möglichkeit des konservativen Vorgehens verschwiegen. Dieses hätte eine echte Alternative dargestellt und wäre sogar schonender gewesen, so dass diese risikoärmere Variante in jedem Fall nicht der ärztlichen Therapiefreiheit unterfallen, sondern Gegenstand der Alternativaufklärung gewesen wäre. Mangels Kenntnis dieser Alternative konnte P keine vollständig informierte Einwilligung abgeben, so dass die Einwilligungserklärung unwirksam sein könnte.

31   Dem könnte aber entgegengehalten werden, dass das Risiko, welches letztlich bei P eintrat, doch im Rahmen der Aufklärung vorkam. Es könnte der **Rechtswidrigkeitszusammenhang**[28] zwischen fehlender Aufklärung und eingetretener Primärschädigung fehlen. Dieser Einwand kann jedoch nur dann greifen, wenn der Aufklärungsmangel nicht die gesamte Aufklärung unwirksam werden lässt, mithin kein Mangel ist, der sich auf die gesamte Behandlung erstreckt. Vorliegend wurde über eine echte Behandlungsalternative nicht aufgeklärt, so dass die Möglichkeit bestanden hätte, sämtliche mit der Operation einhergehenden Risiken zu vermeiden, wäre die Alternative gewählt worden. Mithin kann der Einwand des fehlenden Rechtswidrigkeitszusammenhangs nicht greifen.[29]

---

[26] BGHZ 90, 103, 106.

[27] Ausf. *Katzenmeier* in Laufs/Katzenmeier/Lipp (Fn. 15), Kap. V Rn. 34 ff. m.w.N.

[28] BGHZ 90, 96, 101 und hierzu ausf. *Katzenmeier* in Laufs/Katzenmeier/Lipp (Fn. 15), Kap. V Rn. 66 ff. m.w.N.

[29] Es mangelt bereits an der sog. Grundaufklärung, vgl. BGHZ 106, 391, 398 f.

Fraglich ist jedoch, ob die Beklagten sich darauf berufen können, dass P, wäre **32**
er ordnungsgemäß aufgeklärt worden, gleichwohl seine Einwilligung erteilt hätte.
Diesen Einwand **hypothetischer Einwilligung**[30] lässt § 630h Abs. 2 S. 2 BGB zu.
Jedoch trägt die Darlegungs- und Beweislast dafür der Behandelnde bzw. der Arzt;
er muss substantiiert darlegen, dass und warum der Patient bei rechtzeitiger ordnungsgemäßer Aufklärung in die durchgeführte Maßnahme eingewilligt hätte.[31]
Um den Einwand zu entkräften, muss der Patient schlüssig darlegen (Beweis nicht
erforderlich!), dass er bei Kenntnis der korrekten Aufklärung wenigstens in einen
ernstzunehmenden Entscheidungskonflikt geraten wäre und seine Einwilligung
jedenfalls überdacht hätte.[32] Hier dürften die Beklagten bereits nicht substantiiert
dargelegt haben, warum P auch bei ordnungsgemäßer Aufklärung in die Operation
eingewilligt hätte. Jedenfalls hat der persönlich angehörte P hier nachvollziehbare
Gründe, insbesondere die erhöhte Schonung, das geringere Risiko und die schnel-
lere Einsatzfähigkeit in der Arbeit angeführt, die ihn in einen Entscheidungskonflikt
gebracht hätten. Außerdem hat P glaubhaft versichert, dass er Angst vor der Operation hatte und eine Alternative wünschenswert gewesen wäre.

Somit kann auch der Einwand der hypothetischen Einwilligung nicht greifen,
und es liegt insgesamt keine rechtfertigende Einwilligung vor.

ee) Verschulden

Das Verschulden der C muss P nach § 823 Abs. 1 BGB darlegen und beweisen. Hier **33**
hat C ohne Einwilligung in vollem Wissen und Willen, nur ohne Unrechtsbewusst-
sein eine Körper- und Gesundheitsverletzung begangen. Da es dem behandelnden
Arzt obliegt, für die Ordnungsgemäßheit der Aufklärung Sorge zu tragen, ist ihr
Fahrlässigkeit vorzuwerfen. Ein das Verschulden ausschließender unvermeidbarer
Irrtum liegt nicht vor.

Zur Vertiefung:
Dass C die Operation fehlerfrei durchgeführt hat, entlastet sie also nicht. Vielmehr ist die Operation allein aufgrund der fehlerhaften Aufklärung rechtswidrig. Der Operateur ist zum Ersatz aller Schäden, die aufgrund der in dem
Eingriff liegenden Körper- und Gesundheitsverletzung entstanden sind und
dieser Erstverletzung objektiv zurechenbar sind, verpflichtet, auch wenn sich
lediglich ein nicht vermeidbares, operationsimmanentes Risiko realisiert
(Nachweise zur Rspr. bei *Katzenmeier* in Laufs/Katzenmeier/Lipp, Arztrecht,
7. Aufl. 2015, Kap. V Rn. 67).

---

[30] Grundlegend BGHZ 29, 176, 187.
[31] Palandt/*Weidenkaff* § 630h Rn. 5.
[32] Vgl. etwa BGH NJW 1990, 2915, 2918.

ff) Schaden, haftungsausfüllende Kausalität und objektive Zurechnung

α) Schäden in der Zeit vom 28.02.2014 und 02.04.2014

34   Schon die ohne wirksame Einwilligung erfolgte Operation selbst und die damit verbundenen Beschwerden stellen einen ersatzfähigen Körperschaden dar[33] (Primärschaden). Die Haftung bezieht sich aber auch auf alle Folgeverletzungen, die aufgrund der Erstverletzung eingetreten und dieser Erstverletzung objektiv zurechenbar sind. Hier war zwischen den Parteien streitig, ob die Entzündung durch die Operation verursacht worden ist. Nach dem Sachverständigengutachten steht aber zur Überzeugung des Gerichts (§ 286 ZPO) fest, dass die Entzündung durch die (fehlerfrei durchgeführte) Operation und nicht durch den vorangegangenen Unfall verursacht worden ist. Ebenso zurechenbar ist der C die aus der Antibiotikatherapie gegen die Entzündung resultierende allergische Reaktion. Damit steht dem P das angesetzte Schmerzensgeld nach § 253 Abs. 1, 2 BGB zu. Dass P hierbei nur einen Mindestbetrag angab, ist unschädlich, da er dies in Bezug auf den Schadensumfang darf und das erleichterte Beweismaß des § 287 ZPO für sich in Anspruch nehmen kann. Demgegenüber ist das pauschale Bestreiten der Beklagten bezüglich des Schmerzensgeldes als „übersetzt" unsubstantiiert und kann daher die richterliche Erkenntnis innerhalb des § 287 ZPO nicht weiter beeinflussen. Zwar gehört auch der Schmerzensgeldumfang zu den seitens des Anspruchstellers darzulegenden und zu beweisenden Tatsachen und ist einer gerichtlichen Angemessenheitskontrolle unterworfen, jedoch gleicht § 287 ZPO die damit regelmäßig einhergehende Beweisnot aus. Mithin stehen P 10.000 € Schmerzensgeld gegen C zu.

35   Darüber hinaus könnte P aufgrund der zusätzlichen Zeitspanne der Arbeitsunfähigkeit weitere 10.000 € für sich beanspruchen. Dies könnte sich aus dem Gesichtspunkt des entgangenen Gewinns nach § 252 BGB ergeben. Hierfür ist allerdings erforderlich, dass der Geschädigte die Grundlage des entgangenen Gewinns konkretisiert, indem er die entgangenen konkreten Geschäftsgelegenheiten darlegt und deren zu erwartende Gewinnmargen berechnet. Vorliegend bietet P nur Beweis dafür an, dass er in der Vergangenheit für einen bestimmten Zeitraum als gewerblicher KFZ-Händler bestimmte Gewinne typischerweise eingefahren habe. Insofern könnte ihm die Beweiserleichterung der § 252 S. 2 BGB, § 287 ZPO zugutekommen. Nach § 252 S. 2 BGB ist der entgangene Gewinn ersatzfähig, welcher nach dem gewöhnlichen Lauf der Dinge mit Wahrscheinlichkeit erwartet werden konnte. Im kaufmännischen Geschäftsverkehr kann die Höhe des entgangenen Gewinns daher gem. § 287 ZPO anhand der Betriebsergebnisse aus der Zeit vor dem schädigenden Ereignis geschätzt werden, wenn sich das wirtschaftliche Umfeld zwischenzeitlich nicht verändert hat.[34] Hier hat P seine Angaben anhand seiner Buchführung des letzten Jahres und anhand von Artikeln aus Fachzeitschriften plausibel unterlegt. Damit kann er zulässigerweise auch 10.000 € entgangenen Gewinn aus seinem brach liegenden Gewerbe verlangen.

---

[33] BGH NJW 1987, 1481, 1481.

[34] Ausf. Palandt/*Grüneberg* § 252 Rn. 14; MüKo/*Oetker* § 252 Rn. 44 ff. m.w.N.

Anmerkung:
Hier kann noch diskutiert werden, ob P gegen seine Schadensminderungsobliegenheit nach § 254 Abs. 1 BGB verstoßen haben könnte, da er sich wohl zu keiner Zeit um einen Stellvertreter für seinen Betrieb bemüht hat. Allerdings kann dies vorliegend nicht greifen, da die Beklagten dies hätten einwenden müssen. Mangels Vortrags entsprechender Einwände hat das Gericht einen denkbaren Verstoß gegen die Schadensminderungsobliegenheit nicht von Amts wegen zu prüfen.

β) Schäden in der Zeit vom 28.04.2014 und 26.06.2014

Fraglich ist, ob C auch für die zwischen dem 28.04.2014 und 26.06.2014 eingetretenen Schäden haftet, also ob P von C für diese Zeit weitere 20.000 € Schmerzensgeld (§ 253 Abs. 2 BGB) und 20.000 € Schadensersatz wegen entgangenen Gewinns (§ 252 BGB) verlangen kann. Hier ist P unstreitig ab dem 01.05.2014 wegen einer Sepsis im Bertha-Krankenhaus behandelt worden. Die Beklagten haben aber pauschal bestritten, dass diese Sepsis Folge der früheren Beinentzündung war. Grundsätzlich ist P als Anspruchsteller für diese anspruchsbegründende Tatsache darlegungs- und beweispflichtig. **36**

Exkurs zur Rosenbergschen Normentheorie[35]
Nach der Rosenbergschen Normentheorie hat jeder das Vorliegen der tatsächlichen Voraussetzungen der ihm günstigen Norm darzulegen und zu beweisen.[36] Somit muss der Anspruchsteller alle anspruchsbegründenden und der Anspruchsgegner alle anspruchshindernden, -vernichtenden und -hemmenden Merkmale darlegen und beweisen. Diese nach geführtem Vollbeweis zu Fall zu bringen wäre dann wiederum Sache des Anspruchstellers. Das Gesetz kennt aber Abweichungen von dieser Grundregel. So finden sich insbesondere Beweislastregeln, die die jeweilige Beweislast i.S.d. § 292 S. 1 ZPO umkehren und vom Gegner den Beweis des Gegenteils verlangen. Das BGB enthält diese Beweislastregeln in großer Menge. Erkannt werden diese entweder an der konkreten Bestimmung, was genau im Einzelnen vermutet wird, oder an umgekehrten Formulierungen wie z. B. in § 831 Abs. 1 BGB. Entscheidend ist also, dass § 831 Abs. 1 nicht formuliert „Wer einen anderen zu einer Verrichtung bestellt, ohne diesen nach den Geboten der Sorgfalt anzuweisen und zu überwachen, … ". In diesem Fall hätte der Anspruchsteller auch die fehlende Sorgfalt zu beweisen. § 831 Abs. 1 S. 2 BGB formuliert aber tatsächlich „Die Ersatzpflicht tritt nicht ein, wenn … ". Es wurden also in Abs. 1 S. 1 bewusst alle vom Anspruchsteller zu beweisenden Elemente genannt, während Abs. 1 S. 2 im Übrigen die Beweislast auf den Anspruchsgegner verlagern will.

Anderes gilt jedoch nach den Grundsätzen der sekundären Behauptungslast.[37] In Fällen, in denen die nicht behauptungsbelastete Partei einen besonderen Wissensvorsprung genießt, da sie über Informationen verfügt, die sie leicht eruieren und **37**

---

[35] *Rosenberg/Schwab/Gottwald* Zivilprozessrecht, 18. Aufl. 2018, § 116 Rn. 9 f.; in der Rspr. anerkannt, vgl. BGH NJW 1999, 352, 353.

[36] Hierzu *H. Prütting* ZZP 123 (2010), 135. Vgl. auch die Übersicht mit historischer Herleitung bei MüKo-ZPO/*H. Prütting* § 286 Rn. 108 ff.

[37] Vgl. BGH NJW 1990, 3151, 3151; NJW-RR 2002, 1280, 1280; WM 2015, 743; MüKo-ZPO/ *Fritsche*, 5. Aufl. 2016, § 138 Rn. 21 f.

ausführen kann, die jedoch der darlegungsbelasteten Partei nahezu unzugänglich sind, verlangt die Rechtsprechung einen besonders qualifizierten Vortrag, ein gesondert substantiiertes Bestreiten mit Details, um der Darlegungslast zu genügen (Prinzip der sekundären Behauptungslast).[38] Sofern ein schlichtes Bestreiten erfolgt, gilt der gegnerische Vortrag gem. § 138 Abs. 3 ZPO als zugestanden.[39]

38   Vorliegend bietet sich nur der Behandlungsseite die Einsicht in die Behandlungsdetails. Der Patient kann ausschließlich die Patientenakte anfordern und versuchen, nach den dort gefundenen Einträgen zu agieren. Daher gilt für die Behandlungsvorgänge im Arzt-Patient-Verhältnis nach ständiger Rspr. die sekundäre Behauptungslast zu Lasten der Behandlungsseite.[40] Dieser genügten die Beklagten bezüglich des Behandlungsabschnitts ab dem 28.04.2014 in keiner Form, so dass der schlüssige klägerische Vortrag ohne Notwendigkeit der Beweiserhebung gemäß § 138 Abs. 3 ZPO als zugestanden zu werten ist. Die Beklagten können sich insofern auch nicht auf eine Überraschungsentscheidung nach § 139 Abs. 2 ZPO berufen, da das Gericht einen Hinweis nach § 139 Abs. 1 ZPO in dieser Sache erteilt hat. Es steht demnach fest, dass die Sepsis Folge der früheren Beinentzündung ist.

39   Fraglich ist allerdings, ob die Sepsis der C, die lediglich die (sorgfaltsgemäße) Operation am 01.03.2015 durchgeführt hat, objektiv zurechenbar ist oder ob die Sepsis insoweit außerhalb des Schutzzwecks der Norm liegt.[41] Die Behandlung der C führte nur mittelbar zu den schweren Folgen der Blutvergiftung. Zunächst verwirklichte sich in Gestalt der Infektion des Beines ein operationsimmanentes Risiko. Die antibiotische Therapie hat den Krankheitsherd offenbar nicht vollständig bekämpft, so dass die Infektion wieder auftrat. Und schließlich verkannte A die offen zutage liegenden Ansätze und stoppte die Infektion am 28.04.2014 nicht, obwohl dies nach dem nicht wirksam bestrittenen Vortrag des P noch möglich gewesen wäre.

40   Grundsätzlich sind Spätfolgen, solange diese nicht außerhalb jeder Lebenswahrscheinlichkeit liegen, dem Schädiger anzulasten. Dies gilt aber nach den Prinzipien des Schutzzwecks der Norm dann nicht, wenn das kausale Geschehen entweder „zu weit entfernt" ist oder ein Dritter in ganz erheblichem Maße dazwischentrat und eine eigenständige Kausalkette in Gang setzte. Von einem zu weit entfernten Risiko kann bei einer erneut auftretenden Entzündung nicht die Rede sein. Dies dürfte eher als typisches Gesundheitsrisiko gewertet werden.

41   Allerdings könnte A mit seinem grob nachlässigen Verhalten dazwischengetreten und die Kausalkette unterbrochen haben. A hatte offenkundige Befunde nicht erhoben und war seiner sehr naheliegenden ärztlichen Hilfspflicht in grob fahrlässiger Weise nicht nachgekommen, als er klare, klinisch bekannte Beschwerdeanzeichen des Patienten nach einer schweren Krankheit unbeachtet ließ. C könnte sich

---

[38] BGH NJW-RR 2002, 1280, 1280 m.w.N.

[39] Prütting/Gehrlein/*H. Prütting* ZPO, § 138 Rn. 11.

[40] Vgl. BGH NJW 2014, 71, 73; 1978, 1681, 1682; MüKo-ZPO/*H. Prütting*, 5. Aufl. 2016, § 286 Rn. 103.

[41] Zur Schutzzwecklehre grundlegend BGH NJW 1987, 2671, 2671 f.

hier also zum einen darauf berufen, dass die Kausalität ihrer Pflichtverletzungen überholt wurde und vollständig hinter der schweren Pflichtverletzung des A zurücktritt, und zum anderen, dass Berufsträger in arbeitsteiligen Berufen, insbesondere in der Ärzteschaft, sich auch auf das Prinzip horizontaler Arbeitsteilung berufen dürfen, also auf den Grundsatz, dass man nicht damit rechnen muss, dass hinreichend ausgebildete und/oder überwachte Kollegen schwere, kaum nachvollziehbare Fehler begehen.[42]

C konnte sich hier darauf verlassen, dass jedenfalls offensichtliche klinische   **42** Befunde nicht unbeachtet gelassen werden würden. A hat, indem er P trotz der bekannten Vorgeschichte und des Vorliegens klarer Symptome ohne Blutbild wieder nach Hause geschickt hat, gegen alle ärztlichen Regeln und Erfahrungen verstoßen. Es handelt sich bei der Pflichtverletzung des A um eine eigenständige Tat, die C nicht mehr zurechenbar ist.

> Das gegenteilige Ergebnis ist mit entsprechender Begründung gut vertretbar. Die Rspr. ist bei der Zurechnung von Folgeschäden sehr streng. Auch ein grober Behandlungsfehler des Arztes soll nicht ausschließen, dass Folgeverletzungen dem Erstschädiger zugerechnet werden. Nicht mehr zurechenbar sollen Behandlungsfehler dem Erstschädiger erst dann sein, „wenn der die Zweitschädigung herbeiführende Arzt in außergewöhnlich hohem Maße die an ein gewissenhaftes ärztliches Verhalten zu stellenden Anforderungen außer Acht gelassen und derart gegen alle ärztlichen Regeln und Erfahrungen verstoßen hat, dass der eingetretene Schaden seinem Handeln haftungsrechtlich- wertend allein zugeordnet werden muss" (so BGH NJW 2012, 2024 Rn. 15). Klausurtaktisch ist hier entscheidend, dass die Problematik gesehen und adäquat diskutiert wird.

gg) Ergebnis
P hat gegen C einen Anspruch aus § 823 Abs. 1 BGB auf Schadensersatz und   **43** Schmerzensgeld in Höhe von insgesamt 20.000 € wegen der Behandlung vom 28.02. bis zum 02.04.2014. Hingegen hat P keinen Anspruch gegen C auf Zahlung weiterer 40.000 € wegen der Behandlung vom 28.04. bis 26.06.2014.

c) Zinsansprüche
Die geltend gemachten Zinsansprüche ergeben sich aus den §§ 291, 288 Abs. 1 S. 2   **44** BGB. Der Anspruch besteht ab dem Tag nach Zustellung der Klageschrift, also ab dem 16.09.2014.

---

[42] Vgl. BGHZ 140, 309, 316.

Zur Vertiefung:
Auf die Zinsberechnung ist § 187 Abs. 1 BGB analog anzuwenden,[43] so dass das Gericht im Urteil nicht das Datum für den Zinsbeginn verwenden darf, an welchem die Klage zugestellt wurde, §§ 253, 261 ZPO, sondern es muss den Folgetag als Beginn ansetzen.

2. Ansprüche gegen A

a) Ansprüche wegen der Behandlung am 28.02. und 01.03.2014

45 Da vertragliche Ansprüche entsprechend obiger Argumentation auch gegen A ausscheiden, könnte P einen Anspruch gegen A auf Zahlung von Schadensersatz und Schmerzensgeld allein gemäß § 823 Abs. 1 BGB haben.

aa) Rechtsgutverletzung

46 In Betracht kommt sowohl die Körperverletzung des P in Gestalt der Operation (wie oben Rn. 19 f.) als auch, wenn die Körperverletzung dem A nicht zurechenbar sein sollte, die Verletzung des allgemeinen Persönlichkeitsrechts des P in Gestalt des Selbstbestimmungsrechts des Patienten als sonstigen Rechts i.S.d. § 823 Abs. 1 BGB.

bb) Verletzungsverhalten

47 A war an der Operation nicht beteiligt. Sein Verletzungsverhalten liegt daher ausschließlich in der fehlerhaften Aufklärung (§ 630e BGB, s.o. Rn. 26 ff.) vor der Operation.

cc) Haftungsbegründende Kausalität und objektive Zurechnung

48 Fraglich ist, ob dem A die durch die Operation eingetretene Körperverletzung zugerechnet werden kann. Dazu müsste die fehlerhafte Aufklärung durch A zunächst für die Körperverletzung kausal geworden sein. P hat ausgesagt, er hätte sich in einem Entscheidungskonflikt befunden, wenn er korrekt aufgeklärt worden wäre. Aufgrund seiner Angabe, dass er Angst vor der Operation gehabt habe und ohne Operation schneller wieder hätte arbeiten können, erscheint es zwar wahrscheinlich, dass er sich bei korrekter Aufklärung gegen die Operation entschieden hätte. Für den Beweis einer Tatsache ist aber nach § 286 ZPO ein Grad an Gewissheit erforderlich, der Zweifeln Schweigen gebietet, ohne diese vollständig auszuschließen.[44] Da P selbst ausgesagt hat, es sei nicht sicher, wie er bei korrekter Aufklärung entschieden

---

[43] Vgl. etwa BAG NJW 2001, 1517, 1519; Palandt/*Grüneberg* § 291 Rn. 6.
[44] BGHZ 53, 245, 256.

hätte, fehlt es hieran. P hat nicht nachgewiesen, dass die fehlerhafte Aufklärung für die Operation kausal war.[45] Die Körperverletzung kann A nicht zugerechnet werden.

Jedenfalls hätte P aber eine selbstbestimmte Entscheidung über den Umgang mit **49** seinem Körper treffen können, so dass A die persönlichkeitsrechtliche Komponente zurechenbar verletzt hat.

dd) Rechtswidrigkeit
Der Eingriff in das allgemeine Persönlichkeitsrecht des A ist nach Interessenabwä- **50** gung als rechtswidrig anzusehen, weil dieser die Anforderungen an eine ordnungs- gemäße Aufklärung nicht eingehalten hat (§ 630e Abs. 1 S. 3 BGB).

ee) Verschulden
A handelte unter Außerachtlassung der ärztlichen Aufklärungsstandards, die ein **51** Arzt bei der Aufklärung zwingend beherrschen muss, und damit fahrlässig.

ff) Schaden, haftungsausfüllende Kausalität und Ergebnis
Fraglich erscheint jedoch, welcher Schaden dem P aus der Persönlichkeitsrechts- **52** verletzung des A entstanden ist. Insofern kann nicht auf die Operation und ihre Folgen abgestellt werden, da diese, wie geprüft (Rn. 48), nicht mit der erforder- lichen Gewissheit auf die Persönlichkeitsrechtsverletzung zurückgeführt werden können.[46]

Als Schaden verbleibt hier allenfalls ein geringer Schmerzensgeldbetrag in Bezug **53** auf die Missachtung des Persönlichkeitsrechts, der z. T. in der Rechtsprechung[47] mit einem eher symbolischen Betrag von 500 € bewertet wird. Die Ersatzfähigkeit des Schmerzensgeldes bei Persönlichkeitsrechtsverletzungen leitet die Rechtsprechung aus Art. 1 Abs. 1 i.V.m. Art. 2 Abs. 1 GG her; in der Literatur wird ohne Unterschied im Ergebnis z. T. auf eine Analogie zu § 253 Abs. 2 BGB, der Persönlichkeitsrechts- verletzungen nicht ausdrücklich regelt, abgestellt.

In Bezug auf den entgangenen Gewinn kann P aus der Persönlichkeitsrechts- **54** verletzung keinen Schaden herleiten, da die fehlende Arbeitsfähigkeit des P aus seinem gesundheitlichen Zustand und nicht aus seinem betroffenen Persönlichkeits- recht hervorging.

P kann demnach wegen der Behandlung am 28.02. und 01.03.2014 von A ledig- lich Zahlung eines Schmerzensgeldes in Höhe von 500 € verlangen.

---

[45] Zur Beweislast des Patienten für die Kausalität zwischen Aufklärungspflichtverletzung und ein- tretendem Gesundheitsschaden *Wever* in Bergmann/Pauge/Steinmeyer, Gesamtes Medizinrecht, 2. Aufl. 2014, § 630e Rn. 63.

[46] Es gilt insoweit für das „Ob" eines Schadens das Beweismaß des § 286 ZPO. § 287 ZPO, der das Beweismaß absenkt und eine Schadensschätzung ermöglicht, gilt nur für den Umfang des Schadens.

[47] Umstritten, vgl. Geiß/Greiner/*Greiner* Arzthaftpflichtrecht, 7. Aufl. 2014, Rn. C 150 m.w.N.

A.A. vertretbar. Kenntnisse in diesem Bereich können nicht erwartet werden. Gut vertretbar erscheint insbesondere, eine Haftung des A insoweit komplett zu verneinen, weil es an einer zurechenbaren Körper-/Gesundheitsverletzung fehle und der Arzt nicht aus der bloßen Verletzung einer Aufklärungspflicht hafte (*Wever* in Bergmann/Pauge/Steinmeyer, Gesamtes Medizinrecht, 2. Aufl. 2014, § 630e Rn. 62; Geiß/Greiner/*Greiner* Arzthaftpflichtrecht, 7. Aufl. 2014, Rn. C 150).

b) Anspruch aus § 823 Abs. 1 BGB wegen der Behandlung ab dem 28.04.2014

55 Mangels vertraglicher Beziehungen kommt erneut ein Anspruch des P gegen A gemäß § 823 Abs. 1 BGB in Betracht.

aa) Rechtsgutverletzung

56 Die Verletzung der Gesundheit ist hier das Fortschreiten der Infektion hin zu einer Blutvergiftung.

bb) Verletzungsverhalten

57 A hat seine ärztlichen Pflichten grob verletzt, als er – entsprechend den nicht wirksam bestrittenen Angaben des P – trotz bestehender Anzeichen gebotene Befunde nicht erhob und daher nicht feststellen konnte, dass bei P eine Blutvergiftung drohte, die sogleich hätte behandelt werden müssen. Die nach dem Schwerpunkt der Vorwerfbarkeit entscheidende Pflichtverletzung liegt in der unterlassenen Heilbehandlung der aufkommenden Blutvergiftung.

cc) Haftungsbegründende Kausalität und objektive Zurechnung

58 Fraglich ist jedoch, ob die Unterlassung durch A auch kausal für die eingetretene Blutvergiftung war. Nach dem schlüssigen und nicht wirksam bestrittenen Vortrag des P hätte die Infektion durch eine am 28.04.2014 eingeleitete Behandlung noch gestoppt werden können. Damit ist die notwendige haftungsbegründende Kausalität gegeben. Hinzu kommt, dass die Ursächlichkeit der unterlassenen Untersuchung für die Sepsis gem. § 630h Abs. 5 S. 2 BGB vermutet wird. Denn A hat es grob fahrlässig unterlassen, einen medizinisch gebotenen Befund rechtzeitig zu erheben. Mit hinreichender Wahrscheinlichkeit (> 50 %) hätte eine ordnungsgemäße Untersuchung mit Blutbild Anlass zu weiteren Maßnahmen gegeben. A hat den notwendigen Beweis des Gegenteils (§ 292 ZPO) nicht geführt.

59 Für die Zurechnung eines Unterlassens ist das Bestehen einer Garantenpflicht erforderlich. Hier ist A in seiner Funktion als Arzt dem P als Patienten gegenübergetreten, wodurch er das Vertrauen des P in seine Person geweckt hat. Daher folgt allein aus der tatsächlichen Behandlungsübernahme – unabhängig von bestehenden Verträgen – eine Pflicht des A zum Handeln.

Klausurhinweis:

Das Bestehen einer Garantenpflicht wird von der Rspr. in Arzthaftungsfällen vorausgesetzt und daher nicht problematisiert. Insofern waren die Ausführungen hier nicht erforderlich.

dd) Rechtswidrigkeit und Verschulden
Mangels Rechtfertigungsgründen handelte A rechtswidrig. A handelte auch (grob) **60**
fahrlässig.

ee) Schaden, haftungsausfüllende Kausalität und Ergebnis
Aufgrund des Behandlungsfehlers ist ein achtwöchiger Krankenhausaufenthalt not- **61**
wendig geworden. Entsprechend den obigen Ausführungen (Rn. 36) kann P 20.000 €
Schmerzensgeld und 20.000 € Schadensersatz wegen entgangenen Gewinns von A
verlangen.

c) Zinsansprüche
Die geltend gemachten Zinsansprüche ergeben sich aus den §§ 291, 288 Abs. 1 S. 2 **62**
BGB (s.o. Rn. 44).

3. Ansprüche gegen die B-GmbH

a) Anspruch aus §§ 280 Abs. 1, 630a BGB
P könnte gegen die B-GmbH einen Anspruch auf Schadensersatz und Schmerzens- **63**
geld in Höhe von zusammen 60.000 € aus §§ 280 Abs. 1, 630a BGB haben.

Dazu müsste zwischen P und der B-GmbH zunächst ein Schuldverhältnis in **64**
Form eines Behandlungsvertrages bestehen. Hier liegt, wie bereits dargestellt (s.o.
Rn. 16), ein Behandlungsvertrag in Gestalt eines totalen Krankenhausvertrags vor.

Außerdem müsste die B-GmbH ihre Pflichten verletzt haben. Gem. § 630a **65**
Abs. 2 BGB schuldet die B-GmbH eine Behandlung nach bestehenden, allgemein
anerkannten fachlichen Standards. Nach § 630e BGB schuldet sie vor der Behandlung Aufklärung über sämtliche wesentlichen Umstände, insbesondere auch Alter-
nativbehandlungen (§ 630e Abs. 1 S. 3 BGB). Hier hat A, der gem. § 278 BGB Erfüllungsgehilfe der B-GmbH ist, den P am 28.02.2014 vor der Operation nicht richtig
aufgeklärt (s.o. Rn. 47). Danach ist P ohne korrekte Aufklärung von C, die die Ordnungsgemäßheit der Aufklärung nicht geprüft hat, operiert worden (s.o. Rn. 25 ff.).
Dies stellt eine Pflichtverletzung der B-GmbH dar. Eine weitere Pflichtverletzung in
Form eines Behandlungsfehlers liegt in der unterlassenen Behandlung des P durch
A trotz Hinweisen auf eine systemische Infektion am 28.04.2014 (s.o. Rn. 57). Das
Verschulden von A und C ist der B-GmbH gem. § 278 BGB zuzurechnen, so dass
die B-GmbH die Pflichtverletzungen gem. § 280 Abs. 1 S. 2 BGB zu vertreten hat.

Ohne dass erörtert werden muss, welche Pflichtverletzung zu welchem Schaden **66**
geführt hat, sind die von P geltend gemachten Schadenspositionen jedenfalls durch

die Gesamtheit der Pflichtverletzungen verursacht worden. P kann daher von der B-GmbH aus § 280 Abs. 1 BGB Schadensersatz wegen entgangenen Gewinns in Höhe von 30.000 € (§ 252 BGB) und ein Schmerzensgeld in Höhe von ebenfalls 30.000 € (§ 253 Abs. 2 BGB) verlangen.

b) Anspruch aus § 831 Abs. 1 BGB

67 Der Anspruch des P gegen die B-GmbH könnte sich ferner aus § 831 Abs. 1 BGB ergeben. Sowohl A als auch C sind als Arbeitnehmer weisungsgebunden und daher als Verrichtungsgehilfen einzuordnen. Sowohl A als auch C haben in Ausführung der Verrichtung tatbestandsmäßige und rechtswidrige unerlaubte Handlungen nach § 823 Abs. 1 BGB begangen (s.o. Rn. 18 ff., 45 ff., 52 ff.). Möglicherweise kann sich die B-GmbH jedoch im Hinblick auf die Auswahl und Überwachung von A und C gem. § 831 Abs. 1 S. 2 BGB exkulpieren. Die B-GmbH hat den A aufgrund exzellenter Zeugnisse eingestellt. C ist als Fachärztin für Chirurgie für die Vornahme der Operation geeignet. Damit sind beide ordnungsgemäß ausgewählt worden. Beide haben nie einen Grund zur Beanstandung gegeben, so dass eine besondere Kontrolle nicht erforderlich war. Damit gelingt der B-GmbH im Hinblick auf die Haftung aus § 831 Abs. 1 BGB die Exkulpation. P hat gegen die B-GmbH keinen Anspruch auf Schadensersatz und Schmerzensgeld aus § 831 Abs. 1 BGB.

c) Zinsansprüche

68 Die geltend gemachten Zinsansprüche ergeben sich aus den §§ 291, 288 Abs. 1 S. 2 BGB (s.o. Rn. 44).

4. Gesamtschuldnerische Haftung

69 Eine gesamtschuldnerische Haftung kommt nur insoweit in Betracht, als A, C und die B-GmbH in Rechtsgemeinschaft nach den § 421 BGB stehen und gleichstufig haften. Nach hier vertretener Lösung gilt dies also innerhalb des ersten Zeitabschnitts nur für 500 € Schmerzensgeld zwischen allen Beteiligten und für weitere 9500 € Schmerzensgeld sowie weitere 10.000 € entgangenen Gewinns zwischen C und der B-GmbH. Hinsichtlich des zweiten Zeitabschnitts haften A und die B-GmbH gesamtschuldnerisch. C haftet nicht.

C) Entscheidung des Gerichts

70 Das Gericht wird ein Urteil mit folgendem Hauptsachetenor[48] erlassen, wenn die B-GmbH Beklagte zu 1), C Beklagte zu 2) und A Beklagter zu 3) ist:

---

[48] Auf die Darstellung des Kostentenors (§ 92 ZPO) und des Tenors zur vorläufigen Vollstreckbarkeit (§§ 708, 709, 710 ZPO) wird verzichtet.

Die Beklagten werden gesamtschuldnerisch verurteilt, an den Kläger 500 € nebst Zinsen in Höhe von 5 Prozentpunkten über dem jeweiligen Basiszinssatz seit dem 16.09.2014 zu zahlen. Die Beklagten zu 1) und zu 2) werden gesamtschuldnerisch verurteilt, an den Kläger weitere 19.500 € nebst Zinsen in Höhe von 5 Prozentpunkten über dem jeweiligen Basiszinssatz seit dem 16.09.2014 zu zahlen. Die Beklagten zu 1) und zu 3) werden gesamtschuldnerisch verurteilt, an den Kläger weitere 40.000 € nebst Zinsen in Höhe von 5 Prozentpunkten über dem jeweiligen Basiszinssatz seit dem 16.09.2014 zu zahlen. Im Übrigen wird die Klage abgewiesen.

Vor Fall 14: Einführung in das Bereicherungsrecht

A) Sinn und Zweck des Bereicherungsrechts

Das Bereicherungsrecht in den §§ 812–822 BGB dient vorrangig der Rückführung **1** fehlallozierter Vermögensgüter. Dabei ist die Betrachtung streng auf den Bereicherten zu richten, da es nicht um Haftung nach Schadensersatzgrundsätzen geht und dies auch nicht „durch die Hintertür" Gegenstand des Bereicherungsrechts sein darf.[1] Dementsprechend bedingen Delikts- und Bereicherungsrecht einander nicht. Die Bereicherung des einen kann mit einem Schaden des anderen einhergehen, muss es aber nicht.

> **Beispiele:**
> (1) Dieb D stiehlt dem E eine Flasche Wasser und trinkt sie aus. Hier gehen Schaden des E und Bereicherung des D miteinander einher. (2) X beschädigt das Auto des E. Hier hat E einen Schaden, X aber keinen Vorteil. (3) A fährt in der halb leeren Straßenbahn der B-AG ohne Fahrschein mit. Hier hat A einen Vorteil, die B-AG aber keinen Schaden.

Nur im Fall der Entreicherung nach § 818 Abs. 3 BGB bei einem verklagten oder bös- **2** gläubigen Schuldner nach den §§ 818 Abs. 4, 819 Abs. 1 BGB wendet sich der Blick auf denjenigen, der Verluste erlitten hat, da nunmehr die „allgemeinen Vorschriften" zur Anwendung kommen, wobei es sich vorrangig um die §§ 285–292 BGB handelt.[2]

Das Bereicherungsrecht ist zugleich die logische Konsequenz aus dem Abstrak- **3** tionsprinzip (s. Fall 14). Wenn der Rechtsgrund einer Verfügung, also etwa der Kaufvertrag als kausale Grundlage für die dingliche Übereignung nach den §§ 929 ff., 873, 925 BGB oder für die Rechtsübertragung nach den §§ 398 ff. BGB, zerstört

---

[1] Vgl. MüKo/*Schwab* § 812 Rn. 5; PWW/*H. Prütting* § 812 Rn. 1 ff.
[2] Vgl. BGHZ 75, 203, 206 f. (zu § 281 BGB a.F.); PWW/*H. Prütting* § 818 Rn. 39.

© Springer-Verlag GmbH Deutschland, ein Teil von Springer Nature 2019   197
J. Prütting, B. Scholl, *Die Schuldrechtsklausur II*, Tutorium Jura,
https://doi.org/10.1007/978-3-662-57602-1_14

wird oder von vornherein unwirksam ist, so berührt dies in aller Regel die Wirksamkeit des Verfügungsgeschäfts nicht. Eine Ausnahme bilden die Fälle der Fehleridentität, in denen nicht nur das Kausalgeschäft (Kaufvertrag, Schenkung, Tausch, ggf. Werkvertrag), sondern auch das Verfügungsgeschäft (dingliche Übereignung, Abtretung) unwirksam ist. Dies kommt beispielsweise vor, wenn ein Minderjähriger ohne Zustimmung der Eltern eine Sache zu verkaufen und zu übereignen versucht (§§ 107, 108 BGB), wenn eine wirksame Anfechtung auf die Gründe der arglistigen Täuschung oder der widerrechtlichen Drohung nach den §§ 123 Abs. 1, 142 Abs. 1 BGB gestützt werden kann oder wenn ein Fall des § 138 Abs. 2 BGB vorliegt („... sich versprechen oder gewähren lässt").

4 Schließlich ist es das Bestreben der bereicherungsrechtlichen Regelungen, dass Rückabwicklungen möglichst innerhalb der Leistungsverhältnisse stattfinden. Wo das Gesetz hiervon zielgerichtet eine Ausnahme machen will, bietet es eine spezielle Nichtleistungskondiktion (hierzu Rn. 18, 20). Die Idee hinter dieser Abwicklung innerhalb der Leistungsverhältnisse ist die grundlegende Überlegung im Bürgerlichen Recht, dass jeder nach Möglichkeit nur mit demjenigen rechtlich interagieren soll, mit dem er sich selbst entweder bewusst oder wenigstens zurechenbar eingelassen hat. Daher soll jeder nur mit den Einwendungen konfrontiert werden und mit den Insolvenzrisiken leben müssen, die er von einem anderen erkennbar zu erwarten hat.[3] Ein Bereicherungsausgleich „durchs Eck" führt demgegenüber dazu, dass Schuldner und Gläubiger einander möglicherweise ungewollt und mit unerwarteten rechtlichen Angriffs- und Verteidigungsmitteln gegenübertreten. Verdeutlichen Sie sich diesen Gedanken an folgendem einfachen

---

Beispiel:

X verkauft und übereignet eine Maschine an Y. Der Kaufvertrag ist nichtig. Y verkauft und übereignet an Z. Der Kaufvertrag zwischen Y und Z wird wirksam wegen Irrtums angefochten. Wenn X nunmehr unmittelbar Bereicherungsansprüche gegen Z geltend machen dürfte, wäre Z im Gegenzug möglicherweise mit Einwendungen des X konfrontiert, die er nicht erwarten musste. X wiederum könnte das Insolvenzrisiko der Zahlungsunfähigkeit bei Y umgehen.

Gleichwohl gibt es Fälle, in denen das Gesetz den „Griff durchs Eck" erlaubt, vgl. etwa die §§ 816 Abs. 1 S. 2 und 822 BGB (Rn. 18, 20).

---

5 Versuchen Sie, diese Grundsatzerwägungen bei der Lösung eines jeden Falles zu gewärtigen und für Ihre Argumentation fruchtbar zu machen.

B) Anspruchsgrundlagen

6 Es existieren fünf Leistungs- und fünf Nichtleistungskondiktionen. Der Grundtatbestand des Bereicherungsrechts ist in § 812 Abs. 1 S. 1 BGB geregelt. Dieser enthält sowohl den Grundfall der Leistungskondiktion, die *condictio indebiti* („wer durch

---

[3] Vgl. MüKo/*Schwab* § 812 Rn. 61 f., 78.

die Leistung eines anderen etwas ohne rechtlichen Grund erlangt"), als auch den Grundfall der Nichtleistungskondiktion („wer in sonstiger Weise [d. h. nicht durch Leistung] auf dessen Kosten etwas ohne rechtlichen Grund erlangt"). Gemeinsam ist der Leistungs- und der Nichtleistungskondiktion, dass der Bereicherungsschuldner „etwas", d. h. irgendeinen vermögenswerten Vorteil, ohne rechtlichen Grund erlangt haben muss. Die Leistungskondiktion setzt eine Leistung (s.u. Rn. 8) des Anspruchstellers voraus, bei der Nichtleistungskondiktion ist das gerade nicht der Fall. Merken muss man sich, dass die Voraussetzung „auf dessen Kosten" nach heute herrschender Auslegung allein für die Nichtleistungskondiktion gilt.

Darüber hinaus gibt es im Bürgerlichen Recht verteilt Einzelverweisungen auf das Bereicherungsrecht. Wenn es sich um Rechtsgrundverweisungen handelt, führen sie zur Anwendung einer der nachfolgend aufgeführten Kondiktionen; Rechtsfolgenverweisungen verweisen lediglich auf die §§ 818 ff. BGB.   **7**

I. Leistungskondiktionen

Alle Leistungskondiktionen basieren auf dem bereicherungsrechtlichen Leistungs-   **8**
begriff. Leistung ist die bewusste und zweckgerichtete Mehrung fremden Vermögens,[4] was in entsprechender Heranziehung des Rechtsgedankens der §§ 133, 157 BGB aus Sicht eines objektiven schutzwürdigen Empfängers zu beurteilen ist.[5]

Beachte:
Es handelt sich bei dem hier aufgezeigten Leistungsbegriff „lediglich" um die h.M. in der Rspr. Tatsächlich verbirgt sich hinter dieser Definition eine breite und außerordentlich komplexe Diskussion mit erheblicher praktischer Bedeutung. Wagen Sie sich in die Untiefen dieses Diskussionsstandes erst hinein, wenn Sie die Grundlagen des Bereicherungsrechts sauber durchdrungen haben.

Die Kondiktionen unterscheiden sich ausschließlich danach, wann und weshalb der Rechtsgrund fehlt.

1. § 812 Abs. 1 S. 1 Fall 1 BGB – condictio indebiti

Der Grundfall und die wichtigste Leistungskondiktion ist § 812 Abs. 1 S. 1 Fall 1   **9**
BGB. Dieser liegt vor, wenn der rechtliche Grund von Anfang an fehlt. Hierunter fallen primär alle Umstände, die das Kausalgeschäft für von Anfang an nichtig erklären. Die Beispiele finden sich zahlreich im Allgemeinen Teil des BGB: Geschäftsunfähigkeit (§ 105 Abs. 1 BGB); beschränkte Geschäftsfähigkeit bei fehlender

---

[4] Grundlegend BGHZ 58, 184, 188.
[5] Vgl. BGHZ 106, 163, 166.

Einwilligung und rechtlich wenigstens auch nachteilhaftem Geschäft (§ 107, 108 BGB), welches nicht von den §§ 110, 112 oder 113 BGB gedeckt ist; innerer Vorbehalt, der dem Vertragspartner bekannt ist (§ 116 S. 2 BGB); Scheingeschäft (§ 117 Abs. 1 BGB); Scherzerklärung (§ 118 BGB); Formnichtigkeit (§ 125 S. 1 BGB); Verstoß gegen ein gesetzliches Verbot (§ 134 BGB); Sittenwidrigkeit und Wucher (§ 138 BGB); Nichtigkeit nach erfolgreicher Anfechtung (§ 142 Abs. 1 BGB) u. a. Die allgemeine Leistungskondiktion führt in all diesen Fällen zur Rückabwicklung der auf Basis nichtiger Rechtsgeschäfte ausgetauschten Leistungen.

2. § 812 Abs. 1 S. 2 Fall 1 BGB – condictio ob causam finitam

10 In diesem Fall besteht der rechtliche Grund zunächst, fällt dann aber später weg, wobei der Grund des Wegfalls anders als bei § 142 Abs. 1 BGB nicht zurückwirkt.[6] Diese Fallgruppe kommt nur sehr selten vor und spielt in der juristischen Ausbildung eine stark untergeordnete Rolle. Tatsächlich existieren für fast alle wichtigen Fälle eines späteren Wegfalls des rechtlichen Grundes Spezialregelungen, vgl. insbesondere die §§ 313, 346 ff. und 628 BGB. Zur Anwendung gelangt § 812 Abs. 1 S. 2 Fall 1 BGB etwa im Fall einer auflösenden Bedingung nach § 158 Abs. 2 BGB, wenn mit Bedingungseintritt Gegenstände zurückzugewähren sind oder der Wert erbrachter Leistungen zu ersetzen ist. Bei durch Parteiwillen gewünschter Rückbeziehung greift allerdings bereits § 159 BGB. Ein Fall der *condictio ob causam finitam* ist außerdem die im Schenkungsrecht in § 531 Abs. 2 BGB angeordnete Rechtsgrundverweisung (s. *Balzer/Kröll/Scholl* Die Schuldrechtsklausur I, Fall 15 Frage 3).

3. § 812 Abs. 1 S. 2 Fall 2 BGB – condictio ob rem oder condictio causa data causa non secuta

11 Die Zweckkondiktion erfasst die Rückabwicklung für den Fall, dass die Parteien den Austausch von Leistungen an einen über ein bestimmtes Rechtsgeschäft hinausgehenden Zweck gebunden haben. Die bloße einseitige Hoffnung oder Erwartung einer Partei genügt nicht; vielmehr bedarf es zwingend eines Rechtsgeschäftes, wobei die Zweckabrede nicht in den Bereich vertraglich geschuldeter Leistungspflichten fallen darf, da für deren Rückabwicklung ausschließlich § 812 Abs. 1 S. 1 Fall 1 und Abs. 1 S. 2 Fall 1 BGB gilt.[7] Letztlich ist der Zweck eine rechtsgeschäftliche Abrede, die dem zwecksetzenden Teil zwar keinen durchsetzbaren Anspruch gibt, bei welcher jedoch beiden Parteien klar ist, dass der Rechtsgrund zum Behaltendürfen im Zweck zu sehen ist.[8]

---

[6] Ausführlich zum Problem bei der Anfechtung *Conrad* JuS 2009, 397.

[7] Vgl. die prägnante Übersicht bei PWW/*H. Prütting* § 812 Rn. 42.

[8] Vgl. BGH NJW-RR 2009, 1142 f.; BGHZ 115, 261 ff.; 35, 356, 358.

- Anzahlungen vor Abschluss eines Vertrages, zu dem es nicht mehr kommt[9]
- Zahlung des Kaufpreises durch den Käufer nach Abschluss eines mangels Einhaltung der Form des § 311b Abs. 1 BGB unwirksamen Grundstückskaufvertrages („Schwarzkauf"), wenn der Verkäufer seinerseits nicht leistet und die vom Käufer angestrebte Heilung (§ 311b Abs. 1 S. 2 BGB) daher ausbleibt[10]
- Zahlungen zur Abwendung einer dann doch erfolgten Strafanzeige[11]
- Bauen auf fremdem Grund und Boden in der später enttäuschten Erwartung, das Grundstück könne erworben werden[12]
- Jahrelange Unterstützung der Tante in Haushalt und Garten durch den Neffen in der der Tante bekannten und von ihr gebilligten Erwartung, als Erbe eingesetzt zu werden. Kommt es nicht zur Erbeinsetzung, ist ein Anspruch des Neffen auf Wertersatz gegen die Erben möglich.[13]

Nicht von § 812 Abs. 1 S. 2 Fall 2 BGB erfasst ist der Vermögensaustausch in der Ehe und Familie, da hierfür eigenständige Regeln nach den von der Rspr. entwickelten Kriterien der ehebedingten Zuwendung gelten.[14] Für die nichteheliche Lebenspartnerschaft galt lange dasselbe Prinzip, jedoch sind jüngst Aufweichungen unter Nutzung der Zweckkondiktion zu beobachten (dazu Fall 25).[15]   **12**

4. § 813 Abs. 1 S. 1 BGB – Erweiterung der condictio indebiti

Dieser selten in Erscheinung tretende Fall erweitert faktisch § 812 Abs. 1 Fall 1   **13**
BGB. So ist es über § 813 Abs. 1 S. 1 BGB dem Bereicherungsgläubiger nach erfolgter Leistung trotz fortbestehenden Rechtsgrundes möglich, das Geleistete zurückzufordern, wenn seiner Leistungsverpflichtung eine dauerhafte (peremptorische) Einrede entgegengestanden hätte und gleichwohl geleistet wurde. Hier fehlt also nicht der Rechtsgrund, sondern es stand eine Einrede entgegen, die dauerhaft die Leistungspflicht gehemmt hätte. Der primäre Grund, weshalb der Anwendungsbereich von § 813 Abs. 1 S. 1 BGB gering ist, findet sich in § 813 Abs. 1 S. 2 BGB, wonach § 214 Abs. 2 BGB unberührt bleibt. Dies bedeutet, dass die Einrede der Verjährung, die klassisch unter § 813 Abs. 1 S. 1 BGB hätte subsumiert werden können, vom Anwendungsbereich gerade ausgenommen sein soll. Anwendungsfälle können etwa die Einrede der Bereicherung nach § 821 BGB und die Arglisteinrede nach § 853 BGB sein.

---

[9] So BGH WM 1967, 1042.

[10] BGH NJW 1980, 451.

[11] So BGH BB 1990, 735.

[12] Str., wie hier BGH NJW 2013, 3364; ebenso PWW/*H. Prütting* § 812 Rn. 47 f.; offengelassen noch in BGH NJW 2001, 3118; für *condictio ob rem* schon BGHZ 44, 321. A.A. *Medicus/Petersen* BürgR, Rn. 693.

[13] Vgl. BGH NJW 1965, 1224; vgl. auch BGH NJW 2013, 2025 Rn. 13; LAG Rheinland-Pfalz ZEV 2016, 101 Rn. 25.

[14] Vgl. BGHZ 115, 261 f.

[15] Vgl. BGH NJW-RR 2009, 1142, 1144; BGHZ 183, 242.

5. § 817 S. 1 BGB – condictio ob turpem vel iniustam causam

14   § 817 S. 1 BGB ist lediglich ein Spezialfall des § 812 Abs. 1 S. 1 Fall 1 BGB und hat
      dementsprechend keinen ernstzunehmenden Anwendungsbereich. Sofern das Kau-
      salgeschäft nach den §§ 134 oder 138 BGB nichtig ist, erfolgt eine Rückabwicklung
      über § 817 S. 1 BGB, aber ebenso über § 812 Abs. 1 S. 1 Fall 1 BGB. Die Besonder-
      heit des § 817 BGB liegt in dessen S. 2, welcher nach h.M. aber auf alle Formen der
      Leistungskondiktion Anwendung findet, so dass auch hieraus keine Unterschiede
      abzuleiten sind. § 817 S. 2 BGB bestimmt, dass die Rückforderung ausgeschlossen
      sein soll, wenn sowohl Leistungsempfänger als auch Leistendem ein Gesetzes- oder
      Sittenverstoß zur Last zu legen ist (s. Fall 17 Rn. 15 ff.). In einem erst-recht-Schluss
      findet § 817 S. 2 BGB auch für den Fall Anwendung, dass nur dem Leistenden ein
      solcher Verstoß vorzuwerfen ist.

15   Sofern sich im Rahmen Ihrer Klausurbearbeitung keine Zeit mehr für eine kurze
      Prüfung von § 817 S. 1 BGB neben § 812 Abs. 1 S. 1 Fall 1 BGB findet, lassen Sie
      § 817 S. 1 BGB weg. Nur im Rahmen zeitlicher Möglichkeit kann dieser kurz mit
      regelmäßig einem feststellenden Satz ergänzt werden. Einen ganz schmalen eigen-
      ständigen Anwendungsbereich kann § 817 S. 1 BGB dann haben, wenn die anderen
      Leistungskondiktionen ausgeschlossen sind, insbesondere im Fall des § 814 BGB.

Beispiel:

Eltern zahlen Lösegeld an Kindesentführer in dem Wissen, dass sie dazu nicht
verpflichtet sind. Das Kind kommt daraufhin frei. Die *condictio indebiti* scheitert
an dem Ausschlussgrund des § 814 BGB. Die *condictio ob rem* kommt nicht in
Betracht, weil der erwünschte Erfolg eingetreten ist. In diesem Fall hilft – neben
deliktischen Schadensersatzansprüchen – die *condictio ob turpem vel iniustam
causam* weiter.

§ 817 S. 1 BGB greift auch dann, wenn das Verfügungsgeschäft gesetzeswid-
rig erfolgt, das Verpflichtungsgeschäft hingegen wirksam ist oder zumindest eine
Zweckabrede i.S.v. § 812 Abs. 1 S. 2 Fall 2 BGB vorliegt (*Stamm* NJW 2014,
2145, 2147).

Zu § 817 S. 2 BGB siehe auch *Balzer/Kröll/Scholl* Die Schuldrechtsklausur I, Fall
2 2. Abwandlung.

II. Nichtleistungskondiktionen

16   Unter die Nichtleistungskondiktionen können nur solche Fälle subsumiert werden,
      in denen der Leistungsempfänger das Erlangte in Bezug auf den Bereicherungs-
      gläubiger nicht durch Leistung erlangt hat. Das schließt nicht aus, dass sich die
      Bereicherung als Leistung einer dritten Person darstellt. Nur der Bereicherungs-
      gläubiger selbst darf nach oben bereits definiertem Leistungsbegriff nicht der
      Leistende sein. Die Nr. 1–4 der folgenden Aufzählungen zeigen die speziellen

Nichtleistungskondiktionen, die gesetzlich zulässige Fälle des „Greifens durchs Eck" bilden. Die allgemeine Nichtleistungskondiktion folgt demgegenüber bis auf noch zu erörternde Ausnahmekonstellationen dem Prinzip, dass eine Abwicklung in den Leistungsbeziehungen stattzufinden hat. Daher ist die allgemeine Nichtleistungskondiktion in § 812 Abs. 1 S. 1 Fall 2 BGB grundsätzlich ausgeschlossen, wenn die Bereicherung durch eine Leistung eines Dritten an den Bereicherten gelangt ist (sog. Subsidiaritätsprinzip).

1. § 816 Abs. 1 S. 1 BGB

§ 816 Abs. 1 S. 1 BGB betrifft den Fall, dass ein Nichtberechtigter über einen Gegen-   **17** stand verfügt und diese Verfügung dem Berechtigten gegenüber ausnahmsweise wirksam ist. In diesem Fall ist der Verfügende verpflichtet, dem ehemalig wahren Berechtigten alles herauszugeben, was er (wirtschaftlich!) aus der Verfügung erlangt hat.[16] Hinsichtlich des Tatbestandes muss hier also ermittelt werden, wer Verfügungsberechtigter eines Gegenstandes ist, also Inhaber des jeweiligen Rechts oder Eigentümer der jeweiligen Sache. Eine Verfügungsberechtigung kann sich auch aus gesetzlicher Stellung (vgl. etwa §§ 80, 81 InsO) oder aus rechtsgeschäftlicher Ermächtigung nach § 185 Abs. 1 BGB ergeben. Verfügt eine Person, die eine solche Rechtsmacht nicht innehat, so ist aber grundsätzlich auch ihre Verfügung nicht wirksam. Die Ausnahmen, auf die § 816 Abs. 1 S. 1 BGB abzielt, sind insbesondere die Fälle gutgläubigen Erwerbs nach den §§ 405, 892, 893, 926, 932 ff. BGB. In diesen Fällen ordnet das Gesetz an, dass die Verfügung des Nichtberechtigten gleichwohl aus Gesichtspunkten des Schutzes des Rechtsverkehrs wirksam sein soll.

▶ **Definition (wichtig!):** Für eine saubere Bearbeitung des § 816 Abs. 1 BGB müssen Sie die Definition der Verfügung beherrschen. Lernen Sie diese auswendig.
Verfügung ist ein Rechtsgeschäft, durch das unmittelbar auf den Bestand eines Rechts eingewirkt wird. Diese Einwirkung geschieht durch Aufhebung, Übertragung, Belastung oder Inhaltsänderung.[17] (Merkhilfe: A–U–B–I)
Schuldrechtliche Vereinbarungen (z. B. Vermietung) stellen keine Verfügung dar.

2. § 816 Abs. 1 S. 2 BGB

§ 816 Abs. 1 S. 2 BGB will einen Durchgriffsanspruch auf den Bereicherten dem-   **18** jenigen erlauben, der durch unentgeltliche, wirksame Verfügung eines Nichtberechtigten einen Gegenstand verloren hat. Die Vorschrift ist genau so zu verstehen, wie

---

[16] Nach dem Trennungsprinzip ist das Verfügungsgeschäft grundsätzlich isoliert zu betrachten, so dass bei streng rechtlicher Beurteilung der Verfügende gerade aus der Verfügung niemals etwas erlangt hätte, sondern vielmehr auf Basis des Kausalgeschäfts eine Gegenleistung erhält. Dies kann von Sinn und Zweck des § 816 Abs. 1 S. 1 BGB her nicht zutreffend sein und war auch gesetzgeberisch nicht gewollt. Die Norm wäre sinnentleert. Siehe zu der Frage, was genau im Rahmen von § 816 Abs. 1 S. 1 BGB herauszugeben ist, noch Fall 19 Rn. 13 f.

[17] Vgl. Palandt/*Sprau* § 816 Rn. 4.

dies bereits bei § 816 Abs. 1 S. 1 BGB ausgeführt wurde. Nur nutzt dem ehemalig wahren Berechtigten der Anspruch auf Herausgabe des Erlangten gegen den Verfügenden in diesem Fall nichts. Die Verfügung geschah unentgeltlich, so dass der Verfügende nichts bekommen hat und der Anspruch nach § 816 Abs. 1 S. 1 BGB ins Leere liefe. Daher soll der ehemalig Berechtigte ausnahmsweise die Möglichkeit erhalten, den Leistungsempfänger direkt zu belangen, obwohl der Empfänger den Gegenstand durch Leistung einer dritten Person erhalten hatte. Hier gilt also gesetzlich angeordnet gerade keine Subsidiarität der Nichtleistungskondiktion hinter gegebenen Leistungsbeziehungen.

Beispiel:

Wenn Freund F seinem Kollegen K seine Uhr leiht und K diese sodann an den Dritten D verkauft und übereignet, so hat K gemäß den §§ 929 S. 1, 932 Abs. 1 S. 1 BGB dem D wirksam Eigentum verschafft. Hierfür hat K auf Basis des Kaufvertrages nach § 433 Abs. 2 BGB auch ein Entgelt erhalten. F kann in diesem Fall von K gemäß § 816 Abs. 1 S. 1 BGB die Herausgabe des Entgelts verlangen. F hat jedoch keinen Anspruch gegen D auf Herausgabe oder Rückübereignung der Uhr nach § 816 Abs. 1 S. 2 BGB, da D die Uhr entgeltlich erlangt hat. Auch aus § 812 Abs. 1 S. 1 Fall 2 BGB könnte F von D die Uhr nicht verlangen, da D dieselbe durch Leistung seitens K erhalten hat und wegen des Subsidiaritätsprinzips nichts im Wege der allgemeinen Nichtleistungskondiktion herausgeben muss, was er durch Leistung erlangt hat. Der entgeltliche gutgläubige Erwerb ist also kondiktionsfest.

Der Anspruch des F gegen D auf Rückübereignung der Uhr gemäß § 816 Abs. 1 S. 2 BGB wäre aber begründet, wenn K dem D die Uhr im Sinne des § 516 BGB geschenkt und auf dieser kausalen Basis übereignet hätte. Hier greift das Subsidiaritätsprinzip nicht, welches eben nur für § 812 Abs. 1 S. 1 Fall 2 BGB gilt.

3. § 816 Abs. 2 BGB

19 Diese Vorschrift schließt ein paar gesetzlich bewusst geschaffene Lücken. In diesem Fall darf eine Leistung herausverlangt werden, die an einen Nichtberechtigten erfolgte, was im Einzelfall wirksam zur Befreiung von einer Verbindlichkeit geführt hat. § 816 Abs. 2 BGB zielt im Wesentlichen auf zwei Konstellationen: Die Fälle des § 407 und des § 2367 BGB.

§ 407 BGB:

Wenn Person X einen Anspruch auf Zahlung etwa aus Kaufvertrag gemäß § 433 Abs. 2 BGB gegen Person Y hat und die Schuld noch nicht beglichen ist, so steht X eine Forderung zu. Diese kann er nach § 398 BGB an einen Dritten D abtreten. Geschieht dies und wird Y hierüber nicht in Kenntnis gesetzt, so glaubt Y weiterhin, er müsse an X leisten. In diesem Glauben schützt das Gesetz den Y über § 407 BGB. Leistet Y also in Unkenntnis an X – etwa durch Banküberweisung –, so wird Y gemäß §§ 362 Abs. 1, 407 BGB von seiner Schuld befreit, obwohl er an die falsche Person geleistet hat. Der Anspruch des D erlischt also durch Erfüllung, obwohl D nichts erhalten hat. Y hat hier an den nichtberechtigten Empfänger X gezahlt. Zum Ausgleich hat D nunmehr einen Bereicherungsanspruch gemäß § 816 Abs. 2 BGB gegen X.

§ 2367 BGB:

Eine ganz ähnlich gelagerte Konstellation bildet der Fall des § 2367 BGB. Es handelt sich um eine Vorschrift aus dem Erbscheinsrecht, §§ 2353 ff. BGB. § 2367 BGB ist neben den §§ 2365 f. BGB eine Vorschrift, die den guten Glauben an den Erbschein schützt. Wenn also Person X verstirbt und einen Sohn S hinterlässt, so wäre dieser typischerweise Erbe nach den §§ 1922, 1924 BGB. Hat X den S jedoch durch letztwillige Verfügung enterbt und den Dritten D eingesetzt, §§ 1922, 1937 BGB, so fällt die Erbschaft bei S nicht an, der sich auf Pflichtteilsrechte berufen kann, §§ 2303 ff. BGB. Vereinnahmt S nunmehr trotzdem die Erbschaft und lässt sich einen Erbschein vom zuständigen Amtsgericht (Nachlassgericht) ausstellen, welches um das Testament noch nicht weiß, so glaubt der Rechtsverkehr vorerst an diese Entscheidung. Kommt somit die Tante T zu S und zahlt Schulden zurück, die noch gegenüber X bestanden hatten, so darf T an den S leisten, da § 2367 BGB ihren Glauben an den Erbscheinsberechtigten als den wahren Erben schützt. Der Anspruch des D, den dieser von X gemäß §§ 1922, 1937 BGB ererbt hatte, erlischt gemäß §§ 362 Abs. 1, 2367 BGB. Hierfür erhält D einen Anspruch gegen S gemäß § 816 Abs. 2 BGB, da an den nichtberechtigten Empfänger wirksam geleistet wurde.

4. § 822 BGB

§ 822 BGB bildet den Gegenfall zu § 816 Abs. 1 S. 2 BGB. Die beiden Tatbestände gleichen sich bis auf einen Aspekt. In § 816 Abs. 1 S. 2 BGB verfügt ein Nichtberechtigter, während in § 822 BGB ein Berechtigter verfügt. Dies muss in die Norm hineingelesen werden, da diese andernfalls nicht verständlich ist. Die damit geregelte Fallkonstellation ist nach dem zutreffenden Verständnis nicht mehr schwierig. **20**

Beispiel:

Vater V will für sein Kind K ein schönes Stofftier kaufen. Er erwirbt dieses beim Dritten D, welcher sich vergreift und dem V irrtümlich ein höchst kunstvolles Ausstellungsstück mitgibt, welches unverkäuflich war und ein altes Familienerbstück darstellte. V schenkt und übereignet das Tierchen an K. Sodann ficht D den Kaufvertrag mit V wirksam wegen Erklärungsirrtums nach den §§ 119 Abs. 1 Fall 2, 142 Abs. 1 BGB an und verlangt das Stofftier heraus. V verweist darauf, dass er es an K weiterverschenkt habe und entreichert sei, § 818 Abs. 3 BGB. In diesem Fall unentgeltlicher Weitergabe durch den Berechtigten kann der Bereicherungsgläubiger unter Übergehung der Leistungsbeziehungen nach § 822 BGB den Gegenstand direkt vom Leistungsempfänger herausfordern, obgleich der Empfänger, hier K, das Stofftier im Wege der Leistung von V erhalten hatte. Auch diese spezielle Nichtleistungskondiktion erlaubt somit den Durchgriff „durchs Eck".

5. § 812 Abs. 1 S. 1 Fall 2 BGB

Die allgemeine Nichtleistungskondiktion kommt subsidiär hinter den speziellen Fällen zur Anwendung. Sie folgt dem bereits mehrfach angeführten Subsidiaritätsprinzip und erlaubt keine Durchbrechung der Leistungsverhältnisse, solange nicht besondere Umstände eine Ausnahme gebieten (hierzu etwa Fall 18 Rn. 31). Für § 812 Abs. 1 S. 1 Fall 2 BGB muss etwas in sonstiger Weise, d. h. nicht durch Leistung auf Kosten eines anderen ohne Rechtsgrund erlangt worden sein. Für die Fälle des Merkmals „in sonstiger Weise" haben sich drei Fallgruppen herausgebildet: die Eingriffs-, die Rückgriffs- und die Aufwendungskondiktion. **21**

22   Bei der **Eingriffskondiktion** geht es um Konstellationen, in denen jemand durch Eingriff in den Zuweisungsgehalt eines fremden Rechts eingreift. Notwendig ist die Verletzung einer Rechtsposition, die nach der Rechtsordnung dem Berechtigten zu dessen ausschließlicher Verfügung und Verwertung zugewiesen ist.[18] Bloß schuldrechtlich begründete Ansprüche haben hingegen keinen bereicherungsrechtlich relevanten Zuweisungsgehalt.[19] Sofern also A dem B eine Sache wegnimmt, tritt neben die Herausgabeansprüche aus §§ 985, 1007 Abs. 1 und 2, 861 und 823 Abs. 1 sowie Abs. 2 i.V.m. 858 BGB auch der Anspruch gemäß § 812 Abs. 1 S. 1 Fall 2 BGB. Ebenso ist die Eingriffskondiktion erfüllt, wenn im Grundbuch ein Recht zu Gunsten eines Dritten eingetragen ist, welches dem Dritten gegen den Berechtigten nicht zusteht und das Grundbuch hierdurch unrichtig (bitte nicht „falsch" schreiben) ist. Der Berechtigte hat nunmehr einen Berichtigungsanspruch nach den §§ 894 und 812 Abs. 1 S. 1 Fall 2 BGB, sofern die Eintragung nicht durch Leistung des Berechtigten erfolgte.

23   Die **Rückgriffskondiktion** (dazu Fall 24) ist ein selten auftretender Fall, da die Lösung regelmäßig über die Geschäftsführung ohne Auftrag gesucht wird.

Beispiel:

X hat Schulden bei Y. Diese Schuld wird nunmehr ohne Auftrag oder Absprache von Z mittels Zahlung an Y getilgt. Die Tilgung ist gemäß § 267 Abs. 1 S. 1 BGB grundsätzlich wirksam und führt zur Erfüllung nach § 362 Abs. 1 BGB. Nunmehr stellt sich die Frage nach den Ansprüchen von Z gegen X. Sofern die Zahlung des Z sich als echte berechtigte GoA erweist, stehen Z unproblematisch Ansprüche nach §§ 677, 683 S. 1, 670 BGB zu. Gleiches gilt auch bei entgegenstehendem Willen, wenn dieser ausnahmsweise gemäß § 679 BGB unbeachtlich ist. Wollte X jedoch diese Tilgung nicht und ist sein Wille beachtlich, kommt nur eine Abwicklung über die Grundsätze der echten unberechtigten GoA nach § 684 BGB oder über die Regeln der Geschäftsanmaßung nach den §§ 687 Abs. 2 S. 2, 684 BGB in Betracht. Wird nunmehr § 684 BGB mit der h.M. als Rechtsfolgenverweisung angesehen, so ist die Diskussion um die Rückgriffskondiktion hinfällig und es kommt zur Rückzahlungspflicht nach § 818 Abs. 1, 2 BGB. Hält man § 684 BGB für eine Rechtsgrundverweisung, so stellt sich die Frage, ob die Rückgriffskondiktion in § 812 Abs. 1 S. 1 Fall 2 BGB greifen kann, da jedenfalls aus Sicht des X Z nicht an ihn geleistet hat, sondern sich eigenmächtig in ein Erfüllungsverhältnis mischte. Dem könnten nur schutzwürdige Belange des X oder vorrangige Leistungsbeziehungen entgegenstehen. Leistungsbeziehungen, die den Rückgriff blockieren, sind insoweit nicht ersichtlich. Soweit das Gesetz denjenigen, dessen Anspruch getilgt wird, für schutzwürdig erachtet, sind mit §§ 267, 268 BGB entsprechende Regelungen aufgenommen worden. Daher steht, solange keine schenkweise Zuwendung des Z ersichtlich ist, dem Einsatz der Rückgriffskondiktion nichts entgegen.

---

[18] BGH NJW 2013, 781 Rn. 23.
[19] BGH NJW 2013, 781 Rn. 24.

Die **Aufwendungskondiktion** (dazu Fall 23) schließlich hat die Fälle im Blick, 24
in welchen nicht der Bereicherte durch Eingriff, sondern der Entreicherte durch
freiwillige Vermögensaufbringung die Vermögensverschiebung initiiert hat. Dies
kann durch Materialeinsatz geschehen, wonach die §§ 946–950 BGB mit der Verweisung des § 951 BGB und die §§ 994, 996, 997 BGB zum Einsatz kommen
können, oder es kann sich um Mühen und Arbeitskraft handeln. Die Aufwendungskondiktion kann an dieser Stelle nicht in wenigen Worten erläutert werden, da sie
insbesondere vom Konkurrenzverhältnis zum Eigentümer-Besitzer-Verhältnis und
zu den §§ 946 ff. BGB geprägt ist. Letztlich sollte als Faustformel behalten werden,
dass eine unmittelbare Anwendung des § 812 Abs. 1 S. 1 Fall 2 BGB bezüglich der
Rückführung fehlallozierter Aufwendungen nur dort in Betracht kommt, wo nicht
bereits Spezialregelungen bestehen.

Beispiel:

Bauer A bestellt versehentlich das Feld seines Nachbarn B, weil er die Grund-
stücksgrenze verkennt. Eine GoA kommt nicht in Betracht, weil A ein fremdes
Geschäft in der Ansicht besorgte, dass es sein eigenes sei (§ 687 Abs. 1 BGB).
Auch ein Verwendungsersatzanspruch nach § 994 oder § 996 BGB besteht nicht,
wenn A nicht Besitzer des Grundstücks des B war. Daher ist in diesem Fall – ausnahmsweise – Raum für die Aufwendungskondiktion.

III. Wichtige Verweise auf das Bereicherungsrecht

Wichtige Verweise auf das Bereicherungsrecht, die Sie für die juristische Ausbil- 25
dung und Praxis in jedem Fall kennen sollten, sind:
1. § 531 Abs. 2 BGB mit einem Rechtsgrundverweis auf die §§ 812 Abs. 1 S. 2
Fall 1 BGB (Schenkungsrückforderung wegen groben Undanks).[20]
2. § 684 S. 1 BGB mit nach überwiegender Ansicht Rechtsfolgenverweisung[21]
auf § 818 BGB (allerdings handelt es sich insofern jedenfalls um eine Rechtsgrundverweisung, als das erlangte Etwas noch zu bestimmen ist) (dazu Fall 28 Rn. 32 ff.).
3. § 951 Abs. 1 S. 1 BGB mit einer Rechtsgrundverweisung[22] auf § 812 Abs. 1
S. 1 BGB (Ausgleich für Rechtsverlust nach Verbindung, Vermischung oder Verarbeitung) (dazu Fall 18).
4. § 988 BGB mit Rechtsfolgenverweisung[23] auf § 818 BGB (Herausgabepflicht
des redlichen unentgeltlichen Besitzers einer Sache in Bezug auf gezogene Nutzungen) (dazu Fall 26).

---

[20] Vgl. BGHZ 140, 275, 277. Dazu *Balzer/Kröll/Scholl* Die Schuldrechtsklausur I, Fall 15 Frage 3.
[21] Vgl. BGH MDR 1992, 588 f.
[22] Vgl. BGHZ 40, 272, 276.
[23] Vgl. BGHZ 137, 314.

Es existieren zahlreiche weitere Verweisungen, die Sie überblicksweise durch Gesetzeslektüre zur Kenntnis nehmen sollten. Entnehmen Sie die Übersicht der Kommentierung in PWW/*H. Prütting* § 812 Rn. 17.

C) Konkurrenzen

26 Abschließend sei ein Blick auf die Konkurrenzen der Anspruchsgrundlagen geworfen. Das juristische Studium lehrt, bürgerlich-rechtliche Ansprüche nach dem Schema vertraglich – quasivertraglich – dinglich – deliktisch – bereicherungsrechtlich zu prüfen. Dass das Bereicherungsrecht einen der hinteren Plätze einnimmt (es könnte auch an vierter Stelle geprüft werden, da delikts- und Bereicherungsrecht einander nicht bedingen), hat konkurrenzrechtliche Gründe. Die wesentlichen Aspekte seien knapp verdeutlicht.

I. Vertrag vs. Bereicherungsrecht

27 Besteht zwischen Parteien ein wirksamer Vertrag in Bezug auf die jeweils in Betracht kommende bereicherungsrechtliche Vermögensmehrung, so kann dieser Vertrag regelmäßig geeignet sein, einen Rechtsgrund zum Behaltendürfen zu bilden, was die Rückforderung nach den §§ 812 ff. BGB auszuschließen vermag. Es muss daher immer geprüft werden, ob der geschlossene Vertrag einen entsprechenden Rechtsgrund bietet oder ausschließlich andere Fragen regelt. Zudem kann ein Vertragsverhältnis selbst bei Auflösung für die Rückabwicklung durch gesetzliche oder rechtsgeschäftliche Regelungen das Bereicherungsrecht abbedingen. Dies ist gesetzlich insbesondere durch die §§ 346 ff. BGB geschehen.

II. Quasivertragliche Schuldverhältnisse vs. Bereicherungsrecht

28 Aus dem Bereich der quasivertraglichen Schuldverhältnisse ist in Bezug auf die §§ 122, 179 BGB, c.i.c. und die Haftung nach den Grundsätzen des Vertrags mit Schutzwirkung für Dritte lediglich zu beachten, dass die darauf zu leistenden Haftungsgegenstände mit Rechtsgrund erfolgen. Der Rechtsgrund liegt in der gesetzlichen Anordnung und ihrem zugrundeliegenden Tatbestand selbst.

29 Interessant ist daneben die Geschäftsführung ohne Auftrag nach den §§ 677 ff. BGB. Eine echte berechtigte GoA nach § 677 BGB bietet einen Rechtsgrund zum Behaltendürfen seitens des Geschäftsführers in Bezug auf alle Gegenstände, die für das Geschäft benötigt werden, solange hierdurch nicht der willensgetragene Bereich des Geschäftsherrn verlassen wird. Eine Rückabwicklung findet über § 667 Fall 1 BGB statt. Die echte unberechtigte GoA und die Geschäftsanmaßung berechtigen nur insoweit zum Behaltendürfen im bereicherungsrechtlichen Sinne, als der Geschäftsherr die Geschäftsführung genehmigt oder wenigstens vorübergehend billigt und damit zugleich den Weg zur Anwendung des § 677 BGB eröffnet. Im

Übrigen darf ein über die §§ 684, 818 BGB erzieltes Ergebnis nicht durch eine direkte Anwendung der §§ 812 ff. BGB modifiziert werden, da andernfalls die konkret bestimmte Weite eines Ausgleichsrechts des unberechtigten Geschäftsführers über die gesetzliche Wertung hinaus erweitert würde.

III. Dingliche Ansprüche vs. Bereicherungsrecht

Das bedeutsamste Konkurrenzverhältnis zum Verständnis des *de lege lata* gelten- **30** den Systems findet sich im Bereich der §§ 987 ff. und 994 ff. BGB im Vergleich zu den §§ 812 ff. BGB. Das Eigentümer-Besitzer-Verhältnis enthält nach überwiegender Ansicht dabei die Aussage, dass im Falle einer bestehenden Vindikationslage (Eigentum bei Person A, Besitz der Sache bei Person B, ohne dass Person B eine eigene oder abgeleitete Besitzberechtigung vorweisen könnte) die §§ 987 ff. BGB abschließende Wertungen in Bezug auf Nutzungen, Schadensersatz und Verwendungen statuieren. Daraus folgt, dass die §§ 812 ff. BGB grundsätzlich bei Vorliegen einer Vindikationslage immer dann ausscheiden, wenn Nutzungs-, Schadens- oder Verwendungsersatz verlangt wird. Diese Ansprüche erfüllt sodann das EBV oder sie sind als nicht gegeben abzulehnen. In einer Vielzahl von Streitigkeiten in Literatur und Rechtsprechung entstanden über die vergangenen Jahre zahlreiche Ausnahmen, um Gerechtigkeitslücken zu schließen und Wertungswidersprüche auszuräumen. Dies ist bis heute nicht in allen Facetten gelungen. Dem Lernenden ist zur soliden Grunderfassung daher zunächst zu raten, die Problemfelder als Fallgruppen zu erfassen und in einem zweiten Schritt Stück für Stück zu hinterfragen, um nebst angelerntem Wissen auch Argumente auf Basis tiefergehenden Verständnisses anbieten zu können. Eine rasche Übersicht der anerkannten Ausnahmen bietet jeder einbändige Kommentar zu den §§ 987 ff. BGB wie auch jedes Sachenrechtslehrbuch. Eine Darstellung ginge vorliegend zu weit, daher sei auf diese Literatur verwiesen.

Fall 14

V und der 17-jährige K schließen einen Kaufvertrag über ein Mofa. Das Mofa wird sofort übergeben und übereignet. Da K nicht ausreichend Geld dabei hat, um den Kaufpreis in Höhe von 900 € zu bezahlen, wird vereinbart, dass K das Geld in den nächsten Tagen vorbeibringt. Bei der Fahrt nach Hause baut K einen Unfall, bei dem das Mofa stark beschädigt wird. Die an den Unfallort herbeigeholten Eltern stellen sofort klar, dass sie mit dem Kauf nicht einverstanden sind.

Welche Ansprüche hat V gegen K?

Lösung Fall 14

▶ Dieser kurze und einfache Fall führt in das Bereicherungsrecht ein. Die Notwendigkeit der Leistungskondiktion ergibt sich hier daraus, dass die Nichtigkeit des Verpflichtungsgeschäfts die Wirksamkeit der Verfügungsgeschäfte im Grundsatz unberührt lässt. Schuldrechtlich (bereicherungsrechtlich) bestehen aber Ansprüche auf Rückabwicklung der Verfügungsgeschäfte. Dies ist aus dem ersten Semester bekannt und wird hier nur kurz wiederholt.

A) Anspruch auf Kaufpreiszahlung aus § 433 Abs. 2 BGB

V könnte gegen K einen Anspruch auf Zahlung des Kaufpreises in Höhe von 900 €   1
aus § 433 Abs. 2 BGB haben. Das setzt voraus, dass V und K einen wirksamen Kaufvertrag geschlossen haben. V und K haben sich hier zwar über den Abschluss eines Kaufvertrags geeinigt. Allerdings ist der 17-jährige K gem. § 106 BGB beschränkt geschäftsfähig. Gem. § 107 BGB bedarf er zu einer Willenserklärung, durch die er nicht lediglich einen rechtlichen Vorteil erlangt, der Einwilligung seiner Eltern als seiner gesetzlichen Vertreter, §§ 1626, 1629 BGB. Hier verpflichtete sich K durch

© Springer-Verlag GmbH Deutschland, ein Teil von Springer Nature 2019
J. Prütting, B. Scholl, *Die Schuldrechtsklausur II*, Tutorium Jura,
https://doi.org/10.1007/978-3-662-57602-1_15

den Abschluss des Kaufvertrags zur Zahlung des Kaufpreises, so dass der Kaufvertrag für ihn kein lediglich rechtlich vorteilhaftes Geschäft war. Folglich bedurfte er der Einwilligung seiner Eltern. Da diese nicht vorlag, war der Kaufvertrag schwebend unwirksam gem. § 108 Abs. 1 BGB. Hier haben die Eltern erklärt, dass sie mit dem Kauf nicht einverstanden sind, die Genehmigung also verweigert. Damit ist der Vertrag endgültig unwirksam. Ein Kaufpreisanspruch besteht nicht.

B) Anspruch auf Herausgabe des Mofas aus § 985 BGB

2   Fraglich ist, ob V von K Herausgabe des (beschädigten) Mofas aus § 985 BGB verlangen kann. Das setzt zunächst voraus, dass V noch Eigentümer des Mofas ist. Ursprünglich war er Eigentümer (vgl. § 1006 Abs. 1 S. 1 BGB). Zu prüfen ist jedoch, ob V das Eigentum durch Einigung und Übergabe gem. § 929 S. 1 BGB an K verloren hat. An einer wirksamen dinglichen Einigung könnte es hier fehlen, weil K als Minderjähriger möglicherweise zu seiner Willenserklärung der Einwilligung seiner Eltern bedurfte (§§ 106, 107 BGB). Ein Eigentumserwerb ist aber lediglich rechtlich vorteilhaft, da er den Erwerber zu nichts verpflichtet und ihm keine Nachteile drohen. Die Willenserklärung des K war demnach auch ohne Einwilligung der Eltern wirksam. Eine wirksame Einigung liegt damit vor. Das Mofa ist auch übergeben worden. Damit hat V sein Eigentum an K verloren. Ein Anspruch auf Herausgabe aus § 985 BGB besteht nicht.

C) Anspruch auf Schadensersatz aus § 823 Abs. 1 BGB

3   V könnte gegen K einen Anspruch auf Schadensersatz aus § 823 Abs. 1 BGB wegen Verletzung des Eigentums haben. Jedoch hat V sein Eigentum an dem Mofa an K verloren, so dass ein Schadensersatzanspruch aus § 823 Abs. 1 BGB ausscheidet. Der Eigentumsverlust im Wege der bewussten dinglichen Übertragung nach § 929 S. 1 BGB begründet für sich genommen keine rechtswidrige Eigentumsverletzung seitens K.

D) Anspruch aus § 812 Abs. 1 S. 1 Fall 1 BGB

4   V könnte jedoch gegen K einen Anspruch auf Rückgabe und Rückübereignung des Mofas sowie auf Wertersatz wegen der Beschädigung aus § 812 Abs. 1 S. 1 Fall 1 BGB (Leistungskondiktion) haben.

I. Etwas erlangt

5   Dann müsste K zunächst etwas erlangt haben. Etwas im bereicherungsrechtlichen Sinne ist jede vermögenswerte Besserstellung.[1] Hier hat K Eigentum und Besitz am Mofa erlangt.

---

[1] Vgl. BeckOK/*Wendehorst* § 812 Rn. 53 ff. m.w.N.

Im Rahmen der Bestimmung des Erlangten ist möglichst genau zu präzisieren, welche Rechtspositionen im Einzelnen erworben wurden. Schreiben Sie also nicht, K habe „das Auto" erlangt.

In anderen Konstellationen ist die Bestimmung des konkret erlangten Vermögensvorteils auch notwendig, um der Subsidiarität der §§ 812 ff. BGB gegenüber den Regeln des Eigentümer-Besitzer-Verhältnisses Rechnung zu tragen. Für Nutzungen und Verwendungen enthalten die §§ 987 ff. und §§ 994 ff. BGB grundsätzlich vorrangige Sonderregelungen.[2] Demgegenüber steht § 985 BGB der parallelen Anwendung einer auf Besitzherausgabe gerichteten Leistungs- oder Eingriffskondiktion nicht im Wege.

II. Durch Leistung

Weiterhin müsste K Eigentum und Besitz durch Leistung des V erlangt haben. Leis-   6
tung ist die bewusste und zweckgerichtete Mehrung fremden Vermögens,[3] was in entsprechender Heranziehung des Rechtsgedankens der §§ 133, 157 BGB aus Sicht eines objektiven schutzwürdigen Empfängers zu beurteilen ist.[4] Die Leistung des V liegt hier in der Verschaffung von Besitz und Eigentum am Mofa, also in der Erfüllung seiner (vermeintlichen) Verpflichtung aus dem Kaufvertrag (§ 433 Abs. 1 S. 1 BGB).

Beachte:
In Zwei-Personen-Konstellationen wird es höchst selten Probleme bei der Bestimmung geben, ob bewusst und zweckgerichtet das Vermögen des anderen gemehrt wurde. Die Probleme treten auf, wenn mehr als zwei Personen in den Fall verwickelt sind. Hierauf wird in den Fällen 21 und 22 noch zurückzukommen sein.

III. Ohne rechtlichen Grund

Schließlich müsste K Eigentum und Besitz ohne Rechtsgrund erlangt haben.   7
Rechtsgrund könnte der Kaufvertrag sein. Dieser ist jedoch unwirksam (s.o. Rn. 1), so dass ein Grund zum Behaltendürfen seitens K nicht ersichtlich ist. Somit sind die Voraussetzungen des § 812 Abs. 1 S. 1 Fall 1 BGB erfüllt.

---

[2] Zum Grundsatz MüKo/*Raff* Vor § 987 Rn. 12 m.w.N.
[3] Grundlegend BGHZ 58, 184, 188.
[4] Vgl. BGHZ 106, 163, 166.

IV. Rechtsfolge

8   Danach muss K das Erlangte, also Eigentum und Besitz am Mofa, herausgeben.
Allerdings ist das Mofa stark beschädigt, so dass K es nicht mehr in dem Zustand
zurückgewähren kann, in dem er es erhalten hat. Daher ist fraglich, ob er zusätzlich
zu der Herausgabe des beschädigten Mofas auch die Differenz des Wertes zwischen
unbeschädigtem und beschädigtem Mofa ersetzen muss. Zwar erfasst § 818 Abs. 2
BGB nach seinem Wortlaut nur Fälle der vollständigen Unmöglichkeit der Herausgabe, jedoch muss die Norm, um Wertungswidersprüche zu vermeiden, zumindest
entsprechend auf die teilweise Unmöglichkeit der Herausgabe angewandt werden.[5]
Im Grundsatz schuldet K also im Hinblick auf den Wertverlust Wertersatz gem.
§ 818 Abs. 2 BGB.

9   Allerdings ist die Verpflichtung zur Herausgabe oder zum Wertersatz ausgeschlossen, soweit der Empfänger nicht mehr bereichert ist (§ 818 Abs. 3 BGB). Durch die
schwere Beschädigung ist die Bereicherung des K insoweit ersatzlos weggefallen.
K muss also nur das beschädigte Mofa zurückgeben und zurückübereignen, aber
keinen Wertersatz leisten.

Zur Vertiefung:

Ist die Rückgewähr der Sachleistung nicht mehr möglich, ist an die Anwendung der Saldotheorie zu denken (dazu Fall 16 m.w.N.). Die Saldotheorie
ist hier aber aus zwei Gründen nicht anwendbar: K hat den Kaufpreis noch
nicht gezahlt, so dass V als Vorleistender keinem Anspruch ausgesetzt ist, von
dem er den Wert der von ihm selbst erbrachten Leistung abziehen könnte.
Außerdem wird die Saldotheorie nicht zu Lasten Minderjähriger angewandt.
Die modifizierte Zweikondiktionentheorie ist zwar auch in Vorleistungsfällen
anwendbar und verhindert dann die Berufung des Bereicherungsschuldners
(K) auf § 818 Abs. 3 BGB in Bezug auf die untergegangene Leistung. Allerdings wird auch sie nicht zu Lasten Minderjähriger angewandt. Nach allen
vertretenen Ansichten bleibt es also bei dem hier festgestellten Ergebnis.

---

[5] Vgl. BeckOK/*Wendehorst* § 818 Rn. 23; MüKo/*Schwab* § 818 Rn. 52 f.; Palandt/*Sprau* § 818
Rn. 18; PWW/*H. Prütting* § 818 Rn. 10; *Canaris* NJW 1991, 2513, 2514; a.A. jedoch Staudinger/
Lorenz (2007) § 818 Rn. 22.

Fall 15

Karsten (K) wohnt seit vielen Jahren in Köln und ist mittlerweile 17 Jahre alt. Laufend hört er von der Brühler Attraktion „Phantasialand". Da K zwar Spaß haben, jedoch für solche Aktivitäten kein Geld ausgeben möchte, geht er nicht durch den Eingang unter Bezahlung des Preises von mittlerweile 45 €, sondern klettert lieber an einer schlecht bewachten Stelle über den Zaun. Nun vergnügt sich K den Tag über mit Achterbahn und Wildwasserfahrt, bis er plötzlich von zwei Aufpassern nach seiner Eintrittskarte gefragt wird. Als K diese nicht vorweisen kann, verlangen sie ein Nachlösen der Karte. Da K sich weigert, verweist man ihn des Grundstücks, und in der Folge verlangt die Phantasialand Schmidt-Löffelhardt GmbH & Co. KG (P-KG) von K oder wahlweise von dessen Eltern die Zahlung des Eintrittspreises. Die Dauer, die K bereits dort verbracht hatte, konnte ausschließlich von einer Person mit Tageskarte beansprucht werden.

K wendet ein, es habe doch niemand wegen seiner Anwesenheit Schaden genommen. Er habe niemandem den Platz weggenommen und sei auch im Übrigen nicht aufgefallen. Einen Vertrag habe er mit der P-KG zu keiner Zeit schließen wollen.

Die Eltern des K weisen darauf hin, dass sie ihrer Aufsichtspflicht bezüglich K insoweit vollumfänglich nachkommen, als dies bei einem 17-jährigen Jugendlichen noch möglich ist. Die Eltern berufen sich insbesondere darauf, dass K solche „Einbrüche" noch nie zuvor begangen hat und man im Übrigen einen Jugendlichen in seinem Alter nicht ständig überwachen könne. Außerdem habe K keinen Schaden angerichtet.

Die P-KG hält entgegen, dass man nur auf ihr Gelände kommen könne, wenn man einen Vertrag schließe. Das wisse jeder, der sich Zutritt verschaffe. Also müsse K den Eintrittspreis entrichten.

Kann die P-KG von K oder seinen Eltern Zahlung von 45 € verlangen?

Hinweis für die Bearbeitung:
Unterstellen Sie, dass eine sachverständige Prüfung ergeben hat, dass der Marktwert des Zutritts mit Nutzungsmöglichkeit eines solchen Parks dem Eintrittspreis entspricht.

© Springer-Verlag GmbH Deutschland, ein Teil von Springer Nature 2019   215
J. Prütting, B. Scholl, *Die Schuldrechtsklausur II*, Tutorium Jura,
https://doi.org/10.1007/978-3-662-57602-1_16

Lösung Fall 15

▶   Dieser Fall basiert auf dem in der Rechtswissenschaft „legendären" Flug-
     reisefall, vgl. BGHZ 55, 128 (empfehlenswerte Falllösung dazu: *Hom-
     brecher*, Jura 2004, 250). Hierüber ist viel gestritten und nachgedacht
     worden. Gleichwohl ist die bis zum heutigen Tage h.M. nicht frei von
     Zweifeln geblieben.

A) Ansprüche der P-KG gegen K

I. Vertraglicher Anspruch

1   Die P-KG könnte einen Anspruch gegen K auf Zahlung des vereinbarten Entgelts
aus einem abgeschlossenen Vergnügungsvertrag (gemischter Vertrag mit Elementen des Kauf-, Miet-, Werk- und Dienstvertragsrechts)[1] gemäß §§ 311 Abs. 1, 241
Abs. 1 BGB haben.

1. Vertragsschluss (explizit)

2   Zunächst ist festzuhalten, dass eine Einigung gemäß den §§ 145 ff. BGB zwischen
der P-KG und K explizit nicht gegeben ist. Insbesondere kam es auch zu keiner
Annahme des späteren Nachlöseangebots.

Klausurhinweis:

Sofern eine Einigung zwischen einer Personen- oder Kapitalgesellschaft mit
einem anderen Rechtssubjekt zu prüfen ist, denken Sie daran, dass die Gesellschaft nur über ihre Vertreter rechtsgeschäftlich handeln kann. Für die GmbH &
Co. KG gilt also, dass die KG ordnungsgemäß von ihrer Komplementär-GmbH
vertreten werden muss (§§ 125 Abs. 1, 161 Abs. 2 HGB). Die GmbH muss ihrerseits ordnungsgemäß von ihrem Geschäftsführer nach § 35 Abs. 1 GmbHG oder
von einem anderen, etwa rechtsgeschäftlich berufenen Bevollmächtigten vertreten werden.

---

2. Vertragsschluss (konkludent)

3   Jedoch könnte erwogen werden, dass die P-KG konkludent ein Vertragsangebot
durch Öffnung des Parks an eine unbestimmte Vielzahl von Personen richtete und K
dieses mit seinem Eindringen angenommen hat. An dieser Stelle kann dahinstehen,
ob die Öffnung des Parks für zahlende Besucher zunächst ausschließlich als *invita-
tio ad offerendum* oder bereits als ein Angebot *ad incertam personam* anzusehen ist.
Jedenfalls liegt im heimlichen Eindringen des K keine korrespondierende Erklärung

---

[1] Vgl. die prägnante Übersicht bei PWW/*Stürner* § 311 Rn. 22 ff.

zum Abschluss eines Vertrages. Die Erklärung des K kann auch nicht nach den §§ 133, 157, 242 BGB entsprechend gedeutet werden, da ein heimliches Eindringen durch Übersteigen des Zaunes in Bezug auf einen Vertragsabschluss nicht dahingehend auslegungsfähig ist. K kann nicht einmal widersprüchliches Verhalten (*venire contra factum proprium* als Fallgruppe des § 242 BGB)[2] vorgeworfen werden, da sein Verhalten nicht widersprüchlich, sondern eindeutig ist. Es kann nur als Wunsch des Parkbesuchs ohne jeden Zahlungswillen verstanden werden.

Exkurs:
Anders beurteilt dies die h.M. im berühmten Hamburger Parkplatzfall.[3] In dieser Konstellation befuhr eine Person mit PKW einen Bezahlparkplatz der Gemeinde und verkündete bei der offenen Einfahrt, dass sie nicht bezahlen wolle. Hier gibt es zwei Anknüpfungspunkte: das ersichtlich typische Einfahren auf den Parkplatz und der explizierte Wille. Nach den Grundsätzen des *venire contra factum proprium* kommt die h.M. sodann zu dem Ergebnis, dass die erste Verhaltensweise so ausgelegt werden könne, dass der Parkende eine Entgeltverpflichtung akzeptiere, was er wisse, und sich auf den ausgesprochenen Willen somit wegen selbst herbeigeführter Widersprüchlichkeit nicht berufen könne. Ebenso wurde der Fall beurteilt, in welchem ein Patient trotz Mitteilung, dass die Krankenkasse für keinen weiteren Tag eintrittspflichtig sei, unter Protest gegen die Selbstzahlungspflicht im Krankenhaus verblieb.[4]

Es kann durchaus bezweifelt werden, ob mit dieser Lösung eine trennscharfe und logisch sinnvolle Unterscheidung zu den Konstellationen möglich ist, wie sie dem Flugreise- bzw. Phantasialandfall zugrunde liegen. In der Klausur ist vom gegenteiligen Ergebnis jedoch abzuraten, da Sie sicher sein können, dass die Musterlösung dem nicht folgen wird.

3. Vertragsschluss ohne Willenserklärungen („faktischer Vertrag")?

In früherer Zeit wurde zur Lösung dieser Fälle diskutiert, ob ein Vertragsschluss **4** auch ohne Willenserklärungen der Parteien durch sozialtypisches Verhalten entstehen könne.[5] Dies ist heute nach allg.M. abzulehnen.[6] Die §§ 145 ff. BGB setzen sowohl dem Wortlaut als auch der Systematik und Teleologie nach Willenserklärungen voraus. Hierauf baut das Vertragsprinzip des § 311 Abs. 1 BGB auf. Zum Schutz der Privatautonomie, die über Art. 2 Abs. 1 GG auch Verfassungsrang genießt, ist es erforderlich, dass Verträge, die nach dem Grundsatz *pacta sunt servanda* auch bindend sind und deren Pflichten mit staatlicher Gewalt notfalls im Wege der Zwangsvollstreckung durchgesetzt werden können, ausschließlich mit dem Willen der Erklärenden entstehen. Dieser Schutz mag über die Möglichkeiten

---

[2] Vgl. BGHZ 32, 273, 279; BGH NJW 1992, 834, 834.

[3] BGHZ 21, 319, 333 ff. (hier noch mit Ansätzen des faktischen Vertrages). Heute einheitlich über die Figur des widersprüchlichen Verhaltens gelöst, vgl. BGHZ 95, 393, 399. Dagegen *J. Prütting* AcP 2016, 465 ff.

[4] BGH NJW 2000, 3429, 3431.

[5] So noch im Ansatz BGHZ 21, 319, 333 ff. Im Flugreisefall (BGH NJW 1971, 609, 609; insoweit in BGHZ nicht abgedruckt) hat der BGH die Anwendung dieser Grundsätze auf den Flugverkehr abgelehnt, weil dieser nicht zum modernen Massenverkehr gehöre.

[6] Vgl. mit deutlicher Distanzierung BGH NJW 1965, 387, 388.

der Auslegung teilweise eingeschränkt sein, verlangt jedoch mindestens ein zure-
chenbares Verhalten des jeweiligen Rechtssubjekts, welches als entsprechende
Erklärung mit Handlungs-, Erklärungs- und Geschäftswillen gedeutet werden kann.
Dies liegt bei einem bloßen heimlichen Eindringen in einen Freizeitpark nicht vor.
Ein rein faktischer Vertrag ist also mangels rechtlicher Anerkennung zwischen K
und der P-KG ebenfalls nicht zustande gekommen.

4. Zwischenergebnis

5   Die P-AG hat gegen K keinen vertraglichen Anspruch auf Zahlung von 45 €.

II. Anspruch aus culpa in contrahendo

6   Ein Anspruch der P-KG gegen K gemäß §§ 280 Abs. 1, 311 Abs. 2 Nr. 3, 241
Abs. 2 BGB scheidet aus zwei Gründen aus. So kann ein ähnlicher geschäftlicher
Kontakt wie eine Vertragsanbahnung oder Vertragsverhandlungen nicht in einem
typisch deliktischen Verhalten des Eindringens in eine abgeschirmte fremde Sphäre
gesehen werden. Es fehlt an jeglichem Rechtsgeschäftsbezug. Darüber hinaus ist
Rechtsfolge des § 280 Abs. 1 BGB Schadensersatz. Der P-KG ist nach der Differenzhypothese jedoch kein Verlust im Vergleich vor und nach dem Verhalten des K
entstanden, so dass ein Schaden ebenfalls abzulehnen ist. Eine gesicherte Gewinn-
erwartung hinsichtlich einer Zahlung des K bestand vorab nicht.

III. Anspruch aus Geschäftsführung ohne Auftrag

7   Fraglich ist, ob sich ein Anspruch der P-KG gegen K auf Zahlung von 45 € aus
§§ 677, 683 S. 1, 670 BGB ergibt. Dabei kann offenbleiben, ob das bloße Betreiben des Parks mit allen Gerätschaften als Geschäftsführung im weitesten Sinne
einzustufen ist, wenn es jedenfalls am Fremdgeschäftsführungswillen der P-KG
fehlt. Die P-KG zeigt gerade mit ihrem rechtsgeschäftlich verdeutlichten Willen,
dass sie nur an solche Besucher leisten will, die eine gültige Eintrittskarte haben.
Ein genereller Fremdgeschäftsführungswille gegenüber jedermann, der auf andere
Weise in den Park gelangt sein mag, kann daraus nicht ersehen werden. Auch wird
der Fremdgeschäftsführungswille prozessual hier nicht vermutet,[7] da das Betreiben
des Parks *a priori* ein rechtlich neutrales Geschäft ist,[8] welches keinen Bezug zu
bestimmten dritten Personen aufweist. Erst der Verkauf von Legitimationsscheinen
und der Einlass in den Park heben diese Neutralität zu Gunsten der Parkbesucher
auf. Die P-KG hat gegen K also keinen Anspruch auf Zahlung von 45 € aus §§ 677,
683 S. 1, 670 BGB.

---

[7] Anders beim objektiv fremden und beim auch fremden Geschäft, vgl. BGHZ 98, 235, 240; 140,
102, 109.

[8] Auch subjektiv fremdes Geschäft genannt, vgl. BGHZ 114, 248, 250.

Darüber hinaus scheitert der Anspruch daran, dass die Geschäftsführung nicht dem mutmaßlichen Willen und Interesse der Eltern (auf die es im Rahmen von § 683 S. 1 BGB allein ankommt) entsprach.

Exkurs:
Es stellt sich weiter die Frage, ob der Aufwendungsersatzanspruch aus GoA überhaupt auf Zahlung des Eintrittspreises gerichtet sein kann, weil ein Vermögensopfer der P-KG insoweit nicht ersichtlich ist. Jedoch wird aus dem Rechtsgedanken des § 1835 Abs. 3 BGB gefolgert, dass dem Geschäftsführer ohne Auftrag ein Anspruch auf Vergütung seiner Tätigkeit dann zusteht, wenn die ausgeübte Tätigkeit zu seinem Beruf oder Gewerbe gehört (dazu Fall 27 Rn. 9). Diese Voraussetzung wäre hier erfüllt.

IV. Deliktische Ansprüche

Fraglich ist sodann, ob die P-KG Ansprüche gegen K aus Deliktsrecht herleiten **8** kann.

1. § 823 Abs. 1 BGB

Ein Anspruch nach § 823 Abs. 1 BGB setzt die Verletzung eines der in § 823 Abs. 1 **9** BGB aufgezählten absolut geschützten Rechtsgüter voraus. Hier hat K jedoch kein Rechtsgut angetastet. Zu einer übermäßigen Abnutzung der Gerätschaften oder einem erhöhten Verbrauch von Elektrizität etc. dürfte es nicht gekommen sein; jedenfalls ist dergleichen seitens der P-KG nicht nachweisbar. Die Geräte laufen typischerweise den gesamten Tag unabhängig von der Besucher- und Nutzerzahl. Auch ein Eingriff in das Rahmenrecht des eingerichteten und ausgeübten Gewerbebetriebs kommt mangels Betriebsbezogenheit des Verhaltens des K nicht in Betracht.[9] Ein Anspruch aus § 823 Abs. 1 BGB besteht daher nicht.

2. § 823 Abs. 2 BGB i.V.m. § 265a StGB

Jedoch kommt ein Anspruch der P-KG gemäß § 823 Abs. 2 BGB i.V.m. § 265a **10** StGB in Betracht.

a) Verletzung des Schutzgesetzes

§ 265a StGB ist eine Rechtsnorm im Sinne des Art. 2 EGBGB und somit ein taugli- **11** ches Gesetz im Sinne von § 823 Abs. 2 BGB. Weiterhin steht auch außer Frage, dass § 265a StGB für den Betreiber der entsprechenden Anlage personell und sachlich Individualschutz vermittelt.

Tatbestandlich ist mit dem Übersteigen des Zaunes die Tathandlung des Erschlei- **12** chens in Form des gezielten Umgehens von Zugangssperren erfüllt. Auch ist der Freizeitpark als geschlossene Einrichtung im Sinne von § 265a Abs. 1 Fall 4 StGB zu sehen. Hierfür hätte zudem ein Entgelt entrichtet werden müssen, welches K ersparte. Subjektiv handelte K vorsätzlich und verfolgte auch die Absicht (*dolus*

---

[9] Darüber hinaus fehlt es auch am Schaden, dazu unten Rn. 13. Näher *J. Prütting* AcP 2016, 465 ff.

directus 1. Grades), das Entgelt nicht zu entrichten. K handelte auch rechtswidrig und schuldhaft.[10]

b) Kausal entstandener Schaden?

13   Fraglich ist jedoch, ob K durch die Schutzgesetzverletzung einen Schaden herbeigeführt hat. Vergleicht man nach der herrschenden Differenzhypothese die Vermögenslage mit und ohne Handeln des K, so zeigt sich, dass die P-KG keine Verluste durch die Erschleichenshandlung erlitten hat. Auch wäre K nie in den Park gegangen, wenn er selbst hätte zahlen müssen. Jedenfalls konnte vorab nicht von einer gesicherten Exspektanz der P-KG gesprochen werden.[11] Mangels Schadens scheiden mithin Ansprüche der P-KG gegen K aus den § 823 Abs. 2 BGB i.V.m. § 265a StGB aus.

V. Bereicherungsrechtliche Ansprüche

14   Fraglich bleibt somit, ob die P-KG einen bereicherungsrechtlichen Anspruch gegen K gemäß § 812 Abs. 1 S. 1 BGB herleiten kann.

1. § 812 Abs. 1 S. 1 Fall 1 BGB

a) Vermögenswerte Besserstellung

15   K müsste hierfür zunächst etwas erlangt haben. Etwas im bereicherungsrechtlichen Sinne ist jede vermögenswerte Besserstellung.[12] Hier hat K zwar durch seinen Aufenthalt im „Phantasialand" nichts Gegenständliches erlangt. Der Markt und die Bevölkerung weisen aber auch unkörperlichen Vorteilen einen Vermögenswert zu. Das gilt selbst dann, wenn diese – wie bei der Inanspruchnahme eines Vergnügungsparks – von vornherein vergänglich sind.

16   Fraglich ist allerdings, was bei unkörperlichen Vorteilen den Gegenstand der Bereicherung bildet. Denkbar wäre, insofern darauf abzustellen, dass K sich Aufwendungen für eine reguläre Eintrittskarte erspart hat, indem er sich unrechtmäßig Zutritt zu dem Vergnügungspark verschafft hat.[13] Gegen diese Sichtweise, die der

---

[10] Problematisch ist, ob sich die Schuldfähigkeit nach strafrechtlichen (§§ 19–21 StGB, § 3 JGG) oder nach zivilrechtlichen Maßstäben (§§ 827, 828 BGB; so die h.M., s. MüKo/*Wagner* § 823 Rn. 537 m.w.N.) richtet. Hier kann die Frage offenbleiben, weil K als 17-Jähriger sowohl nach strafrechtlichem Maßstab (§ 3 JGG) als auch nach zivilrechtlichem Maßstab (§ 828 Abs. 3 BGB) schuldfähig ist.

[11] A.A. *Stacke* NJW 1991, 875, 877 unter Verkennung der Differenzhypothese, was *Stacke* seinerseits *Harder* NJW 1990, 857, 862 fälschlicherweise zum Vorwurf macht. *Stacke* nimmt an, dass die Bahn ohne die Schwarzfahrt mit einem Beförderungsentgelt hätte rechnen dürfen, und knüpft dabei an einen selbsterdachten hypothetischen Alternativverlauf an. Die Differenzhypothese erlaubt jedoch nur das Hinwegdenken des Schädigerverhaltens, nicht das Hinzudenken eines gewünschten Alternativverlaufs.

[12] Vgl. Staudinger/*Lorenz* (2007) § 812 Rn. 65; MüKo/*Schwab* § 812 Rn. 1 ff.

[13] BGHZ 55, 128, 131; *Kellmann* NJW 1971, 862, 865; BGB-RGRK/*Heimann-Trosien* § 812 Rn. 9 ff.

BGH im „Flugreise-Urteil" noch vertreten hat, spricht, dass sie die Frage, was der Empfänger zunächst erhalten hat, mit der Frage vermischt, was ihm davon noch geblieben ist.[14] Die Frage, ob und in welchem Umfang der Bereicherungsschuldner Aufwendungen erspart hat, stellt sich erst auf Rechtsfolgenseite beim Umfang des Bereicherungsanspruchs. Bei der Frage des Bereicherungsgegenstands ist hingegen auf den unkörperlichen Vorteil selbst abzustellen, hier also auf die Möglichkeit des K, die Gerätschaften und die sonstigen Attraktionen des Parks in Anspruch zu nehmen, zu bewundern und zu nutzen.[15] Diese Möglichkeit hat einen Vermögenswert, was sich nicht zuletzt daran zeigt, dass sich ein Vergnügungspark, der auf Gewinnerzielung ausgerichtet ist, ohne wirtschaftliche Gegenwerte – also Entgelte – nicht finanzieren ließe.

> **Zur Vertiefung:**
> Die Bereicherung kann auch nicht dadurch entfallen, dass K nach einiger Zeit wieder aus dem Park verbannt wurde. Hierbei handelt es sich allenfalls um einen Aspekt der Entreicherung i.S.d. § 818 Abs. 3 BGB. Die gegenteilige Auffassung erschiene dann vertretbar, wenn die Bereicherung des K streng zeitlich aufgefasst würde. Es müsste sodann argumentiert werden, dass K in Bezug auf die Vergnügungen von Sekunde zu Sekunde immer ein Stück mehr bereichert würde. Das mag sicherlich eine haltbare Ansicht ergeben, dürfte aber mit einheitlichen Lebenszusammenhängen schwer in Einklang zu bringen sein. Zudem sollte Beachtung finden, dass derartige Vergnügungsveranstaltungen nach festen Einheiten (Stunden, Tagen) bezahlt werden. Entsprechende Einheiten sind bei lebensnaher Betrachtung auch im Bereicherungsrecht zu verwenden, da nur diese Einheiten am freien Markt erworben werden können.

b) Leistung

Weiterhin müsste K die Besserstellung durch Leistung der P-KG erhalten haben. Leistung ist in § 812 Abs. 1 S. 1 Fall 1 BGB jede bewusste und zweckgerichtete Mehrung fremden Vermögens,[16] was aus Sicht eines schutzwürdigen objektiven Empfängers analog den §§ 133, 157 BGB zu bewerten ist.[17]   **17**

Aus Sicht des K wollte niemand an ihn leisten. Er hat sich das Leistungsangebot der P-KG vielmehr zielgerichtet erschlichen. Allerdings kommt es auf den Verständnishorizont des K als Leistungsempfänger hier ausnahmsweise nicht an, da   **18**

---

[14] Folgt man dem Ansatz des BGH, müsste die Frage, ob K nach § 818 Abs. 3 BGB entreichert ist, bereits beim Tatbestandsmerkmal „etwas erlangt" geprüft werden, wie es der BGH auch getan hat.

[15] So die heute h.M., vgl. BeckOK/*Wendehorst* § 812 Rn. 131; MüKo/*Schwab* § 812 Rn. 18; Staudinger/*Lorenz* (2007) § 812 Rn. 72; vgl. auch BGHZ 99, 244, 248.

[16] Grundlegend BGHZ 58, 184, 188.

[17] Vgl. BGHZ 106, 163, 166.

dieser sich rechts- und treuwidrig verhielt. Sein Verständnis ist mithin nicht schutzwürdig. Daher könnte angedacht werden, ob die P-KG möglicherweise generell an
jede Person leisten wollte, die sich zu gegebener Zeit im Park befand. Gegen einen
solchen generellen Willen sprechen jedoch zwei Punkte: Zum einen besteht für die
P-KG keine Möglichkeit, Besucher zu kontrollieren und die Menschenmenge im
Park zu überwachen, wenn der Leistungswille auch in Bezug auf Personen gelten
soll, die den Zugang erschlichen haben. Hiermit gingen zugleich Probleme mit der
Sicherung öffentlicher Pflichten wie insbesondere Brandschutzvorschriften einher,
die vielfach unmittelbar an die zugelassene Personenmenge gebunden sind. Zum
anderen zeigte auch die P-KG deutlich, dass nicht zahlende Gäste sofort des Parks
verwiesen werden und nicht gewollt sind. Dies ergibt sich nicht zuletzt aus der
Erklärung, dass man den Park ohne gültige Karte nicht betreten dürfe. Mithin lag
auch aus Sicht der P-KG keine Leistung vor.

> Der BGH kam im Flugreisefall bei ähnlicher Erschleichenshandlung ohne
> Begründung gleichwohl zu einer Leistung der Fluggesellschaft (BGHZ
> 55, 128, 130; zust. *Knütel* JR 1971, 293; zu Recht kritisch *Teichmann* JuS
> 1972, 247, 249). Mit entsprechender Begründung (das Personal der P-KG
> hat dem K die Nutzung von Wildwasser- und Achterbahn etc. ermöglicht in
> der Annahme, K sei zahlender Besucher) dürfte auch hier die Annahme einer
> Leistung vertretbar sein.

Ein Anspruch der P-KG gegen K aus § 812 Abs. 1 S. 1 Fall 1 BGB besteht mithin
nicht.

2. § 812 Abs. 1 S. 1 Fall 2 BGB

19   Der Anspruch der P-KG gegen K könnte sich jedoch aus § 812 Abs. 1 S. 1 Fall 2
BGB ergeben.

a) Vermögenswerte Besserstellung in sonstiger Weise auf Kosten der P-KG

20   Ein erlangtes Etwas seitens K liegt vor (s.o.). Da dem keine Leistung der P-KG
zugrunde lag, ist die Bereicherung in sonstiger Weise erfolgt. Weiterhin müsste die
Bereicherung auf Kosten der P-KG erfolgt sein. Das ist dann der Fall, wenn ein
Eingriff in ihre Rechts- und Interessensphäre vorliegt. Die Entscheidung, wer unter
welchen Bedingungen den Vergnügungspark betreten darf, ist allein der P-KG zugewiesen. Indem K sich eigenmächtig Zutritt verschafft hat, hat er den Vermögensvorteil auf Kosten der P-KG erlangt.

b) Ohne Rechtsgrund

21   Ein Rechtsgrund seitens K zum Behaltendürfen ist nicht ersichtlich.

c) Herausgabe bzw. Wertersatz gem. § 818 Abs. 2 BGB

22   Mithin müsste K der P-KG alles, was er erlangt hat, herausgeben. Da dies in körperlicher Form nicht möglich ist, wäre grundsätzlich gemäß § 818 Abs. 2 BGB

Wertersatz zu leisten. Dessen Höhe ist nach dem objektiven Verkehrswert zu bemessen.[18] Diesen macht bei immateriellen Werten, die nur gegen Entgelt zu erlangen sind, die übliche Vergütung aus.[19]

d) § 818 Abs. 3 BGB – Entreicherung

Allerdings könnte sich K möglicherweise auf den Einwand der Entreicherung nach **23** § 818 Abs. 3 BGB berufen. Hierfür müsste die erlangte Bereicherung ersatzlos ganz oder zum Teil entfallen sein. Dies kommt vorliegend nur dann in Betracht, wenn die seitens K erlangte Aufwandsersparnis aus irgendeinem Grund nicht mehr in seinem Vermögen vorhanden ist. Das erscheint in Bezug auf den Tagesanteil, den er im Freizeitpark genossen hat, zweifelhaft, da K insofern gerade das erspart hat, was er hätte zahlen müssen.

Gleichwohl nimmt die h.M. die Möglichkeit der Entreicherung an, wenn es sich **24** um eine Ersparnis bei Luxusaufwendungen handelt, die der Bereicherte ohne die Aufwandsersparnis nicht in Anspruch genommen hätte.[20] Hier wäre K, wenn er hätte zahlen müssen, nicht in das Phantasialand gegangen. Da bei ihm aus dem Besuch kein Vorteil mehr verblieben ist, ist er nach h.M. gem. § 818 Abs. 3 BGB entreichert.

> Die gegenteilige Auffassung ist hier mit Hinweis darauf, dass K schlicht nicht mehr entreichert werden kann, wenn es um Ersparnis für erlangte Vergnügungen geht, gut vertretbar. Wenn Sie diesen Standpunkt jedoch einnehmen, ist dringend zu einer hilfsgutachterlichen Prüfung des Falles unter Zugrundelegung der h.M. zu raten. Denn nur in diesem Fall werden die folgenden, interessanten und punkteträchtigen Überlegungen relevant.

e) Verschärfte Haftung gem. §§ 818 Abs. 4, 819 Abs. 1 BGB

Jedoch könnte K verschärft nach den allgemeinen Vorschriften über den Verweis **25** aus § 818 Abs. 4 BGB zu haften haben. Hierfür müsste K verklagt oder bösgläubig nach den §§ 818 Abs. 4, 819 Abs. 1 BGB gewesen sein. Hier kommt nur eine verschärfte Haftung wegen positiver Kenntnis um die fehlerhafte bereicherungsrechtliche Zuordnung der ersparten Aufwendungen in Betracht. Dabei ist jedoch fraglich, auf wessen Kenntnis abzustellen ist.

Teilweise wird bei Minderjährigen ausschließlich auf eine sinngemäße Heran- **26** ziehung der §§ 106 ff. BGB abgestellt,[21] womit es auf die Kenntnislage der gesetzlichen Vertreter ankäme (§ 166 Abs. 1 BGB analog).

---

[18] BGHZ 5, 12, 20 f.; 132, 198, 207; PWW/*H. Prütting* § 818 Rn. 12 ff. m.w.N.

[19] So insbesondere für Dienst- und Werkleistungen, vgl. BGHZ 37, 258, 264; 55, 128, 135; 194, 150 Rn. 25 = NJW 2012, 3428.

[20] So BGHZ 38, 356, 368 f.; MüKo/*Schwab* § 818 Rn. 188.

[21] BeckOK/*Wendehorst* § 819 Rn. 8; NK-BGB/*Linke* § 819 Rn. 5; Staudinger/*Lorenz* (2007) § 819 Rn. 10; *Canaris* JZ 1971, 560, 563; wohl *Harder* NJW 1990, 862, 864.

27   Teilweise wird in analoger Anwendung des § 828 BGB ausschließlich nach der
Kenntnis und den Erkenntnismöglichkeiten des Minderjährigen gefragt,[22] da dieser
der einzige sei, der auf die Situation Einfluss nehmen könne, und die Eltern den
Minderjährigen nicht ständig überwachen könnten.

28   Eine vermittelnde Ansicht will danach differenzieren, ob die geltend gemachte
Kondiktion ihrer Art nach dem rechtsgeschäftlichen oder dem deliktischen Bereich
näher steht.[23] Danach wäre die allgemeine Leistungskondiktion rechtsgeschäftsnah
in Anlehnung an die §§ 106 ff., 166 Abs. 1 BGB zu beurteilen, während die Eingriffskondiktion als deliktsnahes Verhalten über eine Analogie zu § 828 BGB zu
beurteilen wäre.

29   Im vorliegenden Fall wäre nach der ersten Ansicht entsprechend § 166 Abs. 1
BGB auf die Kenntnis der Eltern des K abzustellen. Da diese von dem Handeln
ihres Sohnes keine Kenntnis hatten, haftete K nach dieser Ansicht nicht verschärft.
Nach der zweiten Ansicht wäre das Verhalten des K hingegen analog § 828 BGB
zu qualifizieren. Da hier eine Eingriffskondiktion angenommen wurde, gilt das
Gleiche für die dritte Ansicht. Nach der zweiten und dritten Ansicht käme also aufgrund des Alters von 17 Jahren § 828 Abs. 3 BGB zur Anwendung. Danach muss
auf die Einsichtsfähigkeit des K abgestellt werden. Von einem durchschnittlichen
Jugendlichen im Alter von 17 Jahren kann ohne weiteres erwartet werden, dass er
die Grundzüge des rechtsgeschäftlichen Wirtschaftsverkehrs erfasst hat und sich
der Unzulässigkeit einer Eintrittskartenersparnis durch Überklettern des Parkzauns
vollauf bewusst ist. Mithin hätte K positive Kenntnis im Sinne des § 819 Abs. 1 BGB
und haftete somit nach den allgemeinen Vorschriften verschärft über § 818 Abs. 4
BGB. Insofern bedarf es einer Streitentscheidung zwischen der ersten Ansicht auf
der einen Seite sowie der zweiten und dritten auf der anderen Seite.

30   Gegen die erste Ansicht spricht, dass sie ein klassisch deliktisches Verhalten wie
das rechtswidrige Eindringen in ein umschlossenes Gelände nach rechtsgeschäftlichen Grundsätzen bewertet. Auch die deliktische Berücksichtigung der elterlichen
Überwachungspflicht in § 832 BGB statuiert keinen entsprechenden Ansatz. Zudem
ist das von K begangene Delikt nach § 265a StGB im Rahmen des § 823 Abs. 2
BGB unzweifelhaft nach § 828 BGB zu beurteilen, wenn es um den Aspekt von
Einsichts- und Schuldfähigkeit geht. Ein doppelter Schutz gegen eine denkbare
Haftung, der innerhalb des Bereicherungsrechts nunmehr über die analoge Heranziehung der §§ 106 ff. BGB geschaffen würde, ist selbst zu Gunsten Minderjähriger
überzogen. Dabei darf nicht übersehen werden, dass das Bereicherungsrecht gerade
einen anderen Blickwinkel als das Deliktsrecht hat. Im Bereicherungsrecht geht es
nicht um Haftungsrecht nach Schadensersatzgrundsätzen, sondern ausschließlich

---

[22] *v. Tuhr* Der Allgemeine Teil des Deutschen Bürgerlichen Rechts, 1914, S. 365; *Enneccerus/Nip-
perdey* Allgemeiner Teil des Bürgerlichen Rechts, Bd. 1, 15. Aufl. 1960, S. 932 Fn. 7. Soweit
ersichtlich, vertritt eine derart äußere Position heute niemand mehr. Sie ist allein deshalb abzulehnen, weil der rechtsgeschäftliche Schutz und die haftungsbegrenzende Wirkung der §§ 106 ff.
BGB dabei vollständig unterlaufen würden.

[23] MüKo/*Schwab* § 819 Rn. 9; PWW/*H. Prütting* § 819 Rn. 6; Palandt/*Sprau* § 819 Rn. 4; *Medicus/
Petersen* BürgR, Rn. 176; *Canaris*, JZ 1971, 560, 562; vgl. auch BGHZ 55, 128, 136.

um die Rückverschiebung fehlerhaft allozierter Vermögenspositionen.[24] Gleichwohl dient die Eingriffskondiktion der Abschöpfung von Vermögensverschiebungen aus Eingriffen in fremde Vermögensgüter und Interessen.[25] Dieser Gedanke zum Schutz gegen Dritte außerhalb rechtsgeschäftlicher Verhältnisse ist auch Teil des Deliktsrechts. Die Eingriffskondiktion gem. § 812 Abs. 1 S. 1 Fall 2 BGB steht ihrer Rechtsnatur nach also in einer gewissen Nähe zum Deliktsrecht. Damit ist die erste Ansicht abzulehnen. Entsprechend der zweiten und dritten Ansicht, zwischen denen es einer Streitentscheidung nicht bedarf, ist auf die positive Kenntnis des K abzustellen, so dass K verschärft haftet.

Zur Vertiefung:
Folgt man der vermittelnden Ansicht, ist nicht immer eindeutig zu entscheiden, ob eine rechtsgeschäftsähnliche oder eine deliktsähnliche Situation vorliegt. Beispielsweise könnte die Rückabwicklung einer durch den Minderjährigen arglistig erschlichenen Leistung als rechtsgeschäftsnah beurteilt werden. Gleichwohl scheint eine Beurteilung anhand von § 828 BGB analog naheliegender, solange jedenfalls ein deliktisches Verhalten die Situation beherrscht. Die obigen Argumente verändern sich letztlich nicht dadurch, dass die allgemeine Leistungskondiktion in § 812 Abs. 1 S. 1 Fall 1 BGB zum Zuge kommt. Die Regel, dass bei einer Leistungskondiktion auf den Kenntnishorizont der gesetzlichen Vertreter abzustellen ist, gilt also nicht ausnahmslos. Die vermittelnde Lösung ist vielmehr dahin zu korrigieren, dass die §§ 106 ff., 166 Abs. 1 BGB nur dann entsprechend anzuwenden sind, wenn ein an der Minderjährigkeit oder anderen – nicht deliktischen – Umständen gescheitertes Rechtsgeschäft rückabzuwickeln ist. Liegt der Leistung hingegen ein deliktisches Handeln des Minderjährigen zugrunde, ist § 828 BGB anzuwenden.[26] Entsprechend hat der BGH, der im Flugreisefall eine Leistungskondiktion annahm, aufgrund der Verwirklichung des Straftatbestands des § 265a StGB auf die Kenntnis des Minderjährigen abgestellt.[27] (In einer Klausur dürfte jede Ansicht vertretbar sein.)

f) Rechtsfolge

Fraglich ist aber, welche Rechtsfolge § 818 Abs. 4 BGB anordnet. Der Verweis auf die allgemeinen Vorschriften bedeutet nach ganz h.M. eine Haftung nach den §§ 285–292 BGB,[28] wobei die maßgeblich bedeutsame Haftung über den   **31**

---

[24] Vgl. PWW/*H. Prütting* § 812 Rn. 1 ff.

[25] Vgl. MüKo/*Schwab* § 812 Rn. 268.

[26] Ähnlich auch MüKo/*Schwab* § 819 Rn. 9, der zwar explizit der vermittelnden Lösung des BGH folgt, sodann aber in der Argumentation doch auf die Umstände zurückgreift, die ein Minderjähriger je nach Situation erkennen muss.

[27] BGHZ 55, 128, 136 f.

[28] Vgl. BGHZ 75, 203, 206 f.; PWW/*H. Prütting* § 818 Rn. 39.

Rechtsgrundverweis des § 292 Abs. 1 BGB zu den Vorschriften des Eigentümer-Besitzer-Verhältnisses (EBV) in den §§ 987–993 BGB führt.

32   Betrachtet man den vorliegenden Fall, so fällt jedoch auf, dass K kein Surrogat als stellvertretendes Commodum (§ 285 Abs. 1 BGB) erlangt und keinen Schaden (§§ 292 Abs. 1, 989, 990 BGB) verursacht hat. In Betracht käme allenfalls die Erwägung des Nutzungsersatzes nach den §§ 292 Abs. 1, 987, 990 Abs. 1 S. 1 BGB. Hierfür müsste K Nutzungen im Sinne des § 100 BGB gezogen haben. Dabei handelt es sich um jegliche Gebrauchsvorteile einer Sache (§ 100 BGB). Problematisch erscheint hierbei, dass K keine Sache des Parks zu irgendeinem Zeitpunkt in Besitz hatte, um diese im Sinne des § 100 BGB nutzen zu können. Allein die Tatsache, dass K auf Achterbahnsitzen saß oder durch den Park schlenderte und visuell Attraktionen wahrnehmen konnte, lässt sich kaum als Ziehung des Gebrauchsvorteils seitens des Besitzers einer Sache subsumieren. Auch eine Analogie scheidet aus, da das EBV in den §§ 987 ff. BGB gerade Ausgleich dafür gewähren will, dass der Eigentümer aufgrund anderweitiger Besitzlage keinen Zugriff auf die eigene Sache hat. Somit unterscheidet sich im Rahmen der Prüfung einer planwidrigen Regelungslücke und eines vergleichbaren Regelungssachverhalts jedenfalls die Interessenlage.

33   Vor diesem Hintergrund will die h.M. – vielfach ohne dies explizit zu verdeutlichen – § 818 Abs. 4 BGB noch eine weitere Wirkung zuschreiben. Der verklagte oder bösgläubige Bereicherungsschuldner soll nicht nur nach den §§ 285 ff. BGB haften müssen, sondern sich zugleich nicht mehr auf die Einrede der Entreicherung nach § 818 Abs. 3 BGB berufen dürfen. Hierdurch fällt der Anspruch des Bereicherungsgläubigers auf § 818 Abs. 2 BGB zurück und kann in voller Wertersatzhöhe geltend gemacht werden.[29]

> **Vorsicht:**
> Diese scheinbar so logische Konsequenz, die durchweg befürwortet wird, ist nicht frei von Zweifeln.[30] In der Klausur ist es empfehlenswert, an dieser Stelle „den Sack zuzumachen" und eine Haftung des K in Höhe der Eintrittskarte zu bejahen. Wer an dieser Stelle noch ein Stück weiterdenken möchte, dem seien folgende Erwägungen an die Hand gegeben.
> (1) Betrachtet man die Art der Haftung, die die h.M. über § 818 Abs. 2 BGB zulässt, so muss unweigerlich auffallen, dass diese eine der schärfsten Haftungsformen im Bürgerlichen Recht bildet. § 818 Abs. 2 BGB greift unabhängig von einem entstandenen Schaden, ohne Vertrag und ohne Verschuldenselement in Bezug auf den Haftungsumfang.

---

[29] So etwa verdeutlicht bei *Larenz/Canaris* SchuldR II 2, § 71 II, § 73 II; so auch der BGH im Flugreisefall BGHZ 55, 128, 136 f.

[30] Tiefgreifend analysiert bei *J. Prütting* AcP 2016, 465 ff.

(2) Der bereicherungsrechtliche Abschöpfungsgedanke, der § 818 Abs. 2 BGB innewohnt, wird vollständig verfehlt. Der Bereicherungsschuldner hat nichts mehr, was es abzuschöpfen gälte. Eine Haftung über die bloße Abschöpfung hinaus ist jedoch Sache des Schadensrechts, welches mangels Schadens hier nicht zum Erfolg führte.

(3) Ein Vertrag wurde nach allen Regeln der Kunst untersucht und abgelehnt. Gleichwohl führt nunmehr der „Abschöpfungsanspruch" zu dem Ergebnis, dass eine vollständige Vertragserfüllung in Bezug auf das Entgelt stattzufinden habe. Da bei unkörperlichen Leistungen regelmäßig auch kein Unterschied zwischen objektivem Marktwert und einer zusätzlichen Gewinnspanne angesetzt wird, ist der Vertrag gleichsam „durch die Hintertür" des Bereicherungsrechts doch noch gebildet worden. Das sollte den Gegnern der Lehre des faktischen Vertrages, der zu Recht abgelehnt wird, erheblich zu denken geben.

(4) Blickt man also auf den Bereicherungsgläubiger, so fällt auf, dass diesem im Vermögen nichts fehlt, denn er hätte ohne den Eingriff des Schuldners niemals Letzteren als Kunden gehabt (Stichwort: Luxusaufwendung). Auch ist dem Gläubiger kein Schaden entstanden.

(5) Blickt man auf den Bereicherungsschuldner, so hat dieser zwar in eine fremde Sphäre eingegriffen, dies stellt sich aber am Ende als bloße Störung, nicht als Bereicherung oder Schädigung dar.

(6) Richtig betrachtet, ist die Lösung der h.M. nicht mehr und nicht weniger als eine Strafzahlung in voller Entgelthöhe. Es ist jedoch nicht Sache des Bürgerlichen Rechts, durch Strafe zu sühnen und abzuschrecken. Hierzu ist das Strafrecht berufen, welches in § 265a StGB dieser Aufgabe bereits nachgekommen ist. Dass dies für den Bereich von Persönlichkeitsrechtsverletzungen auch im Bürgerlichen Recht anders beurteilt wird, kann jedenfalls für die unzulässige Inanspruchnahme unkörperlicher Leistungen keine andere Beurteilung rechtfertigen.

Fazit: Die Lösung der h.M. bekundet selbst, dass wegen der Komponente der Luxusaufwendung ein Wegfall der Bereicherung denkbar ist, und generiert dann durch das erweiterte Verständnis des § 818 Abs. 4 BGB einen eigenständigen Vermögenswert, den der Bereicherungsgläubiger abschöpfen darf. Das steht in diametralem Widerspruch zu Sinn und Zweck des Bereicherungsrechts (s.o.) wie auch zum Ergebnis der h.M. bei § 818 Abs. 3 BGB. Das Ergebnis der h.M. ist nur dann zutreffend, wenn auch bei Luxusaufwendungen davon ausgegangen wird, dass eine Entreicherung nicht möglich ist und § 818 Abs. 3 BGB von vornherein nicht zum Zuge kommt. In diesem Fall existiert eine abschöpfungsfähige Bereicherung. Dann verbleibt es *a priori* bei § 818 Abs. 2 BGB. Akzeptiert man die Entreicherung im Fall der Luxusaufwendung, muss das zutreffende Ergebnis für diesen wie auch für den Flugreisefall lauten, dass der Minderjährige nicht ersatzpflichtig und ausschließlich von der Strafjustiz zu belangen ist.

34   Nach Lösung der h.M. hat die P-KG einen Anspruch auf Zahlung des Eintrittspreises gegen K gemäß §§ 812 Abs. 1 S. 1 Fall 2, 818 Abs. 2 BGB.

B) Ansprüche der P-KG gegen die Eltern des K

35   Vertragliche Ansprüche der P-KG gegen die Eltern des K scheiden aus, da mit diesen
offenkundig kein Vertrag geschlossen wurde. Auch ein deliktischer Anspruch aus
§ 832 BGB kommt – unabhängig davon, dass der P-KG, wie oben geprüft, kein
Schaden entstanden ist – nicht in Betracht, da den Eltern keine Verletzung ihrer Aufsichtspflicht vorgeworfen werden kann. Mangels einer Bereicherung der Eltern des
K, denen es nicht oblag, für einen Phantasialand-Besuch des K wirtschaftlich einzu-
stehen, besteht auch kein bereicherungsrechtlicher Anspruch. Die familiäre Verbindung zwischen den Eltern und K führt im Übrigen nicht aus sich heraus – etwa nach
unterhaltsrechtlichen Vorschriften o. Ä. – zu einer Einstandspflicht Dritten gegenüber. Ansprüche der P-KG gegen die Eltern des K bestehen daher nicht.

Fall 16

Ausgangsfall

K möchte einen gebrauchten Mercedes kaufen und wendet sich dazu an den Gebrauchtwagenhändler V. Als K einen Wagen gefunden hat, der ihm gefällt, fragt er V, ob der Wagen unfallfrei sei. V bestätigt das, obwohl ihn der Voreigentümer darauf hingewiesen hat, dass der Wagen einmal einen schweren Unfall erlitten hatte, der aber fachgerecht repariert worden war. V und K einigen sich und vereinbaren einen Kaufpreis von 5000 €, der für ein unfallfreies Exemplar dieses Typs angemessen wäre. Als Unfallwagen hat der Wagen aber nur einen Wert von 3500 €. K bezahlt die 5000 € bar und nimmt den Wagen gleich mit.

Auf der Fahrt nach Hause verwechselt K, der seit Jahren nicht mehr am Steuer gesessen hatte, Gas und Bremse. Er prallt gegen eine Mauer, wodurch der Wagen einen Totalschaden erleidet. Das Wrack hat noch einen Restwert von 500 €. K selbst bleibt zum Glück weitgehend unversehrt. Bei der Untersuchung des Wracks stellt sich der von V verschwiegene frühere Unfallschaden heraus. K meint daraufhin, vielleicht habe der Unfall für ihn auch eine positive Seite. Er erklärt die Anfechtung des Kaufvertrages wegen arglistiger Täuschung und verlangt von V Rückzahlung von 5000 €. Zu Recht? V meint, er werde K den Kaufpreis sicher nicht zurückzahlen. Denn wenn er nicht das Auto in seinem ursprünglichen Zustand zurückbekomme, müsse K jedenfalls den Wertverlust ersetzen; damit seien sie „quitt".

Bearbeiterhinweis:
Es sind nur bereicherungsrechtliche Ansprüche zu prüfen.

© Springer-Verlag GmbH Deutschland, ein Teil von Springer Nature 2019
J. Prütting, B. Scholl, *Die Schuldrechtsklausur II*, Tutorium Jura,
https://doi.org/10.1007/978-3-662-57602-1_17

Abwandlung

Wie wäre die Rechtslage, wenn das Auto unfallfrei und der Kaufpreis von 5000 €
angemessen gewesen wäre, K aber 17 Jahre alt gewesen wäre, den Kaufvertrag
gegen den Willen seiner Eltern abgeschlossen hätte und das Auto – mangels Führer-
scheins und Fahrerfahrung – auf dem Rückweg zu Schrott gefahren hätte?

Lösung Fall 16

▶ Der Fall beschäftigt sich mit der dogmatisch schwierigen bereicherungsrechtlichen Rückabwicklung gegenseitiger Verträge bei Untergang oder
Verschlechterung der Leistung. Die Rechtsprechung hat dazu die Saldotheorie entwickelt, deren Grundsätze jedenfalls im Examen beherrscht
werden müssen: Gleichartige Forderungen werden automatisch saldiert,
so dass nur noch der Partei ein Bereicherungsanspruch zusteht, bei der sich
ein positiver Saldo ergibt. Ungleichartige Forderungen sind Zug-um-Zug
zu erfüllen. In der Literatur wurden einige alternative Lösungen entwickelt,
die in der Lösung ebenfalls dargestellt werden. In einer Klausur dürfte das
jedenfalls nicht immer notwendig sein. Es empfiehlt sich hier im Regelfall,
an der Saldotheorie festzuhalten (lesenswert: *Lorenz* JuS 2015, 109 ff.).

Ausgangsfall

Anspruch des K gegen V aus § 812 Abs. 1 S. 1 Fall 1 BGB

1 K könnte gegen V einen Anspruch auf Rückzahlung des Kaufpreises in Höhe von
5000 € aus § 812 Abs. 1 S. 1 Fall 1 BGB haben.

I. Etwas erlangt
2 Dann müsste V zunächst etwas erlangt haben. Darunter fällt jeder vermögenswerte
Vorteil. Hier hat V Eigentum und Besitz an den Geldscheinen erworben.

> **Zur Vertiefung:**
> K hat hier „den Kaufvertrag" angefochten. Legte man diese Erklärung vertret-
> bar laiengünstig so aus, dass er nach § 123 BGB auch die Übereignung der
> Geldscheine angefochten hätte, hätte V lediglich den Besitz erlangt, denn im
> Falle einer arglistigen Täuschung kann auch das Verfügungsgeschäft ange-
> fochten werden (s. Fall 26 nach Rn. 13).

II. Durch Leistung
3 Weiterhin müsste dies durch Leistung des K geschehen sein. Leistung ist jede
bewusste und zweckgerichtete Mehrung fremden Vermögens. Hier hat K zum

Zwecke der Erfüllung seiner vermeintlichen Pflicht aus dem Kaufvertrag (§ 433 Abs. 2 BGB) den Kaufpreis gezahlt.

III. Ohne rechtlichen Grund

Der Leistung müsste ferner der rechtliche Grund fehlen. Dies ist jedenfalls dann **4** der Fall, wenn der Kaufvertrag zwischen V und K nichtig ist. Dadurch, dass K die Anfechtung wegen arglistiger Täuschung erklärt hat, könnte die Willenserklärung des K und damit der ganze Kaufvertrag *ex tunc* nichtig sein, § 142 Abs. 1 BGB.

1. Anfechtungsgrund

Zunächst müsste K gem. § 123 Abs. 1 BGB zur Anfechtung berechtigt gewesen **5** sein. Dazu müsste V den K arglistig, also vorsätzlich, über Tatsachen getäuscht haben. Hier hat V behauptet, der Wagen sei unfallfrei. Tatsächlich hatte der Wagen aber einen schweren Unfall erlitten. V wusste das auch, so dass er arglistig handelte. Aufgrund der Täuschung hat V den K zur Abgabe der kaufvertraglichen Willenserklärung bestimmt. Ein Anfechtungsgrund liegt damit vor.

2. Fristgemäße Anfechtungserklärung

K hat die Anfechtung gegenüber V gem. § 143 BGB ausdrücklich und innerhalb der **6** Anfechtungsfrist des § 124 Abs. 1 BGB erklärt.

3. Zwischenergebnis

Damit ist der Kaufvertrag gem. § 142 Abs. 1 BGB nichtig. Der Leistung des K fehlt **7** der Rechtsgrund.

> **Systematischer Hinweis:**
> Nach h.M.[1] führt die *ex tunc*-Wirkung der Anfechtung dazu, dass der Leistung von Anfang an der Rechtsgrund fehlt, also § 812 Abs. 1 S. 1 Fall 1 BGB anwendbar ist. Vereinzelt wird aber auch die *condictio ob causam finitam* (§ 812 Abs. 1 S. 2 Fall 1 BGB) angewandt. In der Falllösung muss das Problem nicht diskutiert werden, weil es auf das Ergebnis keine Auswirkungen hat (ausf. *Conrad* JuS 2009, 397). Als Hauptanwendungsfall von § 812 Abs. 1 S. 2 Fall 1 BGB verbleibt daher der Eintritt einer auflösenden Bedingung.

IV. Rechtsfolge

1. Herausgabe des Erlangten bzw. Wertersatz

Demnach muss V im Grundsatz das Erlangte herausgeben. Sollte ihm eine Rück- **8** gabe und Rückübereignung der Geldscheine, die er von K erhalten hat, nicht mehr möglich sein, muss er gem. § 818 Abs. 2 BGB in Höhe von 5000 € Wertersatz leisten, weil die Bereicherung des V nicht gem. § 818 Abs. 3 BGB weggefallen ist.

---

[1] Z. B. NK-BGB/*v. Sachsen Gessaphe* § 812 Rn. 35, 41; Palandt/*Sprau* § 812 Rn. 26.

2. Einschränkungen aufgrund der Zerstörung des Wagens?

9   Problematisch ist jedoch, dass K nicht mehr zur Rückgewähr des Wagens in seinem
ursprünglichen Zustand in der Lage ist. Zwar hat V auch gegen K einen Anspruch
auf Rückübereignung und Rückgabe des Wagens aus § 812 Abs. 1 S. 1 Fall 1 BGB,
jedoch kann K dem V lediglich ein Wrack im Wert von 500 € zurückgewähren.
Grundsätzlich ist K zwar gem. § 818 Abs. 2 BGB verpflichtet, den entstandenen
Wertverlust (3500 € – 500 € = 3000 €) zu ersetzen, jedoch ist K insoweit nicht mehr
bereichert. Aufgrund der Zerstörung des Wagens ist die Bereicherung des K ersatzlos weggefallen, so dass der Wertersatzanspruch des V gegen K nach § 818 Abs. 3
BGB bei strenger Anwendung des Gesetzes ausgeschlossen ist.

Es stellt sich die Frage, welche Auswirkungen der Wegfall der Bereicherung
des K auf dessen Rückgewähranspruch gegen V hat. Diese Frage ist seit langem
umstritten.

a) Strenge Zweikondiktionentheorie

10   Die (heute so nicht mehr vertretene) strenge Zweikondiktionentheorie[2] akzeptiert
das soeben dargestellte Ergebnis. Danach hat jeder Vertragspartner einen eigenen
Anspruch auf Herausgabe des Erlangten, unabhängig von dem Anspruch des
anderen Vertragspartners. Es bliebe also dabei, dass K gegen V einen Anspruch auf
Rückzahlung von 5000 € hat und V von K nur das Wrack zurückbekommt.

11   Dieses Ergebnis erscheint aber unbefriedigend, weil es von der gesetzlichen
Regelung in § 446 BGB, wonach der Käufer ab der Übergabe die Gefahr des zufälligen Untergangs trägt, abweicht und dem Verkäufer faktisch die Gegenleistungs-
gefahr für eine Sache, die sich nicht mehr in seinem Herrschaftsbereich befindet,
auferlegt. Grund für das wenig sachgerechte Ergebnis ist das Fehlen einer Regelung
wie § 326 Abs. 1 BGB, die das Schicksal der Gegenleistung von dem der Leistung
abhängig macht. Auch bei der Abwicklung nichtiger gegenseitiger Verträge muss
aber die synallagmatische Verknüpfung von Leistung und Gegenleistung berücksichtigt werden. Die strenge Zweikondiktionentheorie ist daher abzulehnen.

b) Saldotheorie

12   Das unbillige Ergebnis der strengen Zweikondiktionentheorie will die Rechtsprechung mit der in richterlicher Rechtsfortbildung entwickelten Saldotheorie vermeiden.[3] Ohne dass es einer Aufrechnung bedarf, werden bei der Rückabwicklung
gegenseitiger Verträge gleichartige Ansprüche saldiert. Wenn eine Partei gem. § 818
Abs. 3 BGB nicht mehr zur Rückgewähr der von ihr empfangenen Leistung verpflichtet ist, so wird der Wert dieser Leistung von dem eigenen Bereicherungsanspruch des Entreicherten abgezogen.

---

[2] *v. Tuhr* FS Bekker (1907), S. 293, 309; *Oertmann* DJZ 1915, 1063 ff.; *Schneider* JherJb 61 (1912),
179, 184 ff.
[3] RGZ 54, 137, 141 f.; BGHZ 57, 137, 150; 72, 252, 256; 78, 216, 223; 145, 52, 55; 147, 152,
157 m.w.N.; Palandt/*Sprau* § 818 Rn. 47.

Im vorliegenden Fall betrug der Kaufpreis 5000 €. K ist wegen § 818 Abs. 3 BGB   **13**
nicht zum Ersatz des unfallbedingten Wertverlusts i.H.v. 3000 € verpflichtet, daher
wird dieser Betrag von dem Rückgewähranspruch des K subtrahiert. Bei Anwendung der Saldotheorie kann K lediglich – Zug-um-Zug gegen Rückübereignung und
Rückgabe des Autowracks – Rückzahlung von 2000 € verlangen.

Exkurs:

Zum besseren Verständnis ein einfacherer Fall mit Varianten: K kauft bei V einen Pkw für 5000 €,
wobei der Kaufvertrag nichtig ist. Nach Übergabe und Übereignung des Wagens sowie des Geldes
wird der Wagen dem K gestohlen. Kann K von V Rückzahlung des Kaufpreises verlangen, wenn
der Wagen (1) 5000 €, (2) 4000 €, (3) 6000 € wert war?

Var. 1: Wenn der Wert gleich dem Kaufpreis des Autos war (5000 €), muss nichts rückabgewickelt
werden, da Kaufpreis – Wert = 0. K kann dann nicht Rückzahlung des Kaufpreises von V verlangen.

Var. 2: Wenn der Wert des Autos nur 4000 € betrug, kann V von den eigentlich von ihm geschuldeten 5000 € 4000 € abziehen. K kann demnach den Saldo von 1000 € von V verlangen. (V hat
dagegen keinen Bereicherungsanspruch.)

Var. 3: Wenn der Wert des Autos größer als der Kaufpreis war, war allein K bereichert. Seine
Bereicherung ist aber wegen des Diebstahls weggefallen (§ 818 Abs. 3 BGB). Es bestehen daher
keine Bereicherungsansprüche.

c) Modifizierte Zweikondiktionentheorie

In der Literatur werden verschiedene Auffassungen vertreten, die von der Zwei-   **14**
kondiktionentheorie ausgehen, aber das Risiko des Untergangs oder der Verschlechterung der Sache gleichwohl unter bestimmten Voraussetzungen dem Leistungsempfänger auferlegen wollen, indem dieser sich dann nicht im Hinblick auf den
gegen ihn gerichteten Wertersatzanspruch nach § 818 Abs. 3 BGB auf Entreicherung berufen kann. Anders als nach der Saldotheorie sollen der Rückzahlungsanspruch des Käufers und der Wertersatzanspruch des Verkäufers nicht automatisch
saldiert werden, sondern als eigene Ansprüche bestehen bleiben. Die Korrektur der
Zweikondiktionentheorie lässt sich auf eine analoge Anwendung der Bestimmungen über die Rücktrittsfolgen stützen: Der Käufer, der vom Kaufvertrag zurückgetreten ist, schuldet dem Verkäufer Wertersatz, wenn er die Sache unter Missachtung
der Sorgfalt in eigenen Angelegenheiten zerstört oder beschädigt hat (§ 346 Abs. 3
S. 1 Nr. 3 BGB). Dies soll dann entsprechend für das Bereicherungsrecht gelten.[4]
Teilweise wird weitergehend darauf abgestellt, dass derjenige, der einen Vermö-
gensgegenstand willentlich und zurechenbar – insbesondere durch Benutzung – in
sein Vermögen eingeordnet habe, das Risiko einer auch zufälligen[5] Verschlechterung zu tragen habe.[6]

---

[4] Staudinger/*Lorenz* (2007) § 818 Rn. 45; *Larenz/Canaris* SchuldR II/2, § 73 III 1, 3 (S. 323, 327);
Canaris WM 1981, 978, 979 f.; *H. Roth* FS Canaris I (2007), S. 1131, 1142; vgl. *Medicus/Petersen*
BürgR, Rn. 229.

[5] Anders, wenn der Untergang oder die Verschlechterung auch bei dem Bereicherungsgläubiger
eingetreten wäre, *Flume* AcP 194 (1994), 427, 441; *ders.* JZ 2002, 321, 324.

[6] *Flume* NJW 1970, 1161, 1163; *ders.* AcP 194 (1994), 427, 439 ff.; *ders.* JZ 2002, 321, 324.

15   Hier hat K den Wagen durch Benutzung in sein Vermögen eingeordnet. Da die
Verwechselung von Gas- und Bremspedal einen besonders schweren Sorgfaltsverstoß darstellt, der keinem Autofahrer unterlaufen darf, ist dem K darüber hinaus
grobe Fahrlässigkeit vorzuwerfen. Gem. § 277 BGB befreit die Haftungsbeschränkung auf die eigenübliche Sorgfalt (§ 346 Abs. 3 S. 1 Nr. 3 BGB analog) nicht von
der Haftung für grobe Fahrlässigkeit. Nach der modifizierten Zweikondiktionentheorie kann sich K also im Hinblick auf den V zustehenden Wertersatzanspruch
nicht nach § 818 Abs. 3 BGB auf Entreicherung berufen. Es hätte also K gegen
V einen Anspruch auf Rückzahlung von 5000 € und V gegen K einen Anspruch
auf Wertersatz in Höhe von 3000 €. Die Ansprüche werden nach dieser Theorie
nicht automatisch saldiert. Allerdings hat V durch die Erklärung, er und K seien
„quitt", konkludent die Aufrechnung seines Wertersatzanspruchs gegen den Rückzahlungsanspruch des K erklärt (§§ 387, 388 BGB). Wegen § 389 BGB ergibt sich
das gleiche Ergebnis wie nach der Saldotheorie, d. h. K könnte noch Rückzahlung
von 2000 € von V verlangen.

d) Ausnahme von der Saldotheorie bzw. Beachtlichkeit des Entreicherungseinwands

aa) Ausnahme von der Saldotheorie (Rspr.)

16   Allerdings wendet die Rechtsprechung die Saldotheorie nur im Grundsatz an und
macht von ihr dann Ausnahmen, wenn der Bereicherungsgläubiger (hier K) besonders schutzwürdig ist.

Exkurs:
Ausnahmen von der Saldotheorie, d. h. Geltung der Zweikondiktionentheorie

- Die Saldotheorie ist nicht zu Lasten Minderjähriger und Geschäftsunfähiger anzuwenden. Alles
  andere widerspräche dem Minderjährigenschutz/Schutz der Geschäftsunfähigen (§§ 104 ff. BGB).[7]
- Außerdem gilt die Saldotheorie nicht zu Lasten des arglistig getäuschten, widerrechtlich
  bedrohten (jeweils § 123 BGB) sowie des durch ein wucherähnliches Geschäft (§ 138 BGB)
  benachteiligten Bereicherungsgläubigers.[8]
- Schließlich kann der Käufer auch dann vollständige Rückzahlung des Kaufpreises verlangen,
  wenn die Kaufsache bei ihm aufgrund eines Sachmangels untergegangen ist (z. B. wenn das
  Auto etwa wegen eines Unfalls aufgrund mangelbedingten Versagens der Bremsen zerstört
  worden wäre).[9]

17   Insbesondere soll die Saldotheorie nicht zum Nachteil des **arglistig getäuschten**
Bereicherungsgläubigers gelten.[10] Ihm soll kein Nachteil dadurch entstehen, dass
ihm die Kaufsache „aufgeschwatzt" worden ist,[11] selbst wenn er sie jetzt nicht
mehr zurückgeben kann. Dies begründet der BGH auch damit, dass der arglistig

---

[7] BGHZ 126, 105; BGH NJW 2000, 3562.
[8] Zu § 138 BGB: BGHZ 146, 298; BGH NJW 2006, 3054 Rn. 36; zu § 123 BGB s.u. Fn. 10.
[9] BGHZ 78, 216.
[10] BGHZ 53, 144; 57, 137, 148 f.
[11] So BGHZ 57, 137, 142.

täuschende Bereicherungsschuldner nach § 819 Abs. 1 BGB verschärft haftet.[12] In diesem Fall soll es bei der Anwendung der strengen Zweikondiktionentheorie bleiben. Demnach bliebe es also doch dabei, dass K gegen V einen Anspruch auf Rückzahlung von 5000 € hat und V von K nur das Wrack zurückbekommt.

Im vorliegenden Fall erscheint aber problematisch, dass die arglistige Täuschung **18** des V zwar insofern kausal für den Unfall war, als es ohne die Täuschung nicht zum Vertragsschluss, ohne Vertragsschluss nicht zur Autofahrt und ohne Autofahrt nicht zu dem Unfall hätte kommen können, dass es aber an dem inneren Zusammenhang zwischen Täuschung und Unfall fehlt, weil dieser von K **allein verschuldet** wurde. Die Rechtsprechung möchte dem – ähnlich wie beim Mitverschulden nach § 254 BGB, das jedoch nur bei Schadensersatzansprüchen zu berücksichtigen ist – durch eine **Einzelfallabwägung** nach § 242 BGB Rechnung tragen, in die sowohl das Gewicht der arglistigen Täuschung als auch das Verschulden des Bereicherungs-gläubigers einfließen.[13] Der Wertverlust von 3000 € soll also unter den Parteien geteilt werden. Hier hatte V positive Kenntnis von dem Unfall und hat absichtlich getäuscht. Der Unfallwageneigenschaft kommt im Verkehr große Bedeutung zu. Aber auch K hat den Unfall gröbst fahrlässig durch Verwechselung von Gas- und Bremspedal verursacht. Insofern erscheint es nach den Kriterien des BGH ange-messen, dass der Wertverlust in Höhe von 3000 € hälftig zwischen den Parteien geteilt wird. Der Rückgewähranspruch des K gegen V ist um 1500 € zu mindern, so dass er lediglich Rückzahlung von 3500 € verlangen kann.

bb) Beachtlichkeit des Entreicherungseinwands (Teil der Lehre)

Auch die Vertreter der modifizierten Zweikondiktionentheorie erkennen an, dass **19** der Empfänger der untergegangenen oder verschlechterten Leistung in bestimmten Fällen besonders schutzwürdig ist und daher ausnahmsweise doch den Entreiche-rungseinwand (§ 818 Abs. 3 BGB) erheben können muss.

Exkurs:

Unstreitig ist das für einen minderjährigen oder sonst nicht voll geschäftsfähigen Bereicherungs-schuldner[14] und für den Fall, dass die Verschlechterung oder der Untergang mangelbedingt einge-treten ist.[15] Letzteres folgt allerdings nach der Auffassung, die die Regeln des Rücktritts überträgt, schon aus der analogen Anwendung von § 346 Abs. 3 S. 1 Nr. 2 und 3 BGB.

Im Hinblick auf den arglistig getäuschten[16] Bereicherungsschuldner wird in der **20** Literatur dagegen der Entreicherungseinwand nur dann für beachtlich gehalten, wenn ein innerer Zusammenhang zwischen dem Umstand, der zur Rückabwicklung

---

[12] BGHZ 57, 137, 149 f.

[13] BGHZ 57, 137, 151 ff.

[14] BeckOK/*Wendehorst* § 818 Rn. 131; *Flume* AcP 194 (1994), 427, 440; *Larenz/Canaris* SchuldR II/2, § 73 III 5 a (S. 329).

[15] BeckOK/*Wendehorst* § 818 Rn. 133.

[16] Das Gleiche gilt für den durch sittenwidriges Geschäft benachteiligten; zu beiden s. BeckOK/ *Wendehorst* § 818 Rn. 134; *Larenz/Canaris* SchuldR II/2, § 73 III 5 b, c (S. 330 f.).

geführt hat, und dem Wegfall des Erlangten besteht.[17] Wenn dagegen – wie hier – der Unfall allein durch das Verschulden des Bereicherungsschuldners (hier K) verursacht wurde, soll es bei dem Ausschluss des Bereicherungseinwandes bleiben. Folgte man dem, bliebe es bei dem oben in Rn. 15 festgestellten Ergebnis.

e) Stellungnahme

21 Aufgrund der von V erklärten Aufrechnung kommen Saldotheorie und modifizierte Zweikondiktionentheorie in ihrer grundsätzlichen Anwendung zum gleichen Ergebnis, so dass es insofern einer Entscheidung nicht bedarf.

Exkurs:
Wodurch unterscheiden sich Saldotheorie und modifizierte Zweikondiktionentheorie im Ergebnis?

- Nach der Saldotheorie werden gleichartige Ansprüche automatisch saldiert. Nach der modifizierten Zweikondiktionentheorie bleiben sie grundsätzlich selbständig, wobei beide Parteien aufrechnen können.
- Die Saldierung erfolgt nach der Saldotheorie grundsätzlich unabhängig davon, ob den Leistungsempfänger ein Verschulden an der Verschlechterung oder dem Untergang der Sache trifft. Die modifizierte Zweikondiktionentheorie zieht hingegen verbreitet den Rechtsgedanken des § 346 Abs. 3 S. 1 Nr. 3 BGB heran.
- Die Saldotheorie greift nur, wenn der Leistungsempfänger (Käufer) die Gegenleistung (Kaufpreis) schon erbracht hat. Wenn der Verkäufer vorgeleistet hat, gibt es keinen Rückgewähranspruch des Käufers, von dem der Wert der untergangenen Leistung abgezogen werden könnte. Nach der Saldotheorie muss der Verkäufer den Wertverlust voll tragen.[18] Nach der modifizierten Zweikondiktionentheorie ist der Käufer dagegen einem Wertersatzanspruch des Verkäufers ausgesetzt, weil ersterer sich nicht auf Entreicherung berufen kann.

22 Fraglich ist allerdings, ob V – wie von der Rechtsprechung angenommen – einen Teil des unfallbedingt eingetretenen Wertverlusts tragen muss oder ob der Wertverlust – wie in der Literatur vertreten – vollständig von K zu tragen ist. Für die Auffassung in der Literatur spricht, dass die arglistige Täuschung des V für den Unfall keine Rolle gespielt hat. Hätte V den K nicht arglistig getäuscht, sondern ihm einen unfallfreien Wagen verkauft, hätte sich der Unfall in gleicher Weise ereignen können. Es erscheint unbillig, dass K einen Teil des Kaufpreises zurückverlangen können soll, obwohl der Wagen bei einem von ihm allein verschuldeten Unfall zerstört worden ist. Es erscheint auch nicht angemessen, den Käufer im Falle einer bereicherungsrechtlichen Rückabwicklung nach Anfechtung besser zu stellen als nach einem Rücktritt, bei dem der Verstoß gegen die eigenübliche Sorgfalt nach § 346 Abs. 3 S. 1 Nr. 3 BGB eine Wertersatzpflicht zur Folge hat.[19] Eines Rückgriffs auf § 242 BGB bedarf es dazu nicht.

---

[17] *Flume* JZ 2002, 321, 324; *Lieb* JZ 1972, 442, 444; *Larenz/Canaris* SchuldR II/2, § 73 III 5 b (S. 330); MüKo/*Schwab* § 818 Rn. 253; Erman/*Buck-Heeb* § 818 Rn. 46.

[18] Dies ist ein wesentlicher Kritikpunkt an der Saldotheorie, s. *Flume* AcP 194 (1994), 427, 449.

[19] BeckOK/*Wendehorst* § 818 Rn. 134 f.; *Looschelders* SchuldR BT, Rn. 1137.

Nach hier vertretener Auffassung kommt daher im vorliegenden Fall eine Korrek- **23**
tur der Saldotheorie oder eine Ausnahme von dem Ausschluss des Entreicherungs-
einwands nicht in Betracht.

V. Ergebnis
K kann von V Rückzahlung von 2000 € gem. § 812 Abs. 1 S. 1 Fall 1 BGB verlangen.   **24**

Abwandlung

Klausurhinweis:

Die Lösung erfolgt hier ausnahmsweise nicht im Gutachtenstil, weil es nur
geringe Änderungen zum Ausgangsfall gibt.

Wenn K 17 Jahre alt gewesen wäre, wäre der ohne Zustimmung der Eltern geschlos- **25**
sene Kaufvertrag gem. §§ 108 Abs. 1, 106 BGB unwirksam. Seinem Rückgewähranspruch aus § 812 Abs. 1 S. 1 Fall 1 BGB gegen V könnte aber entgegenstehen,
dass nach der Saldotheorie von diesem Anspruch der Wert des zerstörten Wagens
abgezogen werden müsste. Jedoch ist die Saldotheorie aufgrund der besonderen
Schutzwürdigkeit von Minderjährigen nicht zu deren Nachteil anzuwenden, so dass
es bei der strengen Zweikondiktionentheorie bleibt und K Rückzahlung des Kaufpreises verlangen kann.[20] Auch die modifizierte Zweikondiktionentheorie räumt
dem K als Minderjährigem gegen den Anspruch des V auf Wertersatz den Entreicherungseinwand ein,[21] so dass es auch nach dieser Auffassung bei der strengen
Zweikondiktionentheorie bleibt: K kann von V Rückzahlung des Kaufpreises verlangen, nicht aber V von K Wertersatz für das Auto.

---

[20] Nachw. oben Fn. 7.
[21] Nachw. oben Fn. 14.

Fall 17

Boris (B), Eigentümer eines BMW, bringt seinen Wagen zur Inspektion in die Werkstatt des Helmut Handlos (H). Es stellt sich heraus, dass einige Reparaturen erforderlich sind. Als H dem B sagt, die Arbeiten würden etwa 3000 € kosten, verschlägt es B die Sprache, denn soviel Geld hat er nicht. Daher bietet H an, dass er die Arbeiten auch „schwarz" für nur 2000 € erledigen könne. Das bedeutet, dass H entgegen seinen umsatzsteuerrechtlichen Pflichten keine Rechnung stellt, keine Umsatzsteuer abführt und die erhaltene Vergütung auch nicht in seiner Einkommensteuererklärung angibt. Da das Angebot des H günstig ist, ist B grundsätzlich einverstanden, jedoch kann er derzeit auch keine 2000 € zahlen. Daher einigen sich H und B darauf, dass H die Reparaturen vornimmt und B zunächst 500 € anzahlt. So geschieht es auch. Die restlichen 1500 € soll B in spätestens sechs Wochen nachzahlen.

Nach sechs Wochen ist B immer noch nicht zu Geld gekommen und zahlt daher nicht. H verklagt ihn vor dem Amtsgericht auf Zahlung des Restbetrages von 1500 €. Das sei vertraglich vereinbart, jedenfalls wäre B ungerechtfertigt bereichert, wenn dieser das perfekt reparierte Auto behalten könnte und dafür nichts zahlen müsste. So ein Ergebnis sei ungerecht, er (H) habe ja darauf vertraut, dass B den Rest zahlen werde. Die Arbeit des H sei mindestens 2000 € wert. B wendet ein, der geschlossene Vertrag sei nichtig. Er müsse nichts zahlen. Wer Schwarzgeschäfte anbiete, sei für die Folgen selbst verantwortlich. Ist die Klage begründet?

Auszug aus dem Schwarzarbeitsbekämpfungsgesetz (SchwarzArbG) v. 23.07.2004
§ 1 Zweck des Gesetzes
(1) Zweck des Gesetzes ist die Intensivierung der Bekämpfung der Schwarzarbeit.
(2) Schwarzarbeit leistet, wer Dienst- oder Werkleistungen erbringt oder ausführen lässt und dabei
1. als Arbeitgeber, Unternehmer oder versicherungspflichtiger Selbstständiger seine sich auf Grund der Dienst- oder Werkleistungen ergebenden sozialversicherungsrechtlichen Melde-, Beitrags- oder Aufzeichnungspflichten nicht erfüllt,
2. als Steuerpflichtiger seine sich auf Grund der Dienst- oder Werkleistungen ergebenden steuerlichen Pflichten nicht erfüllt, […]

© Springer-Verlag GmbH Deutschland, ein Teil von Springer Nature 2019
J. Prütting, B. Scholl, *Die Schuldrechtsklausur II*, Tutorium Jura,
https://doi.org/10.1007/978-3-662-57602-1_18

Lösung Fall 17

▶   Der Fall beschäftigt sich mit Ansprüchen der Beteiligten bei „schwarz"
erbrachten Dienst- und Werkleistungen. Da der Vertrag wegen Verstoßes gegen das Schwarzarbeitsbekämpfungsgesetz nichtig ist, kommen
allein gesetzliche Ansprüche, nämlich aus GoA und aus Bereicherungsrecht, in Betracht. Die neue Rechtsprechung lehnt diese Ansprüche aber
ab und versagt den an einem Schwarzgeschäft Beteiligten damit jeglichen Schutz.

1   Die Klage ist begründet, wenn H gegen B einen Anspruch auf Zahlung von 1500 € hat.

A) Anspruch aus § 631 Abs. 1 BGB

2   H könnte gegen B einen Anspruch auf Zahlung von 1500 € aus § 631 Abs. 1 BGB
haben. H und B haben sich auf den Abschluss eines Werkvertrages über Reparaturarbeiten an dem BMW des B zum Preise von 2000 € geeinigt, von denen 1500 €
noch offen sind.

3   Fraglich ist jedoch, ob dieser Vertrag wirksam ist. Er könnte wegen Verstoßes
gegen § 1 Abs. 2 Nr. 2 SchwarzArbG gem. § 134 BGB nichtig sein. Dazu müsste
§ 1 Abs. 2 Nr. 2 SchwarzArbG ein gesetzliches Verbot enthalten. § 1 Abs. 2 Nr. 2
SchwarzArbG enthält kein ausdrückliches Verbot der Schwarzarbeit, sondern
beschränkt sich auf deren Definition. Jedoch ist nach § 1 Abs. 1 SchwarzArbG
Zweck des Gesetzes die Intensivierung der Bekämpfung der Schwarzarbeit. Mit der
klaren Beschreibung des Schwarzarbeitsbegriffes soll das Unrechtsbewusstsein der
Bevölkerung gestärkt und präventiv der Schwarzarbeit entgegengewirkt werden.[1]
Das Ziel, Schwarzarbeit im Interesse der wirtschaftlichen Ordnung tatsächlich zu
verhindern, kann wirksam nur erreicht werden, wenn auch den zugrundeliegenden
Rechtsgeschäften die rechtliche Wirkung genommen wird.[2] Hätte ein Verstoß gegen
das SchwarzArbG zivilrechtlich keine Auswirkungen, würde der Gesetzeszweck
verfehlt. Daher ergibt die teleologische Auslegung, dass § 1 Abs. 2 SchwarzArbG
als Verbotsgesetz anzusehen ist. Wenn beide Seiten bewusst gegen das Schwarz-
ArbG verstoßen, führt das zur Nichtigkeit des Vertrages gem. § 134 BGB.[3] Die
Nichtigkeit beschränkt sich nicht auf die „Ohne-Rechnung-Abrede", sondern erfasst
den ganzen zugrundeliegenden Werkvertrag, weil eine Trennung, die zu einer Teil-
nichtigkeit (§ 139 BGB) führen könnte, nicht möglich ist.[4]

---

[1] BGHZ 198, 141 Rn. 18.

[2] BGHZ 198, 141 Rn. 17 m.w.N.

[3] BGHZ 198, 141 Rn. 25; 201, 1 Rn. 13; *Lorenz* NJW 2013, 3132, 3133.

[4] BGHZ 198, 141 Rn. 29 f.; anders noch BGHZ 176, 198 Rn. 14 ff. für Mängelansprüche aus einem
Bauvertrag, der eine Ohne-Rechnung-Abrede enthält.

Hier hat H dem B angeboten, die Leistung „schwarz" zu erbringen, d. h. unter **4**
Verstoß gegen steuerrechtliche Pflichten keine Rechnung zu stellen, keine Umsatzsteuer abzuführen und die Vergütung auch nicht in seiner Einkommensteuererklärung anzugeben. Damit ist der Verbotstatbestand des § 1 Abs. 2 Nr. 2 SchwarzArbG
erfüllt. B hat sich mit diesem Vorschlag ausdrücklich einverstanden erklärt. Er
wusste von den Verstößen des H und hat sie bewusst zu seinem Vorteil ausgenutzt,
um eine geringere Vergütung zahlen zu müssen. Damit ist der Werkvertrag hier
gem. § 134 BGB i.V.m. § 1 Abs. 2 Nr. 2 SchwarzArbG unwirksam.[5]

H hat gegen B keinen Anspruch auf Zahlung der ausstehenden Vergütung i.h.v. **5**
1500 € aus § 631 BGB.

B) Anspruch aus §§ 670, 683 S. 1, 677 BGB

Möglicherweise ergibt sich der Anspruch des H gegen B auf Zahlung von 1500 € aber **6**
aus §§ 670, 683 S. 1, 677 BGB. Zwar umfasst der Aufwendungsersatzanspruch aus
Geschäftsführung ohne Auftrag (GoA) grundsätzlich nicht den Ersatz eigener Arbeits-
zeit, sondern nur tatsächlich angefallenen Aufwand, jedoch gilt dies entsprechend § 1835
Abs. 3 BGB nicht, wenn die Tätigkeit dem Beruf oder Gewerbe des Geschäftsführers
angehört.[6] Insofern erscheint ein Anspruch aus echter berechtigter GoA hier denkbar.

Dafür müsste zunächst H ein **fremdes Geschäft** geführt haben. Hier hat H die **7**
Reparaturarbeiten an dem BMW des B vorgenommen und damit ein objektiv
fremdes Geschäft, nämlich ein Geschäft des B, geführt. Indem er in Erfüllung des
(unwirksamen) Werkvertrages handelte, führte H zugleich ein eigenes Geschäft.
Insofern liegt ein „auch fremdes Geschäft" vor. Nach der Rechtsprechung wird bei
fremden (selbst „auch fremden") Geschäften der **Fremdgeschäftsführungswille**
vermutet.[7] Näher liegt es jedoch, die Abwicklung unwirksamer Verträge nach Bereicherungsrecht und nicht nach dem Recht der GoA vorzunehmen und daher hier
den Fremdgeschäftsführungswillen mit der Begründung zu verneinen, dass H ausschließlich im eigenen Interesse, nämlich um die Vergütung aus dem Werkvertrag
zu erhalten, gehandelt hat.[8]

Letztlich kommt es auf die Streitfrage aber nicht an, wenn die weiteren Voraus- **8**
setzungen des Anspruchs nicht erfüllt sind. Zwar lag ein wirksamer Vertrag zwischen H und B nicht vor, und die Ausführung der Arbeiten entsprach dem Willen
und Interesse des B. Jedoch kann nach § 670 BGB der Geschäftsführer nur Ersatz

---

[5] Darüber hinaus dürfte sich die Nichtigkeit auch aus § 134 BGB i.V.m. § 370 AO ergeben (*Lorenz* NJW 2013, 3132, 3133), worauf der BGH nicht eingegangen ist und worauf auch von den Bearbei- tern dieses Falles nicht eingegangen werden musste, weil die Norm nicht abgedruckt ist.

[6] BGHZ 65, 384, 390; 143, 9, 16; WM 2012, 1041 Rn. 25; Palandt/*Sprau* § 683 Rn. 8.

[7] BGHZ 63, 167, 170; 98, 235; Palandt/*Sprau* § 677 Rn. 6.

[8] Vgl. *Thole* NJW 2010, 1243, 1246 f.; *Lorenz* NJW 2013, 3132, 3133 f.; *Stamm* NJW 2014, 2145, 2146; *Looschelders* SchuldR BT, Rn. 853; *Brox/Walker* SchuldR BT, § 36 Rn. 21; Jauernig/*Man- sel* § 677 Rn. 6; *Spickhoff/Franke* JZ 2014, 465, 467; a.A. die Rechtsprechung, BGHZ 101, 393, 399 f.; 111, 308, 311; 157, 168, 175; BGH NJW 2008, 3069 Rn. 27, und die Lösung in Fall 28.

der Aufwendungen verlangen, „die er den Umständen nach für **erforderlich** halten darf". Aufwendungen, die bewusst im Hinblick auf eine gesetzlich verbotene Leistung gemacht werden, darf der Geschäftsführer nicht für erforderlich halten.[9] Aufgrund des mit der Ausführung des Geschäfts verbundenen Verstoßes gegen § 1 Abs. 2 Nr. 2 SchwarzArbG fehlt es demnach jedenfalls an der Erforderlichkeit der Aufwendungen.

9   Insofern scheidet ein Anspruch des H gegen B gem. §§ 670, 683 S. 1, 677 BGB bereits mangels Fremdgeschäftsführungswillens, jedenfalls mangels Erforderlichkeit der von H gemachten Aufwendungen aus.

C) Anspruch aus §§ 812 Abs. 1 S. 1 Fall 1, 818 Abs. 2 BGB

10   Fraglich ist, ob sich aus §§ 812 Abs. 1 S. 1 Fall 1, 818 Abs. 2 BGB ein Anspruch von H gegen B auf Zahlung von 1500 € ergibt.

I. Voraussetzungen des § 812 Abs. 1 S. 1 Fall 1 BGB

11   Dazu müsste B zunächst **etwas erlangt** haben. Darunter fällt jeder vermögenswerte Vorteil. Hier hat B die Reparaturleistung erlangt.[10]

12   Weiterhin müsste eine **Leistung** des H vorliegen. Leistung ist jede bewusste, zweckgerichtete Mehrung fremden Vermögens. Hier hat H die Reparaturarbeiten im Hinblick auf den (nichtigen) Werkvertrag erbracht. Damit hat er das Vermögen des B bewusst und zweckgerichtet gemehrt.

13   Da der Werkvertrag zwischen H und B nichtig ist, **fehlte** der Leistung der **Rechtsgrund**.

II. Wertersatzpflicht nach § 818 Abs. 2 BGB

14   Die Werkleistung ist nicht gegenständlich und kann daher nicht *in natura* herausgegeben werden. Daher schuldet B dem H grundsätzlich gem. § 818 Abs. 2 BGB Wertersatz. Geht man davon aus, dass die Arbeit des H ihren Preis wert war,[11] so besteht der Anspruch grundsätzlich in der geltend gemachten Höhe.

III. Ausschluss des Anspruchs gem. § 817 S. 2 BGB

15   Fraglich ist jedoch, ob der Anspruch gem. § 817 S. 2 BGB ausgeschlossen ist. § 817 S. 2 BGB gilt nicht nur, wie seine systematische Stellung nahelegt, im Rahmen der *condictio ob turpem vel iniustam causam* (§ 817 S. 1 BGB), sondern für alle

---

[9] Vgl. BGHZ 201, 1 Rn. 14; BGHZ 118, 142, 150.

[10] Alternativ könnte man auf ersparte Aufwendungen abstellen. Überzeugender ist jedoch, auf die Ersparnis von Aufwendungen erst im Rahmen von § 818 Abs. 3 BGB zu sprechen zu kommen. Vgl. dazu den Flugreisefall.

[11] Nach früherer Rechtsprechung (BGHZ 111, 308, 312 f.) sollte der Bereicherungsanspruch höhenmäßig nach oben auf den Betrag beschränkt sein, den die Parteien in nichtiger Weise vereinbart hatten. Darüber hinaus sollten regelmäßig wegen der mit der Schwarzarbeit verbundenen Risiken, insbes. des Fehlens von Gewährleistungsrechten, erhebliche Abschläge angebracht sein.

Leistungskondiktionen, also auch die *conditio indebiti* des § 812 Abs. 1 S. 1 Fall 1 BGB.[12] Entgegen dem Wortlaut von § 817 S. 2 BGB ist nicht erforderlich, dass beide Parteien gegen ein gesetzliches Verbot oder die guten Sitten verstoßen; ausreichend ist, dass lediglich der Leistende verwerflich handelt.[13]

Die Erbringung von Reparaturarbeiten als solche ist wertneutral. Ein Verstoß **16** gegen das Verbotsgesetz des § 1 Abs. 2 Nr. 2 SchwarzArbG ergibt sich jedoch daraus, dass H bereits bei Abschluss des Werkvertrags mit B die Absicht hatte, die sich aufgrund seiner Werkleistung ergebenden steuerlichen Pflichten nicht zu erfüllen. Das SchwarzArbG dient nicht nur dem fiskalischen Interesse des Staates, sondern auch dem Schutz gesetzestreuer Konkurrenten und Arbeitnehmer.[14] Daher verstößt nicht nur die vertragliche Vereinbarung, sondern auch die in Ausführung dieser Vereinbarung erfolgende Leistungserbringung gegen ein gesetzliches Verbot.[15] Insofern ist der Ausschlusstatbestand des § 817 S. 2 BGB grundsätzlich erfüllt.

Fraglich ist, ob nach dem Sinn und Zweck des § 817 S. 2 BGB eine **einschrän- 17 kende Auslegung** geboten ist. Dies kann zum einen dann der Fall sein, wenn das Verbotsgesetz den Schutz des Leistenden bezweckt, so dass das Verbotsgesetz die Gewährung eines Bereicherungsanspruchs erfordert.[16] Das SchwarzArbG soll aber gerade nicht den leistenden Schwarzarbeiter schützen. Zum anderen kann eine einschränkende Auslegung geboten sein, wenn die Aufrechterhaltung des verbotswidrig geschaffenen Zustands mit Sinn und Zweck des Verbotsgesetzes unvereinbar ist.[17] Verbotswidrig ist aber nur die Leistungshandlung des Schwarzarbeiters, nicht der inzwischen eingetretene Leistungserfolg. Damit kommt auch insoweit keine einschränkende Auslegung in Betracht.

Möglicherweise ist die Anwendung von § 817 S. 2 BGB aber nach **Treu und 18 Glauben gem. § 242 BGB ausgeschlossen**.[18] Dafür könnte sprechen, dass mit dem Ausschluss vertraglicher Ansprüche der ordnungspolitischen Zielsetzung des SchwarzArbG Genüge getan sein könnte und die straf- und steuerrechtlichen Risiken bereits Abschreckungswirkung entfalten. Zudem könnte es unbillig sein, dass der Besteller die von dem in Vorleistung getretenen Schwarzarbeiter erbrachte

---

[12] Vgl. nur Palandt/*Sprau* § 817 Rn. 12; implizit BGHZ 201, 1 Rn. 18.

[13] BGHZ 201, 1 Rn. 18; Palandt/*Sprau* § 817 Rn. 12. Im vorliegenden Fall kam es darauf aber nicht an, weil der Gesetzesverstoß zwischen H und B vereinbart war.

[14] BT-Drucks. 15/2573, S. 17; BGHZ 201, 1 Rn. 19.

[15] BGHZ 201, 1 Rn. 19.

[16] BGHZ 201, 1 Rn. 21 m.w.N.

[17] BGHZ 201, 1 Rn. 22 m.w.N. Anders in sog. Schenkkreisen (BGH NJW 2006, 45; 2008, 1942): Auch wenn es sich bei „Schenkkreisen" um sittenwidrige Schneeballsysteme handelt, so dass der zugrundeliegende Vertrag gem. § 138 Abs. 1 BGB nichtig ist, kann der „Schenker" seinen verlorenen Einsatz vom „Beschenkten" zurückverlangen. Der Schutzzweck des § 138 Abs. 1 BGB spricht hier gegen die Anwendung von § 817 S. 2 BGB, weil gerade die Initiatoren der Schenkkreise, die leichtgläubige und unerfahrene Personen ausnutzen wollen, zum Weitermachen eingeladen würden, wenn sie das sittenwidrig erlangte Geld behalten dürften.

[18] Gegen die Möglichkeit der Anwendung von § 242 BGB im Rahmen von § 817 S. 2 BGB jedoch *Stamm* NJW 2014, 2145, 2148.

Leistung unentgeltlich behalten kann, zumal der Schwarzarbeiter gegenüber dem Besteller in der wirtschaftlich schwächeren Situation sein kann. Aus diesen Gründen hat der BGH in einer früheren Entscheidung angenommen, dass § 817 S. 2 BGB auf Schwarzarbeitsfälle nicht anwendbar sei und das (alte) SchwarzArbG der Zubilligung eines Bereicherungsanspruchs nicht entgegenstehe.[19]

19   Diese Rechtsprechung hat der BGH zum neuen SchwarzArbG aufgegeben. Der Ausschluss vertraglicher Ansprüche sowie die straf- und steuerrechtlichen Risiken allein entfalteten nicht die gewünschte generalpräventive Wirkung. Angesichts des Umfangs schwarz erbrachter handwerklicher Leistungen habe der Gesetzgeber das SchwarzArbG im Jahr 2004 neugefasst, um neues Unrechtsbewusstsein zu schaffen und die gesellschaftliche Akzeptanz der Schwarzarbeit sinken zu lassen. Schwarzarbeit sei kein Kavaliersdelikt, sondern handfeste Wirtschaftskriminalität. Daher sei eine einschränkende Auslegung des § 817 S. 2 BGB mit dem Gesetzeszweck des SchwarzArbG 2004 nicht vereinbar. Vielmehr entspreche die Anwendung von § 817 S. 2 BGB dem Gesetzeszweck, indem sie zur Folge habe, dass ein Schwarzarbeitergeschäft mit einem großen Risiko behaftet sei. Wer bewusst gegen das SchwarzArbG verstoße, solle schutzlos bleiben. So erhalte er einen Anreiz, das verbotene Geschäft nicht abzuschließen. Die Anwendung von § 817 S. 2 BGB treffe auch nicht nur den Unternehmer hart. Vielmehr sei auch zu berücksichtigen, dass der Besteller keinerlei Mängelansprüche habe. Demnach sei es ein zu Abschreckungszwecken geeignetes und angemessenes Mittel, dass zwischen den Parteien kein Wertausgleich erfolge.[20]

20   Berücksichtigt man, dass die bisherigen Maßnahmen zur Bekämpfung der Schwarzarbeit unzureichend waren, erscheint die geänderte Rechtsprechung folgerichtig. Durch die Anwendung von § 817 S. 2 BGB kann das Zivilrecht einen entscheidenden Beitrag zur Bekämpfung der Schwarzarbeit leisten. Wer als Unternehmer bewusst seine steuerrechtlichen Pflichten verletzt und gegen das SchwarzArbG verstößt, ist nicht schutzwürdig und kann sich nicht auf Treu und Glauben berufen. Demnach ist der bereicherungsrechtliche Anspruch von H gegen B gem. § 817 S. 2 BGB ausgeschlossen.

> A.A. gut vertretbar.
> Geprüft werden kann auch ein Ausschluss des Anspruchs nach § 814 Fall 1 BGB. Voraussetzung dafür wäre, dass H positiv gewusst hätte, dass er zur Leistung nicht verpflichtet war. Der BGH ist auf die Norm nicht eingegangen. Der Grund ist darin zu sehen, dass § 817 S. 2 BGB in seinem Anwendungsbereich kenntnisunabhängig zum Kondiktionsausschluss führt und daher insofern geringere Anforderungen stellt als § 814 Fall 1 BGB (*Stamm* NJW 2014, 2145, 2148).

---

[19] BGHZ 111, 308, 312 f. Zur höhenmäßigen Beschränkung des Bereicherungsanspruchs s.o. Fn. 11.

[20] Zum Ganzen BGHZ 201, 1 Rn. 25–29; zust. *Stamm* NJW 2014, 2145 ff.

IV. Ergebnis

H hat gegen B keinen Anspruch auf Wertersatz aus §§ 812 Abs. 1 S. 1 Fall 1, 818   **21**
Abs. 2 BGB. Die Klage des H ist also nicht begründet und hat keinen Erfolg.

Exkurs:

Folge des § 817 S. 2 BGB ist, dass die Leistungen bei dem verbleiben, der sie momentan hat.
B kann also auch nicht Rückzahlung der angezahlten 500 € verlangen (auch nicht bei Mängeln,
vgl. BGH NJW 2015, 2406). Er hat aufgrund der Unwirksamkeit des Vertrages hinsichtlich etwaiger Mängel nach neuer Rechtsprechung auch keine Rechte aus § 634 BGB (vgl. BGHZ 198, 141
Rn. 27 ff.; anders noch BGHZ 176, 198 Rn. 15 ff. = NJW-RR 2008, 1050 unter Berufung auf
§ 242 BGB).

Fall 18

Im Herbst tragen im Garten des Anton (A) die Apfelbäume viele Früchte. Als A
kurz nicht zu Hause ist, klettert der gerade 18 Jahre alt gewordene Schüler Max
(M) über den Zaun auf das Grundstück und pflückt 20 Kilogramm Äpfel. Ein Kilogramm dieser Äpfel ist einen € wert. M verkauft die Äpfel für 20 € an die gutgläubige Nachbarsfrau Claudia (C), der er glaubhaft erzählt, es handele sich um
selbstgepflückte Äpfel aus dem eigenen Garten. Durch einen Zufall erfährt danach
A von den Vorgängen und ist entsetzt. Er verlangt von C Herausgabe der Äpfel.
Darauf stellt sich aber heraus, dass nur noch fünf Kilogramm Äpfel bei C lagern.
Fünf Kilogramm hat sie aufgegessen. Weitere zehn Kilogramm hat C zu Apfelmarmelade verarbeitet. A möchte, dass C die Äpfel und die Marmelade herausgibt und
den Wert der verzehrten Äpfel ersetzt. Sollte eine Herausgabe der Äpfel und der
Marmelade aus irgendwelchen rechtlichen Gründen nicht möglich sein, will A auch
den Wert dieser Äpfel ersetzt bekommen. C wendet ein, sie habe M geglaubt und
diesem den Kaufpreis schon gezahlt, so dass sie doch nicht weiteren Ansprüchen
des A ausgesetzt sein könne. Außerdem könne es doch nicht sein, dass A die fertige
Apfelmarmelade bekomme, die (was zutrifft) viel mehr wert sei als die Äpfel und
die sie in stundenlanger mühevoller Arbeit zubereitet habe.

Welche Ansprüche hat A gegen C hinsichtlich der noch vorhandenen, der verzehrten und der zu Marmelade verarbeiteten Äpfel?

© Springer-Verlag GmbH Deutschland, ein Teil von Springer Nature 2019
J. Prütting, B. Scholl, *Die Schuldrechtsklausur II*, Tutorium Jura,
https://doi.org/10.1007/978-3-662-57602-1_19

Lösung Fall 18

▶   Der Jungbullen-Fall (BGHZ 55, 176), abgewandelt für Vegetarier. Wer
    eine gestohlene Sache verarbeitet und nach § 950 BGB Eigentümer wird,
    muss dem früheren Eigentümer nach § 951 Abs. 1 S. 1, § 812 Abs. 1 S. 1
    Fall 2 BGB den Wert der Sache ersetzen, ohne den an den Dieb gezahlten
    Kaufpreis anrechnen zu können.

A) Ansprüche auf Herausgabe der Äpfel

I. Anspruch aus § 985 BGB

1   A könnte gegen C einen Anspruch auf Herausgabe der noch vorhandenen und nicht
    verarbeiteten fünf Kilogramm Äpfel aus § 985 BGB haben. Dann müsste A Eigen-
    tümer und C unrechtmäßige Besitzerin der Äpfel sein.

1. Eigentum des A

a) Eigentumserwerb des A gem. § 953 BGB

2   Durch das Pflücken der Äpfel ist A als Grundstückseigentümer gem. § 953 BGB
    auch Eigentümer der Äpfel, die Erzeugnisse des Grundstücks darstellen, geworden.

b) Eigentumserwerb der C gem. §§ 929 S. 1, 932 BGB

3   Möglicherweise ist C durch Übereignung von M Eigentümerin der Äpfel geworden.
    Da M nicht Eigentümer der Äpfel war, kommt allein ein gutgläubiger Erwerb der C
    gem. §§ 929 S. 1, 932 BGB in Betracht.

4   Zunächst müssten sich M auf Veräußererseite und C auf Erwerberseite dinglich
    geeinigt haben, § 929 S. 1 BGB. M und C haben sich darüber geeinigt, dass C Eigen-
    tümerin der Äpfel werden solle. M hat die Äpfel auch der C übergeben. Die Nicht-
    berechtigung des M könnte überwunden worden sein durch § 932 BGB.[1] C war
    mangels anderer Anhaltspunkte im Sachverhalt gutgläubig i.S.d. § 932 Abs. 2 BGB.
    Die Aussage des M, es handele sich um Äpfel aus dem eigenen Garten, war plausi-
    bel und begründet jedenfalls keine grobe Fahrlässigkeit der C. Allerdings hatte M
    die Äpfel aus dem Garten des A gestohlen. Damit waren die Äpfel gem. § 935 BGB
    abhandengekommen. Ein gutgläubiger Erwerb an den Äpfeln scheidet somit aus.

2. Besitz der C; kein Recht zum Besitz

5   C ist Besitzerin der Äpfel. Ein gegenüber A wirkendes Recht zum Besitz (§ 986
    BGB) hat sie nicht.

3. Ergebnis

6   A kann von C Herausgabe der noch nicht verarbeiteten Äpfel aus § 985 BGB verlangen.

---

[1] Unproblematisch ist das Vorliegen eines Rechtsgeschäfts i.S. eines Verkehrsgeschäfts.

II. Anspruch aus § 861 BGB

A könnte gegen C einen Anspruch auf Herausgabe der Äpfel aus § 861 BGB haben. **7**
Zwar hat M dem A den Besitz an den Äpfeln durch verbotene Eigenmacht entzogen,
§ 858 Abs. 1 BGB. Jedoch wusste C von der Fehlerhaftigkeit des Besitzes des M
nichts. Daher ist der Besitz der C dem A gegenüber nicht fehlerhaft, § 858 Abs. 2
S. 2 BGB. Ein Herausgabeanspruch aus § 861 BGB besteht nicht.

III. Anspruch aus § 1007 Abs. 1 BGB

Ein Anspruch des A gegen C auf Herausgabe der Äpfel aus § 1007 Abs. 1 BGB **8**
besteht nicht, weil C bei Besitzerwerb gutgläubig war.

IV. Anspruch aus § 1007 Abs. 2 BGB

A könnte gegen C aber einen Anspruch auf Herausgabe der Äpfel aus § 1007 Abs. 2 **9**
BGB haben. A ist früherer Besitzer der Äpfel. C ist jetzige Besitzerin der Äpfel. Die
Äpfel sind dem A gestohlen worden. Der Anspruch ist nicht nach § 1007 Abs. 3
BGB ausgeschlossen. Demnach kann A von C Herausgabe der Äpfel aus § 1007
Abs. 2 BGB verlangen.

V. Anspruch aus § 812 Abs. 1 S. 1 Fall 2 BGB

A könnte gegen C einen Anspruch auf Herausgabe der Äpfel aus § 812 Abs. 1 S. 1 **10**
Fall 2 BGB haben.[2]

1. Etwas erlangt

Zunächst müsste C etwas, also einen Vermögensvorteil im weitesten Sinne, erlangt **11**
haben. C hat den Besitz an den Äpfeln erlangt.

2. In sonstiger Weise auf Kosten des A

Dies müsste in sonstiger Weise, also nicht durch Leistung, auf Kosten des A erfolgt **12**
sein. Dagegen könnte sprechen, dass C den Vermögensvorteil durch Leistung von
M erlangt hat, was grundsätzlich eine Nichtleistungskondiktion des A ausschließt.
Beachtet man jedoch die Wertung von § 935 BGB, ist von der Subsidiarität der Eingriffskondiktion eine Ausnahme zu machen, wenn die geleistete Sache abhandengekommen ist.[3] C muss die Äpfel auch nach § 985 BGB an A herausgeben, so dass
nichts dagegen spricht, eine parallele Direktkondiktion zuzulassen. Folgt man dem,
ist hier eine Eingriffskondiktion möglich. C hat den Besitz an den Äpfeln durch

---

[2] Zur Anwendbarkeit: Vertretbar ist auch, die §§ 861, 1007 BGB für speziellere Regelungen zu
halten, die einer auf Herausgabe gerichteten Eingriffskondiktion vorgehen (vgl. hierzu Palandt/
Herrler § 861 Rn. 2; Staudinger/*Gutzeit* [2012] § 861 Rn. 29). Dann wäre § 812 Abs. 1 S. 1 Fall
2 BGB gar nicht anwendbar. Richtigerweise dürfte jedoch der rechtmäßige Besitz auch von der
Eingriffskondiktion geschützt sein, so dass Anspruchskonkurrenz besteht (*Lorenz* JuS 2013, 776,
778; *Herrler* aaO; *Gutzeit* aaO).

[3] *Jacoby/v. Hinden* Studienkomm. BGB, § 812 Rn. 47; vgl. BGHZ 55, 176.

Eingriff in den Zuweisungsgehalt des Eigentums des A, mithin in sonstiger Weise auf Kosten des A erlangt.

3. Ohne rechtlichen Grund

13 Ein Rechtsgrund im Verhältnis zwischen A und C besteht nicht.

4. Ergebnis

14 Demnach kann A von C auch aus § 812 Abs. 1 S. 1 Fall 2 BGB Herausgabe der Äpfel verlangen.

B) Ansprüche hinsichtlich der aufgegessenen Äpfel

I. Anspruch auf Schadensersatz aus §§ 989, 990 BGB

15 Da C durch den Verzehr der Äpfel deren Herausgabe aus § 985 BGB unmöglich gemacht hat, ist an einen Anspruch auf Schadensersatz des A gegen C aus §§ 989, 990 BGB zu denken. Zwar war zum Zeitpunkt des Verzehrs der Äpfel A Eigentümer und C Besitzer ohne Recht zum Besitz, so dass ein Eigentümer-Besitzer-Verhältnis bestand. C war aber bei Besitzerwerb gutgläubig i.S.d. § 932 Abs. 2 BGB (s.o. Rn. 4) und ist auch nicht später bösgläubig geworden. Damit scheidet ein Schadensersatzanspruch aus §§ 989, 990 BGB aus.

II. Anspruch auf Wertersatz aus § 812 Abs. 1 S. 1 Fall 2 BGB

16 A könnte aber gegen C einen Anspruch auf Ersatz des Wertes von fünf Kilogramm Äpfeln (also 5 €) aus § 812 Abs. 1 S. 1 Fall 2 BGB haben.

1. Anwendbarkeit

17 Fraglich ist zunächst, ob die Eingriffskondiktion anwendbar ist, obwohl zwischen A und C zum Zeitpunkt des Verzehrs der Äpfel ein Eigentümer-Besitzer-Verhältnis bestand. Jedoch treffen die §§ 987 ff. BGB nur für die Pflichten des Besitzers zum Schadensersatz und zur Nutzungsherausgabe abschließende Sonderregelungen. Geht es um Ansprüche wegen Verbrauchs der Sache, bleibt die auf Wertersatz gerichtete Eingriffskondiktion anwendbar.[4]

2. Voraussetzungen von § 812 Abs. 1 S. 1 Fall 2 BGB

18 Für die tatbestandlichen Voraussetzungen von § 812 Abs. 1 S. 1 Fall 2 BGB hinsichtlich der verzehrten Äpfel gilt das Gleiche wie hinsichtlich der noch vorhandenen (s.o.).

3. Wertersatzpflicht; keine Entreicherung

19 Abweichend davon ist allerdings eine Herausgabe der Äpfel *in natura* nicht mehr möglich. Nach § 818 Abs. 2 BGB muss C dem A daher Wertersatz in Höhe von

---

[4] Vgl. nur Staudinger/*Lorenz* (2007) § 812 Rn. 39; Staudinger/*Gursky* (2012) Vor §§ 987–993 Rn. 41.

5 € leisten. Fraglich ist, ob C entreichert ist, § 818 Abs. 3 BGB, was sie beweisen müsste. Zwar sind die Äpfel als solche nicht mehr im Vermögen der C vorhanden. Allerdings scheidet ein Wegfall der Bereicherung aus, wenn die Bereicherung noch in Form ersparter Aufwendungen im Vermögen des Bereicherungsschuldners vorhanden ist. Hier ist nichts dafür ersichtlich, dass es sich bei den verspeisten Äpfeln um zusätzliche Nahrung (Luxusaufwendung) handelt, die C nicht zu sich genommen hätte, hätte sie gewusst, dass sie die Äpfel dem A zurückgeben musste. Vielmehr hätte sie dann andere Nahrung zu sich genommen und anderweitige Aufwendungen gehabt. Daher kommt insofern eine Entreicherung nicht in Betracht.

Fraglich ist noch, ob C den an M gezahlten Kaufpreis nach § 818 Abs. 3 BGB **20** abziehen kann. Zwar können im Grundsatz solche Vermögenseinbußen abgesetzt werden, die der Bereicherungsschuldner im Zusammenhang mit dem Bereicherungsvorgang erlitten hat.[5] Das gilt aber bei Nichtleistungskondiktionen nicht für den Erwerbspreis: Der Bereicherungsanspruch ist an die Stelle des Herausgabeanspruchs nach § 985 BGB getreten. Diesem gegenüber hätte sich C auch nicht auf die einem Dritten erbrachte Leistung berufen können. Es gibt keinen Grund dafür, dass C nach dem Verzehr der Äpfel besser stehen sollte als zuvor. Darüber hinaus ist es C als Bereicherungsschuldnerin zuzumuten, den Kaufpreis bei ihrem Vertragspartner (dem M) nach Vertragsrecht zurückzuholen.[6] Der Bereicherungsschuldner soll das Risiko der Insolvenz seines Vertragspartners selbst tragen. Daher ist ein Abzug des Kaufpreises im Rahmen von § 818 Abs. 3 BGB nicht möglich.[7]

4. Ergebnis
A hat also gegen C hinsichtlich der aufgegessenen Äpfel einen Anspruch auf Wert-   **21** ersatz in Höhe von 5 € aus §§ 812 Abs. 1 S. 1 Fall 2, 818 Abs. 2 BGB.

C) Ansprüche hinsichtlich der Apfelmarmelade

I. Anspruch auf Herausgabe aus § 985 BGB
A könnte gegen C einen Anspruch auf Herausgabe der Apfelmarmelade aus § 985   **22** BGB haben. Dann müsste A Eigentümer und C unrechtmäßige Besitzerin der Apfelmarmelade sein.

A war bis zur Herstellung der Marmelade Eigentümer der Äpfel, aus denen die   **23** Marmelade hergestellt wurde (s.o. Rn. 4). C könnte aber durch Verarbeitung gem. § 950 BGB Eigentümerin der Marmelade geworden sein. Dann müsste sie durch Verarbeitung eines oder mehrerer Stoffe eine neue bewegliche Sache hergestellt

---

[5] *Jacoby/v. Hinden* (Fn. 3), § 818 Rn. 8.

[6] Hier hat C gegen A wegen Unmöglichkeit der Eigentumsverschaffung an den Äpfeln einen Rückgewähranspruch aus §§ 326 Abs. 4, 346 Abs. 1 BGB oder nach Rücktritt auch aus §§ 346 Abs. 1, 326 Abs. 5 BGB sowie einen Schadensersatzanspruch nach § 311a Abs. 2 BGB.

[7] Vgl. BGHZ 55, 176, 179.

haben, und der Wert der Verarbeitung dürfte nicht erheblich geringer sein als der Wert des Stoffes. Hier hat C aus Äpfeln und anderen Zutaten Marmelade hergestellt. Bei der Marmelade handelt es sich um eine neue Sache, was schon an dem neuen Namen deutlich wird. Es ist nichts dafür ersichtlich, dass der Wert des Verarbeitungsvorgangs erheblich geringer wäre als der Wert der Zutaten. So hat C die Marmelade in stundenlanger mühevoller Arbeit hergestellt. Die Marmelade ist auch laut Sachverhalt viel mehr wert als die Äpfel, so dass der Verarbeitungsprozess keinen erheblich geringeren Wert haben kann. Das Abhandenkommen der Äpfel hindert gesetzlichen Eigentumserwerb nach § 950 BGB nicht. Damit hat C als Herstellerin gem. § 950 BGB Eigentum an der Marmelade erworben. Ein Anspruch des A gegen C auf Herausgabe der Apfelmarmelade kommt nicht in Betracht.

24 Auch sonstige Herausgabeansprüche hinsichtlich der Marmelade bestehen nicht.

II. Anspruch auf Schadensersatz aus §§ 989, 990 BGB

25 A könnte gegen C einen Anspruch auf Schadensersatz in Höhe des Wertes der verarbeiteten Äpfel (10 €) aus §§ 989, 990 BGB haben. Zwar bestand zum Zeitpunkt der Herstellung der Marmelade ein Eigentümer-Besitzer-Verhältnis zwischen A und C (s.o. Rn. 15). Aber wie schon für die verzehrten Äpfel geprüft, war C gutgläubig, so dass ein Schadensersatzanspruch aus §§ 989, 990 BGB ausscheidet.

III. Anspruch auf Wertersatz aus § 951 Abs. 1 i.V.m. § 812 Abs. 1 S. 1 Fall 2 BGB

26 A könnte aber gegen C einen Anspruch auf Ersatz des Wertes der verarbeiteten Äpfel aus § 951 Abs. 1 BGB i.V.m. § 812 Abs. 1 S. 1 Fall 2 BGB haben.

1. Anwendbarkeit

27 Das zwischen A und C bis zur Verarbeitung bestehende Eigentümer-Besitzer-Verhältnis schließt dabei eine Anwendung von § 951 Abs. 1 BGB nicht aus. Grund dafür, dass die Eingriffskondition auch im Rahmen des EBV anwendbar bleibt, ist, dass der gutgläubige Besitzer durch die Regelung der §§ 987–993 BGB zwar – in gewissen Grenzen – von als unbillig angesehenen Schadensersatzansprüchen des Eigentümers freigestellt werden soll, nicht aber den Wert der Sache behalten dürfen soll, soweit er sich ihn durch einen objektiv unberechtigten Eingriff in das Eigentum verschafft hat.[8]

2. Voraussetzungen des § 951 BGB

28 § 951 BGB setzt hier voraus, dass A infolge des § 950 BGB einen Rechtsverlust erlitten hat. Hier hat C, wie gezeigt, durch die Verarbeitung Eigentum an der Marmelade nach § 950 BGB erworben. Vorher war A Eigentümer der Äpfel, aus denen C die Marmelade hergestellt hat, gewesen. Folglich hat A infolge des § 950 BGB einen Rechtsverlust erlitten.

---

[8] So BGHZ 55, 176, 179.

3. Voraussetzungen des § 812 Abs. 1 S. 1 Fall 2 BGB

§ 951 BGB ist eine Rechtsgrundverweisung auf § 812 Abs. 1 S. 1 Fall 2 BGB, so **29** dass zusätzlich die Voraussetzungen der Eingriffskondiktion zu prüfen sind.

a) Etwas erlangt

C hat Eigentum an der Marmelade und damit einen vermögenswerten Vorteil **30** erlangt.

b) In sonstiger Weise auf Kosten des A

Dies müsste in sonstiger Weise, also nicht durch vorrangige Leistung erfolgt sein. **31** Daran könnte man hier zweifeln, weil der C die Äpfel von M geleistet worden sind. Allerdings hat M lediglich den Besitz an den Äpfeln übertragen; das Eigentum an der Marmelade hat C kraft Gesetzes und damit nicht durch Leistung erlangt.[9] Im Übrigen kann die Leistungskondiktion schon deshalb nicht vorrangig sein, weil sich in dem Anspruch aus § 951 BGB der Anspruch aus § 985 BGB fortsetzt und C sich vor der Verarbeitung auch nicht auf eine vorrangige Leistung des M hätte berufen können.[10] Ein Eigentumserwerb scheiterte ja gerade daran, dass die Sache abhandengekommen war (§ 935 BGB). Hieraus ergibt sich, dass der Bestandsschutz des Eigentümers Vorrang vor dem Vertrauensschutz aus der Leistungsbeziehung haben soll. Der Vorrang der Leistungskondiktion kann also hier nicht gelten.[11] Mithin hat C in sonstiger Weise auf Kosten des A, nämlich durch Eingriff in den Zuweisungsgehalt seines Eigentums an den Äpfeln, Eigentum an der Marmelade erlangt.

c) Ohne rechtlichen Grund

Im Verhältnis zwischen A und C fehlt es an einem Rechtsgrund für den von C **32** erlangten Vermögensvorteil. Insbesondere stellen weder der Vertrag mit M noch § 950 BGB einen Rechtsgrund gegenüber A dar.

4. Wertersatz nach § 818 Abs. 2 BGB

Demnach muss C dem A eine Vergütung in Geld leisten, also den Wert der ver- **33** arbeiteten Äpfel ersetzen. Die verarbeiteten Äpfel sind 10 € wert. Dieser Wert ist im Rahmen von § 818 Abs. 2 BGB zu ersetzen. Ein Abzug des an M gezahlten Kaufpreises kommt im Rahmen von § 818 Abs. 3 BGB, wie oben schon geprüft, nicht in Betracht.

A kann also von C Zahlung von 10 € aus §§ 951 Abs. 1, 812 Abs. 1 S. 1 Fall 2 **34** BGB verlangen.

---

[9] *Medicus/Petersen* BürgR, Rn. 727.

[10] Vgl. BGHZ 55, 176, 178.

[11] Vgl. oben Fn. 3.

Fall 19

Ausgangsfall

Anna (A) leiht ihrer guten Freundin Laura (L), die sich ein eigenes Kleid nicht leisten kann, für einen Ball ihr Abendkleid. Das Kleid ist 200 € wert. Auf dem Ball wird L wegen des Kleides von allen bestaunt. Marie (M), die L für die Eigentümerin des Kleides hält, ist so begeistert von dem Kleid, dass sie der L anbietet, es ihr für 300 € abzukaufen. So übergibt L der M am Tag nach dem Ball das Kleid und erhält dafür 300 €. A, die von allem nichts wusste, will wissen, ob sie von M das Kleid zurückbekommen kann oder von L die 300 €.

1. Abwandlung

Kann A von M das Kleid zurückbekommen, wenn L es der M verschenkt hat?

2. Abwandlung

L verschenkt das Kleid an M und diese verschenkt es weiter an Nina (N). Kann A das Kleid von N zurückbekommen?

© Springer-Verlag GmbH Deutschland, ein Teil von Springer Nature 2019
J. Prütting, B. Scholl, *Die Schuldrechtsklausur II*, Tutorium Jura,
https://doi.org/10.1007/978-3-662-57602-1_20

Lösung Fall 19

▶ Dieser Fall beschäftigt sich mit den Ansprüchen bei Veräußerung fremder
   Sachen und den speziellen Nichtleistungskondiktionen in §§ 816, 822
   BGB.

Ausgangsfall

A) Ansprüche der A gegen M

I. Anspruch auf Herausgabe aus § 985 BGB

1   A könnte gegen M einen Anspruch auf Herausgabe des Kleides aus § 985 BGB haben.
    Dann müsste A Eigentümerin und M Besitzerin ohne Recht zum Besitz sein. Frag-
    lich ist also, ob A Eigentümerin des Kleides ist. Ursprünglich war A Eigentümerin
    des Kleides. Sie hat das Eigentum mangels dinglicher Einigung nicht an L verloren,
    mit der sie lediglich einen schuldrechtlichen Leihvertrag geschlossen hat. Möglicher-
    weise hat A ihr Eigentum aber durch Übereignung der L an M verloren. Da L zum
    Zeitpunkt der Übereignung weder Eigentümerin noch sonst Berechtigte war, kommt
    lediglich ein gutgläubiger Erwerb der M gem. §§ 929 S. 1, 932 BGB in Betracht. L
    und M haben sich am Tag nach dem Ball über den Eigentumsübergang geeinigt. L hat
    der M das Kleid auch übergeben. Die Nichtberechtigung der L könnte überwunden
    werden gem. § 932 BGB. Dann müsste M gutgläubig hinsichtlich des Eigentums der
    L gewesen sein (§ 932 Abs. 2 BGB). Hier ging M von der Eigentümerstellung der L
    aus, ohne dass ihr insoweit grobe Fahrlässigkeit vorzuwerfen wäre. Die Sache ist auch
    nicht i.S.d. § 935 BGB abhandengekommen. Damit hat M gem. §§ 929 S. 1, 932 BGB
    gutgläubig Eigentum an dem Kleid erworben. A ist nicht mehr Eigentümerin des
    Kleides. Ein Anspruch der A gegen M auf Herausgabe aus § 985 BGB besteht nicht.

II. Anspruch auf Herausgabe aus § 823 Abs. 1 BGB

2   Auch ein Anspruch auf Herausgabe im Rahmen der Naturalrestitution nach § 823
    Abs. 1 BGB i.V.m. § 249 Abs. 1 BGB kommt nicht in Betracht, weil der nach
    § 932 BGB kraft Gesetzes eintretende Verlust des Eigentums nicht rechtswidrig
    ist.[1] Jedenfalls fehlt es am Verschulden, wobei der Verschuldensmaßstab des § 823
    Abs. 1 BGB von § 932 Abs. 2 BGB überlagert wird.

III. Anspruch auf Herausgabe aus § 812 Abs. 1 S. 1 Fall 2 BGB

3   Auch ein Anspruch der A gegen M auf Herausgabe aus § 812 Abs. 1 S. 1 Fall 2 BGB
    besteht nicht. Zunächst scheitert eine Eingriffskondiktion am Vorrang der Leistungs-
    kondiktion, weil M den Besitz am Kleid durch vorrangige Leistung der L erlangt
    hat. Zudem besitzt M das Kleid wegen §§ 929 S. 1, 932 BGB mit Rechtsgrund.

---

[1] RGRK/*Pikart* § 932 Rn. 79.

B) Ansprüche der A gegen L

I. Anspruch aus § 285 BGB

A könnte gegen L einen Anspruch auf Herausgabe von 300 € aus § 285 BGB haben. **4**
Dann müsste A gegen L einen Anspruch auf Rückgabe des Kleides gehabt haben,
die Erfüllung dieser Leistungspflicht müsste unmöglich geworden sein (§ 275
Abs. 1 BGB), und L müsste dafür einen Ersatz erlangt haben.

A und L hatten einen Leihvertrag gem. § 598 BGB geschlossen. Daraus war L **5**
gem. § 604 BGB zur Rückgabe des Kleides verpflichtet. Indem L das Kleid an M
veräußert hat, die dadurch gutgläubig Eigentum erworben hat, ist ihr die Rückgabe des Kleides unmöglich geworden (§ 275 Abs. 1 BGB). Dadurch, dass L das
Kleid an M veräußert hat, hat sie den Veräußerungserlös in Höhe von 300 € erlangt
(*commodum ex negotiatione*). Zwar wird die Unmöglichkeit der Leistung durch
das dingliche Erfüllungsgeschäft bewirkt; aber dieses wird durch den Kaufvertrag
adäquat verursacht, so dass der Veräußerungserlös auch dann voll herauszugeben
ist, wenn er über den Wert der Sache hinausgeht.[2]

Fraglich ist allerdings, ob die notwendige Identität[3] zwischen der ursprünglich **6**
von L geschuldeten Leistung und dem Surrogat besteht. Daran könnte man zweifeln, weil L aus § 604 BGB nur die Herausgabe des Besitzes schuldete, der Veräußerungserlös aber an die Stelle des Eigentums getreten ist. Da aber der A als Eigentümerin gerade der Veräußerungserlös gebührt, steht das Identitätserfordernis einer
Herausgabe des Veräußerungserlöses als Surrogat nicht entgegen.[4]

A kann demnach von L Herausgabe der 300 € aus § 285 BGB verlangen.

II. Anspruch aus §§ 667, 681 S. 2, 687 Abs. 2 BGB

Der Anspruch der A gegen L auf Herausgabe der 300 € könnte sich auch aus §§ 667 **7**
Fall 2, 681 S. 2, 687 Abs. 2 BGB ergeben.

Dann müsste L ein objektiv fremdes Geschäft als eigenes geführt haben, obwohl
sie wusste, dass sie hierzu nicht berechtigt war. Eigentümerin des Kleides war
bis zur Veräußerung an M die A. Die Veräußerung stellte für L damit ein objektiv fremdes Geschäft dar. Sie war von A weder mit der Veräußerung beauftragt
worden noch sonst dazu berechtigt. L hat das fremde Kleid in Kenntnis ihrer
Nichtberechtigung bewusst in eigenem Namen veräußert, also sich ein Geschäft
der A angemaßt.

---

[2] Vgl. nur Staudinger/*Caspers* (2014) § 285 Rn. 37.

[3] NK-BGB/*Dauner-Lieb* § 285 Rn. 10; Staudinger/*Caspers* (2014) § 285 Rn. 43 ff. Das Problem
musste hier nicht gesehen werden.

[4] Vgl. NK-BGB/*Dauner-Lieb* § 285 Rn. 11. Lediglich der umgekehrte Fall wäre problematisch:
Wenn A der L das Kleid verliehen hätte und es vor Übergabe von einem Dritten zerstört worden
wäre, könnte L nicht von A aus § 285 BGB Abtretung des Schadensersatzanspruchs gegen den
Dritten oder Herausgabe des Schadensersatzes verlangen, denn L hätte lediglich einen Anspruch
auf die Nutzung der Sache gehabt, könnte also bei Untergang nicht ein Eigentumssurrogat
herausverlangen.

8   Deshalb muss L der A gem. §§ 667 Fall 2, 681 S. 2 BGB dasjenige, was sie aus
der Geschäftsbesorgung erlangt, herausgeben. Aus der Geschäftsbesorgung hat L
den Erlös in Höhe von 300 € erlangt. Diesen muss sie der A herausgeben.

> **Systematischer Hinweis:**
> Anders als bei § 816 Abs. 1 S. 1 BGB ist im Rahmen von §§ 667, 681 S. 2,
> 687 Abs. 2 BGB unstreitig, dass der Geschäftsführer, der sich bewusst ein
> fremdes Geschäft anmaßt, den vollen Erlös herausgeben und nicht nur den
> Wert der Sache ersetzen muss.

9   A kann von L also gem. §§ 667, 681 S. 2, 687 Abs. 2 BGB Herausgabe der 300 €
verlangen.

> **Systematischer Hinweis:**
> Hier steht § 816 Abs. 1 S. 1 BGB neben § 285 BGB und §§ 667, 681 S. 2,
> 687 Abs. 2 BGB. Häufig sind § 285 und §§ 667, 681 S. 2, 687 Abs. 2 BGB
> aber nicht einschlägig, so dass allein ein Anspruch aus § 816 Abs. 1 S. 1 BGB
> in Betracht kommt. Denn § 285 BGB setzt ein bestehendes, i.d.R. vertrag-
> liches Schuldverhältnis voraus. §§ 667, 681 S. 2, 687 Abs. 2 BGB setzt eine
> vorsätzliche Geschäftsanmaßung voraus. Diese strengen Voraussetzungen hat
> § 816 Abs. 1 S. 1 BGB nicht. § 816 Abs. 1 S. 1 BGB ist ein Spezialfall der
> Eingriffskondiktion.

III. Anspruch aus § 816 Abs. 1 S. 1 BGB
10   A könnte gegen L einen Anspruch auf Herausgabe der 300 € aus § 816 Abs. 1 S. 1
BGB haben.

1. Verfügung eines Nichtberechtigten
11   Dann müsste L zunächst als Nichtberechtigte eine Verfügung getroffen haben. Verfügung ist jedes Rechtsgeschäft, das die dingliche Rechtslage unmittelbar ändert,
sei es durch Übertragung, Belastung, Aufhebung oder Inhaltsänderung. Hier hat L
das Kleid an M übereignet und damit das Eigentum übertragen. Damit hat sie über
das Kleid verfügt. Da L weder Eigentümer noch zu der Verfügung ermächtigt war,
verfügte sie als Nichtberechtigte.

2. Wirksamkeit gegenüber dem Berechtigten
12   Die Verfügung muss dem Berechtigten (A) gegenüber wirksam sein. M hat hier,
wie gezeigt, gutgläubig Eigentum erworben (§§ 929 S. 1, 932 BGB). Damit ist die
Verfügung der L gegenüber der A wirksam.

Exkurs:
Anders wäre es etwa, wenn L der A das Kleid gestohlen hätte. Wegen § 935 BGB hätte M
dann kein Eigentum erworben. A könnte also von M Herausgabe des Kleides verlangen (§ 985
BGB, s.o. Rn. 1). Wenn A gleichwohl den Veräußerungserlös über § 816 Abs. 1 S. 1 BGB
erlangen will (insbesondere weil dieser höher ist als der Wert der Sache), kann sie aber die
unwirksame Verfügung genehmigen (§ 185 Abs. 2 Fall 1 BGB), wodurch sie wirksam wird.

3. Rechtsfolge: Herausgabe des Erlangten

Damit hat L das aus der Verfügung erlangte Surrogat herauszugeben. Streitig ist,   **13**
was als das Erlangte i.S.d. § 816 Abs. 1 S. 1 BGB anzusehen ist.

Nach h.M.[5] muss der Verfügende den vollständigen aus dem Kaufvertrag mit dem
Erwerber erlangten Veräußerungserlös herausgeben.

In der Literatur[6] wird hingegen auch die Ansicht vertreten, der Veräußerer sei
durch die Verfügung lediglich von der gegen ihn gerichteten Forderung des Erwerbers (hier: M) auf Übereignung aus § 433 Abs. 1 BGB befreit worden und müsse
dafür Wertersatz leisten. Folglich sei der Herausgabeanspruch nach § 816 Abs. 1
S. 1 BGB auf den objektiven Wert des Verfügungsgegenstandes begrenzt.

Für die zweitgenannte Ansicht mag zwar sprechen, dass der Verfügende den   **14**
Kaufpreis nicht aus der dinglichen Verfügung (Übereignung), sondern aus dem
schuldrechtlichen Geschäft (Kaufvertrag) erlangt. Gleichwohl entspricht das Verständnis der h.M. dem natürlichen Wortsinn der Vorschrift, die hier nicht im Einzelnen zwischen Kausal- und Verfügungsgeschäft unterscheidet und allgemein die
Gegenleistung meint, die der Erwerber zahlt bzw. schuldet. Dafür spricht auch,
dass eine Gewinnerzielungsmöglichkeit allein dem Eigentümer zugewiesen ist. Der
gutgläubige Veräußerer ist zudem durch § 818 Abs. 3 BGB hinreichend geschützt.

Damit kann A von L Herausgabe der vollen 300 € gem. § 816 Abs. 1 S. 1 BGB verlangen.   **15**

> **Systematischer Hinweis:**
> Neben diesen Ansprüchen auf Erlösherausgabe bestehen auch noch Schadens-
> ersatzansprüche der A gegen L aus §§ 280 Abs. 1 u. 3, 283 BGB (oder §§ 280
> Abs. 1, 241 Abs. 2 BGB),[7] aus §§ 678, 687 Abs. 2 S. 1 BGB sowie aus (§ 992[8]
> i.V.m.) § 823 Abs. 1 BGB; (§ 992 i.V.m.) § 823 Abs. 2 i.V.m. § 246 StGB
> und (§ 992 i.V.m.) § 826 BGB. Diese gewähren aber nur einen Anspruch auf
> Ersatz des Wertes des Kleides (200 €), nicht des Veräußerungsgewinnes.

---

[5] RGZ 88, 351, 359 f.; BGHZ 29, 157, 159 f.; BGH WM 1975, 1179; BeckOK/*Wendehorst* § 816
Rn. 15 f.; Palandt/*Sprau* § 816 Rn. 10.

[6] *Medicus/Lorenz* SchuldR II, Rn. 1197; Staudinger/*Lorenz* (2007), § 816 Rn. 23 ff.

[7] Vgl. zur Abgrenzungsproblematik *Stieper* ZGS 2011, 557 ff., der eine Verletzung des Rückgabe-
anspruchs (§ 604 Abs. 1 BGB) für vorrangig gegenüber einer Verletzung der allgemeinen Obhuts-
pflicht (§§ 603 S. 2, 241 Abs. 2 BGB) hält. Der Schadensersatzanspruch ist danach auf Schadensersatz statt der Leistung nach §§ 280 Abs. 1 u. 3, 283 BGB gerichtet.

[8] Ob § 992 BGB mitzuzitieren ist, hängt davon ab, ob man hier ein Eigentümer-Besitzer-Verhältnis (EBV) bejaht oder nicht. Das Vorliegen eines EBV schließt grundsätzlich die Anwendung der

1. Abwandlung

A) Anspruch der A gegen M auf Herausgabe aus § 985 BGB

16 In Bezug auf den Anspruch aus § 985 BGB treten keine Änderungen auf, da A auch hier ihr Eigentum an M verloren hat.

B) Anspruch der A gegen M auf Rückübereignung aus § 816 Abs. 1 S. 2 BGB

17 Möglicherweise hat A gegen M aber einen Anspruch auf Rückübereignung des Kleides aus § 816 Abs. 1 S. 2 BGB.

Nach § 816 Abs. 1 S. 2 BGB muss derjenige, der durch unentgeltliche Verfügung eines Nichtberechtigten einen rechtlichen Vorteil erlangt hat, das Erlangte an den ursprünglich Berechtigten, gegenüber dem die Verfügung wirksam ist, herausgeben. Hier ist M aufgrund der wirksamen Verfügung der L gem. §§ 929 S. 1, 932 BGB Eigentümer geworden. Allerdings erfolgte diese Verfügung aufgrund einer Schenkung und damit unentgeltlich. Deshalb muss M der A das erlangte Eigentum wieder herausgeben. Sie muss also der A das Kleid wieder nach § 929 S. 1 BGB zurückübereignen.

A hat gegen M einen Anspruch auf Rückübereignung des Kleides aus § 816 Abs. 1 S. 2 BGB.

2. Abwandlung

A) Anspruch der A gegen N auf Herausgabe aus § 985 BGB

18 Ein Anspruch der A gegen N auf Herausgabe aus § 985 BGB kommt nicht in Betracht, weil M als Eigentümerin (s.o. Rn. 1) das Kleid an N gem. § 929 S. 1 BGB weiterveräußert hat.

B) Anspruch der A gegen N auf Rückübereignung aus § 822 BGB

19 Möglicherweise hat A gegen N aber einen Anspruch auf Rückübereignung des Kleides aus § 822 BGB. Danach ist, wenn der primäre Bereicherungsschuldner

---

§§ 823 ff. BGB aus; die §§ 823 ff. BGB bleiben aber über § 992 BGB anwendbar, wenn der Besitzer sich durch eine Straftat den Besitz verschafft (hier: Unterschlagung, § 246 StGB). Ob ein EBV auch dann entsteht, wenn der ursprüngliche rechtmäßige Fremdbesitzer bloß seinen Willen ändert und sich zum Eigenbesitzer „aufschwingt", ist umstritten. Bejaht man dies, läge hier ein EBV vor, so dass das Deliktsrecht nur über § 992 BGB anwendbar wäre. Verneint man dies und fordert man für ein EBV, dass der Besitzer kein Besitzrecht hat, wenn er *erstmals* Besitz erlangt, liegt kein EBV vor, so dass die §§ 823 ff. BGB unmittelbar anwendbar sind. Zum Ganzen BeckOK/*Fritzsche* § 987 Rn. 16 f. Bejaht man hier ein EBV, besteht auch ein Schadensersatzanspruch aus §§ 989, 990 BGB.

das Erlangte unentgeltlich einem Dritten zuwendet, der Dritte zur Herausgabe verpflichtet, soweit infolge der Zuwendung die Verpflichtung des primären Bereicherungsschuldners zur Herausgabe ausgeschlossen ist.

I. Bereicherungsanspruch gegen den Erstempfänger

Der Anspruch setzt somit zunächst einen Bereicherungsanspruch des Bereiche-   **20**
rungsgläubigers (A) gegen den Erstempfänger (M) voraus. Wie bereits in der 1.
Abwandlung festgestellt, war M der A gem. § 816 Abs. 1 S. 2 BGB zur Rückübereignung verpflichtet.

II. Unentgeltliche Zuwendung des Erlangten an einen Dritten

Außerdem muss dieser Erstempfänger (M) als Berechtigter das Erlangte, also hier   **21**
das Eigentum an dem Kleid, einem Dritten (der N) unentgeltlich zugewandt haben.
Hier hat M als Eigentümerin das Eigentum an dem Kleid gem. § 929 S. 1 BGB
unentgeltlich auf N übertragen.

> **Zum Verständnis:**
> Der Unterschied zwischen § 816 Abs. 1 S. 2 BGB und § 822 BGB liegt darin,
> dass im ersteren Falle der Verfügende nichtberechtigt ist, während er im letz-
> teren Falle berechtigt ist (aber bereicherungsrechtlich zur Herausgabe ver-
> pflichtet ist). Während M das Eigentum von L als Nichtberechtigter erlangt
> hat, hat N es von M als Eigentümerin erlangt.

III. Dadurch Enthaftung des Erstempfängers

Schließlich muss der Erstempfänger (M) dadurch gem. § 818 Abs. 3 BGB enthaf-   **22**
tet worden sein. Aufgrund der unentgeltlichen Zuwendung an N ist M nicht mehr
bereichert. Sie ist gem. § 818 Abs. 3 BGB enthaftet.

IV. Rechtsfolge

Als Rechtsfolge haftet der Dritte (N) so, wie wenn er unmittelbar vom Gläubiger   **23**
des Primäranspruchs (A) ohne rechtlichen Grund empfangen hätte. Nunmehr ist
also N der A gem. § 822 BGB zur Rückübereignung des Kleides verpflichtet.

Exkurs 1:
Durch die zwei hintereinandergeschalteten unentgeltlichen Übereignungen ist die 2. Abwandlung
komplizierter als der „typische" Fall von § 822 BGB.
   Beispiel: A verkauft und übereignet dem B ein Auto. B verschenkt und übereignet das Auto weiter
an C. Dabei handelt B als Berechtigter, denn er hatte ja das Eigentum an dem Auto erlangt. Nachher
stellt sich heraus, dass das Kausalverhältnis (der Kaufvertrag) zwischen A und B nichtig ist. Nun
kann A das Auto direkt bei C kondizieren. § 822 BGB konizieren. Diese Vorschrift trägt dem Umstand
Rechnung, dass dem A ein Bereicherungsanspruch gegen B aus § 812 Abs. 1 Fall 1 BGB nicht
weiterhilft, denn B ist durch die unentgeltliche Weitergabe an C ersatzlos entreichert, § 818 Abs. 3
BGB. C, der für die Sache nichts bezahlt hat, wird vom Gesetzgeber als weniger schutzwürdig angesehen, so dass A gem. § 822 BGB ausnahmsweise direkt von C Rückübereignung der Sache verlangen kann.

Exkurs 2:

Welchen Fall erfasst § 816 Abs. 2 BGB?

§ 816 Abs. 2 BGB muss man in Verbindung mit § 407 BGB lesen. Es geht darum, dass der Schuldner an einen Dritten, der nicht Gläubiger oder zur Einziehung der Forderung ermächtigt ist, leistet und diese Leistung schuldbefreiende Wirkung hat (siehe dazu auch Einf. vor Fall 14 Rn. 19).

Beispiel: A schuldet dem B aus Kaufvertrag 100 €. Dann tritt B diese Forderung an C ab, ohne dem A Bescheid zu sagen. Wenn A von der Abtretung nichts weiß, kann er nach § 407 BGB mit schuldbefreiender Wirkung an B leisten, obwohl jetzt C Gläubiger ist. Jetzt muss aber C das Geld von B bekommen. Dazu dient § 816 Abs. 2 BGB: Wird an einen Nichtberechtigten (= B) eine Leistung bewirkt, die dem Berechtigten (= C) gegenüber wirksam ist (wegen § 407 BGB), so ist der Nichtberechtigte (= B) dem Berechtigten (= C) zur Herausgabe des Geleisteten verpflichtet (= muss die Zahlung weiterleiten).

Fall 20

Ausgangsfall

Der pfiffige Student (S) ist in die schöne Stadt Hamburg gezogen, um dort sein Jura-studium aufzunehmen. Zum 01.10.2013 schließt er mit dem Vermieter (V) einen wirksamen Mietvertrag über eine 50 qm große 2-Zimmer-Wohnung zu einem Miet-zins in Höhe von 700 € (warm). Dem V ist es aufgrund der häuslichen Gegebenhei-ten und der gewachsenen Hausgemeinschaft wichtig, dass es nicht zu häufigen Mie-terwechseln kommt. Dies hat er dem S noch vor Vertragsschluss mitgeteilt. Da S das Grundstudium bereits nach dem dritten Semester beenden kann, möchte er „seinen Horizont" erweitern. Daher beschließt er, ab dem 01.04.2015 ein Auslandsjahr im italienischen Bologna an einer der ältesten Universitäten der Welt zu verbringen.

Um nach seiner Rückkehr nach Deutschland nicht wieder auf lange, beschwerli-che Wohnungssuche gehen zu müssen und um während der Zeit seiner Abwesenheit nicht doppelt (in Hamburg und Bologna) Miete zu zahlen, fasst S den Entschluss, seine hamburgische Wohnung über die Applikation „Airbnb" immer wieder zur kurzfristigen (Unter-)Miete anzubieten. Bei „Airbnb" handelt es sich um eine Platt-form, auf der Privatpersonen ihre Wohnungen zur Miete anbieten und Interessierte diese buchen können. Airbnb fungiert dabei als reiner Marktplatz und übernimmt keine mietvertraglichen Verpflichtungen. Einzige Aufgabe dieser Plattform ist die Abwicklung der Buchung, sodass der Mieter seine Buchung auf Airbnb bezahlt und der Vermieter nach Abzug einer Vermittlungsgebühr diesen Betrag gutgeschrieben erhält. Dadurch, dass der gesamte Vorgang über das Internet abgewickelt werden kann, ist es möglich, dass sich Vermieter und Mieter niemals persönlich kennen-lernen und den jeweils anderen nur von dessen bei Airbnb angelegten Profil kennen.

S generiert in dem Jahr seiner Abwesenheit Einnahmen von 800 € pro Monat, sodass er nach Abzug seiner Zahlungsverpflichtungen insgesamt einen Gewinn in Höhe von 1200 € erzielen kann. Als V davon erfährt, ist er empört. Mit einer solchen Nutzung sei er nicht einverstanden gewesen. Jedenfalls hätte er eine solche Nutzung von einer Mietpreiserhöhung abhängig gemacht.

© Springer-Verlag GmbH Deutschland, ein Teil von Springer Nature 2019   263
J. Prütting, B. Scholl, *Die Schuldrechtsklausur II*, Tutorium Jura,
https://doi.org/10.1007/978-3-662-57602-1_21

V verlangt von S Herausgabe der erzielten Untermieten in Höhe von 9600 € und kündigt das Mietverhältnis mit S unter Einhaltung der erforderlichen Form fristlos.

Ein Sachverständiger stellt im darauffolgenden Rechtsstreit fest, dass sich die Wohnung trotz der immer wieder wechselnden (Unter-)Mieter nicht mehr abgenutzt hat, als es auch bei der alleinigen Nutzung durch S der Fall gewesen wäre.

1. Hat V gegen S einen Anspruch auf die von diesem erzielten Untermieten?

2. Ist S nach Zugang der fristlosen Kündigungserklärung verpflichtet, die Wohnung dem V zurückzugeben?

Abwandlung

Anders als im Ausgangsfall erfährt V nicht erst nach Wiederkehr des S von dessen Machenschaften, sondern bereits nach einem halben Jahr, also noch während der Abwesenheit des S. Daraufhin kündigt er dem S am 01.10.2016 den Mietvertrag fristlos und verlangt Rückgabe der Wohnung. Dem verweigert sich S, da er die Wohnung noch an den nichtsahnenden N untervermietet hat. Da S auch die Herausgabe der Untermieteinnahmen verweigert, erhebt V Räumungsklage vor dem örtlich zuständigen Amtsgericht. Nach Klagezustellung erzielt S durch die Untervermietung noch Einnahmen in Höhe von 2000 €.

V ist der Ansicht, dass er zumindest diese von S verlangen könne. Zu Recht?

Bearbeiterhinweis:
Für die Abwandlung ist davon auszugehen, dass die fristlose Kündigung des V wirksam ist.

Lösung Fall 20

▶ Der Fall beschäftigt sich mit der Frage, unter welchen Voraussetzungen der Vermieter vom Hauptmieter bei unzulässiger Untervermietung (vgl. § 540 BGB) Herausgabe der erzielten Untermieten verlangen kann. Zu prüfen sind Ansprüche aus Mietrecht, GoA, Deliktsrecht und Bereicherungsrecht. Der Fall wendet sich vor allem an Fortgeschrittene und Examenskandidaten.

Ausgangsfall

A) Frage 1: Anspruch des V gegen S auf Herausgabe der Untermietzahlungen

I. Anspruch aus dem Mietvertrag

1   Ein Anspruch des V gegen S auf Herausgabe der von S erzielten Untermieten könnte sich zunächst unmittelbar aus dem zwischen beiden geschlossenen Mietvertrag gemäß § 535 Abs. 2 BGB ergeben. Das ist dann der Fall, wenn V und S einen

wirksamen Mietvertrag i.S.d. § 535 BGB geschlossen haben und sich aus diesem
die Verpflichtung des S ergibt, erzielte Einnahmen aus etwaiger Untervermietung an
V abzuführen (vgl. § 553 Abs. 2 BGB).[1]

1. Wirksamer Mietvertrag zwischen V und S
V und S haben einen wirksamen Mietvertrag geschlossen.   **2**

2. Aussage des Mietvertrages zu den Folgen einer Untervermietung
Fraglich ist, ob sich aus dem Vertrag eine Verpflichtung des S zur Herausgabe erziel-   **3**
ter Untermieten ergibt. Vorliegend erklärt V, dass er mit einer Untervermietung zu
keinem Zeitpunkt einverstanden gewesen sei und er daher auch nie seine Einwilligung dazu abgegeben habe. Aufgrund dessen ist davon auszugehen, dass der Mietvertrag keine Vereinbarung der Parteien über die Zulässigkeit und die Folgen einer
Untervermietung enthält. Darüber hinaus trifft auch das Gesetz, mit Ausnahme der
§§ 540, 549 Abs. 1, 553 BGB, die sich jedoch ausschließlich mit der Zulässigkeit
einer Gebrauchsüberlassung an Dritte befassen, keine Aussage zu der Frage, wem
erzielte Untermieten zustehen.

Exkurs:
Der BGH hatte über einen Fall zu entscheiden, in dem die Parteien individualvertraglich vereinbart hatten, dass der Vermieter berechtigt sein solle, seine Einwilligung zur Untervermietung
von der Vereinbarung eines Untermietzuschlages abhängig zu machen. Dieser Zuschlag sollte nur
verlangt werden können, wenn der Mieter einen Mehrerlös erzielte; in diesem Fall sollte der Vermieter je nach Vereinbarung bis zu 35 % davon erhalten. Selbst in diesem Fall kam der BGH zu
dem Ergebnis, dass der Vermieter keinen vertraglichen Anspruch auf die erzielten Untermieten
oder auch nur auf den Untermietzuschlag habe, weil die Parteien keine konkrete Vereinbarung
über einen Untermietzuschlag getroffen hätten.[2] Stimmen in der Literatur halten dieser Sichtweise
des BGH entgegen, dass man zumindest bei Vorliegen einer solchen Vereinbarung im Wege einer
ergänzenden Vertragsauslegung einen vertraglichen Anspruch des Vermieters gegen den Mieter
hätte annehmen können.[3]

3. Ergebnis
Im Ergebnis ergibt sich also weder aus der mietvertraglichen Vereinbarung noch   **4**
aus dem dispositiven Gesetzesrecht der §§ 535 ff. BGB ein vertraglicher Primär-
anspruch des V gegen S auf Herausgabe der aus der Untervermietung generierten
Einnahmen.

II. Anspruch gem. § 280 Abs. 1 S. 1 BGB
V könnte gegen S jedoch ein (Schadensersatz-)Anspruch auf Zahlung von 9600 €   **5**
gem. § 280 Abs. 1 S. 1 BGB zustehen. Dafür müsste zwischen V und S ein wirksames

---

[1] Siehe zu den Voraussetzungen u. a. BGHZ 131, 297, 301 = NJW 1996, 838, 839; *Hilbig* ZJS
2010, 357, 358.
[2] BGHZ 131, 297, 301 = NJW 1996, 838, 839.
[3] Zu den Einzelheiten: *Theuffel* JuS 1997, 886; *Probst* JR 1997, 21, 25 (Anm. zu BGHZ 131,
297 ff.); ergänzend *Theuffel* JuS 1998, 968; *Riehm* JuS 1998, 672.

Schuldverhältnis bestehen und dem V aus einer von S zu vertretenden Pflichtverletzung ein kausaler Schaden entstanden sein.

1. Schuldverhältnis

6 Ein Schuldverhältnis (§ 241 BGB) zwischen V und S liegt hier in Form des von
beiden wirksam abgeschlossenen Mietvertrages (§ 535 BGB) vor.

2. Pflichtverletzung

7 Des Weiteren müsste S eine sich daraus ergebende Pflicht verletzt haben. Eine
solche könnte sich hier aus einem Verstoß gegen § 540 Abs. 1 S. 1 BGB ergeben.
Mangels einer abweichenden Sonderregelung in den §§ 549–577a BGB[4] ist § 540
Abs. 1 S. 1 BGB auf das hier in Frage stehende Wohnraummietverhältnis gem.
§ 549 Abs. 1 BGB anwendbar. Danach ist der Mieter ohne die Erlaubnis des Vermieters nicht berechtigt, den Gebrauch der Mietsache einem Dritten zu überlassen;
insbesondere ist es ihm nicht gestattet, die Mietsache weiterzuvermieten. S hat die
von V gemietete Wohnung über Airbnb an verschiedene Personen untervermietet.
V hat erklärt, dass er mit einer solchen Nutzung zu keinem Zeitpunkt einverstanden
gewesen sei und auch nie seine Einwilligung dazu gegeben habe. Der darlegungs-
und beweisbelastete S hat Gegenteiliges nicht dargetan, so dass eine Erlaubnis des
Vermieters V nicht vorliegt. Somit hat S durch die Untervermietung über Airbnb
gegen § 540 Abs. 1 S. 1 BGB verstoßen.[5]

Exkurs:
Eine Pflichtverletzung wäre nach ständiger BGH-Rechtsprechung sogar dann anzunehmen, wenn
S im vorliegenden Fall gem. § 553 Abs. 1 S. 1 BGB einen Anspruch auf die Erteilung der Erlaubnis
zur Untervermietung gehabt hätte, da bereits der Umstand, dass keine Erlaubnis eingeholt wurde,
eine Pflichtverletzung darstellt.[6]

3. Vertretenmüssen

8 Des Weiteren müsste S diese Pflichtverletzung zu vertreten haben, was gem. § 280
Abs. 1 S. 2 BGB vermutet wird. Gem. § 276 Abs. 1 S. 1 BGB hat der Schuldner
grundsätzlich Vorsatz und Fahrlässigkeit zu vertreten. Hier dürfte S in dem Bewusstsein, dass V derartige Mieterwechsel nicht gewollt hat, also vorsätzlich[7] gehandelt
haben. Zumindest hat S durch die Untervermietung seine Pflichten fahrlässig i.S.d.
§ 276 Abs. 2 BGB verletzt. S hat die Pflichtverletzung zu vertreten.

---

[4] Zu § 553 BGB s. den Exkurs nach dieser Randnummer.

[5] Bei der nicht gestatteten Untervermietung handelt es sich stets um einen Fall des § 540 Abs. 1 S. 1
BGB, vgl. *Oechsler* Vertragl. Schuldv., Rn. 827, 828; Blank/Börstinghaus/*Blank* Miete, 5. Aufl.
2017, § 540 Rn. 3; *Schröder/Kiehnle* JURA 2007, 702, 703; *Söllner* JuS 1967, 449.

[6] BGH NJW 2011, 1065 Rn. 20 m. Anm. *Blank* LMK 2011, 315715; Schmidt-Futterer/*Blank*,
Mietrecht, 13. Aufl. 2017, § 573 Rn. 40b; *Hilbig* ZJS 2010, 357, 358.

[7] Zum zivilrechtlichen Vorsatzbegriff s. Fall 1 Rn. 7 und Fall 8 Rn. 11.

4. Schaden

Schließlich müsste dem V ein kausaler und gem. §§ 249 ff. BGB ersatzfähiger **9**
Schaden entstanden sein. Ein Schaden ist jede unfreiwillige Einbuße an Rechten
oder Rechtsgütern und wird im Grundsatz anhand der Differenzhypothese ermittelt.[8] Danach ist die Vermögenslage mit Pflichtverletzung mit der hypothetischen
Lage ohne Pflichtverletzung zu vergleichen. Die sich daraus ergebende Differenz
bildet den Schaden. Für den vorliegenden Fall bedeutet das, dass ein Schaden des
V vorliegt, wenn er aufgrund der Untervermietung einen Vermögensnachteil erlitten hat, der nicht eingetreten wäre, wenn ihn S um Erlaubnis zur Untervermietung
gebeten hätte. Als Vermögensnachteil kommen sowohl die erzielten Untermieten
selbst als auch eine stärkere Abnutzung der Mietsache als im Vergleich zur alleinigen Nutzung durch S in Betracht.

a) Vermögensnachteil des V wegen der durch S erzielten Untermieten?

Zunächst könnte V einen Vermögensnachteil dadurch erlitten haben, dass er die von **10**
S erzielten Untermieten nicht selbst erzielt hat. Die Annahme eines solchen Schadens setzt aber voraus, dass V die Untermieten im hypothetischen Falle, in dem S
seine Pflicht aus § 540 Abs. 1 S. 1 BGB nicht verletzt hätte, selbst hätte erzielen
können. Dem steht jedoch entgegen, dass der Vermieter gem. § 535 Abs. 1 BGB
zur Gebrauchsüberlassung an seinen Mieter verpflichtet ist, sodass er die Mietsache
nicht untervermieten darf und dementsprechend auch keine Untermieten erzielen
kann.[9] Untervermieten kann nur der Mieter. Aus dem gleichen Grund kommt auch
ein Schaden in Form des entgangenen Gewinns (§ 252 BGB) nicht in Betracht.[10]

Möglicherweise hat V aber einen Vermögensnachteil dadurch erlitten, dass er **11**
aufgrund seiner fehlenden Kenntnis von der Untervermietung keine Mieterhöhung von S verlangt hat, obwohl er seine Erlaubnis zur Untervermietung gem.
§ 553 Abs. 2 BGB davon hätte abhängig machen können und dies nach seinem
Vortrag auch getan hätte. Um nach der Differenzhypothese einen Schaden aufgrund
dieser Erwägung annehmen zu können, müsste für den hypothetischen Fall, dass
S seine Pflicht aus § 540 Abs. 1 S. 1 BGB nicht verletzt und den V über sein Vorgehen aufgeklärt hätte, feststehen, dass beide einen an die veränderte Situation im
Wege der Vertragsänderung[11] angepassten Mietvertrag mit erhöhter Miete abgeschlossen hätten.[12] Dies könnte nur dann angenommen werden, wenn V gegen S
einen Anspruch auf Vertragsanpassung gehabt hätte, was nach § 553 BGB jedoch
nicht der Fall ist.[13] Zudem kann im vorliegenden Fall weder festgestellt werden, in

---

[8] BGHZ 75, 366, 371; 99, 182, 196; *Berg* VersR 1975, 309; MüKo/*Oetker* § 249 Rn. 19.

[9] LG Hildesheim WuM 1990, 341, 342; *Petersen* JURA 2015, 459, 461.

[10] *Oechsler* Vertragl. Schuldv., Rn. 828; *Petersen* JURA 2015, 459, 461; *Neumann-Duesberg* BB
1965, 729, 731.

[11] *Hilbig* ZJS 2010, 357, 358; *Eichel*, ZJS 2009, 702, 704.

[12] BGHZ 131, 297, 301 = NJW 1996, 838, 839.

[13] BGHZ 131, 297, 301 = NJW 1996, 838, 839.

welcher Höhe die Parteien eine Mieterhöhung vereinbart haben könnten, noch gibt es Anhaltspunkte dafür, dass S einer solchen Vertragsänderung zugestimmt hätte, was jedoch zwingende Voraussetzung einer solchen gewesen wäre.[14] Daher stellt auch eine entgangene höhere Miete keinen Schaden des V dar.

Klausurhinweis:

Die folgenden Ausführungen sind nicht zu erwarten!

12   Schließlich erscheint denkbar, eine solche Vertragsänderung nach den Grundsätzen des Urheberrechts zu fingieren.[15] § 97 Abs. 2 S. 3 UrhG bestimmt, dass ein Schadensersatzanspruch auch auf der Grundlage des Betrages berechnet werden kann, den der Verletzer als angemessene Vergütung hätte entrichten müssen, wenn er die Erlaubnis zur Nutzung des verletzten Rechts eingeholt hätte. Sofern man einer analogen Anwendung – unter Zugrundelegung einer planwidrigen Regelungslücke und eines vergleichbaren Regelungssachverhalts – des § 97 Abs. 2 S. 3 UrhG auf den vorliegenden Fall zustimmte, bedeutete das, dass V von S zumindest den Betrag verlangen könnte, den er auch nach § 553 Abs. 2 BGB hätte verlangen können. Gegen eine analoge Anwendung dieser Grundsätze der Schadensberechnung auf den Fall der unberechtigten Untervermietung spricht jedoch, dass eine Schadensfiktion, wie sie in § 97 Abs. 2 S. 3 UrhG vorgesehen ist, eine Ausnahmeregelung darstellt, die allein für die Verletzung eines fremden Ausschließlichkeitsrechts konzipiert ist. Bei der unberechtigten Untervermietung beutet der Mieter hingegen den ihm vom Vermieter übertragegen Gebrauchswert der Sache und damit ein eigenes Recht aus.[16] Wertungsmäßig spricht gegen eine Analogie darüber hinaus, dass der Vermieter sich gegen die unberechtigte Untervermietung durch fristlose Kündigung und Unterlassungsklage (§ 541 BGB) zur Wehr setzen kann, also ohne einen Schadensersatzanspruch nicht schutzlos steht.[17] Daher kann § 97 Abs. 3 S. 3 UrhG hier – jedenfalls mangels planwidriger Regelungslücke – keine (analoge) Anwendung finden und eine Vertragsänderung zwischen V und S dementsprechend nicht fingiert werden.[18]

13   Somit ist im Ergebnis festzustellen, dass ein Schaden allein aufgrund der vom Vermieter nicht selbst erzielten Untermieten und somit aufgrund des nicht erzielten (Miet-)Mehrerlöses ausscheidet.[19]

---

[14] BGHZ 131, 297, 303 = NJW 1996, 838, 839; *Petersen* JURA 2015, 459, 461; *Hilbig* ZJS 2010, 357, 358; vgl. auch *Schröder/Kiehnle* JURA 2007, 702, 703.

[15] LG Hildesheim WuM 1990, 341, 342; *Hilbig* ZJS 2010, 357, 358.

[16] BGH NJW 1964, 1853, 1853; LG Hildesheim WuM 1990, 341, 342; *Hilbig* ZJS 2010, 357, 358.

[17] Vgl. BGHZ 131, 297, 304 = NJW 1996, 838, 839.

[18] So auch LG Hildesheim WuM 1990, 341, 342; *Schröder/Kiehnle* JURA 2007, 702, 703; *Hilbig* ZJS 2010, 357, 358; *Söllner* JuS 1967, 449, 450; a.A. *Neumann-Duesberg* BB 1965, 729, 731, wonach der Vermieter vom Mieter Schadensersatz in Form der üblichen „Lizenzgebühr" verlangen kann.

[19] Vgl. auch BGHZ 131, 297, 303 = NJW 1996, 838, 839; *Medicus/Petersen* BürgR, Rn. 833.

b) Wegen stärkerer Abnutzung der Wohnung?

Möglicherweise hat V einen Schaden erlitten, weil der wiederholte und stark fre-   **14**
quentierte Wechsel der (Unter-)Mieter zu einer stärkeren Abnutzung der Mietsache
geführt hat, als es bei der alleinigen Nutzung durch S der Fall gewesen wäre.[20] Dem
ist jedoch zumindest für den vorliegenden Fall entgegenzuhalten, dass ein Sachverständiger keine stärkere Abnutzung feststellen konnte und V eine solche auch sonst
nicht nachgewiesen hat. Daher hat V auch insofern keinen Schaden erlitten.

Somit hat V unter keinem Gesichtspunkt einen ersatzfähigen Schaden erlitten.

Exkurs:
Für den Fall, dass sich eine erhöhte Abnutzung aufgrund der nicht berechtigten Untervermietung
feststellen lässt, geht der BGH in seinem Grundsatzurteil davon aus, dass der Vermieter die erhöhte
Abnutzung als Schaden i.R.d. § 280 Abs. 1 S. 1 BGB geltend machen kann.[21]

5. Ergebnis

Folglich steht V gegen S kein Schadensersatzanspruch gem. § 280 Abs. 1 S. 1 BGB zu.   **15**

III. Anspruch gem. §§ 687 Abs. 2 S. 1, 681 S. 2, 667 Fall 2 BGB

Dem V könnte gegen S jedoch ein Anspruch auf Herausgabe der erzielten Unter-   **16**
mieten in Höhe von 9600 € gem. §§ 687 Abs. 2 S. 1, 681 S. 2, 667 Fall 2 BGB
wegen angemaßter Eigengeschäftsführung zustehen. Das setzt voraus, dass die
§§ 677 ff. BGB anwendbar sind und dass S gem. § 687 Abs. 2 S. 1 BGB ein objektiv fremdes Geschäft als sein eigenes behandelt hat, obwohl er wusste, dass er dazu
nicht berechtigt war.

1. Anwendbarkeit der §§ 677 ff. BGB

Zunächst müssten die §§ 677 ff. BGB im vorliegenden Fall anwendbar sein. Dem   **17**
könnte entgegenstehen, dass hier auch eine Anwendung der §§ 987 ff. BGB in
Betracht kommt, was zur Folge haben könnte, dass die Vorschriften der GoA gem.
§ 993 Abs. 1 a.E. BGB zum Schutz des redlichen Besitzers nicht anwendbar sein
könnten. Unabhängig von der Frage, ob zwischen V und S eine Vindikationslage
besteht, sperrt § 993 Abs. 1 a.E. BGB aber nicht die Anwendung des vorliegend
allein in Betracht kommenden § 687 Abs. 2 BGB. Selbst wenn der sich ein fremdes
Geschäft anmaßende Eigengeschäftsführer Besitzer einer Sache ist, soll ihm die
Privilegierung des Eigentümer-Besitzer-Verhältnisses aufgrund seiner fehlenden
Schutzwürdigkeit nicht zugutekommen.[22]

Exkurs:
Für den Fall der echten berechtigten GoA ist anerkannt, dass diese dem Besitzer ein Recht zum
Besitz i.S.d. § 986 BGB gibt, sodass die §§ 987 ff. BGB mangels Vindikationslage schon nicht

---

[20] So z. B. *Hilbig* ZJS 2010, 357, 358.

[21] BGHZ 131, 297, 307 = NJW 1996, 838, 840; so auch *Oechsler* Vertragl. Schuldv., Rn. 828; *Kern* NZM 2009, 344, 345; *Söllner* JuS 1967, 449.

[22] Hk-BGB/*Schulte-Nölke* Vor §§ 987 ff. Rn. 9; *Berg* JuS 1971, 310, 312.

anwendbar sind und die Vorschriften der GoA dementsprechend auch nicht gem. § 993 Abs. 1 a.E. BGB gesperrt sein können.[23] Anders verhält es sich im Falle der echten unberechtigten GoA. Für diesen Fall geht die wohl überwiegende Meinung davon aus, dass das EBV Anwendungsvorrang genießt und die §§ 677 ff. BGB gem. § 993 Abs. 1 a.E. BGB gesperrt sind.[24]

2. Fremdes Geschäft

18   Des Weiteren müssten auch die Tatbestandsvoraussetzungen der §§ 687 Abs. 2 S. 1, 681 S. 2, 667 Fall 2 BGB vorliegen. Das setzt zunächst voraus, dass es sich bei der von S vorgenommenen Untervermietung um ein objektiv fremdes Geschäft[25] i.S.d. § 677 BGB, also ein Geschäft des V handelt.[26] Unter einem Geschäft ist jede Tätigkeit zu verstehen, sei sie rechtlicher, wirtschaftlicher oder auch nur rein tatsächlicher Art.[27] Objektiv fremd ist ein Geschäft, wenn es zu einem fremden Rechts- oder Interessenkreis gehört.[28] Für den vorliegenden Fall bedeutet das, dass es sich bei der von S vorgenommenen Untervermietung, die eine Tätigkeit und damit ein Geschäft i.S.d. § 677 BGB darstellt, nur dann um ein objektiv fremdes Geschäft handelt, wenn sie nicht dem Rechts- oder Interessenkreis des S, sondern dem des V zuzurechnen ist.

19   Dafür, dass die von S durchgeführte Untervermietung zum Rechts- und Interessenkreis des V gehört, spricht, dass der Gebrauch einer Sache (hier einer Wohnung) und damit auch die Vorteile, die der Gebrauch mit sich bringt, nach § 903 BGB grundsätzlich dem Eigentümer zustehen und dem Mieter durch den Mietvertrag lediglich gestattet wird, die (Miet-)Sache in den Grenzen der vertraglichen Abrede zu gebrauchen.[29] Ist dem Mieter aufgrund der fehlenden Erlaubnis des Vermieters die Untervermietung gem. §§ 540 Abs. 1 S. 1, 549 Abs. 1 BGB untersagt, so hat der Eigentümer dem Mieter nur den Eigengebrauch überlassen.[30] Überlässt der Mieter die Mietsache dennoch einem Dritten, so greift er damit in einen dem Eigentümer verbliebenen Herrschaftsbereich ein.[31] Unterstellt, dass die Untervermietung zumindest bei fehlender Erlaubnis im Rechts- und Interessenkreis des Eigentümers liegt, hätte S im vorliegenden Fall ein objektiv fremdes Geschäft des V geführt.

20   Einer solchen Sichtweise steht jedoch entgegen, dass die Nutzung der Mietsache in der Zeit des bestehenden Mietverhältnisses allein im Rechts- und Interessenkreis des

---

[23] Palandt/*Sprau* Einf. vor § 677 Rn. 12.

[24] Hk-BGB/*Schulte-Nölke* Vor §§ 987 ff. Rn. 9; a.A. MüKo/*Schäfer* § 677 Rn. 84 (Anspruchskonkurrenz); Staudinger/*Gursky* (2012) Vor §§ 987–993 Rn. 70 (Vorrang der §§ 677 ff. BGB).

[25] I.R.d. Prüfung des § 687 Abs. 2 BGB muss es sich stets um ein objektiv fremdes Geschäft handeln (Palandt/*Sprau* § 687 Rn. 2a; *Söllner* JuS 1967, 449, 451 Fn. 23). Das bloß auch fremde Geschäft genügt demgegenüber bei der Geschäftsanmaßung nicht.

[26] Zu den Voraussetzungen der angemaßten Eigengeschäftsführung im Einzelnen siehe MüKo/*Schäfer* § 687 Rn. 13 ff.

[27] BGHZ 38, 270, 275; BeckOK/*Gehrlein* § 677 Rn. 10.

[28] MüKo/*Schäfer* § 687 Rn. 14.

[29] *Herschel* JuS 1968, 562, 563.

[30] *Herschel* JuS 1968, 562.

[31] *Herschel* JuS 1968, 562, 563.

Mieters, nicht jedoch auch in dem des Vermieters liegt.[32] Das folgt bereits daraus, dass der Vermieter gem. § 535 Abs. 1 S. 1 BGB verpflichtet ist, dem Mieter den Gebrauch der Mietsache zu gewähren und er aus diesem Grund seine Gebrauchsbefugnis für den Zeitraum des Mietverhältnisses aufgeben muss, sodass eine Untervermietung für ihn nicht mehr möglich ist.[33] Der Mieter, der unberechtigt untervermietet, übt den ihm überlassenen Gebrauch allenfalls in einer ihm nicht zustehenden Weise aus.[34] Darüber hinaus steht auch der Wortsinn der Untervermietung der Annahme eines objektiv fremden Geschäfts entgegen.[35] Danach ist Untervermietung alleine eine Sache des Mieters, nicht des Vermieters.[36] Letzterer kann nur vermieten, nicht jedoch auch untervermieten.[37] Folglich sprechen die argumentativ stärkeren Gründe dafür, dass der Mieter, der die Mietsache unberechtigt untervermietet, nur im eigenen Rechts- und Interessenkreis tätig wird und daher kein objektiv fremdes Geschäft des Vermieters führt.[38]

3. Ergebnis

Folglich steht V gegen S kein Anspruch gem. §§ 687 Abs. 2 S. 1, 681 S. 2, 667 Fall **21** 2 BGB zu.

Exkurs:

Folgt man der im früheren Schrifttum z. T. vertretenen Auffassung, wonach es sich bei der Untervermietung um ein objektiv fremdes Geschäft i.S.d. § 687 Abs. 2 BGB handele, so wird man im vorliegenden Fall einen Anspruch des V gegen S auf Herausgabe der erzielten Untermieten annehmen müssen.[39] Dieser Weg dürfte ebenfalls vertretbar sein.[40] Zu beachten ist dann jedoch, dass S die von ihm gezahlte Miete gem. §§ 687 Abs. 2 S. 2, 684 S. 1 BGB von V zurückfordern und mit diesem Anspruch zumindest zum Teil gem. §§ 387 ff. BGB aufrechnen kann.[41] Selbst das ginge allerdings dann nicht, wenn man die angemaßte Eigengeschäftsführung ihrer Rechtsnatur nach als besonderes Delikt einordnete[42] und mithin der Ausschluss nach § 393 BGB griffe, der auch einem Zurückbehaltungsrecht entgegenstünde.[43]

---

[32] BGH NJW 1964, 1853, 1853.

[33] LG Hildesheim WuM 1990, 341, 342; *Petersen* JURA 2015, 459, 461; *Berg* JuS 1971, 310, 312.

[34] BGHZ 131, 297, 306 = NJW 1996, 838, 840; BGH NJW 1964, 1853; *Oechsler* Vertragl. Schuldv., Rn. 830.

[35] *Hilbig* ZJS 2010, 357, 361.

[36] *Hilbig* ZJS 2010, 357, 362; *Söllner* JuS 1967, 449, 451.

[37] *Hilbig* ZJS 2010, 357, 362; *Diederichsen* NJW 1964, 2296.

[38] BGHZ 131, 297, 306 = NJW 1996, 838, 840; BGH NJW 1964, 1853; *Petersen* JURA 2015, 459, 461; *Diederichsen* NJW 1964, 2296; Palandt/*Sprau* § 687 Rn. 5; *Oechsler* Vertragl. Schuldv., Rn. 830; a.A. *Schröder/Kiehnle* JURA 2007, 702, 704, die einen neuen Weg beschreiten, indem sie schon die Entscheidung als solche, ohne Erlaubnis zu vermieten, wegen § 540 Abs. 1 BGB als objektiv fremdes Geschäft i.S.d. § 687 Abs. 2 BGB ansehen und dem Vermieter analog § 818 Abs. 2 BGB den Wert der Erlaubniserteilung, der sich wiederum nach der üblichen Mieterhöhung (§ 553 Abs. 2 BGB) richte, zusprechen wollen.

[39] Vgl. *Herschel* JuS 1968, 562, 563.

[40] So auch *Hilbig* ZJS 2010, 357, 362, Fn. 39.

[41] *Söllner* JuS 1967, 449, 451; *Herschel* JuS 1968, 562, 563.

[42] Zur besonderen Nähe vgl. MüKo/*Schäfer* § 687 Rn. 5, ohne allerdings diese Beziehung herzustellen.

[43] Vgl. *Kiehnle* AcP 208 (2008), 636, 670.

IV. Anspruch gem. §§ 687 Abs. 2 S. 1, 678 BGB

22 Ein Anspruch aus §§ 687 Abs. 2 S. 1, 678 BGB besteht unabhängig von der wohl zu verneinenden Frage, ob S ein objektiv fremdes Geschäft des V geführt hat, jedenfalls mangels ersatzfähigen Schadens des V (wie in Rn. 9 ff. bereits zu § 280 Abs. 1 BGB geprüft) nicht.

V. Anspruch gem. §§ 987 Abs. 1, 990 Abs. 1 S. 1 BGB

23 Ein Anspruch des V gegen S auf Herausgabe der erzielten Untermieten könnte sich jedoch aus §§ 987 Abs. 1, 990 Abs. 1 S. 1 BGB ergeben. Dies setzt voraus, dass zwischen dem Anspruchsteller und dem Anspruchsgegner (1) eine Vindikationslage bestand, (2) der Anspruchsgegner während des Bestehens der Vindikationslage Nutzungen gezogen hat und er (3) Kenntnis oder zumindest grob fahrlässige Unkenntnis[44] von seinem fehlenden Besitzrecht hatte.[45]

1. Vindikationslage

24 Zunächst müsste zwischen V und S eine Vindikationslage während der Zeit, in der S die Untermieten als vermeintliche Nutzungen erzielt hat, bestanden haben. Eine Vindikationslage läge hier vor, wenn V Eigentümer und S nichtberechtigter Besitzer gewesen ist. Im vorliegenden Fall war V Eigentümer und S Besitzer. Maßgeblich ist allein die Frage, ob S ein Recht zum Besitz i.S.d. § 986 Abs. 1 S. 1 BGB hatte. Ein eigenes Recht des Besitzers zu seinem Besitz kann sich aus einem dinglichen Recht, wie z. B. einem Pfand- oder Nießbrauchsrecht, einem obligatorischen Recht und der berechtigten GoA ergeben.[46]

25 Zwischen S und V bestand ein wirksamer Mietvertrag. Dieser verpflichtet nach § 535 Abs. 1 S. 1 BGB den Vermieter (V), dem Mieter (S) den Gebrauch zu überlassen. Als Kehrseite gewährt er dem S das Recht, die Sache zu besitzen und zu gebrauchen. S hatte also aufgrund des zwischen ihm und V bestehenden schuldrechtlichen Vertrages ein Recht zum Besitz i.S.d. § 986 Abs. 1 S. 1 BGB, sodass zwischen V und S grundsätzlich keine Vindikationslage vorlag.

26 Fraglich ist jedoch, ob sich etwas anderes daraus ergibt, dass S, der die Wohnung des V ohne dessen Erlaubnis und damit unberechtigt untervermietet hat, hier nach der Fallgruppe des „nicht so berechtigten Besitzers" beurteilt werden muss. Teilweise wird vertreten, dass die §§ 987 ff. BGB auch auf den „nicht so berechtigten Besitzer" (zumindest analog) anzuwenden sind.[47] Einer solchen Auffassung steht jedoch entgegen, dass der Eigentümer aufgrund etwaiger Schadensersatzansprüche

---

[44] MüKo/*Raff* § 990 Rn. 3 ff.

[45] *Wellenhofer* Sachenrecht, 33. Aufl. 2018, § 22 Rn. 12.

[46] Hk-BGB/*Schulte-Nölke* § 986 Rn. 3. Nicht eindeutig geklärt sind die Fragen, ob auch ein Zurückbehaltungsrecht oder ein Anwartschaftsrecht ein Recht zum Besitz i.S.d. § 986 BGB darstellen kann. Der BGH bejaht dies für das Zurückbehaltungsrecht (BGH WM 1985, 1421, 1422; a.A. die ganz h.L.), verneint es hingegen für das Anwartschaftsrecht (BGHZ 10, 69, 72; a.A. ein Teil der Lehre).

[47] *Zeuner* FS Felgentraeger (1969), S. 430 f.; weitere Nachw. bei BeckOK/*Fritzsche* § 987 Rn. 15.

aus § 280 Abs. 1 BGB und des nicht nach §§ 992, 993 Abs. 1 a.E. BGB gesperr-
ten § 823 BGB sowie möglicher bereicherungsrechtlicher Ansprüche gegen den
„nicht so berechtigten Besitzer" ausreichend geschützt ist. Daher fehlt es an einem
Bedürfnis und an der für eine analoge Anwendung der §§ 987 ff. BGB erforderlichen planwidrigen Regelungslücke.[48] Zudem gilt es zu berücksichtigen, dass auch
die kürzeren Verjährungsfristen (z. B. § 548 BGB) nicht durch die Anwendung der
§§ 987 ff. BGB umgangen werden dürfen.[49] Folglich sind die §§ 987 ff. BGB nicht
auf den „nicht so berechtigten Besitzer" anzuwenden.[50]

Exkurs:
Anders wäre der Fall zu beurteilen, wenn S die Wohnung nicht bloß zur Untermiete angeboten
hätte, sondern sich im Internet als deren Eigentümer geriert hätte. In diesem Fall hätte er sich
von einem berechtigten Fremdbesitzer zu einem unberechtigten Eigenbesitzer aufgeschwungen.
Für diesen Fall geht die wohl h.M. davon aus, dass die Vorschriften des EBV anwendbar sind.[51]
Begründet wird diese Sichtweise damit, dass Fremd- und Eigenbesitz derart wesensverschieden
seien, dass in dem Aufschwingen zum Eigenbesitzer eine selbständige Besitzbegründung i.S.d.
§ 990 BGB gesehen werden müsse, die die Annahme einer Vindikationslage rechtfertigen könne.[52]

2. Ergebnis
V steht gegen S auch nach §§ 987 Abs. 1, 990 Abs. 1 S. 1 BGB kein Anspruch auf   **27**
Herausgabe der Untermieten zu.

VI. Anspruch gem. § 823 Abs. 1 BGB
Auch ein Anspruch des V gegen S gem. § 823 Abs. 1 BGB wegen denkbarer Eigen-   **28**
tumsverletzung scheidet aus, da V, wie bereits geprüft (Rn. 9 ff.), jedenfalls keinen
Schaden erlitten hat.[53]

VII. Anspruch gem. § 823 Abs. 2 BGB i.V.m. § 540 Abs. 1 S. 1 BGB
Das Gleiche gilt unabhängig von der Frage, ob § 540 Abs. 1 S. 1 BGB ein Schutz-   **29**
gesetz[54] darstellt, für einen etwaigen Anspruch aus § 823 Abs. 2 BGB i.V.m. § 540

---

[48] Hk-BGB/*Schulte-Nölke* Vor §§ 987 ff. Rn. 11; *Roth* JuS 1997, 518, 520; *ders.* JuS 2003, 937,
939; *Hilbig* ZJS 2010, 357, 362.

[49] MüKo/*Raff* Vor §§ 987 ff. Rn. 23; *Roth* JuS 1997, 518, 520 f.

[50] So die ganz h.M., vgl. BGHZ 59, 51, 58; 131, 297, 307 = NJW 1996, 838, 840; BGH NJW 2002,
60, 61; Hk-BGB/*Schulte-Nölke* Vor §§ 987 ff. Rn. 11; Jauernig/*Berger* Vor §§ 987 ff. Rn. 6; *Roth*
JuS 2003, 937, 939; *Petersen* JURA 2015, 459, 461.

[51] BGHZ 31, 129, 132 = NJW 1960, 192, 192; Palandt/*Herrler* Vor § 987 Rn. 11; a.A. Jauernig/*Berger* Vor §§ 987 ff. Rn. 6.

[52] BGHZ 31, 129, 132 = NJW 1960, 192.

[53] *Kern* NZM 2009, 344, 345, legt dar, dass ein Anspruch aus § 823 Abs. 1 BGB bereits an der Verletzung eines absoluten Rechts scheitert; s. auch OLG Celle ZMR 1995, 159, 160.

[54] *Riehm* JuS 1998, 672, hält es zumindest für möglich, § 549 BGB a.F. (jetzt § 540 BGB) als
Schutzgesetz anzusehen.

Abs. 1 S. 1 BGB. Mangels Schadens kommt auch ein solcher Anspruch nicht in Betracht.

VIII. Anspruch gem. § 816 Abs. 1 S. 1 BGB

30 Ferner könnte sich ein Anspruch des V gegen S auf Herausgabe der erzielten Untermieten aus der direkten Anwendung des § 816 Abs. 1 S. 1 BGB ergeben.[55] Das setzt gem. § 816 Abs. 1 S. 1 BGB voraus, dass ein Nichtberechtigter über einen Gegenstand eine Verfügung getroffen hat, die dem Berechtigten gegenüber wirksam ist.

1. Verfügung eines Nichtberechtigten

31 Vorliegend hat S die Wohnung, die er zuvor von V selbst gemietet hat, ohne dessen Erlaubnis und damit unberechtigt an verschiedene Personen über Airbnb untervermietet. Maßgebliche Frage ist daher, ob es sich bei einer unberechtigten Untervermietung um eine Verfügung i.S.d. § 816 Abs. 1 S. 1 BGB handelt. Unter einer Verfügung versteht man ein Rechtsgeschäft, durch das unmittelbar bestehende dingliche Rechte aufgehoben, übertragen, belastet oder inhaltlich verändert werden.[56] Dafür, dass es sich auch bei einer Untervermietung um eine Verfügung i.S.d. § 816 Abs. 1 S. 1 BGB handelt, könnte sprechen, dass sowohl der Vermieter als auch der Untervermieter durch Abschluss der entsprechenden Verträge jeweils ein „Mietbesitzrecht" auf ihren jeweiligen Mieter übertragen und damit eine von § 816 Abs. 1 S. 1 BGB vorausgesetzte „Verfügung" vornehmen.[57] Vermietet der Mieter die Mietsache ohne Erlaubnis seines Vermieters unter, so verfügte er damit als Nichtberechtigter über den Mietgegenstand.[58] Für den Verfügungscharakter spricht auch die über das relative Schuldverhältnis hinausgehende Wirkung des § 566 BGB.

32 Einer solchen Sichtweise steht jedoch entgegen, dass der Abschluss schuldrechtlicher Verträge nicht als Verfügung einzuordnen ist, da damit allenfalls die Verpflichtung zur Übertragung eines Rechts begründet, nicht jedoch ein dingliches Recht übertragen wird.[59] Eine andere Sichtweise verstieße gegen das geltende Trennungsprinzip. Zudem wirkt die Untervermietung nur relativ, d. h. zwischen Untervermieter und Untermieter, hat also nicht die für ein dingliches Recht typische Wirkung gegenüber jedermann, sodass alleine deshalb bei einer Untervermietung schon nicht von einer Verfügung, also einer Übertragung eines dinglichen Rechts gesprochen werden kann.[60] § 566 BGB stellt einen Ausnahmefall dar und kann in der vorliegenden Konstellation auch den Vermieter nicht binden. Daher stellt eine Untervermietung keine Verfügung i.S.d. § 816 Abs. 1 S. 1 BGB dar.[61]

---

[55] § 816 BGB ist *lex specialis* gegenüber der allgemeinen Eingriffskondiktion des § 812 Abs. 1 S. 1 Fall 2 BGB und daher vorab zu prüfen, vgl. BeckOK/*Wendehorst* § 816 Rn. 2, 3.

[56] MüKo/*Schwab* § 816 Rn. 9.

[57] *Diederichsen* NJW 1962, 2296.

[58] *Diederichsen* NJW 1962, 2296.

[59] BGHZ 131, 297, 305 = NJW 1996, 838, 839; MüKo/*Schwab* § 816 Rn. 12; *Hilbig* ZJS 2010, 357, 360; *Eichel* ZJS 2009, 702, 703; s. ausf. *Theuffel* JuS 1997, 886, 887.

[60] *Theuffel* JuS 1997, 886, 887.

[61] BGHZ 131, 297, 305 = NJW 1996, 838, 839.

2. Ergebnis

Damit hat V gegen S keinen Anspruch aus einer direkten Anwendung des § 816 **33**
Abs. 1 S. 1 BGB.

IX. Anspruch analog § 816 Abs. 1 S. 1 BGB

Allerdings könnte sich ein Anspruch des V gegen S auf Herausgabe der erzielten **34**
Untermieten aus einer analogen Anwendung des § 816 Abs. 1 S. 1 BGB ergeben.

1. Analoge Anwendung des § 816 Abs. 1 BGB auf Vermietung?

Das setzt zunächst voraus, dass § 816 Abs. 1 S. 1 BGB auf den Fall der unberech- **35**
tigten Untervermietung analog angewendet werden kann. Eine Analogie setzt das
Bestehen einer planwidrigen Regelungslücke und einer vergleichbaren Interessenlage voraus. Für eine analoge Anwendung des § 816 Abs. 1 S. 1 BGB ließe sich
anführen, dass der Abschluss eines (Unter-)Mietvertrages zwar keine Verfügung
i.S.d. Vorschrift sei, jedoch einer solchen im weitesten Sinne gleichkomme, da der
Vermieter dem Mieter damit ein Recht zum Besitz i.S.d. § 986 BGB einräumt und
infolgedessen seinen Anspruch aus § 985 BGB verliert.[62] Darüber hinaus ähneln
die Wirkungen einer (Unter-)Vermietung denen einer Verfügung insofern, als das
mietvertragliche Schuldverhältnis – wie § 566 BGB für den Fall des Wechsels des
Vermieters zeigt – nicht immer nur relativ, sondern auch gegenüber einem neuen
Eigentümer wirkt.[63]

Einer solchen Sichtweise muss jedoch entgegengehalten werden, dass schon **36**
keine planwidrige Regelungslücke besteht. Der Vermieter steht nicht schutzlos,
da er sich gegen die unberechtigte Untervermietung sowohl mit einer (fristlosen)
Kündigung des Mietverhältnisses als auch mit einer Unterlassungsklage nach § 541
BGB zur Wehr setzen kann.[64] Des Weiteren spricht gegen das Vorliegen einer planwidrigen Regelungslücke, dass Fälle, in denen keine Verfügung i.S.d. § 816 BGB
vorliegt, von der Nichtleistungskondiktion des § 812 Abs. 1 S. 1 Fall 2 BGB abge-
deckt werden können.[65] Darüber hinaus spricht gegen eine analoge Anwendung des
§ 816 Abs. 1 S. 1 BGB, dass keine vergleichbare Interessenlage besteht.[66] Voraussetzung dafür wäre nämlich, dass der Mieter die Untermiete *anstelle* des Eigentümers
erzielt.[67] Die Untermiete stellt jedoch keinen Gegenwert dar, den der Mieter anstelle
des Eigentümers erhält.[68] Dieser kann eine bereits vermietete Sache nicht selbst
an einen Dritten untervermieten und daher auch keine Untermiete erwirtschaften.[69]
Zudem erlangt der Untermieter gegenüber dem (Haupt-)Vermieter kein Recht zum

---

[62] *Hilbig* ZJS 2010, 357, 360.
[63] *Hilbig* ZJS 2010, 357, 360, 361.
[64] Vgl. BGHZ 131, 297, 307 = NJW 1996, 838, 840.
[65] MüKo/*Schwab* § 816 Rn. 13; *Hilbig* ZJS 2010, 357, 361.
[66] *Hilbig* ZJS 2010, 357, 361.
[67] *Hilbig* ZJS 2010, 357, 361.
[68] *Schröder/Kiehnle* JURA 2007, 702, 705.
[69] BGHZ 131, 297, 306 = NJW 1996, 838, 840; *Neumann-Duesberg* BB 1965, 729, 730.

Besitz, sodass die Untervermietung nicht wirksam in dessen Rechtsposition eingreift, wie es die Norm nach ihrem Telos aber voraussetzt.[70] Nach alledem kann § 816 Abs. 1 S. 1 BGB auf die unberechtigte Untervermietung auch nicht im Wege der Analogie angewendet werden.[71]

2. Ergebnis

37 Somit steht dem V gegen S auch kein Anspruch analog § 816 Abs. 1 S. 1 BGB zu.

X. Anspruch gem. § 812 Abs. 1 S. 1 Fall 2 BGB

38 Schließlich könnte dem V gegen S aber ein Anspruch auf Herausgabe der Untermieten unter dem Gesichtspunkt der Nichtleistungskondiktion des § 812 Abs. 1 S. 1 Fall 2 BGB in Form einer Eingriffskondiktion zustehen. Das setzt voraus, dass S etwas in sonstiger Weise auf Kosten des V ohne Rechtsgrund erlangt hat.

1. Etwas erlangt

39 Zunächst müsste S etwas erlangt haben. Erlangtes Etwas kann jeder Vermögensvorteil sein.[72] Im vorliegenden Fall hat S aufgrund der unberechtigten Untervermietung die Verwertungsmöglichkeit der Wohnung als Vermietungsobjekt erlangt.[73] Dies stellt einen vermögenswerten Vorteil und damit ein erlangtes Etwas i.S.d. Vorschrift dar.

> **Zur Vertiefung:**
> Stellte man an dieser Stelle auf die erzielten Untermieten als erlangtes Etwas ab, so könnte V gegen S aufgrund des Vorrangs der Leistungsbeziehung die allgemeine Eingriffskondiktion nicht geltend machen, da S die Untermieten jeweils durch Leistung seiner Untermieter erlangt hat.[74] Zudem hätte S die Untermieten auch nicht „auf Kosten" des V erlangt, da die Untervermietung allein ein dem Mieter zugewiesenes Geschäft ist.[75]

2. In sonstiger Weise auf Kosten des V

40 Darüber hinaus müsste S die Möglichkeit, die Wohnung ohne Erlaubnis des V zu vermieten, in sonstiger Weise auf Kosten des V erlangt haben. Das setzt zunächst voraus, dass S diese Verwertungsmöglichkeit nicht durch Leistung erlangt hat, da dann ein Vorrang der Leistungsbeziehung bestünde, der die allgemeine

---

[70] BGHZ 131, 297, 306 = NJW 1996, 838, 840.

[71] BGHZ 131, 297, 306 = NJW 1996, 838, 840; MüKo/*Schwab* § 816 Rn. 13; *Hilbig* ZJS 2010, 357, 361; *Neumann-Duesberg* BB 1965, 729, 730.

[72] BGH NJW 1995, 53, 54.

[73] So auch *Schröder/Kiehnle* JURA 2007, 702, 705.

[74] Siehe dazu *Schröder/Kiehnle* JURA 2007, 702, 705.

[75] BGHZ 131, 297, 306 = NJW 1996, 838, 840; *Diederichsen* NJW 1964, 2296.

Nichtleistungskondiktion grundsätzlich ausschließt. Eine Leistung, d. h. eine bewusste und zweckgerichtete Mehrung fremden Vermögens, ist jedoch nicht ersichtlich. Daher steht der Vorrang des Leistungsverhältnisses einer Anwendung der allgemeinen Nichtleistungskondiktion hier nicht entgegen.

Im vorliegenden Fall könnte S die Verwertungsmöglichkeit in sonstiger Weise **41** in Form eines Eingriffs erlangt haben. Damit stellt sich aber zunächst die Frage, was unter einem Eingriff zu verstehen ist. Versteht man mit der sog. **Rechtswidrigkeitstheorie**[76] unter Eingriff jedes Handeln, das rechtswidrig ist, so läge ein Eingriff des S vor, da er die Verwertungsmöglichkeit ohne Erlaubnis des V und damit unter Verstoß gegen § 540 Abs. 1 S. 1 BGB erlangt hat. Gegen eine solche Sichtweise spricht jedoch, dass das Merkmal der Rechtswidrigkeit schon kein geeignetes Abgrenzungskriterium liefern kann, da danach auch Fälle als ausgleichspflichtig erfasst werden, in denen ein bereicherungsrechtlicher Ausgleich gerade nicht stattfinden soll.[77] Darüber hinaus geht es im Bereicherungsrecht, anders als im Deliktsrecht, gerade nicht um die Korrektur rechtswidrigen Verhaltens.[78] Vielmehr soll das Bereicherungsrecht allein die Antwort darauf geben, ob eine bestimmte Güterverteilung Bestand haben soll (es wird nicht gefragt, ob dem Gläubiger etwas fehlt, sondern ob die gegebene Güterverteilung als fehlerhaft erkannt wird, also beim potentiellen Schuldner etwas zu viel liegt).[79] Daher sollte auch im Rahmen der Eingriffskondiktion nicht nach der Rechtmäßigkeit des Bereicherungsvorgangs gefragt werden, sondern allein danach, ob derjenige, der etwas erlangt hat, es auch behalten soll.[80] Aus diesem Grund sollte mit der sog. Lehre vom Zuweisungsgehalt des Rechts[81] ein Eingriff nur angenommen werden, wenn der **Zuweisungsgehalt eines fremden Rechts** verletzt worden ist, da damit allein an die Zuweisung der Güter durch die Rechtsordnung und nicht an ein etwaiges Verhalten angeknüpft wird.[82] Hier kommen als zugewiesene Rechtspositionen zwei Anknüpfungspunkte in Betracht: zum einen die Möglichkeit eines Eingriffs in den Gebrauchswert der Mietsache selbst, zum anderen die Möglichkeit eines Eingriffs in die dem (Haupt-) Vermieter gem. § 540 Abs. 1 S. 1 BGB zustehende Entscheidungsbefugnis.[83]

a) Eingriff in den Gebrauchswert der Sache

Zunächst könnte S durch die Untervermietung das aus § 903 BGB folgende **42** Gebrauchsrecht des Eigentümers V verletzt und damit „eingegriffen" haben. Das wäre dann der Fall, wenn die von S durchgeführte Untervermietung nach der

---

[76] Ausführlich dazu *Löwenheim/Winckler* JuS 1984, 116, 117 ff.

[77] *Löwenheim/Winckler* JuS 1984, 116, 119 mit Beispielsfall auf S. 117 (Fall 33).

[78] *Löwenheim/Winckler* JuS 1984, 116, 119.

[79] *Löwenheim/Winckler* JuS 1984, 116, 119.

[80] *Medicus/Petersen* BürgR, Rn. 710; *Löwenheim/Winckler* JuS 1984, 116, 119.

[81] *Oechsler* Vertragl. Schuldv., Rn. 827, 830.

[82] BGHZ 82, 299, 306; 107, 117, 120; *Medicus/Petersen* BürgR, Rn. 710; *Löwenheim/Winckler* JuS 1984, 116, 119; *Schröder/Kiehnle* JURA 2007, 702, 705.

[83] Vgl. *Hilbig* ZJS 2010, 357, 360.

gesetzlichen Güterzuordnung dem V zugewiesen war. Jedoch ist die Untervermietung alleine dem (Haupt-)Mieter zugewiesen. Der (Haupt-)Vermieter ist gem. § 535 Abs. 1 S. 1 BGB verpflichtet, dem Mieter den Gebrauch der Mietsache zu gewähren. Aus diesem Grund muss er seine eigene Gebrauchsbefugnis für den Zeitraum des Mietverhältnisses aufgeben.[84] Wenn der Vermieter seine Gebrauchsbefugnis danach aber aufgeben muss, kann durch eine etwaige Untervermietung darin nicht mehr eingegriffen werden.[85]

b) Eingriff in die Entscheidungsbefugnis

43 S könnte jedoch in die dem V gem. § 540 Abs. 1 S. 1 BGB zustehende Entscheidungsbefugnis über eine etwaige Untervermietung eingegriffen haben.[86] Grundvoraussetzung dafür ist, dass es sich bei dieser Entscheidungsbefugnis um ein Recht handelt, das eine Gebrauchs-, Nutzungs- oder Verwertungsmöglichkeit verkörpert, da nur solche Rechte kondiktionsauslösend sind.[87] Möglicherweise beinhaltet die Entscheidungsbefugnis des Vermieters nach § 540 Abs. 1 S. 1 BGB eine materielle Nutzungsfunktion, da er seine Entscheidung von einer Mieterhöhung abhängig machen kann (§ 553 Abs. 2 BGB).[88] Diesem Gedanken steht jedoch entgegen, dass es sich bei der Entscheidungsbefugnis über eine Untervermietung nach § 553 Abs. 1 BGB lediglich um ein ideelles Abwehrrecht handelt, womit gerade keine materielle Nutzungsfunktion verbunden ist.[89] Die Entscheidungsbefugnis dient dem Schutz des Vermieters, diesen vor unerwünschten Mietern zu bewahren.[90] Dementsprechend gewährt sie dem Vermieter keine vermögenswerte Rechtsposition, in die S eingegriffen haben könnte.[91] Daher liegt schon keine kondiktionsauslösende Rechtsposition vor, sodass auch unter diesem Gesichtspunkt kein Eingriff angenommen werden kann.

Folglich hat S in kein dem V zugewiesenes Recht eingegriffen.

3. Ergebnis

44 Somit steht dem V gegen S auch kein Anspruch aus § 812 Abs. 1 S. 1 Fall 2 BGB aufgrund einer Eingriffskondiktion zu.[92]

---

[84] LG Hildesheim WuM 1990, 341, 342; *Petersen* JURA 2015, 459, 461; *Berg* JuS 1971, 310, 312.

[85] MüKo/*Schwab* § 812 Rn. 289; *Schröder/Kiehnle* JURA 2007, 702, 705.

[86] So z. B. *Schröder/Kiehnle* JURA 2007, 702, 705; *Theuffel* JuS 1997, 886, 888; *Gebauer* JURA 1998, 125, 131; vgl. *Hilbig* ZJS 2010, 357, 360.

[87] jurisPK-BGB/*Martinek* § 812 Rn. 91.

[88] *Hilbig* ZJS 2010, 357, 360.

[89] *Hilbig* ZJS 2010, 357, 360.

[90] *Hilbig* ZJS 2010, 357, 360.

[91] *Oechsler* Vertragl. Schuldv., Rn. 827, 830; *Hilbig*, ZJS 2010, 357, 360; a.A. *Gebauer* JURA 1998, 125, 131.

[92] So auch BGHZ 131, 297, 306 = NJW 1996, 838, 840; *Hilbig* ZJS 2010, 357, 360.

Exkurs:

Stimmt man demgegenüber der in der Literatur teilweise vertretenen Auffassung zu, wonach es sich bei der unberechtigten Untervermietung um einen Eingriff i.S.d. § 812 Abs. 1 S. 1 Fall 2 BGB handelt, ist nicht etwa die gesamte Untermiete, sondern nur der sog. Untermietzuschlag, also der Betrag, von dem der Eigentümer seine Erlaubnis hätte abhängig machen können, herauszugeben.[93]

XI. Gesamtergebnis zu Frage 1

Damit kann V von S unter keinem rechtlichen Gesichtspunkt die erzielten Unter-   **45**
mieten herausverlangen.

B) Frage 2: Rückgabepflicht des Mieters bzgl. der Mietsache

Ansprüche des Vermieters V auf Herausgabe der Wohnung gegen S können sich aus   **46**
§ 546 Abs. 1 und § 985 BGB ergeben.

I. Anspruch gem. § 546 Abs. 1 BGB

Ein auf Herausgabe der Mietsache gerichteter Anspruch kann sich stets aus § 546   **47**
Abs. 1 BGB ergeben. Ein solcher Anspruch setzt voraus, dass ein wirksames Mietverhältnis bestanden hat und wirksam beendet worden ist.

Im vorliegenden Fall hat zwischen V und S ein wirksames Mietverhältnis bestan-   **48**
den. Fraglich ist allein, ob dieses wirksam aufgrund fristloser Kündigung des V gem. §§ 542 Abs. 2 Nr. 1, 543 BGB beendet worden ist. Die außerordentliche Kündigung als Gestaltungsrecht[94] setzt eine Kündigungserklärung, einen wichtigen Grund i.S.d. § 543 Abs. 1 und 2 BGB und gem. § 543 Abs. 3 BGB eine Abhilfefrist bzw. Abmahnung voraus.

1. Kündigungserklärung

Die Kündigungserklärung ist dem S zugegangen, sodass sie als einseitige empfangs-   **49**
bedürftige Willenserklärung wirksam geworden ist. Darüber hinaus hat V sowohl die in § 568 Abs. 1 BGB für die Kündigung von Wohnraummietverhältnissen vorgesehene Schriftform (§ 126 BGB) eingehalten als auch den wichtigen Grund im Kündigungsschreiben angegeben (§ 569 Abs. 4 BGB).

2. Kündigungsgrund

Weiterhin müsste ein Grund für die fristlose Kündigung bestanden haben. Eine frist-   **50**
lose Kündigung kann ausschließlich auf das Vorliegen eines „wichtigen Grundes" i.S.d. § 543 Abs. 1 BGB gestützt werden. Danach liegt ein wichtiger Grund vor, wenn dem Kündigenden unter Berücksichtigung aller Umstände des Einzelfalls, insbesondere eines Verschuldens der Vertragsparteien, und unter Abwägung der

---

[93] PWW/*H. Prütting* § 812 Rn. 62; BeckOK/*Wendehorst* § 812 Rn. 127; *Larenz/Canaris* SchuldR II/2, 13. Aufl. 1994, § 69 I 2 a (S. 173); vgl. *Hilbig* ZJS 2010, 357, 360 Fn. 25.
[94] BeckOK/*Schach* MietR, § 543 Rn. 70.

beiderseitigen Interessen die Fortsetzung des Mietverhältnisses bis zum Ablauf der Kündigungsfrist oder bis zur sonstigen Beendigung des Mietverhältnisses nicht zugemutet werden kann. Konkretisierende Beispiele finden sich für Wohnraummietverhältnisse in § 543 Abs. 2 und § 569 BGB. Nach § 543 Abs. 2 Nr. 2 Fall 2 BGB liegt ein wichtiger Grund insbesondere vor, wenn der Mieter die Rechte des Vermieters dadurch in erheblichem Maße verletzt, dass er die Mietsache unbefugt einem Dritten überlässt. Hier hat S die Wohnung des V – wie bereits geprüft – unberechtigt untervermietet und dadurch die Rechte des V erheblich verletzt. Daher liegt ein wichtiger Grund vor.

3. Vorherige Abmahnung

51 § 543 Abs. 3 S. 1 BGB bestimmt für den Fall des hier einschlägigen § 543 Abs. 2 Nr. 2 Fall 2 BGB, dass eine Kündigung grundsätzlich erst nach erfolgloser Abmahnung zulässig ist. V hat S nicht abgemahnt. Daher ist die Kündigung des V nur dann nicht unzulässig und damit wirksam, wenn die Abmahnung gem. § 543 Abs. 3 S. 2 Nr. 2 BGB entbehrlich war. Danach bedarf es einer Abmahnung nicht, wenn die sofortige Kündigung unter Abwägung der beiderseitigen Interessen gerechtfertigt ist. Dies ist dann der Fall, wenn zweifelsfrei feststeht, dass der Mieter zur Untervermietung nicht berechtigt war und weitere Umstände hinzutreten, die den Vertragsverstoß als besonders schwerwiegend erscheinen lassen.[95] Hier hat S die Wohnung über Airbnb an Menschen untervermietet, von denen er sich aufgrund der räumlichen Distanz nicht einmal ein eigenes Bild machen konnte. Darüber hinaus hatte V dem S bei Vertragsschluss mitgeteilt, dass er einen häufigen Mieterwechsel um der häuslichen Gemeinschaft willen vermeiden möchte. Dem hat sich S widersetzt. Insgesamt erscheint der in der unberechtigten Untervermietung liegende Vertragsverstoß daher als besonders schwerwiegend.[96] Folglich war die Abmahnung des V gem. § 543 Abs. 3 S. 2 Nr. 2 BGB entbehrlich.[97] Somit war die fristlose Kündigung des V nicht gem. § 543 Abs. 1 BGB ausgeschlossen.

4. Ergebnis

52 Mithin hat er das zuvor bestehende Mietverhältnis mit S durch seine wirksame Kündigung beendet. Daher kann V von S gem. § 546 Abs. 1 BGB Herausgabe der Wohnung verlangen.

II. Anspruch gem. § 985 BGB

53 Neben dem Anspruch aus § 546 Abs. 1 BGB steht dem V als Eigentümer gegen S als Besitzer auch ein Anspruch auf Herausgabe nach § 985 BGB zu, da durch die wirksame Kündigung des Mietvertrages das Recht zum Besitz i.S.d. § 986 BGB des S erloschen ist.

---

[95] LG Berlin MDR 2015, 80; Schmidt-Futterer/*Blank*, Mietrecht, 13. Aufl. 2017, § 543 Rn. 77.

[96] A.A. wohl vertretbar.

[97] So für den Fall der unberechtigten Untervermietung über Airbnb an Touristen LG Berlin MDR 2015, 80; BeckOK/*Siegmund* MietR, § 573 Rn. 26; a.A. im Grundsatz LG Amberg NJW-RR 2018, 19.

III. Gesamtergebnis zu Frage 2

Somit kann V von S sowohl gem. § 546 Abs. 1 BGB als auch gem. § 985 BGB **54**
Herausgabe der Wohnung verlangen.

Exkurs:

Für den Fall, dass sich nach Beendigung des Mietverhältnisses weiterhin ein Untermieter des S in der Wohnung des V befindet, könnte V auch von diesem gem. § 546 Abs. 2 BGB und § 985 BGB Herausgabe verlangen.

Abwandlung

In der Abwandlung könnte V gegen S einen Anspruch auf Herausgabe der erzielten **55**
Untermieten aus § 546 Abs. 1, § 292 Abs. 1 und 2, § 987 Abs. 1 BGB haben.

Dies setzt gem. § 292 Abs. 2 i.V.m. Abs. 1 BGB zunächst voraus, dass S als **56**
Schuldner einen Gegenstand herauszugeben hat. Aufgrund der fristlosen Kündigung, von deren Wirksamkeit laut Bearbeiterhinweis auszugehen ist, ist S gem.
§ 546 Abs. 1 BGB zur Herausgabe der Wohnung verpflichtet.[98]

Weiterhin setzt der Anspruch gem. § 292 Abs. 2 i.V.m. Abs. 1 BGB voraus, dass **57**
der Herausgabeanspruch rechtshängig ist. Gem. § 261 Abs. 1 ZPO wird die Rechtshängigkeit durch die Erhebung der Klage begründet. Die Erhebung der Klage erfolgt gem. § 253 Abs. 1 ZPO durch Zustellung der Klageschrift. Hier hat V den S vor dem laut Sachverhalt örtlich und gem. § 23 Nr. 2 lit. a GVG auch sachlich zuständigen Amtsgericht auf Räumung verklagt; die Klageschrift ist dem S zudem zugestellt worden. Damit ist der Herausgabeanspruch rechtshängig.

§ 292 Abs. 2 i.V.m. Abs. 1 BGB ordnet an, dass sich der Anspruch des Herausga- **58**
begläubigers auf Herausgabe oder Vergütung von Nutzungen bei Rechtshängigkeit des Herausgabeanspruchs nach den Vorschriften über das Eigentümer-Besitzer-Verhältnis richtet. Hierbei handelt es sich um eine partielle Rechtsgrundverweisung auf § 987 BGB: Dessen Voraussetzungen mit Ausnahme des Eigentümer-Besitzer-Verhältnisses müssen vorliegen.[99] § 987 Abs. 1 BGB ordnet einen Anspruch auf Herausgabe von nach dem Eintritt der Rechtshängigkeit gezogenen Nutzungen an. Bei Untermieten handelt es sich um sog. mittelbare Sachfrüchte[100] (§ 99 Abs. 3 BGB) und damit um Nutzungen i.S.d. § 100 BGB. Hier hat S Untermieten in Höhe von 2000 € erzielt. Die tatsächlich gezogenen Nutzungen sind – ohne Begrenzung auf den objektiven Mietwert – vollständig abzuführen.[101]

---

[98] Vgl. zur Anwendbarkeit BGH NJW-RR 2009, 1522 Rn. 21.

[99] jurisPK-BGB/*Seichter* § 292 Rn. 2.

[100] BGH NJW-RR 2009, 1522 Rn. 23; *Heilmann* NZM 2016, 74, 81.

[101] BGH NJW-RR 2009, 1522 Rn. 24 m.w.N. Wie der BGH (aaO Rn. 26 f.) weiter ausführt, soll ein erzielter Gewinn ausnahmsweise nicht unter die herauszugebenden Nutzungen fallen, wenn dieser ausschließlich auf der besonderen Leistung des Schuldners beruht. Bei unverändert gebliebenen Mieträumen spielt nach Auffassung des BGH aber die persönliche Geschicklichkeit des Schuldners eine untergeordnete Rolle, so dass die Untermiete vollständig herauszugeben sei.

59   Folglich steht V gegen S – anders als im Ausgangsfall – ein Anspruch auf die nach
der Zustellung der Räumungsklage erzielten Untermieten in Höhe von 2000 € zu.

> Fraglich ist, ob sich der Anspruch auch ohne den Verweis aus § 292 BGB
> direkt aus **§ 987 Abs. 1 BGB** ergibt. Das setzt voraus, dass zwischen V und
> S zum Zeitpunkt der Nutzungsziehung ein Eigentümer-Besitzer-Verhältnis
> bestand. Zwar war V Eigentümer der Wohnung und S seit Wirksamwerden
> der Kündigung nichtberechtiger Besitzer, so dass zwischen diesen ein Eigen-
> tümer-Besitzer-Verhältnis bestand. Fraglich ist jedoch, ob die Vorschriften des
> EBV auch für denjenigen Besitzer gelten, der zunächst zum Besitz berechtigt
> war (sog. „nicht mehr berechtiger Besitzer"). Dies ist umstritten. Die Rspr.[102]
> und ein Teil des Schrifttums[103] lassen Ansprüche aus §§ 987 ff. BGB neben
> den vertraglichen Rückabwicklungsansprüchen zu und begründen dies damit,
> dass im Zeitpunkt der Nutzungsziehung ein Besitzrecht nicht mehr bestand.
> Nach einem anderen Teil des Schrifttums[104] soll zwar § 985 BGB neben den
> vertraglichen Herausgabeansprüchen anwendbar sein, die Nebenansprüche
> gem. §§ 987 ff. BGB sollen hingegen von den vertraglichen Regeln verdrängt
> werden. Hier musste auf die Frage nicht notwendigerweise eingegangen
> werden, weil sich die Anwendbarkeit des § 987 BGB jedenfalls über § 292
> BGB ergab. Anders wäre es gewesen, wenn V den S nicht verklagt hätte und
> nach Kündigung von ihm unter dem Gesichtspunkt der §§ 987 Abs. 1, 990
> Abs. 1 S. 2 BGB (Kenntnis vom fehlenden Besitzrecht) Herausgabe der Nut-
> zungen verlangte. Weiterhin kann noch ein Anspruch aus **§ 812 Abs. 1 S. 1
> Fall 2 BGB** geprüft werden.[105] Insofern kann zunächst auf die Prüfung in
> Rn. 38 ff. verwiesen werden. Nach Ende des Besitzrechts stellt die Unter-
> vermietung aber anders als im Ausgangsfall auch nach der auf den Zuwei-
> sungsgehalt des Eigentums des Vermieters abstellenden Ansicht (Rn. 41 ff.)
> einen Eingriff in das Eigentum des V dar.[106] M ist auf Kosten des V bereichert
> worden. Der Anspruch aus Eingriffskondiktion dürfte auch nicht durch die
> Regelungen der §§ 292, 987 BGB bzw. § 987 BGB verdrängt werden.[107] Mit
> entsprechender Begründung dürfte aber auch ein Vorrang dieser Ansprüche
> gegenüber der Eingriffskondiktion vertretbar sein.

---

[102] BGHZ 131, 95, 102 f. = NJW 1996, 321, 323; BGH NJW-RR 2005, 1542, 1543.

[103] Staudinger/*Gursky* (2012) Vor §§ 987–993 Rn. 22; BeckOK/*Fritzsche* § 987 Rn. 20.

[104] BeckOGK/*Spohnheimer* § 987 Rn. 17; *Baur/Stürner* Sachenrecht, 18. Aufl. 2009, § 11 Rn. 30;
Medicus/Petersen BürgR, Rn. 593.

[105] Offengelassen von BGH NJW-RR 2009, 1522 Rn. 29.

[106] Vgl. OLGR Rostock 2005, 653.

[107] Vgl. BGH NJW 1968, 197, 197; a.A. *Rüber* NJW 1968, 1611, 1612. Zum Verhältnis zwischen
§§ 987 f. und § 812 BGB ausf. Staudinger/*Gursky* (2012) Vor §§ 987–993 Rn. 45 ff.

Fall 21

Ausgangsfall

Bauunternehmer V und Privatmann K haben einen formgerechten Vertrag über den Erwerb eines Grundstücks nebst darauf von V zu erstellendem Wohnhaus abgeschlossen. Der Kaufpreis in Höhe von 300.000 € soll in Abhängigkeit vom Baufortschritt in Raten fällig werden. Am 1. März fordert V den K zur Zahlung einer Rate in Höhe von 20.000 € auf. K füllt einen Überweisungsauftrag seiner Bank B über diesen Betrag aus und gibt ihn aufgrund der Höhe des Betrages persönlich bei B ab. Der Schaltermitarbeiter sagt zu, sich persönlich um die Überweisung zu kümmern, vergisst dann aber, auf dem Überweisungsauftrag zu vermerken, dass er bereits ausgeführt worden ist. Daher wird der Auftrag von einem anderen Bankmitarbeiter erneut ausgeführt, so dass dem bei der Sparkasse S geführten Konto des V zweimal 20.000 €, also insgesamt 40.000 €, gutgeschrieben werden und das Konto des K entsprechend belastet wird.

Kann B von V Rückerstattung von 20.000 € verlangen? Welche Ansprüche hat K im Hinblick auf die Überweisung?

Abwandlung

Am 1. November fordert V den K zur Zahlung der vereinbarten Schlussrate in Höhe von 15.000 € auf. Daraufhin weist K die Bank B per Terminüberweisung an, die Schlussrate am 20. November an V zu überweisen. Danach stellt K jedoch Baumängel fest und macht diese gegenüber V geltend. V begibt sich daran, die Mängel zu beseitigen. Nach Abschluss der Arbeiten ist K immer noch der Meinung, dass Restmängel an dem Bauwerk bestehen. Daraufhin widerruft K am 15. November per Telefax seinen ursprünglichen Überweisungsauftrag. Bei B wird jedoch das Telefax des K mit dem Widerruf der Überweisung versehentlich übersehen und der gesamte Restkaufpreis als Schlussrate in Höhe von 15.000 € an V überwiesen. V weiß von alledem nichts und bestreitet, dass es noch Restmängel gibt.

© Springer-Verlag GmbH Deutschland, ein Teil von Springer Nature 2019
J. Prütting, B. Scholl, *Die Schuldrechtsklausur II*, Tutorium Jura,
https://doi.org/10.1007/978-3-662-57602-1_22

Kann B von V Rückerstattung von 15.000 € verlangen? Welche Ansprüche hat K im Hinblick auf die Überweisung?

Lösung Fall 21

▶ Die Rückabwicklung fehlgeschlagener Überweisungen trifft auf schwierige rechtliche Probleme, die damit zusammenhängen, dass an einer
Überweisung mindestens drei Personen beteiligt sind (der Überweisende, die Überweisungsbank und der Empfänger; die Empfängerbank
spielt insoweit keine Rolle). Insbesondere ist fraglich, ob der Überweisende sich den fehlerhaft überwiesenen Betrag von seiner Bank oder nur
von dem Empfänger wiederholen kann. Besteht ein Anspruch gegen die
Bank, muss diese sich an den Empfänger halten können. Die Rechtsprechung hat in den letzten Jahrzehnten dazu eine ausdifferenzierte Rechtsprechung entwickelt, die seit einer auf das neue Zahlungsdiensterecht
gestützten Grundsatzentscheidung aus dem Jahr 2015 (BGHZ 205,
377 = NJW 2015, 3093) aber überholt ist.

Ausgangsfall

A) Anspruch von B gegen V auf Rückzahlung von 20.000 € aus § 812 Abs. 1 S. 1 Fall 2 BGB

1 B könnte gegen V einen Anspruch auf Rückzahlung von 20.000 € aus § 812 Abs. 1 S. 1 Fall 2 BGB (Nichtleistungs- bzw. Direktkondiktion) haben.

I. Etwas erlangt

2 Dazu müsste V zunächst etwas erlangt haben. Darunter fällt jeder vermögenswerte Vorteil. Aufgrund der Gutschrift hat V einen Anspruch gegenüber seinem Kreditin-stitut (der Sparkasse S) auf Auszahlung des ihm doppelt gutgeschriebenen Betrages i.H.v. 20.000 € erlangt. Darin liegt ein abstraktes Schuldversprechen oder -anerkennt-nis der S gem. §§ 780, 781 BGB, aus dem sich ein (kontokorrentgebundener) Aus-zahlungsanspruch des V ergibt.[1] Zudem hat V als Girokunde einen Anspruch aus unregelmäßiger Verwahrung (§§ 700, 488 Abs. 1 S. 2 BGB) auf Auszahlung des jeweiligen positiven Saldos, der durch die Gutschrift entsprechend erhöht wird.[2] Somit hat V aufgrund der Gutschrift einen vermögenswerten Vorteil erlangt.

---

[1] BGHZ 103, 143, 146; 105, 263, 269 = NJW 1989, 300, 301; BGHZ 161, 273, 279 = NJW-RR 2005, 559, 560; MüKo/*Habersack* § 780 Rn. 41; Staudinger/*Marburger* (2015) § 780 Rn. 42; a.A. *Kupisch* WM 1979, Sonderbeilage 3 S. 16 ff.; *Möschel* JuS 1972, 297, 299; zur Einordnung als Vermögenswert Palandt/*Sprau* § 812 Rn. 9.

[2] Vgl. LG Berlin BKR 2015, 130 = WM 2015, 376; *Dieckmann* BKR 2018, 276, 278.

Zur Vertiefung:

Erhält der Bereicherungsschuldner Geld, ist zu unterscheiden. Bei Bargeld ist die erlangte Vermögensposition das Eigentum und der Besitz an den Geldscheinen bzw. Münzen. Bei bargeldloser Zahlung muss hingegen auf den Auszahlungsanspruch abgestellt werden, den der Kunde nach der Gutschrift des Betrages auf seinem Girokonto gegen seine Bank hat. § 675t BGB regelt nur den Anspruch gegen die Bank auf Gutschrift eingegangener Gelder, nicht aber den Auszahlungsanspruch aus der Gutschrift. Die Gutschrift stellt entweder ein abstraktes Schuldversprechen oder ein abstraktes Schuldanerkenntnis dar. Der sich daraus ergebende Anspruch aus §§ 780, 781 BGB ist aber kontokorrentgebunden.[3] Denn das Girokonto ist mit einer Kontokorrentabrede verbunden (§ 355 HGB). Das bedeutet, dass die Einzelforderungen (also auch die einzelnen Ansprüche aus Gutschrift) zwar weiterbestehen, aber nicht mehr selbständig geltend gemacht werden können.[4] Nach dem Grundsatz des § 355 HGB könnte der Kunde erst den Saldo verlangen, der sich nach Verrechnung aller Forderungen bei Rechnungsabschluss ergibt (also regelmäßig am Quartalsende; „Abschlusssaldo"). Beim Girokonto gibt es aber eine davon abweichende Regelung, nach der der Kunde Auszahlung des sich jederzeit ergebenden (positiven) Saldos („Tagessaldo") verlangen kann. Dieser Anspruch ergibt sich nach h.M. aus §§ 700, 488 Abs. 1 S. 2 BGB, weil neben dem Girokonto ein Vertrag über die Summenverwahrung des Guthabens besteht.[5] Das gilt unter der Voraussetzung, dass ein Guthaben besteht. Bei einem negativen Saldo kann der Kunde bei entsprechender Vereinbarung einen Anspruch auf Auszahlung eines Dispositionskredits aus § 488 Abs. 1 S. 1 BGB haben.

II. In sonstiger Weise

Fraglich ist, ob V diesen Vermögenswert in sonstiger Weise, d. h. nicht durch eine Leistung, erlangt hat (Vorrang der Leistungsbeziehung = Subsidiarität der Nichtleistungskondiktion). Leistung bedeutet eine bewusste zweckgerichtete Mehrung fremden Vermögens. Nach diesem bereicherungsrechtlichen Leistungsbegriff bewirkt der Angewiesene (B) mit seiner Zuwendung an den Anweisungsempfänger (V) im Deckungsverhältnis zunächst eine eigene Leistung an den Anweisenden (K) und zugleich eine Leistung des Anweisenden (K) an den Anweisungsempfänger (V) im Valutaverhältnis.

3

[3] Vgl. nur BGH NJW 2005, 1771.

[4] BeckOK/*Füller* HGB, 21. Edition 2018, § 355 Rn. 1; Heidel/Schall/*Eberl* HGB, 2. Aufl. 2015, § 355 Rn. 17, 21.

[5] BGHZ 124, 254, 257; BGH NJW 2009, 979 Rn. 11; MüKo/*Henssler* § 700 Rn. 16; *Schürmann/Langner* in Schimansky/Bunte/Lwowski, Bankrechts-Handbuch, 5. Auflage 2017, § 70 Rn. 4.

1. Abgrenzung nach der bisher herrschenden Meinung

4 Wegen dieser vorrangigen Leistungsbeziehungen war vor Inkrafttreten des neuen
Zahlungsdiensterechts[6] zum 31.10.2009 anerkannt, dass eine Rückabwicklung fehlgeschlagener Überweisungen grundsätzlich im jeweiligen mangelhaften Kausalverhältnis zu erfolgen hat, so dass grundsätzlich nur Ansprüche im Deckungsverhältnis
(zwischen K und Bank B) und im Valutaverhältnis (zwischen K und V) in Betracht
kommen, während Ansprüche im Zuwendungsverhältnis Bank – Überweisungsempfänger (V) grundsätzlich ausscheiden.[7] Wenn der Überweisungsempfänger (V)
die Überweisung als Leistung auf die Schuld seines Vertragspartners (K) auffassen
darf, ist er keinem Kondiktionsanspruch des die Überweisung ausführenden Kredit-
instituts ausgesetzt; er darf sich vielmehr darauf verlassen, dass er den überwiesenen Betrag behalten und frei darüber disponieren kann.

5 Allerdings gilt dieser Grundsatz auch nach der bisherigen Rechtsprechung des
BGH nicht, wenn es von vornherein an einer wirksamen Anweisung fehlt.[8] Dann
kann die Zuwendung der Bank dem Kontoinhaber nicht als Leistung zugerechnet
werden, weil er sie nicht veranlasst und selbst keinen Rechtsschein einer Leistung hervorgerufen hat. Das Vertrauen des Überweisungsempfängers auf eine (nur
scheinbare) Leistung des Kontoinhabers kann nicht geschützt werden. Vielmehr ist
dieser dann einer Direktkondiktion der überweisenden Bank ausgesetzt, und der
Bankkunde (hier K), der die Überweisung nicht veranlasst hat, wird in die Rückabwicklung nicht einbezogen. Zu einer Direktkondiktion kommt es ausnahmsweise
auch dann, wenn der Überweisungsempfänger den Mangel im Deckungsverhältnis
kannte.[9] Dann stellt sich die Zahlung für ihn nicht als Leistung des Anweisenden
dar, und der Empfänger ist nicht schutzwürdig.

6 Fraglich ist, ob hier auf Basis der bisherigen Rechtsprechung eine vorrangige
Leistung des K an V vorliegt, die eine Direktkondiktion der B gegen V ausschließt.
Dies hängt davon ab, ob im hier vorliegenden Fall einer doppelt ausgeführten Überweisung im Hinblick auf die zweite Überweisung eine dem (scheinbar) Überweisenden zurechenbare Anweisung vorliegt oder nicht. Dieser Fall ist schwieriger
zu beurteilen als etwa eine Überweisung aufgrund gefälschten[10] oder von einem
Geschäftsunfähigen erteilten[11] Überweisungsauftrags. Immerhin hat der Überweisende durch die Erteilung des wirksamen Überweisungsauftrags auch die Ursache
für die zweite (Fehl-)Überweisung gesetzt. Allerdings braucht kein Bankkunde

---

[6] Gesetz zur Umsetzung der Verbraucherkreditrichtlinie, des zivilrechtlichen Teils der Zahlungs-
diensterichtlinie sowie zur Neuordnung der Vorschriften über das Widerrufs- und Rückgaberecht
v. 29.07.2009, BGBl. I 2355.

[7] BGH NJW 2011, 66 Rn. 31; BGHZ 176, 234 Rn. 9 m.w.N.; *Medicus/Lorenz* SchuldR II, Rn. 1220;
s. auch Palandt/*Sprau* § 812 Rn. 57 f.; *Looschelders* SchuldR BT, Rn. 1153.

[8] BGH NJW 2011, 66 Rn. 32; BGHZ 176, 234 Rn. 10 m.w.N.; BGHZ 205, 334 Rn. 14; Palandt/
Sprau § 812 Rn. 58; *Looschelders* SchuldR BT, Rn. 1152.

[9] BGH NJW 2011, 66 Rn. 34; BGHZ 66, 372, 375 f., 377; 67, 75, 79 f.; 87, 393, 398; 88, 232, 236;
176, 234 Rn. 22 ff.

[10] BGH WM 1990, 1280, 1281; WM 1994, 1420, 1421 f.; NJW 2011, 66 Rn. 33.

[11] BGHZ 111, 382, 384 ff.; NJW 2011, 66 Rn. 33.

damit zu rechnen, dass seine Bank den Überweisungsauftrag doppelt ausführt. Die zweite Überweisung wird von dem scheinbar Anweisenden weder in irgendeiner Form veranlasst, noch setzt er einen Anschein dafür, die Zuwendung sei seine Leistung. Die Ursache für die doppelte Ausführung des Auftrags liegt also allein im Risiko- und Einflussbereich des Angewiesenen. Die irrtümliche doppelte Ausführung einer Anweisung ist daher dem Fall der von Anfang an fehlenden Anweisung gleichzustellen. Mangels wirksamer Anweisung liegt keine zurechenbare Leistung des K an V vor.

Auch wenn es daher auf die Gut- oder Bösgläubigkeit des Zuwendungsempfängers (V) nicht ankommt,[12] kommt hinzu, dass V lediglich eine Überweisung in Höhe von 20.000 € erwarten konnte. Daher wusste er, dass dem K oder dessen Bank bei der doppelten Überweisung ein Fehler unterlaufen sein musste. Insofern besteht auch wegen Kenntnis des V hier kein Vorrang der Leistungskondiktion.   **7**

2. Keine Änderung durch Inkrafttreten des neuen Zahlungsdiensterechts

Damit liegt bereits nach der bisherigen Rechtslage keine vorrangige Leistungsbeziehung zwischen K und V vor, so dass eine Direktkondiktion der B gegen V – unter den noch zu prüfenden weiteren Voraussetzungen – möglich ist. Durch die Einführung des § 675u BGB, der nach teilweise vertretener Ansicht zu einer Ausweitung der Direktkondiktion der Bank gegen den Zahlungsempfänger geführt hat,[13] hat sich daran nichts geändert. V hat den Vermögenszuwachs aus der zweiten Überweisung in sonstiger Weise erlangt.   **8**

Klausurhinweis:

Zum besseren Verständnis wurde hier die bisherige Rechtsprechung ausführlich wiedergegeben und auf die neue Rechtsprechung des BGH (dazu die Abwandlung) noch nicht eingegangen. Da Teile der Literatur an der grundsätzlichen Abwicklung „übers Eck" auch in Überweisungsfällen festhalten, hat die Darstellung immer noch ihre Berechtigung. Stattdessen hätte aber auch mit der neuen Rechtsprechung darauf abgestellt werden können, dass wegen § 675u BGB in allen Fällen fehlgeschlagener Überweisungen eine Direktkondiktion der Bank erfolgt (zur Argumentation s. Rn. 18 ff.).

III. Auf Kosten der B

Fraglich ist, ob V auf Kosten der B bereichert ist. Nach der herrschenden Zuweisungslehre ist dieses Merkmal erfüllt, wenn der Erwerb im Widerspruch zum Zuweisungsgehalt einer geschützten Rechtsposition des Anspruchstellers erfolgt   **9**

---

[12] BGH NJW 2011, 66 Rn. 36; BGHZ 72, 9, 12 f.; Erman/*Buck-Heeb* § 812 Rn. 21, 21a; MüKo/*Schwab* § 812 Rn. 99; PWW/*H. Prütting* § 812 Rn. 94; Staudinger/*Lorenz* (2007) § 812 Rn. 51; BeckOK/*Wendehorst* § 812 Rn. 204; *Canaris* Bankvertragsrecht, Bd. I, 3. Aufl., Rn. 436.

[13] Dazu noch die Abwandlung.

ist.[14] Für die zweite ausgeführte Überweisung hat B keinen Anspruch auf Aufwendungsersatz gem. §§ 675c Abs. 1, 670 BGB gegen den vermeintlichen Zahler (vgl.
§ 675u S. 1 BGB), sondern muss dem Girokonto des K den irrtümlich doppelt
überwiesenen Betrag gem. § 675u S. 2 BGB wieder gutschreiben.[15] Der Girovertrag
berechtigt die Bank nur, das Kundenkonto dann zu belasten, wenn eine wirksame
Anweisung des Kunden vorliegt. Dies ist bei einem doppelt ausgeführten Überweisungsauftrag für die zweite Ausführung gerade nicht der Fall. Die Überweisung
betrifft somit die Vermögenssphäre der B, die der richtige Bereicherungsgläubiger
ist. V ist mithin auf Kosten der B bereichert.

IV. Ohne rechtlichen Grund

10   Im Verhältnis zwischen B und V fehlt es an einem Rechtsgrund für die Überweisung.

V. Ergebnis

11   Daher besteht ein Anspruch der B gegen V auf Rückzahlung des doppelt überwiesenen Betrags i.H.v. 20.000 € als Wertersatz gem. § 812 Abs. 1 S. 1 Fall 2, § 818
Abs. 2 BGB.

B) Anspruch von K gegen B auf Wiedergutschrift von 20.000 € aus § 675u S. 2 BGB

12   K könnte gegen B einen Anspruch auf Wiedergutschrift von 20.000 € aus § 675u
S. 2 BGB haben. Dann müsste die Überweisung einen nicht autorisierten Zahlungsvorgang darstellen. Der Begriff des Zahlungsvorgangs ist in § 675f Abs. 4 S. 1 BGB
definiert als jede Bereitstellung, Übermittlung oder Abhebung eines Geldbetrags.
Darunter fällt auch eine Überweisung. Autorisiert ist ein Zahlungsvorgang gem.
§ 675j Abs. 1 S. 1 BGB, wenn der Zahler ihm zugestimmt hat, wobei eine Zustimmung als Einwilligung oder als Genehmigung erteilt werden kann, § 675j Abs. 1
S. 2 BGB. Durch den Überweisungsauftrag hat K lediglich in die einmalige Übermittlung von 20.000 € an V eingewilligt. Die zweite Überweisung war hingegen
kein autorisierter Zahlungsvorgang. Insoweit bestand kein Anspruch der B gegen
K auf Aufwendungsersatz (§§ 675c Abs. 1, 670 BGB), § 675u S. 1 BGB. Da B das
Konto des K auch für die zweite Überweisung mit 20.000 € belastet hat, hat K einen
Anspruch auf unverzügliche Erstattung von 20.000 € aus § 675u S. 2 BGB.

C) Anspruch von K gegen V auf Rückzahlung von 20.000 € aus § 812 Abs. 1 S. 1 Fall 1 BGB

13   Fraglich ist, ob K gegen V einen Anspruch auf Rückzahlung von 20.000 € aus § 812
Abs. 1 S. 1 Fall 1 BGB hat. V hat, wie in Rn. 2 geprüft, einen Auszahlungsanspruch

---

[14] Vgl. zu den verschiedenen Theorien *Loewenheim* Bereicherungsrecht, 3. Aufl. 2007, S. 80 ff., 97 f.
[15] Vgl. *Grundmann* WM 2009, 1109, 1116 f.; *Winkelhaus* BKR 2010, 441, 443.

gegen seine Bank (S) erlangt. Jedoch geschah dies, wie ebenfalls bereits geprüft (Rn. 6), nicht durch zurechenbare Leistung des K. Daher scheidet ein Anspruch aus Leistungskondiktion aus.

Abwandlung

A) Anspruch von B gegen V auf Rückzahlung von 15.000 € aus § 812 Abs. 1 S. 1 Fall 2 BGB

B könnte gegen V einen Anspruch auf Rückzahlung von 15.000 € aus § 812 Abs. 1 **14** S. 1 Fall 2 BGB (Nichtleistungs- bzw. Direktkondiktion) haben.

I. Etwas erlangt

Dazu müsste V zunächst etwas erlangt haben. Darunter fällt jeder vermögenswerte **15** Vorteil. Aufgrund der Gutschrift hat er einen Anspruch gegenüber seinem Kreditinstitut auf Auszahlung des ihm gutgeschriebenen Betrages i.H.v. 15.000 € aus §§ 700 Abs. 1, 488 Abs. 1 S. 2 BGB bzw. einen kontokorrentgebundenen Anspruch aus §§ 780, 781 BGB erlangt.

II. In sonstiger Weise

Fraglich ist weiterhin, ob V diesen Vermögenswert in sonstiger Weise, d. h. nicht **16** durch eine Leistung erlangt hat.

1. Lösung nach bisheriger Rechtslage

Nach den vor Inkrafttreten des neuen Zahlungsdiensterechts geltenden Regeln (s.o. **17** Rn. 4 ff.) kommt eine Direktkondiktion der Bank nur dann in Betracht, wenn es von vornherein an einer wirksamen Anweisung fehlt oder wenn der Überweisungsempfänger den Mangel im Deckungsverhältnis kennt. Hier hat K die Bank B zunächst angewiesen, eine Überweisung an V vorzunehmen. Auch wenn K später die Terminüberweisung durch das Telefax an B nach § 675p Abs. 3 BGB wirksam widerrufen hat, hat er doch die Überweisung als solche (mit) veranlasst. Der Rechtsschein der fortbestehenden, ursprünglich wirksam erteilten Anweisung konnte nur aufgrund des Fehlers der von K eingeschalteten B entstehen. Den daraus resultierenden Verlauf muss sich K als Anweisender nach der bisherigen Rechtslage zurechnen lassen.[16] V wusste zu keinem Zeitpunkt, dass K den Überweisungsauftrag widerrufen hatte und

---

[16] Zur Zurechenbarkeit einer Überweisung nach Nichtbeachtung des Widerrufs BGH NJW 2011, 66 Rn. 34; BGHZ 61, 289, 293 f.; 87, 246, 249 f.; 87, 393, 397 f.; 89, 376, 381; 176, 234 Rn. 22 ff.; PWW/*H. Prütting* § 812 Rn. 95. Diese Wertung der Rspr. ist nicht unstreitig. In der Literatur wird auch die Ansicht vertreten, der Fall der widerrufenen Überweisung könne nicht anders behandelt werden als der der versehentlich doppelt ausgeführten Überweisung, die auch nach Auffassung der Rspr. dem Überweisenden nicht zurechenbar ist (Staudinger/*Lorenz* (2007) § 812 Rn. 51; Bamberger/Roth/ *Wendehorst*, 3. Aufl. 2012, § 812 Rn. 236; weitere Nachw. bei *Rademacher* NJW 2011, 2169, 2170 Fn. 9, 10). Man könnte hier also durchaus auch die Ansicht vertreten, es fehle an einem dem K zurechenbaren Rechtsschein und schon deshalb sei eine Durchgriffskondiktion der B gegen V zuzulassen.

das Geld einbehalten wollte. Er war mithin gutgläubig. Nach der bisherigen Rechtsprechung ist daher dem schutzwürdigen Vertrauen des V in den Rechtsschein, über die Schlussrate frei disponieren zu dürfen, Vorrang vor dem Interesse des K, nicht in den Bereicherungsausgleich miteinbezogen zu werden, einzuräumen.

Nach der bisherigen Rechtsprechung liegt damit eine vorrangige Leistungsbeziehung zwischen dem Überweisungsempfänger und dem vermeintlich Überweisenden vor, die eine Direktkondiktion der überweisenden Bank gegen den Überweisungsempfänger sperrt.

2. Änderung der Rechtslage durch das neue Zahlungsdiensterecht?

18 Umstritten ist, ob dieses Ergebnis nach Einführung des § 675u S. 1 BGB weiterhin Bestand hat[17] oder ob nunmehr auch im Falle eines widerrufenen Überweisungsauftrags eine Direktkondiktion der Bank erfolgt.[18] Der BGH hat jüngst seine bisherige Auffassung aufgegeben und nimmt nunmehr an, dass eine nicht autorisierte Überweisung stets im Verhältnis zwischen Bank und Zahlungsempfänger rückabzuwickeln sei.[19] Begründet hat er das damit, dass durch § 675j und § 675u BGB eine Abkehr vom Horizont des Zahlungsempfängers als maßgebendem Wertungskriterium vollzogen worden sei. Für die Frage, ob ein Zahlungsvorgang dem Zahler zurechenbar sei, komme es allein auf die Autorisierung durch den Zahler an. Folgte man der geänderten Rechtsprechung, fehlte es aufgrund des Widerrufs an einer Autorisierung des K. Demnach läge keine Leistung von K an V vor. Insofern wäre der Weg für eine Nichtleistungskondiktion von B gegen V frei.

Das Urteil des BGH ist zum Teil begrüßt,[20] zum Teil aber auch vehement kritisiert worden, wobei letztere Autoren zumeist für die Beibehaltung der bisherigen Abgrenzung plädieren.[21]

3. Stellungnahme

19 Ob das neue Zahlungsdiensterecht eine Abkehr von der traditionellen Rechtsprechung zum Bereicherungsausgleich in Anweisungsfällen erforderlich macht, hängt von der Auslegung der § 675j und § 675u BGB ab. § 675u S. 1 BGB bestimmt, dass „im Fall eines nicht autorisierten Zahlungsvorgangs der Zahlungsdienstleister

---

[17] AG Hamburg-Harburg BKR 2013, 393 = WM 2014, 352; *Dieckmann* WM 2015, 14, 16 f.; *Grundmann*, WM 2009, 1109, 1116 f.; *Müller* WM 2010, 1293, 1296; *Rademacher* NJW 2011, 2169, 2170 ff.; *Schnauder* JZ 2016, 603 ff.; MüKo/*Schwab* § 812 Rn. 140; Staudinger/*Omlor* (2012) § 675z Rn. 26 (der aber auf § 675u BGB nicht eingeht).

[18] LG Hannover ZIP 2011, 1406, 1407 f.; LG Berlin WM 2015, 376 = BKR 2015, 130; Palandt/*Sprau* § 812 Rn. 107; MüKo/*Casper* § 675u Rn. 29 ff.; Jauernig/*Stadler* § 812 Rn. 41; *Bartels* WM 2010, 1828, 1833; *Belling/Belling* JZ 2010, 708, 710 f.; *Winkelhaus* BKR 2010, 441 ff.

[19] BGHZ 205, 377 = NJW 2015, 3093; offengelassen noch zwei Wochen zuvor in BGHZ 205, 334 Rn. 18.

[20] *Wösthoff* BB 2015, 2068; *Landschein* BKR 2016, 457.

[21] *Hadding* WuB 2015, 489 ff.; *G. Müller* WM 2016, 809, 813 ff.; *Omlor* EWiR 2015, 595 f.; *Kiehnle* NJW 2015, 3095 f.; zwar im Erg. zustimmend, aber die Begründung ablehnend *Jansen* JZ 2015, 952 ff.; krit. auch *Looschelders* SchuldR BT, Rn. 1154.

des Zahlers gegen diesen keinen Anspruch auf Erstattung seiner Aufwendungen hat". Fraglich ist, ob auch ein möglicher Bereicherungsanspruch der überweisenden Bank gegen den vermeintlichen Zahler unter den Begriff „Anspruch auf Erstattung seiner Aufwendungen" zu subsumieren ist.

Zur Erklärung:
Wird die Abwicklung entsprechend der bisherigen Lösung „übers Eck" vorgenommen, hat die Bank im Falle einer nicht autorisierten, aber vom Überweisenden veranlassten Überweisung zwar keinen Aufwendungsersatzanspruch (§§ 675c Abs. 1, 670 BGB) gegen den Überweisenden, allerdings einen Anspruch aus § 812 Abs. 1 S. 1 Fall 1 BGB (Leistungskondiktion). Das erlangte „Etwas" liegt entweder darin, dass der Überweisende von einer Verbindlichkeit gegenüber dem Empfänger befreit wurde, oder – falls eine Verbindlichkeit gar nicht bestand – in einem Anspruch gegen den Empfänger aus Leistungskondiktion. Im letzteren Fall ist umstritten, ob der Anspruch der Bank gegen den Überweisenden auf Wertersatz oder auf Abtretung des Kondiktionsanspruchs gegen den Empfänger (sog. Kondiktion der Kondiktion) gerichtet ist (vgl. *Medicus/Petersen* BürgR, Rn. 670).

Sollte § 675u S. 1 BGB auch einen Anspruch der Bank gegen den Zahler aus Leis-   **20**
tungskondiktion ausschließen, bestünde keine vorrangige Leistungsbeziehung.
Dann müsste die überweisende Bank im Wege der Direktkondiktion gegen den
Zahlungsempfänger vorgehen können. Sollte § 675u S. 1 BGB den Bereicherungsanspruch hingegen nicht erfassen, wäre eine Direktkondiktion gegen den Zahlungsempfänger aufgrund der vorrangigen Leistungsbeziehungen zwischen Zahler und
Zahlungsempfänger einerseits sowie Bank und Zahler andererseits ausgeschlossen.

Der Wortlaut ist insoweit nicht zwingend. Gegen eine Subsumtion des bereiche-   **21**
rungsrechtlichen Anspruchs der überweisenden Bank gegen den vermeintlichen
Zahler unter § 675u S. 1 BGB könnte der Sinn und Zweck der Norm sprechen: Es
wird angeführt, dass der Begriff „Erstattung von Aufwendungen" im Interesse eines
effektiven Schutzes des Überweisungsempfängers eng auszulegen und auf den Aufwendungsersatzanspruch nach §§ 675c Abs. 1, 670 BGB zu begrenzen sei.[22] § 675u
S. 1 BGB regele nicht das Valutaverhältnis zwischen vermeintlichem Zahler und Zahlungsempfänger und die Frage, ob in diesem Verhältnis Erfüllung eingetreten sei.[23]

Jedoch verfolgt § 675u S. 1 BGB ebenso wie die ihm zugrundeliegende Richtlinie   **22**
den Zweck, die Rechtsposition des vermeintlichen Zahlers bei nicht autorisierten
Zahlungsvorgängen zu stärken. Die Autorisierung (§ 675j BGB) ist bei Zahlungsvorgängen nunmehr das maßgebliche Zurechnungskriterium. Im Falle eines nicht autorisierten Zahlungsvorgangs soll der Zahler aus der Rückabwicklung herausgehalten

---

[22] Vgl. *Looschelders* SchuldR BT, Rn. 1154; *Hadding* WuB 2015, 489, 490; *Omlor* EWiR 2015, 595, 596.
[23] MüKo/*Schwab* § 812 Rn. 140; vgl. *Omlor* EWiR 2015, 595, 596.

werden. § 675u BGB enthält insoweit eine Wertentscheidung des Gesetzgebers, den Interessen des vermeintlichen Zahlers Vorrang vor denjenigen des Überweisungsempfängers zu gewähren.[24] Damit wäre es unvereinbar, wenn die Bank dem Anspruch des Zahlers auf Wiedergutschrift aus § 675u S. 2 BGB einen Anspruch aus Leistungskondiktion entgegenhalten könnte. Ein solcher Anspruch besteht nach der geänderten Rechtsprechung des BGH nicht mehr, weil der Zahlung, die der Empfänger im Valutaverhältnis erhält, keine Erfüllungswirkung (§ 362 Abs. 1 BGB) hat und der vermeintliche Zahler daher nichts i.S.d. § 812 Abs. 1 S. 1 Fall 1 BGB erlangt hat.[25] Die geänderte Rechtsprechung des BGH hat auch den Vorteil, dass schwierige Abgrenzungsprobleme zwischen dem Zahler zurechenbaren und ihm nicht zurechenbaren Zahlungen, wie sie bislang bestanden, künftig entfallen.

23   Somit ist der geänderten Rechtsprechung des BGH zu folgen. Da die Überweisung nicht von K autorisiert war, liegt keine vorrangige Leistung des K an V vor. Daher ist der Weg für eine Nichtleistungskondiktion der B gegen V frei.

Exkurs:
Noch unklar ist, ob die geänderte Rechtsprechung auf Anweisungsfälle außerhalb des Anwendungsbereichs des § 675u BGB (z. B. Scheckinkasso, bürgerlich-rechtliche Anweisung) übertragen werden kann oder ob dort die in Rn. 4 f. dargestellten Grundsätze weiter gelten (vgl. MüKo/*Casper* § 675u Rn. 36 m.w.N.). Jüngst hatte der BGH über folgende Konstellation zu entscheiden: Das Jobcenter (als Angewiesener) überwies auf Anweisung der Mieter die Miete direkt an den Vermieter (als Anweisungsempfänger), und zwar auch dann noch, nachdem der Mietvertrag geendet hatte und die Mieter die Anweisung bereits gegenüber dem Jobcenter widerrufen hatten. Der BGH ließ offen, ob in dieser Anweisungskonstellation außerhalb des bankrechtlichen Zahlungsverkehrs grundsätzlich an der Abwicklung innerhalb des jeweils fehlerhaften Leistungsverhältnisses festzuhalten sei, denn im vorliegenden Fall habe der Vermieter gewusst, dass ihm die Miete nicht mehr zustand, so dass aufgrund seiner Kenntnis (zu dieser Ausnahme siehe s.o. Rn. 5) eine Direktkondiktion des Jobcenters möglich sei (BGH NJW 2018, 1079 Rn. 34, 37).

III. Auf Kosten der B

24   V müsste den in sonstiger Weise erlangten Auszahlungsanspruch gegen seine Bank auf Kosten der B erlangt haben. Insofern kann auf die Ausführungen in Rn. 9 verwiesen werden. B kann auch für die am 20. November vorgenommene Überweisung keinen Aufwendungsersatz verlangen und muss dem Konto des K den überwiesenen Betrag wieder gutschreiben, so dass die Überweisung die Vermögenssphäre der B betrifft. V ist auf Kosten der B bereichert.

IV. Ohne rechtlichen Grund

25   Für die Überweisung durch B bestand im Verhältnis zwischen B und V kein Rechtsgrund.

V. Ergebnis

26   Daher besteht ein Anspruch der B gegen V auf Rückzahlung von 15.000 € als Wertersatz gem. § 812 Abs. 1 S. 1 Fall 2, § 818 Abs. 2 BGB.

---

[24] MüKo/*Casper* § 675u Rn. 35; LG Berlin WM 2015, 376, 377.
[25] BGHZ 205, 377 = NJW 2015, 3093 Rn. 25.

A.A. unter Zugrundelegung der bisherigen Rechtsprechung ebensogut vertretbar.

B) Anspruch von K gegen B auf Wiedergutschrift von 15.000 € aus § 675u S. 2 BGB

K könnte gegen B einen Anspruch auf Wiedergutschrift von 15.000 € aus § 675u **27** S. 2 BGB haben. Dann müsste insoweit ein nicht autorisierter Zahlungsvorgang vorliegen. Aufgrund des wirksamen Widerrufs der Terminüberweisung gem. § 675p Abs. 3 BGB ist auch die Autorisierung gem. § 675j Abs. 2 S. 1 BGB weggefallen. B hat das Konto des K mit dem Betrag belastet, obwohl sie keinen Anspruch auf Aufwendungsersatz hat. Demnach kann K von B gem. § 675u S. 2 BGB Wiedergutschrift verlangen.

Wer hingegen an der Rückabwicklung „übers Eck" festhalten will, muss an dieser Stelle prüfen, ob B dem Anspruch des K einen bereicherungsrechtlichen Anspruch (§ 812 Abs. 1 S. 1 Fall 1 BGB) auf Zahlung von 15.000 € entgegenhalten[26] kann, der nach dieser Ansicht nicht von dem Anspruchsausschluss nach § 675u S. 1 BGB erfasst wäre. K hätte nach der bisherigen Rechtsprechung die Befreiung von seiner Verbindlichkeit gegenüber V aus dem Werkvertrag (§ 631 Abs. 1 BGB) erlangt.[27] Dies wäre auch durch Leistung der B geschehen, die ihre Verpflichtung aus dem Girovertrag erfüllen wollte (§ 675f Abs. 2 BGB). Mangels Rechtsgrundes für die Bereicherung des K hätte B gegen K einen Anspruch auf Wertersatz (§ 818 Abs. 2 BGB), den sie dem Anspruch des K gegen B auf Wiedergutschrift der 15.000 € entgegenhalten könnte.

C) Anspruch von K gegen V auf Rückzahlung von 15.000 € aus § 812 Abs. 1 S. 1 Fall 1 BGB

Fraglich ist, ob K gegen V einen Anspruch auf Rückzahlung von 15.000 € aus § 812 **28** Abs. 1 S. 1 Fall 1 BGB hat. V hat einen Auszahlungsanspruch gegen seine Bank (S) erlangt. Nach der hier vertretenen Ansicht geschah dies jedoch mangels wirksamer

---

[26] Dogmatisch zurückführen mag man das auf eine Aufrechnung (§§ 387 ff. BGB), ein Zurückbehaltungsrecht (§ 273 BGB) oder die Einrede *dolo agit qui petit quod statim redditurus est* (§ 242 BGB).

[27] Und zwar selbst dann, wenn das Werk mangelhaft gewesen sein sollte und die Forderung des V gegen K damit mit der Einrede des § 320 BGB behaftet gewesen sein sollte, s. nach Rn. 28.

Autorisierung nicht durch zurechenbare Leistung des K (s.o. Rn. 18 ff.). Daher scheidet ein Anspruch aus Leistungskondiktion wie auch im Ausgangsfall aus.

Wer hingegen an der Rückabwicklung „übers Eck" festhalten will, muss eine zurechenbare Leistung des K, der immerhin den Überweisungsauftrag erteilt hat, an den gutgläubigen V bejahen. Dann stellt sich die weitere Frage, ob die Leistung ohne Rechtsgrund erfolgt ist. Rechtsgrund für die Überweisung könnte im Verhältnis zwischen K und V der Werkvertrag (Bauträgervertrag) sein. Jedenfalls wenn das Werk – wie V behauptet – mangelfrei sein sollte, besteht ein Rechtsgrund für die Zahlung. Sollte das Werk – wie K behauptet – mangelhaft sein, hätte K zwar ein Leistungsverweigerungsrecht gehabt (§ 320 BGB). Die Zahlung trotz Bestehens einer vorübergehenden (dilatorischen) Einrede führt aber nicht zu einem Rückzahlungsanspruch.[28] K wäre auf die Geltendmachung werkvertraglicher Mängelrechte, vorrangig des Nacherfüllungsanspruchs gem. §§ 634 Nr. 1, 635 BGB, angewiesen. Auch wenn das Werk mangelhaft sein sollte, bestünde demnach ein Rechtsgrund für die Zahlung, so dass eine Leistungskondiktion des K gegen V in jedem Falle ausscheidet.

---

[28] § 813 BGB erfasst lediglich dauerhafte (peremptorische) Einreden.

Fall 22

Ausgangsfall

Charlie S ist ein berühmter Schauspieler und stolzer Eigentümer einer Villa direkt am Meer. Eines Nachts bricht ein Feuer in seinem Haus aus, infolge dessen dieses vollkommen zerstört wird. Glücklicherweise hat S schon länger eine Gebäudeversicherung bei dem Versicherer V, die ausweislich des Versicherungsvertrages auch Versicherungsschutz bei Schäden durch Feuer und Brand bietet. Nach eingehender Prüfung der Sachlage sagt V dem S die Deckung des Schadens zu.

Wenig später tritt S seinen vermeintlichen Anspruch gegen V an das Bellagio Casino (C) ab. S ist leidenschaftlicher Poker- und Black Jack-Spieler und hatte in letzter Zeit alles andere als Erfolg, weswegen er bei C immense Schulden angehäuft hat. S setzt den V über diese Abtretung in Kenntnis.

Ohne von C dazu aufgefordert worden zu sein, zahlt V per Überweisung die Versicherungssumme an diesen. Einige Wochen später stellt die Polizei neue Beweise sicher, die eindeutig erkennen lassen, dass S den Brand selbst gelegt hat, um die Versicherungssumme zu erhalten und so seine Spielschulden begleichen zu können. S wird daraufhin wegen Versicherungsbetrugs angeklagt und rechtskräftig verurteilt.

V verlangt die an C gezahlte Versicherungssumme zurück. Zu Recht? Es ist davon auszugehen, dass ein Anspruch auf Auszahlung der Versicherungssumme zu keinem Zeitpunkt bestanden hat.

Bearbeiterhinweis:
Auf versicherungsrechtliche Besonderheiten des Falles ist nicht einzugehen.

1. Abwandlung

Anders als im Ausgangsfall ist der Brand nicht von S in von ihm zu vertretender Weise herbeigeführt worden und der Anspruch auf Auszahlung der Versicherungssumme gegen V dementsprechend entstanden. S ist aber auch hier weiterhin von

© Springer-Verlag GmbH Deutschland, ein Teil von Springer Nature 2019
J. Prütting, B. Scholl, *Die Schuldrechtsklausur II*, Tutorium Jura,
https://doi.org/10.1007/978-3-662-57602-1_23

Glücksspielen und Wetten begeistert. Leider ist er jedoch noch immer nicht wirklich erfolgreich. Aus diesem Grund hat er nun bei M immense Spielschulden angehäuft. Diese resultieren nicht aus seiner Leidenschaft zum Poker, sondern aus illegalen Pferdewetten. Um seine Schulden zu begleichen und damit sein von M bedrohtes Leben zu retten, tritt er seinen Anspruch auf Auszahlung der Versicherungssumme an M ab. Diese Abtretung erweist sich in der Folge als nichtig.

Nach dieser vermeintlich erfolgten Abtretung wendet sich M an V und ersucht um Auszahlung. Daraufhin überweist V dem M die Versicherungssumme, ohne vorher mit S Rücksprache gehalten zu haben und ohne dass S in irgendeiner Weise einen Rechtsschein für eine Abtretung nach außen gesetzt hat. Kurze Zeit später fordert auch S den V zur Auszahlung der Versicherungssumme an ihn auf. Nach Rücksprache mit seinem Rechtsanwalt zahlt V die Versicherungssumme auch an S.

Nun wendet sich V an M und verlangt von diesem Rückzahlung. Zu Recht?

2. Abwandlung

A hat für seinen Bruder S eine Diebstahlversicherung für dessen Auto abgeschlossen, um vereinbarungsgemäß auf diese Weise seine Mietzahlungsverpflichtung gegenüber S zu begleichen. S steht nach den Parteivereinbarungen im Falle eines Versicherungsfalles ein eigener Anspruch gegen den Diebstahlversicherer (V) zu.

Einige Wochen nach Abschluss der Versicherung fingiert A, ohne Kenntnis des S, den Diebstahl des versicherten Autos. V bemerkt das Vorgehen des A zunächst nicht und zahlt die Versicherungssumme per Überweisung an S. Kurze Zeit später werden die Machenschaften des A durch polizeiliche Ermittlungen aufgedeckt. V verlangt daraufhin die Rückzahlung der Versicherungssumme von S. Zu Recht?

Lösung Fall 22

▶ Der Fall behandelt die bereicherungsrechtliche Rückabwicklung in Zessionsfällen, wenn der abgetretene Anspruch nicht besteht (Ausgangsfall) oder wenn die Abtretung nichtig ist (1. Abwandlung). Die 2. Abwandlung behandelt die bereicherungsrechtliche Rückabwicklung beim Vertrag zugunsten Dritter. Der Fall ist schwierig und wendet sich nur an Examenskandidaten. Lesenswert zu bereicherungsrechtlichen Drittbeziehungen *Lorenz* JuS 2003, 729 ff., 839 ff.

Ausgangsfall

A) Anspruch des V gegen C gem. § 812 Abs. 1 S. 1 Fall 1 BGB

V könnte gegen C einen Anspruch auf Rückzahlung der Versicherungssumme gem. § 812 Abs. 1 S. 1 Fall 1 BGB haben. Dafür müsste C etwas ohne rechtlichen Grund durch Leistung des V erlangt haben.   **1**

I. Etwas erlangt

Erlangtes Etwas ist jeder vermögenswerte Vorteil.[1] Im vorliegenden Fall wurde dem C die Versicherungssumme überwiesen. Aufgrund dessen hat C eine Kontogutschrift in Höhe der Versicherungssumme erhalten. Der daraus folgende Auszahlungsanspruch des C gegen seine Bank aus einem (kontokorrentgebundenen) abstrakten Schuldversprechen oder -anerkenntnis (§§ 780, 781 BGB) bzw. aus unregelmäßiger Verwahrung (§§ 700 Abs. 1, 488 Abs. 1 S. 2 BGB) stellt einen vermögenswerten Vorteil dar.   **2**

> Zu der Frage, worin das erlangte Etwas bei einer Banküberweisung liegt, ausführlich Fall 21 Rn. 2.

II. Durch Leistung

Das erlangte Etwas müsste C aber auch durch Leistung des V erlangt haben.   **3**

---

[1] BGH NJW 1995, 53, 54; Palandt/*Sprau* § 812 Rn. 4, 8; BeckOK/*Wendehorst* § 812 Rn. 53 ff.; NK-BGB/*v. Sachsen Gessaphe* § 812 Rn. 8 f.; vgl. Jauernig/*Stadler* § 812 Rn. 8; Hk-BGB/*Wiese/Schulze* § 812 Rn. 3.

1. Grundsatz

4 Unter Leistung ist im Grundsatz nach dem „formalen Leistungsbegriff"[2] jede bewusste und zweckgerichtete Mehrung fremden Vermögens zu verstehen.[3] Hier könnte C die Bankgutschrift entweder durch Leistung des V oder des S erlangt haben. Hingegen bleibt die Bank, auch wenn sie das abstrakte Schuldversprechen gegenüber C abgibt, bei der Beurteilung des Leistenden außen vor, da sie als bloße Zahlstelle fungiert.[4] Fraglich ist dabei, auf wessen Perspektive zur Bestimmung des Leistenden abzustellen ist: auf die des Zuwendenden oder auf die des Leistungsempfängers.[5]

Exkurs:
Ist die Frage in der Klausur zu entscheiden, so sollte der h.M. folgend auf die Perspektive eines objektiven Leistungsempfängers abgestellt werden. Da die der Leistung zugrundeliegende Tilgungsbestimmung entweder als geschäftsähnliche Handlung oder als echte Willenserklärung zu begreifen ist, ergibt sich die Maßgeblichkeit des Empfängerhorizonts aus §§ 133, 157 BGB.[6] Entscheidend für die Bestimmung des Leistenden ist danach, wie eine vernünftige Person die Zuwendung mit Rücksicht auf die Verkehrssitte nach Treu und Glauben verstehen musste und durfte.[7] Eine weniger weit verbreitete Literaturmeinung stellt demgegenüber auf die innere Willensrichtung des Zuwendenden ab, da es sich bei der Leistungszweckbestimmung gerade nicht um eine rechtsgeschäftliche oder rechtsgeschäftsähnliche Erklärung handele und die §§ 104 ff. BGB dementsprechend auch nicht anwendbar seien.[8] Danach wäre allein der natürliche Wille des Leistenden maßgeblich.[9]

5 Die Frage bedarf allerdings keiner weiteren Vertiefung, wenn nach dem *formalen* Leistungsbegriff nach beiden Perspektiven eine Leistung des V an C vorliegt. Wäre auf den inneren Willen des Leistenden abzustellen, so hätte V an C geleistet, da V die Abtretung aufgrund der Mitteilung des S bekannt gewesen ist und er daher C als neuen Gläubiger des Zahlungsanspruchs aus dem Versicherungsvertragsverhältnis angesehen hat.[10] Auch einem objektiven Leistungsempfänger in Person des C war bekannt, dass V von der Abtretung wusste, so dass er davon ausgehen konnte und durfte, dass V von nun an nur an ihn leisten wollte. Dabei gilt es insbesondere zu berücksichtigen, dass der Schuldner, der Kenntnis von der Abtretung erlangt hat und trotzdem an den Zedenten leistet, gem. § 407 Abs. 1 BGB nicht nach § 362

---

[2] Vgl. Staudinger/*Lorenz* (2007) § 812 Rn. 4 f.; NK-BGB/*v. Sachsen Gessaphe* § 812 Rn. 13; Palandt/*Sprau* § 812 Rn. 14.

[3] BGHZ 58, 184, 188; Palandt/*Sprau* § 812 Rn. 3; NK-BGB/*v. Sachsen Gessaphe* § 812 Rn. 13.

[4] BGHZ 144, 245, 247; MüKo/*Schwab* § 812 Rn. 169 m.w.N.

[5] Vgl. MüKo/*Schwab* § 812 Rn. 56, 57; NK-BGB/*v. Sachsen Gessaphe* § 812 Rn. 19.

[6] BGHZ 40, 272, 278; 72, 246, 249; 122, 46, 50; 162, 157, 160 = NJW 2005, 1356, 1357; BeckOK/*Wendehorst* § 812 Rn. 49; PWW/*H. Prütting* § 812 Rn. 107; MüKo/*Schwab* § 812 Rn. 55 f.; *Thomale*, Leistung als Freiheit, 2012, S. 11, 18 ff.

[7] BGH NJW 2005, 60 f.; Palandt/*Sprau* § 812 Rn. 14; NK-BGB/*v. Sachsen Gessaphe* § 812 Rn. 19.

[8] *Flume* JZ 1962, 281, 282.

[9] Hk-BGB/*Wiese/Schulze* § 812 Rn. 5.

[10] Siehe hierzu *Thomale*, Leistung als Freiheit, 2012, S. 349.

Abs. 1 BGB von seiner Leistungspflicht gegenüber dem Zessionar befreit wird.[11] Nach dem formalen Leistungsbegriff hätte V also an C geleistet.[12]

2. Besonderheiten bei der bereicherungsrechtlichen Rückabwicklung im Mehrpersonenverhältnis

Es stellt sich jedoch die Frage, ob die Bestimmung des Leistenden auch bei der   **6**
bereicherungsrechtlichen Rückabwicklung in Mehrpersonenverhältnissen, wie bei dem hier vorliegenden Zessionsfall, anhand dieses formalen Leistungsbegriffs vorgenommen werden kann oder ob nicht aus dem Mehrpersonenverhältnis resultierende Besonderheiten beachtet werden müssen.

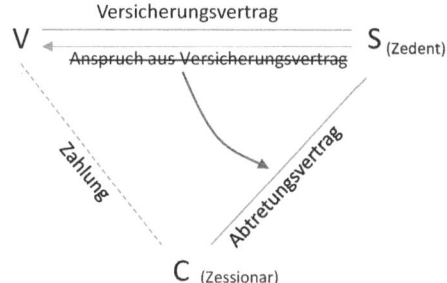

Für ein Festhalten am formalen Leistungsbegriff auch im Falle der Abtretung   **7**
könnte sprechen, dass die Abtretung zu einer unmittelbaren Forderung des Zessionars gegen den Schuldner führt und sich dieser nur noch dem Zessionar ausgesetzt sieht.[13] Nach dieser Sicht leistet der Schuldner daher ausschließlich an den Zessionar als Forderungsinhaber. Dass der Zedent Vertragspartei bleibt, ist danach für die Leistung irrelevant.[14] Somit hätte V an C geleistet.

Einer solchen Sichtweise ist jedoch entgegenzuhalten, dass sie die voneinander   **8**
abweichenden Konstellationen, die bei der Rückabwicklung in Mehrpersonenverhältnissen vorkommen können, nicht angemessen berücksichtigt. Den Besonderheiten des Einzelfalles kann nur durch eine Abweichung vom formalen Leistungsbegriff Rechnung getragen werden.[15] Bei diesen Besonderheiten geht es zum einen um mögliche Einwendungen und Einreden aus den verschiedenen Rechtsverhältnissen

---

[11] Vgl. Staudinger/*Busche* (2017) § 407 Rn. 1, 7, 30; Palandt/*Grüneberg* § 407 Rn. 1; Jauernig/ *Stürner* § 407 Rn. 4.

[12] Vgl. OLG Karlsruhe OLGR 2006, 793, 795; *Bayer* JuS 1990, 883, 887; *Flume* NJW 1991, 2521, 2523; siehe hierzu auch MüKo/*Schwab* § 812 Rn. 232 m.w.N.; *Thomale* Leistung als Freiheit, 2012, S. 349, 350.

[13] Staudinger/*Busche* (2017) § 398 Rn. 27, 29; BeckOK/*Rohe* § 398 Rn. 59; Palandt/*Grüneberg* § 398 Rn. 18; *Medicus/Petersen* BürgR, Rn. 685a; so auch der österreichische OGH (2 Ob 38/17b) ÖBA 2018, 210.

[14] *Thomale* Leistung als Freiheit, 2012, S. 356; vgl. MüKo/*Schwab* § 812 Rn. 240, 241.

[15] BGHZ 82, 28, 30; 111, 382, 385; 192, 204, 218; BGH NJW 1984, 2205; Palandt/*Sprau* § 812 Rn. 54.

und zum anderen um die Belastung mit Insolvenzrisiken.[16] Die Einreden und Einwendungen sollen ausschließlich in dem Rechtsverhältnis geltend gemacht werden (können), in dem sie auch ursprünglich bestanden haben.[17] Es soll niemand mit Einwendungen aus einem fremden Kausalverhältnis konfrontiert werden.[18] Zudem soll jeder nur das Insolvenzrisiko desjenigen tragen, mit dem er ursprünglich kontrahiert hat.[19] Schließlich soll sich auch niemand – gezwungenermaßen – prozessual mit einem Dritten über die Unwirksamkeit und deren Folgen eines ursprünglich mit einem anderen vereinbarten Rechtsverhältnisses auseinandersetzen müssen.[20]

9 Bei der bereicherungsrechtlichen Rückabwicklung im Mehrpersonenverhältnis sind somit schematische Lösungen anhand des formalen Leistungsbegriffs allein nicht zielführend.[21] Zur Bestimmung des Leistenden ist vielmehr vorrangig auf die Gesichtspunkte des Vertrauensschutzes und der Risikoverteilung abzustellen.[22] Unter Berücksichtigung dieser beiden Aspekte hat der Schuldner des rückabzuwickelnden Anspruchs in Zessionsfällen grundsätzlich nur einen Anspruch gegen seinen ursprünglichen Vertragspartner, den Zedenten, wenn er auf eine in Wahrheit nicht bestehende Forderung gezahlt hat, da er – *wertend betrachtet* – auch nur diesem gegenüber geleistet hat.[23] Davon ist allerdings dann eine Ausnahme zu machen, wenn er vom Zessionar besonders zur Leistung gedrängt worden ist.[24] In diesem Fall steht nämlich das Drängen im Vordergrund, das die mit einer Anweisung vergleichbare (s.u. nach Rn. 10) Zession überlagert.

10 Im vorliegenden Fall hat V die Versicherungssumme an C, einen nicht mit S identischen Dritten, überwiesen, ohne von diesem dazu aufgefordert worden zu sein. Folglich hat – nach der hier maßgeblichen wertenden Betrachtung – V an S und dieser an C geleistet. Eine davon abweichende Beurteilung ist nicht geboten, da C den V nicht zur Leistung gedrängt hat. Somit liegt keine Leistung des V an C vor.

Exkurs:

Auch wenn der BGH stets betont, dass sich jede schematische Lösung verbiete, wird anhand dieses Falles dennoch eine gewisse Struktur deutlich. Grundsätzlich wird im Mehrpersonenverhältnis keine Leistungskondiktion des Zuwendenden gegen den Empfänger angenommen, da i.d.R. nur in den jeweiligen Leistungsbeziehungen rückabgewickelt werden soll. Verdeutlicht wird dies zudem

---

[16] BeckOK/*Wendehorst* § 812 Rn. 167; NK-BGB/*v. Sachsen Gessaphe* § 812 Rn. 132; Jauernig/*Stadler* § 812 Rn. 23.

[17] Erman/*Buck-Heeb* § 812 Rn. 17.

[18] NK-BGB/*v. Sachsen Gessaphe* § 812 Rn. 132; *Canaris* FS Larenz (1973), S. 799 ff.

[19] BeckOK/*Wendehorst* § 812 Rn. 171; *Canaris* FS Larenz (1973), S. 799 ff.; NK-BGB/*v. Sachsen Gessaphe* § 812 Rn. 132.

[20] Vgl. NK-BGB/*v. Sachsen Gessaphe* § 812 Rn. 132; *Canaris* FS Larenz (1973), S. 799 ff.

[21] BGHZ 50, 227, 229; 122, 46, 50.

[22] S.o. Fn. 15; a.A. MüKo/*Schwab* § 812 Rn. 238 ff.

[23] Vgl. BGHZ 105, 365, 367 f. = NJW 1989, 900, 901; BGH NJW 2005, 1369; BeckOK/*Wendehorst* § 812 Rn. 207; NK-BGB/*v. Sachsen Gessaphe* § 812 Rn. 166; Palandt/*Sprau* § 812 Rn. 66; *Larenz/Canaris* SchuldR II/2, 13. Aufl. 1994, § 70 V 1 a.; *Lorenz* JuS 2003, 839, 842.

[24] BGH NJW 1989, 161, 162; MüKo/*Schwab* § 812 Rn. 232.

dadurch, dass der BGH für diese sog. Zessionsfälle eine „Ähnlichkeitsbetrachtung" vornimmt, im Rahmen derer die Abtretung einer Forderung des Zedenten an den Zessionar als ein funktionales Äquivalent einer sog. Anweisung gesehen wird. Damit bringt der BGH zum Ausdruck, dass die Anweisungs- und die Zessionsfälle grundsätzlich parallel – es ließe sich auch von schematisch sprechen – zu bewerten sind.[25] Dementsprechend sollte man bei der bereicherungsrechtlichen Rückabwicklung im Mehrpersonenverhältnis von Folgendem ausgehen: Sind keine Ausnahmen ersichtlich, findet eine Rückabwicklung bei Mehrpersonenverhältnissen grundsätzlich nur „im Dreieck", d. h. in den ursprünglichen Rechtsverhältnissen, statt.

III. Ergebnis

Daher scheidet ein Anspruch des V gegen C gem. § 812 Abs. 1 S. 1 Fall 1 BGB mangels Leistung aus.   **11**

B) Anspruch des V gegen C gem. § 812 Abs. 1 S. 1 Fall 2 BGB

V könnte gegen C jedoch ein Anspruch auf Rückzahlung der Versicherungssumme gem. § 812 Abs. 1 S. 1 Fall 2 BGB zustehen. Dafür müsste C etwas in sonstiger Weise durch V auf dessen Kosten ohne Rechtsgrund erlangt haben.   **12**

I. Etwas erlangt

Wie bereits festgestellt (Rn. 2), hat C in Form der Bankgutschrift einen vermögenswerten Vorteil und damit etwas erlangt.   **13**

II. In sonstiger Weise

Diesen vermögenswerten Vorteil müsste V „in sonstiger Weise" erlangt haben. Klarheit herrscht insoweit, als dass es sich dabei gerade nicht um eine Leistung des Anspruchstellers handeln darf.[26] Fraglich ist jedoch, ob damit zugleich die Aussage verbunden ist, dass das Erlangte dem Anspruchsgegner von niemand anderem durch Leistung zugewendet worden sein darf, mithin, ob es einen generellen Vorrang der Leistungsbeziehungen gibt.[27]   **14**

Gegen einen solchen Ansatz wird angeführt, dass er im Mehrpersonenverhältnis zu pauschal sei und für eine Lösung problematischer Fälle nichts hergebe.[28] In Zweipersonenverhältnissen schließen sich Leistungs- und Nichtleistungskondiktion bereits tatbestandlich aus.[29] Für einen generellen Vorrang der Leistungsbeziehungen   **15**

---

[25] Vgl. BGHZ 105, 365, 372; BGH NJW 2005, 1369, 1370; ähnlich BeckOK/*Wendehorst* § 812 Rn. 207; NK-BGB/*v. Sachsen Gessaphe* § 812 Rn. 166; *Larenz/Canaris* SchuldR II/2, 13. Aufl. 1994, § 70 V 1 a.

[26] *Medicus/Petersen* BürgR, Rn. 727; *Looschelders* SchuldR BT, Rn. 1060.

[27] So die h.M.; vgl. BGHZ 40, 272, 278; 69, 186, 189; NK-BGB/*v. Sachsen Gessaphe* § 812 Rn. 190; Palandt/*Sprau* § 812 Rn. 7; *Looschelders* SchuldR BT, Rn. 1060; *Brox/Walker* SchuldR BT, § 42 Rn. 1.

[28] NK-BGB/*v. Sachsen Gessaphe* § 812 Rn. 190; BeckOK/*Wendehorst* § 812 Rn. 31.

[29] NK-BGB/*v. Sachsen Gessaphe* § 812 Rn. 190; BeckOK/*Wendehorst* § 812 Rn. 30.

auch in Mehrpersonenverhältnissen lassen sich hingegen im Wortlaut des § 812 BGB keine eindeutigen Hinweise finden. Eine derartige Verallgemeinerung erscheint daher nicht notwendig.

16 Dem steht jedoch die ausdrückliche Entscheidung des Gesetzgebers entgegen. § 816 Abs. 1 S. 2 BGB zeigt, dass ein Durchgriff auf eine Person, mit der gerade keine Leistungsbeziehung besteht, nur *ausnahmsweise* dann möglich sein soll, wenn das Leistungsverhältnis zwischen Zuwendendem und Empfänger aufgrund einer unentgeltlichen Leistung weniger schützenswert erscheint.[30] Da dies im Gesetz jedoch die klare Ausnahme darstellt, kann *e contrario* gefolgert werden, dass anderenfalls grundsätzlich nur innerhalb der jeweiligen Leistungsbeziehung rückabzuwickeln ist.[31]

Exkurs:
Die h.M. erkennt für den Vorrang der Leistungsbeziehung drei Ausnahmen an. So gilt dieser Grundsatz nach den Wertungen der §§ 185 Abs. 1, 816 Abs. 1 S. 2, 932, 935 BGB, § 366 HGB nicht, wenn der Leistungsempfänger das erlangte Etwas **unentgeltlich** oder **bösgläubig** erlangt hat oder der Leistungsgegenstand zuvor **abhandengekommen** ist.[32]

17 Dementsprechend ist ein Anspruch des V gegen C aus der allgemeinen Nichtleistungskondiktion des § 812 Abs. 1 S. 1 Fall 2 BGB wegen des Vorrangs der Leistungsbeziehungen gesperrt, wenn ein anderweitiges Leistungsverhältnis hinsichtlich desselben Bereicherungsgegenstandes, hier der Zahlung aus dem Versicherungsvertrag, vorliegt, das nicht nach den Wertungen der §§ 185 Abs. 1, 816 Abs. 1 S. 2, 932, 935 BGB, § 366 HGB von dem Vorrang der Leistungsbeziehungen befreit ist.[33] Wie bereits geprüft, hat im vorliegenden Fall – nach der maßgeblichen wertenden Betrachtung – V an S und dieser an C geleistet. Eine Ausnahme von diesem Grundsatz ist mangels Unentgeltlichkeit, Bösgläubigkeit des C oder Abhandenkommens nicht angezeigt.

18 Daher kann sich V nach dem Grundsatz des Vorrangs der Leistungsbeziehungen nicht im Wege der Nichtleistungskondiktion an C halten. V muss das Geleistete bei S kondizieren.

III. Ergebnis
19 V steht damit auch gem. § 812 Abs. 1 S. 1 Fall 2 BGB kein Anspruch auf Rückzahlung der Versicherungssumme gegen C zu.

C) Gesamtergebnis zum Ausgangsfall

20 V hat keinen Anspruch auf Rückzahlung der Versicherungssumme gegen C.

---

[30] *Medicus/Petersen* BürgR, Rn. 727.

[31] *Medicus/Petersen* BürgR, Rn. 727.

[32] *Brox/Walker* SchuldR BT, § 42 Rn. 2.

[33] Vgl. BGHZ 40, 272, 278; BeckOK/*Wendehorst* § 812 Rn. 30; NK-BGB/*v. Sachsen Gessaphe* § 812 Rn. 135, 190; Soergel/*Schmidt-Kessel/Hadding* § 812 Rn. 66.

1. Abwandlung

A) Anspruch gem. § 812 Abs. 1 S. 1 Fall 1 BGB gegen M

V könnte einen Anspruch auf Rückzahlung der Versicherungssumme gegen M gem. **21** § 812 Abs. 1 S. 1 Fall 1 BGB haben. Dafür müsste M etwas durch Leistung des V ohne Rechtsgrund erlangt haben.

I. Etwas erlangt

Wie im Ausgangsfall (Rn. 2) hat M durch die Kontogutschrift einen Auszahlungs- **22** anspruch gegen seine Bank erlangt, der einen vermögenswerten Vorteil darstellt.

II. Durch Leistung

Des Weiteren müsste M dies durch Leistung des Anspruchstellers V erlangt haben. **23** Leistung ist im Grundsatz jede bewusste und zweckgerichtete Mehrung fremden Vermögens.[34] Bei der bereicherungsrechtlichen Rückabwicklung im Mehrpersonenverhältnis verbietet sich jedoch jede schematische Lösung anhand des formalen Leistungsbegriffs; vorrangig sind die Gesichtspunkte der Risikoverteilung und des Vertrauensschutzes (s.o. Rn. 9). Danach läge grundsätzlich (wie im Ausgangsfall) keine Leistung des V an M vor. Leistungsbeziehungen bestünden nur zwischen V und S sowie zwischen S und M. Die Bank wird als bloße Zahlstelle bei der Bestimmung des Leistenden wiederum nicht berücksichtigt.[35]

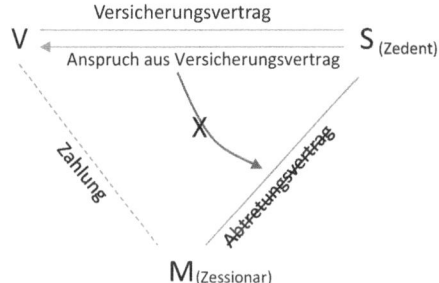

Abweichend davon könnte im vorliegenden Fall jedoch bei wertender Betrach- **24** tung eine Leistung des V an M anzunehmen sein. Anders als im Ausgangsfall bestand nämlich die abgetretene Forderung; allein die Abtretung von S an M selbst war nichtig.

Dabei lässt sich die Auffassung vertreten, dass eine Leistungsbeziehung zwischen **25** Anspruchsteller und vermeintlichem Zessionar jedenfalls in dem Fall (wie hier) vorliegen müsste, in dem die vermeintlich abgetretene Forderung zwar bestand, die Abtretung selbst jedoch unwirksam ist und der Anspruchsteller irrig angenommen

---

[34] S.o. Fn. 6.
[35] S.o. Fn. 4.

hat, dass zwischen ihm und dem vermeintlichen Zessionar eine Leistungsbeziehung vorgelegen habe.[36] Danach hätte M den Vermögensvorteil durch Leistung des V erlangt. Für diese Sichtweise spricht, dass sich der Schuldner auch in der Konstellation der unwirksamen Abtretung gegenüber dem vermeintlichen Zessionar von seiner Verbindlichkeit befreien möchte.[37] Die Verbindlichkeit des Schuldners besteht in dieser Konstellation tatsächlich, wenn auch gegenüber einer anderen Person. Man kann – wertend betrachtet – die Zahlung des sich über die Person des Gläubigers irrenden Schuldner dahingehend auffassen, dass er bewusst und zielgerichtet seine Verbindlichkeit tilgen möchte.

26   Andererseits lässt sich auch vertreten, dass eine Leistungsbeziehung zwischen Anspruchsteller und vermeintlichem Zessionar nur dann angenommen werden kann, wenn die Zahlung an den vermeintlichen Zessionar für den Anspruchsteller keine schuldbefreiende Wirkung hat (insbes. nicht nach § 409 BGB im Falle einer Abtretungsanzeige)[38] und der vermeintliche Zedent keinen Rechtsschein für die Abtretung gesetzt hat.[39] Auch nach dieser Ansicht läge im vorliegenden Fall zwischen V und M eine Leistung vor, da die Zahlung von V an den falschen Gläubiger M gegenüber S für V mangels Erfüllung der Voraussetzungen des § 409 BGB keine Erfüllungswirkung hatte und S auch sonst keinen Rechtsschein für eine Abtretung gesetzt hat.

27   Dementsprechend ist ein Streitentscheid entbehrlich. Nach beiden Auffassungen hat M die Gutschrift der Versicherungssumme durch Leistung des V erlangt.

> **Hinweis:**
> Es wird hieran deutlich, dass die h.M. bei diesen Zessionsfällen danach differenziert, ob der fehlende Rechtsgrund in der Forderung (dann Rückabwicklung grundsätzlich im Dreieck) oder in der Abtretung selbst liegt (dann Direktkondiktion des Anspruchstellers gegen den vermeintlichen Zessionar).[40]

III. Ohne rechtlichen Grund

28   Schließlich müsste die Leistung auch ohne rechtlichen Grund erfolgt sein.[41] Das ist jedenfalls dann der Fall, wenn die Zuwendung dem Leistungsempfänger nach der ihr zugrundeliegenden Rechtsbeziehung nicht endgültig zusteht, der Empfänger den

---

[36] So die h.M.: BGHZ 113, 62, 70; BGH NJW 2006, 1731, 1732 f.; MüKo/*Schwab* § 812 Rn. 244; *Larenz/Canaris* SchuldR II/2, 13. Aufl. 1994, § 70 V 1 c.

[37] Zum Ganzen MüKo/*Schwab* § 812 Rn. 244.

[38] Vgl. BeckOK/*Wendehorst* § 812 Rn. 268; Palandt/*Sprau* § 812 Rn. 66.

[39] NK-BGB/*v. Sachsen Gessaphe* § 812 Rn. 170; *Lorenz* JuS 2003, 839, 842 f.

[40] Vgl. BGHZ 113, 62, 69 f.; BGH NJW 2006, 1731, 1732 f.; MüKo/*Schwab* § 812 Rn. 244; *Larenz/Canaris* SchuldR II/2, 13. Aufl. 1994, § 70 V 1 a; Palandt/*Sprau* § 812 Rn. 66; *Lorenz* JuS 2003, 839, 842 f.

[41] Siehe hierzu Hk-BGB/*Wiese/Schulze* § 812 Rn. 7; Jauernig/*Stadler* § 812 Rn. 12, 13.

zugeflossenen Vorteil also nicht behalten darf.[42] Eine Leistung ist danach auch dann ohne rechtlichen Grund erbracht, wenn zwar eine Verbindlichkeit besteht, in Wahrheit aber nicht der Leistungsempfänger anspruchsberechtigt ist.[43] So liegt es hier. Im vorliegenden Fall bestand die Verpflichtung zur Auszahlung der Versicherungssumme aufgrund der nichtigen Abtretung zwischen S und M lediglich gegenüber ersterem, nicht aber gegenüber dem Zahlungsempfänger M. Folglich hat M einen vermögenswerten Vorteil durch Leistung des V ohne rechtlichen Grund erlangt.

Exkurs:
Bezüglich der genaueren Bestimmung des Tatbestandsmerkmales „ohne rechtlichen Grund" wird zwischen einem objektiven und einem subjektiven Rechtsgrundverständnis unterschieden.[44] Nach dem objektiven Rechtsgrundverständnis ist Rechtsgrund für das Behaltendürfen der Leistung das schuldrechtliche Kausalverhältnis, auf welches sich die Leistung bezieht.[45] Nach dem subjektiven Rechtsgrundverständnis kommt es auf den von dem Leistenden verfolgten Zweck der Tilgung der vermeintlich bestehenden Verbindlichkeit an.[46] Dieser Meinungsstreit ist dabei zumindest für den Fall der *condictio indebiti* nicht zu entscheiden, da beide Ansichten zum selben Ergebnis kommen. Laufen beide Ansichten nicht auf dasselbe Ergebnis hinaus, so gilt es zu beachten, dass das objektive Rechtsgrundverständnis näher am Gesetzeswortlaut liegt und die klassische Herangehensweise in Bezug auf dieses Tatbestandsmerkmal darstellt.[47]

IV. Anspruchsinhalt; Ergebnis

Damit ist der Anspruch des V gegen M gem. § 812 Abs. 1 S. 1 Fall 1 BGB entstanden. Grundsätzlich kann der Bereicherungsgläubiger dasjenige herausverlangen, was der Empfänger erlangt hat. Danach müsste M den aus der Gutschrift folgenden Auszahlungsanspruch gegen seine Bank herausgeben. Dies ist jedoch nicht möglich. Die Forderung gegen die Bank aus §§ 780, 781 BGB wird in ein Kontokorrent eingestellt, in dem sie verrechnet wird und daher ihre Selbständigkeit verliert.[48] Daher muss der Bereicherungsschuldner gem. § 818 Abs. 2 BGB Wertersatz in Geld leisten. Somit hat V gegen M gem. § 812 Abs. 1 S. 1 Fall 1 BGB einen Anspruch auf Wertersatz in Höhe der zuvor erlangten Versicherungssumme.

29

---

[42] Palandt/*Sprau* § 812 Rn. 21; MüKo/*Schwab* § 812 Rn. 398.

[43] Palandt/*Sprau* § 812 Rn. 21; KG NJW-RR 2012, 713, 714.

[44] MüKo/*Schwab* § 812 Rn. 396; BeckOK/*Wendehorst* § 812 Rn. 59, 60; NK-BGB/*v. Sachsen Gessaphe* § 812 Rn. 33.

[45] *v. Caemmerer* Bereicherung und erlaubte Handlung in: FS Rabel (1954), S. 333, 343 f.; *Larenz/Canaris*, SchuldR II/2, 13. Aufl. 1994, § 67 III 1 a.

[46] *Weitnauer* FS v. Caemmerer (1978), S. 255, 274; *Ehmann* JZ 2003, 702, 709 f.; *Medicus/Lorenz* SchuldR BT, Rn. 1128.

[47] Vgl. BeckOK/*Wendehorst* § 812 Rn. 60; NK-BGB/*v. Sachsen Gessaphe* § 812 Rn. 33.

[48] S.o. Fall 21 Rn. 2.

2. Abwandlung

A) Anspruch gem. § 812 Abs. 1 S. 1 Fall 1 BGB gegen S

30   V könnte gegen S einen Anspruch auf Rückzahlung der Versicherungssumme gem. § 812 Abs. 1 S. 1 Fall 1 BGB haben. Dafür müsste S etwas durch Leistung des V ohne Rechtsgrund erlangt haben.

I. Etwas erlangt

31   S müsste ein vermögenswerter Vorteil zugeflossen sein. Hier hat S aufgrund der Kontogutschrift einen Auszahlungsanspruch in Höhe der Versicherungssumme erlangt (s.o. Rn. 2).

II. Durch Leistung

32   Diesen vermögenswerten Vorteil müsste S auch gerade durch Leistung des Anspruchstellers V erlangt haben. Unter einer Leistung ist im Grundsatz jede bewusste und zweckgerichtete Mehrung fremden Vermögens zu verstehen.[49] Im vorliegenden Fall hat V dem S die Versicherungssumme für das vermeintlich gestohlene Auto überwiesen. Diese Überweisung erfolgte nicht bloß zufällig, sondern bewusst und zweckgerichtet. Dementsprechend könnte S die Versicherungssumme durch Leistung des V erlangt haben.

33   Allerdings erscheinen bei der bereicherungsrechtlichen Rückabwicklung von Mehrpersonenverhältnissen schematische Lösungen anhand dieses formalen Leistungsbegriffs problematisch (s.o. Rn. 9). Der Überweisung der Versicherungssumme von V an S liegt nämlich ein zwischen V und A geschlossener Versicherungsvertrag zugrunde, der S lediglich als Forderungsberechtigten ausweist. Dementsprechend sind zur Bestimmung der Leistungsverhältnisse auch hier die Gesichtspunkte der Risikoverteilung und des Vertrauensschutzes als vorrangig anzusehen, um sachgerechte Ergebnisse zu erzielen.

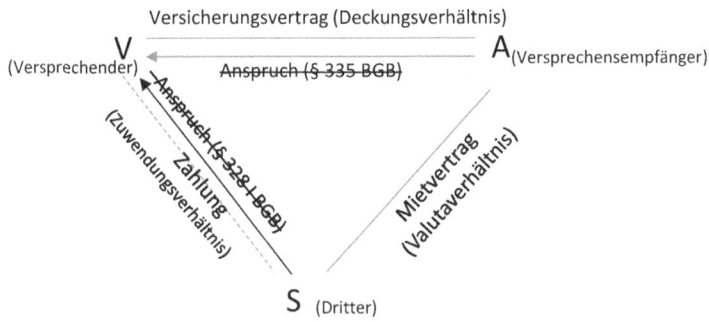

---

[49] S.o. Fn. 3.

Im vorliegenden Fall ist der zwischen V und A geschlossene Versicherungsver- **34**
trag als ein echter Vertrag zugunsten Dritter (§ 328 BGB) zu qualifizieren.[50] Die
Auszahlung der Versicherungssumme an S erfolgte aufgrund der irrigen Annahme
des V, dass S einen darauf gerichteten Anspruch aus dem Versicherungsverhältnis
habe. Das war wegen des von A begangenen Versicherungsbetruges jedoch nicht der
Fall. Der Mangel des Rechtsgrundes lag im sog. Deckungsverhältnis zwischen dem
Versprechenden i.S.d. § 328 BGB und dem Versprechensempfänger. Unter Berücksichtigung dieser Umstände ist fraglich, ob – wie nach dem formalen Leistungsbegriff festgestellt – tatsächlich eine Leistung von V an S vorliegt. Problematisch
ist in den Fällen der echten Verträge zugunsten Dritter vor allem, dass der Verspre-
chende zwei Leistungszwecke gleichzeitig verfolgt:[51] zum einem, seine Verbindlichkeiten aus dem Deckungsverhältnis zum Versprechensempfänger zu erfüllen,
zum anderen, die Verbindlichkeiten aus dem Zuwendungsverhältnis zum Dritten zu
tilgen. Liegt der Mangel – wie hier – im Deckungsverhältnis, ist zur Bestimmung
der jeweiligen Leistungsverhältnisse auf die ursprüngliche Zweckvorstellung des
Versprechenden abzustellen,[52] sodass hier zwischen V und S keine Leistung vorgelegen hat.

Das lässt sich damit begründen, dass V als Versprechender primär die gegenüber **35**
dem Versprechensempfänger obliegende Verbindlichkeit erfüllen will,[53] was dem
Dritten als Begünstigtem auch erkennbar ist.[54] Zudem erscheint der Dritte, sofern
er einmal etwas erlangt hat, besonders schutzwürdig und soll daher grundsätzlich
keiner direkten Leistungskondiktion gegen den Versprechenden ausgesetzt sein,
wenn ein Fehler im Deckungsverhältnis vorliegt.[55] Er soll darauf vertrauen können,
das Erlangte behalten zu dürfen.[56]

Exkurs:
Liegt ein unechter Vertrag zugunsten Dritter vor, ist also nur der Versprechensempfänger gegenüber dem Versprechenden Forderungsberechtigter, so liegen keine Besonderheiten gegenüber den
sog. Anweisungsfällen vor, weshalb Mehrpersonenverhältnisse dieser Art bereicherungsrechtlich
nach denselben Grundsätzen wie Anweisungsfälle zu behandeln sein sollten.[57]

---

[50] Vgl. BeckOK/*Janoschek* § 328 Rn. 1; Palandt/*Grüneberg* § 328 Rn. 3.

[51] NK-BGB/*v. Sachsen Gessaphe* § 812 Rn. 162; MüKo/*Schwab* § 812 Rn. 222; *Lorenz* JuS 2003,
839, 840.

[52] BGHZ 72, 246, 248 f.; 122, 46, 50; NK-BGB/*v. Sachsen Gessaphe* § 812 Rn. 163; BeckOK/*Wendehorst* § 812 Rn. 192 ff.; MüKo/*Schwab* § 812 Rn. 223; Palandt/*Sprau* § 812 Rn. 62; Hk-BGB/
Wiesel/Schulze § 812 Rn. 29.

[53] NK-BGB/*v. Sachsen Gessaphe* § 812 Rn. 163; Palandt/*Sprau* § 812 Rn. 62; Hk-BGB/*Wiesel/
Schulze* § 812 Rn. 29.

[54] NK-BGB/*v. Sachsen Gessaphe* § 812 Rn. 163.

[55] Vgl. MüKo/*Gottwald* § 328 Rn. 10; MüKo/*Schwab* § 812 Rn. 223; BeckOK/*Wendehorst* § 812
Rn. 193.

[56] Vgl. MüKo/*Gottwald* § 328 Rn. 10.

[57] *Thomale*, Leistung als Freiheit, 2012, S. 330, 331; NK-BGB/*v. Sachsen Gessaphe* § 812 Rn. 162.

36 Eine Ausnahme von dieser rechtlichen Wertung soll allerdings in den Fällen gelten, in denen im Valutaverhältnis eine unentgeltliche Zuwendung vorliegt. In diesen Konstellationen soll nämlich ein Durchgriff nach § 822 BGB gegenüber dem Dritten möglich bleiben.[58] Im vorliegenden Fall hat A zugunsten des S eine Diebstahlversicherung für dessen Auto abgeschlossen, um auf diese Weise seine Miete an S zu entrichten. Der Abschluss der Diebstahlversicherung war also die gegenüber S geschuldete Gegenleistung. Das Valutaverhältnis zwischen A und S hat somit entgeltlichen Charakter. Damit greift die Ausnahme des Durchgriffs auf den Dritten hier nicht. Demnach hat V als Versprechender nicht an den Dritten S geleistet.

III. Ergebnis

37 Folglich hat V mangels Leistungsbeziehung zwischen ihm und S keinen Anspruch auf Rückzahlung der Versicherungssumme gegenüber S gem. § 812 Abs. 1 S. 1 Fall 1 BGB.

B) Anspruch gem. § 812 Abs. 1 S. 1 Fall 2 BGB gegen S

38 V könnte allerdings einen Anspruch auf Rückzahlung der Versicherungssumme gegen S gem. § 812 Abs. 1 S. 1 Fall 2 BGB haben. Hierfür müsste S etwas in sonstiger Weise ohne Rechtsgrund erlangt haben.

I. Etwas erlangt

39 S müsste zunächst etwas im Sinne des § 812 BGB erlangt haben. Wie bereits festgestellt, ist S in Form der Bankgutschrift ein vermögenswerter Vorteil zugeflossen, sodass er „etwas" im Sinne des § 812 BGB erlangt hat (s.o. Rn. 2, 31).

II. In sonstiger Weise

40 Diesen Vorteil müsste S in sonstiger Weise erlangt haben. Dies setzt voraus, dass S den Vorteil nicht durch Leistung des Anspruchstellers und grundsätzlich auch nicht durch Leistung eines anderen – hier ggf. des A – erlangt hat (Vorrang der Leistungsbeziehungen, s.o. Rn. 15 ff.).

41   Wie bereits festgestellt, hat S die Bankgutschrift nicht durch Leistung des Anspruchstellers V erlangt. Allerdings könnte S die Bankgutschrift durch Leistung des A erlangt haben. Dieser wollte damit seine aus dem Mietvertrag bestehende Verbindlichkeit erfüllen. Unter Berücksichtigung des Vertrauensschutzes und der Risikoverteilung erscheint es angemessen, den nichtsahnenden S vor Fehlern aus dem Verhältnis von A und V vor dem direkten Zugriff des letzteren zu schützen.[59] Er soll gerade darauf vertrauen können, das von A Erlangte behalten zu dürfen.[60]

---

[58] NK-BGB/*v. Sachsen Gessaphe* § 812 Rn. 164; Jauernig/*Stadler* § 812 Rn. 42; MüKo/*Schwab* § 812 Rn. 225.

[59] S.o. Fn. 55.

[60] Vgl. MüKo/*Gottwald* § 328 Rn. 10.

Im Übrigen ist keine Ausnahme nach den Wertungen der § 816 Abs. 1 S. 2 (unentgeltlich), § 932 Abs. 2 (bösgläubig) oder § 935 BGB (wegen Abhandenkommens) ersichtlich, die eine andere Beurteilung rechtfertigen könnte. Somit hat S die Bankgutschrift durch Leistung des A erlangt. Ein direkter Zugriff des V auf S nach § 812 Abs. 1 S. 1 Fall 2 BGB ist wegen des Vorrangs der Leistungsbeziehungen ausgeschlossen. V kann sich somit alleine an A halten.

III. Ergebnis

Demgemäß hat V gegen S auch keinen Anspruch auf Rückzahlung der Versiche-   **42**
rungssumme nach § 812 Abs. 1 S. 1 Fall 2 BGB.

Fall 23

Monvando (M) ist ein erfolgreicher Farmer. Um seinen Erfolg auch in Zukunft aufrechterhalten zu können, versucht er mit der Zeit zu gehen und probiert dabei immer
wieder neue Anbaumethoden aus, ohne auch vor dem Einsatz stark umstrittener
Produkte zurückzuschrecken.

Wie gewohnt versprüht er auch jetzt wieder mit Hilfe eines Flugzeuges verschiedene Pestizide über seinen Feldern, um auf diese Weise die dort angebauten
Pflanzen vor Schädlingen zu schützen. Dabei unterläuft ihm wegen des an diesem
Morgen herrschenden dichten Nebels ein Fehler. M fliegt über die Grenzen seiner
eigenen Felder hinaus und verteilt die Pestizide auf einer Fläche von ca. 10 Hektar
auch über den Feldern seines Nachbarn Deniter (D). Während des Fluges bemerkt
M seinen Fehler nicht. Nachdem er allerdings nach der Landung von seinem Sohn,
der den Flug beobachtet hat, auf das Missgeschick aufmerksam gemacht worden ist,
wendet er sich an D und verlangt von diesem eine „Ausgleichzahlung" für die von
ihm auf dessen Feldern eingesetzten Pestizide. D weigert sich mit der Begründung,
dass er die Pestizide nicht gewollt habe. Anders als M setze er auf einen biologi-
schen Anbau, der mit dem Einsatz von Pestiziden nicht vereinbar sei. Die Motivation des D für diese Anbauweise liegt dabei weniger in der Produktion gesünderer
Nahrungsmittel als vielmehr darin, auf diese Weise höhere Verkaufspreise generie-
ren zu können.

Im Nachhinein erweist sich der Fehler des M aber aus zwei Gesichtspunkten als
überaus glücklich für D: Zum einen stellt ein Sachverständiger fest, dass ein Großteil der von D angebauten Avocados ohne den Einsatz des Pestizids durch einen
Schädlingsbefall zerstört worden wäre; zum anderen kann D die geretteten Avocados trotz des Pestizideinsatzes – seinen ursprünglichen Preiserwartungen entsprechend – veräußern, sodass ihm erhebliche Gewinneinbußen erspart bleiben.

Der ungewollte Pestizideinsatz bleibt aber nicht der einzige Streitfall zwischen
M und D. Kurz danach baut M auf einer zwischen den Feldern von M und D liegenden Freifläche ein Gewächshaus zum Anbau von Genmais. Dafür verwendet
er ausschließlich Material, das in seinem Eigentum steht. M geht dabei davon aus,

© Springer-Verlag GmbH Deutschland, ein Teil von Springer Nature 2019   311
J. Prütting, B. Scholl, *Die Schuldrechtsklausur II*, Tutorium Jura,
https://doi.org/10.1007/978-3-662-57602-1_24

dass er Eigentümer der bisher brachliegenden Fläche sei. Später stellt sich jedoch heraus, dass das bebaute Grundstück tatsächlich nicht M, sondern D gehört. Dies war katasterbedingt weder für D noch für M ersichtlich.

Dieser Fehler des M kommt dem D erneut zugute. Denn erst durch den Bau des Gewächshauses wird die Fläche wirtschaftlich voll nutzbar, da dort ein freier Agraranbau wegen der besonderen Bodenbeschaffenheit zuvor nicht möglich gewesen ist. D hätte die Fläche allenfalls als Lagerort für sein landwirtschaftliches Gerät nutzen können. Auch wenn D zwar selbst nie Genmais anbauen würde, kann er das Gewächshaus für eigene Zwecke gut gebrauchen und verlangt als Eigentümer Herausgabe von M. Dieser reagiert schockiert, gibt es aber nach Rücksprache mit seinem Rechtsanwalt an D heraus. Kurze Zeit später wendet sich M erneut an seinen Rechtsanwalt und fragt, ob er jetzt zumindest die für den Bau aufgewendeten Kosten und seinen Materialeinsatz von D erstattet verlangen kann.

Prüfen Sie, ob M gegen D sowohl wegen des Pestizideinsatzes als auch wegen der Errichtung des Gewächshauses Ansprüche zustehen.

Lösung Fall 23

▶ Der Fall beschäftigt sich mit der Verwendungskondiktion als Unterfall der Nichtleistungskondiktion. Da für Verwendungsersatz i.d.R. andere Anspruchsgrundlagen vorrangig anwendbar sind, kommt die Verwendungskondiktion nur sehr selten zum Einsatz. Der Fall setzt sachenrechtliche Kenntnisse voraus und richtet sich an Fortgeschrittene, vor allem an Examenskandidaten.

Teil 1: Ansprüche wegen der eingesetzten Pestizide

Mangels unmittelbarer oder abgeleiteter vertraglicher Beziehungen zwischen M **1** und D ist ein vertraglicher Anspruch von vornherein nicht in Betracht zu ziehen.

A) Anspruch gem. §§ 677, 683 S. 1, 670 BGB

M könnte gegen D aber einen Anspruch auf Ersatz der Kosten für den Pestizidein- **2** satz gem. §§ 677, 683 S. 1, 670 BGB unter dem Gesichtspunkt des Aufwendungsersatzes aus echter berechtigter Geschäftsführung ohne Auftrag haben. Das setzt voraus, dass die §§ 677 ff. BGB anwendbar sind und M mit dem Pestizideinsatz für einen anderen ein Geschäft ohne Auftrag oder sonstige Berechtigung besorgt hat, das dem Interesse und dem wirklichen oder jedenfalls mutmaßlichen Willen des Geschäftsherrn entsprach; zudem müssten ihm als Geschäftsführer infolgedessen Aufwendungen entstanden sein, die er nach den Umständen für erforderlich halten durfte.[1]

Der Anwendbarkeit könnte hier jedoch § 687 Abs. 1 BGB entgegenstehen. **3** Danach finden die Vorschriften der §§ 677 ff. BGB keine Anwendung, wenn jemand ein fremdes Geschäft in der Meinung besorgt, es sei ein eigenes. Eine solche irrtümliche Eigengeschäftsführung setzt voraus, dass das Geschäft für den Anspruchsteller objektiv fremd ist, ihm aber das Bewusstsein fehlt, das Geschäft als fremdes für einen anderen zu führen.[2]

Unabhängig von der wohl zu bejahenden Frage, ob es sich bei dem Pestizid- **4** einsatz um ein objektiv fremdes Geschäft handelt, hatte M jedenfalls nicht das Bewusstsein, ein fremdes Geschäft zu führen. Er ist davon ausgegangen, nur seine eigenen Felder zu besprühen, und hat seinen Fehler erst später aufgrund des Hinweises seines Sohns bemerkt. M hat das in der Versprühung der Pestizide zu sehende Geschäft ausschließlich in der Meinung besorgt, es sei sein eigenes. Damit liegt hier ein Fall irrtümlicher Eigengeschäftsführung vor, sodass die Anwendung der §§ 677 ff. BGB bereits gem. § 687 Abs. 1 BGB ausgeschlossen ist.

---

[1] Palandt/*Sprau* § 683 Rn. 3; BeckOK/*Gehrlein* § 677 Rn. 9; MüKo/*Schäfer* § 677 Rn. 1.

[2] Palandt/*Sprau* § 687 Rn. 1.

5   **Ergebnis:** Daher kommt ein auf den Ersatz von Aufwendungen gerichteter Anspruch des M gegen D aus §§ 677, 683 S. 1, 670 BGB nicht in Betracht.

B) Anspruch gem. § 994 Abs. 1 S. 1 BGB

6   M könnte gegen D aber gem. § 994 Abs. 1 S. 1 BGB einen auf den Ersatz der Kosten für die Pestizide gerichteten Anspruch haben. Dafür müsste zwischen M und D zum Verwendungszeitpunkt eine Vindikationslage bestanden haben, in deren Rahmen M gutgläubig notwendige Verwendungen auf eine im Eigentum des D befindliche Sache getätigt hätte.[3]

7   Eine Vindikationslage zwischen M und D liegt dann vor, wenn D Eigentümer und M nicht zum Besitz berechtigter Besitzer einer Sache des D gewesen ist.

Exkurs:
Grundsätzlich muss die Vindikationslage im Zeitpunkt der Vornahme der Verwendung vorgelegen haben.[4] Unter dem Stichwort des „nicht mehr berechtigten Besitzers" vertritt die Rechtsprechung des BGH aber die Meinung, dass ein Anspruch nach den §§ 994 ff. BGB auch dann in Betracht komme, wenn eine Vindikationslage zwar zum Zeitpunkt der Vornahme der Verwendungen nicht bestanden habe, eine solche aber jedenfalls später entstanden sei.[5] In der Literatur ist diese Konstellation umstritten.[6]

8   Im vorliegenden Fall war D Eigentümer der von M besprühten Anbaufläche. Es stellt sich allerdings die Frage, ob M jemals Besitzer dieser Fläche gewesen ist. Besitz ist die tatsächliche, von einem Herrschaftswillen getragene Herrschaft einer Person über eine Sache.[7] M ist hier lediglich mit seinem Flugzeug über das Feld des D geflogen. Das bloße Überfliegen kann auch dann keine von der Verkehrsanschauung anerkannte tatsächliche Herrschaft des Piloten über den Boden begründen, wenn hierbei Flüssigkeit über einem Gebiet versprüht wird.[8] Anderweitige Aspekte, die einen Besitz des M begründen könnten, sind nicht ersichtlich. Daher ist M niemals Besitzer der besprühten Felder des D gewesen. Folglich bestand zu keinem Zeitpunkt eine Vindikationslage zwischen M und D.

9   **Ergebnis:** Damit kommt auch ein Anspruch des M gegen D nach § 994 Abs. 1 S. 1 BGB nicht in Betracht.

---

[3] MüKo/*Raff* § 994 Rn. 10 ff., 26 ff., 40 ff.

[4] MüKo/*Raff* Vor § 987 Rn. 15 ff. m.w.N.

[5] BGHZ 131, 220, 222; 34, 122, 131; dazu Staudinger/*Lorenz* (2007) Vor §§ 812 ff. Rn. 42.

[6] Die Rspr. ablehnend z. B. *Baur/Stürner* Sachenrecht, 18. Aufl. 2009, § 11 Rn. 29; *Habersack* Sachenrecht, 8. Aufl. 2016, Rn. 104 f.; für Analogie zu §§ 994 ff. BGB *H. Prütting*, Sachenrecht, 36. Aufl. 2017, Rn. 556.

[7] Palandt/*Herrler* Überb. § 854 Rn. 1; BeckOK/*Fritzsche* § 854 Rn. 3; BGHZ 57, 166, 168; BGH NJW 2015, 1678 Rn. 24.

[8] Hierzu MüKo/*Joost* § 854 Rn. 5 f.

C) Anspruch gem. § 812 Abs. 1 S. 1 Fall 1 BGB

Ein Anspruch des M gegen D könnte sich jedoch aus § 812 Abs. 1 S. 1 Fall 1   **10**
BGB ergeben. Dafür müsste D etwas durch Leistung des M ohne rechtlichen Grund
erlangt haben.

I. Etwas erlangt

Erlangtes Etwas ist jeder vermögenswerte Vorteil.[9] Im vorliegenden Fall hat M   **11**
über einer im Eigentum des D stehenden Anbaufläche Pestizide versprüht, die ihre
Schutzwirkung auf den von D angebauten Avocados entfaltet und nach den Fest-
stellungen eines Sachverständigen eine ansonsten wegen eines Schädlingsbefalls zu
erwartende Missernte verhindert haben. Damit hat D jedenfalls den Gebrauchsvorteil des Pestizids und folglich bei objektiver Betrachtung einen vermögenswerten
Vorteil erlangt.[10]

Fraglich ist, ob daran der Umstand etwas ändert, dass D die Pestizide gar nicht   **12**
haben wollte. Ob das Erlangte einen vermögenswerten Vorteil begründet, beurteilt
sich nicht nach dem subjektiven Willen des Anspruchsgegners, sondern nach der
objektiven Verkehrsanschauung.[11] Diese ordnet das Versprühen von Pestiziden über
fremden Pflanzen und den damit verbundenen Gebrauchsvorteil als Vermögenswert
i.S.d. § 812 Abs. 1 BGB ein. Somit hat D etwas erlangt.

II. Durch Leistung

Diesen vermögenswerten Vorteil müsste D auch durch Leistung des M erlangt   **13**
haben. Unter Leistung ist jede bewusste und zweckgerichtete Mehrung fremden
Vermögens zu verstehen.[12] Im vorliegenden Fall ist M unbewusst über die Grenzen
seiner eigenen Felder hinausgeflogen und hat deshalb die Pestizide nicht nur
auf seinen, sondern auch auf den Feldern des D versprüht. Darin ist weder aus
seiner noch aus der maßgeblichen Perspektive eines objektiven Leistungsempfängers eine bewusste und zweckgerichtete Mehrung fremden Vermögens zu sehen.
Seitens eines objektiven Beobachters ist es gerade nicht zu erwarten gewesen,
dass M sich auch um das Nachbarfeld kümmert, da er dies weder in der Vergangenheit getan hat, noch eine denkbare Verpflichtung oder zwischenzeitliche
Abrede ersichtlich wäre und das Geschehen sich somit allseits als Missverständ-
nis darstellen musste. Folglich hat D das erlangte Etwas nicht durch Leistung des
M erlangt.

---

[9] BGH NJW 1995, 53, 54; Palandt/*Sprau* § 812 Rn. 4, 8; BeckOK/*Wendehorst* § 812 Rn. 53 ff.;
NK-BGB/*Prinz v. Sachsen Gessaphe* § 812 Rn. 8; vgl. Jauernig/*Stadler* § 812 Rn. 8; Hk-BGB/
Wiese/Schulze § 812 Rn. 3.

[10] Siehe hierzu NK-BGB/*Prinz v. Sachsen Gessaphe* § 677 Rn. 12; MüKo/*Schwab* § 812 Rn. 18 f.;
BGHZ 55, 128, 130 ff.

[11] Zum Grundsatz MüKo/*Schwab* § 812 Rn. 1–4.

[12] BGHZ 58, 184, 188; Palandt/*Sprau* § 812 Rn. 3; NK-BGB/*Prinz v. Sachsen Gessaphe* § 812
Rn. 13.

III. Ergebnis

14 Damit kommt auch ein Anspruch des M gegen D gemäß § 812 Abs. 1 S. 1 Fall 1 BGB nicht in Betracht.

> **Aufbauhinweis:**
>
> Es wäre auch möglich, direkt mit der Prüfung einer Nichtleistungskondiktion zu beginnen und die Abgrenzung zur Leistungskondiktion dort beim Tatbestandsmerkmal „nicht durch Leistung" vorzunehmen.

D) Anspruch gem. § 812 Abs. 1 S. 1 Fall 2 BGB

15 Mangels Leistung des M könnte sich ein gegen D gerichteter Anspruch aber unter dem Gesichtspunkt der allgemeinen Nichtleistungskondiktion[13] – in Form der Verwendungskondiktion – nach § 812 Abs. 1 S. 1 Fall 2 BGB ergeben. Dafür müsste der mögliche Bereicherungsschuldner D etwas in sonstiger Weise auf Kosten des potentiellen Bereicherungsgläubigers M ohne rechtlichen Grund erlangt haben.[14]

I. Etwas erlangt

16 D hat, wie bereits festgestellt, in Form eines Gebrauchsvorteils einen vermögenswerten Vorteil erlangt. Fraglich ist jedoch, ob dieser Gebrauchsvorteil auch im Rahmen der hier in Betracht kommenden Verwendungskondiktion als das erlangte Etwas eingeordnet werden kann. Dabei ließe sich die Auffassung vertreten, dass im Rahmen einer Verwendungskondiktion der vermögenswerte Vorteil gegenstandsbezogen sein muss und eine Verwendungskondiktion daher bei bloßen Gebrauchsvorteilen, wie dem versprühten Pestizid, nicht in Betracht zu ziehen ist.[15] Für diese Sichtweise spricht, dass die Tatbestände der Kondiktion nicht auf etwas Abstraktes, sondern auf das konkret Erlangte abstellen.[16] Dieses Abstellen auf das konkret Erlangte gewinnt bei der Verwendungskondiktion dadurch besondere Bedeutung, dass der Bereicherungsgegenstand nicht privatautonom vereinbart, sondern durch den Bereicherungsgläubiger bestimmt wird.[17]

17 Dem steht jedoch entgegen, dass eine Konkretisierung einer getätigten Verwendung auf einen bestimmten Gegenstand weder durch ein Kausalverhältnis noch durch eine andere rechtliche Zuweisung vorgenommen wird.[18] Eine Verengung des

---

[13] Die speziellen Nichtleistungskondiktionen der § 816 Abs. 1 S. 1, 2, Abs. 2 und § 822 BGB liegen hier fern, so dass eine Erörterung unterbleiben sollte.

[14] NK-BGB/*Prinz v. Sachsen Gessaphe* § 812 Rn. 101; Palandt/*Sprau* § 812 Rn. 47; vgl. MüKo/*Schwab* § 812 Rn. 341 ff.

[15] NK-BGB/*Prinz v. Sachsen Gessaphe* § 812 Rn. 68 f., 101.

[16] NK-BGB/*Prinz v. Sachsen Gessaphe* § 812 Rn. 8, 68.

[17] NK-BGB/*Prinz v. Sachsen Gessaphe* § 812 Rn. 68.

[18] BeckOK/*Wendehorst* § 812 Rn. 150.

Erlangten auf eine gegenstandsbezogene Festlegung überzeugt daher nicht.[19] Somit kann auch im Rahmen der Verwendungskondiktion von dem Erfordernis eines gegenstandsbezogenen Vorteils abgesehen werden. Damit genügt jede Art von Vermögensmehrung, auch ein Gebrauchsvorteil.[20] Somit hat D auch im Sinne der Verwendungskondiktion etwas erlangt.

II. In sonstiger Weise

Diesen vermögenswerten Vorteil müsste D „in sonstiger Weise" erlangt haben. Klarheit herrscht insoweit, als dass es sich nicht um eine Leistung des Anspruchstellers handeln darf.[21] Wie bereits geprüft (Rn. 13), fehlt es an einer Leistung des M. Nicht entscheidend ist hier die Frage, ob das Erlangte dem Anspruchsgegner auch von niemand anderem durch Leistung zugewendet worden sein darf, mithin ob es einen generellen Vorrang der Leistungsbeziehungen gibt.[22] Aus der maßgeblichen Sicht des D hat hier auch niemand anders an ihn geleistet.   **18**

Hier könnte als Unterfall der Nichtleistungskondiktion eine Verwendungskondiktion vorliegen. In Abgrenzung zur Eingriffskondiktion gründet diese darauf, dass die kondiktionsbedingte Vermögensverschiebung nicht aufgrund des Verhaltens des Bereicherungsschuldners, sondern durch ein freiwilliges Vermögensopfer des Bereicherungsgläubigers – eine Verwendung auf eine fremde Sache – ausgelöst wird.[23] Dieser muss eine Maßnahme getroffen haben, um eine fremde Sache wiederherzustellen, zu erhalten oder zu verbessern.[24]   **19**

Hier versprühte M Pestizide über den Anbauflächen des D. Die darauf von D angebauten Avocados wären ohne den Einsatz des Pestizids durch einen Schädlingsbefall zerstört worden. Dementsprechend hat M mit dem Versprühen eine Maßnahme getroffen, die eine fremde Sache – die Avocados des D – verbessert, jedenfalls aber zumindest erhalten hat. Der Irrtum des M, der annahm, seine eigenen Anbauflächen zu besprühen, steht der Annahme einer Verwendung nicht entgegen; er ist für die Verwendungskondiktion gerade typisch.[25] Somit hat M Verwendungen auf Sachen des D getätigt, und dieser hat mit der Gebrauchsmöglichkeit einen vermögenswerten Vorteil „in sonstiger Weise" erlangt.   **20**

---

[19] BeckOK/*Wendehorst* § 812 Rn. 150.

[20] Palandt/*Sprau* § 812 Rn. 8; BeckOK/*Wendehorst* § 812 Rn. 150.

[21] *Medicus/Petersen* BürgR, Rn. 727; *Looschelders* SchuldR BT, Rn. 1060.

[22] So die h.M.; vgl. BGHZ 40, 272, 278; BGH NJW 1977, 2210, 2210; NK-BGB/*Prinz v. Sachsen Gessaphe* § 812 Rn. 190; Palandt/*Sprau* § 812 Rn. 7; *Looschelders* SchuldR BT, Rn. 1060; *Brox/ Walker* Besonderes SchuldR, § 42 Rn. 2.

[23] Palandt/*Sprau* § 812 Rn. 47, 48; vgl. MüKo/*Schwab* § 812 Rn. 341; Soergel/*Schmidt-Kessel/ Hadding* § 812 Rn. 66; Hk-BGB/*Wiese/Schulze* § 812 Rn. 19; jurisPK-BGB/*Martinek* § 812 Rn. 103.

[24] MüKo/*Schwab* § 812 Rn. 341; NK-BGB/*Prinz v. Sachsen Gessaphe* § 812 Rn. 102; Palandt/ *Sprau* § 812 Rn. 48. – Umstritten ist, ob eine Verwendung auch dann vorliegt, wenn dadurch die Sache grundlegend umgestaltet wird (s.u. Rn. 47 ff.). Da dies hier offensichtlich nicht der Fall war, musste darauf nicht eingegangen werden.

[25] BeckOK/*Wendehorst* BGB § 812 Rn. 148; Palandt/*Sprau* § 812 Rn. 48.

III. Auf Kosten des Anspruchstellers

21 Des Weiteren müsste D den vermögenswerten Vorteil auf Kosten des M erlangt haben.[26] Das ist dann der Fall, wenn der Vorteil vor der Erlangung durch den Anspruchsgegner der Vermögenssphäre des Anspruchstellers zuzurechnen gewesen ist.[27]

Exkurs:

Das Tatbestandsmerkmal „auf dessen Kosten" findet nach allg. Auffassung nur auf die Nichtleistungs-, nicht aber auf die Leistungskondiktion Anwendung[28] und dient der Bestimmung der Parteien der in Frage stehenden Verwendungskondiktion. Bereicherungsgläubiger ist danach, wer eigene Mittel einsetzt; Bereicherungsschuldner, wer nicht nur mittelbar, sondern unmittelbar begünstigt wird.[29] Anders wird diese Voraussetzung bei der Eingriffskondiktion ausgelegt: Dort kommt es darauf an, dass der Bereicherungsschuldner die erlangte Vermögensposition durch Eingriff in den Zuweisungsgehalt eines Rechts des Bereicherungsgläubigers erlangt hat.

22 Hier hat M Pestizide versprüht, die zuvor in seinem Eigentum gestanden haben. Den damit einhergehenden Gebrauchsvorteil hat D unmittelbar durch die Handlung des M erhalten. Dementsprechend hat D den vermögenswerten Vorteil auf Kosten des Anspruchstellers M erlangt.

IV. Ohne Rechtsgrund

23 Schließlich setzt der Anspruch voraus, dass der Anspruchsgegner den vermögenswerten Vorteil ohne rechtlichen Grund erlangt hat.[30] Das ist dann der Fall, wenn die Rechtsordnung keinen besonderen Behaltensgrund für den Empfänger bereithält.[31] Im vorliegenden Fall ist ein solcher nicht ersichtlich. Daher hat D die Pestizide und den mit ihnen einhergehenden Gebrauchsvorteil ohne rechtlichen Grund erlangt.

V. Zwischenergebnis

24 Damit ist der auf Ersatz seiner Verwendungen gerichtete Anspruch des M gegen D aus § 812 Abs. 1 S. 1 Fall 2 BGB entstanden. D ist an sich verpflichtet, die erlangten Gebrauchsvorteile herauszugeben.[32] Da das bei Gebrauchsvorteilen aufgrund ihrer Beschaffenheit jedoch regelmäßig nicht möglich ist, hat er dafür gem. § 818 Abs. 2 BGB Wertersatz zu leisten.[33]

---

[26] NK-BGB/*Prinz v. Sachsen Gessaphe* § 812 Rn. 103; BeckOK/*Wendehorst* § 812 Rn. 151; MüKo/*Schwab* § 812 Rn. 342 ff.

[27] NK-BGB/*Prinz v. Sachsen Gessaphe* § 812 Rn. 103; BeckOK/*Wendehorst* § 812 Rn. 151; MüKo/*Schwab* § 812 Rn. 343.

[28] Vgl. NK-BGB/*Prinz v. Sachsen Gessaphe* § 812 Rn. 21; BeckOK/*Wendehorst* § 812 Rn. 109.

[29] NK-BGB/*Prinz v. Sachsen Gessaphe* § 812 Rn. 103.

[30] Hk-BGB/*Wiese/Schulze* § 812 Rn. 19; Jauernig/*Stadler* § 812 Rn. 80; vgl. BeckOK/*Wendehorst* § 812 Rn. 158.

[31] BeckOK/*Wendehorst* § 812 Rn. 158; Palandt/*Sprau* § 812 Rn. 51; NK-BGB/*Prinz v. Sachsen Gessaphe* § 812 Rn. 104.

[32] Palandt/*Sprau* § 818 Rn. 5; Jauernig/*Stadler* § 818 Rn. 5; Hk-BGB/*Wiese/Schulze* § 818 Rn. 2.

[33] Siehe hierzu BeckOK/*Wendehorst* § 818 Rn. 21; Hk-BGB/*Wiese/Schulze* § 818 Rn. 6; Palandt/*Sprau* § 818 Rn. 17; MüKo/*Schwab* § 818 Rn. 43.

VI. Aufgedrängte Bereicherung

Diesem Ergebnis könnten jedoch die Grundsätze der aufgedrängten Bereicherung **25** entgegenzuhalten sein.[34] Auch wenn der genaue Umgang mit dieser Rechtsfigur bis heute nicht geklärt ist,[35] besteht Einigkeit darüber, dass der Schutz des (angeblich) Bereicherten vor einer aufgedrängten Bereicherung unumgänglich ist.[36] Um dieses Ziel zu erreichen, könnte entweder § 814 BGB analog heranzuziehen[37] oder der Wert der Bereicherung nicht anhand eines objektiven, sondern eines subjektiven Maßstabs zu ermitteln sein, was mit § 818 Abs. 2[38] oder § 818 Abs. 3[39] BGB begründet werden könnte.[40] Teilweise wird der Einwand des Rechtsmissbrauchs (§ 242 BGB) herangezogen, wenn der Bereicherungsgläubiger zur Beseitigung verpflichtet ist (§ 1004 BGB).[41]

Exkurs:
Gegen eine analoge Anwendung des § 814 BGB zur Lösung der Problematik der aufgedrängten Bereicherung spricht zum einen, dass § 814 BGB unmittelbar nur auf die Leistungskondiktion anzuwenden ist, und zum anderen, dass eine Übertragung des Grundgedankens des § 814 BGB, einen Bereicherungsanspruch aufgrund widersprüchlichen Verhaltens zu verneinen, auf den Fall der aufgedrängten Bereicherung nur eingeschränkt möglich ist.[42] Die alternative Heranziehung des § 818 Abs. 2 BGB kann allerdings nur gelingen, wenn ausnahmsweise auf einen subjektiven Wertmaßstab abgestellt wird.[43] Gegen einen subjektiven Wertmaßstab i.R.d. § 818 Abs. 2 BGB kann wiederum vorgebracht werden, dass der Schutz vor aufgedrängter Bereicherung ebenso, wenn nicht sogar unkomplizierter im Rahmen des Entreicherungsgedankens des § 818 Abs. 3 BGB gelingt.[44]

Fraglich ist zunächst, ob das Versprühen der Pestizide für D überhaupt eine aufge- **26** drängte Bereicherung darstellt. Einerseits könnte eine aufgedrängte Bereicherung bereits dann angenommen werden, wenn eine Verwendung auf ein fremdes Gut zwar objektiv werterhöhend ist, der Bereicherte sie subjektiv aber gar nicht gewollt hat oder sie für ihn persönlich nutzlos ist.[45] Danach läge hier eine aufgedrängte

---

[34] Siehe hierzu Palandt/*Sprau* § 812 Rn. 52; Soergel/*Schmidt-Kessel/Hadding* § 812 Rn. 69; NK-BGB/*Prinz v. Sachsen Gessaphe* § 812 Rn. 106 ff.

[35] MüKo/*Schwab* § 818 Rn. 224 ff.; BeckOK/*Wendehorst* § 818 Rn. 141 ff.; NK-BGB/*Prinz v. Sachsen Gessaphe* § 812 Rn. 106 ff.

[36] MüKo/*Schwab* § 818 Rn. 224 ff.; BeckOK/*Wendehorst* § 818 Rn. 141 ff.; NK-BGB/*Prinz v. Sachsen Gessaphe* § 812 Rn. 106 ff.

[37] OLG Koblenz NJW 2008, 1679, 1681; *Klauser* NJW 1965, 513, 515 f.

[38] BeckOK/*Wendehorst* § 818 Rn. 145; NK-BGB/*Prinz v. Sachsen Gessaphe* § 812 Rn. 107.

[39] MüKo/*Schwab* § 818 Rn. 225.

[40] MüKo/*Schwab* § 818 Rn. 225 f.; BeckOK/*Wendehorst* § 818 Rn. 145; NK-BGB/*Prinz v. Sachsen Gessaphe* § 812 Rn. 107.

[41] PWW/*H. Prütting* § 812 Rn. 72; vgl. Jauernig/*C. Berger* § 951 Rn. 20.

[42] MüKo/*Schwab* § 818 Rn. 225.

[43] BeckOK/*Wendehorst* § 818 Rn. 145; NK-BGB/*Prinz v. Sachsen Gessaphe* § 812 Rn. 107.

[44] NK-BGB/*Prinz v. Sachsen Gessaphe* § 812 Rn. 107; MüKo/*Schwab* § 818 Rn. 225.

[45] Hk-BGB/*Wiese/Schulze* § 812 Rn. 21.

Bereicherung vor, da D die Pestizide, die über seinen Avocados versprüht wurden, gar nicht wollte.

27   Andererseits könnte aber auch auf den objektiven Wertzuwachs abzustellen sein, sofern dieser durch den Bereicherungsschuldner entweder verwirklicht wurde oder sich zumindest verwirklichen lässt.[46] Ein entgegenstehender subjektiver Wille des Bereicherungsschuldners allein führte dann nicht zur aufgedrängten Bereicherung. Hier wurden die Avocados des D durch den Einsatz des Pestizids vor einem Schädlingsbefall bewahrt, der einen Großteil der Anbaufläche vernichtet hätte. Ohne das Versehen des M hätte D erhebliche Gewinneinbußen erlitten, vor denen er mit Hilfe des Pestizideinsatzes bewahrt worden ist. Nach dieser Auffassung läge also keine aufgedrängte Bereicherung des D vor.

28   Für diese letztere Sicht spricht, dass ein Bereicherungsschuldner, der einen konkret-individuellen – und damit auf seine spezifische Situation bezogenen – vermögenswerten Vorteil erlangt hat, keines Schutzes vor einem Wertersatzanspruch bedarf. Bei alleinigem Abstellen auf den subjektiven Willen des Bereicherungsschuldners würde der erlangte Vermögensvorteil nicht berücksichtigt.[47] Nach hier vertretener Ansicht liegt hier demnach keine aufgedrängte Bereicherung vor. Auf die Frage, wie die Rechtsfigur der aufgedrängten Bereicherung im Einzelnen zu behandeln ist, kommt es nicht an.

VII. Ergebnis

29   Damit steht dem M gegen D ein auf Wertersatz gerichteter Anspruch für seine in Form des Pestizideinsatzes getätigten Verwendungen gem. § 812 Abs. 1 S. 1 Fall 2 BGB zu.

Teil 2: Ansprüche auf Verwendungsersatz hinsichtlich der Errichtung des Gewächshauses

Ein vertraglicher Anspruch des M gegen D wegen der Errichtung des Gewächshauses kommt auch hier mangels vertraglicher Beziehung nicht in Betracht.

A) Anspruch gem. §§ 677, 683 S. 1, 670 BGB

30   Ein Anspruch des M gegen D auf Erstattung der Kosten für den Bau des Gewächshauses könnte sich aus §§ 677, 683 S. 1, 670 BGB unter dem Gesichtspunkt des Aufwendungsersatzes aus berechtigter Geschäftsführung ohne Auftrag ergeben.

---

[46] NK-BGB/*Prinz v. Sachsen Gessaphe* § 812 Rn. 107; Jauernig/*Stadler* § 812 Rn. 81; Palandt/*Sprau* § 812 Rn. 52.

[47] Vgl. Jauernig/*Stadler* § 812 Rn. 81.

Grundvoraussetzung ist jedoch auch hier, dass die Vorschriften über die Geschäftsführung ohne Auftrag anwendbar sind. Dem könnte erneut § 687 Abs. 1 BGB entgegenstehen. Danach finden die Vorschriften der §§ 677 ff. BGB dann keine Anwendung, wenn jemand ein fremdes Geschäft in der Meinung besorgt, es sei ein eigenes. M hat das Gewächshaus in dem Glauben errichtet, dass es sich bei dem bebauten Grundstück um sein eigenes handele. Er wusste nicht, dass das Gewächshaus nach den §§ 946, 93, 94 Abs. 1 S. 1 BGB[48] in das Eigentum des D fiel, sondern ging davon aus, dass es in seinem eigenen Eigentum verbleibe und er es selbst nutzen könne. Dementsprechend hat er dieses Geschäft in der Meinung besorgt, es sei sein eigenes. In diesem Fall irrtümlicher Eigengeschäftsführung ist die Anwendung der §§ 677 ff. BGB gem. § 687 Abs. 1 BGB ausgeschlossen.

Ergebnis: Somit steht M gegen D kein Anspruch nach den §§ 677, 683 S. 1, 670 **31**
BGB zu.

B) Anspruch gem. § 994 Abs. 1 S. 1 BGB

M könnte gegen D wegen der Errichtung des Gewächshauses aber einen auf Ver- **32**
wendungsersatz gerichteten Anspruch nach § 994 Abs. 1 S. 1 BGB haben. Das setzt voraus, dass M notwendige Verwendungen getätigt und zum Zeitpunkt deren Vornahme zwischen ihm und D eine Vindikationslage bestanden hat.[49]

I. Vindikationslage

Für das Bestehen einer Vindikationslage müsste M als derjenige, der die vermeint- **33**
lichen Verwendungen getätigt hat, nicht zum Besitz berechtigter Besitzer des zuvor brachliegenden Grundstücks und D dessen Eigentümer gewesen sein.

1. Eigentum des D

Laut Sachverhalt war D Eigentümer des besagten Grundstücks. **34**

2. Besitz des M

Ferner müsste M Besitzer dieses Grundstücks gewesen sein. Besitzer ist, wer die **35**
tatsächliche Sachherrschaft hat.[50] Hier hat M auf dem Grundstück ein Gewächshaus errichtet. Dies ist nur möglich, wenn er jedenfalls zum Zeitpunkt der Bebauung tatsächliche Sachherrschaft gehabt hat. Daher war er jedenfalls zum damaligen Zeitpunkt Besitzer des Grundstücks.

---

[48] Vgl. dazu BGHZ 41, 157 = NJW 1969, 1125, 1126.

[49] Vgl. Palandt/*Herrler* § 994 Rn. 1; BeckOK/*Fritzsche* § 994 Rn. 4, 43; Jauernig/*Berger* Vor §§ 994-1003 Rn. 2, § 994 Rn. 1.

[50] Vgl. Palandt/*Herrler* Überb. § 854 Rn. 1; BeckOK/*Fritzsche* § 854 Rn. 3, 20.

3. Kein Recht zum Besitz des M

36 Schließlich dürfte M kein Recht zum Besitz an dem Grundstück des D gehabt haben.[51] Ein solches kann sich beispielsweise aus Vertrag, Geschäftsführung ohne Auftrag oder aus einem dinglichen Recht ergeben. Eine solche Rechtsbeziehung ist hier zwischen M und D allerdings nicht ersichtlich. Insbesondere kann § 912 BGB dem Überbauenden erst nach einem entschuldigten Überbau, nicht aber bereits vor dessen Errichtung ein Besitzrecht geben. Daher hatte M zum Zeitpunkt der Errichtung des Gewächshauses kein Recht zum Besitz an dem Grundstück des D.

4. Zwischenergebnis

37 Damit lag zwischen D und M eine Vindikationslage vor.

II. Notwendige Verwendungen

38 Darüber hinaus müsste M notwendige Verwendungen auf das Grundstück des D vorgenommen haben. Unter einer Verwendung ist ein freiwilliges Vermögensopfer zu verstehen, das zumindest auch der Sache zugutekommen soll, indem es ihrer Wiederherstellung, ihrer Erhaltung oder ihrer Verbesserung dient.[52]

39 Im vorliegenden Fall hat M auf dem Grundstück des D ein Gewächshaus gebaut. Da sich diese bisher ungenutzte Freifläche nicht zum agrarischen Anbau geeignet hat, ließe sich die Sichtweise vertreten, dass die Errichtung des Gewächshauses eine Verbesserung der Sache, des Grundstücks, darstellt. Dementsprechend könnte hier in dem Bau des Gewächshauses eine Verwendung erblickt werden.

> **Aufbauhinweis:**
>
> Auf den aus dem „Grindelhochhaus-Fall" des BGH[53] bekannten Meinungsstreit, ob eine Verwendung nur dann vorliegt, wenn die Aufwendung die Sache nicht grundlegend umgestaltet, wird an dieser Stelle noch nicht eingegangen, weil es jedenfalls an der Notwendigkeit der Verwendung fehlt. Selbstverständlich könnte die Frage auch an dieser Stelle erörtert werden. Hier erfolgt die Darstellung im Rahmen von § 996 BGB (s.u. Rn. 47).

40 Bei dem Bau des Gewächshauses müsste es sich allerdings auch um eine notwendige Verwendung handeln. Eine Verwendung ist dann notwendig, wenn sie aus objektiver Sicht zur Erhaltung oder zur ordnungsgemäßen Bewirtschaftung der Sache zum Zeitpunkt der Vornahme der Verwendung erforderlich ist, der Eigentümer sie sonst selbst hätte machen müssen und sie nicht nur den Sonderzwecken des Besitzers dient.[54] Hier konnte D zwar die Fläche nur aufgrund des Gewächshauses zum

---

[51] MüKo/*Raff* Vor § 987 Rn. 15; Jauernig/*Berger* Vor §§ 994–1003 Rn. 2.

[52] RGZ 152, 100, 102; BGHZ 131, 220, 222 f. = NJW 1996, 921, 922; BGHZ 10, 171, 177.

[53] BGHZ 41, 157, 160 = NJW 1964, 1125, 1127; ablehnend BeckOK/*Fritzsche* § 994 Rn. 21 m.w.N.

[54] BGH NJW-RR 2013, 1318 Rn. 22; Palandt/*Herrler* § 994 Rn. 5.

landwirtschaftlichen Anbau selbst nutzen, allerdings bestand für D kein entsprechendes Bedürfnis, da er die Freifläche ebenso gut als Abstellfläche hätte gebrauchen können. Somit handelt es sich bei dem hier von M errichteten Gewächshaus nicht um eine notwendige Verwendung.

III. Ergebnis

Somit steht M auch kein Verwendungsersatzanspruch aus § 994 Abs. 1 S. 1 BGB **41**
gegen D zu.

C) Anspruch gem. § 996 BGB

M könnte gegen D allerdings einen Anspruch auf Verwendungsersatz gem. § 996 **42**
BGB haben. Genau wie der aus § 994 Abs. 1 S. 1 BGB folgende Anspruch setzt
auch dieser voraus, dass zwischen dem Anspruchsteller und dem Anspruchsgegner
eine Vindikationslage bestanden hat. Unterschiede ergeben sich erst bei der Art der
getätigten Verwendung. Anders als § 994 Abs. 1 S. 1 BGB verlangt § 996 BGB
nämlich keine notwendige, sondern lediglich eine nützliche Verwendung, die vor
Rechtshängigkeit und Bösgläubigkeit des Anspruchstellers von diesem gemacht
wurde und die den Wert der Sache objektiv erhöht hat.[55]

I. Vindikationslage
Wie bereits geprüft (s.o. Rn. 33), lag eine Vindikationslage zwischen M und D vor. **43**

II. Nützliche Verwendungen
Maßgeblich für die Entstehung dieses Anspruchs ist daher alleine, ob es sich bei **44**
dem errichteten Gewächshaus um eine nützliche Verwendung handelt.

Aufbauhinweis:

Üblicherweise wird zunächst das Vorliegen einer Verwendung und danach deren
Nützlichkeit geprüft, was selbstverständlich hier auch möglich wäre. Hier wird
zum Zwecke einer umfassenden Prüfung eine umgedrehte Prüfungsreihenfolge
gewählt.

1. Der Begriff der Nützlichkeit
Eine nützliche Verwendung liegt vor, wenn es sich – negativ formuliert – nicht um **45**
eine notwendige handelt und sie den Wert der Sache zum Zeitpunkt deren Wiedererlangung durch den Eigentümer erhöht hat.[56]

---

[55] Palandt/*Herrler* § 996 Rn. 1, 2; Jauernig/*Berger* § 996 Rn. 1; Hk-BGB/*Schulte-Nölke* § 996 Rn. 1, 2.
[56] MüKo/*Raff* § 996 Rn. 2; vgl. Jauernig/*Berger* § 996 Rn. 2; BeckOK/*Fritzsche* § 996 Rn. 3.

Exkurs:
Grenze des Verwendungsanspruches gem. § 996 BGB wegen nützlicher Verwendungen ist im Hinblick auf die Wertsteigerung die Höhe der tatsächlich getätigten Aufwendung.[57] Für sogenannte Luxusverwendungen, d. h. Verwendungen, die weder notwendige noch nützliche Verwendungen sind, besteht kein Verwendungsanspruch gem. §§ 994 ff. BGB.[58]

46 Im vorliegenden Fall konnte D die bis dahin zum Anbau landwirtschaftlicher Produkte ungeeignete Fläche nur aufgrund des Neubaus zum Anbau weiterer Avocados wirtschaftlich sinnvoll nutzen. Damit ist eine objektive Wertsteigerung des Grundstücks verbunden. Demgemäß war die Errichtung des Gewächshauses für D nützlich.

2. Bau des Gewächshauses als Verwendung

47 Fraglich ist jedoch, ob das errichtete Gewächshaus überhaupt eine Verwendung i.S.d. §§ 994 ff. BGB (zum Begriff s.o. Rn. 38) darstellt. Dabei lässt sich mit einem weiten Verwendungsbegriff die Auffassung vertreten, dass Verwendungen unabhängig davon vorliegen, ob sie die Sache, auf die sie getätigt werden, verändern oder nicht.[59] Danach würde es sich bei der Errichtung des Gewächshauses durch M auf dem Grundstück des D zweifellos um eine Verwendung handeln, da M damit ein freiwilliges Vermögensopfer auf die Sache, das Grundstück, gemacht hat.[60] Dagegen lässt sich nach einem engen Verständnis des Verwendungsbegriffs aber auch vertreten, dass Verwendungen nur solche freiwilligen Vermögensopfer auf eine Sache sind, die diese nicht grundlegend umgestalten.[61] Danach wäre das errichtete Gewächshaus nicht als Verwendung einzuordnen, da das zuvor unbebaute Grundstück durch die Errichtung eines Gebäudes grundlegend umgestaltet wird.[62]

48 Für ein weites Verständnis des Verwendungsbegriffs spricht, dass sich weder aus dem Gesetz noch aus den Gesetzesmaterialien Hinweise für eine restriktive Auslegung ergeben. Darüber hinaus besteht auch bei grundlegender Umgestaltung einer Sache die Notwendigkeit, einen angemessenen Ausgleich zwischen den Interessen des Verwenders und des Eigentümers zu finden. Diesen können die §§ 994 ff. BGB grundsätzlich gewähren. Außerdem ist der Eigentümer vor einer überobligationsmäßigen Inanspruchnahme durch den Besitzer aufgrund des § 1001 BGB und über die Grundsätze der aufgedrängten Bereicherung geschützt.[63]

---

[57] BGHZ 166, 365 Rn. 9 = NJW 2006, 1729.

[58] Palandt/*Herrler* § 996 Rn. 2.

[59] Palandt/*Herrler* § 994 Rn. 4; MüKo/*Raff* § 994 Rn. 20; Staudinger/*Gursky* (2012) Vor §§ 994–1003 Rn. 8; BeckOK/*Fritzsche* § 994 Rn. 21.

[60] Siehe hierzu Palandt/*Herrler* § 994 Rn. 4; MüKo/*Raff* § 994 Rn. 20; Staudinger/*Gursky* (2012) Vor §§ 994–1003 Rn. 8; BeckOK/*Fritzsche* § 994 Rn. 21.

[61] BGHZ 41, 157, 160; 10, 171, 178.

[62] Siehe hierzu BGHZ 10, 171, 178; BGH WM 1962, 1086, 1087; 1965, 1028, 1029; 1969, 295, 296.

[63] Zum Ganzen BeckOK/*Fritzsche* § 994 Rn. 21; *M. Wolf* AcP 166 (1966), 188, 195; vgl. MüKo/*Raff* § 994 Rn. 20.

Dieser Sichtweise ist jedoch entgegenzuhalten, dass dem Eigentümer sein **49** Recht, selbständig über die Zweckbestimmung der Sache zu entscheiden, von einem unberechtigten Besitzer nicht genommen werden darf.[64] Dies wäre jedoch der Fall, wenn man auch die grundlegende Umgestaltung der Sache als Verwendung verstünde und den Eigentümer nur auf § 1001 BGB verwiese. Außerdem ist nur der enge Verwendungsbegriff geeignet, den Eigentümer vor unverhältnismäßig hohen Verwendungsersatzansprüchen des Besitzers zu schützen, da weder der über § 1001 BGB gewährleistete Schutz noch die Differenzierung zwischen notwendigen und nützlichen Verwendungen einen derartig nachhaltigen Schutz gewährleisten kann.[65] Schließlich spricht aus systematischer Sicht gegen die Einbeziehung tiefgreifender Umgestaltungen in den Verwendungsbegriff, dass diese Fälle unter die §§ 946 ff. BGB und nicht unter §§ 994 ff. BGB zu fassen sein dürften.[66] Dementsprechend erweist sich der einschränkende enge Verwendungsbegriff als vorzugswürdig. Somit handelt es sich bei dem errichteten Gewächshaus nicht um eine Verwendung.

A.A. ebenso gut vertretbar. Dann wäre der Anspruch zu bejahen.

III. Ergebnis

Damit hat M gegen D auch gem. § 996 BGB keinen Anspruch auf Verwendungs- **50** ersatz wegen des errichteten Gewächshauses.

D) Anspruch gem. § 951 Abs. 1 S. 1 i.V.m. § 812 Abs. 1 S. 1 Fall 2 BGB

Ein Verwendungsersatzanspruch des M gegen D wegen des errichteten Gewächs- **51** hauses könnte sich jedoch aus § 951 Abs. 1 S. 1 i.V.m. § 812 Abs. 1 S. 1 Fall 2 BGB ergeben. Das setzt zunächst voraus, dass Anspruchsteller M aufgrund der gesetzlichen Erwerbstatbestände der §§ 946 ff. BGB einen Rechtsverlust erlitten hat.[67]

Vorgelagert ist jedoch die Frage, ob der aus § 951 Abs. 1 S. 1 i.V.m. § 812 Abs. 1 **52** S. 1 Fall 2 BGB folgende Anspruch überhaupt anwendbar ist. Dem könnte die Sperrwirkung der §§ 994 ff. BGB entgegenstehen. Zu bedenken ist dabei, dass die dafür erforderliche Vindikationslage zwischen M und D vorgelegen hat und ein Anspruch aus den §§ 994 ff. BGB nur daran gescheitert ist, dass der Bau des Gewächshauses nicht unter den Begriff der Verwendung subsumiert werden konnte.

---

[64] Hk-BGB/*Schulte-Nölke* § 994 Rn. 2.

[65] Vgl. MüKo/*Raff* § 994 Rn. 15.

[66] Vgl. BeckOK/*Fritzsche* § 994 Rn. 19.

[67] Palandt/*Herrler* § 951 Rn. 1, 2; MüKo/*Füller* § 951 Rn. 5 ff.; BeckOK/*Kindl* § 951 Rn. 4 ff.

Beachte:
Sowohl die Frage nach dem Verhältnis der §§ 994 ff. BGB zu § 951 Abs. 1
S. 1 i.V.m. § 812 Abs. 1 S. 1 Fall 2 BGB als auch die damit einhergehende
Frage nach der Reichweite der Sperrwirkung des EBV ist höchst umstritten[68]
und stellt ein beliebtes Problem in vielen Examensklausuren dar.

53   Dabei ließe sich die Auffassung vertreten, dass zwischen den §§ 994 ff. BGB und
§ 951 Abs. 1 S. 1 i.V.m. § 812 Abs. 1 S. 1 Fall 2 BGB ein Verhältnis im Sinne einer
Idealkonkurrenz besteht und mit den §§ 994 ff. BGB daher keine Sperrwirkung verbunden ist.[69] Dafür spricht, dass der ursprünglich besitzende Anspruchsteller anderenfalls besser gestellt wäre als der nicht besitzende, da nur für den besitzenden
eine Sperrwirkung in Betracht kommt. Ein Grund für eine Differenzierung zwischen einem besitzenden und einem nicht besitzenden Anspruchsteller ist aber nicht
ersichtlich.[70]

54   Einer solchen Sichtweise ist jedoch entgegenzuhalten, dass es sich bei den
§§ 994 ff. BGB um Spezialvorschriften handelt, die die Annahme einer Idealkonkurrenz schon systematisch nicht zulassen.[71] Vor diesem Hintergrund erscheint es auch
als dogmatisch inkonsistent, eine Ausnahme von der Sperrwirkung der §§ 994 ff.
BGB davon abhängig zu machen, ob ein Verwendungsersatzanspruch nach den
§§ 994 ff. BGB tatsächlich besteht oder nicht.[72] Die Annahme einer Idealkonkurrenz hätte zur Folge, dass auch der bösgläubige Besitzer bessergestellt wäre, da er
dann nicht nur auf einen Anspruch aus Geschäftsführung ohne Auftrag verwiesen
wäre (§ 994 Abs. 2 BGB), sondern ggf. auch noch den Bereicherungsanspruch aus
§ 951 Abs. 1 S. 1 i.V.m. § 812 Abs. 1 S. 1 Fall 2 BGB geltend machen könnte.[73]
Schließlich steht auch der besitzende Anspruchsteller nicht völlig schutzlos, da ihm
jedenfalls das Wegnahmerecht aus § 997 BGB zusteht und ihm in schwerwiegenden
Fällen auch ein Ausgleichsanspruch nach § 242 BGB gewährt werden kann.

55   Dementsprechend erscheint die Sichtweise vorzugswürdig, dass die §§ 994 ff.
BGB das Verhältnis zwischen dem nichtberechtigten Besitzer und dem Eigentümer
abschließend regeln und auch der Anspruch aus § 951 Abs. 1 S. 1 i.V.m. § 812
Abs. 1 S. 1 Fall 2 BGB neben den Vorschriften des EBV nicht anwendbar ist.[74] Da

---

[68] Vgl. MüKo/*Füller* § 951 Rn. 38; Staudinger/*Lorenz* (2007) Vor §§ 812 ff. Rn. 42 f.; NK-BGB/
Prinz v. Sachsen Gessaphe § 812 Rn. 100.

[69] *Canaris* JZ 1996, 344, 346; NK-BGB/*Prinz v. Sachsen Gessaphe* § 812 Rn. 100; vgl. Jauer-
nig/*Berger* § 951 Rn. 23; Staudinger/*Lorenz* (2007) Vor §§ 812 ff. Rn. 42 f.; MüKo/*Füller* § 951
Rn. 38.

[70] *Canaris* JZ 1996, 344, 346; NK-BGB/*Prinz v. Sachsen Gessaphe* § 812 Rn. 100.

[71] Vgl. MüKo/*Füller* § 951 Rn. 38; Soergel/*Henssler* § 951 Rn. 22.

[72] Vgl. BGHZ 41, 157, 162.

[73] Vgl. Staudinger/*Lorenz* (2007) Vor §§ 812 ff. Rn. 43.

[74] BGHZ 41, 157, 162; BGH NJW 1996, 52, 53; vgl. RGZ 163, 348, 352.

im vorliegenden Fall der Anwendungsbereich der §§ 994 ff. BGB mit dem Vorliegen der Vindikationslage eröffnet ist, ist der Anspruch nach § 951 Abs. 1 S. 1 i.V.m. § 812 Abs. 1 S. 1 Fall 2 BGB durch das EBV gesperrt.

Ergebnis: Somit steht M gegen D wegen des errichteten Gewächshauses auch **56** kein Anspruch nach den § 951 Abs. 1 S. 1 i.V.m. § 812 Abs. 1 S. 1 Fall 2 BGB zu.

E) Anspruch gem. § 812 Abs. 1 S. 1 Fall 2 BGB

Darüber hinaus steht die Sperrwirkung der §§ 994 ff. BGB auch einem allgemeinen **57** bereicherungsrechtlichen Anspruch des M gegen D aus § 812 Abs. 1 S. 1 Fall 2 BGB entgegen.

Exkurs:
Einige Stimmen in der Literatur sprechen sich zwar für eine Ausnahme der Sperrwirkung hinsichtlich eines Anspruches gem. § 951 Abs. 1 S. 1 i.V.m. § 812 Abs. 1 S. 1 Fall 2 BGB aus, lehnen eine solche für das allgemeine Bereicherungsrecht aber ab.[75] Die h.M. bejaht dagegen mit den vorgenannten Argumenten die Sperrwirkung der §§ 994 ff. BGB gegenüber dem gesamten Bereicherungsrecht.[76]

F) Anspruch gem. § 242 BGB

M könnte gegen D aber ein aus § 242 BGB folgender und auf Ausgleichszahlung **58** gerichteter Anspruch für die Errichtung des Gewächshauses zustehen.[77] Ein solcher Anspruch kommt allerdings nur als *ultima ratio* in Betracht, wenn dem Anspruchsteller sowohl ein anderweitiger Ersatzanspruch als auch das Wegnahmerecht nach § 997 BGB verwehrt sind.[78] Der BGH möchte mit diesem Anspruch unbillige Ergebnisse vermeiden, die durch die Annahme des engen Verwendungsbegriffs entstehen.[79] Der Ausgleichsanspruch ist daher nur dann erforderlich, wenn der Anspruchsteller ansonsten völlig schutzlos stünde.

Da hier bereits festgestellt worden ist, dass M gegen D kein Anspruch auf Ersatz **59** zusteht, kommt es für den Anspruch aus § 242 BGB maßgeblich darauf an, ob er das Wegnahmerecht nach § 997 BGB geltend machen kann. Das Wegnahmerecht setzt voraus, dass zwischen Anspruchsteller und Anspruchsgegner eine Vindikationslage bestanden hat und der Besitzer mit der fremden Sache eine andere als wesentlichen Bestandteil verbunden hat.[80] Wie bereits gezeigt, ist das Gewächshaus gem.

---

[75] BeckOK/*Wendehorst* § 812 Rn. 160.

[76] Palandt/*Herrler* Vor §§ 994-1003 Rn. 15; BeckOK/*Wendehorst* § 812 Rn. 160; Hk-BGB/*Wiese/ Schulze* § 812 Rn. 20; Soergel/*Schmidt-Kessel/Hadding* § 812 Rn. 66.

[77] Siehe hierzu BGHZ 41, 157, 164 f.

[78] Vgl. BGHZ 41, 157, 164 f.

[79] Vgl. BGHZ 41, 157, 164 f.

[80] MüKo/*Raff* § 997 Rn. 4 ff.

§§ 93, 94 Abs. 1 S. 1 BGB zu einem wesentlichen Bestandteil des Grundstücks geworden. Im Zeitpunkt der Verbindung bestand zwischen M und D eine Vindikationslage. Folglich sind die Voraussetzungen des § 997 Abs. 1 BGB erfüllt, sodass M gegen D ein Wegnahmerecht zusteht.

Exkurs:
Für Wohnraum galt früher das Verbot baulicher Veränderung gem. § 22 des damaligen Wohnraumbewirtschaftungsgesetzes. Durch diese Vorschrift war das Wegnahmerecht gem. § 997 BGB im sogenannten Grindelhochhaus-Fall ausgeschlossen, weshalb der BGH dem Anspruchsteller einen Ausgleichsanspruch nach § 242 BGB in Geld zugesprochen hat.[81]

60   Da dem M damit das Wegnahmerecht nach § 997 BGB zusteht, erscheint er nicht weiter schutzwürdig. Ein Anspruch des M gegen D aus § 242 BGB scheidet ebenfalls aus.

G) Gesamtergebnis zu Teil 2

61   M hat gegen D – mit Ausnahme des Wegnahmerechts nach § 997 BGB – wegen der Errichtung des Gewächshauses keinen Anspruch.

---

[81] BGHZ 41, 157, 164 f.

Fall 24

Frau S, Ehefrau des früheren Vorstandsvorsitzenden eines großen Aachener Versicherers und Juraprofessors, hat in Dresden eine Eigentumswohnung erworben („Abschreibungsobjekt"). Wie es der Zufall will, hat im gleichen Haus Frau B, die Ehefrau des ehemaligen sächsischen Ministerpräsidenten, der ebenfalls Juraprofessor ist, eine weitere Eigentumswohnung (ebenfalls ein Abschreibungsobjekt). Die Wohnung von Frau S steht leer, die Wohnung von Frau B ist vermietet. Trotzdem erhält Frau S eine Stromrechnung von der Drewag – Stadtwerke Dresden GmbH (D), die sie überweist. Danach stellt sie Nachforschungen an und findet heraus, dass die Handwerker die Stromanschlüsse der beiden Wohnungen vertauscht haben. Nun fordert Frau S von Frau B den Ersatz der aufgewendeten Stromkosten von 200 €. Als Antwort schreibt ihr Herr Prof. B in Vertretung seiner Frau, Frau S habe ihren Anspruch in dem Verhältnis geltend zu machen, in dem sie geleistet habe. Eine direkte Zahlung von Frau B an Frau S komme auch deshalb nicht in Frage, weil Frau B noch ein Guthaben gegen D aus Gaslieferungen habe und damit aufrechnen wolle.

Kann Frau S von Frau B oder von D Zahlung von 200 € verlangen?

Lösung Fall 24

▶ Dieser kurze Fall behandelt die sehr spezielle und nur selten anwendbare Rückgriffskondiktion als Unterfall der Nichtleistungskondiktion. Kenntnisse können allein von Examenskandidaten erwartet werden.

A) Ansprüche der Frau S gegen Frau B

I. Anspruch aus §§ 670, 683 S. 1, 677 BGB

Zunächst könnte Frau S gegen Frau B einen Anspruch auf Zahlung von 200 €   **1**
aus §§ 670, 683 S. 1, 677 BGB (Geschäftsführung ohne Auftrag) haben. Zwar

© Springer-Verlag GmbH Deutschland, ein Teil von Springer Nature 2019
J. Prütting, B. Scholl, *Die Schuldrechtsklausur II*, Tutorium Jura,
https://doi.org/10.1007/978-3-662-57602-1_25

ist die Tilgung fremder Schulden ein objektiv fremdes Geschäft. Allerdings setzt eine (echte) Geschäftsführung ohne Auftrag voraus, dass der Geschäftsführer den Willen hat, ein fremdes Geschäft zu führen. Durch die Zahlung wollte Frau S ihre eigene Schuld bei D begleichen. Die Vermutung des Fremdgeschäftsführungswillens bei objektiv fremden Geschäften[1] ist widerlegt. Mangels Fremdgeschäftsführungswillens scheidet ein Anspruch der Frau S gegen Frau B aus §§ 670, 683 S. 1, 677 BGB aus.

II. Anspruch aus § 812 Abs. 1 S. 1 Fall 2 BGB

2   Weiterhin kommt ein Anspruch aus § 812 Abs. 1 S. 1 Fall 2 BGB (Rückgriffs-kondiktion) in Betracht. Dieser Anspruch setzt voraus, dass Frau B „in sonstiger Weise", also nicht durch Leistung der Frau S an sie, etwas auf Kosten von Frau S ohne rechtlichen Grund erlangt hat.

1. Etwas erlangt

a) Befreiung von Verbindlichkeit durch Zahlung des Geldbetrages?

3   Zunächst müsste Frau B etwas erlangt haben. Darunter fällt jeder vermögenswerte Vorteil. Hier könnte Frau B durch die Zahlung der Frau S an D von einer Verbindlichkeit gegenüber D befreit worden sein. Zwar können Verbindlichkeiten gem. § 267 BGB grundsätzlich auch durch Dritte getilgt werden. Dies setzt jedoch den erklärten Willen des Dritten voraus, eine fremde Schuld zu tilgen.[2] Frau S wollte durch die Leistung an die Stadtwerke eine eigene Schuld tilgen, weil sie sich irrtümlich für verpflichtet hielt. Nur so konnte D die Leistung der Frau S verstehen. Eine solche Leistung befreit den wahren Schuldner (Frau B) nicht. Frau B hat also nichts erlangt.

b) Durch nachträgliche Änderung der Tilgungsbestimmung?

4   Fraglich ist, ob eine nachträgliche Änderung der Tilgungsbestimmung durch den Leistenden möglich ist mit der Folge, dass Frau S ihre Leistung auf die wirklich bestehende Schuld der Frau B umdirigieren und dann bei ihr Rückgriff nehmen könnte. Dies ist umstritten:

5   Eine Ansicht lehnt dies ab.[3] Dies wird damit begründet, dass es ansonsten zu einer Beeinträchtigung von Rechten des wirklichen Schuldners (Frau B) kommen könnte, weil ihm (Frau B) etwaige Einwendungen oder Einreden gegen den Gläubiger (D) wie eine Aufrechnungsmöglichkeit, ein Zurückbehaltungsrecht oder die Verjährung des Anspruchs verloren gingen. Ließe man eine Änderung der Tilgungsbestimmung zu, könne es zu dem Fall kommen, dass der wirkliche Schuldner zwischenzeitlich in

---

[1] Dazu Fall 27 Rn. 4, Fall 29 Rn. 5.

[2] BGH NJW 2018, 1079 Rn. 26.

[3] Vgl. *Medicus/Lorenz*, SchuldR II, Rn. 1213; *Medicus/Petersen* BürgR, Rn. 951; MüKo/*Schwab* § 812 Rn. 263; Jauernig/*Stadler* § 812 Rn. 76; Erman/*Buck-Heeb* § 812 Rn. 32; Staudinger/*Lorenz* (2007) § 812 Rn. 60.

Unkenntnis an den Gläubiger geleistet hätte und dann seinerseits bei dem Gläubiger kondizieren müsste.[4] Denkbar ist auch, dass der Gläubiger etwa aus persönlichen Gründen gegen den wirklichen Schuldner gar nicht vorgehen möchte. Aus diesen abstrakten Erwägungen wird der Schluss gezogen, dass die einseitige Tilgungsbestimmung nicht nachträglich abänderbar sei. Danach bliebe es dabei, dass ein Bereicherungsanspruch von Frau S gegen Frau B nicht besteht.

Die Gegenauffassung[5] hält grundsätzlich eine nachträgliche Änderung der Tilgungsbestimmung zum Schutze des vermeintlichen Schuldners (Frau S) für zulässig, der andernfalls das Risiko der Durchsetzbarkeit eines Bereicherungsanspruchs gegen den Gläubiger (D) zu tragen hätte. Allerdings soll dies nicht der Fall sein, wenn Interessen des wirklichen Schuldners (Frau B) oder des Gläubigers (D) dem im konkreten Einzelfall entgegenstehen. Im vorliegenden Fall könnte der wirkliche Schuldner (Frau B) konkret schutzwürdig sein. Sie hat vortragen lassen, dass sie mit einem Guthaben aus der Gaslieferung durch D aufrechnen wolle. Wenn eine solche Aufrechnungsmöglichkeit besteht, kommt auch nach dieser Auffassung eine Rückgriffskondiktion des vermeintlichen Schuldners gegen den wirklichen Schuldner nicht in Betracht.   **6**

Nach beiden vertretenen Auffassungen ist Frau B also nicht von einer Verbindlichkeit gegenüber D befreit worden. Sie hat nichts erlangt.

2. Ergebnis

Damit kann Frau S von Frau B nicht Zahlung von 200 € aus § 812 Abs. 1 S. 1 Fall 2 BGB verlangen.   **7**

Zur Vertiefung:
Der Unterschied zwischen den beiden vertretenen Auffassungen besteht darin, dass nach der erstgenannten abstrakte Schuldnerschutzerwägungen eine Rückgriffskondiktion ausschließen sollen, während nach der zweiten Auffassung die Gründe tatsächlich vorliegen müssen.

Bestünde eine Aufrechnungsmöglichkeit nicht, hätte Frau B nach der zweiten Auffassung die Befreiung von einer Verbindlichkeit erlangt, so dass die weiteren Voraussetzungen des § 812 Abs. 1 S. 1 Fall 2 BGB zu prüfen wären: In der nachträglichen Änderung der Tilgungsbestimmung läge keine Leistung der Frau S an Frau B (Frau S ändert die Tilgungsbestimmung nicht, um das Vermögen der Frau B zu mehren, sondern um ihr Geld wiederzubekommen; die Schuldbefreiung der Frau B ist bloßer Reflex davon), so dass letztere die Befreiung von der Verbindlichkeit in sonstiger Weise erlangt

---

[4] MüKo/*Schwab* § 812 Rn. 263.
[5] BGH NJW 1986, 2700; AG Köln, Urt. v. 23.02.2015 – 142 C 633/13, BeckRS 2015, 05128; Palandt/*Grüneberg* § 267 Rn. 3, 8; Palandt/*Sprau* § 812 Rn. 63; NK-BGB/*v. Sachsen Gessaphe* § 812 Rn. 183; BeckOGK/*Krafka* § 267 Rn. 18 f.

hätte. Dies wäre auch auf Kosten der Frau S geschehen, denn nur weil diese eigenes Vermögen (den Bereicherungsanspruch gegen D) opferte, wurde Frau B als wahrer Schuldner von der Verbindlichkeit befreit. Ein rechtlicher Grund dafür besteht nicht. Danach hätte Frau S einen Anspruch auf Zahlung von 200 € aus § 812 Abs. 1 S. 1 Fall 2 BGB gegen Frau B.

Da die Rückgriffskondiktion gegenüber allen anderen Regresswegen subsidiär ist, bleibt für sie nur ein sehr schmaler Anwendungsbereich. Denn im Regelfall gibt es im Falle der Zahlung auf eine fremde Schuld vorrangige Anspruchsgrundlagen. Regelmäßig ist das die echte berechtigte GoA (§§ 683 S. 1, 670 BGB). Entspricht die Leistung nicht dem Interesse und Willen des wirklichen Schuldners, gelten die Vorschriften der echten unberechtigten GoA. Insoweit verweist § 684 S. 1 BGB nach h.M. auf die Rechtsfolgen des Bereicherungsrechts, d. h. auf § 818 Abs. 2 BGB; es bedarf also nicht der Prüfung des Tatbestands der Rückgriffskondiktion (dazu s. Fall 28 Rn. 35). Weitere gegenüber der Rückgriffskondiktion vorrangige Regressmöglichkeiten bieten der Gesamtschuldnerinnenausgleich (§ 426 Abs. 1 und 2 BGB) und die *cessio legis* (z. B. § 774 Abs. 1 S. 1 BGB; § 86 VVG). Bei der nachträglichen Änderung der Tilgungsbestimmung (sollte sie möglich sein) wird die Rückgriffskondiktion deshalb für anwendbar gehalten, weil es bei der ursprünglichen Zahlung am Fremdgeschäftsführungswillen fehlte und in der Änderung der Tilgungsbestimmung kein eigenes (auch) fremdes Geschäft gesehen wird (sähe man das anders, müsste man auch hier §§ 684 S. 1, 818 Abs. 2 BGB anwenden).

B) Anspruch der Frau S gegen D aus § 812 Abs. 1 S. 1 Fall 1 BGB

8　Frau S könnte gegen D einen Anspruch auf Rückzahlung von 200 € aus § 812 Abs. 1 S. 1 Fall 1 BGB haben. Dann müsste D zunächst etwas erlangt haben. Durch die Überweisung der Frau S hat D einen Anspruch gegen die kontoführende Bank auf Auszahlung erlangt.[6] Dies müsste auch durch Leistung der S erfolgt sein. Leistung ist die bewusste zweckgerichtete Mehrung fremden Vermögens. Hier hat S die Rechnung bezahlt, da sie davon ausging, dazu verpflichtet zu sein. Sie hat also das Vermögen der D bewusst und zweckgerichtet gemehrt, mithin an sie geleistet. Schließlich müsste die Leistung ohne rechtlichen Grund erfolgt sein. Der Rechnung der D lag die falsche Stromabnahmestelle zugrunde. Für die Zahlung der 200 € durch Frau S fehlte es also an einer rechtlichen Grundlage.

Damit hat Frau S gegen D einen Anspruch auf Rückzahlung von 200 € aus §§ 812 Abs. 1 S. 1 Fall 1, 818 Abs. 2 BGB.

---

[6] Zu den Einzelheiten s. Fall 21 Rn. 2.

Fall 25

Im schönen Spätsommer des Jahres 2010 lernen sich die treue Tamara (T) und der in den vergangenen Jahren sehr sprunghafte Schwerenöter Stefan (S) kennen. Nur kurze Zeit später verlieben sich beide ineinander und leben fortan in einer nichtehelichen Lebensgemeinschaft. Eine Eheschließung kommt für beide nicht in Betracht, da die Ehe „altmodisches Zeug" sei und sie selbst sowieso vielmehr in die sog. „Generation beziehungsunfähig" einzuordnen seien.

Nachdem ihre „wilde Ehe" über zwei Jahre hinweg – wider Erwarten – gut funktioniert hat, die Mieten im schönen Hamburg ins Unermessliche gestiegen sind und S durch einen unerwarteten Lottogewinn an eine nicht unerhebliche Geldsumme gekommen ist, entschließen sich beide, ihre bisher getrennten Wohnungen aufzugeben und ein gemeinsames Haus im Grünen zu erwerben, um dort das Zusammenleben zu wagen. Nach nur kurzer Suche besichtigen sie ein in Wedel gelegenes Hausgrundstück, in das sie sich aufgrund der Nähe zur Elbe und des damit verbundenen Ausblicks auf die täglich vorbeifahrenden Frachter sofort verlieben.

Da dies ihr gemeinsames Zuhause werden soll und sie kein „Mein und Dein" mehr wollen, erwerben sie dieses Hausgrundstück im Oktober 2012 zu gleichen Teilen. Der Kaufpreis beträgt 500.000 €. Als Anzahlung leistet S seinen Lottogewinn in Höhe von 200.000 € und finanziert den Restbetrag über ein allein von ihm abgeschlossenes Darlehen, dessen Raten zunächst ebenfalls ausschließlich durch ihn – als den Besserverdienenden – getragen werden. Nur kurze Zeit später nach Abschluss des Kaufvertrages werden beide – wie von T und S beabsichtigt – als Miteigentümer zu je ½ ins Grundbuch eingetragen.

Im Januar 2015 meldet sich bei S der gierige Gustav (G), dessen Existenz S bis dahin nicht bekannt war. G ist nachweislich das einzige Kind des S, das aus einer früheren Liaison mit einer von S sitzengelassenen Dame stammt. Da S aufgrund der geltenden Erbvorschriften nun Angst bekommen hat, dass sich seine geliebte T nach seinem Tod mit G auseinandersetzen muss und ggf. nicht in dem schönen Haus bleiben kann, überträgt er seinen Miteigentumsanteil im Februar 2015 auf T, die anschließend als Alleineigentümerin im Grundbuch eingetragen

© Springer-Verlag GmbH Deutschland, ein Teil von Springer Nature 2019
J. Prütting, B. Scholl, *Die Schuldrechtsklausur II*, Tutorium Jura,
https://doi.org/10.1007/978-3-662-57602-1_26

wird. Der Eigentumsübertragung liegt ein notarieller Vertrag zugrunde, in dem sich die T verpflichtet, fortan anstelle des S die Darlehensraten zu zahlen (§ 2 des Vertrages), nicht ohne Zustimmung des S zu dessen Lebzeiten über den erworbenen Grundbesitzanteil zu verfügen (§ 3) sowie ihm seinen ursprünglichen Miteigentumsanteil zurückzuübertragen, sofern ihre Lebensgemeinschaft noch zu Lebzeiten des S beendet werden sollte (§ 4). Darüber hinaus vereinbarten S und T, dass der im Fall des Verstoßes gegen das in § 3 geregelte Verfügungsverbot entstehende Rückübertragungsanspruch nicht vererblich sei (§ 5) und dass T dem S ein lebenslanges unentgeltliches Wohnungs- und Mitbenutzungsrecht in dem Haus einräume (§ 6). Eine Zahlungsverpflichtung der T sieht der Vertrag nicht vor. Auf das von S aufgenommene Darlehen hat S zu diesem Zeitpunkt bereits 27.000 € bezahlt. Kurze Zeit später verstirbt S bei einem tragischen Verkehrsunfall.

Wie von S zuvor vorausgeahnt, versucht G als Alleinerbe des S möglichst viel Kapital aus dessen Tod zu schlagen, da er der Ansicht ist, dass S ihm und seiner Mutter gegenüber noch einiges gutzumachen habe. Aus diesem Grund wendet er sich auch an T und verlangt von ihr zwar nicht die Übertragung des Miteigentumsanteils am Hausgrundstück, dafür jedoch die Hälfte des von S für das Haus aufgewendeten Geldes, insgesamt also 113.500 €.

Steht dem G als Alleinerben des S ein entsprechender Anspruch gegen T zu?

Bearbeiterhinweis:
Ein etwaiger Pflichtteilsergänzungsanspruch (§ 2329 BGB) ist nicht zu prüfen.

Lösung Fall 25

▶   Im Rahmen einer nichtehelichen Lebensgemeinschaft wenden die Partner einander oft erhebliche Vermögenswerte zu, die sie im Falle einer Trennung zurückfordern möchten. Bei den Zuwendungen handelt es sich nach ständiger Rspr. nicht um Schenkungen, sondern um gemeinschaftsbezogene, sog. unbenannte Zuwendungen. Der BGH hat seine früher sehr restriktive Rspr. geändert und ermöglicht nun bei Scheitern der Gemeinschaft unter bestimmten Voraussetzungen eine Rückforderung über die Regeln des Wegfalls der Geschäftsgrundlage oder die Zweckverfehlungskondiktion. Die Einzelheiten sind schwierig; der Fall wendet sich vor allem an Fortgeschrittene und Examenskandidaten mit Kenntnissen im Familienrecht.

A) Anspruch aus § 426 Abs. 1 S. 1 i.V.m. § 1922 Abs. 1 BGB

1   Ein Anspruch des G gegen T auf Zahlung von 113.500 € könnte sich zunächst aus § 426 Abs. 1 S. 1 BGB i.V.m. § 1922 Abs. 1 BGB ergeben. Das setzt voraus, dass S und T hinsichtlich des Kaufpreises des Hausgrundstücks ursprünglich

Gesamtschuldner i.S.d. § 421 BGB waren und der Innenausgleich zwischen den Gesamtschuldnern vertraglich nicht ausgeschlossen wurde.[1] Darüber hinaus müsste ein ggf. zwischen S und T entstandener Anspruch infolge Erbgangs auf G übergegangen sein.

I. S und T als Gesamtschuldner des Kaufpreises

S und T müssten hinsichtlich des Kaufpreises des Hausgrundstücks Gesamtschuldner i.S.d. § 421 BGB gewesen sein. Nach der Legaldefinition in § 421 S. 1 BGB liegt eine Gesamtschuld vor, wenn (1) mehrere (2) eine Leistung in der Weise schulden, dass (3) jeder die ganze Leistung zu bewirken verpflichtet, (4) der Gläubiger aber nur einmal zur Forderung der Leistung berechtigt ist.[2]

2

Exkurs:

Als weitere, ungeschriebene Voraussetzung verlangt die h.M. die Gleichstufigkeit der Verpflichtungen.[3] An der Gleichstufigkeit fehlt es etwa, wenn **von außen** ersichtlich ist, dass zwischen den Schuldnern ein Rangverhältnis besteht,[4] also einer der Schuldner „näher dran" ist.[5] Ob ein solches Rangverhältnis besteht, beurteilt sich damit primär nach dem Auftreten der Schuldner gegenüber dem Gläubiger.[6] Keine Gesamtschuld liegt insbesondere dann vor, wenn einer der Schuldner lediglich akzessorisch zu dem Hauptschuldner haftet und regressberechtigt ist (so bei der Bürgschaft, bei der es gem. § 774 Abs. 1 BGB zu einem gesetzlichen Übergang der Hauptforderung auf den zahlenden Bürgen kommt, oder bei der akzessorischen Gesellschafterhaftung gem. § 128 HGB). Auch z. B. der Brandstifter und der Sachversicherer sind gegenüber dem Gebäudeeigentümer keine Gesamtschuldner, was sich schon daran zeigt, dass die Forderung gegen den Brandstifter bei Zahlung durch den Sachversicherer gem. § 86 VVG auf diesen übergeht (*cessio legis*).[7] Das Merkmal der Gleichstufigkeit dient vor allem der Abgrenzung der §§ 421 ff. BGB von § 255 BGB.[8]

Auf den vorliegenden Fall übertragen bedeutet das, dass S und T Gesamtschuldner waren, wenn beide gegenüber dem Verkäufer des Grundstücks zur Kaufpreiszahlung verpflichtet waren, dieser den gesamten Kaufpreis von S und T jeweils alleine hätte fordern können und zwischen beiden kein im Außenverhältnis zum Ausdruck kommendes Rangverhältnis bestand.

3

S und T kauften das Hausgrundstück im Oktober 2012 zu gleichen Teilen, da sie kein „Mein und Dein" mehr wollten. Dadurch waren beide gem. § 433 Abs. 2 BGB zur Kaufpreiszahlung verpflichtet. Der Verkäufer konnte den Kaufpreis daher grundsätzlich von beiden, insgesamt jedoch nur einmal fordern. Darüber hinaus

4

---

[1] Hk-BGB/*Schulze* § 426 Rn. 2.
[2] Ausf. zu den Voraussetzungen MüKo/*Bydlinski* § 421 Rn. 3 ff.
[3] BGHZ 137, 76, 82; BGH NJW 2007, 1208, 1210; NK-BGB/*Völzmann-Stickelbrock* § 421 Rn. 8; Palandt/*Grüneberg* § 421 Rn. 7; ausf. *Ehmann* AcP 211 (2011), 491 ff.
[4] BGH NJW 2007, 1208, 1209 f.; Hk-BGB/*Schulze* § 421 Rn. 4.
[5] BeckOGK/*Kreße* § 421 Rn. 41.
[6] MüKo/*Bydlinski* § 421 Rn. 12.
[7] Hk-BGB/*Schulze* § 421 Rn. 4; MüKo/*Bydlinski* § 421 Rn. 12; vgl. auch BGHZ 13, 360, 365 f.
[8] MüKo/*Bydlinski* § 421 Rn. 12.

ist – auch wenn S die Anzahlung allein geleistet und die Tilgung des Darlehens übernommen hat – nicht ersichtlich, dass S und T im Außenverhältnis, d. h. gegenüber dem Verkäufer des Grundstücks, zum Ausdruck gebracht haben, dass in erster Linie S verpflichtet sein sollte. Folglich waren S und T aufgrund ihrer gleichstufigen Verpflichtung zur Kaufpreiszahlung Gesamtschuldner i.S.d. § 421 S. 1 BGB.

II. Ausschluss des Ausgleichsanspruchs im Rahmen einer nichtehelichen Lebensgemeinschaft

5   § 426 Abs. 1 S. 1 BGB sieht im Innenverhältnis grundsätzlich eine Haftung zu gleichen Teilen vor, sodass S von T danach die Hälfte des von ihm aufgewendeten Geldes, mithin 113.500 €, hätte verlangen können. Allerdings gilt dies nach der Vorschrift nur insoweit, als nichts anderes bestimmt ist. Eine solche anderweitige Bestimmung kann sich insbesondere aus Gesetz oder einem Vertrag ergeben.[9]

Exkurs:
Das Gesetz sieht abweichende Bestimmungen z. B. in den §§ 840 Abs. 2, 3, 841, 1833 Abs. 2 S. 2 BGB und in den §§ 78 Abs. 2, 116 VVG vor.[10] Auf Vertrag beruhende Abweichungen finden sich demgegenüber insbesondere bei Gesellschaftern[11] und bei Mitbürgen mit unterschiedlich hohen Höchstbetragsbürgschaften.[12]

6   Darüber hinaus kann eine vom Grundsatz des § 426 Abs. 1 S. 1 BGB abweichende Bestimmung auch aus der Natur der Sache oder aus dem Zweck und Inhalt des in Frage stehenden Rechtsverhältnisses folgen.[13] Vertragliche oder gesetzliche Regelungen zur Höhe des Ausgleichs bestehen hier nicht. Somit kommt im vorliegenden Fall eine anderweitige Bestimmung als die in § 426 Abs. 1 S. 1 BGB vorgesehene allein aufgrund der zum Zeitpunkt des Abschlusses des Kaufvertrages zwischen S und T bestehenden nichtehelichen Lebensgemeinschaft in Betracht. Bei dieser handelt es sich hier um das „in Frage stehende Rechtsverhältnis".

7   Fraglich ist, ob die zwischen S und T zum damaligen Zeitpunkt bestehende nichteheliche Lebensgemeinschaft „etwas anderes" im Sinne der Vorschrift bestimmt. Dagegen könnte sprechen, dass es sich bei dem Erwerb eines Hausgrundstücks zu einem Kaufpreis von 500.000 €, der einerseits mit einer Barzahlung von 200.000 € und andererseits mit der Eingehung einer Darlehensverbindlichkeit in Höhe von weiteren 300.000 € verbunden ist, nicht mehr um ein Geschäft des täglichen Lebens handelt, bei dem im Rahmen einer nichtehelichen Lebensgemeinschaft im Zweifel davon ausgegangen werden könnte, dass jeder Partner seine Leistung nur als Beitrag zur Gemeinschaft erbringt, ohne einen Ausgleich verlangen zu können.[14] Vielmehr

---

[9] Hk-BGB/*Schulze* § 426 Rn. 6.

[10] MüKo/*Bydlinski* § 426 Rn. 21; Hk-BGB/*Schulze* § 426 Rn. 7; Jauernig/*Stürner* § 426 Rn. 9.

[11] S. dazu BGHZ 47, 157, 165 f.; MüKo/*Bydlinski* § 426 Rn. 15.

[12] Vgl. BGHZ 137, 292, 293 f.; s. auch Hk-BGB/*Schulze* § 426 Rn. 8.

[13] BGHZ 183, 242 Rn. 16; 77, 55, 57 f.; 28, 297, 300 f.; MüKo/*Bydlinski* § 426 Rn. 14.

[14] OLG Koblenz, Urt. v. 04.05.2006 – 2 U 105/03 Rn. 11 = BeckRS 2010, 00825 (Vorinstanz zu BGHZ 183, 242).

kann man den Erwerb des Hausgrundstücks unabhängig von dem Bestehen einer nichtehelichen Lebensgemeinschaft als ein grundlegendes, außergewöhnliches Geschäft ansehen, das auf einer weitreichenden, risikobehafteten Entscheidung beruht, bei der auch im Rahmen einer nichtehelichen Lebensgemeinschaft grundsätzlich von einem Innenausgleich nach gleichen Teilen ausgegangen werden kann.[15]

Gegen diese – einen Ausgleich nach gleichen Teilen befürwortende – Sichtweise **8** spricht jedoch, dass S die Anzahlung und die Darlehensraten gerade mit Rücksicht auf die nichteheliche Lebensgemeinschaft geleistet hat, um so für sich und T einen gemeinsamen Lebensmittelpunkt zu schaffen.[16] Bei einer nichtehelichen Lebensgemeinschaft können die persönlichen Beziehungen so im Vordergrund stehen, dass sie auch das die Gemeinschaft betreffende vermögensmäßige Handeln der Partner bestimmen. Daher besteht grundsätzlich nicht nur in persönlicher, sondern auch in wirtschaftlicher Hinsicht keine Rechtsgemeinschaft, die zu gegenseitigen Ausgleichsansprüchen führen könnte.[17] Aus diesem Grund wird die in § 426 Abs. 1 S. 1 BGB vorgesehene Verpflichtung der Gesamtschuldner zu einem Ausgleich untereinander „zu gleichen Teilen" einer nichtehelichen Lebensgemeinschaft nicht gerecht.[18] Zudem muss berücksichtigt werden, dass die finanziellen Leistungen des einen i.d.R. durch anderweitige Leistungen des anderen, wie z. B. dessen Haushaltsführung, ausgeglichen werden.[19] Folglich ist aufgrund der nichtehelichen Lebensgemeinschaft dahingehend „etwas anderes" i.S.d. § 426 Abs. 1 S. 1 BGB bestimmt, dass die Leistungen, die ein Partner im gemeinsamen Interesse erbracht hat, nur dann von dem anderen auszugleichen sind, wenn über einen Ausgleich eine besondere Vereinbarung getroffen worden ist.[20] Bei Fehlen einer Vereinbarung über den Ausgleich überlagert die nichteheliche Lebensgemeinschaft das Gesamtschuldverhältnis.[21] Aus diesem Grund ist es auch unerheblich, dass es sich bei dem Erwerb eines Hausgrundstücks (wohl) um ein grundlegendes, außergewöhnliches Geschäft handelt.[22] Denn auch insoweit gehen die persönlichen Beziehungen zwischen den Beteiligten vor.

A.A. vertretbar.

---

[15] OLG Koblenz, Urt. v. 04.05.2006 – 2 U 105/03 Rn. 11 = BeckRS 2010, 00825.

[16] BGHZ 183, 242 Rn. 16.

[17] BGHZ 183, 242 Rn. 17, 19; BGHZ 77, 55.

[18] BGHZ 183, 242 Rn. 17; BGHZ 77, 55, 58 f.; MüKo/*Schwab* § 812 Rn. 515.

[19] BGHZ 77, 55, 58 f.; MüKo/*Bydlinski* § 426 Rn. 20.

[20] BGHZ 183, 242 Rn. 17; BGHZ 77, 55, 58 f.

[21] BGHZ 183, 242 Rn. 17; MüKo/*Wellenhofer* Anh. § 1302 Rn. 83.

[22] BGHZ 183, 242 Rn. 17.

Exkurs:
Zu dem gleichen Ergebnis kommt der BGH auch für den Fall einer ehelichen Lebensgemeinschaft, da die Ehe das Gesamtschuldverhältnis (jedenfalls bis zur einer etwaigen Scheidung) ebenfalls überlagere.[23]

9   S und T lebten in einer nichtehelichen Lebensgemeinschaft und erwarben gemeinsam ein Hausgrundstück, das ihren gemeinsamen Lebensmittelpunkt bilden sollte, ohne jedoch eine Vereinbarung über etwaige Ausgleichspflichten zu treffen. Folglich ist zwischen S und T etwas anderes – vom Grundsatz des § 426 Abs. 1 S. 1 BGB Abweichendes – bestimmt, so dass S von T, obwohl beide Gesamtschuldner bezüglich des Kaufpreises des Hausgrundstücks waren, keinen Ausgleich gem. § 426 Abs. 1 S. 1 BGB verlangen kann.

Dementsprechend kann ein solcher Gesamtschuldnerausgleichsanspruch auch nicht auf den G übergegangen sein.

III. Ergebnis
10   Somit steht G gegen T kein Anspruch auf Zahlung von 113.500 € nach § 426 Abs. 1 S. 1 BGB i.V.m. § 1922 BGB zu.

B) Anspruch aus §§ 730 Abs. 1, 734 I.V.m. § 1922 Abs. 1 BGB

11   Ein Anspruch auf Zahlung von 113.500 € könnte dem G gegen T jedoch gemäß §§ 730 Abs. 1, 734 BGB i.V.m. § 1922 Abs. 1 BGB unter dem Aspekt der Auseinandersetzung von Gesellschaftern bürgerlichen Rechts zustehen. Dieser Anspruch setzt voraus, dass zwischen S und T ursprünglich eine Gesellschaft bürgerlichen Rechts (GbR) gem. § 705 BGB bestand, die aufgrund des Eintritts eines Auflösungsgrundes aufgelöst wurde. Dies hätte zur Folge, dass eine Auseinandersetzung zwischen den Gesellschaftern bzw. deren Erben über einen verbliebenen Überschuss des Gesellschaftsvermögens stattfindet.

I. S und T als Gesellschafter einer GbR
12   S und T müssten Gesellschafter einer GbR gewesen sein, deren Vermögen zumindest auch das Hausgrundstück in Wedel umfasste. Dazu müssten sie einen Gesellschaftsvertrag geschlossen haben, in dem sie sich verpflichteten, einen gemeinsamen Zweck durch Beitragsleistung oder in sonstiger Weise zu fördern (§ 705 BGB). Ein solcher Gesellschaftsvertrag kann sowohl ausdrücklich als auch konkludent geschlossen werden, da ein Formerfordernis grundsätzlich nicht besteht.[24]

---

[23] BGH FamRZ 1995, 216, 217.
[24] MüKo/*Schäfer* § 705 Rn. 1, 32.

Exkurs:
Aus diesem Grund werden GbR oftmals auch im Alltag begründet, ohne dass den dahinterstehenden Personen bewusst ist, fortan Gesellschafter zu sein.[25] Den in der Praxis wohl häufigsten Fall bildet die tägliche Fahrgemeinschaft.[26]

Auch die Partner einer nichtehelichen Lebensgemeinschaft können bezüglich des **13** während der Gemeinschaft gebildeten Vermögens einen Gesellschaftsvertrag durch ausdrückliche oder konkludente Vereinbarung abschließen.[27] Eine ausdrückliche Vereinbarung zwischen S und T liegt nicht vor. Daher stellt sich die Frage, ob S und T im Rahmen ihrer nichtehelichen Lebensgemeinschaft konkludent einen Gesellschaftsvertrag geschlossen haben. Dabei gilt es jedoch zu berücksichtigen, dass es sich bei der nichtehelichen Lebensgemeinschaft um eine Beziehung handelt, deren Beteiligte sich gerade gegen die rechtliche Verbindung in Form einer Ehe entschieden haben, so dass es i.d.R. am Rechtsbindungswillen der Partner fehlt.[28] Aus diesem Grund ist für die Anwendung gesellschaftsrechtlicher Regelungen auf die nichteheliche Lebensgemeinschaft erforderlich, dass ein auf Abschluss eines Gesellschaftsvertrages gerichteter Rechtsbindungswille der Partner positiv festgestellt werden kann.[29] Dies ist jedenfalls dann möglich, wenn die Partner der nichtehelichen Lebensgemeinschaft einen über diese Beziehung hinausgehenden Zweck verfolgen. Ist dies hingegen nicht der Fall, haben sie i.d.R. keine über die Ausgestaltung der Gemeinschaft hinausgehenden rechtlichen Vorstellungen.[30]

Exkurs:
Nach Auffassung des BGH setzt ein auf die §§ 730 Abs. 1, 734 BGB gestützter Ausgleichsanspruch zwischen den Partnern einer nichtehelichen Lebensgemeinschaft damit anders als im Verhältnis von Ehegatten[31] nicht zwingend voraus, dass die Partner einen über den typischen Rahmen dieser Gemeinschaft hinausgehenden Zweck verfolgen, da das Gesetz für die nichteheliche Lebensgemeinschaft weder Mitarbeitspflichten noch güterrechtliche Auseinandersetzungsregeln vorsieht, was insgesamt eine großzügigere Anwendung gesellschaftsrechtlicher Auseinandersetzungsregeln ermöglichen dürfte.[32] Freilich steht diese Aussage in einem Spannungsverhältnis zu der ständigen Rechtsprechung, dass den Partnern einer nichtehelichen Lebensgemeinschaft regelmäßig der Rechtsbindungswille fehlt, wenn sie sich gegen die Schließung der Ehe entschieden haben.[33]

---

[25] NK-BGB/*Heidel* § 705 Rn. 38.

[26] BGH NJW 1979, 414, 415; NK-BGB/*Heidel* § 705 Rn. 38.

[27] BGHZ 177, 193 Rn. 18 = NJW 2008, 3277, 3278; *Langenfeld* ZEV 2008, 489, 490; NK-BGB/*Heidel* § 705 Rn. 66; *Medicus/Petersen* BürgR, Rn. 690b.

[28] BGHZ 183, 242 Rn. 22; 177, 193 Rn. 18, 22 = NJW 2008, 3277, 3278; MüKo/*Schäfer* Vor § 705 Rn. 81; *Langenfeld* ZEV 2008, 489, 490.

[29] BGHZ 183, 242 Rn. 22; 177, 193 Rn. 18 = NJW 2008, 3277; BGHZ 165, 1, 9 f.; MüKo/*Schwab* § 812 Rn. 481.

[30] BGHZ 177, 193 Rn. 22 = NJW 2008, 3277.

[31] BGHZ 142, 137, 144 ff. = NJW 1999, 2962, 2964.

[32] BGHZ 183, 242 Rn. 17; 177, 193 Rn. 22 = NJW 2008, 3277; MüKo/*Schwab* § 812 Rn. 499; NK-BGB/*Heidel* § 705 Rn. 68.

[33] BGHZ 183, 242 Rn. 22; 177, 193 Rn. 22; MüKo/*Schäfer* Vor § 705 Rn. 81.

14 Im vorliegenden Fall spricht zwar für einen Rechtsbindungswillen von S und T, dass es sich bei dem Erwerb des Hausgrundstücks zu einem Kaufpreis von 500.000 € um eine weitreichende, risikobehaftete Entscheidung handelte. Außerdem waren mit dem Erwerb des Hausgrundstücks für S und T möglicherweise finanzielle Vorteile verbunden, etwa weil sie nun nicht weiter zweifach Miete zahlen mussten. Auf der anderen Seite haben S und T gerade keinen über die Verwirklichung der Lebensgemeinschaft hinausgehenden Vermögenswert, wie z. B. durch den Erwerb einer Immobilie als Kapitalanlage, geschaffen.[34] Der Zweck, das gemeinsame Zusammenleben und damit die Verwirklichung der Lebensgemeinschaft zu ermöglichen, um ihre Beziehung so noch besser ausleben zu können, stand eindeutig im Vordergrund. Aus diesen Gründen kann ein auf den Abschluss eines Gesellschaftsvertrages gerichteter Rechtsbindungswille von S und T nicht festgestellt werden. Folglich haben S und T nicht konkludent einen Gesellschaftsvertrag geschlossen.

15   **Zwischenergebnis:** Somit sind S und T nicht Gesellschafter einer GbR.

II. Ergebnis

16 Daher kann G von T nicht gem. §§ 730 Abs. 1, 734 BGB i.V.m. § 1922 Abs. 1 BGB Zahlung von 113.500 € verlangen.

Exkurs:
Früher hat der BGH die §§ 730 ff. BGB auf die nichteheliche Lebensgemeinschaft auch bei „rein faktischer Willensübereinstimmung" angewendet.[35] Seitdem jedoch aufgrund einer Änderung des Geschäftsverteilungsplans der BGH im Jahr 2003 nicht mehr der II. Zivilsenat (Gesellschaftsrechtssenat), sondern der XII. Zivilsenat (Familienrechtssenat) für die vermögensrechtliche Auseinandersetzung einer nichtehelichen Lebensgemeinschaft zuständig ist, verlangt der BGH für die Anwendung der §§ 730 ff. BGB den zumindest konkludenten Abschluss eines Gesellschaftsvertrages.[36] Oftmals werden gesellschaftsrechtliche Auseinandersetzungsansprüche daher nicht bei einem Hausbau o. ä., sondern nur bei Aufbau eines gemeinschaftlichen Unternehmens oder einer freiberuflichen Praxis durch die Partner der nichtehelichen Lebensgemeinschaft in Betracht kommen.[37]

C) Anspruch aus §§ 346 Abs. 1, 313 Abs. 3 i.V.m. § 1922 Abs. 1 BGB

17 Ferner könnte sich ein Anspruch des G gegen T auf Zahlung von 113.500 € aus §§ 346 Abs. 1, 313 Abs. 3 i.V.m. § 1922 Abs. 1 BGB ergeben.

---

[34] Ein über die Verwirklichung der Lebensgemeinschaft hinausgehender Zweck ist daher nicht bei dem Familienwohnhaus, wohl aber bei Vermögensgegenständen, die der Erzielung von Einkünften dienen, wie z. B. bei dem Erwerb von Mietobjekten oder Unternehmen, anzunehmen, vgl. *v. Proff* NJW 2008, 3266, 3268.

[35] BGHZ 84, 388, 390 f.; 165, 1, 9 f.; NK-BGB/*Heidel* § 705 Rn. 68.

[36] BGHZ 165, 1, 5 f.; NK-BGB/*Heidel* § 705 Rn. 68.

[37] MüKo/*Schwab* § 812 Rn. 481; *Schwab* ZJS 2009, 115, 117; *v. Proff* NJW 2008, 3266, 3268; *Dethloff* JZ 2009, 418, 419; *Grziwotz* FPR 2010, 369, 372.

I. Anwendbarkeit auf die nichteheliche Lebensgemeinschaft

Ein solcher Anspruch setzt zunächst voraus, dass § 313 BGB (Wegfall der Geschäfts- **18**
grundlage) auf die nichteheliche Lebensgemeinschaft anwendbar ist. Gegen eine
Anwendbarkeit des § 313 BGB auf die nichteheliche Lebensgemeinschaft lässt sich
anführen, dass es sich auch bei dem Erwerb eines Hausgrundstücks um eine sog.
gemeinschaftsbezogene Zuwendung handelt, die zwischen Partnern nichtehelicher
Lebensgemeinschaften bei Fehlen ausdrücklicher Vereinbarungen nicht ausgeglichen wird.[38] Für eine solche Sichtweise spricht, dass zwischen den Partnern einer
nichtehelichen Lebensgemeinschaft i.d.R. weder eine persönliche noch eine wirtschaftliche Rechtsgemeinschaft besteht, auf deren Grundlage ein Ausgleich nach
§ 313 BGB geltend gemacht werden kann, da das vermögensbezogene Handeln der
Lebenspartner grundsätzlich allein durch die persönlichen, nicht aber durch rechtliche Beziehungen bestimmt wird.[39] Aus diesem Grund werden Beiträge der Partner
zur Gemeinschaft auch nicht untereinander aufgerechnet. Jeder leistet entsprechend
seiner Leistungsfähigkeit das zur Verwirklichung der Lebensgemeinschaft, was ihm
möglich ist und was diese Verbindung benötigt, ohne später etwaige Ausgleichsansprüche geltend machen zu wollen.

Der Annahme, dass zwischen den Partnern einer nichtehelichen Lebensgemein- **19**
schaft kein vertragliches Schuldverhältnis besteht, dessen Geschäftsgrundlage weggefallen sein könnte, kann jedoch entgegengehalten werden, dass auch die Partner
einer nichtehelichen Lebensgemeinschaft zumindest dingliche Rechtsfolgen herbeiführen wollen, wenn sie dem anderen Teil etwas zukommen lassen, und sich damit
gerade nicht im rechtsfreien Raum bewegen möchten. Um jedoch solche dinglichen
Rechtswirkungen der Partner untereinander herbeiführen zu können, die zudem
auch kondiktionsfest sind, muss den von den Partnern untereinander vorgenommenen Verfügungsgeschäften jeweils ein Kausalgeschäft zugrunde liegen.[40] Dieses ist
in einem sog. „familienrechtlichen Kooperationsvertrag" zu sehen, dessen Haupt-
aufgabe es ist, einen Behaltensgrund zu schaffen.[41] Im Rahmen dieses Vertrages
verpflichten sich die Partner der Lebensgemeinschaft zur Leistung ihres Beitrags
zur Verwirklichung der Gemeinschaft und zu dem grundsätzlichen Verzicht auf
wechselseitige Verrechnungen. Darüber hinaus gilt es zu berücksichtigen, dass in
der Entscheidung gegen die Ehe nicht zugleich ein Verzicht auf die Austragung
etwaiger Konflikte nach festen Rechtsregeln gesehen werden kann.[42] Allein aus dem
Umstand, dass die Partner unverheiratet zusammengelebt haben, können Ansprüche, die nach allgemeinen Regeln begründet sind, nicht versagt werden.[43] Außerdem

---

[38] BGHZ 177, 193 Rn. 17 = NJW 2008, 3277; BGH NJW 1997, 3371, 3372; 2004, 58, 59; *Schwab*
ZJS 2009, 115, 117.

[39] BGHZ 177, 193 Rn. 24 = NJW 2008, 3277.

[40] BGHZ 177, 193 Rn. 26 = NJW 2008, 3277.

[41] BGHZ 177, 193 Rn. 42 = NJW 2008, 3277; *Coester* JZ 2008, 315.

[42] BGHZ 177, 193 Rn. 26 = NJW 2008, 3277.

[43] BGHZ 177, 193 Rn. 27 = NJW 2008, 3277; *Schulz* FamRZ 2007, 593, 594.

muss auch das Schutzbedürfnis des leistenden Partners berücksichtigt werden. Ihm die Schutzwürdigkeit nur deshalb zu versagen, weil er gewusst hat, dass die nichteheliche Lebensgemeinschaft jederzeit beendet werden kann, erscheint nicht sachgerecht, da er bei seiner Leistung davon ausgeht, dass die Lebensgemeinschaft in Zukunft noch besteht.[44]

20   Aus diesen Gründen können die allgemeinen Regeln des Schuldrechts und damit auch § 313 BGB zum Schutz der Partner auf die nichteheliche Lebensgemeinschaft angewendet werden.[45] Eine Einschränkung erfährt die Anwendung jedoch für solche Leistungen und Beiträge, für die kein Schutzbedürfnis besteht.[46] Dabei handelt es sich etwa um die Einkäufe von Lebensmitteln und anderen Alltagsgegenständen.[47] Solche Leistungen sind nicht auszugleichen.[48] Für den Erwerb eines Hausgrundstücks, das mit einer hohen finanziellen Belastung verbunden ist und daher nicht als Alltagsgeschäft eingeordnet werden kann, erscheint der leistende Partner jedoch als besonders schutzwürdig, sodass die Anwendung des § 313 BGB in diesem Fall gerechtfertigt ist. Folglich ist § 313 BGB im vorliegenden Fall anwendbar.

Exkurs:
Nach der Rspr. des BGH kann § 313 BGB im Falle von Leistungen, die über das hinausgehen, was das tägliche Zusammenleben erst ermöglicht, nicht nur auf die nichteheliche Lebensgemeinschaft, sondern auch auf alle anderen Fälle des gemeinschaftlichen Lebens und Wirtschaftens angewendet werden.[49] Da es gerade nicht auf einen sexuellen Bezug ankomme, könne dies auch für Wohngemeinschaften von Geschwistern, sonstigen Verwandten und sogar Freunden gelten.

II. Voraussetzungen des § 313 BGB

21   Darüber hinaus setzt der Anspruch nach §§ 346 Abs. 1, 313 Abs. 3 i.V.m. § 1922 Abs. 1 BGB voraus, dass sich die zur Geschäftsgrundlage gewordenen Umstände des zwischen S und T geschlossenen familienrechtlichen Kooperationsvertrages so schwerwiegend geändert haben, dass S und T den Vertrag bei Kenntnis der eintretenden Veränderung nicht oder zumindest nicht mit diesem Inhalt geschlossen hätten (§ 313 Abs. 1 BGB), und dass eine Vertragsanpassung unmöglich oder einer Partei unzumutbar ist (§ 313 Abs. 3 BGB).

1. Geschäftsgrundlage

22   Geschäftsgrundlage ist ein Umstand, den zumindest eine Partei bei Vertragsschluss vorausgesetzt hat („tatsächliches Element"), der für sie auch so wichtig war, dass

---

[44] BGHZ 177, 193 Rn. 32 = NJW 2008, 3277.

[45] BGHZ 177, 193 Rn. 40, 42 = NJW 2008, 3277; *v. Proff* NJW 2008, 3266, 3268.

[46] BGHZ 183, 242 Rn. 24 ff.; BGHZ 177, 193 Rn. 40 = NJW 2008, 3277.

[47] Der BGH spricht von „im Rahmen des täglichen Zusammenlebens ersatzlos erbrachten Leistungen", die von der Anwendung des § 313 BGB „auszuscheiden sind", BGHZ 183, 242 Rn. 25.

[48] BGHZ 177, 193 Rn. 25 = NJW 2008, 3277; Staudinger/*Löhnig* (2018) Anh. §§ 1297 ff. Rn. 133a; *Schulz* FamRZ 2007, 593, 598 ff.

[49] BGHZ 177, 193 Rn. 33 = NJW 2008, 3277.

sie den Vertrag nicht oder anders abgeschlossen hätte, wenn sie den Umstand als fraglich erkannt hätte („hypothetisches Element") und auf dessen Berücksichtigung sich die andere Partei nach der vertraglichen oder gesetzlichen Risikoverteilung redlicherweise hätte einlassen müssen („normatives Element").[50] Im vorliegenden Fall kommt als Geschäftsgrundlage für den in Bezug auf das Hausgrundstück zwischen S und T geschlossenen familienrechtlichen Kooperationsvertrag allein die Vorstellung des S in Frage, dass die nichteheliche Lebensgemeinschaft mit T auch in Zukunft noch Bestand haben wird.

2. Wegfall der Geschäftsgrundlage

Diese Geschäftsgrundlage müsste weggefallen sein. Das ist dann der Fall, wenn **23** das Festhalten am unveränderten Vertrag für die benachteiligte Partei unzumutbar ist, § 313 Abs. 1 BGB. Hier könnte die Geschäftsgrundlage des familienrechtlichen Kooperationsvertrages – das Vertrauen in den Fortbestand der nichtehelichen Lebensgemeinschaft – deshalb weggefallen sein, weil S gestorben ist und infolgedessen die mit der T ursprünglich bestehende nichteheliche Lebensgemeinschaft nicht weiter Bestand hat. Gegen diese Sichtweise spricht jedoch, dass der Tod des Zuwendenden dessen Vertrauen in den Fortbestand der nichtehelichen Lebensgemeinschaft und damit die Geschäftsgrundlage nicht entfallen lässt, da die Gemeinschaft gerade nicht gescheitert ist.[51] Das Vertrauen in den Fortbestand der Lebensgemeinschaft kann sich maximal auf den lebenslangen Fortbestand beziehen, nicht jedoch darüber hinaus.[52] Hatte die Lebensgemeinschaft bis zu dem natürlichen Ende durch den Tod des S Bestand, ist die Gemeinschaft nicht gescheitert, sondern hat sich erfüllt.[53] Darüber hinaus spricht gegen einen Wegfall der Geschäftsgrundlage i.S.d. § 313 BGB, dass es widersprüchlich wäre, wenn der Zuwendende zu seinen Lebzeiten keinen Anspruch gegen den Zuwendungsempfänger gehabt hätte, weil die nichteheliche Lebensgemeinschaft fortbestanden hätte, der Erbe des Zuwendenden dagegen schon.[54] Zu berücksichtigen ist ferner, dass sich auch aus dem notariellen Vertrag, in dem S und T die Übertragung seines Miteigentumsanteils und die Einräumung eines lebenslangen Wohnrechts des S vereinbart haben, ergibt, dass S und T gerade keinen den Erben des S zugutekommenden Ausgleichsanspruch wollten.[55] S hat der T den Miteigentumsanteil gerade deshalb überschrieben, um einen Zugriff des G auf das Hausgrundstück zu vermeiden.

Nach alledem ist die Geschäftsgrundlage des zwischen S und T ursprünglich bestehenden familienrechtlichen Kooperationsvertrages nicht weggefallen.

---

[50] *Medicus/Petersen* BürgR, Rn. 165.

[51] BGHZ 183, 242 Rn. 26; *Schwab* ZJS 2009, 115, 122; *Coester* JZ 2008, 315, 316.

[52] *Schwab* ZJS 2009, 115, 122; *Coester* JZ 2008, 315, 316.

[53] BGHZ 183, 242 Rn. 26; BGHZ 77, 55, 60; *Coester* JZ 2008, 315, 316.

[54] BGHZ 183, 242 Rn. 26.

[55] Vgl. BGHZ 183, 242 Rn. 31.

III. Ergebnis

24   Folglich steht dem G auch gem. §§ 346 Abs. 1, 313 Abs. 3 i.V.m. § 1922 Abs. 1 BGB
kein Anspruch auf Zahlung von 113.500 € gegen T zu.

Exkurs:

Der BGH geht davon aus, dass ein Anspruch aus §§ 346 Abs. 1, 313 Abs. 3 BGB grundsätzlich
zwar nicht bei dem Tod des Zuwendenden, wohl aber bei dem Tod des Zuwendungsempfängers
denkbar ist, da der Zuwendende in diesem Falle nicht mehr an dem zugewendeten Vermögens-
gegenstand partizipieren könne.[56] Beim Tod des Zuwendenden komme ein Anspruch aus §§ 346
Abs. 1, 313 Abs. 3 BGB allenfalls dann in Betracht, wenn die Geschäftsgrundlage über die Vorstellung vom Fortbestand der nichtehelichen Lebensgemeinschaft hinausgehe. Dies könne jedoch
nur in seltenen Ausnahmefällen angenommen werden.[57]

D) Anspruch gem. § 812 Abs. 1 S. 2 Fall 2 BGB i.V.m. § 1922 Abs. 1 BGB

25   Ein auf Zahlung von 113.500 € gerichteter Anspruch des G könnte sich schließlich
aus der in § 812 Abs. 1 S. 2 Fall 2 BGB normierten *condictio ob rem*[58] (sog. Zweckverfehlungskondiktion) i.V.m. § 1922 Abs. 1 BGB ergeben.

Exkurs:

Nach früherer Rechtsprechung war nicht nur § 313 BGB, sondern auch § 812 BGB auf die nichteheliche Lebensgemeinschaft unanwendbar.[59] Begründet wurde diese Auffassung damit, dass bei
einer nichtehelichen Lebensgemeinschaft grundsätzlich keine Rückabwicklung stattfinde, da den
Partnern einer solchen Gemeinschaft die Vorstellung, für im gemeinsamen Interesse erbrachte
Leistungen später einen Ausgleich verlangen zu können, gänzlich fremd sei.[60] Nunmehr geht
nicht nur der BGH in ständiger Rechtsprechung, sondern auch die h.M. im Schrifttum von der
grundsätzlichen Anwendbarkeit sowohl des § 313 als auch des § 812 BGB auf die nichteheliche
Lebensgemeinschaft aus.[61] Das gelte nur dann nicht, wenn Ausgleich für solche Leistungen verlangt werde, die zur täglichen Lebensführung, wie z. B. der Einkauf von Lebensmitteln, erbracht
wurden.[62] Bei der Bildung von besonderen Vermögenswerten, wie z. B. dem hier erfolgten Erwerb
eines Hausgrundstücks, seien die §§ 313 und 812 BGB dagegen anwendbar, da der Leistende trotz
seiner Entscheidung gegen die Ehe schutzwürdig sei.[63] Im Übrigen kann auf das zu § 313 BGB
Gesagte verwiesen werden.

---

[56] BGHZ 183, 242 Rn. 27.

[57] BGHZ 183, 242 Rn. 28.

[58] Andere Bezeichnung: *condictio causa data non secuta*; Jauernig/*Stadler* § 812 Rn. 15.

[59] BGHZ 77, 55, 58 f.; BGH NJW-RR 1993, 774 ff.; OLG Frankfurt FamRZ 1981, 253; *Diederichsen* NJW 1983, 1017, 1024; MüKo/*Schwab* § 812 Rn. 485 f.

[60] BGHZ 77, 55, 58 f.; BGH NJW-RR 1993, 774, 775; MüKo/*Schwab* § 812 Rn. 485 f.

[61] BGHZ 177, 193 Rn. 20, 30 = NJW 2008, 3277; BGH NJW-RR 2009, 1142 Rn. 14 ff.; BGH NJW
2011, 2880 Rn. 18 f., 29 f.; Jauernig/*Stadler* § 812 Rn. 16; MüKo/*Schwab* § 812 Rn. 485–494;
Coester JZ 2008, 315 f.

[62] BGH NJW 2011, 2880 Rn. 25; Jauernig/*Stadler* § 812 Rn. 16.

[63] MüKo/*Schwab* § 812 Rn. 486.

Das Verhältnis zwischen der Störung der Geschäftsgrundlage und der Zweckverfehlungskondiktion ist weitgehend ungeklärt.[64] Teilweise begreift der BGH § 812 Abs. 1 S. 2 Fall 2 BGB als spezieller (vgl. BGHZ 177, 193 Rn. 40 = NJW 2008, 3277), so dass er vor § 313 BGB geprüft werden müsste. An anderer Stelle prüft der BGH hingegen zuerst § 313 BGB (BGH NJW 2013, 2187 Rn. 17, 36). Voraussetzung im Rahmen der Zweckverfehlungskondiktion ist eine Zweckabrede, wonach der Leistende dauerhaft an der Güterbewegung partizipieren soll. Wenn es an dieser Zweckabrede fehlt, kann der Bestand der Beziehung Geschäftsgrundlage für die Zuwendung sein.

Nachdem die Anwendbarkeit des § 812 Abs. 1 S. 2 Fall 2 BGB auf die nichteheliche **26** Lebensgemeinschaft geklärt ist, setzt die Entstehung des Anspruchs voraus, dass T aufgrund einer Leistung des S etwas erlangt hat und dass der mit der Leistung des S bezweckte Erfolg nicht eingetreten ist.

I. Etwas erlangt

Zunächst müsste T etwas erlangt haben. Davon wird jeder vermögenswerte Vorteil **27** erfasst.[65] T hat sowohl Alleineigentum an dem Hausgrundstück als auch die Befreiung eines Teils der durch den Kauf des Hausgrundstücks begründeten Verbindlichkeit erlangt. Beides stellt einen vermögenswerten Vorteil dar. Folglich hat sie etwas erlangt.

II. Durch Leistung

Unter einer Leistung ist jede bewusste und zweckgerichtete Mehrung fremden Ver- **28** mögens zu verstehen.[66] Vorliegend hat S der T zum einen bewusst seinen Miteigentumsanteil am Hausgrundstück übertragen, und zum anderen hat er sie ebenfalls bewusst von einem Teil ihrer Verbindlichkeit zur Kaufpreiszahlung befreit. Fraglich ist allerdings, welchen Leistungszweck S damit verfolgt hat. Während bei § 812 Abs. 1 S. 1 Fall 1 BGB (*condictio indebiti*) der Leistungszweck in der Tilgung einer Verbindlichkeit besteht (*datio solvendi causa*), besteht er bei der *condictio ob rem* in dem Eintritt des nach der Rechtsgrundabrede der Parteien bezweckten Erfolges (*datio ob rem*).[67] Einseitige Motive des Leistenden genügen hingegen nicht.

Die Einigung der Parteien über den mit der Leistung verfolgten Zweck muss nicht **29** zwingend ausdrücklich erfolgen.[68] Auch eine konkludente Einigung ist möglich.[69] Eine solche kann beispielsweise dann angenommen werden, wenn für den Leistungsempfänger ersichtlich ist, dass der Leistende einen bestimmten Zweck verfolgt, und er die Leistung ohne zu widersprechen entgegennimmt.[70] Im Rahmen

---

[64] MüKo/*Wellenhofer* Anh. § 1302 Rn. 98.

[65] Hk-BGB/*Schulze* § 812 Rn. 3.

[66] Vgl. BGHZ 58, 184, 188; Hk-BGB/*Schulze* § 812 Rn. 5.

[67] NK-BGB/*Prinz v. Sachsen-Gessaphe* § 812 Rn. 16.

[68] BGHZ 183, 242 Rn. 22.

[69] BGHZ 183, 242 Rn. 22.

[70] BGHZ 177, 193 Rn. 38, 43 = NJW 2008, 3277; BGHZ 183, 242 Rn. 33; *Medicus/Petersen* BürgR, Rn. 690b.

einer nichtehelichen Lebensgemeinschaft muss dies jedoch dahingehend eingeschränkt werden, dass eine konkludente Zweckabrede nur für solche Leistungen in Betracht kommt, die über das hinausgehen, was die Lebenspartner tagtäglich benötigen.[71] Mit der Übertragung des Miteigentumsanteils wollten S und T zum einen den Zugriff des G auf das Hausgrundstück bei Ableben des S verhindern. Zum anderen sollte S durch die Einräumung des lebenslangen Wohnrechtes langfristig an dem Hausgrundstück partizipieren. Darin ist eine für § 812 Abs. 1 S. 2 Fall 2 BGB ausreichende Zweckabrede der Parteien zu sehen.[72] Im Hinblick auf diese Zweckvereinbarung hat S das Vermögen der T gemehrt, so dass eine Leistung von ihm an T vorliegt.

III. Bezweckter Erfolg nicht eingetreten

30 Schließlich setzt ein Anspruch nach § 812 Abs. 1 S. 2 Fall 2 BGB voraus, dass der mit der Leistung bezweckte Erfolg nicht eingetreten ist. Möglicherweise ist der von S mit der Leistung verfolgte Zweck deshalb nicht eingetreten, weil er kurz nach der Übertragung verstorben ist und das Haus daher nicht langfristig gemeinsam mit seiner Partnerin T nutzen konnte. Einer solchen Sichtweise steht jedoch entgegen, dass S und T ein *lebenslanges* Wohnrecht des S vereinbart haben. S konnte bis zu seinem Tod in dem Haus wohnen, sodass der Zweck erfüllt worden ist.[73] Darüber hinaus wollte S gerade verhindern, dass sein Alleinerbe G an dem Haus nach seinem Tod partizipieren kann. Dementsprechend lässt sich keine Abrede feststellen, dass durch den Tod des S Ausgleichsansprüche begründet werden sollten. Folglich ist der von S und T mit der Leistung des S bezweckte Erfolg eingetreten.

IV. Ergebnis

31 Somit ist der mit der Leistung verfolgte Zweck nicht verfehlt worden. Daher scheidet ein Anspruch des G auch unter dem Aspekt der Zweckverfehlungskondiktion aus § 812 Abs. 1 S. 2 Fall 2 BGB i.V.m. § 1922 Abs. 1 BGB aus.

E) Gesamtergebnis

32 Folglich steht G gegen T unter keinem rechtlichen Gesichtspunkt ein Anspruch auf Zahlung von 113.500 € zu.

---

[71] BGHZ 183, 242 Rn. 34.

[72] Vgl. BGHZ 183, 242 Rn. 34.

[73] Vgl. BGHZ 183, 242 Rn. 35; MüKo/*Schwab* § 812 Rn. 486; vgl. auch *Battes* JZ 1988, 908, 910; *Coester* JZ 2008, 315, 316; *Löhnig* DNotZ 2009, 59, 61; *Schwab* ZJS 2009, 115, 122.

Fall 26

Ausgangsfall

Michael Meier (M) ist Eigentümer zweier sog. Stand-Up-Paddle-Boards[1] (SUP),
die er auf dem Hamburger Dom im Rahmen einer Verlosung gewonnen hat. Da er
nicht weiß, wozu man solche SUP-Boards gebrauchen kann, möchte er sie möglichst schnell veräußern.

Aus diesem Grund kommt M mit dem geschäftstüchtigen Willi Windig (W) ins
Gespräch. W weiß, dass das Stand-Up-Paddling ein Trendsport ist, den immer mehr
Menschen betreiben wollen. Außerdem erkennt W bei Begutachtung der SUP-
Boards, dass diese von dem zur Zeit angesagtesten Hersteller H sind, dessen hand-
gefertigte und aus seltenem Tropenholz bestehende Boards als künstlerisch besonders wertvoll und daher als wahre Raritäten gelten. M weiß von alledem nichts. Bei
den Preisverhandlungen macht M deutlich, dass er den Wert der SUP-Boards nicht
einschätzen kann. Daraufhin erklärt W dem M bewusst wahrheitswidrig, es handle
sich um ganz gewöhnliche SUP-Boards, die man in einschlägigen Läden für gut
200 € bekommen könne. Er (W) habe heute einen guten Tag und biete M 250 €.
Hocherfreut über die scheinbare Großzügigkeit des W, nimmt M an. Die Boards
wechseln ihren Besitzer.

Drei Monate nach Abschluss des Geschäftes findet M die wahre Herkunft der
SUP-Boards heraus und erkennt, dass die Boards mindestens 1000 € wert sind. Daraufhin erklärt er gegenüber W umgehend die Anfechtung „des Geschäftes". Denn
hätte er Kenntnis der Besonderheit und des damit einhergehenden künstlerischen
Wertes seiner SUP-Boards gehabt, so hätte er sie als begeisterter Kunstliebhaber
nicht veräußert, sondern seiner eigenen Kunstsammlung zugeführt. Er fühlt sich
von W „hinters Licht geführt".

---

[1] Stand Up Paddling (SUP), auch Stehpaddeln genannt, ist eine Wassersportart, bei der ein Sportler
aufrecht auf einer Art Surfbrett steht und mit einem Stechpaddel paddelt.

© Springer-Verlag GmbH Deutschland, ein Teil von Springer Nature 2019
J. Prütting, B. Scholl, *Die Schuldrechtsklausur II*, Tutorium Jura,
https://doi.org/10.1007/978-3-662-57602-1_27

In der Zwischenzeit hat W die Boards allerdings Kelly Slater (S) zu einem angemessenen Preis von 1200 € angeboten. S, der selbst passionierter Stand-Up-Paddler ist, konnte diesem Angebot nicht widerstehen. Allerdings befand sich S im Moment des Erwerbs in einem Zustand der vorübergehenden geistigen Umnachtung. S hatte nach dem Gewinn eines internationalen Surf-Wettbewerbes eindeutig zu tief ins Glas geschaut, weshalb er zum Zeitpunkt des Geschäftsabschlusses mit W eine Blutalkoholkonzentration von 3,0 Promille aufwies.

In der Folgezeit vermietete S die beiden SUP-Boards zur Nutzung auf der Alster. Hierbei erzielte er Mieteinnahmen in Höhe von 500 €. Dabei handelte S wieder im Vollbesitz seiner geistigen Kräfte und im Glauben, Eigentümer der beiden SUP-Boards zu sein.

Nachdem M dem W die Anfechtung erklärt hat, verweist dieser auf S. M erlangt daraufhin Kenntnis von den durch S erzielten Mieteinnahmen und verlangt nach erfolgter Herausgabe der Boards auch deren Herausgabe, da es seiner Ansicht nach nicht sein könne, dass jemand anderes Nutzen aus seinem Eigentum ziehe.

Kann M von S Herausgabe der erwirtschafteten Mieteinnahmen verlangen?

Abwandlung

Anders als im Ausgangsfall veräußert W die Boards nicht weiter, sondern vermietet diese selbst. Aus diesem Grund verlangt M nun von W Herausgabe der erzielten Mieteinnahmen.

Ändert sich im Vergleich zum Ausgangsfall etwas an der Rechtslage?

Lösung Fall 26

▶   Dieser Fall richtet sich nur an Fortgeschrittene mit Kenntnissen im Sachenrecht, vor allem an Examenskandidaten. Er behandelt das Sonderproblem, auf welcher Grundlage ein Besitzer ohne Recht zum Besitz, der den Besitz aufgrund eines nichtigen Vertrages erhalten hat, dem Eigentümer zur Herausgabe gezogener Nutzungen verpflichtet ist. Die Rspr. möchte den rechtsgrundlosen Besitz dem unentgeltlichen gleichstellen und § 988 BGB analog (mit einer Rechtsfolgenverweisung auf das Bereicherungsrecht) anwenden, während die h.L. sich für die Anwendung des Bereicherungsrechts ausspricht.

Ausgangsfall

A) Anspruch gem. §§ 677, 681 S. 2, 667 BGB

1   Mangels vertraglicher Sonderbeziehung zwischen M und S kommt hier zunächst ein quasivertraglicher Anspruch auf Herausgabe der erzielten Mieteinnahmen des

M gegen S nach den §§ 677, 681 S. 2, 667 BGB in Betracht. Ein solcher Anspruch setzt eine echte berechtigte Geschäftsführung und damit eine Geschäftsbesorgung zur Wahrnehmung fremder Interessen ohne Auftrag durch M voraus.[2]

Vorgelagert ist jedoch die Frage, ob die §§ 677 ff. BGB überhaupt anwendbar **2** sind. Dem könnte § 687 Abs. 1 BGB entgegenstehen. Danach finden die Vorschriften über die Geschäftsführung ohne Auftrag im Falle einer irrtümlichen Eigengeschäftsführung keine Anwendung. Eine irrtümliche Eigengeschäftsführung liegt dann vor, wenn dem Geschäftsführer im Rahmen eines objektiv fremden Geschäfts das Bewusstsein fehlt, das Geschäft für einen anderen zu besorgen.[3]

Dabei kann es dahinstehen, ob es sich bei der Vermietung der SUP-Boards um ein **3** objektiv fremdes Geschäft handelt, da S die Vermietung jedenfalls in dem Glauben vornimmt, dass er Eigentümer der Boards geworden sei, und er daher davon ausgeht, dass es sich bei der Vermietung allein um sein eigenes Geschäft handele. Ihm fehlt also das Bewusstsein, ein Geschäft für einen anderen zu besorgen.

Folglich handelt es sich hier um einen Fall irrtümlicher Eigengeschäftsführung, sodass die Anwendung der §§ 677 ff. BGB gem. § 687 Abs. 1 BGB ausgeschlossen ist.

Ergebnis: Damit hat M gegen S keinen Anspruch auf Herausgabe der erzielten **4** Mieteinnahmen nach den §§ 677, 681 S. 2, 667 BGB.

B) Anspruch gem. §§ 987 Abs. 1, 990 Abs. 1 BGB

Dem M könnte gegen S aber ein Anspruch auf die Herausgabe der von S erzielten **5** Mieteinnahmen nach den §§ 987 Abs. 1, 990 Abs. 1 BGB zustehen. Ein solcher Anspruch setzt voraus, dass zwischen dem Anspruchsteller und dem Anspruchsgegner (1) eine Vindikationslage bestand, (2) der Anspruchsgegner während des Bestehens der Vindikationslage Nutzungen gezogen hat und er (3) im Hinblick auf sein fehlendes Besitzrecht nicht in gutem Glauben war.[4]

I. Vindikationslage

Zunächst müsste zwischen M und S eine Vindikationslage bestanden haben. Das ist **6** dann der Fall, wenn M Eigentümer und S nicht zum Besitz berechtigter Besitzer der zwei SUP-Boards gewesen ist.

1. Eigentümerstellung des M

M müsste im Zeitpunkt der Vermietung durch S noch Eigentümer der zwei SUP- **7** Boards gewesen sein. Ursprünglich war M Eigentümer der beiden SUP-Boards.

a) Eigentumsverlust durch Übereignung von M an W gem. § 929 S. 1 BGB

M könnte sein Eigentum durch rechtsgeschäftliche Veräußerung gem. § 929 **8** S. 1 BGB an W verloren haben. Das setzt voraus, dass sich M und W über die

---

[2] BeckOK/*Gehrlein* § 677 Rn. 9.

[3] Palandt/*Sprau* § 687 Rn. 1.

[4] *Wellenhofer* Sachenrecht, 33. Aufl. 2018, § 22 Rn. 12.

Übertragung des Eigentums geeinigt haben, dem W die Boards übergeben wurden und M dabei als dinglich Berechtigter gehandelt hat.

aa) Einigung

9 Im vorliegenden Fall haben sich M und W über die Eigentumsübertragung auf W geeinigt. Fraglich ist jedoch, ob diese Einigung auch wirksam ist. Dem könnte § 142 Abs. 1 BGB entgegenstehen, da M die Anfechtung erklärt hat. Eine wirksame Anfechtung hätte nach dieser Vorschrift die anfängliche Unwirksamkeit der auf die Eigentumsübertragung gerichteten Willenserklärung des M zur Folge.[5] Die Anfechtung als Gestaltungsrecht setzt eine Anfechtungserklärung, einen Anfechtungsgrund und die Einhaltung der Anfechtungsfrist voraus.

α) Anfechtungserklärung gem. § 143 Abs. 1 BGB

10 Im vorliegenden Fall hat M dem W die Anfechtung „des Geschäftes" erklärt. Diese formfreie, aber empfangsbedürftige Willenserklärung[6] ist durch Zugang bei W wirksam geworden. Es stellt sich dabei jedoch die Frage, was unter der „Anfechtung des Geschäftes" zu verstehen ist. Wäre damit nur der Kaufvertrag gemeint, so hätte dessen Anfechtung wegen des Trennungs- und Abstraktionsprinzips keine unmittelbaren Auswirkungen auf die Wirksamkeit der dinglichen Einigung.[7] Da diese jedoch selbst Willenserklärung ist, kann auch sie nach § 142 Abs. 1 BGB angefochten werden. Dafür müsste M mit seiner Erklärung der „Anfechtung des Geschäfts" aber nicht nur den Kaufvertrag, sondern gerade auch die dingliche Einigung über den Eigentumswechsel gemeint haben. Das ist eine Frage der Auslegung, die anhand der §§ 133, 157 BGB und damit aus der Sicht eines objektiven Erklärungsempfängers unter Berücksichtigung der Grundsätze von Treu und Glauben sowie der Verkehrssitte zu beantworten ist.[8] Maßgeblich ist daher, wie ein objektiver Dritter bei vernünftiger Beurteilung der ihm bekannten oder jedenfalls erkennbaren Umstände die Äußerung des Erklärenden, hier des M, verstehen durfte.[9] Hier gilt es zu beachten, dass dem juristischen Laien die Unterscheidung von Kausal- und Verfügungsgeschäft (Trennungsprinzip) sowie die Unabhängigkeit des Verfügungsgeschäfts von Mängeln des Kausalgeschäfts (Abstraktionsprinzip) nicht bekannt ist und diese Unkenntnis daher in der Auslegung der von M an W gerichteten Anfechtungserklärung zu berücksichtigen ist. Ein objektiver Empfänger muss insofern bei der Erklärung des M gem. §§ 133, 157 BGB einbeziehen, dass sich dieser möglichst vollständig von der Geschäftsbeziehung mit W lösen und – soweit dies möglich ist – nicht nur den Kaufvertrag, sondern auch die dingliche Einigung anfechten

---

[5] Siehe hierzu Palandt/*Ellenberger* § 142 Rn. 2, 4; MüKo/*Busche* § 142 Rn. 14, 15.

[6] Palandt/*Ellenberger* § 143 Rn. 1, 2.

[7] BeckOK/*Wendtland* § 142 Rn. 7; Palandt/*Ellenberger* § 142 Rn. 2.

[8] BGHZ 36, 30, 33; Palandt/*Ellenberger* § 133 Rn. 9; BeckOGK/*Beurskens* § 143 Rn. 5; MüKo/*Busche* § 143 Rn. 2.

[9] BGH NJW 2006, 286, 287; BeckOK/*Wendtland* § 157 Rn. 8.

wollte. Dies nicht zuletzt deshalb, weil M auf diese Weise rückwirkend an die stärkere Eigentümerstellung gelangen könnte. Folglich hat M gegenüber W die Anfechtung der auf die Eigentumsübertragung gerichteten Willenserklärung gem. § 143 Abs. 1 BGB erklärt.

β) Anfechtungsgrund

Darüber hinaus müsste M aber auch einen Grund zur Anfechtung gehabt haben. Als **11** ein solcher kommt eine arglistige Täuschung des W gegenüber M nach § 123 Abs. 1 Fall 1 BGB in Betracht.

Eine Täuschung ist das intellektuelle Einwirken auf das Vorstellungsbild eines **12** anderen mit dem Ziel, bei diesem einen Irrtum, d. h. eine Fehlvorstellung über vergangene oder gegenwärtige Geschehnisse, zu erregen oder aufrechtzuerhalten.[10] Im vorliegenden Fall hat W dem M gegenüber behauptet, es handele sich um ganz gewöhnliche SUP-Boards, die man in einschlägigen Läden für gut 200 € bekommen könne. Tatsächlich handelte es sich aber um künstlerisch besonders wertvolle Exemplare aus seltenem Tropenholz. Dies diente dem Ziel, bei M eine Fehlvorstellung über das Material, das bei der Herstellung der Boards verwendet wurde, und über deren Wert zu erregen. Damit hat W den M über diese Tatsachen getäuscht.

Weiterhin müsste die Täuschung kausal für die Abgabe der Willenserklärung des **13** M gewesen sein. M dürfte die auf Veräußerung der Boards gerichtete dingliche Willenserklärung also nicht abgegeben haben, wenn W ihn nicht getäuscht hätte. Hier hätte M die Boards zwar nicht verkauft, hätte W ihm die Wahrheit gesagt. Fraglich ist jedoch, ob sich die Täuschung auch auf die dingliche Einigung erstreckt. Hier sind der Kaufvertrag und die Übereignung gleichzeitig erfolgt. Nicht nur das Verpflichtungsgeschäft, sondern gleichermaßen das Erfüllungsgeschäft stand unter dem Einfluss der Täuschung. Daher kommt hier auch eine Anfechtung der dinglichen Einigung in Betracht.

> **Systematischer Hinweis:**
> Die Anfechtung nach § 123 BGB umfasst unstreitig nicht nur das Verpflichtungs-, sondern auch das Verfügungsgeschäft, sofern die Täuschung oder Drohung – wie regelmäßig – bei der Vornahme des Verfügungsgeschäfts fortwirken.[11] Hingegen bezieht sich ein Inhalts- oder Erklärungsirrtum gem. § 119 Abs. 1 BGB regelmäßig nur auf das Verpflichtungsgeschäft, nicht auf das Verfügungsgeschäft. Ob ein Irrtum über eine verkehrswesentliche Eigenschaft gem. § 119 Abs. 2 BGB nur zur Anfechtung des Verpflichtungsgeschäfts oder des Verfügungsgeschäfts berechtigt, ist umstritten und hängt davon ab, welchen Inhalt man der dinglichen Einigung einräumt. Hier wird

---

[10] MüKo/*Armbrüster* § 123 Rn. 13.
[11] Jauernig/*Mansel* § 123 Rn. 18; MüKo/*Armbrüster* § 123 Rn. 24.

z. T. argumentiert, dass die Eigenschaften der Kaufsache im Rahmen des sachenrechtlichen Minimalkonsenses irrelevant seien,[12] z. T. wird angenommen, dass sich die Übereignung auf eine ganz bestimmte Sache mit bestimmten Eigenschaften beziehe, so dass auch die dingliche Einigung anfechtbar sei.[13] Die Frage einer Anfechtung nach § 119 Abs. 2 BGB war hier nicht zu entscheiden, weil bereits der Anfechtungsgrund des § 123 BGB erfüllt ist.

14   Ferner müsste W arglistig gehandelt, die Täuschung also mit Wissen und Wollen, d. h. vorsätzlich verübt haben.[14] Hier kannte W das verwendete Material und den Wert der Boards. Er täuschte arglistig.

γ) Anfechtungsfrist

15   Ferner müsste M die Anfechtung auch innerhalb der vorgesehenen Frist erklärt haben. Die Anfechtung einer nach § 123 BGB anfechtbaren Willenserklärung muss binnen Jahresfrist (§ 124 Abs. 1 BGB) nach Entdeckung der Täuschung (§ 124 Abs. 2 BGB), spätestens zehn Jahre nach Abgabe der Willenserklärung (§ 124 Abs. 3 BGB) erklärt werden. Hier hat M die Anfechtung drei Monate nach Abgabe der Willenserklärung und unmittelbar nach Kenntniserlangung erklärt. Daher hat er die Anfechtung fristgemäß erklärt.

δ) Zwischenergebnis zur Anfechtung

16   Somit hat M die dingliche Einigung mit W wirksam nach § 142 Abs. 1 BGB angefochten. Damit entfällt die Wirkung der Willenserklärung *ex tunc*, d. h. sie gilt als niemals abgegeben.

bb) Zwischenergebnis zur Eigentumsübertragung von M auf W

17   Mangels wirksamer Einigung hat M sein Eigentum an den SUP-Boards nicht nach § 929 S. 1 BGB auf W übertragen. Daher ist er Eigentümer geblieben.

b) Eigentumsverlust durch Eigentumsübertragung von W auf S gem. § 929 S. 1, 932 Abs. 1 BGB

18   M könnte sein Eigentum an den SUP-Boards allerdings durch eine von W an S vorgenommene Veräußerung verloren haben. Da W, wie soeben bereits geprüft, nicht Eigentümer geworden und auch sonst keine Verfügungsberechtigung des W ersichtlich ist, kommt hier nur ein gutgläubiger Erwerb des S gem. §§ 929 S. 1, 932 Abs. 1 BGB in Betracht.

19   Dafür müssten sich nun W und S wirksam über den Eigentumswechsel geeinigt haben. Einer wirksamen Einigung steht hier jedoch die in § 105 Abs. 2 BGB

---

[12] *Grigoleit* AcP 199 (1999), 379, 396 ff.; *Lieder/Berneith* JuS 2016, 673, 677 f.

[13] MüKo/*Oechsler* § 929 Rn. 33; BeckOGK/*Klinck* § 929 Rn. 43.

[14] MüKo/*Armbrüster* § 123 Rn. 17.

angeordnete Nichtigkeit einer Willenserklärung entgegen. Denn danach ist eine Willenserklärung dann nichtig, wenn sie im Zustand der Bewusstlosigkeit oder der vorübergehenden Störung der Geistestätigkeit abgegeben wird. Zu bedenken gilt es, dass S zum Zeitpunkt der dinglichen Einigung einen Blutalkoholgehalt von 3,0 Promille aufgewiesen hat und darin ein Zustand der Bewusstlosigkeit gesehen werden muss.[15] Dementsprechend ist die von ihm abgegebene Willenserklärung gem. § 105 Abs. 2 BGB nichtig. Folglich haben sich W und S nicht wirksam über den Eigentumswechsel geeinigt. Dementsprechend hat M sein Eigentum auch nicht durch eine Eigentumsübertragung von W an S gem. §§ 929 S. 1, 932 BGB verloren.

c) Zwischenergebnis
Damit ist M Eigentümer der SUP-Boards geblieben.   **20**

2. Besitz des S
Darüber hinaus müsste S zum Zeitpunkt einer etwaigen Nutzungsziehung Besit-   **21**
zer der SUP-Boards gewesen sein. Besitzer ist, wer die tatsächliche Sachherrschaft hat.[16] Im vorliegenden Fall lag diese jedenfalls bis zur Übergabe im Rahmen der Vermietung bei S; aber auch danach wäre er zumindest noch als mittelbarer Besitzer anzusehen, was ebenfalls ausreichend wäre.[17] Daher war S – unmittelbarer oder bloß mittelbarer – Besitzer.

3. Kein Recht zum Besitz
Schließlich dürfte S auch kein Recht zum Besitz i.S.d. § 986 Abs. 1 S. 1 BGB   **22**
gehabt haben.[18] Ein eigenes Recht des Besitzers zu seinem Besitz kann sich aus einem dinglichen Recht, wie z. B. einem Pfand- oder Nießbrauchsrecht, einem obligatorischen Recht und der berechtigten GoA ergeben.[19] Im vorliegenden Fall ist zwischen M und S weder eine vertragliche Beziehung noch ein dingliches Recht und auch – wie bereits gezeigt – keine berechtigte Geschäftsführung ohne Auftrag ersichtlich. Darüber hinaus steht ihm auch kein abgeleitetes Besitzrecht aufgrund des mit W geschlossenen Kaufvertrages nach § 986 Abs. 1 S. 1 Fall 2 BGB zu, da nicht nur der zwischen M und W geschlossene Vertrag nach § 142 Abs. 1 BGB als von Anfang an nichtig einzuordnen ist, sondern auch der zwischen W und S geschlossene Vertrag gem. § 105 Abs. 2 BGB.

---

[15] Vgl. BGHSt 37, 231, 239 = NJW 1991, 852, 853; Palandt/*Ellenberger* § 105 Rn. 2.

[16] Vgl. Palandt/*Herrler*, Überb. § 854 Rn. 1; BeckOK/*Fritzsche* § 854 Rn. 3, 20.

[17] Vgl. Jauernig/*Berger* Vorb. §§ 987–993 Rn. 4; BeckOK/*Fritzsche* § 987 Rn. 9.

[18] MüKo/*Raff* Vorb. §§ 987–993 Rn. 15; Jauernig/*Berger* Vorb. §§ 987–993 Rn. 3 ff.

[19] HK-BGB/*Schulte-Nölke* § 986 Rn. 3; nicht ganz eindeutig geklärt sind die Fragen, ob auch ein Zurückbehaltungsrecht oder ein Anwartschaftsrecht ein Recht zum Besitz i.S.d. § 986 BGB darstellen kann. Der BGH geht davon aus, dass das Zurückbehaltungsrecht (BGH WM 1985, 1421) als Recht zum Besitz iSd § 986 BGB verstanden werden kann, wohingegen das Anwartschaftsrecht (BGHZ 10, 69, 72) nicht als ein solches eingeordnet werden dürfe.

4. Zwischenergebnis zur Vindikationslage

23   Somit bestand zwischen M und S im einzig möglichen Zeitpunkt einer Nutzungs-
      ziehung, nämlich im Zeitpunkt der Vermietung der Boards, eine Vindikationslage.

II. Bösgläubigkeit des S

24   Darüber hinaus dürfte S bei Besitzerwerb mangels Rechtshängigkeit einer auf Her-
      ausgabe gerichteten Klage nicht in gutem Glauben in Bezug auf sein Recht zum
      Besitz gewesen sein, § 990 Abs. 1 S. 1 BGB. Das ist bei einem Eigenbesitzer – wie
      dem S – der Fall, wenn er den Mangel seines Eigentums kannte oder in grob fahrläs-
      siger Weise nicht kannte (§ 932 Abs. 2 BGB).[20] Im vorliegenden Fall hatte S keine
      positive Kenntnis von seinem fehlenden Besitzrecht, da er davon ausgegangen ist,
      mit W wirksame Verträge abgeschlossen und daher Eigentum erworben zu haben.
      Möglicherweise ist er hier aber in grob fahrlässiger Weise von einem in Wirklich-
      keit nicht bestehenden Besitzrecht ausgegangen. Grob fahrlässig handelt dabei, wer
      die im Verkehr erforderliche Sorgfalt unter Berücksichtigung sämtlicher Umstände
      in ungewöhnlich hohem Maße verletzt und das unbeachtet gelassen hat, was jedem
      hätte einleuchten müssen.[21] Hier könnte S in grob fahrlässiger Weise einen wirk-
      samen Vertragsschluss angenommen haben, da er selbst es war, der in stark alkoho-
      lisiertem Zustand gehandelt hat und dessentwegen der Vertragsschluss nach § 105
      Abs. 2 BGB unwirksam ist. Dem ist jedoch entgegenzuhalten, dass dem juristischen
      Laien in der Regel nicht bewusst sein wird, dass ein starker Alkoholkonsum zur
      Unwirksamkeit vermeintlich geschlossener Verträge führen kann und von ihm eine
      dahingehende juristische Nachforschung auch nicht zu verlangen ist.[22] Jedenfalls
      dürfte es sich ihm aber nicht unweigerlich aufgedrängt haben. Daher ist dem S sein
      fehlendes Besitzrecht auch nicht in grob fahrlässiger Weise verborgen geblieben.
      Dementsprechend handelte er nicht bösgläubig i.S.d. § 990 Abs. 1 BGB.

III. Ergebnis

25   Somit scheidet auch ein Anspruch des M gegen S auf Herausgabe etwaig gezogener
      Nutzungen gem. §§ 987 Abs. 1, 990 Abs. 1 BGB aus.

C) Anspruch gem. §§ 988, 818 BGB

26   M könnte wegen der erzielten Mieteinnahmen aber einen Anspruch gem. §§ 988,
      818 BGB gegen S haben. Das setzt eine zwischen M und S bestehende Vindika-
      tionslage, die Gutgläubigkeit des S, den unentgeltlichen Erwerb des Besitzes sowie
      eine Nutzungsziehung voraus.[23]

---

[20] MüKo/*Raff* § 990 Rn. 3.

[21] BGHZ 10, 69, 74; 10, 14, 16; RGZ 141, 129, 131; BeckOK/*Kindl* § 932 Rn. 16.

[22] Vgl. jurisPK-BGB/*Lange* § 105 Rn. 17.

[23] Vgl. Palandt/*Herrler* § 988 Rn. 2, 3; Hk-BGB/*Schulte-Nölke* § 988 Rn. 2; BeckOK/*Fritzsche*
§ 988 Rn. 2 ff.

Exkurs:
§ 988 BGB stellt einen Rechtsfolgenverweis dar, sodass die Voraussetzungen der §§ 812 ff. BGB nicht zu prüfen sind.[24] Es wird unmittelbar auf die §§ 818, 819 BGB verwiesen.[25]

Zwar besteht zwischen M und S, wie bereits geprüft, eine Vindikationslage, aller- **27** dings hat S den Besitz an den SUP-Boards nicht unentgeltlich, d. h. ohne kon- ditional verknüpfte Gegenleistung,[26] sondern aufgrund eines vermeintlich mit W geschlossenen Kaufvertrages und damit gegen Entgelt erhalten. Daran ändert es auch nichts, dass das Kausalgeschäft genauso wie die Übereignung unwirksam gewesen ist.[27] Aus diesem Grund kommt ein Anspruch des M gegen S jedenfalls in direkter Anwendung der §§ 988, 818 BGB nicht in Betracht.

D) Anspruch analog § 988 BGB

Allerdings ließe sich erwägen, § 988 BGB für einen Fall wie den vorliegenden, in **28** dem zwar kein unentgeltlicher Besitzerwerb vorliegt, in dem das entgeltliche Kau- salgeschäft aber unwirksam ist, analog anzuwenden und dem M auf diese Weise einen auf Herausgabe der gezogenen Nutzungen gerichteten Anspruch gegen S zu gewähren.

Auch ein solcher Anspruch setzt eine zwischen M und S bestehende Vindika- **29** tionslage, die Gutgläubigkeit des S und eine Nutzungsziehung voraus.[28] Darüber hinaus müsste aber vor allem auch der rechtsgrundlos Besitzende einem unentgelt- lichen Besitzer gleichgestellt werden können.

I. Vindikationslage
Wie bereits gezeigt, bestand zwischen M und S eine Vindikationslage zum Zeit- **30** punkt der von S vorgenommenen Vermietung der SUP-Boards.

II. Gutgläubigkeit
Darüber hinaus war S in Bezug auf den Besitzerwerb, wie ebenfalls bereits gezeigt, **31** in gutem Glauben.

III. Unentgeltlich = rechtsgrundlos?
Insbesondere müsste aber auch der rechtsgrundlose Erwerb dem unentgeltlichen **32** i.S.d. § 988 BGB gleichgestellt werden können.

---

[24] Hk-BGB/*Schulte-Nölke* § 988 Rn. 2.

[25] Hk-BGB/*Schulte-Nölke* § 988 Rn. 3.

[26] Vgl. Staudinger/*Gursky* (2012) § 988 Rn. 5; MüKo/*Raff* § 988 Rn. 5; BeckOK/*Fritzsche* § 988 Rn. 5.

[27] Vgl. MüKo/*Raff* § 988 Rn. 6 f.

[28] Vgl. Palandt/*Herrler* § 988 Rn. 2, 3; Hk-BGB/*Schulte-Nölke* § 988 Rn. 2; BeckOK/*Fritzsche* § 988 Rn. 2 ff.

Hinweis:
Die Frage, ob der rechtsgrundlose Besitzer dem unentgeltlichen gleichgestellt werden kann, zählt mit zu den umstrittensten im Rahmen der §§ 987 ff. BGB. Dabei stehen sich die Rechtsprechung auf der einen und die h.L. auf der anderen Seite gegenüber.[29]

33   Eine analoge Anwendung setzt stets eine planwidrige Regelungslücke sowie eine vergleichbare Interessenlage voraus.[30] Liegen diese Voraussetzungen vor, erscheint es gerechtfertigt, eine Norm auch über ihren Wortlaut hinaus auf vergleichbare Situationen anzuwenden. In diesem Fall könnte § 988 BGB auch auf den Fall des rechtsgrundlosen Erwerbs analog angewendet werden.

34   Die dafür notwendige planwidrige Regelungslücke könnte sich daraus ergeben, dass der Besitzer, der – wie hier der S – nur den Besitz, nicht aber auch das Eigentum rechtsgrundlos erworben hat, bei strikter Wortlautanwendung der §§ 987 ff. BGB und der damit verbundenen Sperrwirkung des EBV besser stehen würde als derjenige, der auch das Eigentum rechtsgrundlos erworben hat.[31] Das folgt daraus, dass in Bezug auf die Herausgabe von Nutzungen jedenfalls bei strenger Wortlautanwendung erhebliche Unterschiede zwischen dem Fall, dass nur das Kausalgeschäft nichtig ist, und dem Fall der sog. Doppelnichtigkeit, bei der auch das Verfügungsgeschäft nichtig ist, bestehen.[32] Ist nur das Kausalgeschäft nichtig, liegt wegen einer wirksamen Eigentumsübertragung schon keine Vindikationslage vor, sodass der Anwendungsbereich der §§ 987 ff. BGB nicht eröffnet ist. In diesem Fall gewährt aber das Bereicherungsrecht dem das Eigentum wirksam Übertragenden nicht nur einen Anspruch auf Herausgabe des Eigentums und Besitzes, sondern nach § 818 Abs. 1 BGB auch auf Herausgabe der Nutzungen.[33] Im Falle der Doppelnichtigkeit ist der Anwendungsbereich der §§ 987 ff. BGB dagegen eröffnet, allerdings ist der redliche und entgeltliche Erwerber nicht zur Herausgabe der Nutzungen verpflichtet, da zum einen im Zweifel – wie hier mangels Bösgläubigkeit und Entgeltlichkeit – schon die Voraussetzungen der §§ 987 ff. BGB nicht vorliegen und zum anderen auch die Anwendbarkeit der §§ 812 ff. BGB nach § 993 Abs. 1 BGB gesperrt ist.[34] Aus diesem Grund wären die Nutzungen nach den Vorgaben des

---

[29] Vgl. BeckOK/*Fritzsche* § 988 Rn. 10 f.; Soergel/*Stadler* Vor § 987 Rn. 28; Palandt/*Herrler* § 988 Rn. 6 f.; jurisPK-BGB/*Hans* § 988 Rn. 15 ff.

[30] Vgl. *Horn* Einf. in die Rechtswissenschaft und Rechtsphilosophie, 6. Aufl. 2016, Rn. 184 f.; *Larenz/Canaris* Methodenlehre der Rechtswissenschaft, 3. Aufl. 1995, S. 202 ff.

[31] RGZ 163, 348, 349 f.

[32] Vgl. BeckOK/*Fritzsche* § 988 Rn. 9; MüKo/*Raff* § 988 Rn. 7; Hk-BGB/*Schulte-Nölke* § 988 Rn. 4.

[33] Vgl. BeckOK/*Fritzsche* § 988 Rn. 9; MüKo/*Raff* § 988 Rn. 7; Staudinger/*Gursky* (2012) Vorb. §§ 987–993 Rn. 47.

[34] Vgl. jurisPK-BGB/*Hans* § 988 Rn. 15 ff.; Staudinger/*Gursky* (2012) Vorb. §§ 987–993 Rn. 47; BeckOK/*Fritzsche* § 988 Rn. 9–11.

Gesetzes bei Redlichkeit des Besitzers nur zu ersetzen, wenn lediglich das Kausalgeschäft unwirksam ist, nicht dagegen wenn beide Geschäfte nichtig sind. Dementsprechend bestünde ein Wertungswiderspruch, der geeignet wäre, die Annahme einer planwidrigen Regelungslücke zu rechtfertigen.

Das wäre jedoch dann nicht der Fall, wenn dieser Wertungswiderspruch auf eine **35** andere Art und Weise aufgelöst werden könnte. Dabei könnte der die Sperrwirkung des EBV normierende § 993 Abs. 1 BGB für den Fall der Leistungskondiktion teleologisch zu reduzieren und die Sperrwirkung des EBV auf die Herausgabe von Nutzungen aufgrund der Nichtleistungskondiktion in Form der Eingriffskondiktion zu beschränken sein. In diesem Fall könnte der rechtsgrundlose Besitzer unmittelbar im Wege der Leistungskondiktion nach §§ 812 Abs. 1 S. 1 Fall 1, 818 Abs. 1 BGB auf die Herausgabe von Nutzungen in Anspruch genommen werden, ohne dass es auf seine Redlichkeit oder die Unentgeltlichkeit ankäme.[35] Für den Fall des entgeltlichen, aber rechtsgrundlosen Erwerbs bestünde dann keine planwidrige Regelungslücke, die über eine analoge Anwendung des § 988 BGB geschlossen werden müsste.[36]

Exkurs:
Innerhalb dieser Ansicht ist jedoch wiederum umstritten, welche Auswirkungen die Anwendbarkeit der Leistungskondiktion für die §§ 987 ff. BGB haben soll. Zum Teil wird vertreten, dass die Vorschriften des EBV und die Leistungskondiktion parallel angewendet werden könnten,[37] zum Teil, dass die Vorschriften des EBV in diesem Sonderfall neben der Leistungskondiktion gesperrt seien.[38]

Folgte man dieser Sichtweise, so stünde M gegen S kein Anspruch auf Herausgabe **36** gezogener Nutzungen zu. Zu bedenken ist nämlich, dass die analoge Anwendung des § 988 BGB schon an dem Vorliegen einer planwidrigen Regelungslücke scheiterte und auch ein Anspruch aus § 812 Abs. 1 S. 1 Fall 1 BGB nicht vorläge, da S den Besitz an den Boards jedenfalls nicht durch Leistung von M, sondern durch Leistung von W erlangt hat und eine Leistungskondiktion aufgrund des grundsätzlichen Vorrangs der Leistungsbeziehungen zwischen M und S daher nicht in Betracht kommt.

Demgegenüber könnte man auch eine planwidrige Regelungslücke annehmen **37** und den skizzierten Wertungswiderspruch mit einer analogen Anwendung des § 988 BGB auf den rechtsgrundlosen Besitzer aufzulösen.[39] Im Falle der sog. Doppelnichtigkeit könnten Nutzungen vom Besitzer dann auch in einem solchen Dreipersonenverhältnis herausverlangt werden.

---

[35] Palandt/*Herrler* § 988 Rn. 8; MüKo/*Raff* § 988 Rn. 10; Hk-BGB/*Schulte-Nölke* § 988 Rn. 4; jurisPK-BGB/*Hans* § 988 Rn. 17.

[36] MüKo/*Raff* § 988 Rn. 9; Hk-BGB/*Schulte-Nölke* § 988 Rn. 4; jurisPK-BGB/*Hans* § 988 Rn. 17; Palandt/*Herrler* § 988 Rn. 8.

[37] Staudinger/*Gursky* (2012) Vor §§ 987–993 Rn. 49; vgl. MüKo/*Raff* § 988 Rn. 11; jurisPK-BGB/*Hans* § 988 Rn. 15.

[38] *Michalski* FS Gitter (1995), S. 577, 589 ff.; *Hager* JuS 1987, 877, 880.

[39] RGZ 163, 348, 349 f.; BGHZ 32, 76, 94; 71, 216, 225; BGH WM 1977, 893, 894; NJW 2008, 221 Rn. 11.

38   Für eine solche Sichtweise, die § 988 BGB nicht auf den Fall des rechtsgrundlosen Erwerbs analog anwenden möchte und die Lösung des skizzierten Wertungs-
widerspruchs stattdessen in einer teleologischen Reduktion des § 993 Abs. 1 BGB
und damit verbunden in der Leistungskondiktion sucht, lässt sich anführen, dass die
Konstellation des unentgeltlichen Besitzers schon nicht mit der des entgeltlichen,
rechtsgrundlosen vergleichbar ist.[40] § 988 BGB nimmt den unentgeltlichen Besitzer nämlich nur deshalb im Vergleich zu einem entgeltlichen Besitzer stärker in
Anspruch, weil der unentgeltliche Erwerb weniger schützenswert erscheint als der
entgeltliche. Im Übrigen handelt es sich bei § 988 BGB genauso um einen Ausnah-
metatbestand wie bei § 816 Abs. 1 S. 2, § 822 BGB, sodass eine analoge Anwendung des § 988 BGB auch einen Eingriff in die Regel-Ausnahme-Systematik der
§§ 987 ff. BGB bedeuten würde.[41] Denn in diesem Fall wäre die Regel, wonach
der redliche, entgeltliche Besitzer geschützt ist, durch die für einen unentgeltlichen
Besitzer vorgesehene Ausnahme ausgehebelt.

39   Gegen diese Sicht spricht jedoch, dass das Bereicherungsrecht nach der eindeutigen Vorgabe des § 993 Abs. 1 BGB nicht anwendbar und eine teleologische
Reduktion auch gar nicht erforderlich ist, wenn man sich für die im Vergleich zu
einer teleologischen Reduktion mildere und systemstimmigere Analogie zu § 988
BGB ausspricht.[42] Wie gezeigt, beruht § 988 BGB auf dem Gedanken, dass der
unentgeltliche Besitzer weniger schützenswert ist als der entgeltliche, weshalb er
es hinzunehmen hat, gezogene Nutzungen herauszugeben zu müssen.[43] § 988 BGB
ist damit durch den Billigkeitsgrundsatz gekennzeichnet, dass niemand Vorteile
auf Kosten eines anderen erlangen und behalten soll, für die er selbst kein eigenes
Opfer erbracht hat.[44] Diese Erwägungen lassen sich auch auf den rechtsgrundlosen
Besitzer übertragen, da auch er – jedenfalls bei endgültiger Betrachtung – keine
Gegenleistung zu erbringen hat.[45] Dementsprechend erscheint der rechtsgrundlose
Besitzer in Bezug auf die Herausgabe gezogener Nutzungen genauso wenig schutzwürdig wie der unentgeltliche, sodass mangels Anwendbarkeit des Bereicherungsrechts (§ 993 Abs. 1 BGB) nicht nur eine planwidrige Regelungslücke, sondern
auch eine vergleichbare Interessenlage zwischen unentgeltlichem und rechtsgrund-
losem Besitzer besteht.[46] Außerdem steht der Besitzer trotz der unmittelbaren Inanspruchnahme durch den Eigentümer nicht völlig schutzlos, da er immer noch die
Möglichkeit hat, sich seinerseits an seinen Vertragspartner zu wenden.

     Dementsprechend ist der rechtsgrundlose Besitzer dem unentgeltlichen gleichzu-
stellen und § 988 BGB auf diesen analog anzuwenden.

---

[40] Vgl. jurisPK-BGB/*Hans* § 988 Rn. 17; Staudinger/*Gursky* (2012) Vor §§ 987–993 Rn. 48.

[41] Vgl. Staudinger/*Gursky* (2012) Vor §§ 987–993 Rn. 48.

[42] RGZ 137, 206, 210.

[43] BGH NJW 2008, 221 Rn. 12; vgl. MüKo/*Raff* § 988 Rn. 18 ff.; Staudinger/*Gursky* (2012) § 988 Rn. 1 f.

[44] BGHZ 36, 76, 94.

[45] Vgl. RGZ 163, 348, 356 f.

[46] Vgl. RGZ 163, 348, 356 f.

> **Beachte zweierlei:**
> Zum einen können zumindest im ersten Staatsexamen beide Ansichten guten Gewissens gleichermaßen vertreten werden. Zum anderen kommen beide Ansichten grundsätzlich nur in Dreipersonen-Konstellationen aufgrund der Definition der Leistung in § 812 Abs. 1 S. 1 Fall 1 BGB und des Vorrangs der Leistungsbeziehungen zu unterschiedlichen Ergebnissen.

IV. Nutzungsziehung

Da S aufgrund der ebenfalls aus § 105 Abs. 2 BGB folgenden Nichtigkeit des **40** schuldrechtlichen Kausalgeschäfts rechtsgrundlos den Besitz an den SUP-Boards erworben hat, kommt es für die Entstehung des Anspruchs analog § 988 BGB damit nur noch darauf an, ob er auch Nutzungen aus dem Besitz gezogen hat. Als Nutzungen kommen hier allein die mit den SUP-Boards erzielten Mieteinnahmen in Betracht. Zu den Nutzungen gehören gem. § 100 BGB die Früchte einer Sache. Nach § 99 Abs. 3 BGB sind Früchte auch solche Erträge, die eine Sache vermöge eines Rechtsverhältnisses gewährt. Zu diesen sog. mittelbaren Sachfrüchten zählen auch Mieteinnahmen, da es sich bei diesen um Erträge handelt, die die Sache unmittelbar aufgrund des Mietvertrages und damit aufgrund eines Rechtsverhältnisses gewährt.[47] Folglich hat M in Form der erzielten Mieteinnahmen Nutzungen aus seinem Besitz an den SUP-Boards gezogen.

Somit ist der Anspruch des M auf Nutzungsherausgabe analog § 988 BGB entstanden.

V. Ergebnis

Da der Anspruch nicht wieder erloschen ist und auch keine Gründe ersichtlich sind, **41** die gegen dessen Durchsetzbarkeit sprechen könnten, hat M gegen S aufgrund des in § 988 BGB vorgesehenen Rechtsfolgenverweises[48] auf das Bereicherungsrecht nach § 818 Abs. 1 BGB einen Anspruch auf Herausgabe der von S erzielten Mieteinnahmen.

E) Endergebnis

Andere Ansprüche kommen neben der analogen Anwendung des § 988 BGB nicht **42** in Betracht. Ansprüche des M gegen S aus Bereicherungsrecht scheitern jedenfalls am Vorrang der zwischen W und S bestehenden Leistungsbeziehung.

---

[47] Palandt/*Ellenberger* § 99 Rn. 4; MüKo/*Raff* § 988 Rn. 21.
[48] Staudinger/*Gursky* (2012) § 988 Rn. 13; Jauernig/*Berger* § 988 Rn. 3.

Abwandlung

43   Anders als im Ausgangsfall besteht hier kein Drei-, sondern ein Zweipersonenverhältnis. Das hat zur Folge, dass in dem Streit, ob § 988 BGB analog oder § 812
Abs. 1 S. 1 Fall 1 BGB im Fall eines rechtsgrundlosen Besitzers Anwendung findet,
beide Ansichten zu dem Ergebnis gelangen, dass der Besitzer gezogene Nutzungen
herausgeben muss.[49]

44   Fraglich ist jedoch, ob M dem W auch nach beiden Ansichten den an ihn gezahlten Kaufpreis entgegenhalten kann.

Folgte man der Auffassung, die § 993 Abs. 1 BGB teleologisch reduziert, und
ließe man damit einen Anspruch des M gegen W aus der hier dann einschlägigen
Leistungskondiktion des § 812 Abs. 1 S. 1 Fall 1 BGB zu, so würde dieser Anspruch
mit dem Anspruch des W gegen M auf Rückgewähr des gezahlten Kaufpreises nach
der im Bereicherungsrecht geltenden Saldotheorie[50] verrechnet.

45   Anders als im Ausgangsfall könnte W dem M den gezahlten Kaufpreis aber auch
dann entgegenhalten, wenn man sich für eine analoge Anwendung des § 988 BGB
auf den rechtsgrundlosen Besitzer aussprächse. Denn in einem solchen Zweipersonenverhältnis wendet die Rechtsprechung auch im Rahmen des § 988 BGB die
Saldotheorie an, damit der rechtsgrundlose Besitzer genauso behandelt wird wie der
rechtsgrundlose Eigentümer.[51]

> **Zur Erläuterung:**
> Ist nur der Kaufvertrag nichtig, die Übereignung aber wirksam, ist der rechts
> grundlose Eigentümer (Käufer) gem. § 812 Abs. 1 S. 1 Fall 1, § 818 Abs. 1
> BGB zur Herausgabe der Nutzungen verpflichtet. Ist der Käufer hinsichtlich
> der Nutzungen entreichert (§ 818 Abs. 3 BGB), greift grundsätzlich die Sal
> dotheorie, so dass er auch nicht den Kaufpreis zurückerhält. – Ist auch die
> Übereignung nichtig, muss der rechtsgrundlose Besitzer (Käufer) nach Auf
> fassung des BGH analog §§ 988, 818 Abs. 1 BGB die Nutzungen heraus
> geben. Wenn der Käufer hinsichtlich der Nutzungen entreichert ist und man
> die Saldotheorie nicht anwendete, käme es zu einem Wertungswiderspruch
> zwischen Bereicherungs- und Vindikationsrecht, weil der rechtsgrundlose
> Besitzer besser als der rechtsgrundlose Eigentümer stünde.

46   Demnach ist der von W dem M gezahlte Kaufpreis in der Abwandlung nach beiden
Ansichten abzuziehen.

---

[49] Vgl. Soergel/*Stadler* Vor § 987 Rn. 28; Jauernig/*Berger* Vor §§ 987–993 Rn. 13; Erman/*Ebbing*
Vor §§ 987–993 Rn. 86.

[50] Dazu Fall 16.

[51] BGH NJW 1995, 2627, 2628; 1995, 454, 455.

Vor Fall 27: Einführung in die Geschäftsführung ohne Auftrag

A) Überblick

Bei der Geschäftsführung ohne Auftrag (GoA) tätigt jemand (= der Geschäftsfüh- **1** rer) das Geschäft eines anderen (= des Geschäftsherrn), „ohne von ihm beauftragt oder ihm gegenüber sonst dazu berechtigt zu sein" (§ 677 BGB). Dabei lassen sich vier Typen unterscheiden:

Die echte GoA zeichnet sich dadurch aus, dass der Geschäftsführer mit Fremd- **2** geschäftsführungswillen handelt. Innerhalb der echten GoA sind berechtigte und unberechtigte GoA zu trennen. Berechtigt ist die GoA insbesondere, wenn sie dem Interesse und Willen des Geschäftsherrn entspricht. Die vom Gesetz verfolgte Idee ist dabei, dass die Parteien so gestellt werden, als hätten sie einen Auftrag geschlossen, da offenkundig in diesem Fall sowohl Geschäftsführer als auch Geschäftsherr die rechtsgeschäftliche Nähe wünschen. Unberechtigt ist die GoA hingegen, wenn sie Interesse und Willen des Geschäftsherrn widerspricht, wobei ein Verstoß gegen den subjektiven Willen einem gegenteiligen objektiv feststellbaren Interesse

© Springer-Verlag GmbH Deutschland, ein Teil von Springer Nature 2019
J. Prütting, B. Scholl, *Die Schuldrechtsklausur II*, Tutorium Jura,
https://doi.org/10.1007/978-3-662-57602-1_28

vorgeht. Der Geschäftsherr hat grundsätzlich ein „Recht auf Unvernunft". Ausnahmen finden sich vor allem in § 679 BGB.

3   Bei der unechten GoA behandelt der Geschäftsführer das fremde Geschäft als eigenes, und zwar entweder versehentlich (§ 687 Abs. 1 BGB) oder vorsätzlich (§ 687 Abs. 2 BGB). Auf den Fall der bloß versehentlichen Eigengeschäftsführung finden die GoA-Vorschriften keine Anwendung, während § 687 Abs. 2 S. 1 BGB dem Geschäftsherrn bei der Geschäftsanmaßung alle Ansprüche der GoA zur Seite stellt, die nach den Regeln der §§ 677 ff. BGB in Betracht kommen.

B) Echte berechtigte GoA

I. Voraussetzungen

4   Der wichtigste Fall der GoA ist die echte berechtigte GoA. Sie hat folgende Voraussetzungen:

1. Geschäftsbesorgung

5   Zunächst muss der Geschäftsführer ein Geschäft für einen anderen besorgen. Geschäftsbesorgung ist (wie beim Auftrag) jedes rechtsgeschäftliche oder tatsächliche Handeln in fremdem Interesse.

> **Beispiele:**
>
> Abschluss dringender Geschäfte für Abwesende; Hilfe in Unglücksfällen; Verhütung von Brandschäden; Entgegennahme eines fremden Pakets und Zahlung des Zustellentgelts.

Allerdings sind die §§ 677 ff. BGB nicht anwendbar, wenn das Handeln eine reine Gefälligkeit darstellt, die sich im außerrechtlichen Bereich abspielt (vgl. BGH NJW 2015, 2880: Familienangehörige fahren minderjährige Vereinsmitglieder zu Sportveranstaltung).

2. Fremdes Geschäft und Fremdgeschäftsführungswille

6   Das vom Geschäftsführer geführte Geschäft darf kein (nur) eigenes, sondern muss zumindest ein auch fremdes Geschäft sein. Objektiv fremde Geschäfte sind solche, die bereits ihrer Natur oder ihrem äußeren Erscheinungsbild nach in einen anderen Rechts- und Interessenkreis fallen (z. B. Löschen eines Brandes in einem fremden Haus). Der Fremdgeschäftsführungswille wird hier vermutet. Daneben gibt es neutrale Geschäfte (z. B. Kauf einer Konzertkarte). Diese werden erst zu fremden Geschäften, wenn der Geschäftsführer sie mit dem Willen führt, sie für einen anderen zu besorgen, und dieser Wille erkennbar wird. Nicht erforderlich ist, dass der Geschäftsführer das Geschäft allein für einen anderen besorgt; vielmehr ist es unschädlich, dass er neben der fremden Angelegenheit auch eine eigene mitbesorgt.

3. Ohne Auftrag oder sonstige Berechtigung

Der Geschäftsführer darf vom Geschäftsherrn nicht mit der Geschäftsbesorgung   **7**
beauftragt oder ihm gegenüber sonst dazu berechtigt sein (§ 677 BGB). Das
Bestehen eines Auftrags, Dienst- oder Werkvertrags schließt die Anwendbarkeit
der GoA also aus, wobei dies dem Grundsatz nach nur gilt, wenn der Geschäftsführer den Vertrag mit dem Geschäftsherrn geschlossen hat. Besteht ein Vertrag
mit einem Dritten, so ist fraglich (und bereits im Rahmen des Fremdgeschäftsführungswillens zu diskutieren), ob daneben Raum für die Anwendbarkeit der
GoA gegenüber dem Geschäftsherrn besteht (verneinend bei umfassender vertraglicher Regelung BGH NJW-RR 2004, 81). Eine sonstige Berechtigung kann
sich auch nicht aus einer Verpflichtung ergeben, die jedermann trifft. So scheidet
insbesondere die allgemeine Hilfspflicht nach § 323c StGB als sonstige Berechtigung aus.

4. Interesse und Willen des Geschäftsherrn

Eine berechtigte GoA liegt zunächst dann vor, wenn die Übernahme der Geschäfts-   **8**
führung dem (objektiven) Interesse und dem wirklichen oder mutmaßlichen Willen
des Geschäftsherrn entspricht (§ 683 BGB). In erster Linie kommt es auf den
wirklichen Willen des Geschäftsherrn an; der mutmaßliche Wille ist heranzuziehen, wenn der Geschäftsherr einen Willen nicht zum Ausdruck gebracht hat.
Auf den mutmaßlichen Willen ist dabei i.d.R. aus dem Interesse zu schließen. In
bestimmten Fällen ist ein entgegenstehender Wille des Geschäftsherrn unbeachtlich, nämlich „wenn ohne die Geschäftsführung eine Pflicht des Geschäftsherrn,
deren Erfüllung im öffentlichen Interesse liegt [Beispiele: winterliches Schnee-
räumen; Abschleppen eines verkehrsbehindernd abgestellten Fahrzeugs, dazu Fall
29], oder eine gesetzliche Unterhaltspflicht des Geschäftsherrn nicht rechtzeitig
erfüllt werden würde" (§ 679 BGB). Von der h.M. wird § 679 BGB analog auf
den Fall der Rettung eines Selbstmörders angewandt, weil der entgegenstehende
Wille des Geschäftsherrn gegen ein sittliches Verbot verstößt. Berechtigt ist die
GoA auch, wenn der Geschäftsherr eine zunächst unberechtigte Geschäftsführung
genehmigt (§ 684 S. 2 BGB).

II. Rechtsfolgen

1. Ansprüche des Geschäftsführers gegen den Geschäftsherrn

Der Geschäftsführer hat gegen den Geschäftsherrn gem. §§ 683, 670 BGB einen   **9**
Anspruch auf Ersatz der Aufwendungen, die der Geschäftsführer den Umständen
nach für erforderlich halten durfte. Eine Bezahlung für eigene Arbeitsleistung
kann aber grundsätzlich nicht verlangt werden: § 683 BGB verweist auf das Auftragsrecht, und der Beauftragte handelt unentgeltlich. Ausnahmsweise gilt dieser
Grundsatz unter analoger Anwendung des § 1835 Abs. 3 BGB nicht, wenn die
Tätigkeit zum Beruf oder Gewerbe des Geschäftsführers gehört. Über §§ 683,
670 BGB kann der Geschäftsführer auch Schäden ersetzt verlangen, sofern sie

als Folge der typischen Gefahrenlage der Geschäftsbesorgung aufgetreten sind. Hier wird der Rechtsgedanke des § 110 Abs. 1 HGB herangezogen. Siehe dazu Fall 27.

2. Ansprüche des Geschäftsherrn gegen den Geschäftsführer

10   Der Geschäftsführer „hat das Geschäft so zu führen, wie das Interesse des Geschäftsherrn mit Rücksicht auf dessen wirklichen oder mutmaßlichen Willen es erfordert" (§ 677 BGB). Anderenfalls haftet er aus § 280 Abs. 1 BGB, wobei er, sofern die Geschäftsführung der Gefahrenabwehr dient, nur Vorsatz und grobe Fahrlässigkeit zu vertreten hat (§ 680 BGB). Das bedeutet, dass § 677 BGB ein Schuldverhältnis i.S.d. § 280 Abs. 1 BGB begründet (sog. Haftung für Ausführungsverschulden). Sonstige Pflichten ergeben sich aus § 681 BGB. Insbesondere hat der Geschäftsführer gem. §§ 681 S. 2, 667 Fall 2 BGB dem Geschäftsherrn das, was er durch die Geschäftsführung erlangt (z. B. das für den abwesenden Nachbarn angenommene Postpaket), herauszugeben. Wichtig ist daneben in der juristischen Theorie und Praxis vor allem §§ 681 S. 2, 666 BGB, womit sowohl ein Auskunftsanspruch über die noch laufende als auch eine Rechenschaftspflicht über die abgeschlossene Geschäftsführung statuiert wird.

C) Echte unberechtigte GoA

I. Voraussetzungen

11   Eine unberechtigte GoA liegt vor, wenn es für eine berechtigte GoA an der Berechtigung fehlt, wenn also die Geschäftsführung dem Willen des Geschäftsherrn widerspricht, ein Fall des § 679 BGB nicht vorliegt und der Geschäftsherr die Geschäftsführung auch nicht nachträglich genehmigt.

II. Rechtsfolgen

1. Ansprüche des Geschäftsherrn gegen den Geschäftsführer

12   § 678 BGB gewährt dem Geschäftsherrn einen eigenen Schadensersatzanspruch gegen den Geschäftsführer, wenn dieser erkennen musste, dass die Übernahme der Geschäftsführung mit dem wirklichen oder dem mutmaßlichen Willen des Geschäftsherrn in Widerspruch stand. Nach h.L. gilt auch für die Frage des Übernahmeverschuldens bei Maßnahmen zur Gefahrenabwehr der Maßstab des § 680 BGB, so dass eine Haftung auch dann ausscheiden kann, wenn der Geschäftsführer irrig eine Gefahrenlage annimmt.[1] Musste der Geschäftsführer den entgegenstehenden Willen des Geschäftsherrn erkennen, muss den Geschäftsführer in Bezug auf

---

[1] Vgl. *Lorenz* JuS 2016, 12, 14; ausf. BeckOGK/*Thole* § 678 Rn. 20.

die Verletzungshandlung selbst kein Verschulden mehr treffen (sog. Haftung für „Übernahmeverschulden"). Ob der Geschäftsführer daneben bei fehlendem Übernahmeverschulden auch aus §§ 280 Abs. 1, 677 BGB wegen der unsachgemäßen Ausführung des Geschäfts haftet, ist umstritten. Früher wurde dies verneint, weil durch die unberechtigte GoA kein Schuldverhältnis zwischen Geschäftsführer und Geschäftsherrn entstehe, so dass allein eine Haftung nach §§ 823 ff. BGB in Betracht komme.[2] Heute befindet sich aber die Ansicht im Vordringen, dass der unberechtigte Geschäftsführer nicht besser gestellt werden dürfe als der den Pflichten nach § 677 BGB unterliegende und nach § 280 Abs. 1 BGB haftende berechtigte Geschäftsführer.[3] Der Streit ist immer dann für die Fallentscheidung von Bedeutung, wenn § 678 BGB mangels Erkennbarkeit für den Geschäftsführer zu dessen Lasten nicht greift und sodann fahrlässig Schäden im Rahmen der Ausführung herbeigeführt werden.

Ebenso ist nach inzwischen h.M. der Herausgabeanspruch aus §§ 681 S. 2, 667 **13** BGB gleichermaßen auf den unberechtigten Geschäftsführer anzuwenden.[4] Denn der unberechtigte Geschäftsführer darf auch insoweit nicht schlechter stehen als der berechtigte.

2. Ansprüche des Geschäftsführers gegen den Geschäftsherrn

Der Geschäftsführer hat gegen den Geschäftsherrn keinen Anspruch auf Aufwen **14** dungsersatz nach §§ 683 S. 1, 670 BGB. Der Geschäftsherr ist dem Geschäftsführer aber gem. § 684 S. 1 BGB zur Herausgabe all dessen verpflichtet, was der Geschäftsherr durch die unberechtigte Geschäftsführung erlangt hat. Man legt diese Rechtsfolgenverweisung auf die §§ 818, 819 BGB so aus, dass der Geschäftsherr die Aufwendungen, die er durch die Geschäftsführung erspart hat, ersetzen muss (§ 818 Abs. 2 BGB; s. Fall 28 Rn. 34 f.). Die Wertersatzpflicht entfällt, wenn der Geschäftsherr nicht mehr bereichert ist (§ 818 Abs. 3 BGB) oder wenn es sich um eine aufgedrängte Bereicherung handelt. Begrenzt wird der Anspruch durch die nach §§ 683 S. 1, 670 BGB ersatzfähigen Aufwendungen.

Weitere Rechtsfolgen können aus der unberechtigten GoA grundsätzlich nicht her **15** geleitet werden, so dass im Übrigen das Delikts- und Bereicherungsrecht (§§ 823 ff., 812 ff. BGB) zur Anwendung kommen. Will der Geschäftsherr auf die GoA-Vorschriften zugreifen, kann er die Geschäftsführung genehmigen (§ 684 S. 2 BGB).

D) Irrtümliche Eigengeschäftsführung

Bei der irrtümlichen Eigengeschäftsführung fehlt dem Geschäftsführer das Bewusst **16** sein, für einen anderen tätig zu werden. Die Regeln über die GoA finden auf diesen Fall gem. § 687 Abs. 1 BGB keine Anwendung, vielmehr richtet sich die Rückabwicklung

---

[2] Jauernig/*Mansel* Vor § 677 Rn. 5 und § 678 Rn. 2.

[3] *Brox/Walker* SchuldR BT, § 37 Rn. 2; *Looschelders* SchuldR BT, Rn. 877; Staudinger/*Bergmann* (2015) § 678 Rn. 19; NK-BGB/*Schwab* § 678 Rn. 3.

[4] MüKo/*Schäfer* § 681 Rn. 3; Staudinger/*Bergmann* (2015) § 681 Rn. 2; Palandt/*Sprau* § 681 Rn. 1; a.A. NK-BGB/*Schwab* § 681 Rn. 4; *Medicus/Lorenz* SchuldR II Rn. 1121.

nach den Regeln des Eigentümer-Besitzer-Verhältnisses (§§ 987 ff. BGB) oder nach Bereicherungsrecht (§§ 812 ff. BGB).

Beispiel:

Bauer B bestellt versehentlich den Acker seines Nachbarn. Für eine echte GoA fehlt es am Fremdgeschäftsführungswillen des B. Zur Ersatzfähigkeit über Bereicherungsrecht vgl. Fall 23 (Verwendungskondiktion).

17   Ein bloßer Irrtum über den wahren Geschäftsherren vermag die GoA nicht auszuschließen, vgl. § 686 BGB. Hier existiert der Wille, für einen anderen tätig zu werden, so dass der wahre Betroffene berechtigt und verpflichtet wird.

E) Geschäftsanmaßung

18   Bei der Geschäftsanmaßung führt der Geschäftsführer ein fremdes Geschäft, von dem er weiß, dass es fremd ist, bewusst zum eigenen Vorteil aus.

Beispiel:

A veräußert bewusst eine Sache des E an einen Dritten; dazu Fall 19.

19   Der Geschäftsführer haftet auch hier nach Delikts- und Bereicherungsrecht (§§ 823 ff., 812 ff. BGB). Der Geschäftsherr kann daneben das Geschäft gem. § 687 Abs. 2 S. 1 BGB aber auch an sich ziehen und die dort genannten Ansprüche geltend machen, insbes. Herausgabe des durch die Geschäftsführung Erlangten gem. §§ 681 Abs. 2 S. 1, 681 S. 2, 667 Fall 2 BGB oder Schadensersatz gem. §§ 687 Abs. 2 S. 1, 678 BGB verlangen. In diesem Falle muss der Geschäftsherr gem. §§ 687 Abs. 2 S. 2, 684 S. 1, 818 Abs. 2 BGB alles, was er durch die Geschäftsführung erlangt, nach Bereicherungsrecht herausgeben. Dies darf nicht so verstanden werden, dass genau dasjenige, was nach § 667 Fall 2 BGB verlangt werden konnte, wieder herzugeben wäre. Vielmehr erfasst der Anspruch über §§ 687 Abs. 2 S. 2, 684 S. 1 BGB jene Aufwendungen, die der Geschäftsherr durch das Geschäft erspart hat.

Fall 27

Ausgangsfall

Die tierliebe Clara (C) findet an einer Landstraße einen verletzten und blutenden
Schäferhund. Sie hält mit ihrem Auto an und beschließt, den Hund mitzunehmen
und zu einem Tierarzt zu bringen. Bei dem Tierarzt Dr. Tiemann (T) weist C aus-
drücklich darauf hin, dass es nicht ihr Hund sei und sie auch nicht bereit sei, die
Behandlung zu bezahlen. Sie weist aber auf einen Chip hin, anhand dessen man den
Hund identifizieren könne. T ist sofort dazu bereit, sich um den Hund zu kümmern.
Er operiert den Hund erfolgreich. Später wird anhand des Chips Hugo (H) als
Eigentümer ermittelt. T stellt H Materialkosten und tierärztliche Tätigkeit nach der
Gebührenordnung für Tierärzte (GOT) in Rechnung. Außerdem wendet sich auch
C an H und verlangt Ersatz der Kosten für die Reinigung der durch das Blut des
Hundes befleckten Autopolster. Zu Recht?

Bearbeiterhinweis:
Auf § 970 BGB wird hingewiesen. Deliktsrechtliche Ansprüche sind nicht zu prüfen.

Abwandlung

Wie zuvor. Da der Hund aufgrund des Unfalls schwer verletzt worden ist und
während der von T vorgenommenen Operation weiteres Blut verliert, benötigt er
eine Bluttransfusion. T bittet seine sorgfältig ausgewählte, stets zuverlässige, langjährige Helferin Ulla (U) darum, ihm zwei passende Blutkonserven zu bringen und
sie sicherheitshalber mittels Kreuzprobe auf Verträglichkeit mit dem Empfänger-
blut zu testen. Aufgrund eines einmaligen Versehens der U befindet sich aber unter
den beiden Konserven eine unverträgliche. Versehentlich macht U die Kreuzprobe
zweimal mit der passenden Konserve und unterlässt sie mit der unverträglichen.

© Springer-Verlag GmbH Deutschland, ein Teil von Springer Nature 2019   367
J. Prütting, B. Scholl, *Die Schuldrechtsklausur II*, Tutorium Jura,
https://doi.org/10.1007/978-3-662-57602-1_29

Nach der Transfusion kommt es zu Verklumpungen der roten Blutkörperchen, so dass der Hund kurze Zeit nach der Operation verstirbt.

Eigentümer H ist tief betrübt. Er verlangt von T Ersatz für die Kosten der Beschaffung eines Ersatzhundes sowie einer Beisetzung auf dem Hundefriedhof.

Bearbeiterhinweis:
Es ist davon auszugehen, dass T bei der Operation die Blutgruppenverträglichkeit nicht noch einmal persönlich prüfen musste.

Lösung Fall 27

▶ Fall 27 führt in das Recht der echten berechtigten GoA ein und behandelt den wichtigen Aufwendungsersatzanspruch des Geschäftsführers sowie den Schadensersatzanspruch des Geschäftsherrn. Kursorisch behandelt wird § 970 BGB, eine Regelung im Fundrecht, die dem Aufwendungsersatzanspruch bei der GoA nachempfunden ist. Diese Norm muss nicht bekannt sein; allerdings liegt es aufgrund des Bearbeiterhinweises nahe, das aus der GoA bekannte Problem der Ersatzfähigkeit von Schäden hierauf zu übertragen. Zu Ansprüchen aus öffentlich-rechtlicher GoA gegen die Gemeinde beim Fund von Tieren *Oechsler* JuS 2016, 215 ff.

Ausgangsfall

A) Anspruch des T gegen H auf Aufwendungsersatz aus §§ 670, 683 S. 1, 677 BGB

1 Da zwischen T und H kein (Dienst-)Vertrag über die Behandlung des Hundes zustande gekommen ist, könnte T gegen H einen Anspruch auf Aufwendungsersatz nur aus §§ 670, 683 S. 1, 677 BGB haben. Dann müsste T in berechtigter Geschäftsführung ohne Auftrag gehandelt haben, also für H ein Geschäft besorgt haben, ohne von ihm beauftragt oder ihm gegenüber sonst dazu berechtigt zu sein.

I. Geschäftsbesorgung

2 Ein Geschäft i.S.d. § 677 BGB kann in einem Rechtsgeschäft, einer rechtsgeschäfts-ähnlichen oder in einer rein tatsächlichen Handlung bestehen. Die tierärztliche Behandlung stellt eine tatsächliche Handlung und damit eine Geschäftsbesorgung i.S. des § 677 BGB dar.

II. Fremdheit des Geschäfts

3 Ein Geschäft ist fremd, wenn die betreffende Angelegenheit zumindest auch dem Interessenbereich eines anderen angehört und (auch) von diesem zu besorgen wäre.[1]

---

[1] Hk-BGB/*Schulze* § 677 Rn. 3.

Bei einem objektiv fremden Geschäft ist die Zugehörigkeit zum fremden Interessenbereich bereits äußerlich aus dem Inhalt des Geschäftes erkennbar. Hier hat T ein Tier des H tierärztlich behandelt. Die Heilbehandlung eines Tieres gehört zum Interessenkreis des Eigentümers. Es handelt sich also um ein objektiv fremdes Geschäft.

III. Fremdgeschäftsführungswille

Der Geschäftsführer muss das Bewusstsein und den Willen haben, die Angelegenheit des Geschäftsherrn für diesen zu besorgen. Der Fremdgeschäftsführungswille wird bei objektiv fremden Geschäften widerleglich vermutet.[2] Hier ist damit zu vermuten, dass T Fremdgeschäftsführungswillen hatte. Indizien, die dagegen sprechen könnten, sind nicht ersichtlich.   **4**

IV. Ohne Auftrag oder sonstige Berechtigung

Es fehlt an einem Auftrag oder einer sonstigen Berechtigung des T.   **5**

V. Interesse und Wille des Geschäftsherrn

Fraglich ist, ob die Übernahme der Geschäftsführung auch dem Interesse und dem wirklichen oder mutmaßlichen Willen des Geschäftsherrn entsprach (§ 683 S. 1 BGB). Da H seinen wirklichen Willen nicht geäußert hat, ist auf seinen mutmaßlichen Willen abzustellen. Der mutmaßliche Wille stimmt – wenn es keine Anhaltspunkte für einen entgegenstehenden Willen gibt – regelmäßig mit dem objektiven Interesse überein. Die notwendige Operation eines verletzten Hundes mit dem Ziel der Heilung ist für den Eigentümer objektiv nützlich. Sie liegt daher in seinem Interesse. Mangels anderer Anhaltspunkte ist auch davon auszugehen, dass sie dem mutmaßlichen Willen des H entspricht.   **6**

Somit sind die Voraussetzungen der §§ 670, 683 S. 1, 677 BGB gegeben. T kann dem Grunde nach Ersatz seiner erforderlichen Aufwendungen verlangen.

VI. Ersatzfähige Aufwendungen

Nach §§ 683 S. 1, 670 BGB hat der Geschäftsführer gegen den Geschäftsherrn Anspruch auf Ersatz derjenigen Aufwendungen, die er den Umständen nach für erforderlich halten durfte. Fraglich ist somit, welche Positionen von dem Anspruch umfasst sind.   **7**

1. Materialkosten

Unproblematisch ist die Ersatzfähigkeit der Materialkosten.   **8**

2. Eigene Arbeitsleistung

Eigene Arbeitsleistung kann dagegen grundsätzlich nicht ersetzt verlangt werden. § 683 S. 1 BGB verweist auf das Auftragsrecht, und der Auftragnehmer handelt   **9**

---

[2] BGH NJW 2007, 63 Rn. 15; BGHZ 181, 188 Rn. 18 = NJW 2009, 2590; Hk-BGB/*Schulze* § 677 Rn. 4.

nach § 662 BGB unentgeltlich. Eine Ausnahme gilt aber dann, wenn die Tätigkeit dem Beruf oder Gewerbe des Geschäftsführers angehört.[3] Der Geschäftsherr kann in diesem Fall – anders als bei einem gewöhnlichen Nothelfer – erwarten, dass das Geschäft nach professionellen Maßstäben ausgeführt wird, muss dann im Gegenzug die Arbeitsleistung aber auch vergüten. Dogmatisch begründen lässt sich dies mit einer entsprechenden Anwendung des § 1835 Abs. 3 BGB. Hier ist T als Tierarzt tätig geworden. T kann also auch für die Operation eine Vergütung verlangen, die nach der Gebührenordnung für Tierärzte (GOT) zu bestimmen ist.

3. Ergebnis

10 Damit kann T von H sowohl Ersatz der Materialkosten als auch Vergütung seiner Heilbehandlung aus §§ 670, 683 S. 1, 677 BGB verlangen.

B) Anspruch der C gegen H auf Ersatz der Reinigungskosten aus § 970 BGB

11 C könnte gegen H einen Anspruch auf Ersatz der Kosten für die Reinigung der Sitzpolster aus § 970 BGB haben. Danach kann der Finder vom Empfangsberechtigten unter anderem Ersatz solcher Aufwendungen verlangen, die er zum Zwecke der Erhaltung der Sache gemacht hat und nach den Umständen für erforderlich halten durfte.

12 C ist Finder des Hundes. Dass der Hund als Tier keine Sache ist, steht dem nicht entgegen, weil er gem. § 90a S. 3 BGB wie eine Sache behandelt wird. H ist als Eigentümer des Hundes Empfangsberechtigter.

Fraglich ist, ob C Aufwendungen zum Zwecke der Erhaltung des Hundes gemacht hat. Aufwendungen sind nur freiwillige Vermögensopfer. Die Verschmutzung des Polsters ist dagegen ein unfreiwilliges Vermögensopfer, ein Schaden. Insofern ist § 970 BGB seinem Wortlaut nach nicht anwendbar.

13 Fraglich ist allerdings, ob die Norm auf bestimmte Schäden analog angewendet werden kann. Im Rahmen des Auftragsrechts und des Rechts der Geschäftsführung ohne Auftrag ist anerkannt, dass der Aufwendungsersatzanspruch im Rahmen einer Analogie auf sog. risikotypische Begleitschäden auszudehnen ist, also solche Schäden, die als Folge der typischen Gefahrenlage der Geschäftsbesorgung aufgetreten sind.[4] Dafür spricht, dass Schäden mit einer freiwilligen Hilfeleistung oftmals unvermeidlich verbunden sind. Wenn der Geschäftsherr die Vorteile aus der Geschäftsführung zieht, muss er dem Geschäftsführer auch die Schäden ersetzen, die diesem durch die besonderen Risiken der Geschäftsführung entstanden sind.

---

[3] BGHZ 65, 384, 390; 143, 9, 16; WM 2012, 1041 Rn. 25; Palandt/*Sprau* § 683 Rn. 8; MüKo/*Schäfer* § 683 Rn. 28.

[4] BGHZ 38, 270, 277; Palandt/*Sprau* § 683 Rn. 9; BeckOGK/*Thole* § 683 Rn. 38 ff.; BeckOK/*Gehrlein* § 683 Rn. 4.

Diese Überlegungen sind auf § 970 BGB, der sich an den §§ 683 S. 1, 670 BGB orientiert,[5] zu übertragen.[6] Hier hat C mit dem Transport des blutenden Hundes zum Tierarzt eine Aufwendung zum Zwecke der Erhaltung des Hundes gemacht, die sie nach den Umständen für erforderlich halten durfte. Damit ging das Risiko einher, dass die Autopolster verschmutzt, also beschädigt werden.

Ergebnis: C kann von H Ersatz der Kosten für die Reinigung der durch das Blut des Hundes befleckten Autopolster analog § 970 BGB verlangen.

Abwandlung

A) Anspruch des H gegen T auf Schadensersatz aus §§ 280 Abs. 1, 677 BGB

H könnte gegen T im Wege des Schadensersatzes einen Anspruch auf Ersatz der Kosten für die Beschaffung eines Ersatzhundes und der Kosten für die Bestattung des gestorbenen Hundes aus §§ 280 Abs. 1, 677 BGB haben. **14**

I. Schuldverhältnis

Dann müsste zwischen H und T zunächst ein Schuldverhältnis bestehen. Wie bereits **15**
geprüft (Rn. 1 ff.), liegt in der Behandlung des Hundes durch T eine berechtigte Geschäftsführung ohne Auftrag i.S.d. § 677 BGB, die ein (gesetzliches bzw. vertragsähnliches) Schuldverhältnis zwischen H und T begründet. Darauf ist § 280 Abs. 1 BGB anwendbar.

> **Systematischer Hinweis:**
> § 280 Abs. 1 BGB findet nur auf wenige gesetzliche Schuldverhältnisse Anwendung, weil es für die meisten gesetzlichen Schuldverhältnisse Sondervorschriften gibt – nicht aber für die echte berechtigte GoA, so dass hier § 280 Abs. 1 BGB anzuwenden ist.

II. Pflichtverletzung

Gem. § 677 BGB ist der Geschäftsführer verpflichtet, das Geschäft so zu führen, **16**
wie das Interesse des Geschäftsherrn mit Rücksicht auf dessen wirklichen oder mutmaßlichen Willen es erfordert. Dazu gehört die Pflicht zur ordentlichen Ausführung.[7] Erfolgt hier eine Behandlung des Tieres durch einen Tierarzt, so unterliegt

---

[5] Die Vorschriften über den Fund (§§ 965 ff. BGB) stehen systematisch den §§ 677 ff. BGB nahe und werden z. T. sogar als Spezialfall der GoA angesehen, vgl. MüKo/*Oechsler* § 965 Rn. 1.

[6] BeckOGK/*Schermaier* § 970 Rn. 6.

[7] MüKo/*Schäfer* § 677 Rn. 116.

dieser den gleichen Pflichten, denen er unterläge, wenn zwischen ihm und dem Geschäftsherrn ein entgeltlicher Vertrag, hier also ein Dienstvertrag (§ 611 BGB) zustande gekommen wäre.[8] T schuldete also eine Operation entsprechend den von einem gewissenhaften Veterinärmediziner zu erwartenden tiermedizinischen Kenntnissen und Erfahrungen. Hier hat T bei der Operation unverträgliche Blutkonserven eingesetzt. Dies entspricht nicht tiermedizinischen Standards. Insofern liegt eine Pflichtverletzung vor.

> Gut vertretbar wäre es, bereits bei der Pflichtverletzung eine Zurechnung analog § 278 BGB zu prüfen, wenn man der Ansicht ist, T selbst habe nicht pflichtwidrig gehandelt. Hier erfolgt die Prüfung im Rahmen des Vertretenmüssens.

III. Vertretenmüssen

17   Weiterhin müsste T die Pflichtverletzung zu vertreten haben, was gem. § 280 Abs. 1 S. 2 BGB vermutet wird. Gem. § 276 BGB hat der Schuldner Vorsatz und Fahrlässigkeit zu vertreten. Allerdings könnte der Haftungsmaßstab hier nach § 680 BGB auf Vorsatz und grobe Fahrlässigkeit reduziert sein. Dies setzt voraus, dass die Geschäftsführung die Abwendung einer dem Geschäftsherrn drohenden dringenden Gefahr bezweckt. Eine dringende Gefahr liegt vor, wenn der Eintritt eines Schadens mit großer Wahrscheinlichkeit unmittelbar bevorsteht und die Hilfeleistung keinen weiteren Aufschub duldet.[9] Die Gefahr muss dabei nicht dem Geschäftsherrn persönlich drohen, sondern es genügt, wenn sie einem ihm zuzuordnenden Gegenstand droht.[10] Aufgrund seiner Unfallverletzung bedurfte der im Eigentum des H stehende Hund dringend einer tiermedizinischen Behandlung. Es ist davon auszugehen, dass ein im Straßenverkehr verletzter und blutender Hund ohne Behandlung nicht überleben wird. Insofern ist der Haftungsmaßstab grundsätzlich gem. § 680 BGB auf grobe Fahrlässigkeit und Vorsatz reduziert. Allerdings hat T hier die Behandlung in seiner Praxis vorgenommen und ist auch berechtigt, eine Vergütung für seine Tätigkeit zu verlangen (s.o. Rn. 9). Der Verkehr erwartet von einem Tierarzt, der nicht etwa zufällig am Unfallort tätig wird, sondern in seiner Praxis, dass er die gleiche Sorgfalt anwendet wie bei jeder anderen Behandlung. Der Zweck des § 680 BGB, den Nothelfer zu privilegieren, weil bei schnellem Eingreifen Fehler häufiger vorkommen, ist in der vorliegenden Konstellation nicht einschlägig. § 680 BGB ist also teleologisch zu reduzieren, wenn der Geschäftsführer ein Entgelt für seine Tätigkeit verlangen kann.[11] T haftet für jede Fahrlässigkeit.

---

[8] Vgl. MüKo/*Schäfer* § 677 Rn. 117.

[9] Staudinger/*Bergmann* (2015) § 680 Rn. 8.

[10] Staudinger/*Bergmann* (2015) § 680 Rn. 9.

[11] MüKo/*Schäfer* § 680 Rn. 9; NK-BGB/*Schwab* § 680 Rn. 8 f.

Dieses Problem musste selbstverständlich nicht bekannt sein, und die gegenteilige Ansicht ist mit entsprechender Argumentation gut vertretbar. Wer von der Anwendbarkeit des § 680 BGB ausgeht, muss aber wohl das dem T nach § 278 BGB zuzurechnende Handeln der U als grob fahrlässig ansehen, so dass sich am Ergebnis nichts ändert.

Fraglich ist zunächst, ob T selbst gegen die im Verkehr erforderliche Sorgfalt verstoßen hat (§ 276 Abs. 2 BGB). Laut Bearbeiterhinweis musste T die Blutgruppenverträglichkeit nicht persönlich prüfen, sondern durfte sich insofern auf U verlassen. Ihm ist daher kein Fahrlässigkeitsvorwurf zu machen. **18**

Allerdings könnte ihm gem. § 278 BGB das Verschulden der U zuzurechnen sein. **19** Dann müsste U Erfüllungsgehilfin des T sein und selbst fahrlässig gehandelt haben. Erfüllungsgehilfe ist, wer mit Willen und Wollen des Schuldners in dessen Pflichtenkreis als seine Hilfsperson tätig wird.[12] Hier hat T die U im Rahmen der Operation und damit im Rahmen der Erfüllung seiner Pflicht aus § 677 BGB als Hilfsperson eingesetzt. Sie ist damit seine Erfüllungsgehilfin. U hat unter Missachtung der im Verkehr erforderlichen Sorgfalt eine falsche Blutkonserve bereitgestellt, also fahrlässig gehandelt. Dies ist dem T gem. § 278 BGB zuzurechnen.

Systematischer Hinweis:
Auf die meisten gesetzlichen Schuldverhältnisse findet § 278 BGB keine Anwendung. Denn die Norm setzt voraus, dass der Erfüllungsgehilfe zur Erfüllung einer (bestehenden) Verbindlichkeit eingesetzt wird (Übersicht bei *Balzer/Kröll/Scholl* Die Schuldrechtsklausur I, Fall 6 Rn. 27). Im Deliktsrecht entsteht das Schuldverhältnis erst mit der schädigenden Handlung, so dass die schädigende Handlung nicht durch einen Erfüllungsgehilfen vorgenommen werden kann. Anders bei der GoA: Bereits bevor U die unverträgliche Blutkonserve verwendete, war T aus § 677 BGB zu sorgfältigem Handeln verpflichtet. Zur Erfüllung dieser Pflicht konnte sich H auch der U bedienen.

Für Fortgeschrittene: Auch im Rahmen der Haftung des Besitzers nach dem Eigentümer-Besitzer-Verhältnis nach §§ 989, 990 BGB ist aus demselben Grunde die Zurechnung von Verschulden von Erfüllungsgehilfen möglich.

IV. Kausaler Schaden
In Gestalt des Todes des Hundes ist dem H aufgrund der Pflichtverletzung des T **20** ein Schaden entstanden. Gem. § 249 BGB ist grundsätzlich Naturalrestitution zu leisten. Hält man ein Tier im Rahmen des § 249 BGB für ersatzfähig, schuldet T

---

[12] Vgl. Staudinger/*Caspers* (2014) § 278 Rn. 18.

gem. § 249 Abs. 2 BGB die Kosten für die Ersatzbeschaffung eines gleichwertigen und gleichartigen Hundes.[13]

21   Fraglich ist, ob H auch Ersatz der Kosten für die Beisetzung auf einem Hundefriedhof verlangen kann. Jedenfalls in Bezug hierauf ist die Naturalrestitution nach § 249 BGB nicht möglich, so dass die Frage nach § 251 Abs. 1 BGB zu entscheiden ist. Die Entschädigung in Geld umfasst aber nur die Kosten der Tierkörperbeseitigung, nicht hingegen die einer Beerdigung auf dem Hundefriedhof, die nach der gegenwärtigen Verkehrsanschauung als nicht erforderlich angesehen wird.[14]

V. Ergebnis

22   H kann von T gem. §§ 280 Abs. 1, 677 BGB Ersatz der Kosten für die Beschaffung eines als Ersatz anzuschaffenden Hundes verlangen, nicht jedoch die Kosten für ein Hundebegräbnis.

B) Deliktische Ansprüche

23   Mangels eigener Verletzungshandlung des T kommt eine Schadensersatzpflicht gegenüber H aus **§ 823 Abs. 1 BGB** nicht in Betracht.

Denkbar ist allein eine Ersatzpflicht aus **§ 831 Abs. 1 BGB**. Dann müsste U zunächst Verrichtungsgehilfin des T sein. Verrichtungsgehilfe ist, wer mit Wissen und Wollen im Interessenkreis des Geschäftsherrn tätig ist und von dessen Weisungen abhängig ist. Als Praxishelferin ist U Arbeitnehmerin und daher weisungsgebunden. Sie ist Verrichtungsgehilfe i.S.d. § 831 Abs. 1 BGB. Darüber hinaus müsste sie in Ausführung der Verrichtung eine rechtswidrige unerlaubte Handlung i.S.d. §§ 823 ff. BGB begangen haben. Hier hat U, indem sie eine unverträgliche Blutkonserve bereitstellte, den Tod des Hundes verursacht. Darin liegt eine rechtswidrige Eigentumsverletzung i.S.d. § 823 Abs. 1 BGB. Diese geschah auch während der Operation, in Ausführung der Verrichtung. Möglicherweise kann sich T aber gem. § 831 Abs. 1 S. 2 BGB hinsichtlich seines vermuteten Auswahl- und Überwachungsverschuldens exkulpieren. Laut Sachverhalt handelt es sich bei U um eine langjährige Helferin, die T sorgfältig ausgewählt hat. Da sie stets zuverlässig arbeitete, war eine besondere Überwachung nicht nötig. Daher ist die Haftung des T aus § 831 Abs. 1 BGB ausgeschlossen.

---

[13] Andernfalls folgt aus § 251 Abs. 1 BGB ein Anspruch des H gegen T auf Ersatz des Verkehrswertes des Hundes zum Zeitpunkt vor der Operation.

[14] Vgl. MüKo/*Oechsler* § 251 Rn. 55.

Fall 28

Der achtjährige Willi (W) liebt es, mit seiner PlayStation 4 (PS4) „Snoopys Große Abenteuer" zu spielen. Aufgrund seines täglichen Spielens hat die Konsole jedoch leider ihren Geist aufgegeben. Daher bittet W seine Mutter, die ihn nach einem tragischen Unfalltod seines Vaters allein erzieht, mit ihm schnellstmöglich in die Stadt zu fahren, um die PS4 dort reparieren zu lassen.

M befindet sich als vielbeschäftigte Anwältin gerade mitten in Verhandlungen zu einer geplanten Unternehmensübernahme und hört dem Gequengel ihres Sohnes nur mit halbem Ohr zu. Gestresst teilt sie ihm mit, dass sie für solchen „Unfug" gerade keine Zeit habe und sie im Übrigen auch nichts von seinem „Gespiele" halte. Vielmehr sei es für sein Sozialleben ganz gut, wenn seine geliebte Konsole einmal gegen ein paar „echte Freunde" ausgetauscht würde.

Das kommt für W jedoch nicht in Frage. Daher verschwindet er in seinem Zimmer und packt die kaputte Konsole in seinen Rucksack. Er passt einen günstigen Moment ab, in dem M damit beschäftigt ist, aufgeregt in ihr Telefon zu brüllen, und fährt mit dem Bus in die Stadt. Dort angekommen, findet er schnell den Reparaturladen „Sir Fixalot" des F. Hinter dem Ladentisch steht die von ihrem Vater F angestellte (volljährige) T. W reicht ihr seine PS4, bittet sie, diese zu reparieren, und fragt sie, was die Reparatur kosten würde, da er im Ladenfenster ein Schild gesehen habe, auf dem Folgendes geschrieben stand: „Reparaturen für sämtliche Spielekonsolen – Preis hängt von dem Ausmaß des zu reparierenden Schadens ab!". T erklärt ihm, dass sie nur ihren Vater vertrete, dem der Laden gehöre und der alle Reparaturen selbst übernehme. Nachdem sie den Zustand der Konsole untersucht hat, erklärt sie, sie könne den „Reparaturauftrag" des W für einen Preis von 150 € für ihren Vater entgegennehmen. Dafür müsse sie aber wissen, dass auch die Eltern des W damit einverstanden sind, da sonst kein Vertrag zustande komme. W erinnert sich zwar noch genau an ein Gespräch mit M, in dem sie ihm eingebläut hat, dass sie niemals bereit wäre, für seine Computerspielaffinität mehr als 50 € auf einmal auszugeben, behauptet aber dennoch gegenüber der T, seine Mutter sei einverstanden.

© Springer-Verlag GmbH Deutschland, ein Teil von Springer Nature 2019
J. Prütting, B. Scholl, *Die Schuldrechtsklausur II*, Tutorium Jura,
https://doi.org/10.1007/978-3-662-57602-1_30

Bevor W wieder aus dem Laden verschwindet, lässt sich T dessen Telefonnummer geben, um ihn benachrichtigen zu können, sobald die PS4 fertig ist. Die Bezahlung der Reparatur soll erst bei Abholung erfolgen.

Als W abends wieder nach Hause kommt, wartet M bereits krank vor Sorge auf ihn. Er erzählt, wo er gewesen ist, und behauptet, die von ihm in Auftrag gegebene Reparatur werde lediglich 50 € kosten. M kann ihrem „kleinen, süßen Jungen" einfach nicht böse sein und erklärt sich mit einer derart günstigen Reparatur einverstanden.

Noch am selben Abend ruft F bei W an, allerdings geht da niemand ans Telefon. Er spricht auf den Anrufbeantworter, dass die in Auftrag gegebene Reparatur bereits seit dem späten Nachmittag abgeschlossen, die Konsole zur Abholung bereit und die Zahlung von 150 € nunmehr fällig sei. In seiner Sprachnachricht bittet er M, ihm doch kurz ihr Einverständnis mit dem Auftrag ihres Sohnes noch einmal nachträglich zu bestätigen, da er bei Geschäften mit Minderjährigen zur Sicherheit eigentlich immer eine schriftliche Bestätigung des Einverständnisses der Eltern verlange, seine Tochter dies aber leider versäumt habe.

Als M die Nachricht hört, ist sie vor allem über die Höhe des Reparaturpreises empört. Schnell ruft sie F zurück und teilt ihm mit, sie erachte den Reparaturauftrag als hinfällig, weil ihr Sohn W die Reparatur ohne ihr Wissen und schlimmer noch, gegen ihren erklärten Willen in „Auftrag" gegeben habe. Auch jetzt wolle sie ein so überteuertes Geschäft nicht genehmigen.

F ist der Meinung, ihm stünden trotz allem die 150 € zu.

Kann F von W Zahlung der 150 € verlangen?

Bearbeiterhinweis:
Es ist davon auszugehen, dass W die Reparatur niemals in „Auftrag" gegeben hätte, wenn er gewusst hätte, dass er sie selbst bezahlen muss. Im Übrigen hätte er sich eine solch teure Reparatur auch niemals leisten können.

Lösung Fall 28

▶   Der Fall beschäftigt sich mit den Rechtsfolgen nichtiger Werkverträge.
Während sich die h.L. für die Anwendung der Leistungskondiktion ausspricht, wendet der BGH in ständiger Rspr. nach den Regeln über das sog.
auch fremde Geschäft die §§ 683, 670 BGB an.

A) Anspruch aus dem Werkvertrag gem. § 631 Abs. 1 BGB

Zunächst könnte F ein auf Zahlung von 150 € gerichteter Anspruch gegen W aus   **1**
einem zwischen beiden geschlossenen Werkvertrag gem. § 631 Abs. 1 BGB zustehen. Dafür müssten F und W einen wirksamen Werkvertrag i.S.d. § 631 BGB
geschlossen haben. Ein Werkvertrag kommt durch zwei übereinstimmende Willenserklärungen, Angebot und Annahme, zustande, die darauf gerichtet sind, einen
körperlichen oder unkörperlichen Werkerfolg gegen Entgelt herzustellen.[1]

I. Angebot des W

Zuerst könnte hier W ein Angebot auf Abschluss eines solchen Werkvertrages abge-   **2**
geben haben, indem er den Laden des F betrat und die dort hinter der Theke stehende, als Vertreterin des F auftretende T nach einer Reparatur seiner PS4 fragte.
Unabhängig von der Frage, ob W als Achtjähriger eine wirksame Willenserklärung abgeben konnte, müsste er jedenfalls den notwendigen Rechtsbindungswillen
gehabt haben. Hier hat W sich lediglich nach den Kosten einer Reparatur erkundigt,
keinen verbindlichen Reparaturauftrag erteilt, der von der anderen Seite mit einem
schlichten „Ja" hätte angenommen werden können. W hat damit kein Angebot auf
Abschluss eines Werkvertrages abgegeben.

II. Angebot des F

Allerdings könnte hier F ein Vertragsangebot abgegeben haben.   **3**

1. Eigene Willenserklärung des F

F hat gegenüber W keine eigene Willenserklärung gerichtet auf den Abschluss eines   **4**
Werkvertrages abgegeben.

2. Stellvertretung der T für F

Allerdings könnte T ein Angebot auf Abschluss eines Werkvertrages abgegeben   **5**
haben, das gem. § 164 Abs. 1 S. 1 BGB für und gegen F wirkt. Das setzt voraus,
dass T den F wirksam vertreten hat. Dafür müsste sie eine eigene Willenserklärung
im Namen des Vertretenen mit Vertretungsmacht abgegeben haben.

a) Eigene Willenserklärung der F

F hat W gegenüber erklärt, dass ihr Vater die PS4 für einen Preis von 150 € repa-   **6**
rieren kann. Dabei handelt es sich um ein von F auf Abschluss eines Werkvertrages

---

[1] MüKo/*Busche* § 631 Rn. 49.

abgegebenes Angebot, das als solches eine eigene Willenserklärung der F darstellt. Sie hat in diesem Fall nämlich gerade nicht in Abgrenzung zur Vertretung eine fremde Willenserklärung als Bote überbracht.

b) In fremdem Namen

7 Darüber hinaus müsste sie dieses Angebot auch im fremden Namen abgegeben haben. Hier hat T ausdrücklich gegenüber W erklärt, dass sie ihren Vater F vertrete. Darüber hinaus bedarf es im Rahmen eines unternehmensbezogenen Geschäfts eines solchen Hinweises nicht einmal.[2] Hier fand das Gespräch zwischen T und W im Geschäft des F statt, so dass ein eindeutiger Unternehmensbezug bestand. Aus den Umständen (§ 164 Abs. 1 S. 2 BGB) hätte sich also auch ohne ausdrücklichen Hinweis ergeben, dass T im Namen des F handelte.

c) Mit Vertretungsmacht

8 Ferner müsste T mit Vertretungsmacht gehandelt haben. Ob F der T Vollmacht erteilt hat (wenn F Kaufmann i.S.d. § 1 oder § 2 HGB ist, handelte es sich um eine Handlungsvollmacht gem. § 54 HGB[3]), ergibt sich aus dem Sachverhalt nicht eindeutig und kann auch dahinstehen. Denn gem. § 56 HGB gilt eine in einem Laden oder in einem offenen Warenlager angestellte Person als dazu ermächtigt (besser: bevollmächtigt), Verkäufe und Empfangnahmen zu tätigen, die in einem derartigen Laden oder Warenlager gewöhnlich geschehen. Die T ist von F, dem Ladeninhaber, in dem Reparaturgeschäft Sir Fixalot angestellt. Für einen Reparaturladen ist es üblich, dass Angebote auf den Abschluss von Werkverträgen abgegeben werden. Damit ergibt sich die Vertretungsmacht der T jedenfalls aus § 56 HGB.

3. Zwischenergebnis

9 Damit hat T den F wirksam vertreten. Folglich wirkt die Erklärung der T für und gegen F. Somit liegt ein Angebot des F vor.

4. Wirksamwerden der Willenserklärung des F

10 Dieses müsste allerdings auch wirksam geworden sein. Eine empfangsbedürftige Willenserklärung wird wirksam, wenn sie abgegeben und zugegangen ist.[4] Eine Willenserklärung ist abgegeben, wenn sie willentlich in den Rechtsverkehr entäußert wurde.[5] T hat das Angebot willentlich gegenüber W abgegeben. Fraglich ist jedoch, ob die Willenserklärung dem minderjährigen W tatsächlich auch zugegangen ist. Eine Willenserklärung ist zugegangen, wenn sie in den Machtbereich

---

[2] MüKo/*Schubert* § 164 Rn. 117–123.

[3] Ob § 54 HGB auch für nicht eingetragene Kleingewerbetreibende gilt, ist umstritten (s. Baumbach/Hopt/*Hopt* HGB, 38. Aufl. 2018, § 54 Rn. 6). § 56 HGB gilt hingegen auch unstreitig auch für Kleingewerbetreibende (Baumbach/Hopt/*Hopt* § 56 Rn. 1).

[4] MüKo/*Einsele* § 130 Rn. 1 f.

[5] MüKo/*Einsele* § 130 Rn. 13 f.

des Empfängers gelangt ist und für diesen eine Möglichkeit der Kenntnisnahme besteht.[6] Dem Zugang könnte hier entgegenstehen, dass es sich bei dem achtjährigen W gem. § 106 BGB um einen beschränkt Geschäftsfähigen handelt. Gemäß § 131 Abs. 2 S. 2 BGB genügt aber bereits der Zugang bei dem in der Geschäftsfähigkeit Beschränkten, sofern die zugegangene Erklärung für diesen lediglich rechtlich vorteilhaft ist. Die Willenserklärung des F, vertreten durch T, stellt ein Vertragsangebot dar. Ein solches gewährt unabhängig von seinem Inhalt stets einen lediglich rechtlichen Vorteil.[7] Folglich ist die Willenserklärung dem W zugegangen und damit wirksam geworden.

5. Zwischenergebnis

Somit liegt ein wirksames Angebot des F auf Abschluss eines Werkvertrages vor.   **11**

III. Annahme durch W

Dieses Angebot müsste W angenommen haben. W war mit dem von T angegebenen   **12**
Preis für die Reparatur einverstanden und hat das für und gegen F wirkende Angebot damit angenommen. Aber auch bei der Annahme eines Angebots auf Abschluss eines Werkvertrages handelt es sich um eine empfangsbedürftige Willenserklärung, die nur dann Rechtswirkungen entfalten kann, wenn sie wirksam ist.[8]

Der Wirksamkeit der Erklärung des W könnte hier jedoch entgegenstehen, dass er   **13**
bei Abgabe seiner Willenserklärung erst acht Jahre alt und damit als Minderjähriger gem. § 106 BGB in seiner Geschäftsfähigkeit beschränkt gewesen ist. Gemäß § 107 BGB bedarf die Willenserklärung eines Minderjährigen, mit der er nicht lediglich einen rechtlichen Vorteil erlangt, der Einwilligung seines gesetzlichen Vertreters. Anderenfalls ist der Vertrag gem. § 108 Abs. 1 BGB bis zur Genehmigung durch den gesetzlichen Vertreter schwebend und nach Verweigerung derselben sogar endgültig unwirksam.

1. Lediglich rechtlicher Vorteil

Die auf den Abschluss eines Werkvertrages gerichtete Willenserklärung des W war   **14**
für ihn nicht lediglich rechtlich vorteilhaft, da mit dem Vertragsschluss eine Entgeltzahlungspflicht einhergeht und damit nicht nur Rechte des W begründet oder Pflichten von ihm aufgehoben wurden.[9]

2. Einwilligung der M

Aufgrund dessen hätte M, die als überlebender Elternteil nach dem Tod des Vaters   **15**
gem. § 1629 Abs. 1 S. 3, § 1680 Abs. 1 BGB gesetzliche Vertreterin des W ist, der Abgabe seiner Willenserklärung gem. § 107 BGB vorab zustimmen müssen. Dies ist hier nicht erfolgt. Vielmehr hat sie ihm, als er sie um die Reparatur der

---

[6] MüKo/*Einsele* § 130 Rn. 16.
[7] MüKo/*Einsele* § 131 Rn. 5 mit Hinweis auf BGHZ 47, 352, 358.
[8] MüKo/*Busche* § 147 Rn. 2.
[9] Zur lediglich rechtlichen Vorteilhaftigkeit vgl. MüKo/*Schmitt* § 107 Rn. 34.

Konsole gebeten hat, mitgeteilt, dass sie für solchen „Unfug" gerade keine Zeit habe und sie im Übrigen auch nichts von seinem „Gespiele" halte und es auch für sein Sozialleben ganz gut sei, wenn seine geliebte Konsole einmal gegen ein paar „echte Freunde" ausgetauscht würde. Dementsprechend liegt keine Zustimmung der M vor. Die Tatsache, dass W der Vertreterin des F, der T, mitgeteilt hat, dass seine Mutter eingewilligt hätte, vermag daran auch nichts zu ändern. Wenn der beschränkt Geschäftsfähige wahrheitswidrig vorgibt, dass sein gesetzlicher Vertreter die Einwilligung erteilt habe, so kann es allenfalls zu einer deliktischen Haftung des Minderjährigen, nicht jedoch zu seiner vertraglichen Haftung kommen.[10]

3. § 110 BGB

16   Darüber hinaus gilt der Vertrag auch nicht nach § 110 BGB, dem sog. Taschengeldparagraphen, als von Anfang an wirksam, da W das Entgelt nicht mit Mitteln bewirkt hat, die ihm zu diesem Zweck oder zur freien Verfügung überlassen worden sind. Das Entgelt wurde noch gar nicht bewirkt.

4. Zwischenergebnis

17   Da M vor Abgabe der Willenserklärung des W nicht zugestimmt hat, ist diese gemäß § 108 Abs. 1 BGB zunächst schwebend unwirksam.

5. Genehmigung der M gegenüber W

18   Allerdings könnte M der Abgabe der Willenserklärung nachträglich zugestimmt und damit genehmigt haben. Nach § 184 Abs. 1 BGB ist die Genehmigung die nachträgliche Zustimmung. Eine Genehmigung könnte zunächst während des Gesprächs zwischen W und M erfolgt sein.

19   Die M hat gegenüber W zwar ihre Zustimmung erklärt, jedoch ausdrücklich bezogen auf ein „derart günstiges" Reparaturangebot. Insofern hatte W aber seine Mutter getäuscht, als er behauptete, die Reparatur koste nur 50 € anstatt 150 €. Eine Genehmigung der tatsächlich von W abgegebenen Willenserklärung ist damit aber gerade nicht verbunden.[11]

6. Genehmigung der M gegenüber F

20   Darauf kommt es hier jedoch gar nicht an, da F die M zur Erklärung über die Genehmigung gemäß § 108 Abs. 2 BGB aufgefordert hat. Mit seiner Nachricht auf dem Anrufbeantworter bittet er M, ihm ihr Einverständnis zum Auftrag des W zu bestätigen, sodass eine vor der Aufforderung gegenüber dem W erklärte Genehmigung gem. § 108 Abs. 2 S. 1 BGB hinfällig wird. Gegenüber F bringt die M eindeutig zum Ausdruck, dass sie den teuren Reparaturauftrag nicht genehmigt. Die Genehmigung des Werkvertrages wurde damit endgültig verweigert.

---

[10] MüKo/*Schmitt* § 107 Rn. 15.
[11] Vgl. MüKo/*Bayreuther* § 184 Rn. 10.

7. Zwischenergebnis zur Wirksamkeit der Willenserklärung des W

Daher ist die Willenserklärung des W nichtig.   **21**

III. Ergebnis

Somit ist zwischen F und W kein Werkvertrag zustande gekommen. Folglich hat F   **22**
gegen W keinen Anspruch i.h.v. 150 € aus Werkvertrag gem. § 631 Abs. 1 BGB.

B) Anspruch aus §§ 677, 683 S. 1, 670 BGB

F könnte jedoch gegen W ein Anspruch auf Zahlung von 150 € gem. §§ 677, 683   **23**
S. 1, 670 BGB haben. Dafür müsste F mit der Reparatur für einen anderen ein
Geschäft ohne Auftrag oder sonstige Berechtigung besorgt haben, das dem Interesse und dem wirklichen oder mutmaßlichen Willen des Geschäftsherrn entsprach,
und infolgedessen müssten ihm als Geschäftsführer Aufwendungen entstanden
sein, die er nach den Umständen für erforderlich halten durfte.

I. Geschäftsbesorgung

Folglich müsste F zunächst ein Geschäft besorgt haben. Der Begriff der Geschäfts-   **24**
besorgung ist im Rahmen des § 677 BGB genauso wie im Auftragsrecht, das in den
§§ 662 ff. BGB normiert ist, weit auszulegen.[12] Dementsprechend ist eine Geschäftsbesorgung jede selbständige oder unselbständige, wirtschaftliche oder nichtwirtschaftliche positive Tätigkeit.[13] Ausreichend ist bereits ein nur tatsächliches Tätigwerden.[14]
Die Reparatur einer defekten PS4 stellt eine tatsächliche Handlung mit wirtschaftlicher Relevanz dar. Daher liegt eine Geschäftsbesorgung des F vor.

II. Für einen anderen

Dieses Geschäft müsste F auch gerade für einen anderen vorgenommen haben. Der   **25**
Geschäftsführer führt ein Geschäft für einen anderen jedenfalls dann, wenn das
besorgte Geschäft einem fremden Rechts- oder Interessenkreis zuzuordnen ist und
der Geschäftsführer in Kenntnis der Fremdheit gehandelt hat.[15] Hier hat F die PS4
repariert, weil er dachte, aufgrund des mit W geschlossenen Vertrages dazu verpflichtet zu sein. F wusste zum Zeitpunkt der Reparatur nicht, dass der Vertrag aufgrund der Minderjährigkeit des W nichtig gewesen ist. In solchen Fällen, in denen
es um die Rückabwicklung nichtiger Verträge geht, stellt sich die Frage, ob die
Vorschriften der GoA auf diese Fälle überhaupt anzuwenden sind.

---

[12] jurisPK-BGB/*Gregor* § 677 Rn. 10; *Brox/Walker* Besonderes SchuldR, § 36 Rn. 2.

[13] BGHZ 56, 204, 207 = NJW 1971, 1404; BGH NJW 2012, 3366, 3367; Jauernig/*Mansel* § 662
Rn. 9 und § 677 Rn. 2; MüKo/*Schäfer* § 677 Rn. 31.

[14] BGHZ 38, 270, 275 = MDR 1963, 209; BGH NJW 1978, 1258, 1259; Jauernig/*Mansel* § 677
Rn. 2; MüKo/*Schäfer* § 677 Rn. 31.

[15] MüKo/*Schäfer* § 677 Rn. 33 ff.; HK-BGB/*Schulze* § 677 Rn. 3.

26   Dabei ließe sich mit der h.L. zunächst die Auffassung vertreten, dass die §§ 677 ff. BGB keine Anwendung finden können.[16] Dafür kann angeführt werden, dass der Geschäftsführer ausschließlich den Willen hat, seine eigene, aus dem Vertrag resultierende Verpflichtung zu erfüllen, sodass schon daher keine fremden Rechts- bzw. Interessenkreise berührt sind[17] und aufgrund dessen auch das Vorliegen eines Fremdgeschäftsführungswillens zu verneinen ist.[18] Für diese Sichtweise spricht zudem, dass das BGB für die Abwicklung nichtiger Verträge gerade die §§ 812 ff. BGB vorsieht und die §§ 677 ff. BGB insoweit durch den *lex specialis*-Grundsatz verdrängt werden.[19] Letzteres kann vor allem auch damit begründet werden, dass die speziellen Wertungen des Bereicherungsrechts (so z. B. §§ 814 f., 817 S. 2, 818 f. BGB) nicht unterlaufen werden dürfen:[20] Leistet jemand beispielsweise einen Werkerfolg, obwohl ihm bekannt ist, dass er zu der Leistung nicht verpflichtet ist, so hindert ihn § 814 BGB an der Rückforderung seiner Leistung nach den §§ 812 ff. BGB. Wird die Anwendbarkeit der §§ 677 ff. BGB in diesem Falle jedoch bejaht, könnte er sich über den Aufwendungsersatz nach §§ 683, 670 BGB entgegen § 814 BGB auch dann schadlos halten, wenn ihm der fehlende Rechtsgrund bekannt war, da § 814 BGB i.R.d. berechtigten GoA keine Anwendung findet. Aber nicht nur die Wertung des § 814 BGB, sondern auch die des § 817 S. 2 BGB droht bei Anwendung der §§ 677 ff. BGB unterlaufen zu werden, da § 817 S. 2 BGB ebenfalls keine Anwendung auf die Vorschriften über die Geschäftsführung ohne Auftrag findet.[21] Gegen eine Anwendbarkeit der §§ 677 ff. BGB bei nichtigen Verträgen spricht darüber hinaus, dass es mit der Nichtigkeitsanordnung unvereinbar wäre, wenn die Beteiligten über die §§ 677 ff. BGB so gestellt werden könnten, als hätten sie doch einen wirksamen Vertrag geschlossen.[22] Das muss zudem umso mehr dort gelten,

---

[16] MüKo/*Schäfer* § 677 Rn. 88; Soergel/*Beuthien* § 677 Rn. 23 m.w.N. in Fn. 117; *Larenz* SchuldR II/1, 13. Aufl. 1986, § 57 I a (S. 441); Larenz/*Canaris* SchuldR II/2, 13. Auflage 1994, § 74 III 2 (S. 348); *Reuter/Martinek* Hdb. des SchuldR IV, 1983, § 21 I 2; *Brox/Walker* Besonderes SchuldR, § 36 Rn. 21; *Fikentscher/Heinemann* SchuldR, Rn. 1265; *Thole* NJW 2010, 1243, 1248; *Lorenz* NJW 1996, 883 ff.; *ders.* NJW 2009, 2576 ff.; *ders.* JuS 2016, 12, 13; *Wendtlandt* NJW 2004, 985, 987; *Einsele* JuS 1998, 401 ff.; *Canaris* NJW 1985, 2403, 2404.

[17] BGHZ 181, 188 Rn. 18 = NJW 2009, 2590; *Medicus/Lorenz* SchuldR II, Rn. 1114; *Gursky* AcP 1985, 13, 38 f.; *Schmidt* JuS 2004, 862, 866; *Falk* JuS 2003, 833, 834; *Einsele* JuS 1998, 401, 403 f.; *Martinek/Theobald* JuS 1997, 992; *Lorenz* NJW 1996, 883, 885; *Giesen* Jura 1996, 225, 230 f.

[18] *Medicus/Petersen* BürgR, Rn. 412; *Schmidt* JuS 2004, 862, 866; *Einsele* JuS 1998, 401, 403; *Martinek/Theobald* JuS 1997, 992; *Roth* JuS 1997, 1087, 1090; *Eidenmüller* JZ 1996, 889, 892 f.; *Lorenz* NJW 1996, 883, 885; *Schildt* JuS 1995, 953, 957.

[19] MüKo/*Schäfer* § 677 Rn. 88; Jauernig/*Mansel* § 677 Rn. 6; *Medicus/Lorenz*, SchuldR II, Rn. 1114; vgl. auch *Reuter/Martinek* Hdb. des SchuldR IV, 1983, S. 707; *Brox/Walker* Besonderes SchuldR, § 36 Rn. 21; *Schubert* AcP 178 (1978), 425, 452; *Einsele* JuS 1998, 401; *Martinek/Theobald* JuS 1997, 992 f.; *Lorenz* NJW 1996, 883, 884; a.A. BGH NJW 1993, 3196, 3196.

[20] MüKo/*Schäfer* § 677 Rn. 88; *Schubert* AcP 178 (1978), 425, 452; *Dietrich* JuS 2009, 343, 348; *Hey* JuS 2009, 400, 403; *Wendlandt* NJW 2004, 985, 987; *Falk* JuS 2003, 833, 836; *Lorenz* NJW 1996, 883, 885 ff.; *Schröder/Bär* Jura 1996, 449, 451; *Schildt* JuS 1995, 953, 957; *Canaris* NJW 1985, 2404, 2405.

[21] NK-BGB/*Prinz v. Sachsen/Gessaphe* § 817 Rn. 21.

[22] *Reuter/Martinek* Hdb. des SchuldR IV, 1983, S. 709.

wo die Nichtigkeit auf einem Grund beruht, der den Schutz des Geschäftsherrn, wie hier den Schutz des Minderjährigen, bezweckt.[23]

> **Zur Vertiefung:**
> Im Einzelnen werden in der Literatur dazu auch die folgenden Unteransichten vertreten:
> So wird z. B. vertreten, die §§ 677 ff. BGB seien nur dann anzuwenden, wenn die Geschäftsbesorgung auf einem nichtigen unentgeltlichen Auftrag (§ 662 BGB) beruhe, und die §§ 812 ff. BGB fänden Anwendung, wenn es sich um die Abwicklung nichtiger entgeltlicher Geschäftsbesorgungen handele.[24] Die Anwendung der §§ 677 ff. BGB im Rahmen eines nichtigen Auftrags wird damit begründet, dass bei nichtigen Aufträgen bereits die Annahme des Auftrags aufgrund fremdnütziger Intention erfolge. Außerdem wäre es widersprüchlich, dass der Aufwendungsregress bei Kenntnis der Nichtigkeit über § 814 BGB ausgeschlossen wäre, obwohl der Beauftragte sogar im Rahmen eines wirksamen Auftrages Regress nehmen könnte.
> Nach einer vermittelnden Ansicht soll der Geschäftsführer aus § 683 BGB jedenfalls keinen Vergütungsanspruch herleiten können und insofern auf das Bereicherungsrecht zu verweisen sein.[25] Hierzu muss man bedenken, dass sonst in Heranziehung des Gedankens aus § 1835 Abs. 3 BGB ausnahmsweise über den Aufwendungsersatz hinaus volle Vergütung verlangt werden kann, wenn der Geschäftsführer spezialisiertes und nicht ohne Weiteres surrugationsfähiges Sonderwissen in die Geschäftsführung einbringt.[26]

Gegen eine solche Sichtweise und für die Anwendbarkeit der Vorschriften über die Geschäftsführung ohne Auftrag[27] auch bei nichtigen Verträgen kann aber angeführt werden, dass im Falle einer Geschäftsführung ohne Auftrag bei einem nichtigen Vertrag zumindest ein sog. „auch fremdes" Geschäft vorliegt, das für die Anwendbarkeit der §§ 677 ff. BGB genügt.[28] Dem steht auch nicht entgegen, dass sich der Geschäftsführer aufgrund des vermeintlichen Vertrages verpflichtet

27

---

[23] *Reuter/Martinek* Hdb. des SchuldR IV, 1983, S. 709.

[24] *Wittmann* Begriff und Funktion der Geschäftsführung ohne Auftrag, 1981, S. 25 f., 118 ff.; *Melullis* Das Verhältnis von Geschäftsführung ohne Auftrag und ungerechtfertigter Bereicherung, 1971, S. 170 f.; a.A. *Gursky* AcP 185 (1985) 13, 33.

[25] *Helm* in BMJ, Gutachten und Vorschläge zur Überarbeitung des Schuldrechts Band III, 1983, S. 335, 393, 408: § 683 Abs. 2 S. 2 des Reformvorschlags.

[26] Ausführlich MüKo/*Schäfer* § 683 Rn. 27 f. m.w.N.

[27] BGHZ 101, 393, 399 = NJW 1988, 132, 133; BGHZ 157, 168, 175 = NVwZ 2005, 484; BGHZ 111, 308, 311 = NJW 1990, 2542; BGHZ 55, 128 = NJW 1971, 609, 612; BGHZ 39, 87, 90 = NJW 1963, 950, 951; BGHZ 37, 258, 262 f. = NJW 1962, 2010; BGH NJW 2012, 3366, 3368; 2005, 3208, 3209; 2000, 72, 73; 1997, 47, 48; NJWRR 1989, 970, 970.

[28] BeckOGK/*Thole* § 677 Rn. 101, vgl. exemplarisch BGHZ 40, 28, 31.

fühlte.[29] Das „auch fremde" Geschäft zeichnet sich doch gerade dadurch aus, dass der Geschäftsführer neben dem fremden noch ein eigenes Geschäft führt.[30] Für eine Anwendbarkeit der §§ 677 ff. BGB spricht zudem, dass sich weder im Wortlaut noch im Telos des Gesetzes ein Hinweis auf die Einschränkung des Anwendungsbereiches der §§ 677 ff. BGB finden lässt.[31] Außerdem handelt doch gerade auch der Geschäftsführer „ohne Auftrag" i.S.v. § 677 BGB, der aufgrund eines nichtigen Vertrages tätig geworden ist, sodass konsequenterweise die Vorschriften über die Geschäftsführung ohne Auftrag zur Anwendung kommen müssen.[32] Im Übrigen erscheint es unbillig, wenn jemand bei einem nichtigen Vertrag schlechter steht, als er bei dem vollständigen Fehlen der Vereinbarung stünde, da in letzterem Falle die §§ 677 ff. BGB unstreitig zur Anwendung kämen.[33]

28   Nach alledem können die §§ 677 ff. BGB auch bei der Rückabwicklung nichtiger Verträge angewendet werden. F ist mit der Reparatur nicht nur im eigenen, sondern gerade auch im fremden Interessenkreis mit Fremdgeschäftsführungswillen tätig geworden. Folglich hat F zumindest ein „auch fremdes" Geschäft geführt, auf das die §§ 677 ff. BGB Anwendung finden.[34]

A.A. ebenso gut vertretbar.

III. Ohne Auftrag oder sonstige Berechtigung

29   Ferner ist F auch ohne Auftrag oder sonstige Berechtigung tätig geworden, da der zwischen F und W geschlossene Werkvertrag unwirksam war.

IV. Entsprechend dem Interesse und Willen des Geschäftsherrn

30   Darüber hinaus müsste die Reparatur der PS4 gem. § 683 S. 1 BGB aber auch dem Interesse und dem wirklichen oder mutmaßlichen Willen des Geschäftsherrn entsprochen haben. Geschäftsherr war hier W. Dieser wollte gerne, dass seine PS4 repariert wird. Daher könnte man die Auffassung vertreten, dass das von F geführte Geschäft im Interesse des W lag und auch mit dessen wirklichem Willen geführt worden ist. Eine solche Sichtweise würde allerdings übersehen, dass es hier nicht auf den Willen des W, sondern auf den seiner gesetzlichen Vertreterin M ankommt, da W als Achtjähriger noch in seiner Geschäftsfähigkeit beschränkt ist.[35]

---

[29] BGHZ 143, 9, 13 f. = NJW 2000, 422; BGHZ 39, 87, 90 = NJW 1963, 950; BGHZ 37, 258, 262 f. = NJW 1962, 2010; BGH NJW-RR 1993, 200.

[30] NK-BGB/*Schwab* § 677 Rn. 33.

[31] BGHZ 37, 258, 262 f. = NJW 1962, 2010, 2011.

[32] BGH NJW 1997, 47, 48.

[33] Beide Ansichten darstellend: *Gold* JA 1994, 205, 207.

[34] *Looschelders* SchuldR BT, § 41 Rn. 843.

[35] Vgl. *Schlechtriem* SchuldR BT, Rn. 703; *Looschelders* SchuldR BT, § 41 Rn. 861.

Da M niemals bereit gewesen ist, für die Computerspielaffinität des W mehr als 50 € auf einmal auszugeben, entsprach die mit Kosten in Höhe von 150 € verbundene Reparatur jedenfalls nicht ihrem Willen und damit auch nicht dem des W. Darüber hinaus war hier weder der wirkliche Wille des Geschäftsherrn nach § 679 BGB unbeachtlich, noch hat M das für W besorgte Geschäft genehmigt (§ 684 S. 2 BGB). Folglich erfolgte die Geschäftsbesorgung des F nicht mit dem Willen des Geschäftsherrn W.

V. Ergebnis

Daher kommt ein auf Zahlung gerichteter Anspruch unter dem Gesichtspunkt einer **31** echten berechtigten Geschäftsführung ohne Auftrag nicht in Betracht. F steht gegen W somit kein Anspruch aus §§ 677, 683 S. 1, 670 BGB zu.

C) Anspruch aus §§ 677, 684 S. 1, 818 Abs. 2 BGB

In Anbetracht dessen, dass F das Geschäft gerade nicht mit dem Willen des **32** Geschäftsherrn W geführt hat, könnte ihm gegen W aber zumindest ein Anspruch auf Wertersatz gem. §§ 677, 684 S. 1, 818 Abs. 2 BGB aus echter unberechtigter Geschäftsführung ohne Auftrag zustehen.

I. Voraussetzungen

Für einen Anspruch aus §§ 677, 684 S. 1 BGB muss der Geschäftsführer ein fremdes **33** Geschäft besorgt haben, das gerade nicht im Interesse oder Willen des Geschäftsführers lag. Wie bereits geprüft (Rn. 24 ff.), handelt es sich bei der Reparatur um eine mit Fremdgeschäftsführungswillen ausgeführte Geschäftsbesorgung, die nicht dem Willen der M als gesetzlicher Vertreterin des W entsprach. Eine von den §§ 677, 684 S. 1 BGB vorausgesetzte echte unberechtigte GoA liegt damit vor. Darüber hinaus setzt der Anspruch voraus, dass der Geschäftsherr W durch die Geschäftsbesorgung etwas erlangt hat. Erlangtes Etwas kann – wie im Rahmen von § 812 Abs. 1 BGB – jeder vermögenswerte Vorteil sein. W hat hier die Reparatur seiner Playstation und damit einen vermögenswerten Vorteil erlangt.

> **Zur Vertiefung:**
> Worin der erlangte Vermögensvorteil bei unkörperlichen Leistungen zu sehen ist, ist im Rahmen von § 812 Abs. 1 BGB umstritten (dazu Fall 15 Rn. 16). Das Problem dürfte auf § 684 S. 1 BGB übertragbar sein. Nach heute h.M. wird auf die Leistung selbst abgestellt (dem wurde in Rn. 33 gefolgt), nach a.A. kommt es darauf an, ob der Schuldner Aufwendungen erspart hat. Auf die Ersparnis von Aufwendungen kommt es nach der hier vertretenen Lösung erst beim Umfang des Bereicherungsanspruchs an (s.u. Rn. 36).

II. Rechtsfolge

1. Rechtsfolgenverweisung auf § 818 Abs. 2 BGB

34   Fraglich ist jedoch, welche Rechtsfolge damit verknüpft ist. § 684 S. 1 BGB bestimmt, dass der Geschäftsherr verpflichtet ist, alles durch die Geschäftsführung Erlangte herauszugeben. Insoweit ist zu klären, ob es sich dabei um einen Rechtsgrund- oder einen Rechtsfolgenverweis handelt.

35   Einerseits könnte die Formulierung in § 684 S. 1 BGB als Rechtsgrundverweisung zu verstehen sein, weil aufgrund des fehlenden Willens und Interesses des Geschäftsherrn kein gesetzliches Schuldverhältnis aus der Geschäftsführung ohne Auftrag zustande kommen kann.[36] Andererseits könnte die Verweisung ins Bereicherungsrecht aber auch eine Rechtsfolgenverweisung darstellen,[37] sodass lediglich die §§ 818 f. BGB anwendbar wären. Hierfür spricht, dass bei Erfüllung der Voraussetzungen des § 684 S. 1 BGB grundsätzlich ebenfalls bereits der Tatbestand der Leistungskondiktion erfüllt ist. Denn auch der Tatbestand setzt – wie gesehen – schon voraus, dass der Geschäftsführer etwas erlangt hat, sodass die zusätzliche Anwendung der Voraussetzungen über die §§ 812 ff. BGB überflüssig wird.[38] Letzter Ansicht sollte gefolgt werden. Insofern kommen hier lediglich die §§ 818 f. BGB zur Anwendung. Da die nach § 684 S. 1 BGB grundsätzlich geschuldete Herausgabe der Reparaturleistung ihrer Beschaffenheit nach nicht möglich ist, sieht § 818 Abs. 2 BGB eine Wertersatzpflicht vor. W müsste dem F also den Wert der Reparatur ersetzen.

2. Einwand der Entreicherung, § 818 Abs. 3 BGB

36   Dem könnte hier jedoch der aus § 818 Abs. 3 BGB folgende Einwand der Entreicherung entgegenstehen. Das setzt voraus, dass W nicht mehr bereichert ist und er sich auf den Wegfall der Bereicherung auch berufen kann.[39] Die Bereicherung des W könnte darin liegen, dass ihm durch die bereits erfolgte Reparatur Aufwendungen erspart blieben, die er andernfalls hätte tätigen müssen, um wieder mit seiner Konsole spielen zu können.

37   Die mit der Reparatur verbundenen Kosten i.H.v. 150 € stellen für W jedoch Luxusaufwendungen dar, da sich W die Reparatur niemals hätte leisten können, wenn er sie selbst hätte bezahlen müssen, und er die Reparatur in diesem Fall auch niemals in Auftrag gegeben hätte. Aus diesem Grund hatte er die für die Reparatur ersparten Aufwendungen niemals in seinem Vermögen und war nie bereichert.

---

[36] *Gursky* AcP 185 (1985), 13, 40; *Batsch* AcP 171 (1971), 218, 227; *Schindler* AcP 165 (1965), 508 f.; ferner der Sache nach viele, z. B. *Larenz* SchuldR II/1, 13. Aufl. 1986, § 57 II b (S. 453); Übersichten über den Meinungsstand in: MüKo/*Schäfer* § 684 Rn. 6 f. und bei *Harder* JuS 1972, 395, 399 Fn. 39.

[37] BGH NJW-RR 1991, 1303, 1304; OLG Hamm NJW 1974, 951, 952; Soergel/*Beuthien* § 684 Rn. 4; BeckOK/*Gehrlein* § 684 Rn. 1 m.w.N.; Jauernig/*Mansel* § 684 Rn. 1; zur dogmatischen Bedeutung MüKo/*Schäfer* § 684 Rn. 6.

[38] NK-BGB/*Schwab* § 684 Rn. 5.

[39] Vgl. BeckOK/*Wendehorst* § 818 Rn. 34 f. Gegen diese Wirkung der verschärften Haftung ausf. *J. Prütting* AcP 216 (2016), 459 ff.

Fraglich ist jedoch, ob sich W auch darauf berufen kann. Auf den Wegfall der **38** Bereicherung kann er sich nicht berufen, wenn er nach §§ 818 Abs. 4, 819 Abs. 1 BGB verschärft haftet.[40] Dem W könnte hier gem. § 819 Abs. 1 BGB die Berufung auf den Entreicherungseinwand verwehrt sein, wenn er den Mangel des rechtlichen Grundes kannte. W war aufgrund des Gesprächs mit T bewusst, dass seine Mutter dem Vertrag hätte zustimmen müssen. Darüber hinaus wusste er, dass sie dies für einen Reparaturauftrag über 150 € niemals machen würde. Insbesondere auch aufgrund des mit T geführten Gesprächs ist davon auszugehen, dass er den Mangel des rechtlichen Grundes kannte.

Fraglich ist jedoch, ob es überhaupt auf die Kenntnis des W ankommen kann, da **39** er noch minderjährig ist.

Nach einer Auffassung kommt es nach § 166 Abs. 1 BGB stets nur auf die Kenntnis des gesetzlichen Vertreters an.[41] Die M konnte aber nicht wissen, dass der Vertrag zwischen W und F aufgrund der Minderjährigkeit des W unwirksam war, da sie bereits keine Kenntnis davon hatte, dass überhaupt ein Rechtsgeschäft zwischen W und F geschlossen wurde. § 819 Abs. 1 BGB würde demnach nicht greifen, sodass die Berufung des W auf den Wegfall der Bereicherung nicht ausgeschlossen wäre. Für eine solche Sichtweise spricht, dass so der in den §§ 106 ff. BGB angelegte Schutz des Minderjährigen auch im Bereicherungsrecht gewahrt würde.

Eine zweite Auffassung unterscheidet zwischen Leistungs- und Nichtleistungs- **40** kondiktion.[42] Im Falle der Leistungskondiktion solle es auf die Kenntnis des gesetzlichen Vertreters ankommen, im Falle der Nichtleistungskondiktion analog § 828 Abs. 3 BGB auf die Einsichtsfähigkeit des Minderjährigen.[43] Da F das Vermögen des W im vorliegenden Fall bewusst und zweckgerichtet gemehrt hat, liegt hier eine Leistung des F vor, sodass es auch nach dieser Sichtweise auf die Kenntnis des gesetzlichen Vertreters ankommen würde. Mangels dessen Kenntnis könnte sich W auch danach auf den Wegfall der Bereicherung berufen.

Nach einer dritten Auffassung soll es analog § 828 Abs. 3 BGB nur dann auf die **41** Einsichtsfähigkeit des Minderjährigen ankommen, wenn sich dieser das erlangte Etwas durch eine Straftat oder unerlaubte Handlung verschafft hat.[44] Auch danach würde es auf die Kenntnis des gesetzlichen Vertreters ankommen. Zwar könnte man in Betracht ziehen, dass sich W die Reparatur aufgrund eines nach § 263 StGB strafbaren Betruges erschlichen hat, allerdings ist W mit acht Jahren gem. § 19 StGB noch nicht strafmündig und konnte sich daher zumindest mangels Schuldfähigkeit nicht wegen Betruges strafbar machen. Allerdings könnte im Verhalten des W eine vorsätzliche sittenwidrige Schädigung gemäß § 826 BGB erkannt werden. Nach hier vertretener Ansicht wäre jedoch die Schwelle des § 828 Abs. 3 BGB mit Blick auf die Einsichtsfähigkeit des W nicht erreicht (*a.A. vertretbar*).

---

[40] BeckOK/*Wendehorst* § 818 Rn. 83.
[41] *Canaris* JZ 1971, 560.
[42] MüKo/*Schwab* § 819 Rn. 9.
[43] MüKo/*Schwab* § 819 Rn. 9.
[44] Vgl. BeckOK/*Wendehorst* § 819 Rn. 8 m.w.N.

42   Nach allen drei Ansichten kommt es also nicht auf die Kenntnis des W selbst, sondern auf die Kenntnis der M an, sodass der Streit hier nicht entschieden werden muss. § 819 Abs. 1 BGB greift also nicht. Folglich kann W dem F den Einwand der Entreicherung gemäß § 818 Abs. 3 BGB entgegenhalten.

III. Ergebnis

43   F hat somit auch keinen Anspruch gegen W auf Wertersatz aus §§ 677, 684 S. 1, 818 Abs. 2 BGB.

D) Anspruch aus § 812 Abs. 1 S. 1 Fall 1 BGB

44   Aus demselben Grund steht dem F gegen W auch kein Anspruch nach § 812 Abs. 1 S. 1 Fall 1 BGB zu. Unabhängig von dem Vorliegen der Anspruchsvoraussetzungen wäre W jedenfalls nach § 818 Abs. 3 BGB entreichert und könnte sich auch darauf berufen.

Klausurhinweis:

Wer hingegen mit der h.L. die Anwendbarkeit der §§ 677 ff. BGB auf nichtige Verträge verneint hat, muss den Anspruch aus Leistungskondiktion vollständig prüfen: W hat die Reparaturleistung erlangt (wie Rn. 33), und zwar durch Leistung des F, der den scheinbar mit W geschlossenen Werkvertrag erfüllen wollte. Da der Werkvertrag unwirksam war, fehlte es am rechtlichen Grund. Da eine Herausgabe *in natura* unmöglich ist, ist nach § 818 Abs. 2 BGB grundsätzlich Wertersatz geschuldet; diese Pflicht entfällt aber hier nach § 818 Abs. 3 BGB (wie Rn. 36 ff.).

F steht gegen W somit kein auf Zahlung gerichteter Anspruch zu.

Fall 29

Ausgangsfall

Annette Arnold (A) will an einem Adventssamstag ihre Weihnachtseinkäufe erledigen. Da die Stadt sehr voll ist, findet sie keinen regulären Parkplatz. Daher ist sie froh, als sie vor der Garagenausfahrt des Herrn Buschfeld (B) eine „Parklücke" entdeckt, in die sie ihren Wagen fährt. Der Wagen der A steht zwar auf öffentlichem Grund, allerdings versperrt er die Garagenausfahrt des B vollständig. Als B, dessen Wagen noch in der Garage stand und der ebenfalls eine Fahrt unternehmen wollte, dies eine Stunde später feststellt, ruft er einen Abschleppunternehmer und beauftragt ihn damit, den Wagen der A abzuschleppen. Die anfallenden Kosten von 166 € zahlt zunächst B. Nachdem er Namen und Anschrift der A ermittelt hat, verlangt er diesen Betrag von ihr ersetzt. A meint, B habe kein Recht gehabt, ihren Wagen einfach abschleppen zu lassen. Jedenfalls sei die Abschleppmaßnahme völlig unverhältnismäßig, weil sie schon kurze Zeit später von ihrem Einkauf zurückgekommen sei.

Kann B von A Ersatz der Abschleppkosten verlangen?

Abwandlung

Abweichend vom Ausgangsfall vereinbart B mit dem Abschleppunternehmer U, dass U zunächst versuchen solle, die Abschleppkosten bei A einzutreiben, wenn diese ihren Wagen auf dem Hof des U wieder abholen wolle. So geschieht es auch. Als A den Wagen abholt, zahlt sie die geforderten 166 € unter Protest an U. Anschließend bittet A um Rechtsrat, von wem sie den Betrag zurückfordern solle. A interessiert allein die Frage, an wen sie sich wenden soll, und bittet daher zu unterstellen, dass der Wagen zu Unrecht abgeschleppt worden sei.

© Springer-Verlag GmbH Deutschland, ein Teil von Springer Nature 2019
J. Prütting, B. Scholl, *Die Schuldrechtsklausur II*, Tutorium Jura,
https://doi.org/10.1007/978-3-662-57602-1_31

Auszug aus § 12 Straßenverkehrsordnung (StVO)
§ 12 Halten und Parken
[…] (3) Das Parken ist unzulässig […]
3. vor Grundstückein- und -ausfahrten, auf schmalen Fahrbahnen auch ihnen gegenüber […]

Lösung Fall 29

▶   Abschleppfälle kommen sehr häufig in Übungs- und Examensklausuren
     vor, meist im Öffentlichen Recht, aber – gerade nach grundlegenden
     Entscheidungen des BGH (BGHZ 181, 233 = NJW 2009, 2530; BGH NJW
     2016, 2407) – auch im Zivilrecht. Der Fall beschäftigt sich mit Proble-
     men der gesetzlichen Schuldverhältnisse (GoA, Deliktsrecht) sowie des
     Besitzrechts, setzt daher auch sachenrechtliche Kenntnisse voraus. Die
     Abwandlung behandelt ein kleines bereicherungsrechtliches Problem.
     Zum privaten Abschleppen siehe auch *Lorenz* NJW 2009, 1025 und die
     Falllösung von *Pöschke/Sonntag* JuS 2009, 711.

Ausgangsfall

A) Anspruch aus §§ 670, 683, 677 BGB

1   B könnte gegen A einen Anspruch auf Ersatz der Abschleppkosten in Höhe von
     166 € nach den Regeln der Geschäftsführung ohne Auftrag aus §§ 670, 683, 677
     BGB haben.

I. Fremdes Geschäft
2   Dann müsste B nach § 677 BGB zunächst ein fremdes Geschäft geführt haben.
     Indem B den Wagen der A abschleppen ließ, hat er ein Geschäft besorgt. Fraglich
     ist, ob es sich um ein für B fremdes Geschäft handelte. Ein Geschäft ist für den
     Handelnden objektiv fremd, wenn es nach seiner Natur, seinem Inhalt und seinem
     äußeren Erscheinungsbild in einen anderen Rechts- und Interessenkreis als den des
     Handelnden fällt.[1]
3   Das Abschleppen des Wagens fiele dann in den Rechtskreis der A, wenn sie als
     Fahrerin und Halterin zur Entfernung des Fahrzeuges verpflichtet war. Eine solche
     Pflicht könnte sich aus § 861 Abs. 1 oder § 862 Abs. 1 BGB ergeben. Beide Normen
     setzen neben dem unmittelbaren Besitz des B als des Anspruchstellers voraus, dass
     A als Anspruchsgegnerin verbotene Eigenmacht i.S.d. § 858 Abs. 1 BGB geübt hat,
     wobei sie im Falle des § 861 BGB den Besitz dem Anspruchsteller entzogen, im
     Falle des § 862 BGB ihn lediglich im Besitz gestört haben müsste. Besitzentziehung

---
[1] Palandt/*Sprau* § 677 Rn. 4.

ist die vollständige und dauerhafte Beseitigung des unmittelbaren Besitzes,[2] Besitzstörung die Beeinträchtigung des unmittelbaren Besitzes durch ausschnittsweisen Entzug der durch ihn gewährleisteten Gebrauchs- oder Nutzungsmöglichkeit.[3] Wenn ein Fahrzeug auf einem Privatgrundstück abgestellt wird, stellt sich die Frage, ob eine Besitzentziehung (an dem privaten Parkplatz als Grundstücksteil) oder eine Besitzstörung (an dem gesamten Grundstück) vorliegt oder beides zugleich.[4] Hier hat A ihren Wagen aber nicht auf dem Grundstück, das im Besitz des B steht, abgestellt, sondern auf öffentlichem Boden, an dem B keinen Besitz hat. In diesem Fall lässt sich eine Besitzentziehung kaum annehmen, weil B nach wie vor die Garage betreten konnte, auch wenn er nicht mehr mit seinem Auto hineinfahren konnte.[5] Insofern liegt hier eine Besitzstörung am Grundstück vor. Mangels eines Einverständnisses des B oder einer gesetzlichen Gestattung hat A verbotene Eigenmacht geübt. Sie ist gem. § 862 Abs. 1 S. 1 BGB zur Beseitigung der Störung und damit zum Wegfahren ihres Wagens verpflichtet.

Exkurse:
Wenn ein Dritter, dem der Fahrzeughalter das Fahrzeug überlassen hat, die Besitzstörung begeht, ist neben dem Dritten auch der Halter im Rahmen von § 858 BGB als Zustandsstörer verantwortlich (BGH NJW 2012, 3781; NJW 2016, 863 Rn. 22).

Der Anspruch kann auch auf § 1004 BGB (Beeinträchtigung des Eigentums am Grundstück) oder § 823 Abs. 1 BGB (Verletzung des Eigentums und berechtigten Besitzes am Grundstück) gestützt werden (vgl. zur Eigentumsverletzung MüKo/*Wagner* § 823 Rn. 173).

Auch kraft öffentlichen Rechts ist A, die durch das Abstellen des Wagens vor der **4** Garagenausfahrt gegen § 12 Abs. 3 Nr. 3 StVO verstoßen hat, zum Wegfahren verpflichtet. Damit fällt das Abschleppen des Wagens in den Rechtskreis der A und stellt im Grundsatz ein objektiv fremdes Geschäft dar. Daran ändert nichts, dass B auch tätig geworden ist, um seine eigene Garagenausfahrt zu räumen, also gleichzeitig eigene Interessen verfolgte. Ein solches „auch fremdes Geschäft" reicht im Rahmen des § 677 BGB aus.[6]

II. Fremdgeschäftsführungswille
Fraglich ist, ob B auch mit Fremdgeschäftsführungswillen, also dem Bewusstsein **5** und Willen, das Geschäft für den anderen zu führen, gehandelt hat. Dieser wird bei objektiv fremden Geschäften widerleglich vermutet, muss also nicht positiv

---

[2] Palandt/*Herrler* § 861 Rn. 4.

[3] Palandt/*Herrler* § 862 Rn. 2.

[4] Offengelassen (da für die weitere rechtliche Beurteilung ohne Belang) von BGHZ 181, 233 Rn. 13; BGH NJW 2012, 3781 Rn. 5; 2016, 2407 Rn. 6; für Besitzentziehung am Grundstücksteil und zugleich eine Besitzstörung am Restgrundstück *Lorenz* NJW 2009, 1025, 1026; *Koch* NZV 2010, 336, 338.

[5] Vgl. Staudinger/*Gutzeit* (2012) § 858 Rn. 50; *Dörner* JuS 1978, 666, 667, 671; offengelassen von AG Heidelberg NJW 1977, 1541.

[6] Palandt/*Sprau* § 677 Rn. 6; *Koch* NZV 2010, 336, 339.

festgestellt werden.[7] Ob dies auch bei „auch fremden" Geschäften gilt, ist umstritten.
Nach h.M. ist dies der Fall.[8] Nach anderer Ansicht soll dagegen bei auch fremden
Geschäften der Fremdgeschäftsführungswille positiv festgestellt werden müssen.[9]
Da hier nicht ersichtlich ist, ob B vor allem für A oder vor allem aus eigenen Motiven
tätig geworden ist, kann der Fremdgeschäftsführungswille nur dann bejaht werden,
wenn er entsprechend der h.M. auch bei auch fremden Geschäften zu vermuten ist.
Für die h.M. spricht, dass der Geschäftsführer vor kaum überwindliche Beweispro-
bleme gestellt würde, wenn er positiv nachweisen müsste, dass er im Zeitpunkt der
Geschäftsführung den Willen hatte, für den Geschäftsherrn tätig zu werden. Aus der
objektiven Fremdheit eines Geschäfts folgt typischerweise, dass der Geschäftsherr
das Geschäft für die Person führen wollte, in deren Interessenkreis das Geschäft
fällt. Das gilt auch für Geschäfte, die nur teilweise in einen fremden Interessenkreis fallen. Der h.M. ist daher zu folgen und der Fremdgeschäftsführungswille zu
bejahen.

Exkurs:
Problematisch ist die Vermutung des Fremdgeschäftsführungswillens bei auch fremden Geschäften
allerdings in bestimmten Fallgruppen: (1) Bei pflichtgebundenen Geschäftsführern, also solchen,
die etwa durch Vertrag mit einem Dritten zur Übernahme der Geschäftsführung verpflichtet sind,
steht der Vorrang des Vertragsrechts einem Rückgriff auf die GoA jedenfalls dann entgegen,
wenn der Vertrag die Entgeltfrage vollständig regelt (BGH NVwZ-RR 2012, 707 Rn. 16 = NZV
2012, 535; WM 2013, 1657 Rn. 16). (2) Werden Leistungen aufgrund nichtiger Verträge erbracht,
ist umstritten, ob das Recht der GoA oder Bereicherungsrecht gilt (dazu Fall 28). Zum Ganzen
Thole NJW 2010, 1243 ff.; *Looschelders* SchuldR BT, Rn. 849 ff. Die Rechtsprechung ist hier
uneinheitlich.

III. Ohne Auftrag oder sonstige Berechtigung

6   Es fehlte auch an einem Auftrag oder an einer sonstigen Berechtigung. Insbeson-
     dere führt eine mögliche Berechtigung des B zur Selbsthilfe nach § 859 BGB nicht
     zum Ausschluss des § 677 BGB, da § 859 BGB nicht die Kostentragungspflichten
     regelt.[10]

IV. Handeln im Interesse des Geschäftsherrn

7   Fraglich ist, ob das Abschleppen des Fahrzeuges dem Interesse der A entsprach. Die
     Übernahme einer Geschäftsführung liegt im Interesse des Geschäftsherrn, wenn sie
     ihm objektiv vorteilhaft und nützlich ist.[11]

---

[7] Entgegen der ganz h.M. ablehnend Staudinger/*Bergmann* (2015) Vor § 677 Rn. 131.

[8] BGHZ 63, 167, 170; 98, 235; wohl auch BGH 2016, 2407 Rn. 6 a.E.; Palandt/*Sprau* § 677 Rn. 6;
MüKo/*Schäfer* § 677 Rn. 126; *Koch* NZV 2010, 336, 339; *Lorenz* JuS 2016, 12, 13.

[9] MüKo/*Seiler,* 6. Aufl. 2012, § 677 Rn. 21; *Esser/Weyers* SchuldR II/2, 8. Aufl. 2000, § 46 II 2 c
(S. 11 ff.).

[10] Vgl. MüKo/*Schäfer* § 677 Rn. 67.

[11] BGH NJW 2016, 2407 Rn. 8 m.w.N.

1. Abschleppmaßnahme als Tilgung einer einredefreien Schuld

Dabei gilt die Tilgung einer einredefreien Schuld grundsätzlich als vorteilhaft und **8** damit als interessegemäß. Wie bereits oben geprüft (Rn. 3), war A hier dem B u. a. gem. § 862 Abs. 1 BGB dazu verpflichtet, ihren Wagen sofort umzusetzen. Von dieser Pflicht hat B die A durch das Abschleppen befreit. Dass durch den Abschleppvorgang Kosten verursacht wurden, die A dem B möglicherweise gem. §§ 683 S. 1, 670 BGB ersetzen muss, steht ihrem Interesse nicht von vornherein und generell entgegen, weil § 683 BGB sonst nie erfüllt wäre.[12] Gegen die Interessegemäßheit des Abschleppens könnte allerdings sprechen, dass A den Wagen ohne jegliche Kosten selbst hätte umsetzen können. Jedoch befand sich A zum maßgeblichen Zeitpunkt nicht am Wagen, so dass diese einfachere und kostengünstigere Möglichkeit der Störungsbeseitigung nicht zur Verfügung stand. Der Beseitigungsanspruch war sofort zu erfüllen, so dass B entgegen der Auffassung der A nicht darauf verwiesen werden konnte, auf ihre Rückkehr zu warten, zumal B nicht wissen konnte, wann A zurückkehren würde.

2. Zulässigkeit der Abschleppmaßnahme

Klausurhinweis:

Die folgenden Ausführungen setzen sachenrechtliche Kenntnisse voraus und können jedenfalls in diesem Umfang nicht erwartet werden. Denkbar erscheint auch, die Zulässigkeit der Abschleppmaßnahme hier nicht anzusprechen, sondern erst bei der Erforderlichkeit der Aufwendungen (unten Rn. 18).

Damit das Abschleppen dem objektiven Interesse der A entsprach, müsste B zum **9** eigenmächtigen Abschleppen des Fahrzeuges im Rahmen der Selbsthilfe berechtigt gewesen sein. Diese Berechtigung könnte sich aus § 859 Abs. 1 und 3 BGB ergeben. Im Falle einer Besitzstörung hat der Besitzer das Recht zur Besitzwehr nach § 859 Abs. 1 BGB. Dieses besteht grundsätzlich zeitlich unbegrenzt und ermächtigt auch zum Abschleppenlassen falsch geparkter Autos zur Abwehr der Besitzstörung.[13]

Denkbar ist aber auch, in diesem Fall § 859 Abs. 3 BGB entsprechend anzu- **10** wenden.[14] § 859 Abs. 3 BGB verlangt für die Besitzkehr bei Grundstücken, dass diese „sofort" erfolgt. Von der Interessenlage her macht es kaum einen Unterschied, ob das störende Kraftfahrzeug noch in der Einfahrt selbst oder unmittelbar davor auf öffentlichem Boden steht.[15] Insofern könnte es interessenwidrig sein, dass im

---

[12] Vgl. BGH NJW 2016, 2407 Rn. 8 m.w.N.

[13] BGHZ 181, 233 Rn. 16 = NJW 2009, 2530; Staudinger/*Gutzeit* (2012) § 858 Rn. 50; *Dörner* JuS 1978, 666, 671; **a.A.** *Wieling*, Sachenrecht I, 2. Aufl. 2006, § 5 III 2 c (S. 199) und *Westermann/ Gursky/Eickmann*, Sachenrecht, 8. Aufl. 2011, § 23 Rn. 5, die meinen, es fehle an einem gegenwärtigen Angriff; wohl auch BeckOK/*Fritzsche* § 859 Rn. 18; AG Heidelberg NJW 1977, 1541.

[14] *Wieling* aaO; *Westermann/Gursky/Eickmann* aaO.

[15] *Westermann/Gursky/Eickmann* aaO.

ersteren Falle der störende Wagen zeitlich unbegrenzt,[16] im letzteren hingegen nur „sofort" abgeschleppt werden darf.

11   Welche zeitlichen Grenzen im Rahmen von § 859 Abs. 3 BGB gelten, ist im Einzelnen umstritten. Vereinzelt wird die Geltung zeitlicher Grenzen gänzlich verneint,[17] auf der anderen Seite wird vereinzelt nur ein zeitlicher Rahmen von höchstens 30 Minuten für zulässig gehalten, wofür ein Indiz die noch warme Motorhaube sein soll.[18] In der Rechtsprechung wird ganz überwiegend ein Abschleppen einige Stunden nach dem Abstellen des Fahrzeuges[19] oder auch noch am folgenden Tage[20] für zulässig gehalten. Der Besitzer muss in der Lage sein, die verbotene Eigenmacht zu entdecken und Abhilfemaßnahmen einzuleiten. Daher ist eine Selbsthilfe jedenfalls ein oder zwei Stunden nach der verbotenen Eigenmacht noch „sofort". B hat das Fahrzeug der A somit auch bei Anwendung von § 859 Abs. 3 BGB hier rechtzeitig durch den von ihm beauftragten Unternehmer abschleppen lassen.

12   Demnach kann dahinstehen, ob im vorliegenden Fall § 859 Abs. 1 BGB oder § 859 Abs. 3 BGB analog heranzuziehen ist.

13   Das Abschleppen des Fahrzeuges könnte aber unverhältnismäßig und damit nach Treu und Glauben (§ 242 BGB) unzulässig gewesen sein. Die Ausübung eines Rechts ist unter diesem Gesichtspunkt dann unzulässig, wenn sie der Gegenseite unverhältnismäßig große Nachteile zufügt und andere, weniger schwer wiegende Maßnahmen möglich gewesen wären, die den Interessen des Berechtigten ebenso gut Rechnung getragen hätten oder ihm zumindest zumutbar gewesen wären.[21] Insoweit wurde bereits darauf hingewiesen, dass A den B nicht darauf verweisen konnte, bis zu ihrer nicht angekündigten Rückkehr zu warten (s.o. Rn. 8). Darüber hinaus hat der Besitzer unabhängig von der Dauer der Besitzstörung bzw. -entziehung das Recht, sich dieser zu erwehren. Es ist nicht ersichtlich, dass B in schonenderer Weise von seinem Selbsthilferecht hätte Gebrauch machen können. Die Abschleppmaßnahme war damit im Rahmen der Selbsthilfe zulässig.

Exkurs:
Der BGH (NJW 2009, 2530) hatte über einen Fall zu entscheiden, in dem der Rückzahlung der Abschleppkosten begehrende Kläger auf einem Kundenparkplatz geparkt hatte, ohne andere Kunden zu behindern, da noch genügend andere Parkplätze frei waren. Aber auch hier bejahte der BGH die Verhältnismäßigkeit der Maßnahme, da sich der unmittelbare Besitzer verbotener Eigenmacht durch Selbsthilfe unabhängig davon erwehren könne, welches räumliche Ausmaß sie habe und ob sie die Nutzungsmöglichkeit von ihr nicht betroffener Grundstücksteile unberührt lasse.

---

[16] Bzw., wenn man aus § 859 Abs. 1 BGB keine Befugnis zum Abschleppen herleitet (s. Fn. 13), gar nicht.

[17] AG München DAR 1981, 56.

[18] Vgl. *Schünemann* DAR 1997, 267, 269.

[19] LG Frankfurt a.M. NJW 1984, 183; AG München DAR 1993, 30 f.

[20] AG Braunschweig NJW-RR 1986, 1414; LG Frankfurt NJW-RR 2003, 311; Palandt/*Herrler* § 859 Rn. 4; *Koch*, NJW 2014, 3696, 3698.

[21] BGH NJW 2009, 2530 Rn. 16; gegen einen Verhältnismäßigkeitsgrundsatz im Zivilrecht hingegen *Lorenz* NJW 2009, 1025, 1026 unter II 2.

Andernfalls müsste der Besitzer die verbotene Eigenmacht all derer dulden, die nur eine kleine, räumlich abgegrenzte Grundstücksfläche unbefugt nutzten, ohne dass dadurch die Nutzungsmöglichkeit der übrigen Fläche eingeschränkt werde; dies widerspreche aber der rechtlichen Bedeutung, welche das Gesetz dem unmittelbaren Besitz beimesse (aaO S. 2531 Rn. 17).

Zu erörtern wäre die Frage der Verhältnismäßigkeit des Abschleppens, wenn B der Aufenthaltsort der A bekannt gewesen wäre oder er ihn hätte ermitteln können (gegen Erkundigungspflichten, wenn der Störer einen Notizzettel mit Angaben zum Aufenthaltsort und Telefonnummer hinterlassen hat, aber *Lorenz* NJW 2009, 1025, 1026; anders im öffentlichen Recht OVG Hamburg NJW 2001, 3647; 2005, 2247; 2011, 3051).

3. Zwischenergebnis

Demnach konnte der Beseitigungsanspruch des B nur durch die von ihm zulässi- **14** gerweise durchgeführte Abschleppmaßnahme zur geschuldeten Zeit erfüllt werden. Aus der Sicht eines verständigen, sich rechtstreu verhaltenden Fahrzeughalters entsprach das Abschleppen seinem objektiven Interesse.

V. Handeln mit dem Willen des Geschäftsherrn

Problematisch ist jedoch, ob die Abschleppmaßnahme mit dem Willen der A verein- **15** bar ist. Der wirkliche Wille der A ist hier unbekannt. Daher kommt es entscheidend auf den mutmaßlichen Willen an. Das ist derjenige Wille, den der Geschäftsherr bei objektiver Beurteilung aller Umstände im Zeitpunkt der Übernahme geäußert haben würde. Wenn andere Anhaltspunkte nicht vorhanden sind, entspricht der mutmaßliche Wille dem Interesse des Geschäftsherrn.[22]

Der BGH folgert daher aus dem objektiven Interesse an der Entfernung des abge- **16** schleppten Fahrzeuges, dass das Abschleppen auch dem mutmaßlichen Willen des Falschparkers bzw. des Halters entsprochen habe.[23] Diese Auffassung ist allerdings im Allgemeinen lebensfremd. Nur in Ausnahmefällen, wenn durch das Abschleppen hohe Vermögensschäden verhindert werden (z. B. beim Parken vor der Einfahrt eines Unternehmens, so dass sonst noch höhere Schadensersatzansprüche drohen), kann unterstellt werden, dass das Abschleppen dem mutmaßlichen Willen des Falschparkers entsprochen habe. Abgesehen von solchen Ausnahmefällen möchte ein Falschparker gerade nicht, dass sein Wagen abgeschleppt wird. Insofern stellt die Auffassung des BGH eine bloße Fiktion dar. Vorzugswürdig erscheint es daher, mangels anderer Anhaltspunkte anzunehmen, dass das Abschleppen nicht dem mutmaßlichen Willen der A entsprach.

Allerdings könnte der entgegenstehende Wille der A gem. § 683 S. 2 i.V.m. § 679 **17** BGB unbeachtlich sein. Das setzt voraus, dass ohne die Geschäftsführung eine Pflicht des Geschäftsherrn, deren Erfüllung im öffentlichen Interesse liegt, nicht rechtzeitig erfüllt würde. Eine derartige Pflicht könnte die gem. § 12 Abs. 3 Nr. 3 StVO bestehende öffentlich-rechtliche Pflicht der A sein, ihr Fahrzeug sofort wegzufahren. Teilweise wird vertreten, § 679 BGB sei nur einschlägig, wenn die Öffentlichkeit

---

[22] BGH NJW 2016, 2407 Rn. 12; Palandt/*Sprau* § 683 Rn. 5.
[23] BGH NJW 2016, 2407 Rn. 12.

vor drohenden erheblichen Gefahren geschützt werden solle, nicht aber bloß bei verkehrswidrigem Parken ohne besondere gefährdende Umstände.[24] Andererseits ergibt sich diese Einschränkung aus dem Gesetzeswortlaut nicht. Das verkehrswidrige Parken begründet eine Gefahr für die öffentliche Sicherheit i.S.d. Polizei- und Ordnungsrechtes (hier in Form einer Störung). Deshalb kann der entgegenstehende mutmaßliche Wille der A über § 683 S. 2 i.V.m. § 679 BGB überwunden werden.[25]

Zur Vertiefung:
Hier wurde für die Unbeachtlichkeit des entgegenstehenden Willens der A auf den Verstoß gegen das (öffentlich-rechtliche) Haltverbot abgestellt. Teilweise wird § 679 BGB auch dann angewendet, wenn eine bloße Besitz- oder Eigentumsbeeinträchtigung vorliegt (z. B. Parken auf fremdem Parkplatz, bejahend *Lorenz* NJW 2009, 1025, 1027; *Koch* NZV 2010, 336, 340; verneinend AG Frankfurt a.M. NJW-RR 1990, 730, 731; *Stöber* DAR 2009, 539, 541). Unproblematisch anwendbar ist § 679 BGB, wenn eine konkrete Gefahr für fremde Lebensgüter besteht wie etwa beim Parken in Feuerwehrzufahrten (*Pöschke/Sonntag* JuS 2009, 711, 713). Nach der zukünftig für die Praxis allein maßgeblichen Auffassung des BGH kommt es darauf nur dann an, wenn der Falschparker (bzw. der Halter) ausdrücklich seinen Willen geäußert hat, dass sein Fahrzeug nicht abgeschleppt wird. Die Willensäußerung muss nicht gegenüber dem Geschäftsführer erfolgt sein und diesem auch nicht erkennbar gewesen sein.

VI. Erforderliche Aufwendungen und Ergebnis

18   Aufgrund der berechtigten Geschäftsführung ohne Auftrag kann der Grundstücksbesitzer Ersatz der Aufwendungen verlangen, die er den Umständen nach für erforderlich halten durfte. Ersatzfähig sind daher die am Ort der Besitzstörung üblichen Kosten für das Abschleppen fremder Fahrzeuge. Für eine Unüblichkeit der von B gezahlten 166 € ist hier nichts ersichtlich. Demnach kann B von A gem. §§ 670, 683, 677 BGB Ersatz der 166 € als Aufwendungsersatz verlangen.

A.A. ebenso gut vertretbar. Verneint man einen Anspruch aus berechtigter GoA, ist noch ein Anspruch auf Wertersatz aus unberechtigter GoA aus §§ 684 S. 1, 818 Abs. 2 BGB zu prüfen. Danach muss der Geschäftsherr das Erlangte nach Bereicherungsrecht herausgeben. A ist von der Pflicht, ihren Wagen wegzufahren, befreit worden. Diese Verpflichtung hatte aber keinen objektiven Wert, so dass sich daraus kein Anspruch des B gegen A auf Ersatz der Abschleppkosten herleiten lässt.

---

[24] LG Frankfurt a.M. NJW-RR 1990, 730, 731; MüKo/*Schäfer* § 679 Rn. 17; *Dörner* JuS 1978, 666, 669.

[25] So auch *Baldringer/Jordans* NZV 2005, 75, 77; *Janssen* NJW 1995, 624, 625; i.Erg. ebenso *Schwarz/Ernst* NJW 1997, 2550, 2551 m.w.N.

B) Anspruch aus § 823 Abs. 2 BGB i.V.m. § 858 BGB

> **Klausurhinweis:**
>
> Der BGH hatte sich bis zu der Entscheidung vom 11.03.2016 stets nur auf die §§ 823 Abs. 2, 858 BGB gestützt. Diese Anspruchsgrundlage setzt Verschulden voraus und kommt daher nicht in Betracht, wenn der in Anspruch genommene Halter den Wagen nicht selbst geparkt hat und der Parkvorgang für ihn auch nicht voraussehbar war.[26] Hingegen ist der Anspruch aus GoA verschuldensunabhängig. Während im Urteil allein eine Anspruchsgrundlage zu prüfen ist, wenn diese das Klagebegehren voll trägt, müssen im Gutachten auch andere Anspruchsgrundlagen geprüft werden.

Darüber hinaus könnte sich ein Anspruch des B gegen A auf Erstattung der Abschlepp- **19** kosten aus § 823 Abs. 2 BGB i.V.m. § 858 BGB ergeben.

I. § 858 BGB als Schutzgesetz i.S.d. § 823 Abs. 2 BGB

Dann müsste § 858 BGB zunächst Schutzgesetz i.S.d. § 823 Abs. 2 BGB sein. **20** Schutzgesetz ist jede Rechtsnorm, die (neben dem Schutz der Allgemeinheit) gerade auch den Schutz eines Einzelnen bezweckt.[27] § 858 BGB dient dem Schutz des unmittelbaren Besitzers vor Entziehung und sonstiger Störung des Besitzes, weshalb der Schutzgesetzcharakter zu bejahen ist.[28]

II. Verstoß gegen § 858 BGB

Weiterhin müsste A dieses Schutzgesetz verletzt haben, also verbotene Eigenmacht **21** i.S.d. § 858 Abs. 1 BGB geübt haben. Bereits oben wurde geprüft (Rn. 3), dass A den B durch verbotene Eigenmacht im Besitz seines Grundstückes gestört hat. Damit hat A gegen das Schutzgesetz verstoßen.

III. Rechtswidrigkeit

Die Rechtswidrigkeit ist indiziert. Rechtfertigungsgründe bestehen nicht. **22**

IV. Verschulden

Gem. § 823 Abs. 2 S. 2 BGB setzt die Schadensersatzpflicht Verschulden voraus. A **23** war hier froh, den Platz vor der Garageneinfahrt gefunden zu haben, und handelte damit vorsätzlich.

V. Schaden, haftungsausfüllende Kausalität, Ersatzfähigkeit

Der Schaden liegt hier in den an den Abschleppunternehmer gezahlten Abschlepp- **24** kosten. Fraglich ist, ob B die Abschleppkosten als durch die Schutzgesetzverletzung verursachten Schaden nach § 249 Abs. 1 BGB[29] ersetzt verlangen kann.

---

[26] BGH NJW 2016, 863 Rn. 35; 2016, 2407 Rn. 20.

[27] Palandt/*Sprau* § 823 Rn. 57 f.

[28] BGHZ 73, 355, 362; BGH NJW 2009, 2530 Rn. 15; 2016, 863 Rn. 35; Palandt/*Herrler* § 858 Rn. 1; a.A. *H. Prütting* Sachenrecht, 36. Aufl. 2017, Rn. 128.

[29] Nicht Abs. 2, s. BGH NJW 2012, 528 Rn. 7.

1. Äquivalenztheorie

25   Dies setzt nach der *condicio-sine-qua-non*-Formel voraus, dass die Schutzgesetzverletzung nicht hinweggedacht werden kann, ohne dass der Schaden entfiele. Hätte
A nicht verbotene Eigenmacht am Grundstück bzw. an der Garage als Grundstücksteil geübt, hätte B den Wagen nicht abschleppen lassen, so dass die Abschleppkosten nicht angefallen wären. Kausalität im Sinne der *condicio-sine-qua-non*-Formel
ist damit gegeben.

2. Adäquanztheorie

26   Problematisch erscheint aber, dass die Abschleppkosten nicht unmittelbar durch
das Falschparken, sondern erst dadurch entstanden sind, dass B selbst mit dem
Abschleppunternehmer einen Werkvertrag geschlossen hat (§ 631 Abs. 1 BGB).
Insofern könnte es zunächst an der adäquaten Kausalität zwischen Schutzgesetzverletzung und Schaden fehlen. Allerdings stellt es keine überraschende oder fern-
liegende Reaktion des Geschädigten dar, unbefugt auf dem Grundstück des Geschädigten abgestellte Fahrzeuge kostenpflichtig abzuschleppen.[30] Adäquate Kausalität
ist daher zu bejahen.

3. Schutzzweck der Norm

27   Jedoch müssten die Abschleppkosten innerhalb des Schutzbereichs der verletzten
Norm (§ 858 BGB) liegen. Dazu muss es sich bei ihnen um Folgen handeln, die in
den Bereich der Gefahren fallen, um derentwillen die Rechtsnorm erlassen wurde,
und es muss ein innerer Zusammenhang zwischen der Normverletzung und dem
Schaden bestehen.[31]

a) Zulässigkeit der Abschleppmaßnahme

28   Die durch eine Selbsthilfe entstandenen Aufwendungen fallen nur dann in den
Schutzbereich des § 858 BGB, wenn die Selbsthilfe nach § 859 BGB zulässig war.[32]
Die Zulässigkeit der Abschleppmaßnahme im Rahmen von § 859 Abs. 1 und 3 BGB
wurde bereits oben bejaht (Rn. 9 ff.).[33]

b) Ersatzfähigkeit der Abschleppkosten

29   Das BGB billigt dem unmittelbaren Besitzer als spontane Reaktion auf eine verbotene Eigenmacht das Selbsthilferecht zu, dessen Ausübung – wie hier – mit Kosten
verbunden sein kann. Insofern besteht der notwendige Zusammenhang zwischen
verletzter Norm und Schaden.[34]

---

[30] BGH NJW 2012, 528 Rn. 9.

[31] BGH NJW 2009, 2530 Rn. 19 m.w.N.

[32] *Pöschke/Sonntag* JuS 2009, 711, 715 m.w.N.; vgl. BGH NJW 2012, 528 Rn. 9.

[33] Vertretbar erscheint auch, die Zulässigkeit der Abschleppmaßnahme bereits im Tatbestand von
§ 858 BGB im Anschluss an die verbotene Eigenmacht anzusprechen.

[34] BGH NJW 2009, 2530 Rn. 19; a.A. *Stöber* DAR 2009, 539, 540, nach dessen Ansicht aus dem
Selbsthilferecht des § 859 auch i.V.m. § 823 BGB kein Anspruch auf Ersatz der Abschleppkosten
folgt.

Problematisch erscheint allenfalls, dass B selbst durch die Beauftragung des **30**
Abschleppunternehmers die letzte Ursache für das Entstehen der Abschleppkosten gesetzt hat. Die dadurch entstehenden Aufwendungen sind aber ersatzfähig,
wenn sich B dazu „herausgefordert" fühlen durfte, einen Abschleppunternehmer zu
beauftragen.[35] Diese „Herausforderung" umschreibt der BGH dahin, dass der Schädiger bei dem Geschädigten eine mindestens im Ansatz billigenswerte Motivation
zu dessen Verhalten gesetzt hat.[36] Hier durfte sich B durch das Falschparken der
A herausgefordert fühlen, die Störung durch Beauftragung eines Abschleppunternehmers zu beseitigen – eine Reaktion, die das Gesetz in § 859 BGB ausdrücklich
billigt. Nach alledem liegen die Abschleppkosten, deren Angemessenheit nicht in
Frage steht,[37] damit im Schutzbereich der verletzten Norm.

VI. Mitverschulden (§ 254 BGB)

Anhaltspunkte für ein Mitverschulden des B nach § 254 Abs. 2 S. 1 BGB wegen   **31**
Verletzung einer Obliegenheit zur Schadensminderung bestehen nicht. Insbesondere konnte B die A nicht zum Wegfahren auffordern, da ihm ihr Aufenthaltsort
unbekannt war.

VII. Ergebnis

Damit kann B von A gem. § 823 Abs. 2 i.V.m. § 858 BGB Ersatz der Abschlepp-   **32**
kosten in Höhe von 166 € verlangen.

C) Anspruch aus § 823 Abs. 2 BGB i.V.m. § 12 Abs. 3 Nr. 3 StVO

Der Anspruch des B gegen A auf Erstattung der Abschleppkosten könnte sich wei-   **33**
terhin aus § 823 Abs. 2 BGB i.V.m. § 12 Abs. 3 Nr. 3 StVO ergeben.

I. Tatbestand: § 12 Abs. 3 Nr. 3 StVO als Schutzgesetz i.S.d. § 823 Abs. 2 BGB; Verstoß gegen § 12 Abs. 3 Nr. 3 StVO

Dann müsste es sich bei § 12 Abs. 3 Nr. 3 StVO um ein Schutzgesetz zugunsten des   **34**
Garagenbesitzers B handeln. Die Norm dient nicht bloß dem Schutz der Allgemeinheit, sondern soll insbesondere die jederzeitige Benutzung der Ein- und Ausfahrt
für den Grundstückseigentümer (oder Mieter) gewährleisten. Daher ist die Norm
Schutzgesetz i.S.d. § 823 Abs. 2 BGB.[38]

A hat gegen § 12 Abs. 3 Nr. 3 StVO verstoßen, indem sie vor der Ausfahrt des B
parkte.

---

[35] Vgl. BGH NJW 2009, 2530 Rn. 19; *Pöschke/Sonntag* JuS 2009, 711, 714; allg. MüKo/*Oetker* § 249 Rn. 170 f. und Fall 3.

[36] BGH NJW 1978, 421, 422.

[37] Ersatzfähig sind wie im Rahmen der GoA (oben Rn. 18) nur die ortsüblichen Abschleppkosten, BGH NJW 2014, 3727 Rn. 41.

[38] BGH NJW-RR 2011, 1476 Rn. 11; OLG Nürnberg NJW 1974, 1145; *Dörner* JuS 1978, 666, 668.

II. Rechtswidrigkeit, Verschulden, Schaden, haftungsausfüllende Kausalität

35 A handelte auch rechtswidrig und schuldhaft. Für den zu leistenden Schadensersatz gilt das Gleiche wie oben. Insbesondere liegt der Schaden auch im Rahmen des Schutzzwecks der verletzten Norm. Auch hier ist nämlich zu berücksichtigen, dass § 859 BGB dem Grundstücksbesitzer ausdrücklich ermöglicht, ein falsch geparktes Fahrzeug abschleppen zu lassen.

Folglich ergibt sich der Anspruch des B gegen A auf Ersatz der Abschleppkosten auch aus § 823 Abs. 2 BGB i.V.m. § 12 Abs. 3 Nr. 3 StVO.

D) Anspruch aus § 823 Abs. 1 BGB

36 Der Anspruch des B gegen A auf Ersatz der Abschleppkosten könnte sich schließlich aus § 823 Abs. 1 BGB ergeben.

Exkurs zur Anwendbarkeit:
§ 823 Abs. 1 BGB ist hier unproblematisch anwendbar. Die Regelungen der §§ 987 ff. BGB über das Eigentümer-Besitzer-Verhältnis (EBV) können § 823 Abs. 1 BGB schon deshalb nicht verdrängen, weil A den Wagen nicht auf dem Grundstück des B abgestellt hat und damit keinen Besitz am Grundstück haben kann. Hätte A ihren Wagen auf dem Grundstück des B abgestellt, könnte man hingegen annehmen, dass die Sperrwirkung des EBV grundsätzlich der Anwendung des § 823 Abs. 1 BGB entgegenstehe.[39] Allerdings greifen die Sonderregelungen nur dann ein, wenn zur Zeit der Tatbestandsverwirklichung eine Vindikationslage bestand,[40] also eine Schädigung im Rahmen eines bestehenden EBV erfolgt. Durch die Verletzungshandlung (Abstellen des Wagens auf dem Grundstück) wird das EBV erst begründet, so dass auf diese Handlung § 823 Abs. 1 BGB anwendbar bleibt.

I. Tatbestand

37 Dann müsste A eines der in § 823 Abs. 1 BGB absolut geschützten Rechtsgüter und Rechte des B verletzt haben. In Betracht kommen hier zunächst das Eigentum (sofern B Eigentümer ist) und der rechtmäßige Besitz am Grundstück/an der Garage. Das Eigentum bzw. der Besitz an einem Grundstück/an einer Garage wird beeinträchtigt, wenn der Eigentümer bzw. Besitzer, der die Garage mit seinem Fahrzeug erreichen oder verlassen will, dies wegen eines die Zu- oder Abfahrt versperrenden Fahrzeugs (auch wenn dieses auf öffentlichem Grund steht) nicht kann.[41] Indem A ihren Wagen vor der Garage des B geparkt hat, hat sie die Nutzung der Garage unmöglich gemacht und konkret verhindert, dass B seine Garage verlassen konnte. Damit hat sie zumindest in den rechtmäßigen Besitz als sonstiges Recht i.S.d. § 823 Abs. 1 BGB und, sofern B Eigentümer ist, darüber hinaus in das Eigentum des B eingegriffen.

---

[39] So in der Tat *Pöschke/Sonntag* JuS 2009, 711, 714, die auf § 992 BGB abstellen.
[40] BGH NJW-RR 2008, 1397 Rn. 17; Palandt/*Herrler* Vorb v § 987 Rn. 2.
[41] Vgl. BGH NJW-RR 2011, 1476 Rn. 13 ff. zu einer Eigentumsbeeinträchtigung in einem ähnlichen Fall.

Darüber hinaus könnte hinsichtlich des Wagens des B, der sich in der zugepark- **38**
ten Garage befand, eine Eigentumsverletzung vorliegen. Eine solche kann nicht nur
in einer Verletzung der Sachsubstanz, sondern u. U. auch in Beeinträchtigungen des
Sachgebrauchs zu sehen sein. Voraussetzung ist aber, dass dem Eigentümer durch
die Verletzungshandlung der bestimmungsgemäße Gebrauch der Sache zumindest
vorübergehend vollständig entzogen wird. Hier war der Wagen des B in der Garage
„eingesperrt". B konnte ihn daher nicht mehr bestimmungsgemäß als Transport-
mittel gebrauchen. Diese Beeinträchtigung des Sachgebrauchs stellt eine Eigentumsverletzung dar.[42] Die Rechtsverletzungen wurden adäquat durch das verkehrswidrige Parken der A verursacht.

Klausurhinweis:

Vertretbar erscheint auch, eine Verletzung des Eigentums am eingeschlossenen
Wagen zu verneinen, weil die Nutzungsbeeinträchtigung nur wenige Stunden
dauerte. Im „Fleet-Fall" (BGHZ 55, 153 ff.) war ein Schiff monatelang eingeschlossen. Allerdings lehnt der BGH in einer neueren Entscheidung die Über-
schreitung einer zeitlich definierten Erheblichkeitsschwelle als zusätzliche Voraussetzung neben der Aufhebung der Verwendungsfähigkeit ab (BGH NJW-RR
2017, 219 Rn. 19). – Wäre der Wagen nicht eingeschlossen worden, sondern
könnte B nur nicht mit ihm in seine Garage fahren, fehlte es an einer Eigentumsverletzung, weil der Wagen anderweitig entsprechend seinem bestimmungs-
gemäßen Gebrauch eingesetzt werden könnte (vgl. BGH NJW-RR 2017, 219
Rn. 18).

II. Rechtswidrigkeit und Verschulden

Die Rechtswidrigkeit ist indiziert. A handelte auch schuldhaft, nämlich vorsätzlich. **39**

III. Schaden und haftungsausfüllende Kausalität

Für den ersatzfähigen Schaden gilt das Gleiche wie im Rahmen des Anspruchs aus **40**
§§ 823 Abs. 2, 858 BGB. Das gilt insbesondere für die Überlegungen zum Schutzzweck der Norm. Auch im Rahmen des neben dem Anspruch aus §§ 823 Abs. 2, 858
BGB bestehenden Anspruchs aus § 823 Abs. 1 BGB ist zu berücksichtigen, dass das
Abschleppenlassen des falsch geparkten Fahrzeugs durch § 859 BGB ausdrücklich
gerechtfertigt ist.[43]

Damit kann B auch nach § 823 Abs. 1 BGB von A Ersatz der vollen Abschleppkosten verlangen.

---

[42] BGHZ 55, 153 ff. (Fleet-Fall).
[43] *Lorenz* NJW 2009, 1025, 1026; *Pöschke/Sonntag* JuS 2009, 711, 714; *Koch* NZV 2010, 336, 339;
Koch/Löhnig Fälle zum Sachenrecht, 5. Aufl. 2017, Fall 1 Rn. 34; **a.A.** *Wolf* JA 2009, 732, 733
(§ 823 Abs. 1 BGB sei lediglich auf Räumung der Parkfläche gerichtet, ermächtige daher anders
als §§ 823 Abs. 2, 858 BGB nicht zur Selbstvornahme).

Abwandlung

41   Fraglich ist, ob A – unterstellt, ihr Wagen sei zu Unrecht abgeschleppt worden – von B oder von U Rückerstattung der an U gezahlten Abschleppkosten verlangen kann. Dies hängt davon ab, wer Schuldner eines derartigen Rückgewähranspruchs wäre, der sich allein aus § 812 Abs. 1 S. 1 Fall 1 BGB, der *condictio indebiti*, ergeben könnte.

42   Schuldner einer Leistungskondiktion ist derjenige, an den geleistet worden ist. Leistung ist die bewusste, zweckgerichtete Vermehrung fremden Vermögens.[44] Für eine Leistung der A an U könnte hier sprechen, dass sie an U gezahlt hat. Allerdings bestand der Zweck dieser Zahlung darin, einen (vermeintlichen) Schadens- oder Aufwendungsersatzanspruch des B gegen sie in Höhe der Abschleppkosten zu erfüllen, deren Begleichung B dem U aufgrund eines mit diesem geschlossenen Werkvertrages schuldete.[45] A wollte also nicht das Vermögen des U mehren; dieser war nur Zahlstelle. Durch die direkte Zahlung von A an den Abschleppunternehmer sollten die beiden Schuldverhältnisse zwischen A und B sowie zwischen B und U erfüllt werden, ohne dass im Verhältnis zwischen A und U eine Leistungsbeziehung vorläge.[46]

43   Schuldner eines (hypothetischen[47]) Rückgewähranspruchs wäre also B, der durch die Leistung der A von der Pflicht, an U die vereinbarte Vergütung zu zahlen, befreit worden ist, und nicht U. Da B das Erlangte (die Befreiung von der Verbindlichkeit) nicht *in natura* herausgeben könnte, müsste er nach § 818 Abs. 2 BGB Wertersatz in Höhe von 166 € leisten.

---

[44] BGHZ 40, 272, 277; 58, 184, 188; Palandt/*Sprau* § 812 Rn. 14.

[45] Vgl. BGH NJW 2009, 2530 Rn. 11.

[46] Das gilt nach BGH NJW 2012, 3373 übrigens auch dann, wenn der gestörte Grundstücksbesitzer seinen Schadensersatzanspruch gegen den Störer an das Abschleppunternehmen abgetreten hat und der Störer an diesen einen überhöhten Betrag gezahlt hat. Denn auch nach einer Zession ist die Rückabwicklung innerhalb der Kausalverhältnisse (zwischen Zessionar und Zedent einerseits sowie zwischen Zedent und Schuldner andererseits) vorzunehmen.

[47] Denn nach dem Ergebnis des Ausgangsfalls bestand ja ein Anspruch des B gegen A auf Zahlung der Abschleppkosten, so dass die Leistung der A mit Rechtsgrund erfolgte.

Fall 30

Ausgangsfall

Der unbedachte Ulli (U) erhält von seinen Eltern als Geschenk zu seinem neunten Geburtstag das nigelnagelneue rote Fahrrad, welches bei dem örtlichen Fahrradverkäufer im Schaufenster stand und an dem U nie vorbeigehen konnte, ohne es zumindest für einen kurzen Augenblick zu bewundern.

Am frühen Nachmittag seines Geburtstages, kurz bevor die weiteren Geburtstagsgäste eintreffen sollen, beschließt U, das Fahrrad auszuprobieren. Dabei fährt er zunächst auf dem Gehweg. Als er im Begriff ist, erneut an „seinem" auf der gegenüberliegenden Straßenseite gelegenen Wohnhaus vorbeizufahren, bemerkt er, dass seine Tante, die in der Vergangenheit immer so schöne Geschenke mitgebracht hat, gerade aus ihrem Auto in der Hofeinfahrt aussteigt. Da er schon ganz gespannt ist, was sie wohl dieses Mal für ihn dabeihaben würde, und er sie deshalb schnellstmöglich begrüßen will, fährt er unvermittelt vom Gehweg auf die Straße in der Absicht, diese zu überqueren und direkt in die Hofeinfahrt zu fahren. U bemerkt dabei nicht, dass sich direkt hinter ihm auf der Straße ein Auto nähert. Der ankommende Autofahrer Anton (A), der sein Auto nicht nur täglich benutzt, sondern auch für die Unterhaltskosten aufkommt und sich stets, so auch hier, verkehrstechnisch vollkommen richtig verhält, kann nicht damit rechnen, dass U plötzlich auf die Straße fährt. Um einen Unfall mit U zu vermeiden, leitet A eine Vollbremsung ein und zieht seinen Wagen zudem scharf nach rechts, fährt in den Vorgarten des Nachbarn (N) und prallt gegen eine dort befindliche Eiche. Ein Sachverständigengutachten ergibt, dass eine bloße Vollbremsung einen Zusammenstoß mit U nicht verhindert hätte und U in diesem Fall wahrscheinlich schwere Verletzungen erlitten hätte. Bei der Aktion verletzt sich A. Er zieht sich Frakturen des rechten Handgelenks und des Brustbeins sowie eine schwere Gehirnerschütterung zu. Die dadurch entstandenen Heilbehandlungskosten in Höhe von 1500 € verlangt A von U ersetzt.

Steht A gegen U ein auf Zahlung von 1500 € gerichteter Anspruch zu?

© Springer-Verlag GmbH Deutschland, ein Teil von Springer Nature 2019
J. Prütting, B. Scholl, *Die Schuldrechtsklausur II*, Tutorium Jura,
https://doi.org/10.1007/978-3-662-57602-1_32

Bearbeiterhinweis:
Es ist nicht davon ausgehen, dass etwaige Ersatzansprüche des A auf seinen Versicherer in Folge einer cessio legis nach § 116 Abs. 1 SGB X oder § 86 VVG übergegangen sind. A soll hier als nicht krankenversichert behandelt werden.

Abwandlung

Kann A von U gem. § 823 Abs. 1 BGB Ersatz der Heilbehandlungskosten verlangen, wenn U zum Zeitpunkt des Unfalles bereits seinen elften Geburtstag feiert und anzunehmen ist, dass er die zur Erkenntnis der Verantwortlichkeit erforderliche Einsicht hat?

Lösung Fall 30

▶ Rettet im Straßenverkehr ein Verkehrsteilnehmer einen anderen dadurch, dass er sich selbst schädigt, stellt sich die Frage, ob er von dem Geretteten Ersatz verlangen kann. Hier spielen die GoA und die straßenverkehrsrechtliche Haftung (dazu Fall 11) zusammen. Der Fall wendet sich an Fortgeschrittene und Examenskandidaten.

Ausgangsfall

A) Anspruch gem. §§ 677, 683 S. 1, 670 BGB

1   Ein Anspruch des A gegen U auf Zahlung von 1500 € könnte sich zunächst aus §§ 677, 683 S. 1, 670 BGB unter dem Gesichtspunkt des Aufwendungsersatzes aus berechtigter Geschäftsführung ohne Auftrag ergeben. Dafür müsste A mit dem Ausweichmanöver für einen anderen ein Geschäft ohne Auftrag oder sonstige Berechtigung besorgt haben, das dem Interesse und dem wirklichen oder mutmaßlichen Willen des Geschäftsherrn entsprach, und infolgedessen müssten ihm als Geschäftsführer Aufwendungen entstanden sein, die er nach den Umständen für erforderlich halten durfte.

I. Geschäftsbesorgung durch A

2   A müsste ein Geschäft besorgt haben. Der Begriff der Geschäftsbesorgung ist im Rahmen des § 677 BGB genauso wie im Auftragsrecht, das in den §§ 662 ff. BGB normiert ist, weit auszulegen.[1] Dementsprechend ist eine Geschäftsbesorgung jede selbständige oder unselbständige, wirtschaftliche oder nichtwirtschaftliche positive

---

[1] jurisPK-BGB/*Gregor* § 677 Rn. 10; *Brox/Walker* Besonderes SchuldR, § 36 Rn. 2.

Tätigkeit.[2] Ausreichend ist bereits ein nur tatsächliches Tätigwerden.[3] Ein bloßes Unterlassen genügt dagegen (wohl) nicht.[4] Unerheblich ist, ob der Geschäftsführer Kenntnis von der Person des Geschäftsherrn hat.[5] Darüber hinaus spielt es keine Rolle, dass der vermeintliche Geschäftsherr U gem. § 106 BGB lediglich beschränkt geschäftsfähig ist, da eine berechtigte Geschäftsbesorgung auch für einen beschränkt geschäftsfähigen und sogar für einen geschäftsunfähigen Geschäftsherrn vorgenommen werden kann.[6] A hat das Steuer seines Autos nach rechts gerissen, um U nicht zu überfahren. Dabei handelt es sich um eine positive, tatsächliche Tätigkeit. Folglich hat A ein Geschäft besorgt.[7]

II. Für einen anderen

Dieses Geschäft müsste A auch gerade für einen anderen vorgenommen haben. Der   **3** Geschäftsführer führt ein Geschäft für einen anderen jedenfalls dann, wenn das besorgte Geschäft einem fremden Rechts- oder Interessenkreis zuzuordnen ist und der Geschäftsführer in Kenntnis der Fremdheit gehandelt hat.[8]

Exkurs:

Die Tatbestandsvoraussetzung „für einen anderen" setzt somit zweierlei voraus: Zum einen die Fremdheit des besorgten Geschäfts und zum anderen einen sog. Fremdgeschäftsführungswillen des Geschäftsführers.[9] Ob ein Geschäft fremd ist, kann sowohl objektiv als auch subjektiv bestimmt werden.[10]

Ein objektiv fremdes Geschäft liegt vor, wenn bereits von **außen** erkennbar ist, dass der Inhalt des Geschäfts in einem fremden Rechts- oder Interessenkreis liegt.[11] Demgegenüber ist von einem subjektiv fremden Geschäft die Rede, wenn nicht bereits aus dem Geschäftsinhalt auf die Fremdheit des Geschäfts geschlossen werden kann, es jedoch nach dem **erkennbaren Willen des Geschäftsführers** für einen anderen vorgenommen wird.[12]

Ein fremdes Geschäft i.S.d. § 677 BGB kann auch dann angenommen werden, wenn es sich lediglich um ein sog. „auch fremdes Geschäft" handelt.[13] Ein Geschäft ist „auch fremd", wenn der

---

[2] BGHZ 56, 204, 207 = NJW 1971, 1404; BGH NJW 2012, 3366, 3367; Jauernig/*Mansel* § 662 Rn. 9 und § 677 Rn. 2; MüKo/*Schäfer* § 677 Rn. 31.

[3] BGHZ 38, 270, 275 = MDR 1963, 209; BGH NJW 1978, 1258, 1259; Jauernig/*Mansel* § 677 Rn. 2; MüKo/*Schäfer* § 677 Rn. 31.

[4] Hk-BGB/*Schulze* § 677 Rn. 2.

[5] *Brox/Walker* Besonderes SchuldR, § 36 Rn. 7; MüKo/*Schäfer* § 677 Rn. 43 ff.

[6] *Brox/Walker* Besonderes SchuldR, § 36 Rn. 38. § 682 BGB bestimmt hierzu zwar nichts, eröffnet jedoch für den umgekehrten Fall, dass der Minderjährige Geschäftsführer ist, die GoA grundsätzlich, wobei keine Ansprüche gegen den Minderjährigen bestehen sollen.

[7] Vgl. BGHZ 38, 270, 275 = MDR 1963, 209; jurisPK-BGB/*Gregor* § 677 Rn. 9.

[8] MüKo/*Schäfer* § 677 Rn. 36 ff.; Hk-BGB/*Schulze* § 677 Rn. 3.

[9] *Looschelders* SchuldR BT, Rn. 842; *Brox/Walker* Besonderes SchuldR, § 36 Rn. 2.

[10] BGHZ 181, 188 Rn. 18 = NJW 2009, 2590; *Looschelders* SchuldR BT, Rn. 842.

[11] Hk-BGB/*Schulze* § 677 Rn. 3; *Looschelders* SchuldR BT, Rn. 843.

[12] BGHZ 82, 323, 330 f. = WM 1982, 323; Hk-BGB/*Schulze* § 677 Rn. 3.

[13] BGHZ 40, 28, 30 = NJW 1963, 1825; BGHZ 110, 313, 318 = BB 1990, 1227; *Looschelders* SchuldR BT, Rn. 843.

Geschäftsführer mit der Geschäftsbesorgung nicht nur fremde, sondern auch eigene Interessen verfolgt.[14] Bei der Frage, wann die §§ 677 ff. BGB bei einem auch fremden Geschäft anzuwenden sind, handelt es sich um eines der zentralen (examensrelevanten) Probleme der §§ 677 ff. BGB.[15]

Bei objektiv fremden Geschäften – nach h.M. einschließlich „auch fremder" Geschäfte – wird der Fremdgeschäftsführungswille vermutet.[16] Bei neutralen Geschäften muss er hingegen positiv festgestellt werden, damit sie zu (subjektiv) fremden Geschäften werden.

1. Fremdes Geschäft

4   Zunächst müsste es sich bei dem von A vorgenommenen Ausweichmanöver um ein für ihn fremdes Geschäft gehandelt haben. Die Fremdheit eines Geschäfts kann sowohl objektiv als auch subjektiv bestimmt werden.[17] Im vorliegenden Fall könnte es sich bei dem von A besorgten Geschäft um ein objektiv fremdes Geschäft des U gehandelt haben. Ein solches liegt vor, wenn schon von außen erkennbar ist, dass der Inhalt des Geschäfts in einem fremden Rechts- oder Interessenkreis liegt.[18] Für die Annahme eines im Interessenkreis des U besorgten Geschäfts und damit für das Vorliegen eines für A objektiv fremden Geschäfts spricht, dass A nur durch das Herumreißen des Steuers einen Zusammenprall mit dem erst neun Jahre alten U und etwaige daraus folgende schwere Verletzungen des U verhindern konnte. Die Vermeidung schwerer Verletzungen liegt im Interessenkreis des U. Zu berücksichtigen ist darüber hinaus, dass A bei einem Zusammenprall mit U selbst wohl keine Verletzungen erlitten hätte, da er sich im Auto befand.

5   Ein für A fremdes Geschäft könnte jedoch dann zu verneinen sein, wenn das Ausweichmanöver vor allem in seinem eigenen Rechts- und Interessenkreis lag. Für eine solche Sichtweise kann angeführt werden, dass A als Kraftfahrer bereits aus Gesetz (gem. § 1 StVO) zur Vermeidung eines Unfalls verpflichtet war und er daher mit dem Herumreißen des Autos nur in seinem eigenen Rechtskreis tätig geworden ist.[19] Eine solche Sichtweise geht jedoch zu weit. Ein Kraftfahrer kann aus § 1 StVO nicht verpflichtet sein, sein eigenes Leben zu gefährden.[20] Daher hätte es zur Erfüllung der sich aus § 1 StVO ergebenden Pflicht ausgereicht, wenn A gebremst und zugleich versucht hätte, auf der Straße auszuweichen.[21] Das gilt sogar dann, wenn A dem U aufgrund der örtlichen Verhältnisse nicht hätte ausweichen können und er

---

[14] Hk-BGB/*Schulze* § 677 Rn. 3.

[15] Zu dem Problemkreis des „auch fremden" Geschäfts seien neben dem hier besprochenen Fall der Aufopferung im Straßenverkehr (BGHZ 38, 270) folgende BGH-Entscheidungen hervorgehoben: BGHZ 37, 258 (sog. Wirtschaftsberaterfall; BGHZ 40, 28 (sog. Funkenflugfall); BGHZ 143, 9 (pflichtengebundener Geschäftsführer); BGH NJW 2000, 72 (sog. Erbensucher-Fall).

[16] BGHZ 181, 188 Rn. 18 = NJW 2009, 2590; BGH NJW 2012, 1648, 1650; *Brox/Walker* Besonderes SchuldR, § 36 Rn. 6 ff.; *Looschelders* SchuldR BT, Rn. 847 f.; a.A. für die „auch fremden Geschäfte" OLG Koblenz NJW 1992, 2367, 2368.

[17] BGHZ 181, 188 Rn. 18 = NJW 2009, 2590, 2591; *Looschelders* SchuldR BT, Rn. 842.

[18] Hk-BGB/*Schulze* § 677 Rn. 3.

[19] Vgl. OLG Koblenz NJW 1953, 1632, 1633.

[20] BGHZ 38, 270, 275 f. = MDR 1963, 209.

[21] BGHZ 38, 270, 275 f. = MDR 1963, 209.

den U infolgedessen überfahren hätte.[22] Demzufolge kann nicht bereits aufgrund der sich aus § 1 StVO ergebenden Pflicht auf ein eigenes Geschäft des A geschlossen werden.

Allerdings ist dann von einem bloß eigenen Geschäft des A auszugehen, wenn **6** er durch das Herumreißen des Autos eine eigene Haftung gegenüber dem U vermieden hat. Diese könnte sich hier aus der Gefährdungshaftung des Halters aus § 7 Abs. 1 StVG ergeben.[23] Der in § 7 Abs. 1 StVG normierten verschuldensunabhängigen Haftung liegt der Gedanke zugrunde, dass derjenige, der eine besondere Gefahr, wie hier die Betriebsgefahr eines Kfz, schafft, bereits aus diesem Grund auch im Schadensfall verantwortlich sein soll, ohne dass es zugleich auf ein etwaiges Verhaltensunrecht oder eine Vorwerfbarkeit ankommt.[24] Wenn das Gesetz den Kfz-Halter schon deshalb verschuldensunabhängig für einen Schaden einstehen lässt, weil er durch den Betrieb des Kfz eine besondere Gefahrenquelle geschaffen hat, dann ist es konsequent, wenn der Halter auch etwaige eigene Aufwendungen zur Haftungsvermeidung zu tragen hat, da diese seinem Risikobereich unterfallen.[25] Demgemäß führt derjenige, der ausweicht, um einer eigenen Ersatzpflicht zu entgehen, ein eigenes Geschäft, wohingegen derjenige, der ausweicht, ohne einer eigenen Ersatzpflicht zu entgehen, sich „selbst aufopfert"[26] und damit zumindest ein „auch fremdes" Geschäft führt, auf das die §§ 677 ff. BGB anwendbar sind.[27]

Entscheidende Frage für das Vorliegen eines (auch) fremden Geschäfts des A ist **7** daher, ob U gegen A für den hypothetischen Fall des Zusammenpralls und daraus resultierender Verletzungen einen Ersatzanspruch hätte und A durch das Ausweichmanöver dementsprechend nur seine eigene Haftung vermieden hat. Nur wenn dies nicht der Fall ist, hat sich A mit seinem Ausweichmanöver „selbstaufgeopfert" und dementsprechend ein zumindest „auch fremdes" Geschäft geführt.

Klausurhinweis:

Ist in einer Klausur oder einer Hausarbeit danach gefragt, ob einem durch ein Kfz Geschädigten Ansprüche auf Schadensersatz zustehen, so hat der (Klausur-)Bearbeiter stets an die vier folgenden Anspruchsgrundlagen zu denken: (1) § 7 Abs. 1 StVG, (2) § 18 Abs. 1 StVG (3) § 823 Abs. 1 BGB und (4) § 823 Abs. 2 BGB i.V.m. einem Schutzgesetz (oftmals spezifische Regelungen der StVO oder § 1 Abs. 2 StVO). Siehe dazu Fall 11.

---

[22] Vgl. BGHZ 38, 270, 275 f. = MDR 1963, 209.

[23] Vgl. BGHZ 38, 270, 275 f. = MDR 1963, 209.

[24] OLG München 10 U 4398/11 Rn. 7 f. (juris) = VRR 2012, 302; Haus/Krumm/Quarch/*Kuhnert* Gesamtes Verkehrsrecht, 2. Aufl. 2017, § 7 StVG Rn. 4 („Die Haftung nach § 7 Abs. 1 StVG ist sozusagen der Preis dafür, dass durch die Verwendung eines Kfz eine Gefahrenquelle eröffnet wird.").

[25] BGHZ 38, 270, 273 = MDR 1963, 209.

[26] BGHZ 38, 270, 274 f. = MDR 1963, 209; *Looschelders* SchuldR BT, Rn. 843.

[27] BGHZ 38, 270, 275 = MDR 1963, 209.

8 Zunächst könnte sich ein Schadensersatzanspruch des U gegen A für den hypothetischen Fall des Zusammenpralls aus der Gefährdungshaftung des **§ 7 Abs. 1 StVG** ergeben. Ein Anspruch nach § 7 Abs. 1 StVG setzt voraus, dass eine der in der Norm bezeichneten Rechtsgutverletzungen bei dem Betrieb eines Kfz eingetreten, dem Anspruchsteller daraus ein Schaden entstanden ist und es sich bei dem Anspruchsgegner um den Halter des Kfz handelt.[28] Darüber hinaus darf der Anspruch nicht ausgeschlossen sein.

9 Im vorliegenden Fall hat der Sachverständige festgestellt, dass U im Falle eines Zusammenpralls mit dem Auto des A schwere körperliche Verletzungen erlitten hätte, sodass von der für die Haftung nach § 7 Abs. 1 StVG erforderlichen Rechtsgutverletzung hier des Körpers und der Gesundheit des U ausgegangen werden kann. Darüber hinaus handelte es sich bei dem Auto des A um ein Kfz i.S. der Legaldefinition des § 1 Abs. 2 StVG. A als Anspruchsgegner müsste auch Halter des Unfallfahrzeugs sein. Halter ist, wer das Kfz auf eigene Rechnung in Gebrauch hat und die Verfügungsgewalt darüber ausübt. Hier nutzt A das Auto täglich und kommt für die Kosten auf, so dass er als Halter anzusehen ist.[29] Die Tatsache, dass das Auto auch auf A zugelassen ist, hat dabei nur untergeordnete Bedeutung.[30]

> **Merke:**
> Darüber hinaus setzt eine Haftung nach § 7 Abs. 1 StVG voraus, dass die Rechtsgutverletzung gerade „bei Betrieb" des Kfz eingetreten ist. Das Merkmal „bei Betrieb" kann als wesentliche Voraussetzung der in der Vorschrift angeordneten Gefährdungshaftung bezeichnet werden.[31] Die Rechtsgutverletzung ist „bei Betrieb eines Kfz eingetreten, wenn sich eine Gefahr realisiert hat, die mit dem Fahrzeug als Verkehrsmittel verbunden ist.[32] Die Frage, ob eine Rechtsgutverletzung „bei Betrieb" des Kfz eingetreten ist, ist in einem Zwei-Schritt zu beantworten.[33] Zunächst muss dabei geklärt werden, ob das Kfz zum Zeitpunkt des Unfalls überhaupt **in** Betrieb war. Sofern diese Frage bejaht werden kann, ist sodann zu klären, ob zwischen dem Betrieb und dem eingetretenen Schaden ein (Zurechnungs-) Zusammenhang besteht (s.o. Fall 11 Rn. 4).
> Die Frage, wann ein Fahrzeug **in** Betrieb ist, wird unterschiedlich beantwortet. Nach der sog. maschinentechnischen Auffassung ist ein Fahrzeug dann in Betrieb, wenn es durch seinen Motor bewegt wird.[34] Nach der deutlich

---

[28] Vgl. zu den Voraussetzungen einer Haftung nach § 7 Abs. 1 StVG *Looschelders*, SchuldR BT, Rn. 1447 ff.; *Coester-Waltjen* JURA 2004, 173, 174.

[29] Zur Definition des „Halters" BGHZ 13, 351, 354; BGHZ 116, 200, 205 f. = NJW 1992, 900, 902; Burmann/Heß/Hühnermann/*Burmann* StVR, 24. Aufl. 2016, § 7 Rn. 5; *Looschelders* SchuldR BT, Rn. 1449.

[30] BGH VersR 1969, 907 Nr. 3 a) der Entscheidungsgründe; Burmann/Heß/Hühnermann/*Burmann* (Fn. 29), § 7 Rn. 5.

[31] *Coester-Waltjen* JURA 2004, 173, 174.

[32] Burmann/Heß/Hühnermann/*Burmann* (Fn. 29), § 7 Rn. 7.

[33] *Looschelders* SchuldR BT, Rn. 1450.

[34] *Coester-Waltjen* JURA 2004, 173, 174.

weiteren, heute herrschenden verkehrstechnischen Sichtweise ist ein Fahrzeug in Betrieb, wenn es im öffentlichen Verkehrsbereich bewegt wird oder in verkehrsbeeinflussender Weise ruht.[35]

Schließlich wäre die Rechtsgutverletzung des U auch „bei Betrieb" des Kfz eingetreten, da sich das Auto des A zum Zeitpunkt des hypothetischen Unfalls zum einen schon aufgrund der durch Motorkraft bewirkten Fortbewegung nach der strengeren maschinentechnischen Auffassung in Betrieb befunden hat und sich zum anderen in einem etwaigen Unfall mit U das typische mit dem Betrieb eines Kfz verbundene Verkehrsrisiko realisiert hätte, sodass zwischen dem Betrieb und der Rechtsgutverletzung der erforderliche Zurechnungszusammenhang bestanden hätte.[36]   **10**

Allerdings könnte der sich aus § 7 Abs. 1 StVG ergebende Anspruch des U nach § 7 Abs. 2 StVG wegen „höherer Gewalt" ausgeschlossen sein. In diesem Fall hätte er mit dem Ausweichmanöver zumindest auch ein Geschäft des U geführt. Höhere Gewalt ist ein betriebsfremdes, von außen durch elementare Naturkräfte oder durch Handlungen Dritter herbeigeführtes Ereignis, das nach menschlicher Einsicht und Erfahrung unvorhersehbar ist, mit wirtschaftlich erträglichen Mitteln auch durch die äußerste nach der Sachlage vernünftigerweise zu erwartende Sorgfalt nicht verhütet werden oder unschädlich gemacht werden kann und auch nicht wegen seiner Häufigkeit in Kauf zu nehmen ist.[37] Im vorliegenden Fall überquerte U mit seinem Fahrrad plötzlich die Straße. Bei einer solchen Vollbremsung handelt es sich nicht um ein betriebsfremdes, von außen durch elementare Naturkräfte oder durch Handlungen Dritter herbeigeführtes Ereignis, sondern vielmehr um ein „inneres" Ereignis im Straßenverkehr. Darüber hinaus ist ein Fehlverhalten anderer Verkehrsteilnehmer, insbesondere von Kindern, jedenfalls nicht außergewöhnlich.[38] Demzufolge wäre die in § 7 Abs. 1 StVG angeordnete Gefährdungshaftung nicht nach § 7 Abs. 2 StVG ausgeschlossen gewesen.   **11**

Denkbar wäre allerdings, dass der Anspruch des U gegen A aus § 7 Abs. 1 StVG wegen 100%igen **Mitverschuldens** des U gem. § 9 StVG ausgeschlossen wäre. Mitverschulden setzt aber Verschuldensfähigkeit voraus. Diese könnte hier nach § 828 Abs. 2 BGB ausgeschlossen sein. U war zum Zeitpunkt des Unfalls neun Jahre alt und hatte damit das zehnte Lebensjahr noch nicht vollendet. Für einen (nicht vorsätzlich verursachten, § 828 Abs. 2 S. 2 BGB) Unfall im Straßenverkehr mit einem Kraftfahrzeug wäre U daher nicht verantwortlich. Daher scheidet ein Mitverschulden des U mangels Verschuldensfähigkeit aus.   **12**

---

[35] BGHZ 29, 163, 166 ff. = MDR 1959, 294; *Looschelders* SchuldR BT, Rn. 1451.

[36] Ein KFZ, das sich wie hier auf einer öffentlichen Straße befindet, ist nach der verkehrstechnischen Auffassung stets in Betrieb; ein Zurechnungszusammenhang zwischen Betrieb und Rechtsgutverletzung scheidet nur in Ausnahmefällen aus, vgl. *Coester-Waltjen* JURA 2004, 173, 174.

[37] BGHZ 109, 8, 14 f. = NJW 1990, 1167, 1168; BGHZ 62, 351, 354 = VersR 1976, 368; Burmann/Heß/Hühnermann/*Burmann* (Fn. 29), § 7 Rn. 18.

[38] RGZ 54, 404, 405; Burmann/Heß/Hühnermann/*Burmann* (Fn. 29), § 7 Rn. 19.

13   Folglich wäre A nach § 7 Abs. 1 StVG verpflichtet, die dem U entstandenen
Schäden zu ersetzen, ohne dass es auf ein Mitverschulden des U ankäme. Auf
etwaige weitere Ansprüche kommt es an dieser Stelle nicht mehr an. A hat durch
sein Ausweichmanöver lediglich seine eigene Haftung verhindert und dementsprechend ein eigenes Geschäft geführt.

Exkurs:
Für den Fall, dass der Schaden nicht durch ein Kfz und ein Fahrrad, sondern durch mehrere Kfz
verursacht worden wäre, wäre anstelle von § 9 StVG ein Ausschluss des Anspruchs nach § 17
Abs. 3 S. 1 StVG zu prüfen gewesen. Nach dieser Vorschrift ist der Anspruch bei einem „unabwendbaren Ereignis" ausgeschlossen (s.o. Fall 11 Rn. 8). Im vorliegenden Fall hätte es sich (wohl)
für A um ein solches gehandelt.[39] Im Verhältnis zu Fahrradfahrern und Fußgängern reicht dies aber
nicht für einen Haftungsausschluss aus.

2. Zwischenergebnis zur fremden Geschäftsbesorgung

14   Somit hat A aufgrund der vom Gesetzgeber in § 7 Abs. 1 StVG festgelegten Risikoverteilung nicht ein fremdes, sondern lediglich ein eigenes Geschäft geführt.

III. Ergebnis

15   Folglich scheidet ein Anspruch des A gegen U auf Zahlung von 1500 € nach §§ 677,
683 S. 1, 670 BGB mangels Führung eines fremden Geschäfts aus.

Exkurs:
Liegt demgegenüber aufgrund eines Haftungsausschlusses und damit aufgrund einer „Selbstaufopferung im Straßenverkehr" ein fremdes Geschäft vor, so stellt sich die Frage, was der Geschäftsführer vom Geschäftsherrn verlangen kann. Für einen Anspruch des Geschäftsführers gegen den
Geschäftsherrn aus §§ 677, 683 S. 1, 670 BGB ist anerkannt, dass der Geschäftsführer nicht nur
Aufwendungen, d. h. freiwillige Vermögensopfer, sondern analog § 110 HGB auch sog. „risikotypische Begleitschäden", d. h. im Zusammenhang mit dem Risiko der Geschäftsbesorgung stehende Schäden, ersetzt verlangen kann.[40] Davon wären an sich auch die Heilbehandlungskosten
in Höhe von 1500 € erfasst.[41] Allerdings hat der BGH für den Anspruch aus §§ 677, 683 S. 1, 670
BGB bei der Selbstaufopferung im Straßenverkehr entschieden, dass dieser analog § 588 HGB
(„Große Haverei") um die Hälfte zu kürzen sei.[42] Folgt man dem, könnte A auch bei Vorliegen
eines fremden Geschäfts allenfalls 750 € ersetzt verlangen.

B) Anspruch gem. § 823 Abs. 1 BGB

16   Dem A könnte gegen U jedoch ein Anspruch auf Zahlung von 1500 € aus unerlaubter Handlung gem. § 823 Abs. 1 BGB zustehen. Das setzt voraus, dass ein in § 823
Abs. 1 BGB bezeichnetes Rechtsgut oder Recht des A durch menschliches Verhalten widerrechtlich und schuldhaft verletzt wurde und dass dem A daraus ein
Schaden entstanden ist.

---

[39] Vgl. BGHZ 38, 270, 273 = MDR 1963, 209; *Looschelders* SchuldR BT, Rn. 855.

[40] Hk-BGB/*Schulze* § 670 Rn. 8 f.

[41] NK-BGB/*Schwab* § 670 Rn. 12 m.w.N.

[42] BGHZ 38, 270, 272, 277 ff. = MDR 1963, 209 (zu § 700 HGB a.F.).

I. Rechtsgutverletzung

Hier hat sich A Frakturen des rechten Handgelenks und des Brustbeins sowie eine **17** schwere Gehirnerschütterung zugezogen, so dass sowohl sein Körper als auch seine Gesundheit verletzt worden sind. Die von § 823 Abs. 1 BGB vorausgesetzte Rechtsgutverletzung liegt vor.

II. Verletzungsverhalten

Das Verletzungsverhalten liegt darin, dass U vom Gehweg auf die Straße gefahren **18** ist und diese überquert hat.

III. Haftungsbegründende Kausalität und objektive Zurechnung

Ferner müsste die eingetretene Rechtsgutverletzung des A gerade auf dem Verhalten **19** des U, d. h. auf der Überquerung der Straße, beruhen und diesem zuzurechnen sein.[43]

1. Kausalität nach der Äquivalenztheorie

Nach der Äquivalenztheorie ist eine Handlung kausal, wenn sie nicht hinweggedacht **20** werden kann, ohne dass die Rechtsgutverletzung entfiele.[44] Im vorliegenden Fall hätte A sein Auto nicht nach rechts gerissen und sich demgemäß keine Frakturen und keine Gehirnerschütterung zugezogen, wenn U nicht unvermittelt auf die Straße gefahren wäre und diese überquert hätte. Daher war das Verhalten des U im Sinne der Äquivalenztheorie kausal für die Rechtsgutverletzung des A. Es handelt sich um einen Fall psychisch vermittelter Kausalität.

Exkurs:

Von psychisch vermittelter Kausalität spricht man, wenn Kausalität nicht durch Naturgesetze hergestellt wird, sondern mit der menschlichen Psyche zusammenhängt (*Medicus* JuS 2005, 289, 291). Dies kann – wie hier – darauf beruhen, dass die Rechtsverletzung (oder im Rahmen der haftungsausfüllenden Kausalität der Schaden) auf einem Willensentschluss des Geschädigten beruht. Von psychisch vermittelter Kausalität spricht man auch dann, wenn jemand durch den Tod oder die schwere Verletzung eines nahen Angehörigen einen Schockschaden erleidet (dazu Fall 5).

2. Kausalität nach der Adäquanztheorie

Darüber hinaus war das Verhalten des U im Sinne der Adäquanztheorie kausal, da **21** das Ausweichmanöver und damit verbunden der Eintritt einer Rechtsgutverletzung aufgrund einer unvermittelten Überquerung einer Straße jedenfalls nicht außerhalb eines gewöhnlichen Geschehensverlaufs liegt.[45]

3. Lehre vom Schutzzweck der Norm

Ferner müsste die eingetretene Rechtsgutverletzung des A dem U auch nach der **22** Lehre vom Schutzzweck der Norm zurechenbar sein. Zu berücksichtigen ist dabei,

---

[43] MüKo/*Wagner* § 823 Rn. 68 m.w.N.; *Brox/Walker* Besonderes SchuldR, § 45 Rn. 28.

[44] Jauernig/*Teichmann* § 823 Rn. 22.

[45] Siehe zur Adäquanztheorie Jauernig/*Teichmann* Vor § 249 Rn. 27 ff.

dass U den A nicht selbst verletzt hat, sondern die Rechtsgutverletzung auf dem eigenen Entschluss des A, dem U auszuweichen, beruhte und U den A daher allenfalls zu dem Ausweichmanöver „herausgefordert" hat.

Zur „Herausforderungsformel" unten Rn. 32 und oben Fall 3 Rn. 24.

Aufbauhinweis:

An dieser Stelle müsste in einer schulmäßigen Lösung die Frage, ob die Verletzung dem U zurechenbar ist, entschieden und danach die Rechtswidrigkeit geprüft werden. Hier wird ein anderer Weg gewählt: Die Frage, ob der Tatbestand des § 823 Abs. 1 BGB erfüllt ist und ob U rechtswidrig gehandelt hat, kann offenbleiben, wenn U jedenfalls nicht schuldhaft gehandelt hat. Zur Zulässigkeit dieses Aufbaus s. *Medicus/Petersen* BürgR, Rn. 15. Eine Prüfung der fehlenden Voraussetzungen erfolgt hier in der Abwandlung (Rn. 32).

IV. Verschulden

23   Unabhängig von der Frage, ob U den A zu dem Ausweichmanöver herausgefordert hat und ihm dessen Rechtsgutverletzung noch zuzurechnen ist, fehlt es jedenfalls gem. § 828 Abs. 2 S. 1 BGB an der für § 823 Abs. 1 BGB erforderlichen Verschuldensfähigkeit des Anspruchsgegners U. Entsprechend den Ausführungen zu § 9 StVG (oben Rn. 12) ist U für den Unfall, der sich hier im fließenden Verkehr ereignet und den U nicht vorsätzlich herbeigeführt hat (er hatte das herannahende Fahrzeug des A gar nicht wahrgenommen), nicht verantwortlich.

V. Ergebnis

24   Somit scheidet auch ein Anspruch des A gegen U unter dem Aspekt der unerlaubten Handlung nach § 823 Abs. 1 BGB jedenfalls mangels Verschuldensfähigkeit des U aus.

C) Anspruch gem. § 829 BGB

Klausurhinweis:

Diese Anspruchsgrundlage muss mangels Anhaltspunkten im Sachverhalt nicht geprüft werden.

25   Darüber hinaus kommt hier auch ein Anspruch des A gegen U gem. § 829 BGB, dem sog. „Millionärsparagraphen",[46] nicht in Betracht. In § 829 BGB ist eine

---

[46] BGHZ 76, 279, 284 = NJW 1980, 1623, 1624; BGH NJW 1958, 1630, 1632; MüKo/*Wagner* § 829 Rn. 2.

Billigkeitshaftung normiert, die eine besondere Abwägung der Interessen des Geschädigten und des nicht verschuldensfähigen Schädigers erfordert.[47] Nur in seltenen Ausnahmefällen wird diese Abwägung zu dem Ergebnis führen, dass der verschuldensunfähige Schädiger zumindest unter Billigkeitserwägungen haftet. Im vorliegenden Fall sind keinerlei Umstände, die zu einer solchen Billigkeitshaftung führen könnten, wie z. B. besonders gute Vermögensverhältnisse[48] des U oder dessen Eltern, ersichtlich.

D) Gesamtergebnis

Folglich steht A gegen U kein Anspruch auf Ersatz seiner Heilbehandlungskosten in Höhe von 1500 € zu.   **26**

> **Zur Vertiefung:**
> Dieses Ergebnis ist nicht unbillig, da A, selbst wenn er nicht krankenversichert ist, die Heilbehandlungskosten im Ergebnis dennoch nicht selbst tragen muss. § 2 Abs. 1 Nr. 13a SGB VII bestimmt, dass Personen, die bei Unglücksfällen einen anderen aus erheblicher gegenwärtiger Gefahr für seine Gesundheit retten, wie es hier der Fall ist, kraft Gesetzes versichert sind.

Abwandlung

> **Systematischer Hinweis:**
> Der eigentlich vorrangig zu prüfende Anspruch aus §§ 683 S. 1, 670 BGB ist von der Fallfrage ausgenommen. Auf die mit ihm verbundenen Probleme wird aber noch am Ende der Falllösung hingewiesen.

Anspruch gem. § 823 Abs. 1 BGB

Dem A könnte gegen U ein auf Ersatz seiner Heilbehandlungskosten in Höhe von 1500 € gerichteter Anspruch gem. § 823 Abs. 1 BGB zustehen.   **27**

---

[47] Hk-BGB/*Staudinger* § 829 Rn. 6 f.
[48] HK-BGB/*Staudinger* § 829 Rn. 7.

I. Rechtsgutverletzung

28   Wie bereits geprüft (Rn. 17), ist eine von § 823 Abs. 1 BGB vorausgesetzte Rechtsgutverletzung des A eingetreten, da sowohl sein Körper als auch seine Gesundheit
verletzt worden sind.

II. Verletzungsverhalten; haftungsbegründende Kausalität

29   Fraglich ist jedoch, ob das Verhalten des U (das unvermittelte Überqueren der
Straße) kausal für die Rechtsgutverletzung des A geworden ist und diese dem U
darüber hinaus zurechenbar ist.[49]

1. Kausalität

30   Hinsichtlich der Frage nach der Kausalität kann auf das bereits Gesagte verwiesen werden (Rn. 20, 21). Das Überqueren der Straße durch U ist sowohl nach der
Äquivalenz- als auch nach der Adäquanztheorie für die Rechtsgutverletzung des A
kausal geworden.

2. Lehre vom Schutzzweck der Norm

31   Nicht so eindeutig ist dagegen die Frage, ob die eingetretene Rechtsgutverletzung
des A dem U nach der Lehre vom Schutzzweck der Norm noch zurechenbar ist, da
die Rechtsgutverletzung des A vornehmlich auf dessen eigenem Entschluss, dem
U auszuweichen, beruhte und U den A daher allenfalls zu dem Ausweichmanöver
„herausgefordert" haben kann. Anders als im Ausgangsfall bedarf die Frage, ob sich
A zu dem selbstschädigenden Verhalten herausgefordert fühlen durfte, an dieser
Stelle einer Entscheidung, da hier eine Verschuldensunfähigkeit des U nicht ohne
Weiteres ersichtlich ist.

32   In solchen „Herausforderungsfällen"[50] setzt die Zurechenbarkeit der Rechtsgutverletzung zum Verhalten des (mittelbaren)[51] Schädigers voraus, dass der Willensentschluss des Geschädigten, hier des A, zur Selbstschädigung zumindest im
Ansatz auf einer billigenswerten Motivation beruht und sich dabei die durch die
Herausforderung gesteigerte Gefahr einer Rechtsgutverletzung verwirklicht hat.[52]
Zudem setzt die Zurechenbarkeit auch voraus, dass das vom Schädiger geschützte
Gut und die akzeptierte Bedrohung des eigenen Rechtsguts nicht außer Verhältnis
zueinander stehen.[53] Dies ist im Wege einer Mittel-Zweck-Relation zu ermitteln.[54]
Im vorliegenden Fall ist A dem elfjährigen U ausgewichen, da er diesen ansonsten –
wie ein Sachverständiger später bestätigte – umgefahren und infolgedessen schwer

---

[49] MüKo/*Wagner* § 823 Rn. 67 f. m.w.N.; *Brox/Walker* Besonderes SchuldR, § 45 Rn. 28.

[50] Vgl. zur Terminologie *Looschelders* SchuldR BT, Rn. 1226.

[51] *Looschelders* SchuldR BT, Rn. 1226.

[52] BGHZ 192, 261 Rn. 8 = VersR 2012, 734; BGHZ 132, 164, 166 = NVwZ 1996, 726.

[53] BGHZ 192, 261 Rn. 11, 20 = VersR 2012, 734; BeckOK/*Flume* § 249 Rn. 323 m.w.N.

[54] BGHZ 192, 261 Rn. 11 = VersR 2012, 734.

verletzt hätte. In dem Schutz des Lebens, des Körpers und der Gesundheit eines Elfjährigen ist eine zur Selbstschädigung billigenswerte Motivation zu sehen. Darüber
hinaus hat sich auch die durch die Herausforderungssituation gesteigerte Gefahr
einer Rechtsgutverletzung verwirklicht, da die Rechtsgutverletzung des A ohne das
unvermittelte Überqueren der Straße durch U nicht eingetreten wäre und es nach allgemeiner Erfahrung zumindest möglich erscheint, dass ein Autofahrer einem plötzlich auf der Straße befindlichen Hindernis auszuweichen versucht. Schließlich führt
auch die durchzuführende Mittel-Zweck-Relation zu dem Ergebnis, dass das von A
geschützte Gut zu dem bedrohten eigenen Gut nicht außer Verhältnis steht, da A den
U durch sein Ausweichmanöver mindestens vor schweren, wenn nicht sogar lebens-
gefährlichen Verletzungen, die mit dem Zusammenprall eines elfjährigen Kindes
mit einem fahrenden Auto verbunden sind, bewahrt hat und er dabei selbst nur leich-
tere Körper- und Gesundheitsverletzungen in Kauf nehmen musste. Folglich durfte
sich A zu dem selbstschädigenden Verhalten durch U herausgefordert fühlen. Somit
ist die Schädigung des A dem U nach der Lehre vom Schutzzweck der Norm noch
zurechenbar.

3. Zwischenergebnis

Damit ist die Rechtsgutverletzung des A dem U objektiv zurechenbar, da dieser   **33**
plötzlich die Straße überquert hat.

III. Rechtswidrigkeit

Darüber hinaus war die Rechtsgutverletzung auch rechtswidrig, da die Rechtswid-   **34**
rigkeit durch den Eintritt einer dem Schädiger zurechenbaren Rechtsgutverletzung
indiziert wird und Rechtfertigungsgründe des U nicht ersichtlich sind.[55]

IV. Verschulden

Ferner müsste U den Eintritt der Rechtsgutverletzung (nicht aber auch den Ein-   **35**
tritt des Schadens) verschuldet haben.[56] Dafür müsste U als Elfjähriger überhaupt
verschuldensfähig sein. Das wäre bei einem Elfjährigen gem. § 828 Abs. 3 BGB
nur dann nicht der Fall, wenn dieser bei der Begehung der schädigenden Handlung nicht die zur Erkenntnis der Verantwortlichkeit erforderliche Einsicht gehabt
hätte. Von dem Vorliegen dieser Einsicht des U ist aufgrund des dargelegten Sach-
verhaltes jedoch auszugehen. Somit kann angenommen werden, dass U verschuldensfähig war.

Weiterhin müsste U vorsätzlich oder fahrlässig gehandelt haben. Eine willent-   **36**
liche und damit vorsätzliche Schädigung des Körpers und der Gesundheit des
A durch U ist nicht ersichtlich. Allerdings könnte U fahrlässig gehandelt haben.
Gemäß § 276 Abs. 2 BGB handelt fahrlässig, wer die im Verkehr erforderliche
Sorgfalt außer Acht lässt. Im vorliegenden Fall ist U ohne Vorwarnung vom Gehweg
auf die Straße gefahren und hat diese überquert. Dadurch hat er den A zu dem

---

[55] Vgl. *Looschelders* SchuldR BT, Rn. 1227.
[56] *Looschelders* SchuldR BT, Rn. 1228.

zur Rechtsgutverletzung führenden Ausweichmanöver herausgefordert. Indem er vor der Überquerung der Straße nicht auf den Verkehr geachtet hat, hat U die im (Straßen-)Verkehr erforderliche Sorgfalt nicht beachtet. Folglich handelte er fahrlässig und damit schuldhaft.

V. Schaden, haftungsausfüllende Kausalität, Ersatzfähigkeit

37 Darüber hinaus hat A aufgrund der Rechtsgutverletzung eine unfreiwillige Einbuße an Rechten oder Rechtsgütern, mithin einen Schaden zumindest in Höhe der Heilbehandlungskosten von 1500 € erlitten. Da der Schaden gerade auf der Rechtsgutverletzung beruht, besteht die erforderliche haftungsausfüllende Kausalität. Die Heilbehandlungskosten fallen unter die Naturalherstellung durch Geldersatz und sind daher nach § 249 Abs. 2 S. 1 BGB ersatzfähig. Ein nach § 253 Abs. 2 BGB darüber hinaus mögliches Schmerzensgeld hat A nicht geltend gemacht.

VI. Mitverschulden gem. § 254 Abs. 1 BGB

38 Fraglich ist jedoch, ob der Anspruch gemäß § 254 Abs. 1 BGB wegen Mitverschuldens des A zu kürzen ist. Im vorliegenden Fall hat sich A verkehrstechnisch vollkommen richtig verhalten und konnte auch nicht mit dem unvermittelten Überqueren der Straße durch U rechnen. Insofern liegt weder ein Verstoß gegen die Aufmerksamkeitspflicht aus § 1 StVO noch gegen die Pflicht aus § 3 Abs. 2a StVO, Kinder durch Verminderung der Fahrgeschwindigkeit und durch Bremsbereitschaft nicht zu gefährden, vor. Ein Verschulden des A hat nicht zu dem Unfall beigetragen.

39   Allerdings ist im Rahmen des § 254 Abs. 1 BGB auch die Betriebsgefahr des Kraftfahrzeugs zu berücksichtigen. Diese ist mit dem Verschulden des anderen Unfallbeteiligten abzuwägen und dann eine Haftungsquote zu bilden. Ein Verschulden von Kindern und Jugendlichen ist im Rahmen der Abwägung i.d.R. geringer zu bewerten als das entsprechende Verschulden eines Erwachsenen. Das Verschulden des anderen Unfallbeteiligten kann zwar so schwerwiegend sein, dass dahinter die Betriebsgefahr des Kraftfahrzeugs völlig zurücktritt. Dies setzt jedoch im Falle eines Kindes oder Jugendlichen voraus, dass der Sorgfaltsverstoß nicht nur grob verkehrswidrig, sondern altersspezifisch auch subjektiv besonders vorwerfbar ist.[57] Hier hat sich U zwar grob verkehrswidrig verhalten, indem er die Fahrbahn ohne abzusteigen und sogar ohne nach hinten zu schauen überquert hat. Zu berücksichtigen ist aber, dass U gerade erst elf Jahre alt geworden ist. Er hat erstmals an seinem Geburtstag sein neues Fahrrad ausprobiert. Er wurde durch seine zu seinem Geburtstag angereiste Tante abgelenkt. Auch wenn diese Umstände den Verkehrsverstoß des U nicht rechtfertigen können, schließen sie aber doch die Annahme eines subjektiv so schwerwiegenden Verschuldens des U, dass dahinter die Betriebsgefahr des Kraftfahrzeugs des A ganz zurücktreten könnte, aus. Unter Berücksichtigung aller Umstände erscheint eine Haftungsquote von ¼ zu ¾ zu Lasten des U als angemessen. Folglich ist der Anspruch des A gem. § 254 Abs. 1 BGB um die Betriebsgefahr in Höhe von ¼ zu kürzen.

---

[57] BGH NJW 2004, 772, 773 f. (betr. 14-jährigen Radfahrer); OLG Stuttgart NJW-RR 2017, 1057 Rn. 24.

> Abweichende Haftungsquoten sind mit entsprechender Begründung ebenso gut vertretbar. Ähnliche Fälle sind in der instanzgerichtlichen Rechtsprechung sehr unterschiedlich entschieden worden. Zum Teil wurde die Betriebsgefahr des Kraftfahrzeugs mit ½ angesetzt (OLG Saarbrücken NJW 2012, 3245), zum Teil aber auch eine Alleinverantwortlichkeit des Kindes angenommen (OLG Hamm NZV 2010, 464). Weitere Nachweise bei OLG Stuttgart NJW-RR 2017, 1057 Rn. 25 ff.

VII. Ergebnis

Daher kann A von U gem. § 823 Abs. 1 BGB Ersatz von ¾ der Heilbehandlungs-   **40**
kosten, also von 1125 € verlangen.

Exkurs:

Aufgrund der auf § 823 Abs. 1 BGB beschränkten Fallfrage war hier nicht ein Aufwendungs-ersatzanspruch aus echter berechtigter GoA (§§ 683 S. 1, 670 BGB) zu prüfen. Problematisch ist das Vorliegen eines fremden Geschäfts. Nach den zum Ausgangsfall gemachten Ausführungen wäre dieser Anspruch jedenfalls dann zu bejahen, wenn A im Falle eines Unfalls gar nicht gem. § 7 Abs. 1 StVG gehaftet hätte, weil seine Betriebsgefahr vollständig hinter dem Mitverschulden des U (§ 9 StVG) zurückgetreten wäre (s.o. Rn. 12). Hier wurde allerdings angenommen, dass noch eine Betriebsgefahr von ¼ verbleibt (s.o. Rn. 39). Somit hat A mit seinem Ausweichmanöver auch die eigene (Teil-)Haftung vermieden. Zum Teil wird vertreten, dass eine GoA wegen Selbst-aufopferung nur dann in Betracht komme, wenn die hypothetische Haftung aus § 7 Abs. 1 StVG völlig ausgeschlossen wäre.[58] Nach anderer Ansicht kann eine GoA auch dann anzunehmen sein, wenn der Geschäftsführer aufgrund der Betriebsgefahr seines Fahrzeugs aus § 7 Abs. 1 StVG zum (Teil-)Ersatz der Schäden des Geschäftsherrn verpflichtet ist, denn nach den Grundsätzen des „auch fremden Geschäfts" stehe die mit dem Ausweichmanöver auch vermiedene und ohnehin geringe Schadensbeteiligung als Eigeninteresse nicht entgegen, zumal der Kraftfahrer sonst einen indirekten Anreiz hätte, nicht zu bremsen, weil er seinen Schaden ohnehin nicht ersetzt bekäme.[59] Folgt man letzterer Ansicht, dürfte der Aufwendungsersatzanspruch ebenso analog § 254 Abs. 1 BGB um den Anteil der Betriebsgefahr zu kürzen sein.[60] Zu den weiteren Voraussetzungen und zum Umfang des Anspruchs s. Rn. 15.

---

[58] MüKo/*Schäfer* § 677 Rn. 54.
[59] BeckOGK BGB/*Thole* § 677 Rn. 132.
[60] MüKo/*Seiler*, 6. Aufl. 2012, § 677 Rn. 23.

Anhang: wichtige Prüfungsschemata

Als Lernhilfe werden hier nach einer Übersicht über die Anspruchsgrundlagen des Deliktsrechts einige wichtige Prüfungsschemata der gesetzlichen Schuldverhältnisse dargestellt. Hierbei handelt es sich nur um Vorschläge; selbstverständlich sind auch andere Aufbauvarianten möglich. Generell gilt: Der Fall und die Rechtsprobleme bestimmen den Aufbau, nicht umgekehrt (*K. Schmidt* JuS 11/2012, XXXV), aber Schemata können helfen, klassische Problembereiche jedenfalls im Kopf durchzugehen, um eine gewisse Zugriffssicherheit zu erwerben. Sollten Prüfungspunkte im Fall unproblematisch sein, können sie zusammengefasst werden oder ganz entfallen. Bei Bedarf können weitere Untergliederungspunkte hinzugefügt werden, die hier nicht aufgeführt wurden. Erläuterungen zu den wichtigsten Anspruchsgrundlagen des Bereicherungsrechts und der GoA finden sich in den Einführungen vor Fall 14 und vor Fall 27. Eine Übersicht zur Prüfungsreihenfolge bei mehreren Anspruchsgrundlagen findet sich im Anhang des ersten Bands dieses Buches (Übersicht 1).

Ansprüche aus Deliktsrecht und Gefährdungshaftung

I. Haftung für nachgewiesenes Verschulden

- **§ 823 Abs. 1 BGB: Rechts(gut)verletzung**[1] (→ z. B. Fall 1)
- **§ 823 Abs. 2 BGB: Schutzgesetzverletzung** (→ z. B. Fall 1)
- § 825 BGB: Bestimmung zu sexuellen Handlungen
- **§ 826 BGB: Vorsätzliche sittenwidrige Schädigung** (→ Fall 8)

---

[1] Für die fett gesetzten Tatbestände folgen im Anschluss Prüfungsschemata.

© Springer-Verlag GmbH Deutschland, ein Teil von Springer Nature 2019
J. Prütting, B. Scholl, *Die Schuldrechtsklausur II*, Tutorium Jura,
https://doi.org/10.1007/978-3-662-57602-1

- § 830 Abs. 1 S. 1 BGB: Mittäterschaft (→ Fall 10)
- § 830 Abs. 1 S. 2 BGB: Verursachungszweifel bei mehreren Beteiligten (→ Fall 10)
- § 830 Abs. 2 BGB: Anstifter und Gehilfe
- § 839 BGB (i.V.m. Art. 34 GG): Haftung bei Amtspflichtverletzung
- § 839a BGB: Haftung des gerichtlichen Sachverständigen
- § 844 Abs. 1, 2, 3 BGB: Ersatzansprüche Dritter bei Tötung (→ Fall 5)
- § 845 BGB: Ersatzansprüche Dritter wegen entgangener Dienste

II. Haftung für vermutetes Verschulden (Exkulpationsmöglichkeit)

- **§ 831 BGB: Haftung für Verrichtungsgehilfen (→ z. B. Fall 9)**
- § 832 BGB: Haftung des Aufsichtspflichtigen (→ Fall 10)
- § 833 S. 2 BGB: Haftung des Nutztierhalters
- § 834 BGB: Haftung des Tieraufsehers
- § 836–838 BGB: Haftung des Grundstücksbesitzers, Gebäudebesitzers und Gebäudeunterhaltungspflichtigen bei Einsturz oder Ablösung von Teilen
- § 18 StVG: Haftung des Fahrzeugführers (→ Fall 11)

III. Gefährdungshaftung (ohne Verschulden)

- § 833 S. 1 BGB: Haftung des Luxustierhalters (→ Fall 10)
- **§ 7 StVG: Haftung des Kfz-Halters (→ Fall 11)**
- **§ 1 ProdHaftG: Haftung des Herstellers für fehlerhafte Produkte (→ Fall 12)**
- §§ 1–3 HPflG: Haftung des Bahnbetriebsunternehmers, Inhabers einer Energieanlage, sonstiger Betriebsunternehmer
- § 33 LuftVG: Haftung des Halters eines Luftfahrzeugs
- §§ 25, 25a AtG: Haftung für Kernanlagen und Reaktorschiffe
- § 89 Abs. 1 und 2 WHG: Haftung für Änderungen der Wasserbeschaffenheit bei Einwirkung auf Gewässer
- § 84 AMG: Haftung des Arzneimittelherstellers (→ Fall 4 Rn. 43)
- § 32 GenTG: Haftung des Betreibers gentechnischer Anlagen
- §§ 1 f. UmweltHG: Anlagenhaftung bei Umwelteinwirkungen
- §§ 114 ff. BBergG: Haftung für Bergschäden
- § 29 BJagdG: Wildschadenshaftung der Jagdgenossenschaft
- § 33 Abs. 2 BJagdG: Haftung des Jagdausübungsberechtigten

Aufbau § 823 Abs. 1 BGB

I. Tatbestand
1. Rechts(gut)verletzung[2]
- *Leben*: Tötung (→ dann Ansprüche aus §§ 844, 845 BGB)

---

[2] Rechtsgüter sind Leben, Körper, Gesundheit und Freiheit. Rechte sind Eigentum und sonstige Rechte.

- *Körper*: jede üble, unangemessene Behandlung, die das körperliche Wohlbefinden und/oder die körperliche Unversehrtheit nicht nur unerheblich beeinträchtigt
- *Gesundheit*: jedes Hervorrufen oder Steigern eines von den normalen körperlichen Funktionen nachteilig abweichenden Zustandes
- *Freiheit*: jede Einschränkung der körperlichen Bewegungsfreiheit
- *Eigentum*: insbes. Substanzverletzung, Entziehung, problematisch: Gebrauchsbeeinträchtigung
- *sonstige Rechte*: insbes. beschränkt dingliche Rechte; Immaterialgüterrechte; Mitgliedschaftsrechte; berechtigter Besitz (h.M.); Anwartschaftsrecht; allgemeines Persönlichkeitsrecht; Recht am eingerichteten und ausgeübten Gewerbebetrieb; *nicht* relative Rechte und das Vermögen als solches!

2. Verletzungsverhalten
- positives Tun
- Unterlassen, sofern Rechtspflicht zum Handeln bestand (kann auch beim Schutzzweck der Norm geprüft werden)

3. Haftungsbegründende Kausalität und objektive Zurechnung
a) *Äquivalenztheorie* (condicio-sine-qua-non-Formel)
- bei positivem Tun: Handlung darf nicht hinweggedacht werden können, ohne dass der Erfolg entfiele
- bei Unterlassen: Gebotene Handlung darf nicht hinzugedacht werden können, ohne dass der Erfolg mit an Sicherheit grenzender Wahrscheinlichkeit entfiele
b) *Adäquanztheorie*
- Ausschluss von Verletzungen außerhalb jeder Lebenswahrscheinlichkeit
c) *Schutzzweck der Norm*
- Soll die konkret verletzte Verhaltenspflicht (insbesondere Verkehrspflicht) den eingetretenen Verletzungserfolg verhindern?
- Relevant bei Unterlassungen und mittelbaren Verletzungshandlungen, da unmittelbar durch das Schädigerverhalten herbeigeführte Rechtsgutverletzungen i.d.R. in den Schutzbereich des § 823 BGB fallen

II. Rechtswidrigkeit
- Nach der Lehre vom Erfolgsunrecht bei unmittelbarem Verletzungsverhalten grundsätzlich indiziert
- Ausnahmsweise Vorliegen von Rechtfertigungsgründen (z. B. §§ 227 f., 904 BGB; Einwilligung)
- Bei offenen Tatbeständen (allgemeines Persönlichkeitsrecht; eingerichteter und ausgeübter Gewerbebetrieb) wird die Rechtswidrigkeit positiv anhand einer umfassenden Interessen- und Güterabwägung festgestellt
- Bei mittelbarem Verletzungsverhalten wird den Verkehrspflichten eine Doppelnatur beigemessen, die auch die Rechtswidrigkeit begründet

III. Verschulden

- Verschuldensfähigkeit: §§ 827, 828 BGB
- Vorsatz (Wissen und Wollen aller Tatumstände und Unrechtsbewusstsein) oder Fahrlässigkeit (Definition: § 276 Abs. 2 BGB)
- Ggf. Übernahme von Haftungsbeschränkungen aus dem vertraglichen Schuldrecht (z. B. §§ 521, 599 BGB) oder dem Familienrecht (z. B. § 1664 BGB)
- Ausnahmsweise Zufallshaftung: § 848 Hs. 1 BGB mit der Grenze des Hs. 2
- Bezugspunkt: Tatbestand und Rechtswidrigkeit

IV. Schaden und Rechtsfolge
1. Schaden

- Ermittlung nach der Differenzhypothese

2. Haftungsausfüllende Kausalität und objektive Zurechnung

a) *Äquivalenztheorie* (condicio-sine-qua-non-Formel)
- Rechts(gut)verletzung darf nicht hinweggedacht werden können, ohne dass Erfolg entfiele

b) *Adäquanztheorie*
- Ausschluss von Schäden außerhalb jeder Lebenswahrscheinlichkeit

c) *Schutzzweck der Norm*
- Soll die verletzte Verhaltenspflicht den eingetretenen Schaden verhindern?

3. Ersatzfähigkeit des Schadens nach §§ 249 ff., 842 f., 849 BGB
4. Ausschluss oder Herabsetzung der Haftung insbes. nach § 254 BGB

Aufbau § 823 Abs. 2 BGB

I. Tatbestand
1. Schutzgesetz

- Gesetz: jede Rechtsnorm im materiellen Sinn, Art. 2 EGBGB
- Individualschützender Charakter der Norm
- Verletzter muss zum persönlichen Schutzbereich der Norm gehören

2. Verletzung des Schutzgesetzes

- Voraussetzungen richten sich nach dem Schutzgesetz
- Bei Strafnormen vollständige Prüfung (objektiver Tatbestand – subjektiver Tatbestand – Rechtswidrigkeit – Schuld)

II. Rechtswidrigkeit

III. Verschulden

- Prüfung nur dann erforderlich, wenn das Schutzgesetz auch ohne Verschulden verletzt werden kann, § 823 Abs. 2 S. 2 BGB

IV. Schaden und Rechtsfolge
1. Schaden
2. Haftungsausfüllende Kausalität und objektive Zurechnung

a) *Äquivalenztheorie* (condicio-sine-qua-non-Formel)

b) *Adäquanztheorie*

c) *Schutzzweck der Norm*: Der geltend gemachte Schaden muss vom Schutzbereich des verletzten Schutzgesetzes umfasst sein

3. Ersatzfähigkeit des Schadens nach §§ 249 ff., 842 f., 849 BGB

4. Ausschluss oder Herabsetzung der Haftung insbes. nach § 254 BGB

Aufbau § 826 BGB

I. Tatbestand

1. Schaden

2. Sittenwidrige Schädigungshandlung

- Widerspruch zum „Anstandsgefühl aller billig und gerecht Denkenden"
- Sittenwidrigkeit macht gesonderte Rechtswidrigkeitsprüfung entbehrlich

3. Kausalität zwischen Schädigungshandlung und Schaden

II. Vorsatz

- Wissen und Wollen aller Tatumstände, aber kein Bewusstsein der Sittenwidrigkeit erforderlich
- Rspr. lässt im Fall äußerlich feststellbaren besonders leichtfertigen Verhaltens einen Rückschluss auf bedingten Vorsatz zu
- Bezugspunkt: Schädigungshandlung *und Schaden*

III. Rechtsfolge

- Schadensersatz nach §§ 249 ff., 842 f., 849 BGB
- Ausschluss oder Herabsetzung der Haftung insbes. nach § 254 BGB

Aufbau § 831 Abs. 1 BGB

I. Tatbestand

1. Verrichtungsgehilfe

- *Definition*: wer mit Wissen und Wollen des Geschäftsherrn in dessen Geschäftskreis tätig wird und von dessen Weisungen abhängig ist

2. Tatbestandsmäßige rechtswidrige unerlaubte Handlung des Verrichtungsgehilfen

- Inzidentprüfung eines der in §§ 823 ff. BGB normierten Tatbestände bis zur Rechtswidrigkeit
- Schuldhaftes Verhalten oder auch nur Verschuldensfähigkeit des Verrichtungsgehilfen nicht erforderlich, weil § 831 BGB an eigenes Verschulden des Geschäftsherrn anknüpft, s.u. II

3. In Ausführung der Verrichtung

- Es muss ein unmittelbarer innerer Zusammenhang zwischen der dem Verrichtungsgehilfen aufgetragenen Verrichtung und der unerlaubten Handlung bestehen (= nicht nur bei Gelegenheit)

II. Keine Exkulpation, § 831 Abs. 1 S. 2 BGB

- Eigenes Auswahl- oder Überwachungsverschulden des Geschäftsherrn wird vermutet
- Aber Möglichkeit der Exkulpation

III. Schaden und Rechtsfolge
1. Schaden
2. Haftungsausfüllende Kausalität und objektive Zurechnung

a) Äquivalenztheorie (condicio-sine-qua-non-Formel)
b) Adäquanztheorie
c) Schutzzweck der Norm

3. Ersatzfähigkeit des Schadens nach §§ 249 ff., 842 f., 849 BGB
4. Ausschluss oder Herabsetzung der Haftung insbes. nach § 254 BGB

Aufbau § 7 StVG

I. Tatbestand
1. Anspruchsgegner: Halter
2. Rechts(gut)verletzung

- Tötung
- Verletzung des Körpers oder der Gesundheit
- Beschädigung einer Sache (Eigentümerstellung des Anspruchstellers)

3. Bei dem Betrieb des Kraftfahrzeugs und haftungsbegründende Kausalität

zwischen Betrieb und Rechts(gut)verletzung (keine Adäquanzprüfung, da diese einen Verhaltensvorwurf beinhaltet, der dem Konstrukt der Gefährdungshaftung zuwiderliefe)

4. Kein Haftungsausschluss

- Höhere Gewalt (§ 7 Abs. 2 StVG)
- Schwarzfahrt (§ 7 Abs. 3 StVG)
- Haftungsbegrenzung (§ 12 StVG)
- Kurze Anzeigeobliegenheit und Verwirkung (§ 15 StVG)

II. Haftungsverteilung gem. § 17 StVG

Nur prüfen, wenn *Anspruchsteller und Anspruchsgegner Halter zweier Kfz sind*:
- kein unabwendbares Ereignis gem. § 17 Abs. 3 StVG
- Ermittlung der Haftungsquote gem. § 17 Abs. 2 i.V.m. Abs. 1 StVG

III. Schaden und Rechtsfolge
1. Schaden
2. Haftungsausfüllende Kausalität zwischen Rechts(gut)verletzung und Schaden
3. Ersatzfähigkeit des Schadens nach §§ 10 ff. StVG, §§ 249 ff. BGB
4. Mitverschulden gem. § 9 StVG i.V.m. § 254 BGB *nur prüfen, wenn Anspruchsteller nicht Halter des gegnerischen Kfz* (sonst § 17 StVG als *lex specialis*)

Aufbau § 1 ProdHaftG

I. Eröffnung des Anwendungsbereichs
- § 15 ProdHaftG: Haftung für Humanpharmazeutika richtet sich nach §§ 84, 84a AMG

II. Tatbestand
1. Rechts(gut)verletzung
- Tötung
- Verletzung des Körpers oder der Gesundheit
- Beschädigung einer Sache (beachte: § 1 Abs. 1 S. 2 ProdHaftG)

2. Produkt i.S.d. § 2 ProdHaftG
3. Produktfehler i.S.d. § 3 ProdHaftG
4. Haftungsbegründende Kausalität zwischen Produktfehler und Rechts(gut)verletzung (keine Adäquanzprüfung)
5. Anspruchsgegner: Hersteller i.S.d. § 4 ProdHaftG
6. Kein Ausschluss der Haftung nach § 1 Abs. 2 und 3, §§ 10 Abs. 1, 11, 13 ProdHaftG

III. Schaden und Rechtsfolge
1. Schaden
2. Haftungsausfüllende Kausalität zwischen Rechts(gut)verletzung und Schaden
3. Ersatzfähigkeit des Schadens nach §§ 7 ff. ProdHaftG, §§ 249 ff. BGB
4. Mitverschulden gem. § 6 ProdHaftG i.V.m. § 254 BGB

Aufbau Leistungskondiktionen

I. § 812 Abs. 1 S. 1 Fall 1 BGB – *condictio indebiti*
1. Etwas erlangt: jeder vermögenswerte Vorteil
2. Durch Leistung: bewusste, zweckgerichtete Mehrung fremden Vermögens, beurteilt aus Sicht des schutzwürdigen Empfängers (entsprechend den Gedanken der §§ 133, 157 BGB)
3. Ohne Rechtsgrund (Fehlen des rechtlichen Grundes schon bei Leistung)
4. Ausschlussgründe (nur bei Anlass prüfen)
   a) § 814 BGB: Kenntnis der Nichtschuld
   b) § 817 S. 2 BGB analog: beiderseitiger Gesetzes- oder Sittenverstoß bzw. einseitiger Verstoß des Leistenden (erst-recht-Schluss)

5. Rechtsfolge

a) Herausgabe des Erlangten (bei Eigentumserwerb z. B. durch Rückübereignung); Herausgabe von Nutzungen und von Surrogaten, § 818 Abs. 1 BGB

b) Wertersatz bei objektiver oder subjektiver Unmöglichkeit der Herausgabe, § 818 Abs. 2 BGB

c) Ausschluss der Wertersatzpflicht bei Wegfall der Bereicherung, § 818 Abs. 3 BGB (Saldotheorie: bei nichtigen gegenseitigen Verträgen Saldierung von Leistung und Gegenleistung entsprechend § 818 Abs. 3 BGB)

d) Keine Berufung auf § 818 Abs. 3 BGB bei Rechtshängigkeit (§ 818 Abs. 4 BGB) und Kenntnis (§ 819 Abs. 1 BGB), dann auch Haftung nach allgemeinen Regeln (§§ 285–292, 987 ff. BGB)

II. § 812 Abs. 1 S. 2 Fall 1 BGB – *condictio ob causam finitam*

1. Etwas erlangt: jeder vermögenswerte Vorteil

2. Durch Leistung: bewusste, zweckgerichtete Mehrung fremden Vermögens

3. Späterer Wegfall des Rechtsgrundes

4. Ausschlussgrund (nur bei Anlass prüfen): § 817 S. 2 BGB (wie oben)

5. Rechtsfolge wie oben

III. § 812 Abs. 1 S. 2 Fall 2 BGB – *condictio ob rem = condictio causa data causa non secuta*

1. Etwas erlangt: jeder vermögenswerte Vorteil

2. Durch Leistung: bewusste, zweckgerichtete Mehrung fremden Vermögens

3. Zweckverfehlung: Parteien müssen eine Zweckvereinbarung geschlossen haben, die mehr als eine einseitige Erwartung des Leistenden und weniger als ein Vertragsbestandteil ist. Der Erfolg darf nicht eingetreten sein

4. Ausschlussgründe (nur bei Anlass prüfen)

a) § 815 BGB: (1) Eintritt des Erfolges von Anfang an unmöglich und Leistender hat das gewusst; (2) Leistender verhindert Eintritt des Erfolges wider Treu und Glauben

b) § 817 S. 2 BGB (wie oben)

5. Rechtsfolge wie oben

IV. § 813 Abs. 1 S. 1 BGB – Leistung trotz peremptorischer Einrede

1. Etwas erlangt: jeder vermögenswerte Vorteil

2. Durch Leistung: bewusste, zweckgerichtete Mehrung fremden Vermögens

3. Zur Erfüllung einer Verbindlichkeit

4. Dauerhafte Einrede gegen die Erfüllungsnotwendigkeit (etwa §§ 821, 853; nicht Verjährung, § 813 Abs. 1 S. 2 BGB)

5. Ausschlussgründe (nur bei Anlass prüfen)

6. Rechtsfolge wie oben

V. § 817 S. 1 BGB – *condictio ob turpem vel iniustam causam*

1. Etwas erlangt: jeder vermögenswerte Vorteil

2. Durch Leistung: bewusste, zweckgerichtete Mehrung fremden Vermögens

3. Annahme der Leistung durch Empfänger verstößt gegen Gesetz oder gute Sitten
4. Ausschlussgrund: § 817 S. 2 BGB (wie oben)
5. Rechtsfolge wie oben; außerdem verschärfte Haftung nach § 819 Abs. 2 BGB

Aufbau Nichtleistungskondiktionen

I. § 812 Abs. 1 S. 1 Fall 2 BGB – allgemeine Nichtleistungskondiktion
1. Etwas erlangt: jeder vermögenswerte Vorteil
2. In sonstiger Weise: nicht durch Leistung
- Eingriffskondiktion
- Verwendungskondiktion
- Rückgriffskondiktion
- Beachte: Vorrang bestehender Leistungsbeziehungen und Abwicklung in den Leistungsverhältnissen (Subsidiaritätsprinzip) sowie dessen anerkannte Durchbrechungen (insbes. die Wertung des § 935 BGB)

3. Auf Kosten des Bereicherungsgläubigers
- Bei der Eingriffskondiktion: Vermögensverschiebung im Widerspruch zum Zuweisungsgehalt eines Rechts des Bereicherungsgläubigers
- Bei der Verwendungs- und Rückgriffskondiktion: unmittelbare Vermögensverschiebung vom Bereicherungsgläubiger auf den Bereicherungsschuldner

4. Ohne Rechtsgrund
- Indiziert; anders, wenn Bereicherungsschuldner ausnahmsweise einen Rechtsgrund zum Behaltendürfen hat

5. Rechtsfolge: wie bei der Leistungskondiktion

II. § 816 Abs. 1 S. 1 BGB – entgeltliche Verfügung eines Nichtberechtigten
1. Verfügung eines Nichtberechtigten
2. Wirksamkeit der Verfügung gegenüber dem Berechtigten
3. Entgeltlichkeit der Verfügung (wirtschaftlich nach dem Kausalgeschäft bestimmt)
4. Rechtsfolge: Herausgabe des Veräußerungserlöses (str., s. Fall 19)

III. § 816 Abs. 1 S. 2 BGB – unentgeltliche Verfügung eines Nichtberechtigten
1. Verfügung eines Nichtberechtigten
2. Wirksamkeit der Verfügung gegenüber dem Berechtigten
3. Unentgeltlichkeit der Verfügung (wirtschaftlich nach dem Kausalgeschäft bestimmt)
4. Rechtsfolge: Herausgabepflicht des Erwerbers wie bei Leistungskondiktion

IV. § 816 Abs. 2 BGB – befreiende Leistung an einen Nichtberechtigten
1. Bewirken einer Leistung an einen Nichtberechtigten
2. Wirksamkeit gegenüber dem Berechtigten (§§ 370, 407, 2367 BGB)
3. Rechtsfolge: Herausgabepflicht des Empfängers wie bei Leistungskondiktion

V. § 822 BGB – unentgeltliche Verfügung eines berechtigten Empfängers

1. Bereicherungsanspruch des Gläubigers gegen den Empfänger

2. Unentgeltliche Zuwendung des Bereicherungsgegenstandes durch den (als Berechtigter verfügenden) Empfänger an einen Dritten

3. Dadurch **Entreicherung des Empfängers** gem. § 818 Abs. 3 BGB

4. Rechtsfolge: Dritter ist wie der Empfänger zur Herausgabe verpflichtet

---

Aufbau Geschäftsführung ohne Auftrag

I. §§ 670, 683 S. 1, 677 BGB – Aufwendungsersatz des Geschäftsführers bei echter berechtiger GoA

1. Geschäftsführung (§ 677 BGB)
- Jede Tätigkeit rechtsgeschäftlicher oder tatsächlicher Art
- Nicht bloßes Unterlassen

2. Fremdes Geschäft (§ 677 BGB)
- Objektiv fremdes Geschäft
- Subjektiv fremdes Geschäft (neutrales Geschäft, das erst durch den Fremdgeschäftsführungswillen [unten 3] zum fremden wird)
- „Auch fremdes" Geschäft: gleichzeitig Wahrnehmung eigener Interessen

3. Fremdgeschäftsführungswille (§ 677 BGB)
- wird nach h.M. beim objektiv fremden Geschäft vermutet (auch beim „auch fremden"; nicht beim subjektiv fremden (neutralen) Geschäft)

4. Ohne Auftrag oder sonstige Berechtigung (§ 677 BGB)

5. Berechtigung der Geschäftsführung
- Tätigkeit muss dem Interesse und wirklichen, hilfsweise mutmaßlichen Willen des Geschäftsherrn entsprechen (§ 683 S. 1 BGB)
- Unbeachtlichkeit des entgegenstehenden Willens gem. §§ 683 S. 2, 679 BGB
- Genehmigung (§ 184 Abs. 1 BGB) der Geschäftsführung gem. § 684 S. 2 BGB

6. Rechtsfolge: Ersatz der erforderlichen Aufwendungen gem. § 670 BGB
- Analoge Anwendung auf risikotypische Begleitschäden
- Vergütung eigener Arbeitskraft nur bei Tätigkeiten, die zum Beruf oder Gewerbe des Geschäftsführers gehören (§ 1835 Abs. 3 BGB analog)

II. § 667, 681 S. 2, 677 BGB – Herausgabeanspruch des Geschäftsherrn (bei echter berechtigter und unberechtigter [str.] GoA)

1. Geschäftsführung (§ 677 BGB) s.o.

2. Fremdes Geschäft (§ 677 BGB) s.o.

3. Fremdgeschäftsführungswille (§ 677 BGB) s.o.

4. Ohne Auftrag oder sonstige Berechtigung (§ 677 BGB)

5. Rechtsfolge: Herausgabe des Erhaltenen und des Erlangten (§ 667 Fall 1 und 2 BGB; auch Gewinne und Übermaßnutzungen)

III. § 678 BGB – Schadensersatzanspruch des Geschäftsherrn bei echter unberechtigter GoA

1. **Geschäftsführung** s.o.
2. **Fremdes Geschäft** s.o.
3. **Fremdgeschäftsführungswille** s.o.
4. **Ohne Auftrag oder sonstige Berechtigung** s.o.
5. **Übernahme der Geschäftsführung steht mit wirklichem oder mutmaßlichem Willen des Geschäftsherrn in Widerspruch**
6. **Übernahmeverschulden:** Geschäftsführer musste dies erkennen (vgl. § 122 Abs. 2 BGB) (kein Ausführungsverschulden notwendig)
7. **Schaden,** Kausalität zwischen Übernahme und Schaden, Ersatzfähigkeit nach §§ 249 ff. BGB

IV. §§ 684 S. 1, 818 Abs. 2 BGB – Aufwendungsersatzanspruch des Geschäftsführers bei echter unberechtigter GoA

1. **Geschäftsführung** s.o.
2. **Fremdes Geschäft** s.o.
3. **Fremdgeschäftsführungswille** s.o.
4. **Ohne Auftrag oder sonstige Berechtigung** s.o.
5. **Übernahme der Geschäftsführung steht mit Interesse oder wirklichem/mutmaßlichem Willen des Geschäftsherrn in Widerspruch (§ 684 S. 1 BGB)**
6. **Rechtsfolgenverweisung auf das Bereicherungsrecht (§§ 818 ff. BGB; h.M.):** Wertersatzpflicht, also Ersatz ersparter Aufwendungen, ggf. Entreicherung gem. § 818 Abs. 3 BGB

Weitere Anspruchsgrundlagen der GoA sind in der Einführung vor Fall 27 genannt.

Sachverzeichnis

Die Zahl vor dem Schrägstrich weist auf den jeweiligen Fall hin, die Zahl hinter dem Schrägstrich auf die Randnummer. Ist nur eine Zahl angegeben, bezieht sich der Verweis auf den ganzen Fall.

© Springer-Verlag GmbH Deutschland, ein Teil von Springer Nature 2019
J. Prütting, B. Scholl, *Die Schuldrechtsklausur II*, Tutorium Jura,
https://doi.org/10.1007/978-3-662-57602-1

The manufacturer's authorised representative in the EU is Springer
Nature Customer Service Centre GmbH, Europaplatz 3, 69115 Heidelberg,
Germany. If you have any concerns regarding our products, please
contact ProductSafety@springernature.com

Printed and bound by CPI Group (UK) Ltd, Croydon, CR0 4YY
28/04/2026
02098485-0006